Schummelseite

Die Verwaltung eines kleinen Netzwerks können auch Sie bewältigen! Dabei sollten Sie einige der für Ihr Netzwerk spezifischen und wichtigen Daten aber besser schriftlich festhalten.

MEIN NETZWERK

Benutzen Sie die folgende Aufstellung, um sich die wesentlichen Daten zu notieren, die Sie für den Zugriff auf Ihr Netzwerk, die Kontaktaufnahme mit Ihrem Netzwerkadministrator, den Zugriff auf Netzwerkspeicher, Netzwerkdrucker und wichtige Netzwerkdienste benötigen.

Kontodaten

Meine Benutzerkennung:

Mein Passwort: DAS GEHÖRT HIER NICHT HIN! Merken Sie es sich oder bewahren Sie es getrennt an einem sicheren Ort auf.

Domänenname:

Meine E-Mail-Adresse(n):

Netzwerkadministrator

Name:

Telefonnummer:

E-Mail-Adresse:

Meine Netzlaufwerke

Laufwerkbuchstabe	Beschreibung

Schummelseite

Meine Netzwerkdrucker

Druckername	IP-Adresse	Beschreibung

Meine Netzwerkserver

Servername	IP-Adresse	Beschreibung

Benutzen Sie die folgende Aufstellung, um sich die wichtigsten Angaben zu Ihrer Internetverbindung zu notieren.

Provider (Internetanbieter)

Unternehmensname:

Technischer Support – Kontakt:

Technischer Support – Telefonnummer:

Website:

E-Mail-Adresse:

TCP/IP-Konfiguration

IP-Bereich:

Subnetzmaske:

Standardgateway:

DNS-Server:

(Google-DNS-Server: 8.8.8.8 / 8.8.4.4)

Schummelseite

Routerdaten

Marke und Modell:

Interne IP-Adresse (LAN):

Externe IP-Adresse (WAN):

Benutzername des Administrators:

Passwort: DAS GEHÖRT HIER NICHT HIN! Merken Sie es sich oder notieren Sie es und bewahren Sie es an einem sicheren Ort auf.

RJ45-Pinbelegung (EIA/TIA 568B)

Wenn Sie die RJ-45-Stecker für TCP/IP-Netzwerke selbst verbinden wollen oder müssen, benötigen Sie die Daten zur Pinbelegung. Notfalls lassen sich bereits nur über die Pins 1, 2, 3 und 6 langsame Verbindungen erzeugen.

Pin 1: weiß/orange

Pin 2: orange

Pin 3: weiß/grün

Pin 4: blau

Pin 5: weiß/blau

Pin 6: grün

Pin 7: weiß/braun

Pin 8: braun

Private IP-Adressbereiche

Die folgenden IP-Adressbereiche lassen sich beim IP-Protokoll zur Einrichtung privater Netzwerke nutzen. Die meisten Rechnernetzwerke benutzen die folgenden IPv4-Netzwerksegmente:

Klasse A: 10.0.0.0 bis 10.255.255.255 (10.0.0.0/8)

Klasse B: 172.16.0.0 bis 172.31.255.255 (172.16.0.0/12)

Klasse C: 192.168.0.0 bis 192.168.255.255 (192.168.0.0/16)

Schummelseite

NÜTZLICHE WEBSITES FÜR NETZWERKINFORMATIONEN

TCP/IP- und Internetinformationen

Das Internet ist der beste Freund des Netzwerkadministrators. Hier einige Websites, die Sie im Zusammenhang mit der Netzwerkverwaltung wahrscheinlich häufiger besuchen werden:

- ✔ zum Registrieren von Domänen:
  - `www.denic.de`
  - `www.internic.net`
  - `www.networksolutions.com`
- ✔ zum Überprüfen von DNS-Adressen: `www.dnscolos.com`
- ✔ IEEE (Institute of Electrical and Electronics Engineers): `www.ieee.org`
- ✔ ISO (International Organization for Standardization): `www.iso.org`
- ✔ IETF (Internet Engineering Task Force): `www.ietf.org`
- ✔ Internet Society: `www.isoc.org`

Netzwerke für Dummies

Doug Lowe

Netzwerke für dummies®

11. Auflage

Übersetzung aus dem Amerikanischen
von Gerhard Franken

Fachkorrektur von Jan Rehr

WILEY-VCH GmbH

Netzwerke für Dummies

Bibliografische Information der Deutschen Nationalbibliothek

Die Deutsche Nationalbibliothek verzeichnet diese Publikation
in der Deutschen Nationalbibliografie; detaillierte bibliografische
Daten sind im Internet über http://dnb.d-nb.de abrufbar.

11. Auflage 2025

© 2025 Wiley-VCH GmbH, Boschstraße 12, 69469 Weinheim, Germany

Coverfoto: MH - stock.adobe.com
Korrektur: Isolde Kommer
Satz: Straive, Chennai, India
Druck und Bindung:

Print ISBN: 978-3-527-72297-6
ePub ISBN: 978-3-527-85157-7

Bevollmächtigte des Herstellers gemäß EU-Produktsicherheitsverordnung ist die Wiley-VCH GmbH, Boschstr. 12, 69469 Weinheim, Deutschland, E-Mail: Product_Safety@wiley.com.

Über den Autor

Doug Lowe hat genug Computerbücher geschrieben, um damit die Vogelkäfige halb Deutschlands auslegen zu können. Darunter befinden sich auch Dutzende *... für Dummies*-Bücher, von denen einige auch ins Deutsche übersetzt wurden.

Auch wenn Doug Lowe immer noch keinen Pulitzer-Preis gewinnen konnte, bleibt er doch vorsichtig optimistisch. Und er hofft, dass ihm eines Tages eine große Filmgesellschaft die Rechte an einem seiner Bücher abkauft und es dazu nutzt, um zum Beispiel eine Dokumentarfilmreihe über Computernetzwerke zu drehen.

Doug Lowe lebt in der sonnigen amerikanischen Stadt Fresno in Kalifornien, von der aus an den wenigen tollen Tagen mit klarer Luft die nahe gelegenen Berge der Sierra Nevada am Horizont zu sehen sind.

Über die Übersetzer und Bearbeiter

Jan Rehr, redaktioneller Überarbeiter der aktuellen Auflage, die Sie nun in den Händen halten. Ist tätig im Bereich IT-Consulting mit Spezialisierung auf Linux-, Cloud- und Videokonferenz-Lösungen. Er hat daneben ebenfalls schon ein Buch in der *... für Dummies*-Reihe geschrieben: *Private Cloud mit Nextcloud für Dummies*. Sie erreichen ihn über seinen Blog unter `https://decatec.de`.

Matthias Biller, Übersetzer, technischer und redaktioneller Überarbeiter der zehnten Auflage dieses Buches. Arbeitet seit 20 Jahren im IT-Bereich als Administrator und Consultant. Ist mit dem C64 groß geworden. Hat unzählige Microsoft-, Cisco- und Linux-Zertifikate gesammelt.

Gerhard Franken, Übersetzer und redaktioneller Bearbeiter älterer Auflagen dieses Buches, arbeitet seit Jahren als Übersetzer, Autor und Bearbeiter nicht nur (aber überwiegend) von Publikationen aus dem technischen Bereich. Unter den Legionen der Bücher befinden sich jedenfalls auch etliche *... für Dummies*-Bücher, zum Beispiel *Arduino für Dummies*, *Linux für Dummies*, *SQL für Dummies*, *Raspberry Pi für Dummies* oder auch *JavaScript für Dummies*.

Dirk Jarzyna, der Übersetzer der ersten Auflagen von *Netzwerke für Dummies*, hat einige Bücher über Netzwerkbetriebssysteme geschrieben und etliche Fachbücher übersetzt.

Auf einen Blick

Inhaltsverzeichnis

Kapitel 3
Weitere Möglichkeiten der Nutzung des Netzwerks **71**

Kapitel 4
Die Planung des Netzwerks **93**

Kapitel 5
Der Umgang mit TCP/IP 109

Kapitel 6
Verknüpfte Netze – Kabel, Switches und Router 135

Kapitel 7
Windows-Clients konfigurieren **155**

Kapitel 8
Das Netzwerk mit dem Internet verbinden **163**

TEIL III
MIT SERVERN ARBEITEN 175

Kapitel 9
Einen Server einrichten **177**

Kapitel 10
Windows-Benutzerkonten verwalten 197

Kapitel 11
Netzwerkspeicher verwalten 215

Kapitel 12
Ein Intranet erstellen **233**

TEIL IV
DRAHTLOS UND MOBIL DURCH DIE WOLKEN 251

Kapitel 13
Drahtlose Netzwerke einrichten **253**

Kapitel 14
Das Leben in der Wolkenstadt

Kapitel 15
Mobilgeräte im Alltag

Kapitel 16
Sichere Verbindungen von zu Hause aus

Kapitel 20
Sicherheit im Netzwerk **367**

Kapitel 21
Das Netzwerk schützen **385**

Kapitel 22
Die Sorge um die Leistung des Netzwerks **399**

Kapitel 25
Macintosh-Rechner vernetzen 457

TEIL VII
DER TOP-TEN-TEIL 461

Kapitel 26
Die zehn Gebote des Netzwerks 463

Kapitel 27
Mehr als zehn große Netzwerkfehler 467

Kapitel 28
Zehn Dinge, die Sie immer vorrätig haben sollten

Einleitung

Willkommen bei der mittlerweile elften Auflage von *Netzwerke für Dummies*, dem Buch für Menschen mit dem dringenden Bedürfnis, ihre Computer und anderen Geräte zu vernetzen, die aber nicht so recht wissen, wie und wo sie dabei anfangen sollen.

Kopieren Sie öfters Tabellen auf Speichersticks oder eines dieser winzigen Micro-SDHC-Kärtchen und bringen es zu Ihrem Kollegen im Nachbarbüro, damit der einen Blick auf Ihre Dateien werfen kann, wobei es Ihnen unweigerlich durch die Finger rutscht und in den entlegensten Winkel des Raums springt? Ärgert es Sie, dass bei Ihrem Kollegen vom Controlling ein super Laserdrucker am Rechner hängt, oder wollen Sie vom Smartphone aus irgendetwas ausdrucken? Müssen Sie ständig betteln, damit Sie auch mal an den Rechner mit der Kundendatenbank dürfen? Wenn Sie derartige Fragen mit »Ja« beantworten, brauchen Sie – ein Netzwerk (und vielleicht auch noch ein paar weitere nützliche Geräte)!

Vielleicht haben Sie aber auch schon ein Netzwerk. Die Sache hat nur einen kleinen Haken: Man hat Ihnen versprochen, dass es sich in einer Netzwerkumgebung viel einfacher arbeiten lässt, doch stattdessen hat diese Ihr Leben völlig auf den Kopf gestellt. Gerade als Sie sich damit auf dem Schreibtisch einigermaßen vertraut gemacht hatten, kam jemand ins Büro gestürmt, stellte ein kleines Kistchen auf und sagte: »Damit es auch drahtlos geht!« Ein Netzwerk bietet sicher vielfältige Möglichkeiten, auf diese müssen Sie sich aber auch erst einmal einstellen.

Egal, was vom bisher Gesagten auf Sie zutreffen mag, auf jeden Fall ist dieses Buch das richtige für Sie. Es bietet Ihnen Hilfe in allen Netzwerklagen.

In diesem Buch werden Netzwerkgrundlagen und Netzwerke in einer Sprache beschrieben, die jeder verstehen kann. Außerdem habe ich mich bemüht, das trockene Thema hier und da ein wenig lockerer anzugehen. Ich möchte Ihnen vermitteln, dass das Arbeiten in einer Netzwerkumgebung keine übermenschlichen Fähigkeiten erfordert, sondern eine ganz normale Sache ist. Am Ende dieses Buches werden Sie sagen: »Das war's? Das mache ich doch mit links!«

Über dieses Buch

Dieses Buch wurde nicht geschrieben, um wie irgendein Krimi streng chronologisch von Anfang bis Ende durchgelesen zu werden. Und wenn ich Sie jemals erwische, dass Sie am Strand liegen und darin lesen oder einen der nicht ganz ernst gemeinten Ratschläge befolgen und es in der elektronischen Variante im Schwimmbad unter Wasser lesen, dann bewerfe ich Sie mit Sand oder halte Ihren Schnorchel zu! Dieses Buch ist eher eine Art Nachschlagewerk. Wenn Sie etwas zu einem bestimmten Thema wissen wollen, nehmen Sie sich das Buch, schlagen es auf und fangen an zu lesen. Jedes Kapitel beleuchtet einen anderen Netzwerkaspekt, wie beispielsweise das Drucken im Netzwerk, das Anschließen der Netzwerkkabel, das Einrichten von Schutzfunktionen, um den »Bösen« keine Chance zu geben. Blättern Sie einfach zum Kapitel, das Sie interessiert, und beginnen Sie zu lesen!

Jedes Kapitel ist in voneinander unabhängige Abschnitte unterteilt, die alle irgendwie mit dem Thema des Kapitels zu tun haben. So finden Sie beispielsweise im Kapitel zur Netzwerkverkabelung auch Antworten auf Fragen wie:

- ✔ Was ist Ethernet?
- ✔ alles über Kabel
- ✔ Abschirmen oder nicht
- ✔ Wandsteckdosen und Anschlusspanels
- ✔ Switches

Dieses Buch ist kein Lehrbuch, Sie müssen nichts auswendig lernen. Es ist eher ein »Das will ich wissen«-Buch. Sie nehmen es zur Hand, wenn Sie etwas Bestimmtes wissen müssen. Wollen Sie wissen, was 100BaseT ist? Greifen Sie zu diesem Buch! Wollen Sie wissen, wie sichere Kennwörter aussehen? Nehmen Sie dieses Buch zur Hand! Und wenn Sie keine Fragen haben, lassen Sie's im Regal stehen und machen weiter wie bisher.

Konventionen in diesem Buch

Dieses Buch ist eine Art Nachschlagewerk. Wenn Sie zu einem Thema mehr erfahren möchten, sehen Sie im Inhaltsverzeichnis oder im Index nach.

Wenn Sie etwas eingeben müssen, ist der entsprechende Text im Buch so formatiert:

```
Geben Sie das ein!
```

In diesem Beispiel geben Sie Geben Sie das ein! über die Tastatur ein und drücken dann die Eingabetaste (die im Buch als ⏎ dargestellt ist). In der Regel folgt dann noch eine Erklärung, falls Sie nur Bahnhof verstehen sollten.

Auch auf dem Bildschirm angezeigte Meldungen sind in diesem Format dargestellt:

```
Eine Meldung von Ihrem freundlichen Netzwerk
```

Dieses Buch enthält eigentlich alles Wissenswerte über Netzwerke, weshalb Sie nicht noch weitere Bücher zurate ziehen müssen. Wenn Sie jedoch Hilfe zu den aktuellen Versionen von Windows (oder Linux, Android oder macOS) brauchen, sollten Sie sich eines dieser gelb-schwarzen ... *für Dummies*-Bücher zu diesem Thema holen.

Was Sie nicht lesen müssen

Abgesehen von den Punkten, die Sie sofort in die Praxis umsetzen können, enthält dieses Buch manche Abschnitte, die Sie einfach überspringen können. Einige zusätzliche Fachinfos wurden in eigenständigen Abschnitten untergebracht und meist noch mit dem »Vorsicht Technik«-Symbol gekennzeichnet. Lesen Sie diese Abschnitte nur, wenn Sie mehr Hintergrundwissen erhalten wollen und sicher sind, dass es Sie nicht zu sehr stresst!

Törichte Annahmen über die Leser

Also, ich nehme mal Folgendes an (mal sehen, ob ich richtigliege): Sie *arbeiten* an einem Computer oder halbwegs ähnlichen Geräten und haben bereits ein Netzwerk oder überlegen sich, ein solches zuzulegen. Ich hoffe, dass Sie jemanden kennen, der etwas mehr von Computern, Tablets und Smartphones versteht als Sie. Mein Anliegen ist es jedoch, Sie von dieser Person unabhängiger zu machen, aber werfen Sie ihre Telefonnummern oder Adressen nicht weg!

Können Mac-Benutzer auch etwas mit diesem Buch anfangen? Ja, selbstverständlich. Auch wenn es in diesem Buch überwiegend um Windows-basierte Rechner in Unternehmensnetzen geht, werden neben den Android-Rechnern auch Linux- und Macintosh-Rechner nicht ganz vergessen. Diese kommen wegen des beschränkten Platzes allerdings hier und da schon etwas kürzer.

Symbole, die in diesem Buch verwendet werden

Diese netten kleinen Bildchen am Seitenrand sind nicht nur dafür da, die Seiten etwas aufzulockern, sondern sie haben auch praktische Funktionen:

 Achtung, detailliertes Fachwissen im Anmarsch! Entscheiden Sie selbst, ob Sie das gerade lesen möchten.

 Diesem Symbol sollten Sie besondere Beachtung schenken. Dahinter verbirgt sich immer irgendetwas besonders Nützliches – manchmal eine schnelle Tastenkombination oder ein nicht so bekannter Befehl, der jedoch viel bewirken kann.

 Habe ich Ihnen eigentlich von dem Kurs für Gedächtnistraining erzählt?

 Stopp! Erst lesen, dann weitermachen. Dieses Symbol kennzeichnet Informationen, die Sie vor einer Katastrophe bewahren wollen.

Ein wichtiger Hinweis für Windows-User

Wie ich ja schon erwähnt habe, konzentriert sich dieses Buch hauptsächlich, aber nicht ausschließlich, auf Betriebssysteme aus dem Hause Microsoft. Ich konzentriere mich dabei auf die aktuellsten Windows-Ausgaben, die zur Zeit der Drucklegung verfügbar sind.

✔ Windows 11

✔ Windows Server 2022

Zwar sind viele der gezeigten Schritte auch in älteren Windows-Versionen, wie zum Beispiel Windows 10, umsetzbar, die betreffenden Optionen befinden sich aber zum Teil an einer anderen Stelle oder sind etwas anders zu bedienen.

Ältere Windows- und Server-Versionen, die von Microsoft nicht mehr unterstützt werden, klammere ich explizit aus – Sie sollten wirklich keine Betriebssystem-Version einsetzen, die vom Hersteller nicht mehr unterstützt wird.

Wie es weitergeht

Ja, Sie können es schaffen. Mit diesem Buch bewaffnet sind Sie bereit, das schwierige Netzwerkterrain zu betreten. Werfen Sie einen Blick in das Inhaltsverzeichnis und entscheiden Sie, wo Sie anfangen werden. Seien Sie mutig! Seien Sie tapfer! Stürzen Sie sich ins Abenteuer! Und haben Sie auf jeden Fall auch ein bisschen Spaß dabei!

Was Sie unbedingt über Netzwerke wissen sollten

IN DIESEM TEIL ...

✔ Was Netzwerke sind und was Sie mit ihnen anstellen können

✔ Unterschiede zwischen Server- und Clientcomputern

✔ Auf Netzwerkressourcen wie Freigaben und Drucker zugreifen

✔ Microsoft Office und andere Software im Netzwerk nutzen

Kapitel 1
Netzwerkgrundlagen

Computernetzwerke kommen im Film oft ziemlich schlecht weg. In *Terminator* unterwirft ein Amok laufendes, intelligentes Netzwerk der Zukunft mit dem Namen *Skynet* die Erde, baut tödliche Terminatoren und schickt sie zurück durch die Zeit, um jeden zu töten, der unglücklicherweise Sarah Connor heißt. In den *Matrix*-Filmen versklavt ein mächtiges Computernetzwerk die Menschen und hält sie gefangen. Und heute könnte man ähnliche Verhaltensweisen fast überall und mit freundlicher Unterstützung von Wirtschaft, Industrie und Politik beobachten. Smombies starren auf ihre Smartphones, konsumieren Werbung, kontrollieren, wer, wann, wo, was macht und GPS-Sensoren allgegenwärtiger Kisten und Fahrzeuge zeichnen Bewegungsprofile auf. Nur erinnert das eher an den dystopischen Roman *1984* von *George Orwell* und einen totalitären Überwachungsstaat oder sublime Botschaften von Außerirdischen, wie im Film *Sie leben (They Live)* mit dem Ex-Wrestler *»Rowdy« Roddy Piper*.

Während in den ersten beiden erwähnten Filmen Computer Amok laufen, ziehen in den übrigen irgendwelche Bösewichte die Fäden. Und dabei scheinen mir diese Bösewichte gefährlicher zu sein, denn die eigenen elektronischen Geräte kann man schließlich ungestraft terminieren! Letztlich sollten Sie sich bei Computern und Netzwerken immer darüber klar sein, dass sie Werkzeuge sind. Nicht der Hammer ist der Schuldige, wenn sich ein Depp damit auf den eigenen Daumen drischt.

Weiterhin gehört »Moderne Zeiten« von Charlie Chaplin zu den zeitlosen Filmen, die ihre Aktualität bewahren. Wenn Sie wissen wollen, welche Gefahren Computer wirklich bergen, können Sie sich vielleicht auch »Asterix erobert Rom« ansehen. Sollten die Aktualisierungen weiterhin pausenlos auf Benutzer einprasseln, werden Computer nämlich ganz schnell zum »Haus, das Verrückte macht«.

Wie dem auch sei, auf sich allein gestellt sind reale Netzwerke bis heute eigentlich noch recht harmlos und berechenbar. Computersysteme leisten heute zwar scheinbar Wunderdinge, treffen aber keine wirklich eigenen Entscheidungen und verwandeln sich auch nicht in grinsende Monster. Wenn Sie aus dem ungläubigen Staunen nicht herauskommen, sollten Sie vielleicht an das *dritte clarkesche Gesetz* denken:

> *»Jede hinreichend fortschrittliche Technologie ist von Magie nicht zu unterscheiden.«*

Wenn ich Sie nicht bereits zu sehr ermüdet haben sollte, können Sie sich nun wohlgemut diesem Kapitel zuwenden. Es enthält eine Einführung in Computernetzwerke und soll Ihnen einen ersten Eindruck von hilfreichen Konzepten für den Umgang mit Geräten in lokalen Netzwerken vermitteln. Hier bleibt es noch oberflächlich. Richtig technisch und damit potenziell langweilig wird es erst später ...

Was ist eigentlich ein Netzwerk?

Bei einem *Netzwerk* handelt es sich um nichts weiter als zwei oder mehr Computer, die durch Kabel (oder auch drahtlos über Funk oder Licht) miteinander verbunden sind und Daten miteinander austauschen können.

Natürlich gibt es neben Netzwerken noch andere Möglichkeiten für den Datenaustausch zwischen Computern. Bei größeren Datenmengen oder fehlenden Netzwerkverbindungen werden auch heute gelegentlich noch sogenannte *Turnschuhnetzwerke (Sneakernets)* genutzt, in denen jemand mit Datenträgern von einem zum anderen Rechner läuft. Dabei werden Dateien auf einem oder mehreren Datenträgern (SD-Karte, Speicherstick, CD/DVD, externe USB-Festplatte) gespeichert, die dann zu einem anderen Computer gebracht werden. Dort werden sie dann angeschlossen, um die Daten austauschen zu können! Turnschuhnetzwerke *waren* lange verbreitet und sind zudem recht zuverlässig. In Spezialfällen können Turnschuhnetzwerke auch heute noch effizienter, effektiver oder schlicht die einzige Alternative des Datentransports darstellen. Filmchen auf Speicherkärtchen zu speichern und zum Junior zu tragen, könnte beispielsweise sinnvoller sein, als ihm einen Zugang für Ihre Videoverzeichnisse einzurichten.

Aus leidiger Erfahrung weiß ich Turnschuhnetzwerke zu schätzen, bei denen ich keinen Schritt laufen muss. Angesichts der Vielzahl verschiedener Geräte versuche ich, für Smartphones, Tablets und ähnliche Geräte immer passende USB-Adapter, Kartenleser und das eine oder andere Speichermedium griffbereit zu halten.

Irgendwann wurden es die bequemen Computermenschen leid, Schuhe, Teppiche und/ oder Datenträger zu verschleißen. Daher kamen sie auf die Idee, Computer mit Kabeln zu verbinden. Das war die Geburtsstunde moderner Computernetzwerke!

Um ein Computernetzwerk zu erstellen, verbinden Sie alle Computer in Ihrem Büro über deren *Netzwerkschnittstellen*. Dann richten Sie das Betriebssystem des Computers so ein, dass das Netzwerk korrekt arbeitet, und voilà, schon haben Sie ein funktionierendes Netzwerk! Das ist das ganze Geheimnis!

Bei einer Netzwerkschnittstelle oder einem *Netzwerkadapter* handelt es sich um eine elektronische Komponente, die sich meist im Gerät befindet und eine spezielle Anschlussbuchse an der Rückseite des Rechners hat.

Falls Sie sich nicht mit Kabeln herumärgern wollen und die Geschwindigkeit akzeptabel ist, können Sie auch ein *drahtloses Netzwerk* (*Wi-Fi*-Netzwerk) einrichten und entsprechende Funkadapter benutzen. Moderne Notebooks, Tablets, Smartphones und viele weitere Endgeräte sind heute bereits ab Werk Wi-Fi-fähig. Um aber einen Desktop-Rechner in ein drahtloses Netzwerk einbinden zu können, müssen Sie separate WLAN-Adapter erwerben und mit einem USB-Anschluss verbinden.

Abbildung 1.1 zeigt ein typisches Netzwerk mit vier Geräten. Alle vier sind über Netzwerkkabel mit einem zentralen Gerät (einem *Router*) verbunden. Außerdem ist Ediths Computer auch noch über Kabel an einen Laserdrucker angeschlossen. Weil alle Geräte zusammen ein Netzwerk bilden, können auch Juliane, Herbert und Martin diesen Drucker verwenden.

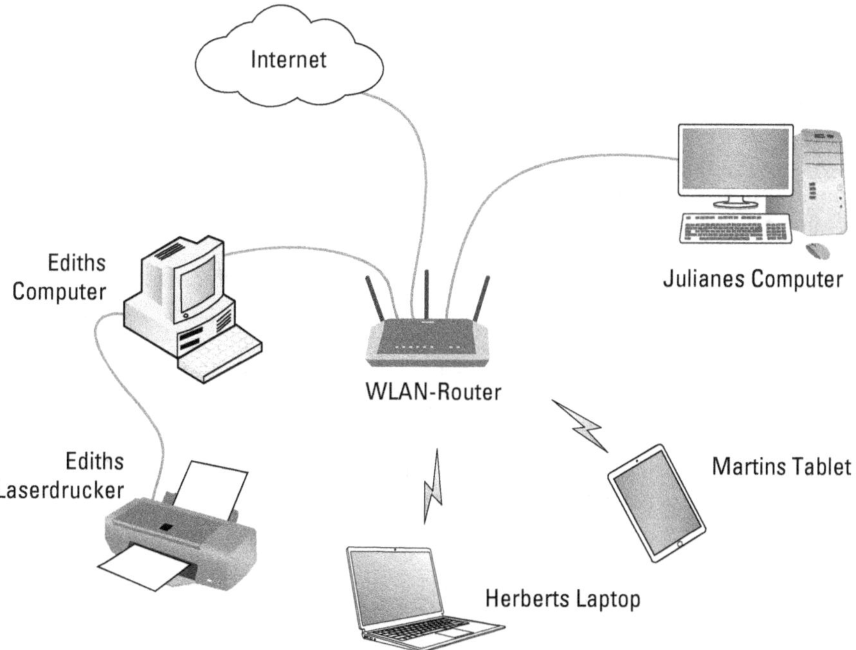

Abbildung 1.1: Ein typisches verkabeltes Netzwerk

Im Bereich der Computernetzwerke wird ein eigener, seltsamer Jargon verwendet. Sie müssen bei Weitem nicht alle Netzwerkbegriffe kennen. An den folgenden Begriffen werden Sie allerdings kaum vorbeikommen:

✔ Netzwerke werden oft LANs genannt. Die Abkürzung *LAN* steht für »Local Area Network«, was zu Deutsch »lokales Netzwerk« bedeutet.

LAN ist die erste von vielen aus drei oder vier Buchstaben bestehenden Abkürzungen, die Sie in diesem Buch sehen werden.

✔ Werden die Daten im Netzwerk über Funk übertragen, spricht man von WLANs (Wireless Local Area Network) oder drahtlosen Netzwerken.

✔ Von einem Computer, der ans Netzwerk angeschlossen ist, sagt man, dass er »am« oder auch »im Netz hängt«. Im Fachjargon nennt man diesen Computer auch *Knoten*. Zuweilen wird dafür auch der aus dem Telekommunikationsbereich stammende Begriff *Endgeräte* verwendet.

✔ Ein Rechner, der eingeschaltet ist und auf das Netzwerk zugreifen kann, ist *online*. Wenn der Rechner nicht aufs Netz zugreifen kann, ist er *offline*. (Das haben Sie sich schon gedacht, nicht wahr?) Ein Computer kann aus verschiedenen Gründen offline sein. Beispielsweise kann er ausgeschaltet oder kaputt sein. Vielleicht hat sich aber auch nur ein Netzwerkkabel gelöst.

✔ Wenn ein Rechner und insbesondere Server eingeschaltet ist, ist er *up* oder zu Deutsch »hochgefahren« oder »betriebsbereit«. Ist er ausgeschaltet oder defekt, ist er das Gegenteil davon, nämlich *down* oder »heruntergefahren«. Sagt jemand: »Der Server ist down«, bedeutet das üblicherweise also nichts Gutes.

✔ Ressourcen, die sich in Ihrem Rechner befinden oder direkt an diesen angeschlossen sind, werden *lokal* genannt. Geräte, die eigenständig irgendwo anders herumstehen oder an andere Rechner angeschlossen wurden, werden *remote* genannt. Die Übersetzung »entfernt« für »remote« klingt zwar ein wenig seltsam, wird mittlerweile aber auch recht häufig verwendet.

✔ Verwechseln Sie lokale Netzwerke *nicht* mit dem Internet oder Telefonnetzen. Das Internet ist eine riesige Ansammlung von Computernetzwerken, die über die ganze Welt verstreut sind. Die Rechner zu Hause oder im Büro miteinander zu vernetzen, um zwischen ihnen Daten auszutauschen, und den Computer an das weltweite Internet anzuschließen, sind zwei verschiedene, wenn auch verwandte Dinge.

Eine der häufigeren Schwierigkeiten besteht darin, unterschiedliche Netze nicht miteinander zu verwechseln. Gar nicht selten passen selbst die Stecker.

Was soll ich mit einem Netzwerk?

Zugegeben, die Einrichtung von Netzwerken ist zuweilen nicht ganz einfach und ein wenig mühevoll. Warum sich also damit herumplagen? Weil die von Netzwerken gebotenen Vorteile eindeutig überwiegen. Jedenfalls brauchen Sie bestimmt keinen Doktortitel, um die Vorteile von Netzwerken begreifen zu können. Das Grundprinzip beruht auf der gemeinsamen Nutzung von Ressourcen, zu denen nicht nur Geräte, sondern auch Dateien, Ressourcen und Programme zählen.

Gemeinsame Nutzung von Dateien

Mit Netzwerken können Sie Daten mit anderen Rechnern im Netzwerk austauschen. Je nachdem, wie das Netzwerk konfiguriert ist, gibt es dafür mehrere Möglichkeiten. Ein Weg besteht darin, komplette Dateien von Ihrem Rechner direkt an die Kollegin zu schicken, indem Sie sie an eine E-Mail-Nachricht anhängen. Die zweite Möglichkeit ist, die Kollegin über das Netzwerk auf Ihren Computer zugreifen zu lassen, sodass sie die Datei direkt von Ihrer Festplatte laden kann. Sie können die Datei aber auch auf die Festplatte eines anderen Computers kopieren. Sagen Sie Ihrer Kollegin dann einfach, wo sie die Datei finden und jederzeit darauf zugreifen kann. Egal welche der drei Möglichkeiten Sie wählen, die Daten marschieren via Netzwerkkabel (oder Funkverbindung) zum Computer der Kollegin.

Bei bereits etwas gehobenen Varianten der Bereitstellung von Daten und/oder Dateien können Sie beispielsweise auch eine Art Wikipedia oder lokale Webseiten erstellen, über die auf die fraglichen Daten und Dateien zugegriffen werden kann.

Gemeinsame Ressourcennutzung

Sie können bestimmte Computerressourcen, zum Beispiel Laufwerke oder Drucker, so konfigurieren, dass alle Rechner im Netzwerk darauf zugreifen können. Der an Ediths Rechner angeschlossene Laserdrucker (siehe Abbildung 1.1) ist so eine *gemeinsam genutzte Ressource*, auf die alle Netzwerkbenutzer zugreifen können. Ohne Netzwerk müssten sich Juliane, Herbert und Martin eigene Laserdrucker anschaffen.

Auch Festplattenlaufwerke können gemeinsam genutzte Ressourcen sein. Damit andere Rechner oder Benutzer darauf zugreifen können, müssen sie aber entsprechend eingerichtet werden. Angenommen, Herbert und Martin wollen eine Datei benutzen, die sich auf einem gemeinsam nutzbaren Laufwerk in Julianes Computer befindet. Dann braucht Herbert nur seine Datei auf das gemeinsam genutzte Laufwerk in Julianes Rechner zu kopieren und Martin mitzuteilen, wo die Datei abgelegt wurde. Wenn Martin dann mal Zeit hat, kopiert er die Datei von Julianes Rechner auf sein Tablet. (Immer vorausgesetzt natürlich, dass nicht zwischenzeitlich irgendein Schlaumeier die Datei löscht …!)

Sie können auch andere Ressourcen gemeinsam nutzen, zum Beispiel die Internetverbindung. Die Möglichkeit der gemeinsamen Nutzung einer Internetverbindung ist einer der Hauptgründe für die Einrichtung von Netzwerken.

Gemeinsame Nutzung von Programmen

Anstatt auf allen Rechnern immer wieder dieselben Programme zu installieren, ist es manchmal besser, sie auf einem gemeinsam genutzten Laufwerk abzulegen, auf das alle zugreifen können. Wenn beispielsweise zehn Benutzer ein bestimmtes Programm nutzen, können Sie zehn Kopien der Software kaufen und installieren – eine für jeden PC – oder Sie kaufen eine Lizenz für zehn Benutzer und installieren nur eine Kopie auf einem gemeinsam genutzten Laufwerk. Jeder der zehn Benutzer kann nun über das gemeinsam genutzte Laufwerk auf das Programm zugreifen.

Dabei laufen über Netzwerk gemeinsam genutzte Programme auch heute noch oft recht langsam, weshalb es sinnvoller sein könnte, weiterhin nur die Installationsdateien des Programms auf ein gemeinsames Netzlaufwerk zu kopieren, um dann einzelne Kopien des Programms auf den jeweiligen lokalen Festplatten zu installieren. Dabei kann der Administrator die Netzwerkinstallation so anpassen, dass die Software auf allen PCs identisch eingerichtet wird, was allerdings vorwiegend in größeren Netzwerken wirklich von Bedeutung sein dürfte. Diese Variante, bei der Sie Lizenzen für jeden Rechner erwerben müssen, auf dem die Programme installiert werden, war lange üblich, wird heute aber zunehmend von Programmen abgelöst, die sich direkt im Internetbrowser ausführen lassen. Viele ähnliche Webanwendungen (Apps) können Sie auch einfach nur lokal und damit firmenintern installieren oder selbst programmieren, was insbesondere bei Datenbankanwendungen auch oft gemacht wird. Ticketsysteme für die Servicetechniker, die dann nicht mehr nur lokal, sondern auch über das Internet bereitgestellt werden können, weisen beispielsweise erhebliche Vorteile auf.

Beachten Sie die Nutzungsbedingungen der Programme und erwerben Sie die erforderliche Anzahl an Lizenzen. Achten Sie beim Kauf von Software auf die Systemvoraussetzungen. Mit spezialisierter (und teurer) Software, wie zum Beispiel Buchhaltungs- oder CAD-Programmen, gehen oft auch besondere Lizenzierungsmodelle einher, deren Vielfalt mit dem Internet noch einmal enorm zugenommen hat.

Netzwerke bieten einen weiteren Vorteil: Sie ermöglichen Computerbenutzern, über das Netzwerk miteinander zu kommunizieren. Die offensichtlichste Art dieser Kommunikation ist das Hin- und Hersenden von Nachrichten via E-Mail oder Instant Messaging. Moderne Netzwerke bieten aber weit mehr. Beispielsweise können Sie Videokonferenzen online über private Netzwerke oder das Internet führen.

Server, Clients und Endgeräte

Netzwerkgeräte, die Laufwerke, Drucker und sonstige Ressourcen bereitstellen, die von anderen Rechnern im Netzwerk gemeinsam genutzt werden, heißen *Server*. Rechner, die keine Server sind, werden *Clients* genannt. Merken Sie sich diesen Begriff, auch wenn es in modernen Netzwerkumgebungen immer mehr Geräte gibt, die vorübergehend diese oder jene Ressourcen bereitstellen können.

Im Grunde genommen existieren in einer Netzwerkumgebung also nur zwei Arten von Rechnern: Server und Clients.

✔ Oft nutzt man als Server im Netzwerk leistungsstärkere und teure Geräte. Das ist insbesondere im größeren Unternehmensumfeld auch sinnvoll, da ihre Ressourcen von allen (oder vielen) Benutzern im Netz (und oft gleichzeitig) verwendet werden müssen.

✔ Als Clients werden tendenziell billigere und weniger leistungsstarke Geräte verwendet. Hierbei handelt es sich vorwiegend um Endgeräte, die von den einzelnen Benutzern tagtäglich verwendet werden. Da Clients keine oder zumindest weniger Ressourcen und dann auch nur für üblicherweise weit weniger Nutzer bereitstellen, müssen sie meist nicht so leistungsfähig sein.

✔ In den meisten Netzwerken gibt es mehr Clients als Server. Bei Netzwerken mit vielleicht maximal zwölf Clients würde wahrscheinlich ein Server ausreichen.

✔ Insbesondere in Firmennetzwerken wird oft strikt zwischen Clients und Servern unterschieden. Ein Computer ist dann entweder ein Server oder ein Client, aber nicht beides. Aus Gründen der Effizienz sollten Server nicht als Clients und Clients auch möglichst nicht als Server genutzt werden.

✔ In kleineren Netzwerkumgebungen können Rechner im Netz gleichzeitig als Server und auch als Client genutzt werden. Wie das dann aussieht, ist aber immer eine Frage der Planung und der Art der gemeinsam genutzten Daten. Im Privatbereich wäre es allenthalben sinnvoller, einen Audio- oder Videoserver einzurichten, der zentral gesichert wird und von dem alle Familienmitglieder die für sie interessanten Daten abrufen können, als diese chaotisch und vielleicht auch noch doppelt und dreifach verstreut abzulegen.

 Vergessen Sie nicht die juristischen Aspekte und achten Sie darauf, dass Sie urheberrechtlich geschützte Materialien *nicht* öffentlich zugänglich machen.

Dedizierte Server und die Gleichberechtigung

In einigen Netzwerken ist der Server ausschließlich Server. Seine einzige Aufgabe besteht darin, den Clients im Netzwerk Ressourcen (zum Beispiel Laufwerke oder Drucker) zur Verfügung zu stellen und diese zu *bedienen* (daher auch die Bezeichnung »Server«). Diese Server werden *dedizierte Server* genannt, da sie außer den Netzwerkdiensten keine anderen Aufgaben übernehmen.

In kleineren Netzwerken können die einzelnen Netzwerkrechner sowohl als Client als auch als Server fungieren. Jeder Computer kann dann zum Beispiel seine Drucker und Laufwerke für die anderen Rechner im Netzwerk bereitstellen. Und während der Rechner seine Serverdienste anbietet, können Sie ihn trotzdem für andere Aufgaben nutzen, um beispielsweise Texte mit ihm zu bearbeiten. Diese Netzwerke werden *Peer-to-Peer-Netzwerke* genannt. Die angeschlossenen Geräte sind in derartigen Umgebungen *gleichberechtigt*.

Wenn Sie morgen früh mit Ihrem Hund Gassi gehen, können Sie sich kurz über die folgenden Aspekte hinsichtlich der Unterschiede zwischen Client/Server-Netzwerken (mit dedizierten Servern) und Peer-to-Peer-Netzwerken Gedanken machen:

✔ Peer-to-Peer-Netzwerkfunktionen wurden in Windows bereits vor vielen Jahren integriert. Falls Ihr Rechner also unter Windows arbeitet, benötigen Sie keine weitere Software, um ihn zum einfachen Server zu machen. Da die entsprechenden Funktionen von Windows üblicherweise aktiviert werden, müssen Sie dann also nur die gemeinsam zu nutzenden Ressourcen freigeben oder bereitstellen.

✔ Die in den verschiedenen Desktopversionen von Windows (beispielsweise Windows 10 oder auch 11) integrierten Netzwerkserverfunktionen sind nicht besonders effizient, weil diese Windows-Versionen nicht primär für den Einsatz als Netzwerkserver entwickelt wurden. Werden sie von mehreren Nutzern gleichzeitig in Anspruch genommen, bricht die Leistung schnell stark ein.

Wenn ein Rechner als dedizierter Netzwerkserver dienen soll, sollten Sie besser ein Netzwerkbetriebssystem anstelle eines Standardbetriebssystems verwenden. *Netzwerkbetriebssysteme* (kurz *NOS* – Network Operating System) wurden für die effiziente Ausführung der Netzwerkfunktionen entwickelt.

- Die am häufigsten im Unternehmensumfeld eingesetzten Netzwerkbetriebssysteme sind die Serverversionen von Windows. Die aktuelle Version ist Microsoft Windows Server 2022. In Firmen werden dennoch weiterhin die Vorgängerversionen wie Server 2019 und älter eingesetzt. Vom Einsatz von Server 2012 und sogar noch älteren Versionen sollte abgesehen werden, da Microsoft dafür keine Sicherheitsupdates mehr anbietet.

- Ein weiteres beliebtes Netzwerkbetriebssystem ist *Linux.* Insbesondere für anspruchsvollere Aufgaben erfordert es aber oft mehr Expertenwissen als Windows Server. Die verbreiteten Linux-Versionen wie *Ubuntu* sind in den Standardversionen auch nicht auf den Serverbetrieb zugeschnitten; es gibt allerdings spezielle Server-Versionen, die für den Betrieb als Server vorgesehen sind.

✔ Viele Netzwerke sind gleichzeitig Peer-to-Peer- und dedizierte Servernetzwerke. Solche Netzwerke enthalten

- mindestens einen Serverrechner, auf dem ein NOS, zum Beispiel Windows Server 2022, ausgeführt wird, und

- Clientrechner, welche die Serverfunktionen von Windows dazu benutzen, Ressourcen mit anderen Clients im Netzwerk zu teilen.

Ihre dedizierten Server sollten besonders zuverlässig arbeiten.

Warum funktioniert ein Netzwerk eigentlich?

Um Netzwerke benutzen zu können, müssen Sie wirklich nicht besonders viel darüber wissen, wie es funktioniert. Mit ein wenig Hintergrundwissen lässt es sich aber beruhigter arbeiten. Die folgenden Komponenten sind für das Funktionieren eines Netzwerks verantwortlich:

✔ **Netzwerkadapter:** In oder angeschlossen an allen mit dem Netzwerk verbundenen Rechnern befinden sich elektronische Schaltungen, die *Netzwerkadapter* (NIC – Network Interface Card), *Netzwerkkarte* oder *Netzwerkschnittstelle* genannt werden.

Es sollte Sie auch nicht weiter stören, wenn aus traditionellen Gründen oft immer noch von *Netzwerkkarten* gesprochen wird, auch wenn mittlerweile kaum mehr Steckkarten im eigentlichen Sinne genutzt werden. Netzwerkadapter für drahtlose Netze (Wi-Fi/WLAN) werden heute an die USB-Schnittstelle angeschlossen und sind oft kaum größer als ein USB-Stecker selbst, von den integrierten WLAN-Adaptern von Tablets und Smartphones ganz zu schweigen.

✔ **Netzwerkkabel:** Über Netzwerkkabel lassen sich Computer physisch miteinander verbinden. Das Kabel wird mit einem Netzwerkadapter verbunden, dessen Anschluss sich meist hinten am Rechner befindet.

Der gebräuchlichste Netzwerkkabeltyp ähnelt äußerlich einem Telefonkabel. Der äußere Eindruck kann aber täuschen. Für Telefonkabel werden qualitativ schlechtere Kabel verwendet, die sich für Netzwerke nicht eignen. Für Computernetzwerke brauchen Sie *Twisted-Pair-Kabel* (*TP-Kabel*), bei denen jeweils zwei separate, isolierte Einzeldrähte miteinander verdrillt (twisted) werden. Standardmäßige Telefonkabel sind nicht verdrillt und dadurch wesentlich störanfälliger.

Grundlagen zum Thema Netzwerkkabel finden Sie in Kapitel 6.

Drahtlose Netzwerke können Sie auch ganz ohne Kabel einrichten. Deren entsprechenden Optionen stellen Sie allerdings vor ganz eigene Herausforderungen, denen wir uns erst ausführlicher zuwenden werden, wenn die allgemeinen Grundlagen verkabelter Netzwerke behandelt wurden. Zudem arbeiten Funkverbindungen meist langsamer und unzuverlässiger.

✔ **Netzwerk-Switch:** Wenn Ihr Netzwerk mit Twisted-Pair-Kabeln eingerichtet wurde, wird es dort auch einen oder mehrere *Switches* geben. Das ist eine Art Verteiler, der als Verbindungspunkt für die Verkabelung im Netz dient. Alle Rechner im Netzwerk werden jeweils über Kabel mit dem Switch verbunden, der dann wiederum für die Verbindung der Endgeräte untereinander sorgt. Wenn Ihnen ihr Internetanbieter ein Verbindungsgerät zur Verfügung gestellt hat, ist dort meist schon ein solcher Switch verbaut.

In der Anfangszeit der Twisted-Pair-Verkabelung von Netzwerken wurden *Hubs* anstelle von Switches benutzt. Manchmal wird dieser Begriff auch heute noch für *Switches* verwendet. Seit der Jahrtausendwende wurden die echten Hubs aber von Switches abgelöst.

In kleineren Netzwerken wird der Netzwerk-Switch oft mit einem weiteren Netzwerkgerät kombiniert, das *Router* genannt wird. Router werden dazu benutzt, zwei Netzwerke miteinander zu verbinden. Typischerweise werden Router daher auch eingesetzt, um lokale Netzwerke mit dem Internet zu verbinden. Werden Router und Switch kombiniert, lassen sich mehrere Rechner leicht untereinander und gleichzeitig mit dem Internet verbinden.

✔ **Netzwerksoftware:** Na klar, erst mit der Software kann das Netzwerk funktionieren. Damit ein Netzwerk überhaupt arbeiten kann, muss eine Menge Software richtig eingerichtet werden. Bei modernen Betriebssystemen geschieht das allerdings oft automatisch. Früher musste man oft noch etliche Feineinstellungen vornehmen, um Netzwerke unter Netzwerkbetriebssystemen wie Windows Server wie gewünscht funktionieren zu lassen.

Der persönliche Computer ist tot!

Auch wenn von diesem Kapitel nicht viel hängen bleiben sollte, eine Sache liegt mir sehr am Herzen: Sobald Ihr persönlicher Computer (PC) oder Ihre sonstigen Endgeräte in Netzwerken unterwegs sind, wurde das »persönlich« weitgehend terminiert. Sie sind jetzt Teilnehmer eines Netzwerks und irgendwie haben Sie die wichtigsten Dinge aufgegeben, die das Konzept des PCs ursprünglich so erfolgreich gemacht haben, nämlich Eigenständigkeit und Unabhängigkeit. Schließlich regierten vor dem PC noch die *Konsolen* oder *Terminals*, die für sich allein genommen (also ohne Server) reichlich nutzlos waren.

Die Computeranfänge des Autors reichen teilweise zurück bis in die Tage der Großrechner. Das waren riesige Maschinen, die ganze Räume ausfüllten und mit Wasser gekühlt werden mussten. Dougs erster Computer war noch ein wassergekühlter Binford 2000. Hahaha! (Kein Scherz! Das mit der Wasserkühlung ist kein Quatsch. Man brauchte manchmal sogar Klempner, um Großrechner zu installieren. Die ganz großen wurden sogar mit flüssigem Stickstoff gekühlt. Den Binford 2000 allerdings gab es nie!)

Großrechner erforderten eine ganze Abteilung an Programmierern und Operatoren in weißen Laborkitteln, damit sie nicht schlappmachten, und mussten sorgfältig verwaltet werden. Mit dem PC änderte sich dann alles. Die kleinen Dinger brachten die Rechnerleistung aus den großen Rechnerräumen auf die Schreibtische der Benutzer. Damit war erst einmal das Ende der zentralen Kontrolle der Großrechner besiegelt und die Rechnernutzer wurden zu einsamen Magiern, denn für die Bedienung der damaligen PC musste man schon eine ganze Menge wissen und können. Ohne Handbücher zu wälzen und/oder Schulungen ging wenig. Irgendwie waren damals alle PC-Benutzer so etwas wie Administratoren.

Mit den Netzwerken veränderte sich die Computerwelt erneut. Eigentlich ist dieses Konzept ein Schritt zurück zur Großrechnerarchitektur. Sicherlich, das Netzwerk befindet sich nicht irgendwo im Keller und einen Klempner braucht man auch nicht, aber die PCs gehörten schnell auch nicht mehr den einzelnen Benutzern persönlich. Und während die PCs mit grafischen Benutzeroberflächen wie Windows immer benutzerfreundlicher wurden, wurden die EDV-Gurus und Fachkräfte jetzt vorwiegend für die Netzwerke (und die Installation und Konfiguration der Rechner) und das Ausbügeln von Benutzerfehlern benötigt. Fast wieder wie zu Zeiten der Großrechner, nur dass es nun so etwas wie »intelligente« Terminals und Konsolen und zunehmend dezentrale Ressourcen gab.

Allerdings geht Ihnen mit der Nutzung von Netzwerken auch ein Teil Ihrer Eigenständigkeit verloren:

✔ **Sie dürfen nicht einfach irgendwelche Dateien im Netzwerk löschen.** Vielleicht sind es ja gar nicht Ihre.

✔ **Das Netzwerk zwingt Sie, sich mit Sicherheitsaspekten zu befassen.** Beispielsweise muss der Server wissen, wer Sie sind, bevor er Ihnen Zugriff auf seine Dateien gestattet. Sie müssen also Ihre Benutzerkennung und Ihr Passwort kennen, um auf das Netzwerk zugreifen zu können. Diese Vorkehrung soll verhindern, dass sich Unbefugte Zugang zu Ihrem Server verschaffen und Ihnen vertrauliche Daten entwenden oder auch nur einsehen können.

✔ **Sie müssen möglicherweise auf gemeinsam genutzte Ressourcen warten.** Bloß weil Herbert etwas an Ediths Drucker sendet, heißt das noch lange nicht, dass der gleich mit dem Drucken anfängt. Falls nämlich Martin zuvor einen Zwei-Stunden-Druckauftrag an den Drucker geschickt hat, muss Herbert wohl oder übel warten.

✔ **Sie müssen möglicherweise warten, um auf Dokumente zugreifen zu können.** Sie wollen beispielsweise eine Excel-Tabelle vom Netzlaufwerk laden. Das geht aber vielleicht nicht, weil diese gerade anderweitig bearbeitet wird. Wieder müssen Sie dann warten.

✔ **Es steht Ihnen nicht unbeschränkt Speicherplatz zur Verfügung.** Wenn Sie eine riesige Videodatei auf eine Serverfestplatte kopieren, könnten Sie etwas später einen Anruf von einer Kollegin bekommen, die sich darüber beschwert, dass dort nun keinen Platz mehr für ihre wichtige Datei ist.

✔ **Über das Netzwerk könnten Computerviren verteilt werden.** Möglicherweise infizieren Sie dann versehentlich die Rechner anderer Netzwerkbenutzer.

✔ **Sie sollten oder müssen sich generell gut überlegen, ob Sie Dateien mit sensiblen Daten auf Servern speichern.** Falls Sie eine ärgerliche Notiz über Ihren Boss verfassen und auf einem Server ablegen, könnte Ihr Boss sie finden und lesen.

✔ **Serverrechner müssen rund um die Uhr laufen.** Einfach abschalten geht gar nicht. Dann könnte jemand anders (vorübergehend) keinen Zugriff mehr auf die auf dem Server abgelegten Dateien oder daran angeschlossene Geräte haben.

Ein Hoch auf die persönlichen Endgeräte!

Mit der Möglichkeit, Daten drahtlos zu übertragen, wurden intelligente Terminals und Konsolen erst einmal portabel, bevor Nutzer mit den modernen Endgeräten, dem Ausbau der Telefonnetze und des World Wide Webs zunehmend rundum mobil wurden. Hinzu kommt der Umstand, dass die Geräte immer kleiner und erschwinglicher wurden. Auch wenn fast alles immer teurer wurde, zwischen Gerhards zweitem Rechner mit einem Listenpreis von damals 15.000 DM (in den 1980ern) und den Preisen der heutigen Tablets liegen wirklich Welten.

Um einmal ein Extrembeispiel zu bringen, könnten Sie sich heute Ihr Tablet schnappen, es in eine einfache wasserdichte Kunststoffhülle packen und damit Schnorcheln gehen. (Wenn Sie tief tauchen, könnte allerdings nicht nur die Verbindung zum Mobilfunknetz abreißen.)

Mit dieser Variante der Netzwerknutzung werden wir uns in diesem Buch aber nur eher am Rande befassen. Hier stehen die Netzwerke in produktiven Arbeitsumgebungen im Vordergrund, wobei die Grenzen sicherlich zunehmend verwischen, denn schließlich könnte man beim Schnorcheln in der Karibik auch ein Textdokument bearbeiten, das auf einem heimischen Server mit Internetverbindung oder irgendwo anders geparkt wurde.

Der Netzwerkverwalter

Sie glauben gar nicht, wie viele Dinge selbst in einem einfachen Netzwerk schieflaufen können. Deshalb sollten Sie unbedingt eine Person zum *Netzwerkverwalter* oder auch *Netzwerkadministrator* machen. So ist wenigstens einer dafür verantwortlich, dass das Netzwerk nicht außer Kontrolle gerät.

Sofern der Netzwerkverwalter nur für das Netzwerk verantwortlich ist, muss er nicht unbedingt ein technisches Genie sein. Einige der besten Netzwerkverwalter sind sogar ziemlich aufgeschmissen, wenn es um den technischen Kram geht. Ein Verwalter sollte seine Arbeit aber in jedem Fall selbst organisieren und planen können. Er soll nämlich dafür sorgen, dass auf der Festplatte des Dateiservers ausreichend Speicherplatz zur Verfügung steht, dass sie regelmäßig gesichert wird, dass neue Mitarbeiter auf das Netzwerk zugreifen können und so weiter. Das sind aber eher bürokratische Aufgaben.

Allerdings gehört es meist auch zu den Aufgaben eines Netzwerkverwalters, kleinere Probleme zu beheben, mit denen die Benutzer selbst überfordert sind, und er sollte auch wissen, wann er bei größeren Problemen welche Fachleute zurate ziehen muss und deren Kontaktdaten kennen. Ein harter Job, den aber schließlich jemand machen muss. Die folgenden Tipps könnten Ihnen dabei helfen:

✔ Ein Teil dieses Buches ist ausschließlich den bemitleidenswerten Netzwerkverwaltern gewidmet. Wenn man also Sie für diesen Job ausgeguckt hat, sollten Sie den fünften Teil lesen. Wenn der Kelch an Ihnen vorübergegangen ist, können Sie dem- oder derjenigen, den oder die es getroffen hat, aber natürlich ein Exemplar dieses Buches zukommen lassen.

✔ In kleinen Unternehmen wird der Netzwerkverwalter gelegentlich gewissermaßen durch Ziehen von Streichhölzern ermittelt. Wer das kurze Streichholz zieht, bekommt den Job des Administrators.

✔ Ein klein wenig sollten Netzwerkverwalter natürlich schon von der Technik verstehen. Aber organisatorisches Talent und Sorgfalt sind oft wichtiger als die technische Kompetenz. Netzwerkverwalter müssen üblicherweise verschiedene Wartungsarbeiten ausführen. Und das geht so ganz ohne ein klein wenig technisches Wissen kaum. Die organisatorischen Fähigkeiten sind und bleiben aber das Wichtigste.

Was haben die, was ich nicht habe?

Bei all diesen Dingen, an die man denken muss, fragen Sie sich sicherlich allmählich, ob Ihre Intelligenz wohl ausreicht, um mit Ihrem Rechner noch arbeiten zu können, wenn er erst einmal ans Netz angeschlossen wurde. Machen Sie sich darüber keine Sorgen! Wenn Sie intelligent genug sind, dieses Buch zu kaufen, weil Sie wissen, dass Sie eine produktive Netzwerkumgebung brauchen, dann können Sie später auch das Netzwerk selbst installieren, es verwalten und letztlich darin arbeiten, sofern Ihnen dafür noch Zeit bleibt. Sie benötigen nicht die Intelligenz oder Kompetenz eines Stephen Hawkings, sondern müssen nur wissen, wie und wo Sie an den richtigen Stellschrauben drehen können.

Ich kenne Leute, die ständig mit Netzwerken arbeiten, deswegen aber nicht mehr auf dem Kasten haben als Sie. Allerdings haben diese Leute etwas, was Sie nicht haben: ein Zertifikat. Deswegen werde ich Ihnen kraft der Befugnisse, die ich von der »Internationalen Gesellschaft für Computergeschädigte« erhalten habe, das Zertifikat in Abbildung 1.2 verleihen, das Sie sich mit diesem Fernstudium an der ... *für Dummies*-Akademie redlich verdient haben. Eines Tages ist es vielleicht mehr wert als so manches dieser CNE- oder MCSE-Zertifikate, mit denen sich die echten Netzwerkexperten schmücken.

Herzlichen Glückwunsch!

Geprüfter Netzwerk-Dummy

Dieses Zertifikat bescheinigt, dass

*die höheren Weihen des Ordens der Netzwerk-Dummies
erlangt hat und Träger des geschirmten RJ-45-Ordens ist.
Er/Sie tritt damit uneingeschränkt in alle Rechte und Privilegien des Ordens ein,
wie Kopfschmerzen und Netzwerkfrust,
den uneingeschränkten Genuss von Naschereien,
Pizza und koffeinhaltigen Brausen.
So steht es geschrieben in der Netzwerkbibel
und so sei es!*

*Doug Lowe
Vorsitzender des Internationalen
Vereins der Netzwerk-Dummies*

Abbildung 1.2: Ihr offizielles Zertifikat als Netzwerk-Dummie höherer Weihen

Kapitel 2

So lebt es sich mit dem Netzwerk

Sobald Sie ein Gerät an ein Netzwerk angeschlossen haben, arbeitet es nicht mehr isoliert und für sich allein, quasi auf einer von der Welt abgeschotteten einsamen Insel. Die Netzwerkverbindung hat grundlegende und dauerhafte Veränderungen zur Folge. Jetzt ist Ihr Rechner Bestandteil eines größeren »Systems« und mit anderen Geräten im Netzwerk verbunden. Sie dürfen und/oder müssen sich nun mit lästigen Netzwerkdetails wie lokalen und gemeinsam genutzten Ressourcen herumschlagen und wissen, wie Sie sich anmelden, auf Netzlaufwerke zugreifen, Netzwerkdrucker verwenden und sich wieder vom Netzwerk abmelden können.

Diese für das Leben mit dem Computernetzwerk nötigen Kniffe soll Ihnen dieses Kapitel vermitteln. Leider wird es dabei zwar zuweilen ein wenig technisch, aber gemeinsam stehen wir das schon durch!

Der Unterschied zwischen lokalen Ressourcen und Netzwerkressourcen

Für den Fall, dass Ihnen dies in Kapitel 1 entgangen sein sollte: Bei einem der wichtigsten Unterschiede zwischen der Arbeit an isolierten Einzelrechnern und Geräten im Netzwerk geht es um die Unterscheidung zwischen lokalen Ressourcen und Netzwerkressourcen. Zu den *lokalen Ressourcen* gehören direkt an Ihrem Rechner angeschlossene Festplatten und andere Speichermedien (USB-Sticks und Speicherkarten), Drucker, Modems und optische Laufwerke (CD/DVD und Blu-ray). Diese lokalen Ressourcen können Sie unabhängig von an das Netz angeschlossenen Komponenten benutzen. *Netzwerkressourcen* sind hingegen die entsprechenden Speichergeräte, Drucker, Modems und optische Laufwerke, die an Netzwerkservern angeschlossen sind. Auf diese Ressourcen können Sie nur zugreifen, wenn Ihr Rechner mit dem Netzwerk verbunden ist.

Die Schwierigkeit für Anwender besteht nun darin, dass Sie beim Arbeiten an einem Client im Netzwerk wissen müssen, welche Ressourcen lokal (die gehören Ihnen) und welche Ressourcen Netzwerkressourcen sind (die gehören dem Netzwerk). In den meisten Netzwerken (zumindest unter Windows) handelt es sich bei Ihrem Laufwerk C: um ein lokales Laufwerk. Falls ein Drucker direkt neben Ihrem PC steht, handelt es sich wahrscheinlich um einen lokalen Drucker. Mit diesen Ressourcen können Sie machen, was Sie wollen, ohne dass das Netzwerk oder andere Benutzer im Netzwerk etwas davon mitbekommen (immer vorausgesetzt natürlich, dass diese lokalen Ressourcen nicht im Netzwerk freigegeben sind und damit gemeinsam genutzt werden können). Beachten Sie Folgendes:

- ✔ Ob eine Ressource nun lokal ist oder zum Netzwerk gehört, lässt sich nicht ohne Weiteres erkennen. Der Drucker neben Ihrem Rechner ist zwar wahrscheinlich Ihr lokaler Drucker, aber es kann sich auch um einen Netzwerkdrucker handeln. Für Laufwerke gilt dasselbe: Die Festplatte in Ihrem Rechner nutzen zwar wahrscheinlich Sie allein, es könnte sich darauf aber eine Netzwerkfreigabe befinden, auf welche andere Netzwerkbenutzer ebenfalls zugreifen können.

- ✔ Dedizierte Netzwerkserver stellen oft eine Menge Ressourcen bereit.

Was sagt mir ein Name?

So ziemlich alles in einem Computernetzwerk trägt einen Namen: die Computer selbst, die mit den Rechnern arbeitenden Leute und auch die im Netzwerk gemeinsam genutzten Drucker und Laufwerke. Sie müssen zwar nicht alle in Ihrem Netzwerk verwendeten Namen kennen, aber einige sollten Ihnen schon bekannt sein.

Hier einige weitere Details zu Netzwerknamen:

- ✔ **Jede Person, die im Netzwerk arbeitet, hat einen** *Benutzernamen* **(***Benutzerkennung* **oder auch eine** *Benutzer-ID***).** Sie müssen Ihren Benutzernamen kennen, um sich im Netzwerk anmelden zu können. Sie sollten auch die Benutzernamen Ihrer Kollegen kennen, vor allem wenn Sie deren Dateien verwenden oder ihnen nette Nachrichten senden wollen.

  Weitere Angaben zu Benutzernamen und zur Anmeldung im Netzwerk finden Sie im Abschnitt »Die Anmeldung beim Netzwerk« weiter hinten in diesem Kapitel.

  Auch wenn es sich scheinbar anbietet, sollten Sie nicht gerade Vornamen von Netzwerkbenutzern als Benutzernamen verwenden. Selbst in kleinen Büros kann das schnell problematisch werden. Überlegen Sie zum Beispiel einmal, wie viele Personen Sie mit dem Namen Anna oder Max kennen.

Bei der Vergabe von Benutzernamen sollten Sie konsistent vorgehen. So könnten Sie zum Beispiel den Vornamen sowie die ersten beiden Buchstaben des Nachnamens benutzen. Herberts Benutzername würde `herbertkl` und Martins Benutzername `martinhu` lauten. Man könnte auch den ersten Buchstaben des Vornamens mit dem vollständigen Nachnamen verwenden. Herberts Benutzername wäre dann `hklein` und Martins `mhuber`. Die Groß- und Kleinschreibung können Sie dabei vernachlässigen. Die meisten Netzwerke machen da nämlich keinen Unterschied. Die Benutzernamen `hklein` und `Hklein` sind dann identisch. In vielen Betrieben wird die Kombination `vorname.nachname` genutzt, da dieser Name dann auch gleich für die E-Mail-Adresse übernommen wird.

✔ **Jeder Computer im Netzwerk muss einen eindeutigen Namen haben, der nur einmal im Netz vorkommen darf.**

Je nach Betriebssystem gibt es hier andere Anforderungen an den Namen eines Computers: Unter Windows kann dieser beispielsweise maximal 15 Zeichen lang sein, und es dürfen bestimmte Sonderzeichen nicht enthalten sein.

Sie müssen nicht die Namen aller Rechner kennen, die am Netz angeschlossen sind, aber es kann von Vorteil sein, wenn Sie den Namen Ihres Geräts im Netzwerk und die Namen der Server, auf die Sie zugreifen müssen, kennen.

Häufiger sind Computernamen mit dem Benutzernamen der Person identisch, die den Rechner am häufigsten nutzt. Auch das ist in Unternehmensumgebungen nicht gerade sinnvoll, weil Mitarbeiter zuweilen schneller als Rechner ausgetauscht werden und auch das agile Büro immer mehr an Bedeutung gewinnt. Geräte werden dann von unterschiedlichen Personen genutzt. Manchmal verbirgt sich hinter dem Namen auch der Standort des Rechners, beispielsweise `buero-12` oder `keller`. Serverrechner haben oft einen Namen, der auf die Gruppe hinweist, die mit dem Server am häufigsten arbeitet, zum Beispiel `buchht-server` oder `cad-server`.

Sie werden bei Servern aber auch Bezeichnungen wie `b13k5-87a` begegnen. Da war dann ein echter Netzwerkfreak am Werk! Vielleicht sind Sie aber ein Fan von Science-Fiction-Filmen und möchten Namen wie `hal-2001`, `colossus` oder `m5` verwenden. Sie können aber auch Namen von Trickfilmfiguren wählen, wie `donald` oder `daisy`. Gar zu niedlich sollten die Namen aber auch wieder nicht sein. Namen wie `schatzi` oder `babykiste` gehen dann doch ein wenig weit.

Windows unterscheidet bei den Benutzernamen zwar nicht zwischen Groß- und Kleinschreibung, spätestens bei Servern unter anderen Betriebssystemen (gerade Linux) muss das aber nicht unbedingt der Fall sein. Während die Schreibweise meist noch unkritisch ist, können Rechnernamen in gemischter Groß-/Kleinschreibung vereinzelt sogar zu Problemen führen. Wenn Sie einfach durchgängig Kleinschreibung verwenden und nicht darauf achten, dass Rechnernamen zuweilen in abweichender Schreibweise auf dem Bildschirm angezeigt werden, machen Sie nicht nur sich selbst die Arbeit leichter (die ⌂-Taste muss nicht mehr gedrückt werden).

Angesichts der heutigen Vielfalt der Geräte in Netzwerken sollten Sie diese vielleicht am besten irgendwie durchnummerieren und beispielsweise Namen wie `mobil-vt-0012`, `tablet-lg-0011`, `compu001` oder `computer002` verwenden. (Hier enthalten die ersten beiden Namen Kürzel für Gerätekategorie und Abteilung.) Herstellernamen oder Funktion nehme ich persönlich schon deshalb gern, weil man diese Vorgehensweise insbesondere bei Mobiltelefonen und Tablets herstellerseitig gerne als Vorgabe nimmt und dabei irgendwie mit der Seriennummer des Geräts kombiniert.

✔ **Netzwerkressourcen wie freigegebene Laufwerke und Drucker tragen natürlich auch Namen.** Ein Netzwerkserver kann zum Beispiel zwei angeschlossene Drucker namens `laser` und `tinte` (damit wird gleich der Druckertyp klar) und zwei freigegebene Ordner `buchhaltung` und `marketing` im Netzwerk bereitstellen.

Bei einem Netzwerkdrucker kann es durchaus sinnvoll sein, wenn der Standort des Druckers im Namen ersichtlich ist. Bei `laser-10115` wird zum Beispiel klar, dass der Drucker in Raum 10115 steht. Denn mal Hand aufs Herz: Ist es Ihnen – ebenso wie mir – nicht auch schon mal passiert, dass Sie etwas ausgedruckt haben und dann nicht wussten, wo Sie die frisch gedruckten Seiten abholen können?

✔ **In serverbasierten Netzwerken gibt es einen Benutzernamen für den Netzwerkadministrator.**

Wenn Sie sich über einem Benutzernamen mit Administratorrechten anmelden, können Sie machen, was Sie wollen, und zum Beispiel neue Benutzer anlegen, neue Netzwerkressourcen definieren, Herberts Kennwort ändern und so weiter. Die standardmäßig vorgegebenen Benutzernamen für Administratoren sind meist höchst klug gewählt und lauten traditionell `Administrator` (Windows) oder `root` (Unix/Linux). Aus Sicherheitsgründen sollten Sie diese Standardnamen besser deaktivieren und (mindestens) einem anderen Konto entsprechende Rechte geben (wenn das überhaupt geht und zweckmäßig ist).

✔ **Das Netzwerk selbst hat einen Namen.**

In der Windows-Welt gibt es zwei grundlegende Netzwerkvarianten:

- *Domänennetzwerke* sind im größeren Unternehmensumfeld üblich, in dem es dedizierte Server und einen IT-Mitarbeiterstab für deren Verwaltung gibt.

- *Arbeitsgruppennetzwerken* begegnen Sie vorwiegend in kleineren Heim- oder Unternehmensnetzen, in denen es oft keine dedizierten Server und keinen IT-Mitarbeiterstab gibt.

Domänennetzwerke sind unter ihrem *Domänennamen* bekannt. (Na, hätten Sie das erraten?) Und Arbeitsgruppen werden über – Trommelwirbel – *Arbeitsgruppennamen* identifiziert. Unabhängig von der jeweils verwendeten Netzwerkvariante müssen Sie diesen Namen kennen, um auf das Netzwerk zugreifen zu können.

Die Anmeldung beim Netzwerk

Um Netzwerkressourcen nutzen zu können, muss Ihr Gerät an das Netzwerk angeschlossen sein und Sie müssen eine geheimnisvolle Routine durchführen, die man *Anmeldung* nennt. Das Netzwerk will eben wissen, wer Sie sind, um entscheiden zu können, ob Sie zu den Bösen oder zu den Guten gehören.

Bei vielen Mobilgeräten, die sich drahtlos mit einem Netzwerk verbinden, mag es ja so aussehen, als ob die hier beschriebene Anmeldeprozedur gar nicht oder nur ein einziges Mal stattfinden würde. Das sieht aber nur so aus, da Smartphones, Tablets und Mobilgeräte das meist automatisch im Hintergrund für Sie erledigen. Oft gibt es zudem Gastzugänge, über die man auch ohne Benutzername Zugang erhält.

Bei der Anmeldung müssen Sie sich zweimal ausweisen können:

✔ **Mit Ihrem *Benutzernamen*:** Das ist der Name, unter dem das Netzwerk Sie kennt. Bei Ihrem Benutzernamen handelt es sich oft um irgendeine Variante Ihres wirklichen Namens.

Jeder, der in einem Netzwerk arbeiten will, muss einen Benutzernamen besitzen.

✔ **Ihr *Kennwort* (*Passwort*):** Das ist ein Geheimwort, das nur Sie und das Netzwerk kennen. Wenn Sie das richtige Kennwort in Kombination mit Ihrem Benutzernamen eingeben, glaubt das Netzwerk, dass Sie tatsächlich der sind, der Sie behaupten zu sein.

Alle Benutzer sollten jeweils ein eigenes Kennwort erhalten, dieses sofort eigenständig ändern und es geheim halten.

Unter neueren Versionen können Sie meistens auch eine PIN anstatt Ihres Passworts zur Anmeldung verwenden, sofern Sie dies konfiguriert haben. Dies ist eine Funktion von *Windows Hello*. Microsoft spricht hier gerne von einer »persönlicheren Art und Weise der Anmeldung«. Diese sehr vereinfachte Umschreibung bedeutet, dass Ihr eigentliches Passwort auf einem Sicherheitschip (*TPM* – Trusted Platform Module) gespeichert wird und Sie den Zugriff auf dieses per PIN freigeben können. In den meisten Fällen wird die Anmeldung dadurch einfacher, weil Sie sich nur noch Ihre PIN merken müssen.

Beachten Sie jedoch, dass diese vereinfachte Variante der Anmeldung in den meisten Firmennetzwerken aus Sicherheitsgründen nicht aktiv ist.

Neben einer PIN zur Anmeldung bietet Ihnen Windows Hello ebenfalls noch weitere Möglichkeiten zur Anmeldung, beispielsweise durch Gesichtserkennung oder Fingerabdruck. Das kommt Ihnen sicher schon bekannt vor, denn solche biometrischen Anmeldungen sind bei Smartphones und Tablets mittlerweile ganz normal.

Bei manchen Computern und Netzwerken, die auf grafische Benutzeroberflächen verzichten, muss man Benutzernamen und Kennwörter über eine triste *Kommandozeile* (auch *Eingabeaufforderung*) eingeben. Bei Windows-Rechnern melden Sie sich bei aktuellen Rechnern und einem Netzwerk meist über ein Dialogfeld oder einen Willkommensbildschirm an, die nach dem Start des Rechners angezeigt werden. Abbildung 2.1 zeigt eine Version des Dialogs, der unter Windows zum Einsatz kommt.

Abbildung 2.1: Anmeldung bei einem Rechner unter Windows 11

Hier einige weitere Punkte, die Sie bei der Anmeldung beachten sollten:

✔ Der *Benutzername* wird häufiger auch *Benutzerkennung* oder *Benutzer-ID* genannt.

✔ Auch *anmelden* und die neudeutsche Version *einloggen* bedeuten dasselbe, ebenso *abmelden* und *ausloggen*. Letztere sind Wege, »Und tschüs …« zu sagen.

✔ Für das Netzwerk sind Sie und Ihr Rechner zwei Paar Schuhe. Ihr Benutzername bezieht sich nur auf Sie, nicht auf Ihren Rechner. Darum haben Sie auch einen Benutzernamen und Ihr Computer oder Endgerät einen Computernamen. Sie können sich mit Ihrem Benutzernamen möglicherweise über jeden an das Netz angeschlossenen Rechner beim Netzwerk anmelden. Ebenso können sich möglicherweise weitere Benutzer mit ihren eigenen Benutzernamen über Ihren Rechner beim Netzwerk anmelden (*Mehrbenutzersystem*).

Wenn sich eine andere Person mit ihrem eigenen Benutzernamen über Ihren Rechner anmeldet, kann diese Person aber nicht auf ihre Netzwerkdateien zugreifen. Diese Person *könnte* jedoch auf die lokalen Dateien zugreifen, die nicht speziell geschützt wurden und außerhalb Ihres Nutzerverzeichnisses liegen. Passen Sie also auf, wen Sie an Ihre Computer oder Geräte lassen.

✔ Wenn Sie sich bei einem Windows-Servernetzwerk anmelden, enthält das Anmeldedialogfeld vielleicht noch ein Feld, in dem Sie den Namen der *Domäne* eingeben können, bei der Sie sich anmelden wollen. Wird hier keine brauchbare Vorgabe für den Domänennamen angezeigt, wird Ihnen Ihr Netzwerkadministrator gerne sagen, was Sie in diesem Feld eingeben müssen.

✔ Seit Vista gibt es unter Windows kein eigenes Feld mehr, in das Sie den Domänennamen eingeben könnten. Stattdessen müssen Sie diesen Ihrem Benutzernamen voranstellen und ihn mit einem *Backslash (umgekehrter Schrägstrich)* von diesem absetzen. Ein Beispiel könnte so aussehen:

```
loweautor\dlowe
```

Dabei lautet der Domänenname `loweautor` und der Benutzername `dlowe`.

Beachten Sie, dass sich Windows die Namen der Domäne und des Benutzers von der letzten Anmeldung merkt, sodass Sie nur noch Ihr Kennwort eingeben müssen. Wenn Sie sich bei einer anderen Domäne oder mit einem anderen Benutzernamen anmelden wollen, müssen Sie die Option BENUTZER WECHSELN wählen. Dann können Sie beim Anmelden das Symbol eines anderen Benutzers anklicken und einen anderen Domänen- und/oder Benutzernamen wählen und das zugehörige Kennwort eingeben.

✔ Seit Windows 10 bietet Ihnen das Betriebssystem im Normalfall gar nicht mehr die Option an, sich mit einem beliebigen Benutzer am System anzumelden, sondern es werden nach dem Start des Rechners nur die »bekannten Benutzer« angezeigt. Um einen beliebigen Benutzernamen eingeben zu können, muss Ihr Netzwerkadministrator an einigen Stellschrauben am System drehen, daher fragen Sie am besten ihn, wenn die entsprechende Option fehlt.

✔ Ebenfalls seit Windows 10 ist es Microsoft am liebsten, wenn Sie sich an einem Rechner nur noch mit Ihrem Microsoft-Account einloggen. Vermutlich haben Sie bereits einen solchen Account, um alle möglichen Dienste des Herstellers zu nutzen. Hier macht es Ihnen Microsoft durchaus etwas schwer, sich mit einem rein lokalen Account anzumelden, der nicht mit dem Online-Account verknüpft ist.

✔ In manchen Domänen gibt es ebenfalls die Option, sich mit Ihrer E-Mail-Adresse als Benutzername anzumelden. Ihr Domänenadministrator wird Ihnen dies sagen können.

✔ Sie können Rechner meist so einrichten, dass Sie nach dem Einschalten automatisch angemeldet werden, wenn das Betriebssystem gestartet wird. Auf diese Weise brauchen Sie weder einen Benutzernamen noch ein Kennwort einzugeben. Das ist zwar praktisch, Sie sollten diese Idee aber besser gleich wieder fallen lassen, wenn Sie sich auch nur im Geringsten Sorgen darum machen, dass sich jemand über den entsprechenden Rechner Zugang zu Ihrem Netzwerk und Ihren persönlichen Dateien verschaffen könnte. Auf Rechnern in Firmennetzwerken werden Sie diese Option nicht finden. Dort könnte es sogar noch vor der Anmeldung nötig sein, den sogenannten »Affengriff« durchzuführen. Das bedeutet, dass sie [Strg] + [Alt] + [Entf] zusammen drücken müssen, damit die Anmeldeaufforderung erscheint.

✔ Schützen Sie Ihr Kennwort mit Ihrem Leben.

Freigegebene Ordner

Bevor es Netzwerke gab, hatten Computer meist nur ein Laufwerk, das sich Laufwerk C: nannte. Vielleicht hatten sie auch zwei, nämlich C: und D:. Beim zweiten Laufwerk handelte es sich vielleicht um eine zweite Festplatte oder ein CD- oder auch ein DVD-Laufwerk. Auf jeden Fall befanden sich diese Laufwerke in Ihrem Rechner. Es waren also lokale Laufwerke.

Da Sie nun aber in einer Netzwerkumgebung arbeiten, können Sie bestimmt auf Laufwerke zugreifen, die sich gar nicht in Ihrem eigenen Rechner befinden, sondern an irgendwelche anderen Computer im Netzwerk angeschlossen sind. Diese Netzlaufwerke können sich in dedizierten Servern oder bei einem Peer-to-Peer-Netzwerk in einem anderen Clientgerät befinden.

Manchmal können Sie über das Netzwerk auf komplette Netzlaufwerke zugreifen. Meist werden aber keine kompletten Laufwerke, sondern nur einige Ordner (*Verzeichnisse*) darauf gezielt bereitgestellt, damit andere Benutzer darauf zugreifen können. Diese Ordner nennt man auch *freigegebene Ordner, gemeinsam genutzte Ordner* oder *Freigaben* (*Shares*). Andere Benutzer eines Netzwerks können sie mehr oder weniger frei benutzen.

Hier wird es ein wenig verwirrend. Die unter Windows bei häufiger Benutzung einfachste und daher gängigste Variante des Zugriffs auf freigegebene Ordner besteht darin, ihnen einen Laufwerkbuchstaben zuzuweisen. Angenommen, es gibt auf dem Server einen freigegebenen Ordner namens marketing. Diesem können Sie unter Windows den Laufwerkbuchstaben M zuordnen und ihn anschließend als Laufwerk M: nutzen. Dieses Laufwerk wird dann *Netzlaufwerk* genannt. Über dessen Laufwerkbuchstaben kann auf die Daten in einem freigegebenen Ordner zugegriffen werden. Dabei spricht man auch davon, einem Netzlaufwerk einen Laufwerkbuchstaben zuzuordnen.

Netzlaufwerke und freigegebene Ordner können mit Beschränkungen eingerichtet werden, das heißt, Sie können auf einige freigegebene Ordner uneingeschränkt zugreifen, um beispielsweise Dateien kopieren, einfügen und löschen oder Ordner erstellen und verschieben zu können. Bei anderen Ordnern kann der Zugriff jedoch eingeschränkt sein. Dann können Sie vielleicht Dateien kopieren oder einfügen, aber nicht löschen oder bearbeiten. Möglicherweise müssen Sie auch ein Kennwort eingeben, um auf einen freigegebenen Ordner zugreifen zu können. Vielleicht ist im freigegebenen Ordner auch die von Ihnen nutzbare Festplattenkapazität beschränkt (kontingentiert). Mit diesem Thema werden wir uns später noch eingehender befassen.

 Sie können nicht nur auf den Geräten anderer Benutzer auf freigegebene Ordner zugreifen, sondern auch Ihren eigenen Rechner oder Ihr eigenes Gerät zu einem Server machen. Dann können andere Benutzer auf von Ihnen freigegebene Ordner zugreifen. Wie Sie unter Windows Ordner für andere Netzwerkbenutzer freigeben können, erfahren Sie im nächsten Kapitel.

Vier gute Gründe für gemeinsam genutzte Ordner

Sie wissen nun, welche Netzwerkordner freigegeben sind und werden sich vielleicht fragen, was Sie damit anfangen sollen. In diesem Abschnitt stelle ich vier sinnvolle Nutzungsmöglichkeiten für Netzwerkordner vor.

Speicherung allgemein benötigter Dateien

Freigegebene Netzwerkordner eignen sich zur Ablage von Dateien, auf die mehrere Netzwerkbenutzer zugreifen müssen. Denken Sie einfach einmal an ein digitales Filmarchiv. Bei Bedarf auf jedem Rechner eine Kopie der benötigten Dateien abzulegen und sie vielleicht auch noch dezentral überall auf dem neuesten Stand zu halten, wird wohl nie wirklich funktionieren! Die Dateien nur von einem Rechner oder Gerät aus zugänglich zu machen, klingt beim Gedanken an das Internet zwar ein wenig seltsam, kann aber als physische Zugangsbeschränkung bei vertraulichen Daten durchaus sinnvoll sein. Mühsam wäre es dann allerdings, wenn so abgelegte Dateien immer nur von dem Rechner aus zugänglich wären, auf dem sie abgelegt sind.

Wenn Sie die Dateien im Netzwerk in einem freigegebenen Ordner ablegen, kann jeder darauf zugreifen. Denken Sie einfach an einen privaten Server und stellen Sie sich dann vor, Ihre lieben Familienmitglieder würden alle mit quadratischen Augen und Knopf im Ohr beim Frühstück sitzen. Dabei glotzen sie auf ihre Smartphones und sehen sich unterschiedliche Filme an, die alle auf diesem Server gespeichert sind.

Speicherung eigener Dateien

Mit freigegebenen Ordnern können Sie auch die eigenen lokalen Festplattenkapazitäten vergrößern. Wenn Sie also zum Beispiel den Platz auf der Festplatte Ihres Rechners mit aus dem Internet heruntergeladenen Bildern, Musikdateien und Filmen verbraten haben, es auf dem Netzwerkserver aber noch reichlich Platz gibt, haben Sie damit den benötigten Speicherplatz bereits gefunden. Sie müssen Ihre Dateien nur im Netzwerk ablegen!

Hier ein paar Richtlinien für die Speicherung von Dateien auf Netzlaufwerken im Unternehmensumfeld:

- ✔ **Netzlaufwerke lassen sich gut zur Ablage eigener Dateien benutzen, wenn darauf private Bereiche für die einzelnen Benutzer konfiguriert sind, auf die andere Benutzer nicht zugreifen können.** So müssen Sie sich keine Sorgen über neugierige Kollegen machen, die ihre Nasen gerne in die Dateien anderer Leute stecken.

- ✔ **Machen Sie keinen übermäßigen Gebrauch von Netzlaufwerken!** Wahrscheinlich ist nicht nur Ihre Festplatten recht voll, sondern sind es auch die Festplatten anderer Benutzer, weshalb diese ebenfalls gern Platz auf der Netzwerkfestplatte nutzen wollen.

✔ **Vor dem Speichern persönlicher Dateien auf einem Netzlaufwerk sollten Sie eine entsprechende Genehmigung einholen.** Fragen Sie den Netzwerkverwalter!

✔ **In Domänennetzen wird ein Laufwerk (typischerweise Laufwerk H:) häufig dem Stammordner (Home-Verzeichnis) eines Benutzers zugeordnet.** Dabei handelt es sich um einen speziell für den jeweiligen Benutzer eingerichteten Ordner. Das entspricht in etwa der Netzwerkvariante des Ordners Eigene Dateien. Wenn in Ihrem Netzwerk Stammordner für Benutzer eingerichtet wurden, können Sie diese anstelle des Ordners Eigene Dateien für wichtige Dateien im Zusammenhang mit Ihrer Arbeit benutzen. Das empfiehlt sich deshalb, weil dieser Ordner wahrscheinlich im Rahmen der täglichen Sicherung der Netzwerkdaten mit erfasst wird. Im Unterschied dazu werden die Dateien im Ordner Eigene Dateien auf lokalen Laufwerken bei der Sicherung des Netzwerks zumeist *nicht* erfasst. Auch Dateien, die bei Ihnen auf dem Desktop liegen, werden durch eine Sicherung nicht erfasst. Merken Sie sich dies schnell. Sie werden es spätestens dann bereuen, wenn ein Hardwaredefekt ihr lokales System unbrauchbar gemacht hat.

Zwischenstopp für Dateien auf dem Weg zu anderen Benutzern

»Hey Herbert, kannst du mir den letzten Monatsbericht schicken?« »Na klar!« Aber wie soll er das machen? Die Datei befindet sich auf Herberts lokalem Laufwerk. Wie soll er sie also auf Martins Rechner bekommen? E-Mail? Turnschuhnetzwerk? Eine Möglichkeit wäre, die Datei in einem Netzwerkordner abzulegen. Dann kann sich Martin die Datei dort abholen, während Herbert Feierabend machen und seinen Rechner abschalten kann.

Hier einige Tipps, die Sie bei der Benutzung von Netzlaufwerken beherzigen sollten, wenn Sie Dateien mit anderen Netzwerkbenutzern austauschen wollen:

✔ **Vergessen Sie nicht, die in einem Netzwerkordner abgelegten Dateien zu löschen, nachdem sie abgeholt wurden!** Der Netzwerkordner wäre sonst bald voller Dateien, die niemand mehr braucht.

✔ **Erstellen Sie einen Ordner auf dem Netzlaufwerk für Dateien, die für andere bestimmt sind.** Solche Ordner werden gern public oder so ähnlich genannt. Vertrauliche Daten haben da natürlich nichts verloren. Na, was halten Sie davon?

Oft ist es einfacher, Dateien anderen Netzwerkbenutzern als E-Mail-Anhang zu verschicken. Der Vorteil bei dieser Versandart besteht darin, dass Sie sich keine Gedanken darüber machen müssen, wo Sie die Datei auf dem Server ablegen sollen oder wer letztendlich für das Löschen der Datei verantwortlich ist. Wenn es oft Dateien auszutauschen gilt, werden im Unternehmensumfeld häufig spezielle Dateiserver für diesen Zweck eingerichtet. Fragen Sie bei Bedarf den Administrator.

Sichern der lokalen Festplatte

Wenn auf dem Dateiserver ausreichend Speicherplatz vorhanden ist, können Sie diesen nutzen, um Sicherungskopien der Dateien auf Ihrer Festplatte zu erstellen. Kopieren Sie dazu einfach die zu sichernden Dateien in einen freigegebenen Netzwerkordner.

Wenn Sie und alle anderen Benutzer *alle* ihre Dateien auf das Netzlaufwerk kopieren, könnte dessen Kapazität natürlich schnell zur Neige gehen. Fragen Sie daher besser erst einmal den Netzwerkverwalter, bevor Sie in größerem Rahmen Sicherungskopien auf dem Server ablegen! Vielleicht wurde ja speziell für Sicherungen bereits ein besonderes Netzlaufwerk eingerichtet. Und wenn Sie Glück haben, werden Ihre wichtigen Dateien vielleicht sogar anhand eines festgelegten Zeitplans automatisch gesichert. Dann könnten Sie möglicherweise sogar deren manuelle Sicherung vergessen.

Hoffentlich sichert der Administrator den Inhalt der Serverfestplatten regelmäßig. Wenn dann irgendetwas mit dem Netzwerkserver passieren sollte, können die Daten einfach wiederhergestellt werden.

Sehenswürdigkeiten im Netzwerk

Unter Windows können Sie auf Netzwerkressourcen, wie zum Beispiel freigegebene Ordner, einfach dadurch zugreifen, dass Sie das Netzwerk durchsuchen:

Klicken Sie dazu das Explorer-Symbol in der Taskleiste an. Wird das Symbol DIESER PC oder COMPUTER auf dem Desktop angezeigt, können Sie auch das doppelt anklicken. Wählen Sie anschließend auf der linken Seite den Eintrag NETZWERK.

Was dann allerdings angezeigt wird, könnte man in modernen Netzwerken mit vielen Multimedia- und Mobilgeräten zuweilen als eine Art Wundertüte bezeichnen. Das glauben Sie nicht? Na, dann sehen Sie sich einmal Abbildung 2.2 an, die zeigt, wie die Anzeige der verschiedenen Geräte im Netzwerk unter Windows 11 aussehen könnte.

Das Netzwerk besteht in Abbildung 2.2 aus vier Computern mit Namen wie V-WIN-SRV und HV-WIN, einem Drucker/Multifunktionsgerät und mehreren weiteren Netzwerkgeräten.

Zunächst fällt dabei auf, dass das Gerät DS-920-1 gleich dreifach unter den Geräten auftaucht. Hierbei handelt es sich um ein *NAS*-Laufwerk (Network Attached Storage). Dieses Gerät kann über eine Webseite konfiguriert werden und genau diese Webseite können Sie unter ANDERE GERÄTE durch doppeltes Anklicken des Symbols DS-920-1 aufrufen. Nach Eingabe des verlangten Benutzernamens und Kennworts können Sie dann den NAS-Server in Ihrem Internetbrowser umfassend konfigurieren. Da dieses Symbol nicht gerade für neugierige Augen bestimmt ist, lässt sich dieser NAS-Server auch so konfigurieren, dass er im Windows-Explorer nicht mehr angezeigt wird.

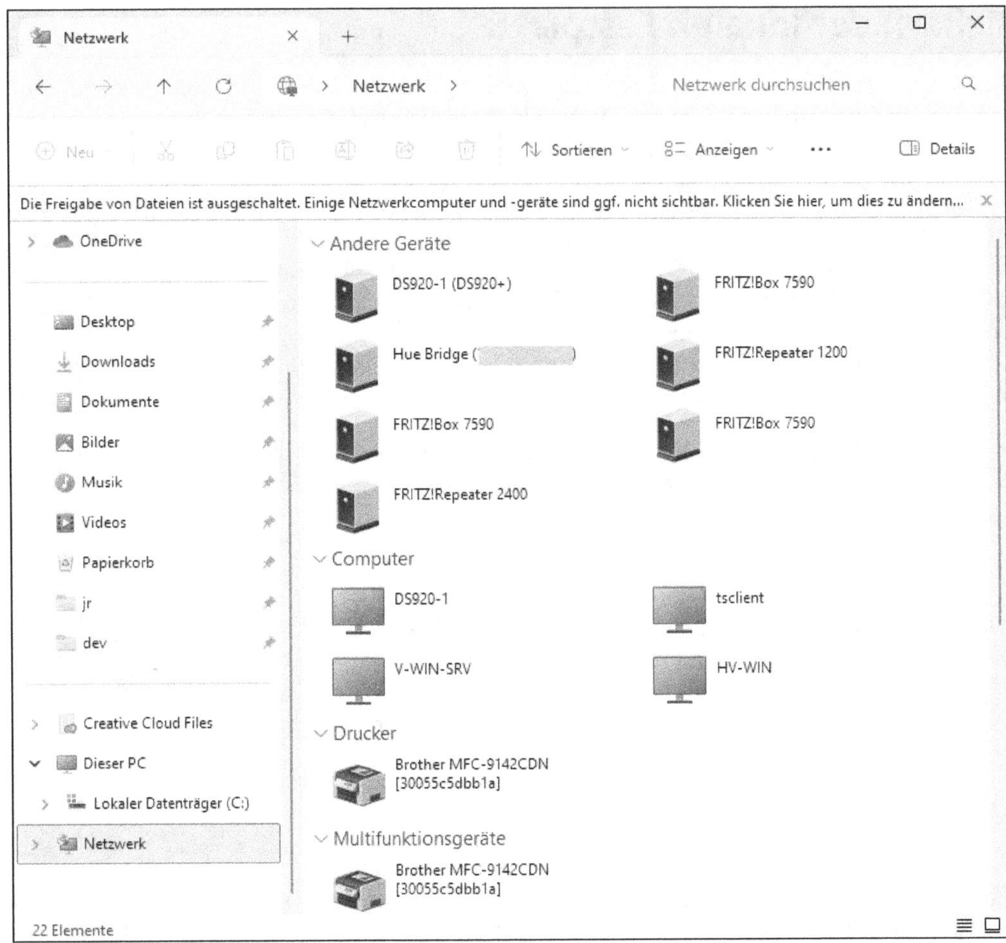

Abbildung 2.2: Durchsuchen des Netzwerks unter Windows 11

Dann finden Sie den NAS-Server unter COMPUTER. Klicken Sie das Symbol hier doppelt an, werden Ihnen die von ihm für das Netzwerk freigegebenen (und sichtbaren) Ordner angezeigt. Das könnte für einen Rechner mit frisch installiertem Windows 11 dann wie in Abbildung 2.3 aussehen.

Und dann finden Sie DS-920-1 gegebenenfalls noch einmal unter der Überschrift MULTI-MEDIA. Über die Symbole hier können Sie freigegebene Medieninhalte im `Windows Media Player` anzeigen lassen oder die Konfigurationsseiten des Geräts im Internetbrowser anzeigen lassen. (Bei Bedarf können Sie das Symbol mit der rechten Maustaste anklicken und die verfügbaren Optionen im Kontext auswählen). Dazu muss das NAS allerdings auch so konfiguriert werden, um Multimedia-Inhalte im Netzwerk bereitzustellen.

Unten finden Sie dann möglicherweise noch Geräte angezeigt, die zur NETZWERKINFRA-STRUKTUR gezählt werden.

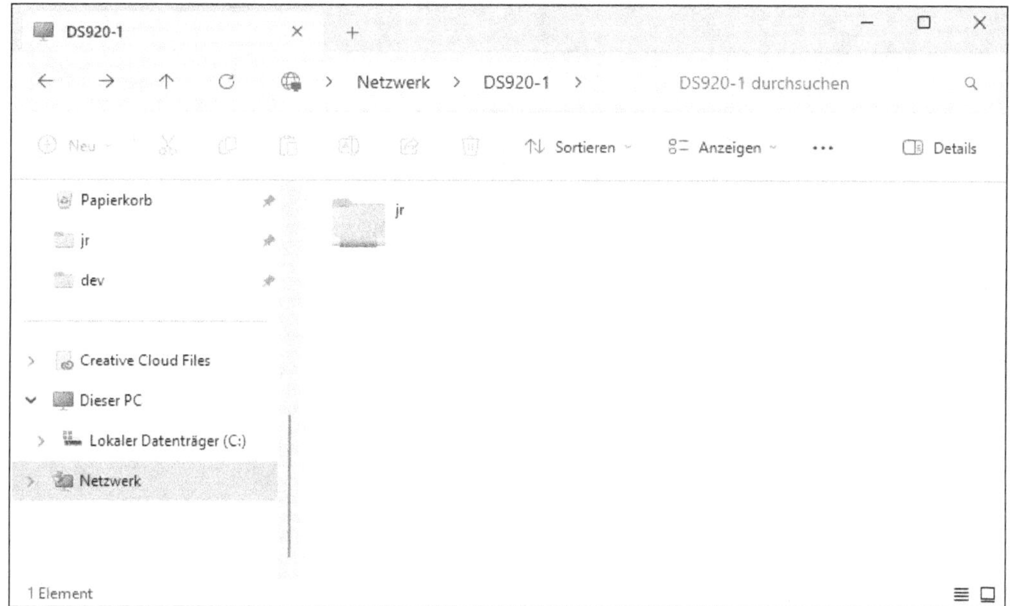

Abbildung 2.3: Freigegebene Ordner eines Rechners mit frisch installiertem Windows 11

Auch die Dateifreigaben von Geräten, die in der Netzwerkumgebung vielleicht nicht angezeigt werden, lassen sich erreichen. Dazu müssen Sie allerdings den Namen des Geräts kennen. Dann können Sie oben in der Eingabezeile beispielsweise \\DS-920-1 eingeben. Entweder wird dann nach einiger Zeit eine Fehlermeldung angezeigt oder Sie bekommen freigegebene Ressourcen zu sehen.

Dann haben wird da noch den Drucker. Konkret haben wir es mit einem WLAN-Multifunktionsgerät (Drucker mit Scanner) zu tun.

Unter Multimedia werden gegebenenfalls noch verschiedene Multimedia-Geräte angezeigt, wie zum Beispiel ein Sonos-Soundsystem oder auch ein Multimedia-System, das Musik und Videos per UPnP im Netzwerk verteilt.

Was Sie hier finden, ist hochgradig davon abhängig, ob die Geräte überhaupt Ressourcen freigeben, ob Freigaben mit Samba oder andere Funktionen aktiviert sind und ob UPnP aktiviert ist. Manche Geräte lassen sich auch im Netzwerk »unsichtbar« machen. Tablets können, je nachdem, was Sie damit anstellen, kommen und gehen. Viele bleiben standardmäßig einfach unsichtbar, sofern nicht explizit irgendwelche Ressourcen freigegeben werden.

Sie können das Netzwerk auch von jedem Windows-Anwendungsprogramm aus durchsuchen. Angenommen, Sie arbeiten mit Notepad und möchten ein Dokument öffnen, das in einem gemeinsam genutzten Ordner im Netzwerk gespeichert ist. Dann müssen Sie nur auf Datei|Öffnen klicken, um das Öffnen-Dialogfeld anzeigen zu lassen. Wählen Sie dann im linken Fensterbereich die Option Netzwerk aus, um anschließend das Netzwerk zu durchsuchen (siehe Abbildung 2.4).

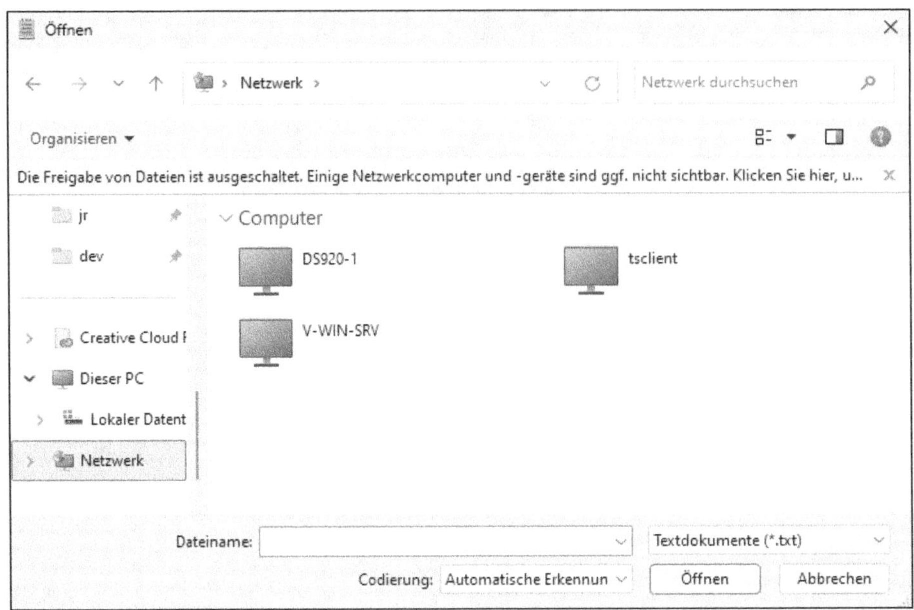

Abbildung 2.4: Durchsuchen des Netzwerks unter Windows 11 von Notepad aus

Bei Problemen mit der Erkennung von Geräten im Netzwerk sollten Sie diese der Reihe nach einschalten und beobachten, was unter NETZWERK angezeigt wird. Nicht benötigte Freigabefunktionen sollten Sie besser abschalten oder gar nicht erst aktivieren. Das Netzwerk wird es Ihnen danken und ein wenig schneller und zuverlässiger laufen.

Netzlaufwerke zuordnen

Wenn Sie auf einen bestimmten gemeinsam genutzten Ordner häufiger zugreifen, sollten Sie eine Funktion anwenden, die manchmal *Mapping* genannt wird und in deutschen Windows-Versionen *Netzlaufwerk verbinden* heißt. Über diese Option können Sie auf häufig benutzte freigegebene Ordner effizienter zugreifen. Dabei wird einem freigegebenen Ordner ein Laufwerkbuchstabe zugeordnet. Sie können dann diesen Laufwerkbuchstaben benutzen und mit Windows-Programmen auf den freigegebenen Ordner wie auf ein lokales Laufwerk zugreifen, ohne sich jeweils durch die Netzwerkumgebung hangeln zu müssen.

Einem gemeinsam genutzten Ordner mit dem Namen \photo auf dem Netzwerkserver können Sie zum Beispiel auf Ihrem Rechner den Laufwerkbuchstaben P zuordnen. Wenn Sie nun Dateien öffnen wollen, die sich im freigegebenen Ordner \photo befinden, suchen Sie diese einfach auf Laufwerk P.

Um einem freigegebenen Ordner einen Laufwerkbuchstaben zuzuordnen, führen Sie die folgenden Schritte aus:

1. **Starten Sie den Explorer.**

Zeigen Sie den Desktop an und klicken Sie unten links in der Taskleiste das Symbol des Explorers an. Klicken Sie im Explorerfenster links im Navigationsbereich die Option DIESER PC an.

2. **Zeigen Sie das Dialogfeld NETZLAUFWERK VERBINDEN auf dem Bildschirm an.**

   Klicken Sie im Menüband auf die drei Punkte, sodass sich das erweiterte Menü öffnet. Klicken Sie hier auf NETZLAUFWERK VERBINDEN.

   Abbildung 2.5 zeigt das Dialogfeld NETZLAUFWERK VERBINDEN von Windows 11, das unter älteren Windows-Versionen ähnlich aussieht.

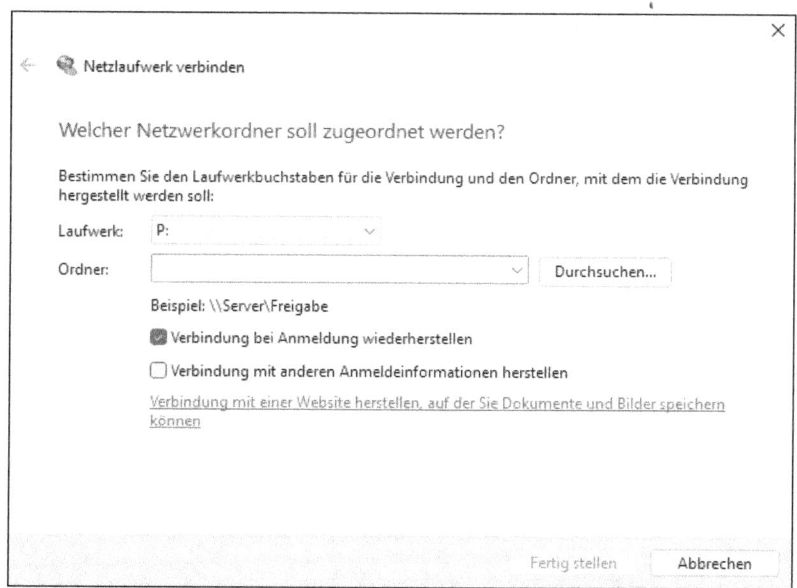

Abbildung 2.5: Das Dialogfeld »Netzlaufwerk verbinden«

3. **Wählen Sie gegebenenfalls in der Dropdown-Liste LAUFWERK den gewünschten Laufwerkbuchstaben aus.**

   In Abbildung 2.5 habe ich P (für Photos) eingestellt, weil F : bereits für eine externe Festplatte verwendet wurde. Wenn Sie wählerisch sind, suchen Sie sich einen anderen Laufwerkbuchstaben in der Dropdownliste LAUFWERK aus. Ich verwende standardmäßig M, P, V und W als Kürzel für Musik, Photo, Video und Writer (Brenner für optische Medien wie CD, DVD oder Blu-ray).

4. **Klicken Sie die Schaltfläche DURCHSUCHEN an.**

   Anschließend wird das in Abbildung 2.6 dargestellte Dialogfeld angezeigt. Hier finden Sie wieder alle verfügbaren Netzwerkgeräte, wie zum Beispiel das NAS und die darüber verfügbaren Freigaben.

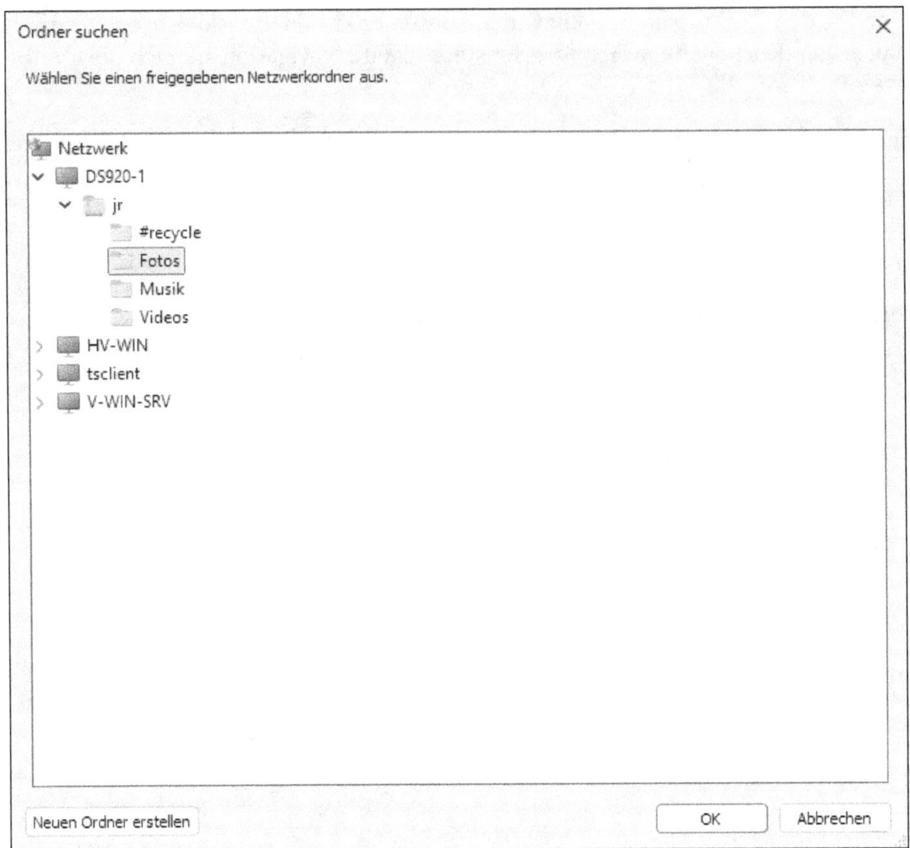

Abbildung 2.6: Die Suche nach dem zuzuordnenden Ordner

5. **Benutzen Sie das Dialogfeld Ordner suchen, um den freigegebenen Ordner zu finden und auszuwählen.**

   Sie können jeden Ordner auswählen, der irgendwo im Netzwerk von einem beliebigen Gerät freigegeben wurde.

6. **Klicken Sie dann OK an.**

   Das Dialogfeld Ordner suchen wird geschlossen und Sie gelangen wieder zurück zum Dialogfeld Netzlaufwerk verbinden (siehe Abbildung 2.5).

7. **(Optional) Wenn dieses Laufwerk bei jedem neuen Anmelden im Netzwerk automatisch wieder zugeordnet werden soll, sorgen Sie dafür, dass das Kontrollkästchen Verbindung bei Anmeldung wiederherstellen aktiviert ist.**

   Falls dieses Kontrollkästchen nicht aktiviert ist, bleibt der Laufwerkbuchstabe nur so lange zugeordnet, bis Sie Windows herunterfahren oder sich vom Netzwerk abmelden. Ist diese Option aktiviert, wird das Laufwerk automatisch wieder verbunden, wenn Sie sich erneut beim Netzwerk anmelden.

 Wenn Sie das Netzlaufwerk ständig verwenden, sollten Sie das Kontrollkästchen VERBINDUNG BEI ANMELDUNG WIEDERHERSTELLEN aktivieren.

8. **Klicken Sie auf FERTIG STELLEN.**

    Damit kehren Sie zu einem Explorerfenster zurück, das wie in Abbildung 2.7 aussehen könnte. In diesem wird das neu zugeordnete Netzlaufwerk angezeigt.

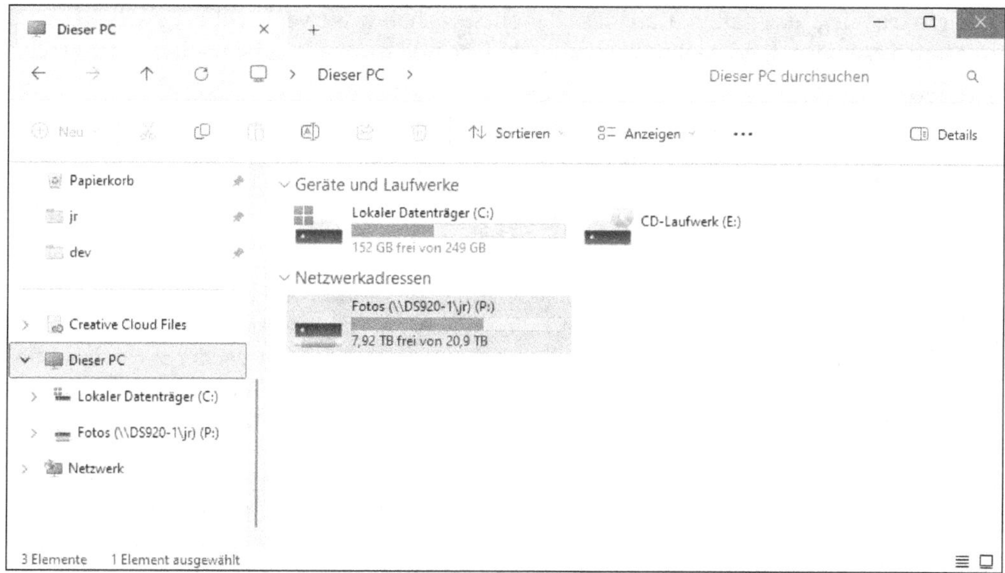

Abbildung 2.7: Im Ordner »Dieser PC« wird das verbundene Laufwerk in der Kategorieansicht unter »Netzwerkadressen« angezeigt.

Möglicherweise hat Ihr Netzwerkverwalter bereits ein oder mehrere Laufwerke auf Ihrem Rechner verbunden. Dann können Sie ihn fragen, um welche Netzlaufwerke es sich handelt. Oder Sie öffnen einfach den Bereich DIESER PC und sehen selbst nach.

Hier einige weitere Tipps zu Netzlaufwerken:

✔ **Wenn man einem Netzlaufwerk einen Laufwerkbuchstaben zuordnet, nennt man das im Computerjargon *Mapping*.** Man könnte also sagen: »Bei Laufwerk Q: ist ein gemapptes Netzlaufwerk.«

✔ **Die verwendeten Laufwerkbuchstaben müssen auf den Rechnern im Netzwerk natürlich nicht identisch zugeordnet sein.** Einem Laufwerk, dem auf Ihrem Rechner der Buchstabe H: zugeordnet ist, kann auf einem anderen Rechner der Buchstabe Q: zugeordnet sein. Dann verweisen Ihr Laufwerk H: und das Laufwerk Q: auf dem anderen Rechner auf dieselben Daten. Wenn Sie an verschiedenen Rechnern arbeiten müssen, kann das schnell verwirrend werden, oder? Wenn Ihr Netzwerk so eingerichtet ist, sollten Sie Ihren Netzwerkverwalter ruhig einmal freundlich auf dieses Thema ansprechen. Wenn Sie ihn am Kaffeeautomaten treffen, können Sie ja die Sprache unauffällig auf die Vorteile von Konventionen im Zusammenhang mit Ressourcen bringen.

✔ **Der Zugriff auf freigegebene Netzwerkordner über ein verbundenes Laufwerk erfolgt deutlich schneller als der Zugriff auf denselben Ordner über die Option NETZWERK.** Das liegt daran, dass Windows beim Öffnen von NETZWERK jeweils das gesamte Netzwerk durchsuchen muss, um alle verfügbaren Rechner aufführen zu können. Im Gegensatz dazu muss das Netzwerk beim Zugriff auf zugeordnete Netzlaufwerke nicht erst durchsucht werden.

✔ **Wenn ein Laufwerk bei jedem Anmelden automatisch wieder verbunden werden soll, erhalten Sie eine Warnmeldung, falls es bei der Anmeldung nicht verfügbar ist.** Meist liegt das dann daran, dass der entsprechende Server nicht eingeschaltet ist. Manchmal wird diese Meldung aber auch durch eine unterbrochene Netzwerkverbindung ausgelöst.

Windows-Versionen und die Windows-Einstellungen

Beim aktuellen Veröffentlichungsschema von Windows 11 veröffentlicht Microsoft einmal im Jahr eine neue Windows-Version. Dabei werden aber auch Funktionen, Bedienung und Aussehen des Betriebssystems immer wieder verändert oder erweitert. Als Versionsnummer werden dann letztlich Jahr und Monat der Freigabe angegeben. Damit heißt die Version aus dem Herbst 2013 beispielsweise 23H2.

Will man nun aber Windows 11 beschreiben, kann oder könnte es passieren, dass Funktionen kommen und gehen oder möglicherweise auch erst nach und nach in ständigem Wandel Einzug in das Betriebssystem halten. Wirklich problematisch kann dieser ständige Wandel dadurch werden, dass man ständig an anderen Stellen suchen muss. Geht es nun um die Konfiguration von Geräten, finden Sie in Windows seit Version 8 mittlerweile die neuen Windows-Einstellungen neben der alten Systemsteuerung. Mit Windows 10 Version 1709 verschwand die Systemsteuerung aus dem Startmenü. Nach und nach werden immer mehr Systemeinstellungen über die Windows-App EINSTELLUNGEN konfiguriert – aber eben bis heute noch nicht alle, daher hat die gute alte Systemsteuerung nach wie vor noch ihre Daseinsberechtigung.

Zur Systemsteuerung kommen Sie, wenn Sie die Windows-Taste betätigen, `control` eintippen und ⏎ drücken. Sollte das nicht funktionieren, können Sie `systemst` eintippen und ⏎ drücken.

Die App mit den Windows-Einstellungen erreichen Sie mit der Tastenkombination ⊞ + I.

Mit Netzwerkdruckern arbeiten

Eigentlich funktioniert das mit den Netzwerkdruckern ähnlich wie mit Netzlaufwerken. Unter Windows können Sie Netzwerkdrucker einsetzen, indem Sie in einem beliebigen Windows-Programm im DRUCKEN-Dialogfeld den Netzwerkdrucker in der Liste der verfügbaren Drucker auswählen. In den Office-Programmen finden Sie diesen Befehl im Menü DATEI beziehungsweise auf der Registerkarte DATEI.

Denken Sie daran, dass sich das Drucken mit einem Netzwerkdrucker ein wenig vom Drucken auf einem lokalen Drucker unterscheidet. Einen lokalen Drucker benutzen Sie allein. Einen Netzwerkdrucker müssen Sie sich mit anderen Netzwerkbenutzern teilen. Rechnen Sie daher mit folgenden Komplikationen:

- ✔ **Wenn mehrere Benutzer gleichzeitig auf dem Netzwerkdrucker drucken wollen, müssen die Druckaufträge voneinander getrennt werden.** Eigentlich logisch, denn sonst könnten sich mitten unter Hunderte Seiten von Berichten Seiten mit Gehaltsabrechnungen einschmuggeln. Das wäre übel. Das Netzwerk kümmert sich aber mit *Druckerwarteschlangen* um dieses Problem.

- ✔ **Was zuerst da ist, wird normalerweise auch zuerst gedruckt.** Ich weiß nicht, wie es Ihnen geht, aber immer wenn ich an der Kasse im Baumarkt stehe, will jemand vor mir gerade einen Artikel kaufen, auf dem der Strichcode fehlt. Bis dann der Preis vom zuständigen Mitarbeiter durchgegeben wird, können halbe Ewigkeiten vergehen. Beim Drucken im Netzwerk kann das ähnlich aussehen. Falls der Netzwerkdrucker erst noch einen Zwei-Stunden-Druckauftrag verarbeiten muss, heißt es warten, auch wenn Sie nur eine halbe Seite drucken wollen.

- ✔ **Möglicherweise können Sie auf einen lokalen Drucker und mehrere Netzwerkdrucker zugreifen.** Vor der Nutzung des Netzwerks war wahrscheinlich ein einzelner Drucker an Ihrem Rechner angeschlossen. Vielleicht wollen Sie ja einige Dokumente auf dem *lokalen* Tintenstrahldrucker ausgeben und den Laserdrucker im Netz für wichtige Dokumente benutzen. Dazu müssen Sie aber erst einmal wissen, wie Sie mit den Funktionen der Apps den Drucker wechseln können.

Einen Netzwerkdrucker hinzufügen

Bevor Sie ein Dokument auf einem Netzwerkdrucker ausgeben können, müssen Sie zunächst Ihren Computer für den Zugriff auf den zu verwendenden Drucker konfigurieren. Öffnen Sie dazu über das Startmenü, die Startseite oder das Rechtsklick-Menü unten links in der Taskleiste die SYSTEMSTEUERUNG und doppelklicken Sie dann in der klassischen Ansicht oder einer der Symbol-Ansichten auf das Symbol oder die Option GERÄTE UND DRUCKER.

Da versucht wird, gefundene Netzwerkdrucker bereits bei der Windows-Installation automatisch einzubinden, ist die Wahrscheinlichkeit bei neueren Windows-Versionen recht groß, dass Ihr Computer bereits für die Zusammenarbeit mit einem Netzwerkdrucker konfiguriert worden ist. Dann wird im Druckerordner bereits das eine oder andere Symbol für Netzwerkdrucker angezeigt. Über das angezeigte Symbol können Sie Netzwerkdrucker auch von normalen Druckern unterscheiden. Bei Netzwerkdruckern wird unter dem Symbol ein Netzwerkkabel angezeigt.

Wenn noch kein Netzwerkdrucker auf Ihrem Rechner konfiguriert ist, können Sie einen hinzufügen. Führen Sie dazu unter Windows die folgenden Schritte aus:

1. **Über die Systemsteuerung:**

   Drücken Sie [⊞] + [I]. In den WINDOWS-EINSTELLUNGEN wählen Sie BLUETOOTH UND GERÄTE und dann DRUCKER UND SCANNER.

2. **Klicken Sie hier auf die Schaltfläche GERÄT HINZUFÜGEN.**

Nun sucht Windows nach verfügbaren Geräten und listet diese anschließend auf. Wenn die Drucker nicht gerade ausgeschaltet sind oder schlafen, wird Windows hoffentlich fündig und zeigt Ihnen eine Liste der gefundenen Drucker an (siehe Abbildung 2.8).

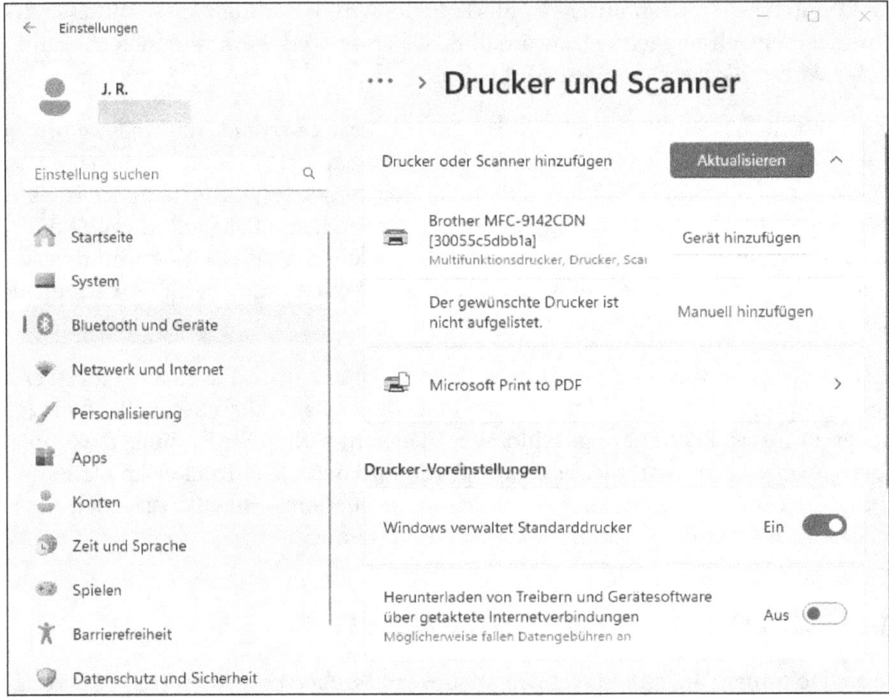

Abbildung 2.8: Es wurde ein Netzwerkdrucker gefunden, den Sie hier gleich hinzufügen können.

3. **Wenn mehrere Drucker gefunden wurden, wählen Sie denjenigen aus, den Sie verwenden wollen.**

4. **Klicken Sie beim entsprechenden Eintrag auf die Schaltfläche GERÄT HINZUFÜGEN, um den Drucker hinzuzufügen.**

Der Assistent kopiert nun den Druckertreiber für den Netzwerkdrucker auf den Rechner. Sie werden vielleicht aufgefordert, die Installation des Treibers zu bestätigen. Lassen Sie den Treiber dann installieren. Meistens funktioniert dies allerdings ganz ohne weiteres Zutun.

Wenn dies der erste Drucker war, den Sie hinzugefügt haben, ist er automatisch Ihr Standarddrucker. Falls Sie mehrere Drucker zur Auswahl haben, verwaltet Windows den Standarddrucker selbstständig. Wenn Sie dies nicht wünschen und lieber selbst den Standarddrucker festlegen möchten, deaktivieren Sie die Option WINDOWS VERWALTET STANDARDDRUCKER. Anschließend klicken Sie auf den gewünschten Drucker und wählen hier ALS STANDARD.

Lokal angeschlossene Netzwerkdrucker manuell einbinden

Falls der zu benutzende Drucker nicht automatisch gefunden wird, fragen Sie den Netzwerkverwalter nach weiteren Installationsanleitungen für den jeweiligen Drucker. Wenn Sie Windows nach Druckern suchen lassen, erscheint darunter auch nach kurzer Zeit ein neuer Eintrag DER GEWÜNSCHTE DRUCKER IST NICHT AUFGELISTET. Hier können Sie über die Schaltfläche MANUELL HINZUFÜGEN dann den Drucker selbstständig hinzufügen.

Anschließend wird Ihnen das in Abbildung 2.9 dargestellte Dialogfeld angezeigt.

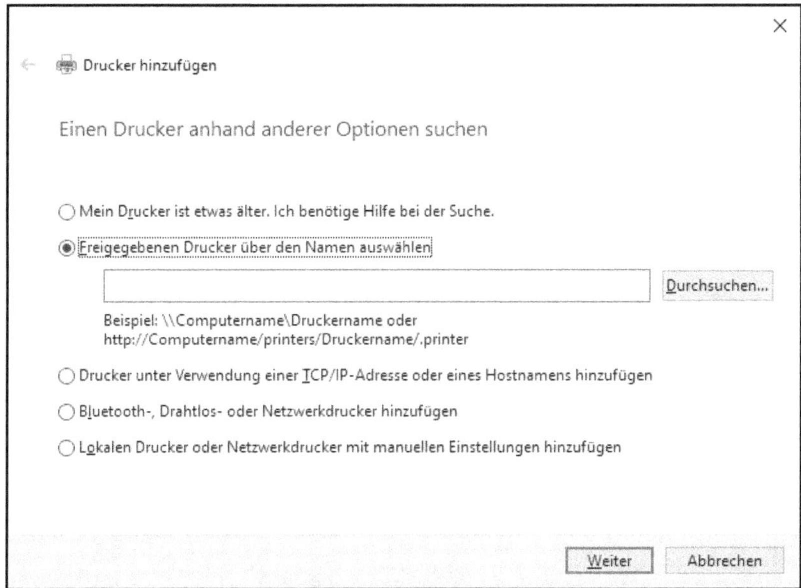

Abbildung 2.9: Drucker manuell hinzufügen

Wissen Sie nun, an welches Gerät der gewünschte freigegebene Drucker angeschlossen ist, brauchen Sie nur noch über die Schaltfläche DURCHSUCHEN zum entsprechenden Netzwerkgerät zu navigieren. Klicken Sie es doppelt an, werden freigegebene Drucker angezeigt. Klicken Sie den gewünschten doppelt an, wird er in dem im Dialogfeld angegebenen Format in das Feld eingetragen. Wenn Sie dann auf WEITER klicken, sollte sich Windows um den Rest kümmern oder Ihnen zumindest mitteilen, was möglicherweise noch benötigt wird.

Verkabelte und verfunkte Ethernet-Drucker manuell einbinden

Viele Netzwerkdrucker lassen sich über integrierte Ethernet-Adapter oder auch drahtlos über das Netzwerk einbinden und nutzen. Das konnte bei älteren Druckern schon einmal etwas schwieriger werden. Auch bei Netzwerkdruckern, die beispielsweise an einen Router angeschlossen wurden, kann es aufwendiger werden. Dann sollten Sie vielleicht Ihren Netzwerkverwalter um ein wenig Beistand bitten. Manche direkt am Netzwerk angeschlossen Drucker besitzen eigene Webadressen, die dann `Drucker.FamilieMeier.com` lauten könnten. Andere besitzen eigene Namen, wie beispielsweise `Brother MFC-9142CDN` in Abbildung 2.2.

Dann können Sie den Drucker häufig mit ein paar Mausklicks und Eingaben einrichten und müssen vielleicht auf der Webseite des Druckers einfach nur auf einen Link klicken, über den der Drucker installiert werden kann.

Bei dem in den Abbildungen dargestellten Brother-Drucker können Sie die Installation über dessen IP-Adresse erledigen, wenn er nicht erkannt werden sollte. Achten Sie darauf, dass er sich gerade nicht im Schlafmodus befindet, und wählen Sie einfach DRUCKER UNTER VERWENDUNG EINER TCP/IP-ADRESSE ODER EINES HOSTNAMENS HINZUFÜGEN. Dann wird unter Windows 11 das in Abbildung 2.10 dargestellte Dialogfeld angezeigt.

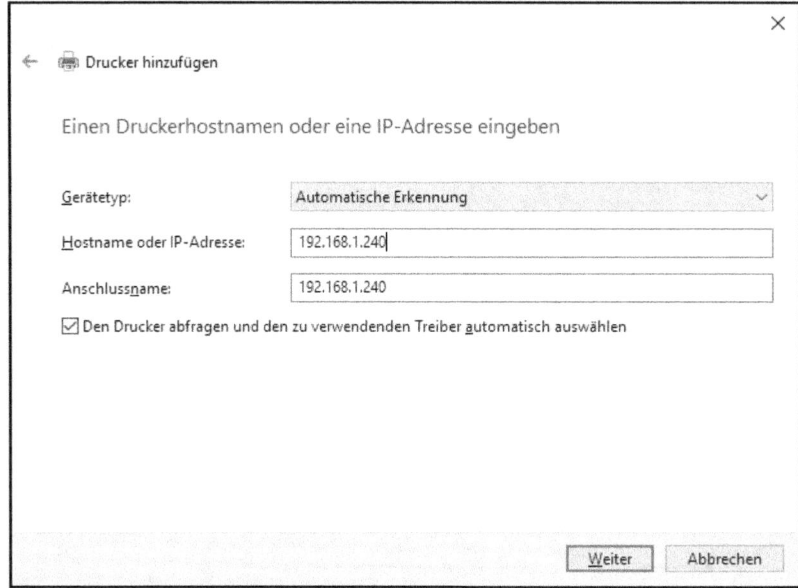

Abbildung 2.10: Manuelle Installation eines Druckers über dessen IP-Adresse

Tragen Sie jetzt dort einfach die IP-Adresse des Druckers ein und klicken Sie die Schaltfläche WEITER an. Auch hier sollte sich Windows um den Rest kümmern, sofern der zu verwendende Treiber automatisch ermittelt werden kann.

Die feste IP-Adresse für den Drucker müssen Sie allerdings über dessen (meist webbasiertes) Konfigurationsprogramm einstellen. Wie das geht, können Sie bei Bedarf der Dokumentation des Druckers entnehmen.

Wenn Sie nun nicht gerade den Drucker frisch in Betrieb genommen haben, ist der schnellste Weg hier vermutlich, einfach Ihren Netzwerkadministrator zu fragen, welche IP-Adresse dem gewünschten Drucker zugeordnet wurde.

Einen Netzwerkdrucker verwenden

Ist der Netzwerkdrucker erst einmal unter Windows installiert, ist das Drucken ein Kinderspiel. Rufen Sie von einem beliebigen Windows-Programm aus den Befehl DRUCKEN auf.

Abbildung 2.11 zeigt das dann im Programm Notepad (dem kleinen Textverarbeitungsprogramm von Windows) angezeigte Dialogfeld DRUCKEN. Wählen Sie in der Liste der verfügbaren Drucker oben links den gewünschten Netzwerkdrucker aus und klicken Sie auf OK, um Ihr Dokument ausdrucken zu lassen. Mehr müssen Sie normalerweise nicht tun!

Abbildung 2.11: Ein typisches »Drucken«-Dialogfeld von Windows 11

Mit der Druckerwarteschlange arbeiten

Wenn Sie Ihren Druckauftrag an den Netzwerkdrucker gesendet haben, müssen Sie sich normalerweise um nichts mehr kümmern. Schlendern Sie einfach in aller Ruhe zum Netzwerkdrucker – und voilà: Die ausgedruckten Seiten warten bereits auf Sie.

So und nicht anders sollte es in einer perfekten Welt zugehen. Doch in der Welt, in der wir leben, kann mit Ihrem Druckauftrag in der Zeit zwischen dem Versand zum Netzwerkdrucker und dem eigentlichen Ausdruck alles Mögliche passieren:

✔ Sie entdecken beispielsweise, dass jemand vor Ihnen einen 5.000 Seiten langen Bericht an den Drucker gesendet hat. Ein Ende des Ausdrucks ist also erst einmal nicht abzusehen.

✔ Ihr Chef ruft Sie an und teilt Ihnen mit, dass sein Schwager ebenfalls bei der Versammlung anwesend sein wird. Sie sollen doch bitte eine zusätzliche Angebotskopie für ihn drucken.

Auch nach dem Abschicken des Druckauftrags zum Netzwerkdrucker wird Ihnen die Kontrolle über diesen Auftrag glücklicherweise nicht völlig aus der Hand genommen. Zur Verwaltung der Druckerwarteschlange stehen Ihnen Funktionen zur Verfügung, mit denen Sie den Status bereits gesendeter Aufträge beeinflussen können. Sie können die Reihenfolge der Druckaufträge ändern, einen Druckauftrag anhalten, sodass der Ausdruck erst dann erfolgt, wenn Sie es möchten, oder einen Druckauftrag komplett abbrechen.

Vielleicht können Sie Ihre Druckaufträge auch noch mit anderen Tricks beeinflussen, doch die grundlegenden Funktionen – anhalten, abbrechen und Reihenfolge ändern – sollten erst einmal ausreichen.

Um die Druckerwarteschlange zu ändern, öffnen Sie wiederum die Windows-Einstellungen über ⊞ + Ⅰ. Wählen Sie hier wieder den Eintrag BLUETOOTH UND GERÄTE und anschließend DRUCKER UND SCANNER. Wählen Sie den passenden Drucker aus und klicken Sie auf DRUCKERWARTESCHLANGE ÖFFNEN.

Nun sollte ein Fenster angezeigt werden, das dem in Abbildung 2.12 ähnelt.

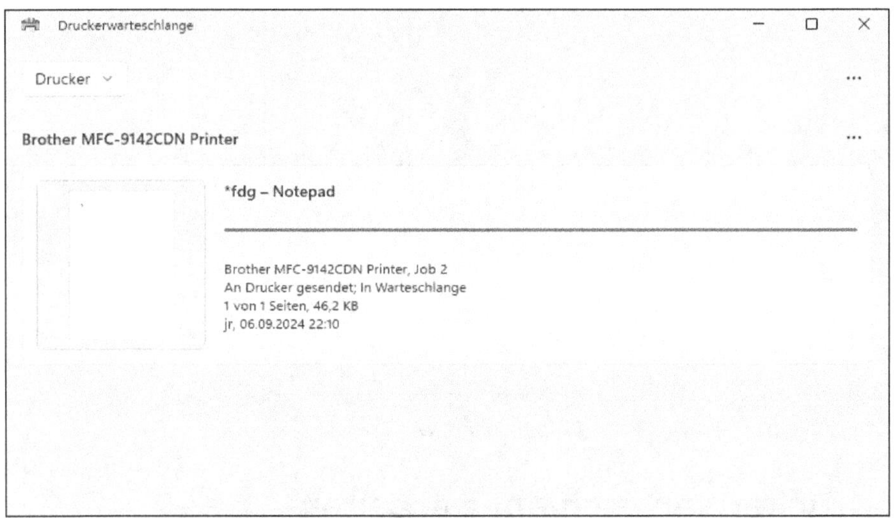

Abbildung 2.12: Verwaltung einer Druckerwarteschlange

In diesem Dialog können Sie über das Menü mit den drei Punkten bei einem Druckauftrag diesen noch anhalten, fortsetzen oder abbrechen. Diese Tipps funktionieren nur bei Ihren eigenen Druckaufträgen; die Druckaufträge anderer Benutzer können Sie nicht so einfach löschen.

Das Beste an der Druckerverwaltung unter Windows ist, dass Sie sich bei der Arbeit mit verschiedenen Netzwerkbetriebssystemen nicht mit lästigen Details auseinandersetzen müssen. Ob Sie nun einen Windows-Server-Netzwerkdrucker oder einen freigegebenen Drucker unter Windows 10 benutzen, die Druckaufträge werden alle auf die gleiche Weise verwaltet.

Die Abmeldung vom Netzwerk

Wenn Sie das Netzwerk nicht mehr nutzen wollen, sollten Sie sich abmelden. Sobald Sie sich abmelden, stehen Ihnen die freigegebenen Laufwerke und Drucker nicht mehr zur Verfügung. Natürlich ist Ihr Rechner physisch noch mit dem Netzwerk verbunden (sofern Sie nicht die Netzwerkkabel kappen – ganz schlechte Idee, tun Sie das bloß nicht!), trotzdem sind das Netzwerk und seine Ressourcen für Sie nun nicht mehr erreichbar.

Hier einige Tipps, die Sie beim Abmelden berücksichtigen sollten:

✔ Wenn Sie Ihren Rechner herunterfahren, werden Sie automatisch vom Netzwerk abgemeldet.

Sie sollten sich vom Netzwerk abmelden oder dieses zumindest sperren, wenn Sie Ihren Rechner unbeaufsichtigt lassen. Denn solange Sie beim Netzwerk angemeldet sind, kann jeder auf das Netz zugreifen. Da auf diese Weise jemand, der nicht zugangsberechtigt ist, über Ihren Benutzernamen ins Netz kommt, werden Sie verantwortlich gemacht, wenn es deswegen Probleme gibt.

✔ Unter Windows können Sie sich vom Netzwerk abmelden, indem Sie `Strg` + `Alt` + `Entf` drücken und anschließend ABMELDEN wählen. Klicken Sie die An/Aus-Schaltfläche unten rechts auf dem Bildschirm an, um den Rechner herunterzufahren und damit auszuschalten oder ihn in den Standby-Modus zu versetzen. Sie können aber auch das Windows-Symbol in der Taskleiste mit der rechten Maustaste anklicken und die gewünschte Option im dann angezeigten Kontextmenü auswählen (siehe Abbildung 2.13). Ebenso finden Sie unten links im Startmenü auch das An/Aus-Symbol, über das Sie Ihren Rechner herunterfahren können.

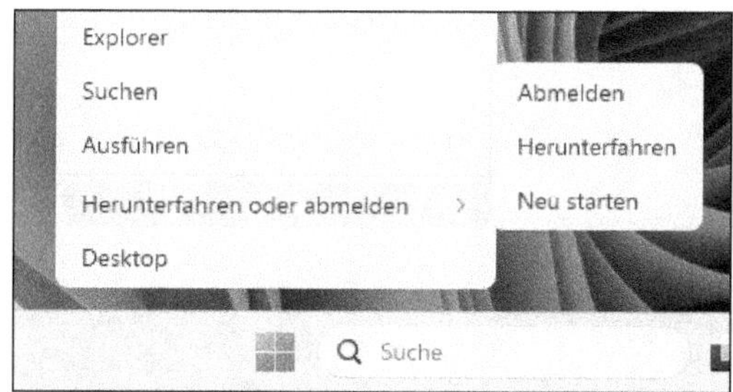

Abbildung 2.13: Rechner unter Windows 11 über das Rechtsklick-Menü des Windows-Symbols auf der Taskleiste herunterfahren

Sie können den PC alternativ auch sperren. Dabei bleibt Ihre Anmeldung aktiv und auch die geöffneten Programme sind weiterhin offen. Sie müssen sich bei der Rückkehr genauso anmelden wie bei einer kompletten Anmeldung. Allerdings geschieht dies viel schneller, da Ihr Profil nicht neu geladen werden muss. Unter den aktuellen Windows-Versionen können Sie dies mit dem Shortcut `⊞` + `L` machen. In Domänen ist es oft vom Administrator so eingestellt, dass Ihr Gerät dies nach einer vorgegebenen Zeitspanne automatisch macht, sobald das Gerät keine Aktivität mehr bemerkt, meist ab fünf Minuten oder länger.

Kapitel 3

Weitere Möglichkeiten der Nutzung des Netzwerks

n Kapitel 2 ging es um die Grundlagen der Benutzung von Netzwerken. Dazu zählen die Anmeldung, der Zugriff auf Dateien in freigegebenen Netzwerkordnern, das Drucken und die Abmeldung. In diesem Kapitel gehe ich nun über diese einfachen Grundlagen hinaus. Sie erfahren, wie Sie Rechner zu Servern machen können, die eigene Dateien und Drucker anderen Benutzern zur Verfügung stellen, wie Sie mit E-Mail eine der beliebtesten und praktischsten Anwendungen von vernetzten Rechnern nutzen und wie Sie mit Microsoft Office im Netzwerk arbeiten können.

Dateien, Geräte etc. freigeben

Wie Sie vermutlich wissen, bestehen Netzwerke aus zwei Arten von Computern: Client- und Servercomputern. Vergleicht man Computernetzwerke mit der Wirtschaft, sind die *Clientcomputer* die Kunden, die Netzwerkressourcen (wie freigegebene Drucker) und Laufwerke nutzen. Die *Server* sind die Anbieter und Dienstleister, also diejenigen, die dem Netzwerk ihre Drucker und Laufwerke zur Verfügung stellen, damit sie von Clientcomputern genutzt werden können.

In diesem Kapitel zeige ich Ihnen, wie Sie die wichtigsten Funktionen nutzen können, mit denen Sie aus Ihrem einfachen Windows-Client einen Server machen können, damit andere Netzwerkbenutzer mit Druckern und Ordnern arbeiten können, die Sie für die gemeinsame Nutzung freigeben wollen. Letztlich fungiert Ihr Rechner dann gleichzeitig als Client und als Server. Ein paar Beispiele sollen verdeutlichen, wie das zu verstehen ist:

✔ Es handelt sich um einen *Client*, wenn Sie einen Druckauftrag zum Netzwerkdrucker senden oder wenn Sie auf eine Datei zugreifen, die auf der Festplatte eines anderen Servers gespeichert ist.

✔ Es handelt sich um einen Server, wenn jemand anders einen Druckauftrag zu Ihrem Drucker sendet oder auf eine Datei zugreift, die auf der Festplatte Ihres Rechners gespeichert ist.

Wenn Sie Ihre Dateien und Drucker gemeinsam mit anderen Netzwerkbenutzern nutzen wollen, muss die *Datei- und Druckerfreigabe* aktiviert sein. Wenn diese Funktion nicht aktiviert ist, kann Ihr Rechner zwar ein Netzwerkclient sein, nicht aber ein Server.

Datei- und Druckerfreigabe aktivieren

Lassen Sie uns gleich mal gemeinsam nachsehen, ob die Datei- und Druckerfreigabe bei Ihnen bereits aktiviert ist. Falls nicht, dann können Sie dies gleich nachholen.

1. **Öffnen Sie die Windows-Einstellungen.** Am schnellsten geht dies wie immer über die Tastenkombination ⊞ + Ⅰ.

2. **Navigieren Sie hier zum Bereich Netzwerk und Internet.**

3. **Rufen Sie auf der rechten Seite unten den Punkt Erweiterte Netzwerkeinstellungen auf.**

4. **Klicken Sie hier auf den Punkt Erweiterte Freigabeeinstellungen.**

   Wird unten rechts im Infobereich der Taskleiste ein Symbol für die Netzwerkverbindung angezeigt, können Sie dieses mit der rechten Maustaste anklicken und anschließend Netzwerk- und Interneteinstellungen und Erweiterte Netzwerkeinstellungen wählen. Hier finden die dann wieder den Punkt Erweiterte Freigabeeinstellungen.

5. Im Fenster mit den erweiterten Freigabeeinstellungen werden verschiedene Netzwerk-Profile unterschieden:

   • Private Netzwerke: Einstellungen für private Netzwerke, also Netzwerke, in denen die Geräte und Personen vertrauenswürdig sind. Ein Beispiel ist das klassische Heimnetzwerk bei Ihnen zu Hause.

   • Öffentliche Netzwerke: Netzwerke, in denen Ihnen die Geräte und Personen gegebenenfalls nicht bekannt und daher potenziell nicht vertrauenswürdig sind. Als Beispiel dient hier mal das WLAN in einem Hotel oder Flughafen.

- ALLE NETZWERKE: Einstellungen, die sowohl in privaten als auch öffentlichen Netzwerken wirken sollen

6. Klicken Sie bei Bedarf den abwärts weisenden Pfeil rechts außen neben dem Netzwerkprofil an, für das Sie die Datei- und Druckerfreigabe aktivieren wollen.

   Abbildung 3.1 zeigt die Einstellungen für das Netzwerkprofil PRIVATE NETZWERKE. Die Einstellungen für die anderen Netzwerk-Typen sind identisch.

Sie sollten die Datei- und Druckerfreigabe beim öffentlichen Netzwerk *nicht* aktivieren.

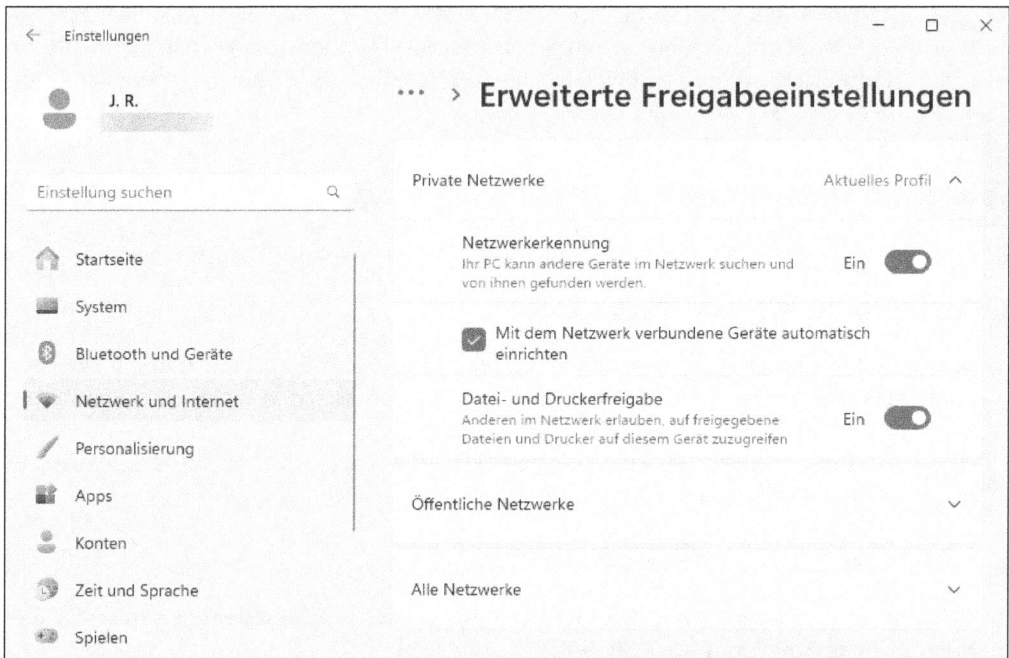

Abbildung 3.1: Die Aktivierung der Datei- und Druckerfreigabe unter Windows

7. Aktivieren Sie die Option DATEI- UND DRUCKERFREIGABE.

   Sollte hier die Option NETZWERKERKENNUNG EINSCHALTEN nicht aktiviert sein, aktivieren Sie diese Option ebenfalls, weil der Computer ansonsten für andere Rechner im Netzwerk unsichtbar bleibt und diese selbst auch nicht sehen kann.

   Die vorgenommenen Änderungen werden sofort übernommen und automatisch gespeichert. Sie können das Fenster also nun ruhig wieder schließen.

Ordner freigeben

Um anderen Netzwerkbenutzern Zugriff auf Dateien zu gewähren, die sich auf Ihrer Festplatte befinden, müssen Sie einen Ordner auf dem Laufwerk für die gemeinsame Nutzung *freigeben*. Beachten Sie dabei, dass Sie so bei Bedarf auch komplette Laufwerke freigeben können. Dann können Netzwerkbenutzer auf alle Dateien und Ordner auf diesem Laufwerk zugreifen. Wenn Sie einen Ordner freigeben, können die Netzwerkbenutzer lediglich auf die Dateien zugreifen, die sich in diesem Ordner befinden. Falls der Ordner weitere Ordner enthält, können die Netzwerkbenutzer auch auf die Dateien in diesen Unterordnern zugreifen.

Normalerweise sollte man keine kompletten Laufwerke freigeben, es sei denn, sie wurden eigens zu diesem Zweck eingerichtet. Meist geben Sie besser nur einen oder mehrere Ordner mit den Dokumenten frei, auf die andere Benutzer zugreifen können sollen. Wenn Sie beispielsweise alle Ihre Word-Dokumente im Ordner DOKUMENTE speichern, können Sie diesen Ordner freigeben, damit andere Netzwerkbenutzer ebenfalls darauf zugreifen können.

Freigabe von Ordnern unter Windows

Um einen Ordner unter Windows freizugeben, führen Sie folgende Schritte durch:

1. **Starten Sie den Windows-Explorer.**

   Wechseln Sie zum Desktop und klicken Sie das Symbol des Explorers in der Taskleiste an. Klicken Sie dann links im Fenster im Navigationsbereich den Eintrag DIESER PC an.

   Sie finden die Option EXPLORER auch im Power-User-Menü (Rechtsklick auf das Windows-Icon in der Taskleiste).

2. **Navigieren Sie zu dem freizugebenden Ordner.**

3. **Klicken Sie den freizugebenden Ordner mit der rechten Maustaste an und wählen Sie im Kontextmenü EIGENSCHAFTEN.**

   Dieser Weg funktioniert einheitlicher als der über die Option FREIGEBEN FÜR.

4. **Aktivieren Sie die Registerkarte FREIGABE und klicken Sie die Schaltfläche FREIGABE an.**

   Daraufhin wird das in Abbildung 3.2 dargestellte Dialogfeld NETZWERKZUGRIFF angezeigt.

5. **Klicken Sie den Pfeil rechts neben dem Dropdown-Listenfeld zur Suche nach Personen an, wählen Sie die Option JEDER und klicken Sie dann HINZUFÜGEN an.**

   Bei dieser Option dürfen alle eingerichteten Benutzer in Ihrem Netzwerk auf den freigegebenen Ordner zugreifen.

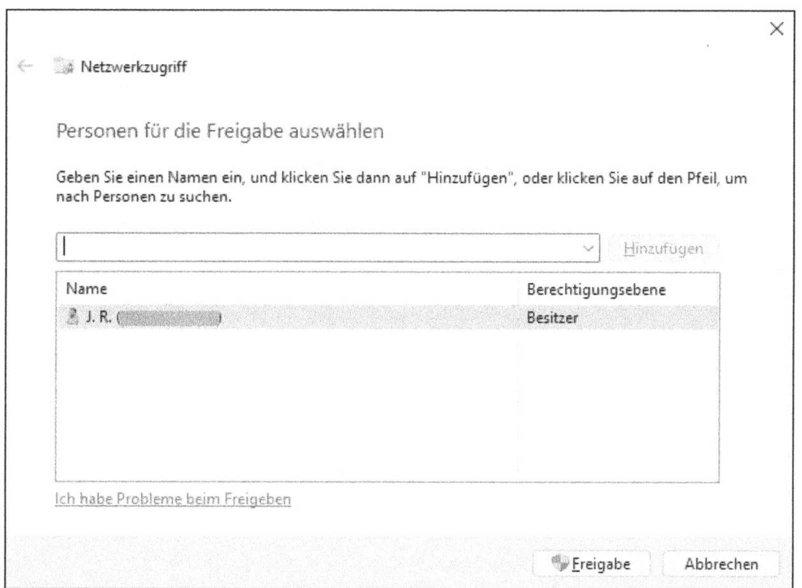

Abbildung 3.2: Das Dialogfeld »Netzwerkzugriff«

Sie können den Zugriff aber auch auf bestimmte Benutzer beschränken. Dazu wählen Sie die einzelnen Personen aus, denen Sie Zugriff gewähren wollen, und klicken jeweils HINZUFÜGEN an.

6. **Wählen Sie die Berechtigungsebene aus, die Sie den einzelnen Benutzern einräumen wollen.**

   Hier finden Sie diese zwei Ebenen:

   - LESEN: Ein Benutzer mit lesendem Zugriff kann zwar vorhandene Dateien öffnen, aber diese nicht ändern und keine neuen Dateien oder Ordner erstellen.

   - LESEN/SCHREIBEN: Der Benutzer hat vollen Zugriff auf den freigegebenen Ordner. Er kann beliebige Dateien im Ordner erstellen, ändern oder löschen.

7. **Klicken Sie die Schaltfläche FREIGABE an.**

   Ein Dialogfeld wird angezeigt, in dem bestätigt wird, dass der Ordner freigegeben wurde.

Den öffentlichen Ordner freigeben

Ab Windows 7 gibt es noch eine alternative Möglichkeit der Freigabe von Dateien im Netzwerk: öffentliche Ordner. Bei einem *öffentlichen Ordner* handelt es sich einfach um einen Ordner, der für den öffentlichen Zugriff vorgesehen ist. Auf die in diesem Ordner gespeicherten Dateien können andere Personen im Netzwerk und alle Benutzer zugreifen, die sich an Ihrem Rechner anmelden.

Bevor Sie den öffentlichen Ordner nutzen können, müssen Sie ihn erst einmal aktivieren. Folgen Sie dazu den im Abschnitt »Datei- und Druckerfreigabe« weiter vorn in diesem Kapitel dargestellten Schritten und aktivieren Sie dabei im Netzwerkprofil ALLE NETZWERKE die Option FREIGABE DES ÖFFENTLICHEN ORDNERS.

Wenn Sie die Freigabe des öffentlichen Ordners aktiviert haben, können Sie sich den Inhalt des öffentlichen Ordners unter Windows auf dem *eigenen* Rechner anzeigen lassen. Öffnen Sie dazu in gewohnter Weise den Explorer und klicken Sie in der linken Seitenleiste auf DIESER PC. Wählen Sie nun im Hauptbereich des Fensters den lokalen Datenträger C: und navigieren Sie nach C:\Benutzer\Öffentlich.

Abbildung 3.3 zeigt ein Beispiel für ein paar Bilder in einem öffentlichen Ordner unter Windows 11.

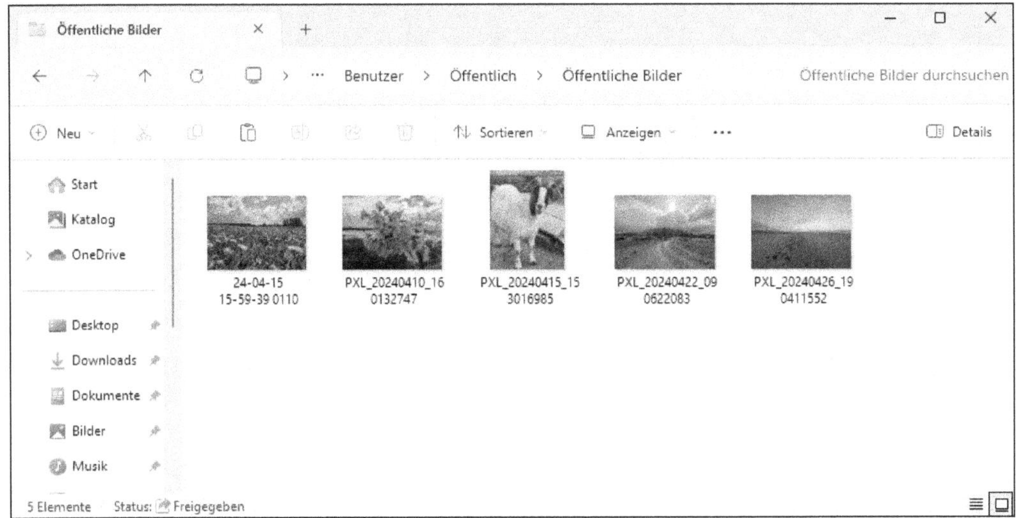

Abbildung 3.3: Ein öffentlicher Ordner unter Windows 11

Um auf den öffentlichen Ordner auf einem anderen Rechner zuzugreifen, benutzen Sie die in Kapitel 2 vorgestellten Techniken. Damit können Sie den jeweiligen öffentlichen Ordner auswählen oder ihm ein Netzlaufwerk zuordnen (siehe Abbildung 3.4).

Wie Sie sehen, gibt es einige vordefinierte öffentliche Ordner, die für gemeinsam genutzte Dokumente, heruntergeladene Dateien, Musik, Bilder und Videos vorgesehen sind. Wenn Sie wollen, können Sie diese benutzen. Sie können aber auch weitere Unterordner erstellen, um die Daten besser organisieren zu können.

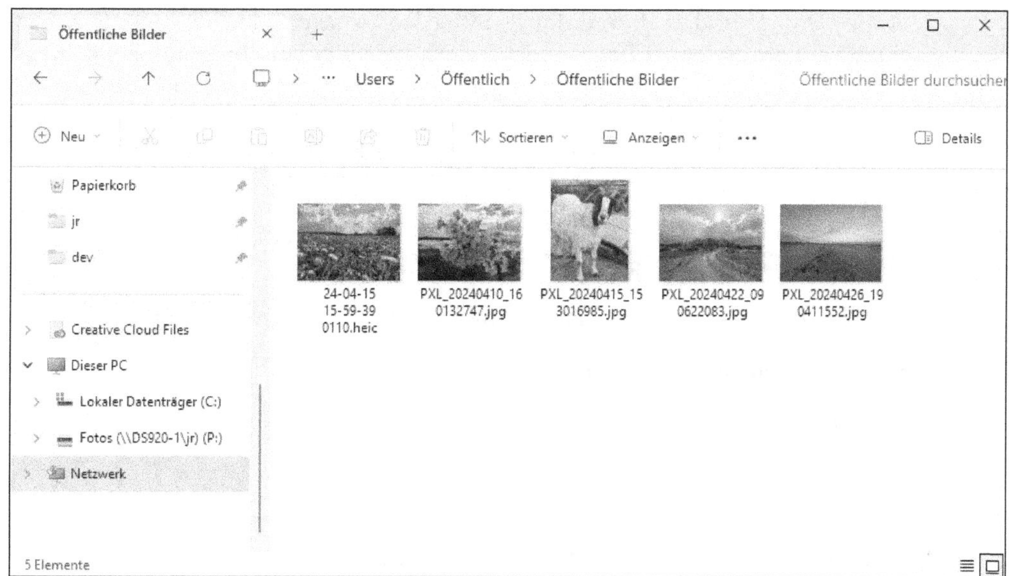

Abbildung 3.4: Mit Windows 11 auf die von einem anderen Rechner freigegebenen öffentlichen Ordner zugreifen

Drucker freigeben

Das Freigeben eines Druckers im Netzwerk kann deutlich problematischer sein als die Freigabe eines Ordners oder Laufwerks. Bei Ordner- und Laufwerkfreigaben greifen andere Netzwerkbenutzer von Zeit zu Zeit auf Ihre Dateien zu. Dann hören Sie vielleicht die Festplatte leise klicken (im Zeitalter der SSD eher unwahrscheinlich) und vielleicht merken Sie, dass sich Ihr Computer hier und da ein wenig mehr Zeit nimmt. Unterbrechungen durch Festplattenzugriffe anderer Benutzer sind zwar zuweilen spürbar, stellen aber selten eine wirkliche Beeinträchtigung dar.

Wenn Sie aber Ihren Drucker für andere Netzwerkbenutzer freigeben, tritt Murphys Gesetz in Kraft: Ihr Kollege zwei Büros weiter kann dann natürlich auch einen 140-Seiten-Bericht genau dann an Ihren Drucker senden, wenn Sie gerade ein kurzes, einseitiges Memo drucken wollen, das in spätestens zwei Minuten auf dem Schreibtisch Ihres Chefs liegen soll. Dem Drucker kann natürlich auch das Papier ausgehen oder – schlimmer noch – es gibt einen Papierstau, während gerade ein anderer Benutzer druckt, und von Ihnen wird erwartet, dass Sie das Problem beseitigen.

So unangenehm diese Unterbrechungen auch sein mögen, die Freigabe von Druckern ist in verschiedenen Situationen trotzdem sinnvoll. Falls Sie den einzigen Spezialdrucker im Büro oder in der Arbeitsgruppe besitzen, kommen ohnehin alle zu Ihnen und betteln, ihn benutzen zu dürfen. Dann können Sie ihn auch gleich im Netzwerk freigeben. Auf diese Weise vermeiden Sie dann immerhin, dass die Bettler vor Ihrer Bürotür Schlange stehen.

Im Büro werden Drucker üblicherweise zentral freigegeben. Ein Server verwaltet dann die Druckerwarteschlange und stellt die benötigte Rechenleistung für die Druckverarbeitung bereit.

Viele Drucker und Multifunktionsgeräte (also Drucker inklusive einer Scanner-Einheit) können heutzutage direkt eine Netzwerkverbindung aufbauen (LAN oder WLAN). In diesem Fall benötigen Sie im Normalfall gar keine Freigabe des Druckers für andere Rechner unter Windows, da auf diesen anderen PCs der Netzwerkdrucker ganz einfach in der Netzwerkumgebung unter Windows zu finden ist und ganz leicht darüber eingebunden werden kann.

Freigabe eines Druckers unter Windows

Zur Freigabe eines Druckers unter Windows führen Sie die folgenden Schritte aus:

1. **Starten Sie die Windows-Einstellungen.**

   Dies erledigen Sie am schnellsten über die Tastenkombination ⊞ + Ⓘ. Wählen Sie anschließend den Eintrag **BLUETOOTH UND GERÄTE**.

2. **Klicken Sie auf den Eintrag DRUCKER UND SCANNER.**

3. **Klicken Sie den freizugebenden Drucker an und wählen Sie den Eintrag DRUCKEREIGENSCHAFTEN.**

4. **Wechseln Sie im Dialogfeld mit den Eigenschaften des Druckers in die Registerkarte FREIGABE.**

   Die in Abbildung 3.5 dargestellte Registerkarte FREIGABE wird angezeigt.

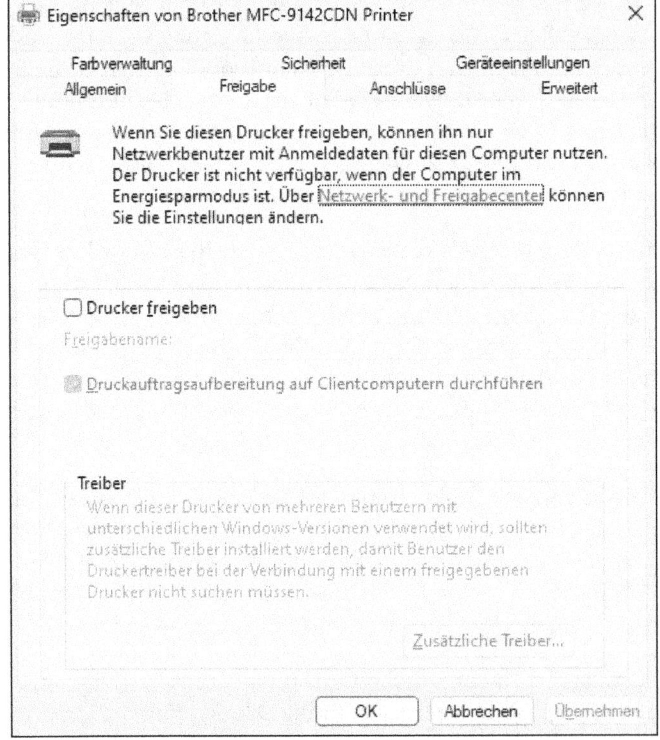

Abbildung 3.5: Freigabe eines Druckers unter Windows 11

5. Aktivieren Sie das Kontrollkästchen DRUCKER FREIGEBEN.

6. (Optional) Wenn Ihnen der Vorschlag von Windows für den Freigabenamen nicht zusagt, ändern Sie ihn nach Belieben.

   Da der Freigabename von anderen Rechnern zur Identifizierung des Druckers verwendet wird, sollten Sie möglichst aussagekräftige Namen wählen, also beispielsweise eine Kombination aus Druckermodell und Raumnamen.

7. Klicken Sie auf OK, um die Einstellung zu bestätigen.

Um die Druckerfreigabe zu beenden, führen Sie die ersten beiden Schritte der obigen Anleitung aus. Deaktivieren Sie dann das Kontrollkästchen DRUCKER FREIGEBEN und klicken Sie abschließend auf OK.

Microsoft Office im Netzwerk nutzen

Microsoft Office ist die mit Abstand verbreitetste Programmsammlung für Personal Computer. Es enthält jene Programme, die üblicherweise in jedem Büro benötigt werden: ein Textverarbeitungsprogramm (Word), ein Tabellenkalkulationsprogramm (Excel), ein Präsentationsprogramm (PowerPoint) und ein E-Mail-Programm (Outlook). Die Business-Versionen enthalten zusätzlich noch ein Datenbankprogramm (Access) und weitere Tools.

Der Zugriff auf Netzwerkdateien

Das Öffnen von Dateien, die auf Netzlaufwerken gespeichert sind, ist nicht schwieriger als das Öffnen von Dateien, die sich auf lokalen Laufwerken befinden. Alle Office-Programme enthalten den Befehl DATEI|ÖFFNEN, der das ÖFFNEN-Dialogfeld anzeigt. In der Benutzeroberfläche der Versionen ab 2010 erreichen Sie es über die Registerkarte DATEI. Wählen Sie für Dateien, die sich im lokalen Netzwerk oder auf Ihrem Rechner befinden, DURCHSUCHEN. Abbildung 3.6 zeigt die Excel-Version dieses Dialogfeldes unter Windows 11. Das Dialogfeld sieht in allen Office-Programmen nahezu identisch aus.

Um auf eine Datei zuzugreifen, die sich auf einem Netzlaufwerk befindet, dem ein Laufwerkbuchstabe zugeordnet ist, wählen Sie das entsprechende Laufwerk aus. Ist dem Netzlaufwerk kein Laufwerkbuchstabe zugeordnet, wählen Sie NETZWERK und suchen anschließend nach der zu öffnenden Datei.

 Wenn Sie einen Ordner nicht zum ersten Mal öffnen, geht der Weg über DATEI|ÖFFNEN und dann ZULETZT VERWENDET meist schneller.

 Wenn Sie versuchen, eine Datei zu öffnen, die ein anderer Benutzer bereits geöffnet hat, teilt Office Ihnen in älteren Programmversionen mit, dass diese Datei bereits verwendet wird, und schlägt Ihnen vor, sie im Nur-Lesen-Modus zu öffnen. Dann können Sie diese Datei zwar lesen und bearbeiten, aber Office lässt nicht zu, dass Sie die vorhandene Version der Datei überschreiben. Zum Speichern müssen Sie deshalb die Option SPEICHERN UNTER verwenden. Ab Microsoft Office 2016 ist zumindest theoretisch auch die gleichzeitige Bearbeitung eines Dokuments durch mehrere Benutzer möglich.

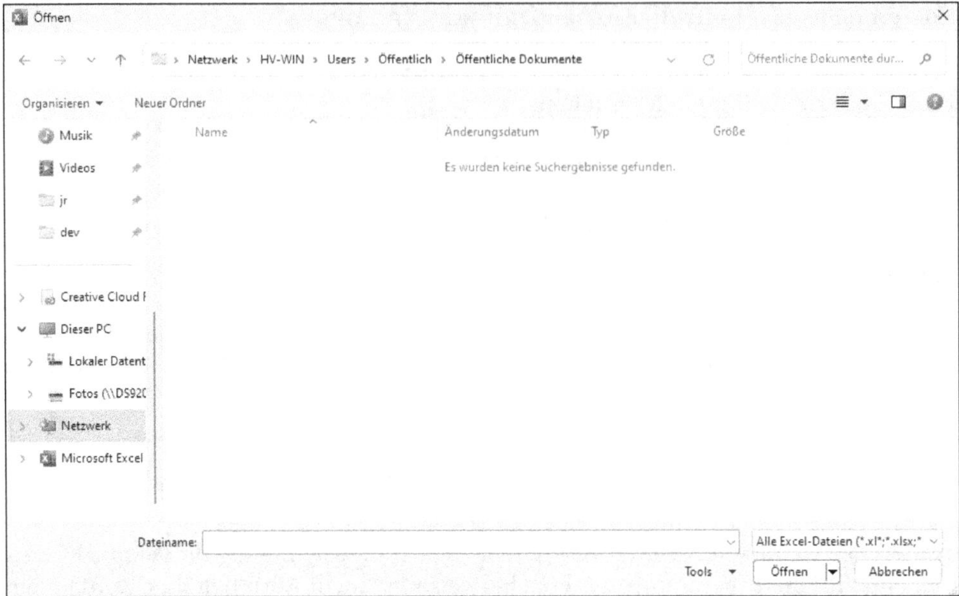

Abbildung 3.6: Das »Öffnen«-Dialogfeld in Excel

Arbeitsgruppenvorlagen verwenden

Eine *Vorlage* ist eine besondere Dokumentdatei, die Formatierungsinformationen, vorein-gestellten Text und andere angepasste Einstellungen enthält. Sie können Vorlagen als Basis für neue Dokumente benutzen und damit dafür sorgen, dass die erstellten Dokumente Ihres Unternehmens einem einheitlichen Layout folgen.

In den Office-Programmen Word, Excel, Access und PowerPoint können Sie beim Erstel-len eines neuen Dokuments Vorlagen auswählen. Wenn Sie hier ein neues Dokument über den Befehl NEU erstellen, wird ein Dialogfeld oder eine Übersicht angezeigt, die Ihnen die Auswahl einer Vorlage für das neue Dokument ermöglicht. Dabei enthält Office Vorlagen-sammlungen für verbreitete Dokumenttypen. Diese wurden in verschiedene Kategorien eingeteilt und können beim Erstellen neuer Dokumente ausgewählt werden.

Neben den bereits in Office enthaltenen Vorlagen können Sie auch eigene Vorlagen in Word, Excel und PowerPoint erstellen. Das ist vor allem dann nützlich, wenn die Dokumen-te der Netzwerkbenutzer alle ein einheitliches Erscheinungsbild haben sollen. Sie können zum Beispiel Briefvorlagen mit dem Briefkopf und dem Logo Ihres Unternehmens erstellen.

In Office können Sie Vorlagen an zwei Stellen speichern. Wo Sie sie speichern, hängt davon ab, was Sie damit vorhaben:

✔ Beim ersten Ordner handelt es sich um den *Benutzervorlagen-Ordner* auf der lokalen Festplatte der jeweiligen Benutzer. Wenn bestimmte Benutzer spezielle Vorlagen be-nötigen, speichern Sie die betreffende Vorlage dort.

✔ Beim zweiten Ordner geht es um den *Arbeitsgruppenvorlagen-Ordner* auf einem ge-meinsam genutzten Netzlaufwerk. Wenn Vorlagen allen Netzwerkbenutzern über den

Netzwerkserver zur Verfügung gestellt werden sollen, speichern Sie die betreffende Vorlage dort. Bei dieser Variante können sich die Benutzer weiterhin ihre eigenen Vorlagen basteln, die anderen Netzwerkbenutzern nicht zur Verfügung stehen.

Werden Benutzervorlagen- und Arbeitsgruppenvorlagen-Ordner verwendet, benutzt Office die Vorlagen aus beiden Ordnern und zeigt sie beim Erstellen einer neuen Datei an. Wenn Sie Office installieren, werden die mitgelieferten Standardvorlagen in einen Ordner auf der lokalen Festplatte des Computers kopiert und die Benutzervorlagen-Option wird auf diesen Ordner eingestellt. Die Option Arbeitsgruppenvorlagen bleibt zunächst leer.

Da sich auch im Office-Programm das Geschehen zunehmend ins Internet verlagert, können oder könnten Hunderte oder Tausende Vorlagen als Miniaturvorschau zur Auswahl gestellt werden, wobei die zugehörigen Vorlagen dann bei Bedarf aus dem Internet nachgeladen werden. Klingt zwar interessant, kann aber schnell auch kontraproduktiv werden.

Um den Speicherort von Benutzervorlagen- und Arbeitsgruppenvorlagen-Ordnern einzustellen, führen Sie in Microsoft Word die folgenden Schritte aus:

1. **Klicken Sie auf die Registerkarte Datei und klicken Sie dann Optionen an.**

2. **Im Dialogfeld Word-Optionen klicken Sie Erweitert an.**

   Nun wird eine umfangreiche Liste mit Optionen angezeigt.

3. **Scrollen Sie in dieser Liste recht weit nach unten. Dort finden Sie die Schaltfläche Dateispeicherorte, die Sie anklicken.**

   Daraufhin wird das in Abbildung 3.7 dargestellte Dialogfeld Dateispeicherorte angezeigt.

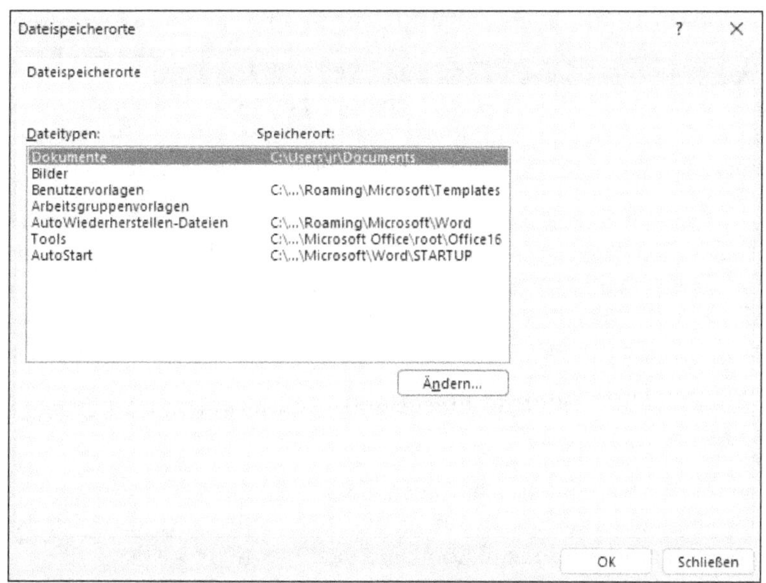

Abbildung 3.7: Festlegen der Speicherorte in Word

4. **Markieren Sie den Eintrag ARBEITSGRUPPENVORLAGEN und klicken Sie die Schaltfläche ÄNDERN an.**

   Daraufhin wird ein Dialogfeld geöffnet, über das Sie den Speicherort für Ihre Vorlagendateien auswählen können.

5. **Wählen Sie den Ordner mit den Vorlagen aus und klicken Sie OK an.**

   Sie kehren wieder zum Dialogfeld SPEICHERORT FÜR DATEIEN zurück.

6. **Klicken Sie OK an, um das Dialogfeld SPEICHERORT FÜR DATEIEN zu schließen.**

7. **Klicken Sie noch einmal OK an, um auch das Dialogfeld WORD-OPTIONEN zu schließen.**

Auch wenn die Einstellungen der Benutzer- und Arbeitsgruppenvorlagen Word, Excel und PowerPoint betreffen, können Sie sie nur in Word ändern. Die OPTIONEN-Dialogfelder von Excel und PowerPoint enthalten komischerweise keine Optionen für Benutzer- oder Arbeitsgruppenvorlagen.

Access-Datenbanken im Netzwerk

Wenn Sie eine Access-Datenbank im Netzwerk mehreren Benutzern zur Verfügung stellen wollen, sollten Sie sich über einige Dinge ein paar Gedanken machen. Hier die wichtigsten:

✔ Wenn Sie eine Datenbank im Netzwerk freigeben, könnten zwei oder mehr Benutzer gleichzeitig versuchen, auf denselben Datensatz zuzugreifen. Das kann zu Problemen führen, wenn mehrere Benutzer gleichzeitig dieselben Datensätze zu ändern versuchen. Um Probleme zu vermeiden, werden die betreffenden Datensätze vorübergehend gesperrt (locking), wodurch immer nur ein Benutzer sie ändern kann. Access verwendet dabei eine von drei verschiedenen Sperrmethoden:

  - *Bearbeiteter Datensatz:* Sperrt einen Datensatz, wenn ein Benutzer mit dessen Änderung beginnt. Wenn ein Benutzer einen Datensatz beispielsweise abruft, um ihn zu ändern, sperrt Access diesen während der Bearbeitung durch den Benutzer. Kein anderer Benutzer kann den Datensatz dann während dieser Zeit ändern.

  - *Keine Sperrungen:* Das bedeutet nicht, dass der Datensatz nicht gesperrt wird. Es bedeutet lediglich, dass der Datensatz so lange nicht gesperrt wird, bis ein Benutzer die Änderungen tatsächlich in die Datenbank schreibt. Diese Methode kann für die Benutzer verwirrend sein, weil dabei die von einem Benutzer vorgenommenen Änderungen durch die Änderungen eines anderen Benutzers überschrieben werden können.

  - *Alle Datensätze:* Sperrt die komplette Tabelle, sobald ein Benutzer irgendeinen Datensatz darin editiert.

✔ Mit Access können Sie Datenbanken so aufteilen, dass Formulare, Abfragen und Berichte auf den lokalen Laufwerken der Benutzer, die Daten selbst aber auf einem Netzlaufwerk gespeichert werden. Diese Funktion kann dafür sorgen, dass das

Datenbankprogramm im Netzwerk viel effizienter ausgeführt wird. (Die Aufteilung einer Datenbank erfolgt über die Option ACCESS-DATENBANK auf der Registerkarte DATENBANKTOOLS im Menüband.)

✔ Access besitzt integrierte Sicherheitsfunktionen, die Sie nutzen sollten, wenn eine Access-Datenbank von Windows-Clientcomputern gemeinsam verwendet werden soll. Wenn Sie die Datenbank auf einem Domänenserver speichern, können Sie die Sicherheitsfunktionen des Servers verwenden, um die Datenbank zu schützen.

✔ Access aktualisiert Formulare und Datenblätter automatisch alle 60 Sekunden. Wenn beispielsweise ein Benutzer ein Formular oder ein Datenblatt öffnet und ein anderer Benutzer ein paar Sekunden später die Daten ändert, sieht der erste Benutzer die Änderungen innerhalb einer Minute. Falls 60 Sekunden zu lang sein sollten (oder zu kurz), können Sie die Zeiteinstellung über das Dialogfeld ACCESS-OPTIONEN im Bereich CLIENTEINSTELLUNGEN (oder ERWEITERT) ändern.

Bei den jüngsten Versionen der Microsoft-Office-Programme können mehrere Benutzer über das Internet gleichzeitig Dokumente bearbeiten. Der Datenaustausch kann dabei über OneDrive erfolgen.

Auch wenn ich im letzten Absatz immer von Access-Datenbanken gesprochen habe, sind wir uns, denke ich, einig, dass Access keine vollwertige Datenbank darstellt.

Sollten Sie also eine echte Datenbank benötigen (genauer gesagt ein relationales Datenbankmanagementsystem), greifen Sie lieber zu Produkten wie PostgreSQL oder dem Microsoft SQL Server.

Mit Offlinedateien arbeiten

Desktop-Rechner werden normalerweise stationär vor Ort verwendet und sind dabei verkabelt mit ihrem Netzwerk verbunden. Bei Laptops, Notebooks und erst recht bei Tablets oder auch Einplatinenrechnern sieht dies jedoch anders aus. Diese Geräte können Sie für unterwegs mitnehmen. An Ihrem Arbeitsplatz verbinden Sie den Laptop dann vielleicht mit einer Netzwerkbuchse oder drahtlos mit dem Unternehmensnetzwerk. Vielleicht nehmen Sie die Geräte auch übers Wochenende mit nach Hause. Dann wird die Netzwerkverbindung möglicherweise schnell problematisch. Bei schnellen DSL-Anschlüssen und echten Flatrates können Sie ja vielleicht noch auf das Unternehmensnetz zugreifen (das hoffentlich gut geschützt ist, zum Beispiel per VPN); soll oder muss die Verbindung aber über langsamere Netze oder gar über Mobiltelefonnetze hergestellt werden, kann es schnell zu teuren Engpässen kommen.

Natürlich gefällt es Ihrem Chef, wenn Sie auch am Wochenende arbeiten, und daher müssen Sie auch dann auf die wichtigen Netzwerkdateien zugreifen können, wenn Sie sich nicht im Büro befinden und nicht mit dem Netzwerk verbunden sind. Hier kann die Funktion der Offlinedateien nützlich sein. Mit ihr können Sie auf Ihre Netzwerkdateien selbst dann zugreifen, wenn Sie nicht mit dem Netzwerk verbunden sind.

Das hört sich zwar ein wenig nach Zauberei an, ist es aber nicht. Stellen Sie sich vor, Sie müssten getrennt vom Netzwerk ohne diese Funktion auskommen. Sie würden die zum Arbeiten benötigten Dateien einfach auf die lokale Festplatte Ihres Notebooks kopieren. Wenn Sie das Notebook mit nach Hause nehmen, würden Sie mit den Kopien arbeiten. Wenn Sie dann ins Büro zurückkehren, würden Sie sich mit dem Netzwerk verbinden und die geänderten Dateien zurück auf den Netzwerkserver kopieren.

Genau so funktionieren Offlinedateien im Wesentlichen, nur dass sich Windows automatisch um die Kopiererei kümmert. Dabei wirkt es dann selbst ohne Verbindung zum Netzwerk so, als ob sich die Kopien der Dateien eigentlich im Netz befänden. Wenn Sie zum Beispiel ein Laufwerk zuordnen (beispielsweise Laufwerk M:) und es offline zur Verfügung stellen, können Sie auf die Offlinekopien weiterhin über das Laufwerk M: zugreifen. Das funktioniert deshalb, weil Windows weiß, ob Sie mit dem Netzwerk verbunden sind und dass es bei Bedarf M: auf die lokalen Kopien des Laufwerks umleiten soll.

Das Hauptproblem bei der Arbeit mit Offlinedateien entsteht naturgemäß dann, wenn zwei oder mehr Benutzer auf dieselben Offlinedateien zugreifen wollen. Windows kann zwar versuchen, den gröbsten Schlamassel zu vermeiden, ist darin aber nicht gerade gut. Daher sollten Sie die Offlinefunktion möglichst nicht für Netzwerkressourcen nutzen, die von anderen Benutzern ebenfalls offline verwendet werden. Anders ausgedrückt: Es ist zwar in Ordnung, wenn Sie Ihren eigenen Home-Ordner offline verfügbar machen, denn auf dieses Laufwerk können ohnehin nur Sie allein zugreifen. Gemeinsam genutzte Netzwerkressourcen offline zur Verfügung zu stellen, ist aber nicht empfehlenswert, sofern es sich nicht gerade um nur lesbare Ressourcen handelt, die keine Dateien umfassen, die Sie ändern wollen.

Möglicherweise müssen Sie die Funktion OFFLINEDATEIEN erst aktivieren. Sie erreichen Sie das in Abbildung 3.8 dargestellte Dialogfeld OFFLINEDATEIEN über das SYNCHRONISIERUNGSCENTER der Systemsteuerung und die Option OFFLINEDATEIEN VERWALTEN.

Wenn Sie die Offline-Dateien aktivieren, kann es sein, dass Windows Sie auffordert, Ihren Rechner neu zu starten, damit die Änderungen übernommen werden.

Die Nutzung der Funktion OFFLINEDATEIEN ist dann einfach. Öffnen Sie den Eintrag DIESER PC im Explorer, klicken Sie mit der rechten Maustaste auf das zugeordnete Netzlaufwerk, das offline zur Verfügung gestellt werden soll, wählen Sie im Kontextmenü den Eintrag WEITERE OPTIONEN ANZEIGEN und hier die Option IMMER OFFLINE VERFÜGBAR.

Wenn Sie kein Laufwerk verbinden wollen, können Sie mit demselben Verfahren auch auf einzelne Ordner eines zugeordneten Netzlaufwerks zurückgreifen: Klicken Sie den Ordner mit der rechten Maustaste an und wählen Sie dann im erweiterten Kontextmenü IMMER OFFLINE VERFÜGBAR.

Möglicherweise müssen erst passende Zugriffsrechte gesetzt werden, damit bestimmte Dateien offline verfügbar gemacht werden können!

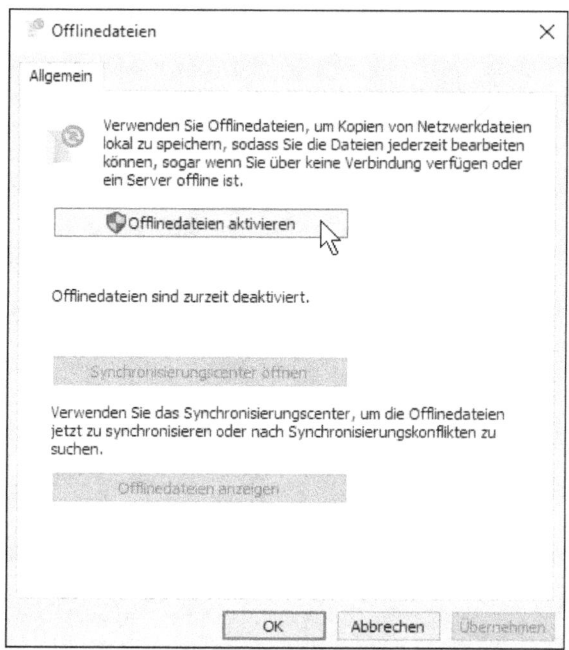

Abbildung 3.8: Über dieses Dialogfeld können Sie unter Windows die Verwendung von Offlinedateien aktivieren.

Wenn Sie ein Laufwerk oder einen Ordner zum ersten Mal offline verfügbar machen, kopiert Windows alle Dateien vom Laufwerk oder aus dem Ordner auf das lokale Speichermedium. Je nachdem, wie viele Dateien dabei übertragen werden müssen, kann dieser Vorgang eine Weile dauern. Planen Sie also entsprechend viel Zeit ein.

Wenn Sie ein Laufwerk erst einmal offline verfügbar gemacht haben, kümmert sich Windows um den Rest. Jeweils nach der Anmeldung im oder der Abmeldung vom Netzwerk synchronisiert Windows Ihre Offlinedateien. Windows vergleicht den Zeitstempel der jeweiligen Dateien auf dem Server mit den lokalen Kopien und kopiert dann alle geänderten Dateien.

Bei der Arbeit mit Offlinedateien sollten einige weitere Dinge berücksichtigt werden:

✔ Wenn Sie wollen, können Sie Windows zum Synchronisieren Ihrer Offlinedateien zwingen, indem Sie das Laufwerk oder den Ordner mit der rechten Maustaste anklicken und im erweiterten Kontextmenü unter SYNCHRONISIERUNG den Eintrag AUSGEWÄHLTE OFFLINEDATEIEN SYNCHRONISIEREN wählen.

✔ Sorgen Sie dafür, dass keine Dateien in dem Ordner geöffnet sind, wenn Sie ihn offline verfügbar machen. Sonst wird eine Fehlermeldung angezeigt. Alle Dateien müssen erst einmal geschlossen werden, bevor Sie einen Ordner offline verfügbar machen können.

✔ Das Dialogfeld EIGENSCHAFTEN enthält für zugeordnete Laufwerke die zusätzliche Registerkarte OFFLINEDATEIEN (siehe Abbildung 3.9). Auch hier können Sie die sofortige Synchronisierung erzwingen.

Abbildung 3.9: Eigenschaften von Offlinedateien

Über das Netzwerk multimedial präsentieren

Präsentationen gehörten eigentlich schon immer mit zum Handwerkszeug in Schule und Beruf. Gewandelt haben sich allerdings die Möglichkeiten. Standen bis in die 1970er fast nur Kreide und Schiefertafel zur Verfügung, gewannen in den 1980ern zunehmend Weißwandtafeln und Projektoren an Bedeutung. Dabei konnten für Präsentationen recht kostspielige Durchlichteinheiten auf die Overhead-Projektoren gelegt werden. Es handelte sich dabei um eine Art speziellen Bildschirm, der von Computern über Kabel mit Bildern versorgt wurde.

Seit der zweiten Hälfte der 1980er und zunehmend mit den ersten verbreiteten Windows-Versionen konnten dann Computer für Präsentationen verwendet werden. Die verschiedenen Geräte mussten dabei bis ins neue Jahrtausend hinein meist umständlich verkabelt werden, weshalb die Möglichkeiten oft nur in Konferenzräumen bereitstanden. Oft gab es Mitarbeiter, die speziell für den Aufbau der entsprechenden Geräte zuständig waren. Da kam dann der »Hausmeister« und baute das Equipment auf.

Das soll Ihnen nur einen ganz kurzen Abriss des Fortschritts im Bereich der Präsentationsmöglichkeiten geben.

Präsentationen auf oder mit Computern zu zeigen, dabei Daten aus dem lokalen Netz oder dem Internet zu saugen und über Kabel und einen Projektor an die Wand zu werfen, gehört heute fast zum Arbeitsalltag und entspricht damit kaum mehr als der normalen Nutzung von Daten im Netzwerk.

Neu sind allerdings die vielen mobilen Möglichkeiten, die seit etwa 2010 fast gleichzeitig mit Mediaplayern und Tablets bereitgestellt werden. Da die Möglichkeiten schier endlos sind und sich ständig weiterentwickeln, werde ich mich hier erst einmal auf ein Beispiel beschränken, in dem ich vom Windows-Explorer aus Filme auf ein Smart-TV übertrage.

Dabei werden Smart-TVs und Windows-Desktop-Rechner oder Laptops einfach über Kabel an ein gemeinsames Netzwerk angeschlossen. Die Daten werden dann als Strom zum intelligenten Fernseher übertragen, der den DLNA-Standard unterstützen muss. Theoretisch kann er dann einerseits vom Windows-Rechner, andererseits aber auch weiterhin über die Infrarot-Fernbedienung des Fernsehers gesteuert werden.

DLNA steht für »Digital Living Network Alliance«. Dabei handelt es sich um eine Vereinigung, die dafür sorgen soll, dass informationstechnische Lösungen verschiedener Hersteller so gestaltet werden, dass sie herstellerübergreifend funktionieren.

Die Interoperabilität oder auch Kompatibilität der DLNA-Geräte und der entsprechenden Lösungen lässt häufiger zu wünschen übrig. Gelegentlich müssen Sie die Geräte neu starten oder die angebotenen Funktionen arbeiten nur teilweise.

Einfache Präsentation mit Smart-TV und Windows

Im letzten Kapitel wurde die Bedeutung der verschiedenen Symbole in der Netzwerkumgebung erläutert. Dabei geht es nun konkret um die in Abbildung 3.10 dargestellte Kategorie MULTIMEDIA, in der neben vier potenziellen Datenlieferanten auch ein Fernseher mit unter den Geräten aufgeführt wird, der dann (theoretisch) zur Ausgabe von Audio- und Videodaten genutzt werden kann.

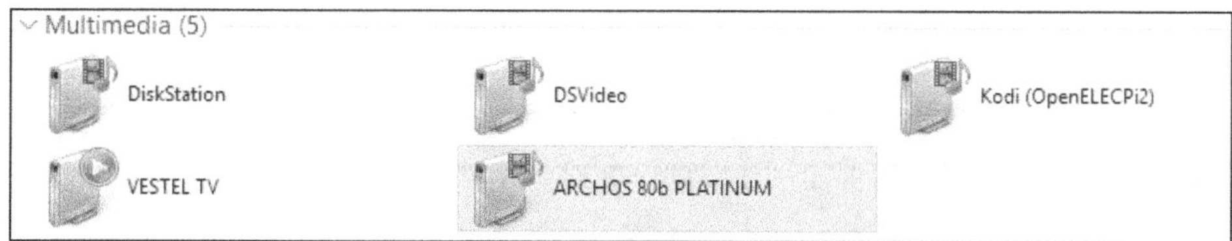

Abbildung 3.10: Links unten ein Smart-TV

Mit Windows lässt sich das Microsoft-Betriebssystem sehr leicht für Präsentationen nutzen. Wird ein wiedergabetaugliches Gerät im Netzwerk erkannt, können Sie es beinahe direkt für Präsentationen über das Netzwerk nutzen. Dabei müssen sich beide Geräte nur im selben Netzwerksegment befinden. Auf diese Weise brauchen Sie keine weiteren Kabel und können auf große Kisten oder Koffer mit Adapterkabeln verzichten. Und selbst die Verbindung zum Netzwerk kann drahtlos erfolgen, was allerdings schnell Geschwindigkeitsprobleme mit sich bringen kann, weil die Geschwindigkeit von WLAN-Verbindungen bei nur wenig größeren Entfernungen einbricht.

Im Kontextmenü des Symbols für das Wiedergabegerät finden Sie MEDIEN-STREAMINGOPTIONEN, über die Sie das *Streaming* gerätespezifisch konfigurieren und aktivieren oder abschalten können. In meiner Testumgebung waren aber für das folgende Beispiel keine besonderen Einstellungen erforderlich.

Stehen entsprechende Wiedergabegeräte im Netzwerk bereit, gehen Sie unter *Windows* wie folgt vor:

1. **Navigieren Sie im Windows-Explorer zu dem Ordner mit den AV-Daten (Audio/ Video), die präsentiert werden sollen (siehe Abbildung 3.11).**

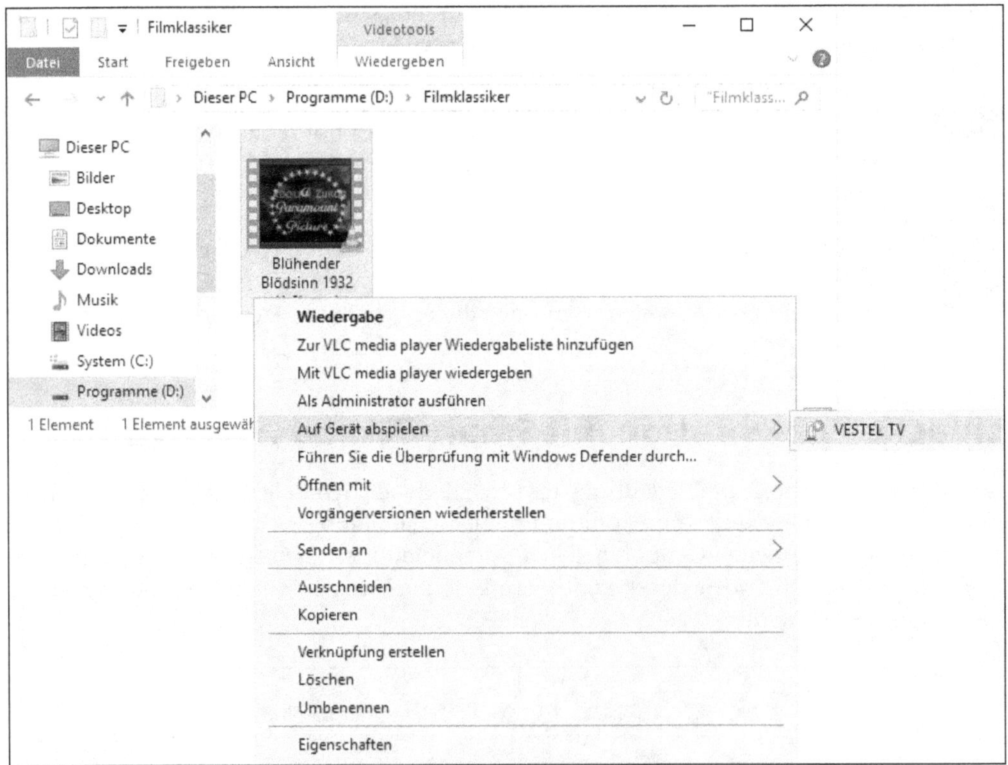

Abbildung 3.11: »Blühender Blödsinn« im Ordner »Filmklassiker«

Im Beispiel habe ich einen Filmklassiker der Marx-Brothers von 1932 auf der Festplatte abgelegt und diesen im Windows-Explorer angezeigt.

2. **Klicken Sie die zu präsentierende Datei im Explorer mit der rechten Maustaste an.**

3. **Jetzt finden Sie im Kontextmenü (hoffentlich) die Option AUF GERÄT ABSPIELEN. Klicken Sie diese an und wählen Sie dann das gewünschte Wiedergabegerät (im Beispiel VESTEL TV) aus.**

Daraufhin wird die markierte Datei in eine Wiedergabeliste aufgenommen und das Steuerungsfenster ABSPIELEN AUF GERÄT wird auf dem Bildschirm angezeigt (siehe Abbildung 3.12). Neben dem »Blühenden Blödsinn« der Marx-Brothers habe ich in die Liste noch ein paar weitere Filmklassiker aus meiner Sammlung aufgenommen. Dabei funktioniert auch die Übernahme von Mediendateien durch Mehrfachauswahl in die Wiedergabeliste.

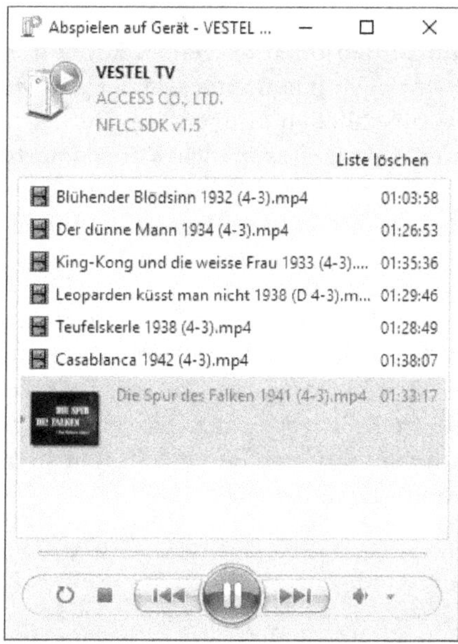

Abbildung 3.12: Die Wiedergabeliste mit ein paar Filmklassikern

Das war es auch schon. So einfach funktioniert das aber auch erst mit Windows. In diese Richtung weisende Möglichkeiten existieren zwar bereits seit Windows 7, mussten bisher aber erst umständlich konfiguriert werden und funktionierten zudem oft nur recht hakelig.

 Damit das Übertragen der Daten im Netzwerk reibungslos funktioniert, müssen die Geräte auch passend konfiguriert sein. Wenn Parameter hier versehentlich verstellt werden, kann die Suche nach der Fehlerursache schnell ausufern. Wenn Sie Netzwerke für derartige Zwecke verwenden wollen, empfiehlt es sich, im jeweiligen Segment nur möglichst wenige Geräte laufen zu haben.

Wie Sie sehen, müssen Sie nur die passenden Dateien vorbereiten, um sie unter Windows mit dem Windows-Explorer zum intelligenten Fernseher übertragen zu können. Und das geht hier ganz ohne den Windows Media Player und die komplizierte Einstellung irgendwelcher Konfigurationsparameter vonstatten.

Weitere Präsentationsmöglichkeiten im Netzwerk

Die vorgestellte Variante der Wiedergabe von Audio-Video-Daten über einen intelligenten Fernseher (Smart-TV) vom Windows-Explorer aus ist nur die Spitze des Eisbergs, wenn es um multimediale Präsentationsmöglichkeiten in Netzwerken geht. Viele Programme enthalten mittlerweile ähnliche Präsentationsmöglichkeiten. Die entsprechenden Optionen werden oft allerdings erst dann zur Auswahl angeboten, wenn die für die entsprechende Funktion benötigte Hardware (netzwerkfähiger Mediaplayer) auch im Netzwerk vorhanden ist.

Einfache Präsentationsoptionen stellen mittlerweile auch netzwerkfähige Blu-ray-Player zur Verfügung. Und einen neuen Fernseher mit Netzwerkanschluss benötigen Sie eigentlich auch nicht, um die angesprochenen Präsentationsfunktionen nutzen zu können. Entsprechende Funktionen bieten nämlich auch Einplatinen-Minicomputer wie der *Raspberry Pi*, die Sie an einen *HDMI*-Eingang des Fernsehers anschließen können, um ihn auf diesem Umweg beispielsweise mit einer darauf laufenden Softwarelösung wie Kodi »smart« zu machen. Entsprechend konfiguriert, können Minirechner zwischen Netzwerk und Fernseher die Rolle eines Vermittlers übernehmen. Statt einem intelligenten Fernseher finden Sie dann in der Netzwerkumgebung einen Minicomputer als Mediaplayer.

Wo und wie letztlich welche Geräte und Programme Präsentationsfunktionen anbieten, müssen Sie am Ende selbst herausfinden. Ich persönlich stelle zu präsentierende Daten bevorzugt auf einem kleinen Speicherkärtchen oder USB-Stick zusammen, um die Präsentation dann beispielsweise von einem Tablet aus zu steuern. Es ist aber gut zu wissen, dass auch Windows ein paar einfach zu bedienende Präsentationsfunktionen bereitstellt und sich ein Laptop unter Windows leicht in eine Präsentationszentrale umwandeln lässt.

Ein Netzwerk einrichten

Kapitel 4
Die Planung des Netzwerks

Sie sind also davon überzeugt, dass es für Sie sinnvoll ist, Ihre Computer zu einem Netzwerk zu verbinden. Aber wie geht es nun weiter? Kaufen Sie die Komponenten und Geräte nun auf dem Weg zur Arbeit mal schnell im Vorbeigehen im Computer-Fachgeschäft, installieren sie dann noch vor der morgendlichen Kaffeepause und erwarten, dass sie sofort voll einsatzbereit sind? Wohl kaum.

Mit dem Vernetzen von Computern ist es wie mit allen lohnenswerten Projekten: Wenn man es richtig machen und sich doppelte Arbeit ersparen will, sollte man schon ein wenig Zeit in die Planung investieren. Daher soll Ihnen dieses Kapitel dabei helfen, Ihren Netzwerkaufbau erst einmal genauer zu durchdenken, bevor Sie Geld in die Hand nehmen. Sie erfahren, wie Sie einen Netzwerkplan erstellen können, der in jeder Beziehung so gut ist wie der eines Netzwerkberaters, der Ihnen dafür aber schnell Tausende Euro in Rechnung stellen könnte. Wenn Sie selbst wissen, was sie wollen und planvoll vorgehen, können Sie bereits hier unter Umständen eine Menge Geld sparen!

Einen Netzwerkplan entwerfen

Bevor Sie mit einem Netzwerkprojekt beginnen, sei es nun eine Neuinstallation oder die Aufrüstung eines bestehenden Netzwerks, sollten Sie zunächst einen detaillierten Plan entwerfen. Sollten Sie Entscheidungen über die richtige Technik treffen, bevor Sie alle das Projekt betreffenden Aspekte durchdacht haben, werden Sie das irgendwann bereuen. Es wird

Ihnen dann garantiert erst viel zu spät auffallen, dass eine wichtige Anwendung nicht über das Netzwerk läuft, dass das Netzwerk viel zu langsam ist oder dass wesentliche Komponenten des Netzwerks nicht zusammenarbeiten.

Hier ein paar Dinge, die Sie beim Entwerfen Ihres Netzwerkplans nie vergessen sollten:

- ✔ **Überstürzen Sie die Planung nicht.** Die teuersten Netzwerkfehler werden bereits *vor* der Installation des Netzwerks gemacht. Überdenken Sie die Einzelheiten genau und berücksichtigen Sie gegebenenfalls auch andere Alternativen.

- ✔ **Skizzieren Sie einen Netzwerkplan.** Keine Angst, das muss kein 500-Seiten-Werk sein. Denken Sie dabei auch an die Gestaltung der Planungsunterlagen. Ein bisschen Professionalität und gutes Aussehen können kaum schaden, zumal Sie die Unterlagen dann leichter dokumentieren, präsentieren und archivieren können. Und Ausdrucke können auch nicht schaden, da sich Anmerkungen und Kommentare auch heute noch leichter mit einem Bleistift auf Papier anbringen lassen (wenn Sie lieber mit Kommentaren in PDF-Dateien arbeiten und die Rahmenbedingungen das erlauben, können Sie aber auch auf diese Möglichkeit zurückgreifen).

- ✔ **Legen Sie Ihre Pläne jemandem zur Durchsicht und Beurteilung vor, bevor Sie tatsächlich Geld für Netzwerkkomponenten ausgeben.** Vorzugsweise sollte es sich dabei um jemanden handeln, der entsprechend kompetent ist. Jemand, der über kein relevantes Fachwissen verfügt, kann Sie dabei kaum unterstützen.

- ✔ **Halten Sie den Plan aktuell.** Falls Sie das Netzwerk erweitern, graben Sie den Plan aus, entstauben und aktualisieren Sie ihn dann.

Auch die besten Pläne sind weder unfehlbar noch alternativlos. Netzwerkpläne werden schon vor dem Hintergrund des technologischen Fortschritts niemals in Stein gemeißelt. Wenn etwas nicht wie gewünscht funktioniert, ist das nicht weiter schlimm. Sie können Ihren Plan nachträglich immer noch um nicht vorhergesehene Situationen erweitern.

Zielstrebig vorgehen

Zunächst sollte Ihnen bei der Planung eines Netzwerks erst einmal klar sein, warum Sie überhaupt eins brauchen. Das mag in vernetzten Zeiten vielleicht erst einmal seltsam klingen, aber vernetzt wurde die Welt ja bereits, seit sich die Erfindung von Alexander Graham Bell durchzusetzen begann (er entwickelte das Telefon in Nordamerika zur Marktreife – und das Telefon stellt ja bereits auch ein Netzwerk dar, auch wenn nicht unbedingt in der Form, wie Sie und ich uns das beim Durchlesen dieses Buches vorstellen). Im Folgenden finden Sie einige der häufigsten Gründe, die für die Einrichtung von Netzwerken im Unternehmensumfeld sprechen:

- ✔ Mein Arbeitskollege und ich tauschen fast täglich Dateien aus. Ohne Netzwerk wäre das recht umständlich.

✔ Wer braucht für jeden Mitarbeiter einen Drucker, wenn schon der bereits vorhandene die meiste Zeit über auf Druckaufträge wartet? Da ist es doch viel besser, einen Netzwerkdrucker zu installieren oder vorhandene Drucker ins Netzwerk einzubinden.

✔ Alle Computer sollen Zugang zum Internet erhalten. Mit Netzwerken lassen sich leistungsfähige Internetverbindungen leicht gemeinsam nutzen.

✔ Das Geschäft läuft so gut, dass eine Person allein den Papierkram nicht mehr schafft und Überstunden machen muss. Im Netzwerk können mehrere Mitarbeiter gleichzeitig Bestelldaten eingeben, was bei der Reduktion von Überstunden hilft.

✔ Mein Schwager hat ein modernes Netzwerk in seinem Büro und soll mich nicht für rückständig halten.

✔ Es ist zwar bereits ein Netzwerk vorhanden, das ist aber so alt, dass wir genauso gut auch morsen könnten. Ein modernes Netzwerk würde nicht nur die Nutzung freigegebener Dateien beschleunigen, sondern auch die Sicherheit verbessern und die Netzwerkverwaltung erleichtern.

✔ Die Mitarbeiter sind mit Laptops und Tablets unterwegs und sollten Auftragsdaten möglichst schnell der Zentrale übermitteln können. Mit einer Internetverbindung und lokalen Netzwerken lassen sich hier speziell zugeschnittene Lösungen realisieren.

Sie sollten wirklich in aller Ruhe überlegen, warum und wofür Sie Ihr Netzwerk benötigen und nutzen wollen und die entsprechenden Gründe zusammentragen und notieren. Das muss ja nichts Pulitzerpreisverdächtiges sein. Sorgen Sie nur dafür, dass Sie sich alle von einem Netzwerk zu erwartenden Vorteile notieren. Legen Sie dafür entsprechende Ordner an.

 Vielleicht kommen Sie nach reiflichem Überlegen auch zu dem Schluss, dass Sie kein Netzwerk benötigen. Angesichts der Möglichkeiten der modernen EDV (elektronische Datenverarbeitung) und der bürokratischen Anforderungen ist das zwar reichlich unwahrscheinlich, ginge aber wohl auch in Ordnung, wenn andere Lösungen praktikabel sind. Bei mir privat gab es im Erdgeschoss eine Art Datenverarbeitungszentrum, von dem aus drei Etagen mit Audio, Video, Bildern und anderen Daten versorgt werden konnten. Ich selbst empfinde das zwar zuweilen als Overkill, wenn man aber selbst die Toilette noch mit Tablet oder Smartphone aufsuchen und dabei aktuelle Rechnungen verbuchen will, ist das doch ideal. Und wenn es ohne den ständigen Overkill an Aktualisierungen sinnvoll wäre, würde ich auch noch Steckdosen im WLAN via Internet schalten.

Eine Bestandsaufnahme

Besonders problematisch an der Planung eines Netzwerks ist regelmäßig die Beantwortung der Frage, ob und wie bereits vorhandene Geräte weiterhin genutzt werden sollen. Mit anderen Worten: Klären Sie vorab genau die zu erreichenden Ziele ab und berücksichtigen Sie dabei die Ausgangssituation. Vor der eigentlichen Planung sollten Sie also erst einmal eine gründliche Inventur des aktuell vorhandenen Geräteparks machen.

Was Sie wissen müssen

Folgende Daten sollten Ihnen zu all Ihren Rechnern vorliegen. Sollten Sie mit einigen Begriffen noch nicht viel anzufangen wissen, können Sie deren Zusammenstellung noch ein wenig verschieben. Schon bald werden Sie sie in das Gesamtbild einfügen können.

✔ **Prozessortyp und Taktfrequenz:** Es wäre ja toll, wenn all Ihre Rechner mit nagelneuen Corei7-Achtkernprozessoren ausgestattet wären. Meist wird es sich aber um eine durchwachsene Mischung aus älteren und neueren Rechnern handeln, die hypermodern auch noch mit unterschiedlichen Prozessorarchitekturen arbeiten.

Prozessortypen und deren technische Kenndaten lassen sich nicht unbedingt einfach mit einem Blick auf oder in das Gerätegehäuse identifizieren. Viele Computer zeigen den Prozessortyp aber nach dem Einschalten oder einem Neustart an. Wenn die Daten auf dem Bildschirm zu früh und/oder zu kurz angezeigt werden, können Sie versuchsweise die `Pause`-Taste drücken, um die Ausgabe anzuhalten. Wenn Sie dann die Daten in Ruhe gelesen haben, können Sie den Start des Rechners dadurch fortsetzen, dass Sie noch einmal `Pause` drücken. Handelt es sich um Geräte wie Tablets oder Minicomputer, die aus irgendwelchen Gründen in Ihr Netzwerk eingebunden sind, dürfte es reichen, wenn Sie die Betriebssystem-Version notieren. Diese gibt nämlich grob Auskunft über die Leistungskenndaten des Geräts.

Wenn Windows läuft, können Sie `msinfo32` eingeben, um sich eine Aufstellung der wichtigsten Daten zu den im Rechner verbauten Hardwarekomponenten anzeigen zu lassen. Ansonsten finden Sie generell bei vielen Geräten (insbesondere unter Windows und Linux) irgendwo »Systemeinstellungen«, die Ihnen über die Geräteausstattung und Softwareversionen die eine oder andere nützliche Information geben können. Mit Stand Ende 2024 funktioniert jedenfalls die Eingabe von `systeminfo` in eine Kommandozeile unter Windows.

✔ **Datenträgerkapazität und eingerichtete Partitionen:** Unter Windows können Sie die Kapazität von Laufwerken beispielsweise über das Explorer-Fenster herausfinden, da sie dort in der Laufwerkübersicht angezeigt wird. Wenn Sie dort Laufwerksymbole mit der rechten Maustaste anklicken und im Kontextmenü EIGENSCHAFTEN wählen, erhalten Sie zudem im gleichnamigen Dialogfeld ausführlichere Angaben. Abbildung 4.1 zeigt das Dialogfeld EIGENSCHAFTEN für ein (logisches) Laufwerk mit einer Gesamtkapazität von 124 Gigabyte und einer noch freien Kapazität von 89,7 Gigabyte.

Wenn es in einem Rechner mehr als eine Festplatte oder Partition gibt, zeigt Windows im Bereich DIESER PC jeweils ein Symbol je Festplatte beziehungsweise Partition an. Notieren Sie sich die gesamte und die freie Kapazität der einzelnen Laufwerke (eine *Partition* ist ein Festplattenbereich, der wie ein eigenständiges Laufwerk behandelt wird).

Auf Festplatten kann es versteckte Bereiche geben, in denen sich andere Betriebssysteme befinden. Wenn Sie das Symbol DIESER PC mit der rechten Maustaste anklicken und im erweiterten Kontextmenü VERWALTEN wählen, wird das Fenster COMPUTERVERWALTUNG angezeigt, in dem Sie die Datenträgerverwaltung finden. Sie erreichen den Eintrag SYSTEMSTEUERUNG, WINDOWS-TOOLS

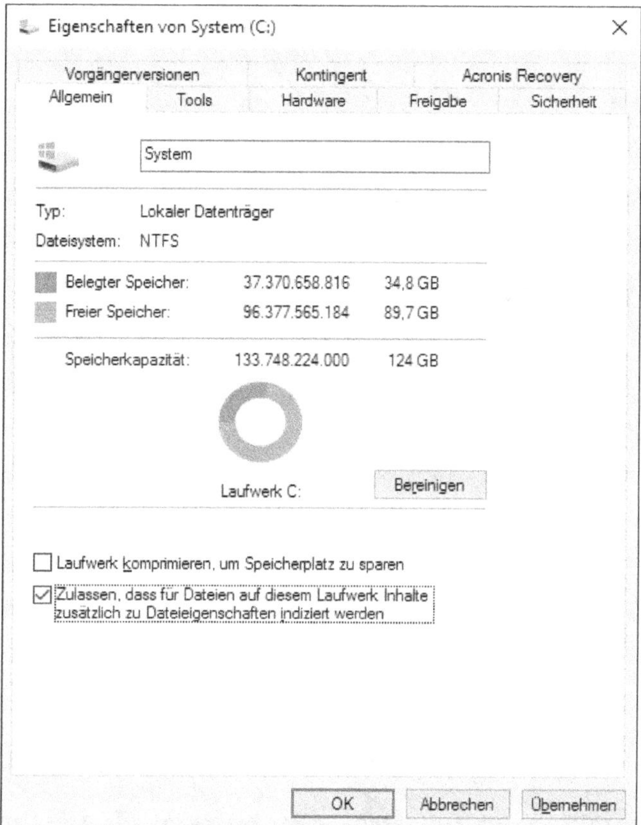

Abbildung 4.1: Das Dialogfeld »Eigenschaften« für ein Festplattenlaufwerk

und DATENTRÄGERVERWALTUNG ebenso über das Power-User-Menü (siehe Abbildung 4.2). Jedenfalls erhalten Sie auf diesem Weg weitaus zuverlässigere Auskunft über die Aufteilung der angeschlossenen Festplatte(n). Über die Option EIGENSCHAFTEN im Kontextmenü erreichen Sie auch hier bei den einzelnen Laufwerken das Dialogfeld in Abbildung 4.1.

Das in Abbildung 4.2 dargestellte Power-User-Menü können Sie entweder durch Klicken mit der rechten Maustaste auf das Windows-Symbol in der Taskleiste oder über die Tastenkombination [⊞] + [X] aufrufen.

✔ **Arbeitsspeicher:** Wie viel Arbeitsspeicher verfügbar ist, finden Sie unter Windows heraus, indem Sie die entsprechende Option unter der Bezeichnung SYSTEM ebenfalls im Power-User-Menü wählen, das Sie mit einem Rechtsklick auf das Windows-Icon in der Taskleiste erreichen. Abbildung 4.3 zeigt beispielsweise das Fenster SYSTEM mit den Eigenschaften eines Rechners unter Windows 11 mit acht Gigabyte Arbeitsspeicher.

✔ **Die verwendete Betriebssystemversion:** Auch diese Angabe finden Sie unter Windows im Fenster SYSTEM. Auf dem Rechner in Abbildung 4.3 ist beispielsweise Windows 11 Professional installiert. Achten Sie auch darauf, dass Ihre Software jeweils auf aktuellem Stand ist.

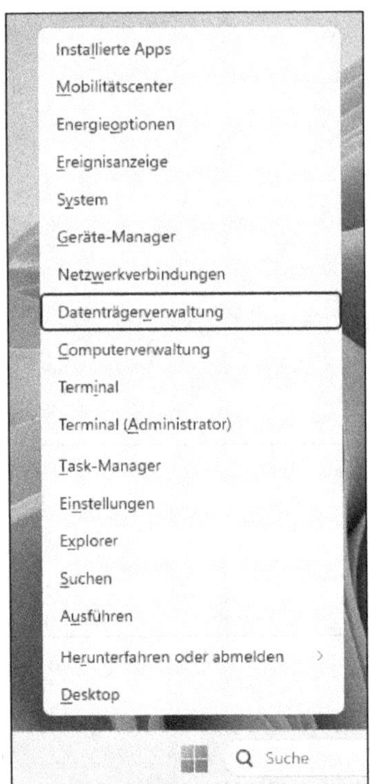

Abbildung 4.2: Das Power-User-Menü unter Windows

✔ **Der im Rechner installierte oder angeschlossene Netzwerkadapter:** Um die genaue Bezeichnung des Netzwerkadapters zu ermitteln, klicken Sie das Symbol DIESER PC mit der rechten Maustaste an und wählen im erweiterten Kontextmenü GERÄTE-MANAGER. Klicken Sie hier im Hauptbereich die Option NETZWERKADAPTER an. Abbildung 4.4 zeigt beispielsweise die Angaben zu einem in ein Mainboard integrierten Netzwerkadapter.

Über den Geräte-Manager können Sie auch feststellen, welche weiteren Hardwarekomponenten angeschlossen beziehungsweise installiert sind und welche Gerätetreiber für die Komponenten verwendet werden.

Ebenfalls würden Sie hier einen Hinweis sehen, wenn für eine Komponente oder ein Gerät kein passender Treiber installiert wäre.

✔ **Die installierten Netzwerkprotokolle:** Der Zugang zu diesen Informationen ist etwas versteckt: Öffnen Sie wieder die Windows-Einstellungen mit ⊞ + Ⅰ. Wählen Sie hier den Punkt NETZWERK UND INTERNET und anschließend ERWEITERTE NETZWERK-EINSTELLUNGEN. Klicken Sie nun auf den gewünschten Netzwerkadapter und klicken Sie im Bereich WEITERE ADAPTEROPTIONEN auf die Schaltfläche BEARBEITEN.

Daraufhin wird das in Abbildung 4.5 dargestellte Dialogfeld angezeigt.

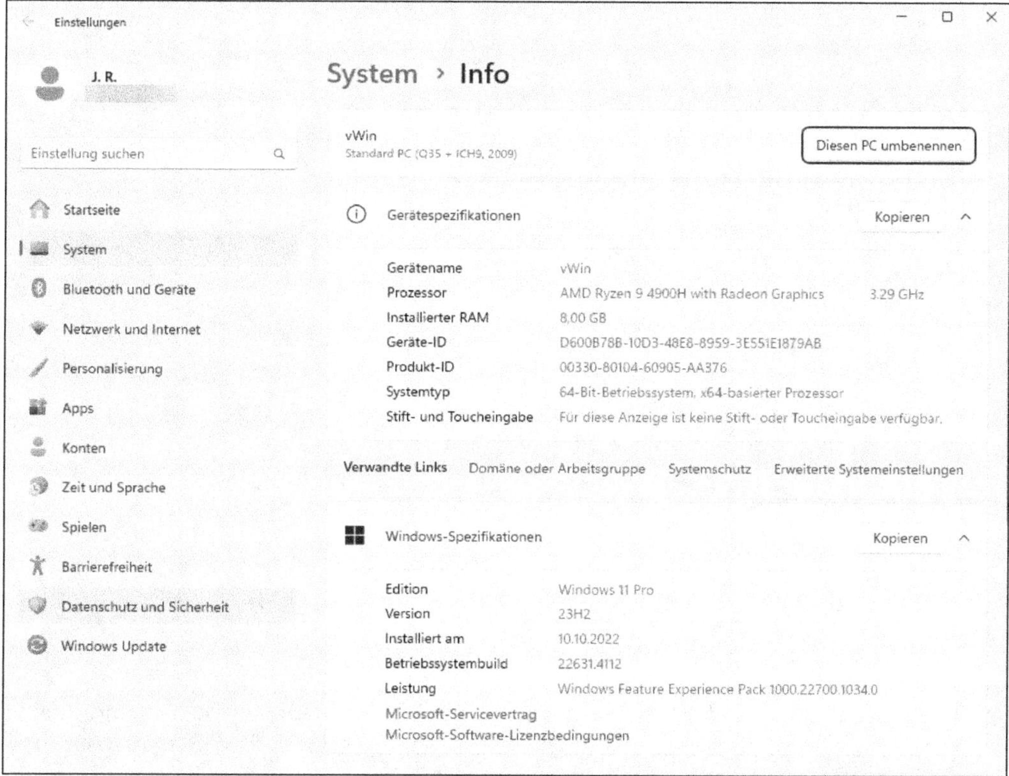

Abbildung 4.3: Das Fenster »System (Info)« für einen Rechner unter Windows 11 mit acht Gigabyte Arbeitsspeicher

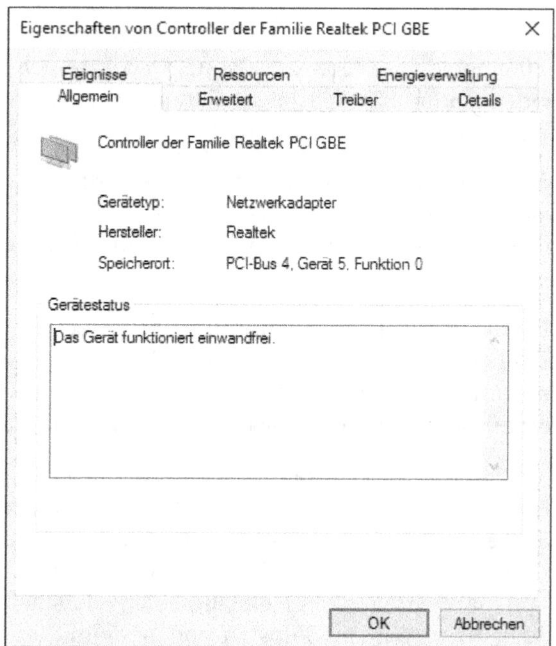

Abbildung 4.4: Ein Dialogfeld mit den Eigenschaften eines Netzwerkadapters

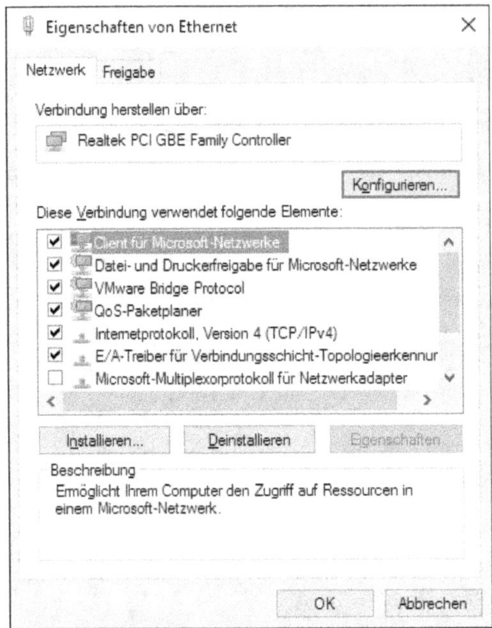

Abbildung 4.5: Die Eigenschaften einer LAN-Verbindung

✔ **Der installierte Druckertyp (wenn vorhanden):** Dazu brauchen Sie meist nur den Drucker selbst anzusehen. Sie können diese Angabe aber auch über BLUETOOTH UND GERÄTE und DRUCKER UND SCANNER ermitteln.

✔ **Sonstige Komponenten und angeschlossene Geräte:** Hier geht es um DVD- und/oder Blu-ray-Laufwerke, Bandlaufwerke, Videokameras und so weiter.

✔ **Verfügbare Treiber und Installationsdisketten:** Wenn Windows die Komponenten nicht kennt, sind die für Hardwarekomponenten wie Netzwerkadapter, Drucker oder Scanner benötigten Datenträger hoffentlich auffindbar. Falls nicht, finden Sie die benötigten Treiber oder Installationsanleitungen vielleicht im Internet.

✔ **Auf dem Rechner verwendete Software:** Microsoft Office, LibreOffice oder doch OnlyOffice? Erstellen Sie eine Liste. Nehmen Sie darin auch Versionsnummern auf, auch wenn es angesichts der Flut automatischer Aktualisierungen kaum sinnvoll sein dürfte, diese Liste jeweils aktuell halten zu wollen.

✔ **Kann das Gerät über eine drahtlose Netzwerkverbindung kommunizieren?** Bei nahezu allen Notebooks und Laptops ist das heute der Fall. Auf Desktop-Rechner trifft das zwar meist nicht zu, aber Sie sollten fast immer einen preiswerten USB-WLAN-Adapter anschließen können, um provisorisch drahtlose Verbindungen herstellen zu können.

Wenn Sie die Treiber für Hardwarekomponenten installieren wollen, liegen diese den Komponenten– wenn überhaupt – oft nur für neuere Windows-Versionen bei. Zuweilen laufen unter den älteren Windows-Versionen auch einfach nur die Setup-Programme nicht mehr, obwohl eigentlich brauchbare Treiber mitgeliefert werden. Konsultieren Sie dann die Webseiten der Hersteller oder versuchen Sie notfalls, generische Treiber für die verbauten Chips zu finden, denn diese funktionieren insbesondere bei Netzwerkadaptern häufig.

Programme, die Daten für Sie sammeln

Das Zusammentragen von Daten über Computer wird umso arbeitsintensiver, je größer das Netzwerk ist. Glücklicherweise gibt es für das automatische Sammeln der entsprechenden Daten Programme. Diese untersuchen verschiedene Aspekte der Rechner, wie Prozessortyp und Geschwindigkeit, Kapazität des Arbeitsspeichers und der Laufwerke. Dann zeigen sie die Daten auf dem Bildschirm an und Sie können sie in einer Datei speichern oder ausdrucken.

Modernere Windows-Versionen bringen seit Vista mit den *Systeminformationen* ein solches Programm bereits mit. Es sammelt und druckt Daten über den Rechner aus. Um die Darstellung kurz zu halten, können Sie es unter den verschiedenen Windows-Versionen über das Suchfeld aufrufen.

Um das Systeminformationsprogramm aufzurufen, können Sie `msinfo32` ins Suchfeld eingeben.

Nach dem Start des Systeminformationsprogramms wird das in Abbildung 4.6 dargestellte Fenster angezeigt, in dem einige Basisinformationen über den Rechner aufgelistet werden, zum Beispiel verwendete Windows-Version, Prozessortyp und Speicherkapazität. Genauere Angaben erhalten Sie, wenn Sie die Namen der Komponenten im linken Teil des Fensters SYSTEMINFORMATIONEN markieren. Dort finden Sie zumindest die Kategorien HARDWARERESSOURCEN, KOMPONENTEN und SOFTWAREUMGEBUNG (falls gewünscht, können Sie diese Angaben ausdrucken und zusammen mit Ihren Netzwerkunterlagen abheften).

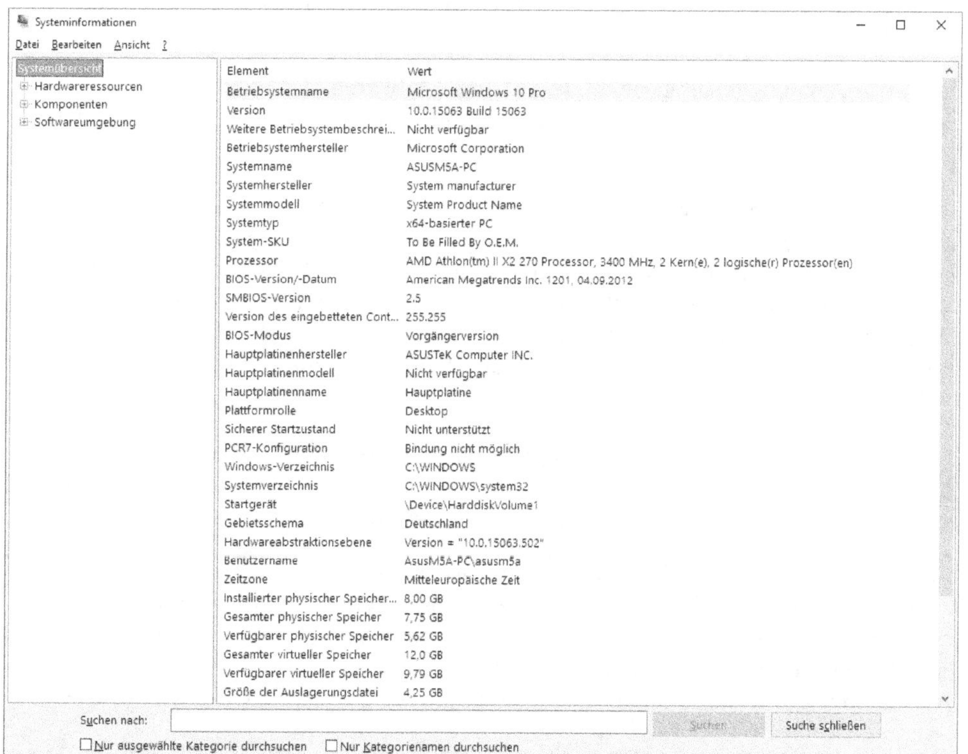

Abbildung 4.6: Die Anzeige von Systeminformationen (Windows 10)

Dediziert oder nicht dediziert – das ist hier die Frage

Eine der grundlegendsten Fragen, die ein Netzwerkplan beantworten muss, ist die Frage, ob es im Netzwerk einen oder mehrere dedizierte Server geben wird oder ob es sich um ein Peer-to-Peer-Netzwerk handeln soll, in dem kein Rechner als dedizierter Server fungiert. Falls im Netzwerk lediglich ein Drucker gemeinsam genutzt und hin und wieder ein paar Dateien ausgetauscht werden sollen, werden Sie kaum einen dedizierten Server benötigen. Dann können Sie ein Peer-to-Peer-Netzwerk einrichten und die bereits vorhandenen Rechner weiter nutzen. Allerdings können bereits kleinste Netzwerke von separaten dedizierten Servern profitieren:

✔ **Durch dedizierte Server wird das Netzwerk schneller und die Arbeit damit einfacher und zuverlässiger.** Überlegen Sie, was passiert, wenn der Benutzer einer Arbeitsstation, die gleichzeitig als Server verwendet wird, den Rechner ausschaltet und dabei ignoriert, dass andere Benutzer auf Dateien auf seinem Laufwerk zugreifen.

✔ **Heutzutage müssen Sie nicht unbedingt die leistungsfähigsten und schnellsten Rechner als Server verwenden.** Für viele Funktionen reichen auch langsamere Computer oder Geräte aus. Das gilt beispielsweise für Server, die hauptsächlich für die gemeinsame Nutzung von Druckern oder zum Speichern einiger weniger gemeinsamer Dateien eingerichtet werden. Wenn Sie einen neuen Rechner für Ihr Netzwerk anschaffen müssen, überlegen Sie sich, ob Sie nicht einen der älteren Rechner zum Server umfunktionieren und den neuen als Client nutzen können.

   Bedenken Sie hier allerdings auch, dass ältere Hardware meistens mehr Strom frisst. Gerade bei Servern spielt dies eine Rolle, da diese ja meistens rund um die Uhr laufen und nicht ausgeschaltet werden.

Angenommen, für Ihr Netzwerk werden dedizierte Server benötigt. Dann müssen Sie sich als Nächstes überlegen, welche Serverrollen im Netzwerk benötigt werden. Einzelne Server können eine oder mehrere dieser Rollen übernehmen. Galt früher, dass jeder Server möglichst nur eine einzige Serverrolle übernehmen sollte, kann man das mittlerweile nicht mehr allgemein sagen. Je leistungsfähiger ein Rechner ist, desto mehr Rollen kann er theoretisch bewältigen. Dabei müssen Sie nur immer zwischen Kosten und möglichen Engpässen abwägen.

In kleineren Netzwerkumgebungen können sogenannte NAS-Lösungen (Network Attached Storage) die Rolle(n) ausgewachsener Server übernehmen und helfen Ihnen dabei vielleicht auch noch Energie sparen.

Handelte es sich anfangs bei NAS-Lösungen meist nur um externe Festplatten oder Datenträger im lokalen Netzwerk, können moderne NAS-Systeme vielfältige Rollen vom Webserver über WLAN-Zugangspunkte bis hin zu Datenbankservern oder – eher im privaten Bereich – Medienzentralen übernehmen. Und wer sagt denn, dass Sie nicht mehrere dieser NAS-Lösungen für Spezialaufgaben nutzen könnten, beispielsweise einen Webserver?

NAS-Laufwerke laufen meist unter speziell angepassten Versionen des Betriebssystems Linux und werden heute weitgehend über einen Internetbrowser verwaltet (siehe Abbildung 4.7).

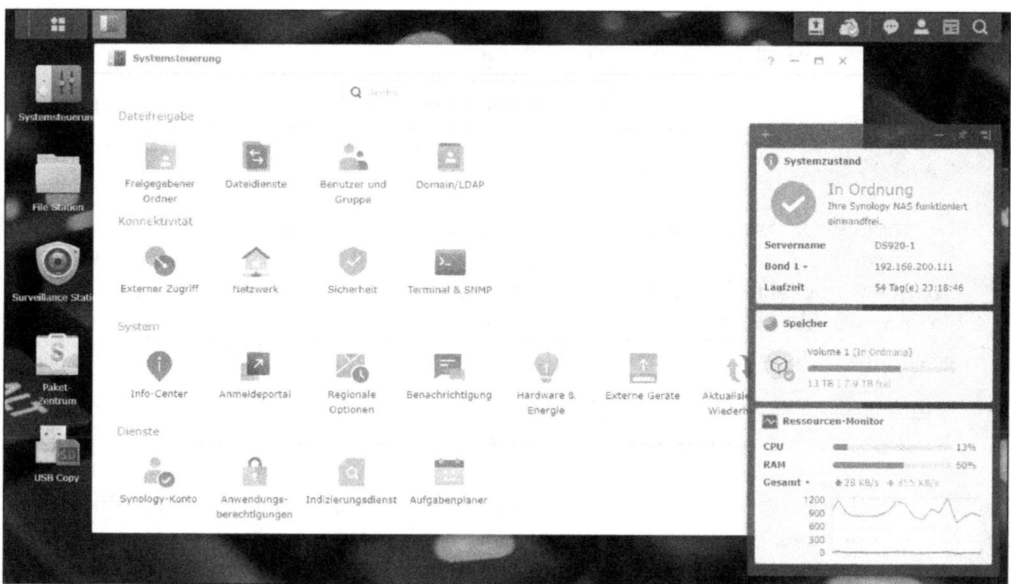

Abbildung 4.7: Verwaltungsoberfläche einer NAS-Lösung – der DSM (Diskstation Manager) einer Synology-Diskstation

Da NAS-Laufwerke meist auch über mehrere Festplatten verfügen und dadurch eine höhere Datensicherheit gewährleisten, sind es ideale Ziele für ein Backup Ihrer Geräte.

Dateiserver

Dateiserver stellen zentral Festplattenkapazität bereit, die von Clientrechnern im Netzwerk bequem gemeinsam genutzt werden können. Die Hauptaufgabe von Dateiservern besteht im Speichern gemeinsam benutzter Dateien und Programme. Beispielsweise können die Mitglieder einer kleinen Arbeitsgruppe den Platz auf einem Dateiserver zum Speichern von Microsoft-Office-Dokumenten nutzen.

Ein Dateiserver muss dafür sorgen, dass zwei Benutzer dieselbe Datei nicht gleichzeitig aktualisieren können. Dazu *sperrt* (*locking*) er die Datei, während sie von einem Benutzer aktualisiert wird. Der zweite Benutzer kann erst dann auf die Datei zugreifen, wenn der erste die Bearbeitung abgeschlossen hat. Bei moderneren Lösungen wird teilweise versucht, die Änderungen zu synchronisieren und nicht direkt in die Datenbank zu schreiben, damit sich die Sperrung von Dateien oder Datensätzen weniger auffällig und störend auswirkt. Bei Dateien mit Dokumenten (beispielsweise Textdateien oder Tabellen) wird meist die gesamte Datei gesperrt. Bei Datenbanken kann die Sperrung nur einen kleinen Teil der Datei betreffen, nämlich den Teil, der den gerade aktualisierten Datensatz enthält.

Druckserver

Die gemeinsame Nutzung von teuren Druckern war lange einer der Hauptgründe für die Existenz vieler kleiner Netzwerke. Zwar ist es häufig gar nicht notwendig, aber Sie können einen Server zum dedizierten *Druckserver* machen. Dieser sammelt vorrangig die Daten, die von Clientcomputern zu einem gemeinsam benutzten Drucker übertragen werden, und sorgt dafür, dass sie ordentlich ausgedruckt werden.

✔ Einzelne Computer können gleichzeitig Dateiserver und Druckserver sein, es hängt aber von deren Leistung und der Belastung ab, wann besser separate Computer für diesen Zweck verwendet werden.

✔ Bei einem Preis von vielleicht 100 Euro oder weniger für einen Tintenstrahldrucker ist die Versuchung groß, jedem Benutzer einen eigenen Drucker zu spendieren. Aber Sie erhalten immer nur das, wofür Sie bezahlen. Statt billiger Tintenstrahldrucker für die einzelnen Benutzer sind Sie vielleicht mit einem wirklich guten gemeinsam verwendeten Laserdrucker besser bedient. Toner trocknet jedenfalls nicht ein.

✔ Es gibt günstige und kleine Netzwerkgeräte, sogenannte Printserver. Diese können Drucker ohne Netzwerkschnittstelle einfach netzwerkfähig machen.

DSL-Router verfügen zuweilen und NAS-Laufwerke meistens auch über USB-Schnittstellen, an die Drucker angeschlossen werden können und lassen sich damit zu sparsamen Datei- und Druckservern machen. Informieren Sie sich dabei bei Bedarf über besondere Kompatibilitätsaspekte dieser Geräte (bei Multifunktionsdruckern lassen sich integrierte Scanner vielleicht nur noch als Fotokopierer nutzen).

Webserver

Ein *Webserver* ist ein Server, der Programme ausführt, mit denen eine Website veröffentlicht werden kann. Die beiden verbreitetsten Webserverprogramme sind Microsofts IIS (Internet Information Services) und Apache, ein Open-Source-Webserverprogramm, das von der Apache Software Foundation gepflegt wird.

Webserver können auch nur hausintern genutzt werden und müssen nicht mit dem Internet verbunden sein. Über hausinterne Webserver (im sogenannten Intranet) können Sie den Mitarbeitern vielfältige Dienste zur Verfügung stellen, wie beispielsweise Ticketsysteme für den Support.

Mailserver

Ein *Mailserver* ist ein Server, der sich um die E-Mail-Anforderungen des Netzwerks kümmert. Er wird mit E-Mail-Serversoftware konfiguriert, etwa Microsoft Exchange Server, das beispielsweise mit der Microsoft-Office-Komponente Microsoft Outlook zusammenarbeitet.

Die meisten Mailserver können aber eigentlich mehr als nur den Versand und Empfang elektronischer Post. Ein Exchange Server stellt über die einfachen E-Mail-Funktionen zum Beispiel diese weiteren Funktionen bereit:

✔ Features, mit denen sich die Verwaltung der Zusammenarbeit an Gemeinschaftsprojekten vereinfachen lässt

✔ Audio- und Videokonferenzfunktionen

✔ Chaträume und IM-Dienste (Instant Messaging – Sofortnachrichten)

✔ Formulardesigner zur Entwicklung von eigenen Anwendungsformularen, zum Beispiel Bestellungen oder Urlaubsanträge

Datenbankserver

Ein *Datenbankserver* ist ein Server, der Datenbankprogramme ausführt, zum Beispiel Microsoft SQL Server oder PostgreSQL. Datenbankserver werden normalerweise gemeinsam mit angepassten Geschäftsanwendungen eingesetzt, etwa Buchhaltungs- oder Marketingsystemen.

Anwendungsserver

Anwendungsserver, auch *Terminalserver* genannt, sind Serverrechner, von denen bestimmte Anwendungen ausgeführt werden. Für Buchhaltungsprogramme beispielsweise müssen teilweise dedizierte Server eingerichtet werden.

Lizenzierungserver

Manche Organisationen verwenden Software, die von einem zentralen *Lizenzierungsserver* aus verteilt wird. Das gilt insbesondere für CAD-Software wie AutoCAD, wie sie in Ingenieurbüros benutzt wird. Microsoft verwendet beispielsweise für Datenbanken Server für die Rechteverwaltung (RMS – Rights Management Services). In derartigen Fällen müssen spezielle Server für die Lizenzierungsfunktion eingerichtet werden.

Auswahl eines Serverbetriebssystems

Falls Sie feststellen, dass Ihr Netzwerk einen oder mehrere dedizierte Server benötigt, müssen Sie im nächsten Schritt entscheiden, welches Serverbetriebssystem (auch NOS oder Netzwerkbetriebssystem genannt) von diesen benutzt werden soll. Dabei sollten zumindest die wichtigsten Server möglichst dasselbe Serverbetriebssystem verwenden, um sich nicht mit widersprüchlichen Anforderungen verschiedener Betriebssysteme auseinandersetzen müssen. Für Webserver, auf die andere Rechner möglicherweise ohnehin nur über Internetverbindungen zugreifen, spielt dessen Betriebssystem natürlich eher keine Rolle.

Sie haben zwar die Auswahl unter vielen verschiedenen Serverbetriebssystemen, aus praktischer Sicht beschränken sich die Optionen letztlich aber auf die folgenden:

✔ Windows Server

✔ Linux oder andere Unix-Varianten

Weitere Informationen zu Serverbetriebssystemen finden Sie im nächsten Teil dieses Buches.

Planung der Infrastruktur

Sie müssen auch planen, wie die Rechner im Netzwerk verbunden werden sollen. Dazu gehört die vom Netzwerk benutzte Topologie. Sie müssen bestimmen, welche Kabeltypen eingesetzt und wie sie geführt werden sollen und ob weitere Geräte (zum Beispiel Repeater, Bridges, Switches und Router) benötigt werden.

Bei der Auswahl des Kabels gibt es zwar viele Möglichkeiten, aber wahrscheinlich werden Sie mindestens Twisted-Pair-Kabel ab der Klasse Cat5e für die meisten – wenn nicht alle – Clients im Netzwerk verwenden. Daneben sind jedoch noch viele weitere Entscheidungen zu treffen:

- ✔ Wo sollen die Switches für die Arbeitsgruppen installiert werden? Irgendwo auf einem Schreibtisch innerhalb der Gruppe oder in einem zentralen Kabelschrank?

- ✔ Wie viele Clients sollen an einen Switch angeschlossen werden und wie viele Switches werden benötigt?

- ✔ Falls Sie mehr als einen Switch benötigen, stellt sich die Frage, mit welcher Art Verkabelung die Switches untereinander verbunden werden sollen.

Weitere Informationen über Netzwerkkabel finden Sie in Kapitel 6.

Wenn Sie neue Netzwerkkabel installieren, sollten Sie keinesfalls am Kabel selbst sparen. Da das Verlegen von Netzwerkkabeln sehr arbeitsintensiv werden kann, kosten die Kabel selbst nur relativ wenig. Wenn Sie jetzt nur ein wenig mehr für Kabel besserer Qualität ausgeben, müssen Sie die Kabel in ein paar Jahren bei der nächsten Aufrüstung des Netzwerks nicht gleich ersetzen. Ethernet-Kabel sollten mindestens für den Gigabit-Standard geeignet sein (1000 Mbit/s).

Netzwerkdiagramme zeichnen

Wenn Sie Netzwerkpläne erstellen müssen, ist es besonders hilfreich, dafür Diagramme zu zeichnen. Dabei kann es sich um einen detaillierten Grundriss mit den tatsächlichen Standorten aller Netzwerkkomponenten handeln. Dieser Diagrammtyp wird häufig *physische Darstellung* (oder *physical map*) genannt. Wenn Sie wollen, kann es sich aber auch um eine *logische Darstellung* (*logical map*) handeln, die ein wenig abstrakter ist. Immer wenn sich der Netzwerkaufbau ändert, sollten Sie auch das Diagramm aktualisieren. Notieren Sie zudem auch detaillierte Beschreibungen der Änderungen, deren Datum und deren Grund.

Den Aufbau kleiner Netzwerke können Sie schnell auf der Rückseite eines Bierdeckels skizzieren, wenn Netzwerke aber aus mehr als einigen wenigen Computern bestehen, empfiehlt es sich, beim Erstellen von Netzwerkplänen geeignete Zeichenprogramme zu benutzen. Eines der besten professionellen Programme für diesen Zweck ist Microsoft Visio (siehe Abbildung 4.8).

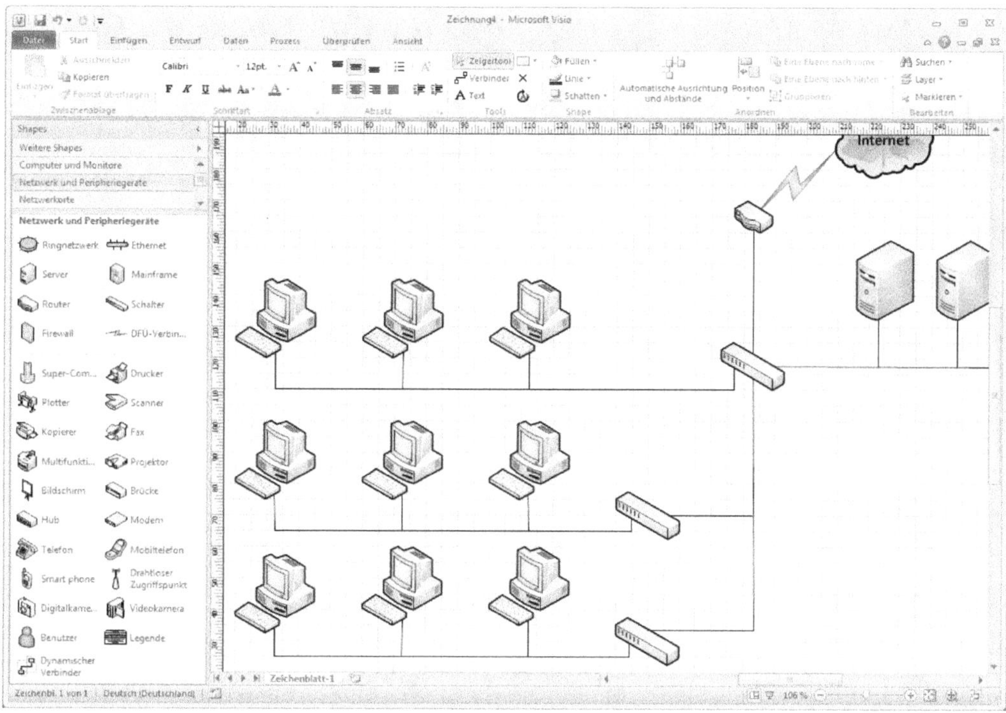

Abbildung 4.8: Mit Visio Netzwerkdiagramme erstellen

Es gibt allerdings auch Online-Lösungen und Freeware, mit denen Sie diese Aufgabe in Angriff nehmen können. Im Freeware-Bereich bietet sich naturgemäß *LibreOffice* (oder OpenOffice) an. Die deutschsprachige Website zu diesem Projekt finden Sie unter `https://de.libreoffice.org/`. Nach der Installation des Programmpakets, das für Windows, Linux und macOS bereitgestellt wird, wählen Sie einfach DATEI|NEU und dann ZEICHNUNG, um mit dem Erstellen von Diagrammen beginnen zu können.

Dabei können Sie sich das Leben erleichtern, wenn Sie beim Zeichnen auf geeignete Erweiterungen zurückgreifen. Geeignete Extensions können Sie in LibreOffice über EXTRAS|EXTENSION MANAGER herunterladen. Im dann angezeigten Dialogfeld können Sie über LADEN SIE WEITERE EXTENSIONS AUS DEM INTERNET HERUNTER und `extensions.libreoffice.org` auf ein mehr oder weniger umfangreiches Angebot bereits vorgefertigter Zeichenelemente zurückgreifen. Wenn Sie die Seite mit den Extensions aufsuchen und dort »network« als Suchbegriff eingeben, sollten Sie dort auch Symbole für das Zeichnen von Netzwerkdiagrammen finden, mit denen Sie sich Ihre Arbeit erleichtern können.

Ein recht brauchbares kostenloses Programm zum Zeichnen von Diagrammen, das etliche Symbolbibliotheken mitbringt, heißt draw.io und ist für die unterschiedlichsten Plattformen unter `https://www.drawio.com` verfügbar.

Kapitel 5

Der Umgang mit TCP/IP

ei TCP/IP (Transfer Control Protocol/Internet Protocol) handelt es sich um das Protokoll, über das Rechner und vergleichbare Geräte in Netzwerken miteinander kommunizieren. Ohne TCP/IP ginge in modernen vernetzten Computernetzen gar nichts. In einfachen Netzwerken ohne besondere Ansprüche funktionieren zumeist bereits die Voreinstellungen der Betriebssysteme. Neu eingebundene Rechner lassen sich deshalb zumeist auch direkt nutzen. Sobald es aber ein wenig aufwendiger wird, müssen Sie nicht nur Benutzernamen und Kennwörter angeben, sondern meistens auch noch einige weitere kryptische Einstellungen vornehmen. Damit dies problemlos funktioniert, stelle ich Ihnen in diesem Kapitel die wichtigsten TCP/IP-Konzepte vor.

Dies ist das mit Abstand technischste Kapitel dieses Buches. Hier geht es um das Binärsystem und die Bildung von IP-Adressen, um Subnetzmasken und die Funktionsweise von zwei wichtigen TCP/IP-Diensten (DHCP und DNS). Sie müssen zwar nicht alle vorgestellten Details verstehen, um einfache TCP/IP-Netzwerke einrichten zu können. Je mehr Sie aber verstehen, desto besser werden Sie TCP/IP durchschauen.

Das Binärsystem verstehen

Bevor Sie die Details von TCP/IP und insbesondere der IP-Adressierung verstehen können, müssen Sie erst einmal wissen, wie das binäre Zahlensystem funktioniert, das die Basis der

IP-Adressierung darstellt. Falls Sie mit dem Binärsystem bereits vertraut sind, springen Sie bitte gleich zum Abschnitt »Einführung in IP-Adressen« weiter hinten in diesem Kapitel.

Einsen zählen

Das *Binärsystem* ist ein Zahlensystem, das nur die beiden Ziffern 0 und 1 verwendet. Im gewohnten Dezimalsystem gibt es hingegen die zehn Ziffern 0 bis 9. In einer gewöhnlichen Dezimalzahl repräsentiert die ganz rechts stehende Ziffer die Einser, die nächste Ziffer links die Zehner, die nächste Ziffer die Hunderter, dann kommen die Tausender und so weiter. Diese Ziffern repräsentieren Zehnerpotenzen: zuerst 10^0 (das ist 1), dann 10^1 (10), dann 10^2 (100), dann 10^3 (1.000) und so weiter.

Im Binärsystem gibt es nur zwei statt zehn Ziffern, weshalb Binärzahlen etwas monoton aussehen und beispielsweise 110011, 10111 oder 100001 lauten.

Die Positionen in einer Binärzahl (*Bits* und nicht *Stellen* genannt) repräsentieren Zweierpotenzen statt Zehnerpotenzen: 1, 2, 4, 8, 16, 32 und so weiter. Um den Dezimalwert einer Binärzahl zu ermitteln, multiplizieren Sie jedes Bit mit der entsprechenden Zweierpotenz und addieren schließlich die Ergebnisse. Der Dezimalwert von 10101 wird beispielsweise so berechnet:

```
  1 * 20 = 1 * 1  =  1

+ 0 * 21 = 0 * 2  =  0

+ 1 * 22 = 1 * 4  =  4

+ 0 * 23 = 0 * 8  =  0

+ 1 * 24 = 1 * 16 = 16

             --

             21
```

Glücklicherweise beherrschen Computer die Umwandlung von Binärzahlen in Dezimalzahlen sozusagen im Schlaf, sodass Sie derartige Konvertierungen wahrscheinlich nie manuell durchführen müssen. Wir lernen das Binärsystem nicht, um beim ersten Blick auf die Zahl 1110110110110 sofort ausrufen zu können: »Ah! Dezimal ist das 7606!« Falls Sie das könnten, wären Sie ein idealer Kandidat für irgendwelche Spielshows oder vielleicht sogar ein Protagonist in Filmen wie *Rain Man* (mit Dustin Hoffman und einem alten Buick).

Es geht stattdessen einfach nur darum, grundsätzlich zu verstehen, wie Computer Daten speichern und wie das hexadezimale Zahlensystem arbeitet. Das wird Ihnen in den nachfolgenden Abschnitten jedenfalls erläutert.

Hier einige der interessanteren Merkmale des Binärsystems und dessen Ähnlichkeiten und Unterschiede zum Dezimalsystem:

✔ Die Anzahl der Bits einer Binärzahl bestimmt ihre maximale Größe. Bei Verwendung von acht Bits lautet die größtmögliche Zahl 11111111. Das entspricht dezimal 255.

Um schnell herauszufinden, wie viele verschiedene Werte in einer Binärzahl einer bestimmten Länge gespeichert werden können, verwenden Sie die Anzahl der Bits als Exponent von 2. Eine achtstellige Binärzahl kann beispielsweise 2^8 Werte haben. Da 2^8 256 ergibt, kann eine achtstellige Zahl 256 unterschiedliche Werte aufnehmen. Ein Byte, das aus acht Bits besteht, kann also 256 verschiedene Werte annehmen.

✔ Wegen dieser »Hoch 2«-Geschichte werden im Computerbereich selbst dann keine runden Zahlen verwendet, wenn es um die Kapazität von Arbeitsspeicher oder Festplatten geht. Ein Wert von 1 K entspricht beispielsweise nicht glatten 1.000 Byte – tatsächlich sind es 1.024 Byte, denn 1.024 ist 2^{10}. Ebenso wenig ist ein Megabyte 1.000.000 Byte, denn 2^{20} ergibt nun mal 1.048.576 Byte.

Der Logikteil

Mit dem Binärsystem lassen sich *logische Operationen* äußerst effizient erledigen. Es gibt vier grundlegende logische Operationen, von denen sich weitere ableiten lassen. Drei dieser Operationen – AND, OR und XOR – vergleichen zwei Bits. Die vierte Operation (NOT) arbeitet mit nur einem Bit.

Die folgende Liste fasst die logischen Grundoperationen zusammen:

✔ **AND:** Eine AND-Operation vergleicht zwei binäre Werte. Sind beide Werte 1, lautet das Ergebnis der Operation ebenfalls 1. Ist einer der Werte oder sind beide Werte 0, lautet das Resultat 0.

✔ **OR:** Eine OR-Operation vergleicht zwei binäre Werte. Ist wenigstens einer der Werte 1, lautet das Ergebnis der Operation ebenfalls 1. Sind beide Werte 0 oder sind beide Werte 1, ist das Resultat 0.

✔ **XOR:** Eine XOR-Operation vergleicht zwei binäre Werte. Ist genau ein Wert 1, lautet das Ergebnis der Operation ebenfalls 1. Sind beide Werte 0 oder 1, ist das Resultat 0.

✔ **NOT:** Eine NOT-Operation vergleicht nicht zwei Werte, sondern ändert einfach den Wert eines einzelnen Binärwerts. Ist der Originalwert 1, liefert NOT 0. Ist der Originalwert 0, liefert NOT 1.

Bei Binärzahlen, die aus mehr als einem Bit bestehen, werden logische Operationen bitweise durchgeführt. Manuell erledigt man das am besten wie folgt:

✔ Schreiben Sie die beiden Binärzahlen direkt untereinander.

✔ Schreiben Sie das Resultat der Operation unter die einzelnen Bits.

Das folgende Beispiel zeigt, wie Sie 10010100 AND 11001101 berechnen würden:

```
    10010100

AND 11011101
    --------
    10010100
```

Wie Sie sehen können, lautet das Resultat 10010100.

Einführung in IP-Adressen

Eine *IP-Adresse* ist eine Zahl, die jeden Host in einem IP-Netzwerk eindeutig identifiziert. IP-Adressen arbeiten auf der Netzwerkschicht des TCP/IP-Protokoll-Stacks, sind also unabhängig von den MAC-Adressen (*Media Access Control*), beispielsweise den Ethernet-MAC-Adressen, der niedrigeren Datenverbindungsschicht.

Die herkömmlichen IP-Adressen sind binäre 32-Bit-Zahlen. Das führt theoretisch zu maximal rund vier Milliarden möglicher eindeutiger IP-Adressen im Internet. Angesichts der Bevölkerungsexplosion und der Vielzahl der elektronischen Geräte, die auch als Wearables (wie zum Beispiel Smartwatches) Anschluss suchen, ist die Anzahl der wirklich nutzbaren Adressen den Anforderungen aber längst nicht mehr wirklich gewachsen. Zudem schränkt TCP/IP die Möglichkeiten der Zuordnung von IP-Adressen weiter ein. Mit speziellen Techniken im Umgang mit IP-Adressen konnte dieses Problem allerdings lange recht gut entschärft werden. Die neue Version des Internetprotokolls (*IPv6*) wird heute von aktuellen Betriebssystemen neben der alten Version (*IPv4*) praktisch unterstützt und findet zunehmend Verbreitung. Sie verwendet als neuer Standard 128-Bit-IP-Adressen. Sich damit in lokalen Netzwerken herumzuplagen, ist allerdings weiterhin nicht sinnvoll. Welches Unternehmen besitzt schon Milliarden Rechner? Also überlässt man die große Umrechnung bei Bedarf besser den Computern und kann sich weiterhin weitgehend auf die Verwendung der alten 32-Bit-Adressen beschränken, was ich deshalb hier auch machen werde.

Netzwerke und Hosts

IP steht für *Internet Protocol*, ein Protokoll, dessen vorrangiger Zweck darin besteht, die Kommunikation zwischen Netzwerken zu ermöglichen. 32-Bit-IP-Adressen bestehen deshalb aus zwei Teilen:

✔ **Die Netzwerk-ID (oder Netzwerkadresse)** identifiziert das Netzwerk, in dem sich ein Hostcomputer befindet.

✔ **Die Host-ID (oder Hostadresse)** identifiziert das Gerät in dem Netzwerk, das über die Netzwerk-ID identifiziert wird.

Die Arbeit mit IP-Adressen ist größtenteils deshalb ein wenig schwierig, weil sich nicht so leicht ermitteln lässt, bei welchem Teil der 32-Bit-IP-Adresse es sich um die Netzwerkkennung und bei welchem Teil es sich um die Kennung des jeweiligen Geräts handelt. In der Original-IP-Spezifikation wurde ein System von *Adressklassen* verwendet, um zu bestimmen, bei welchem Teil der IP-Adresse es sich um die Kennung des Netzwerks beziehungsweise des Geräts handelte. Später hat ein System der *klassenlosen IP-Adressen* zunehmend die Rolle des Adressklassensystems übernommen. Mehr über diese Systeme werden Sie später noch erfahren.

Gepunktet-dezimal

IP-Adressen werden normalerweise in einem als *dotted-decimal* (*gepunktet-dezimal*) bezeichneten Format repräsentiert. In dieser Notation wird jede Gruppe von acht Bits (ein *Oktett*) über ihren dezimalen Wert repräsentiert. Betrachten Sie beispielsweise folgende IP-Adresse:

11000000101010001000100000011100

Das gepunktet-dezimale Gegenstück dazu lautet:

192.168.136.28

Die 192 repräsentiert hier die ersten acht Bits (11000000), die 168 die zweite Gruppe von acht Bits (10101000), die 136 die dritte Gruppe (10001000) und die 28 schließlich die letzte Gruppe (00011100). Dies ist das Format, in dem IP-Adressen normalerweise dargestellt werden.

IP-Adressen klassifizieren

Als sich die ursprünglichen Entwickler des IP-Protokolls das IP-Adressschema ausgedacht haben, hätten sie eine bestimmte Anzahl von IP-Adressbits der Netzwerk-ID zuweisen können. Die übrigen Bits hätten dann für die Geräte-ID genommen werden können. Angenommen, sie hätten die Hälfte der Adresse (16 Bits) für die Netzwerk-ID und die übrigen 16 Bits für die Geräte-ID genommen. Als Resultat hätte das Internet damit aus maximal 65.536 Netzwerken mit jeweils maximal 65.536 Hosts bestehen können.

In den Anfängen des Internets hat man wahrscheinlich noch geglaubt, das sei sehr viel mehr, als die Welt jemals brauchen würde. Dennoch war den Entwicklern sofort klar, dass nur wenige Netzwerke tatsächlich aus mehreren Tausend Geräten bestehen würden. Angenommen, ein Netzwerk mit 1.000 Hosts wird ans Internet angeschlossen und erhält eine dieser hypothetischen Netzwerk-IDs zugewiesen. Da dieses Netzwerk nur 1.000 seiner 65.536 möglichen Hostadressen benutzt, werden mehr als 64.000 IP-Adressen verschwendet.

Als Lösung für dieses Problem wurde der Ansatz der *IP-Adressklassen* entwickelt. Das IP-Protokoll definiert fünf verschiedene Adressklassen: A, B, C, D und E. Die ersten drei Klassen, A bis C, nutzen eine jeweils unterschiedliche Größe für die Netzwerk-ID- und Host-ID-Teile der Adresse. Klasse D ist für einen speziellen Adresstyp, die sogenannte *Multicast-Adresse*, reserviert. Klasse E ist schließlich eine experimentelle Adressklasse, die nicht genutzt wird.

»Unicast« bezeichnet die Übertragung von Daten zwischen einem Sender und einem einzigen Empfänger. »Multicast« steht für Übertragungen von einem Sender zu vielen Empfängern.

Die ersten vier Bits einer IP-Adresse entscheiden, zu welcher Klasse eine spezifische Adresse gehört:

✔ Ist das erste Bit 0, handelt es sich um eine Adresse der Klasse A.

✔ Ist das erste Bit 1 und das zweite Bit 0, handelt es sich um eine Adresse der Klasse B.

✔ Sind die ersten beiden Bits 1 und das dritte Bit 0, handelt es sich um eine Adresse der Klasse C.

✔ Sind die ersten drei Bits 1 und das vierte Bit 0, handelt es sich um eine Adresse der Klasse D.

✔ Sind die ersten vier Bits 0, handelt es sich um eine Adresse der Klasse E.

Da die Klassen D und E für besondere Zwecke reserviert sind, werden hier nur die Klassen A, B und C erläutert. Tabelle 5.1 fasst die Details der Klassen zusammen.

Klasse	Adressbereich	Startbits	Länge der Netzwerk-ID	Anzahl Netzwerke	Anzahl Hosts
A	1–126.x.y.z	0	8	126	16777214
B	128–191.x.y.z	10	16	16384	65534
C	192–223.x.y.z	110	24	2097152	254

Tabelle 5.1: IP-Adressklassen

Adressen der Klasse A

Die Adressen der Klasse A sind für sehr große Netzwerke vorgesehen. In einer solchen Adresse bildet das erste Oktett die Netzwerk-ID und die übrigen drei Oktette bilden die Host-ID. Da lediglich acht Bits für die Netzwerk-ID zur Verfügung stehen und die ersten drei dieser Bits dazu dienen, diese Adresse als Klasse-A-Adresse zu kennzeichnen, kann es im gesamten Internet maximal 126 Netzwerke der Klasse A geben. Jedes dieser Netzwerke kann aber mehr als 16 Millionen Hosts umfassen.

Lediglich etwa 40 Adressen der Klasse A wurden Unternehmen und Organisationen zugeordnet. Der Rest wurde entweder für die Verwendung durch die *IANA* (*Internet Assigned Numbers Authority*) oder für Organisationen reserviert, die IP-Adresszuweisungen für geografische Regionen wie Europa, Asien und Südamerika verwalten.

Nur so zum Spaß werden in Tabelle 5.2 ein paar der bekannteren Netzwerke der Klasse A aufgeführt. Wahrscheinlich werden Sie einige davon kennen. Falls es Sie interessiert, finden Sie eine Liste aller Netzwerke der Klasse A unter www.iana.org/assignments/ipv4-address-space.

Netz	Beschreibung	Netz	Beschreibung
3	General Electric	17	Apple Computer
6	Army Information Systems Center	18	MIT
9	IBM	19	Ford Motor Company
11	DoD Intel Information Systems	20	Computer Sciences Corporation
12	AT&T Bell Laboratories	22, 26, 29, 30	Defense Information Systems Agency
15	Hewlett-Packard	48	Prudential Securities
16	Digital Equipment Corporation	56	U.S. Postal Service

Tabelle 5.2: Einige bekannte Netzwerke der Klasse A

Adressen der Klasse B

In einer Adresse der Klasse B dienen die beiden ersten Oktette als Netzwerk-ID und die übrigen beiden als Host-ID. Eine Adresse der Klasse B entspricht also beinahe unserem hypothetischen Schema, bei dem die Adresse in der Mitte unterteilt wurde. Sie ist allerdings nicht damit identisch, weil die ersten beiden Bits des ersten Oktetts den Wert 10 haben müssen, um darauf hinzuweisen, dass es sich um eine Adresse der Klasse B handelt. Somit kann es maximal 16.384 Klasse-B-Adressen geben. Alle Adressen der Klasse B fallen in den Bereich 128.x.y.z bis 192.x.y.z. Eine Adresse der Klasse B kann mehr als 65.000 Hosts umfassen.

Das Problem mit Netzwerken der Klasse B besteht darin, dass sie zwar viel kleiner als Netzwerke der Klasse A sind, aber trotzdem noch viel zu viele Host-IDs umfassen. Nur wenige Netzwerke haben mehrere Zehntausend Hosts. Die sorglose Zuteilung von Adressen der Klasse B kann also dazu führen, dass ein Großteil der verfügbaren Adressen an Organisationen verschwendet wird, die sie gar nicht benötigen.

Adressen der Klasse C

Eine Adresse der Klasse C benutzt die ersten drei Oktette für die Netzwerk-ID und das vierte Oktett für die Host-ID. Mit nur acht Bits für die Host-ID kann jedes Klasse-C-Netzwerk 254 Hosts umfassen. Bei 24 Bits für die Netzwerkkennung kann es mehr als zwei Millionen Netzwerke mit Adressen der Klasse C geben.

Das Problem der Netzwerke mit Klasse-C-Adressen besteht aber darin, dass sie zu klein sind. Zwar benötigen nur wenige Organisationen jene Zehntausende Hostadressen eines Klasse-B-Netzwerks, aber sehr viele Organisationen benötigen mehr als nur ein paar Hundert Hostadressen. Der große Unterschied zwischen Netzwerken der Klassen B und C führte zur Entwicklung des im nächsten Abschnitt beschriebenen *Subnettings*.

Was ist mit IPv6?

Viele Teile des heutigen Internets arbeiten weiterhin auf Grundlage der Version 4 des Internet Protocols, das auch als IPv4 bekannt ist. IPv4 wurde bereits 1981 definiert. Das rasante Wachstum des Internets hat den beschränkten 32-Bit-Adressbereich von IPv4 allerdings erschöpft. Dieses Kapitel beschreibt, wie sich IPv4 entwickelt hat, um den 32-Bit-Adressbereich möglichst gut zu nutzen. Mittlerweile sind auch die letzten IPv4-Adressen vergeben, weshalb das Internet auf die nächste IP-Version (IPv6) umgestellt werden muss.

IPv6 wurde früher auch *IP Next Generation* oder *IPng* genannt, um mit *Star Trek: The Next Generation* eine bei vielen Internetgurus beliebte Fernsehserie zu ehren.

IPv6 weist gegenüber IPv4 einige Vorteile auf, wobei der wichtigste in der Nutzung von 128 statt 32 Bits für Internetadressen besteht. Die Anzahl der mit 128 Bits möglichen Hostadressen ist enorm. Es verdoppelt oder verdreifacht die Anzahl der existierenden Adressen nicht nur. Nur so zum Spaß nenne ich Ihnen hier die Anzahl eindeutiger Internetadressen, die IPv6 unterstützt:

340.282.366.920.938.463.463.374.607.431.768.211.456

Die Größe dieser Zahl (mehr als rund 340 Sextillionen) liegt jenseits des menschlichen Vorstellungsvermögens. Wäre IANA beim Entstehen unseres Universums anwesend gewesen und hätte damals damit begonnen, jeweils eine IPv6-Adresse pro Millisekunde zu vergeben, wäre heute (15 Milliarden Jahre später) noch nicht einmal ein Prozent aller verfügbaren Adressen zugeordnet.

Die Umstellung von IPv4 auf IPv6 benötigt Zeit, schreitet aber voran. Es wird wohl noch eine ganze Weile dauern, bis das Internet und Netzwerke schließlich komplett auf Basis von IPv6 arbeiten werden. Die letzten alten IPv4-Adressen sollen jedenfalls im September 2015 zugeteilt worden sein.

Sofern Sie sich für derartige Details interessieren, können Sie sich bei Ihrem Internet-Provider erkundigen, ob er Ihnen IPv4- oder IPv6-Adressen zuteilt. Das ist erst einmal für die Hardware zur Verbindung mit dem Internet von Interesse. Wenn bis hin zu Ihrem Anschluss IPv6-Adressen verwendet werden, muss beispielsweise auch Ihr DSL-Router diese Technik unterstützen. Beim Einsatz alternativer Hardwarekomponenten muss das beachtet werden. Ansonsten könnten IPv6-Adressen auch bis hin zum letzten Endgerät durchgereicht werden, was zwar verlockend, aber aus Datenschutzgründen auch deshalb bedenklich klingt, weil dann jedem Gerät eine eigene Adresse fest zugeteilt werden könnte. Reicht man die IPv6-Adressen nicht durch, kann man sie aber auch für den internen Gebrauch im lokalen Netzwerk durch den Router in IPv4-Adressen umwandeln lassen (NAT von IPv6- in IPv4-Adressen). Für ein LAN reichen IPv4-Adressen völlig aus.

Momentan arbeiten die meisten Geräte im Privatbereich und bei KMUs (kleine und mittlere Unternehmen) zwar noch auf der Grundlage von IPv4-Adressen, darauf sollten Sie sich aber nicht ungeprüft verlassen. Noch beherrschen Übergangslösungen die technische Landschaft, das kann sich aber schnell ändern.

Subnetting

Subnetting ist eine Technik, mit der Netzwerkadministratoren die 32 Bits von IP-Adressen effizienter nutzen können, indem sie Netzwerke erzeugen, die nicht durch die festen Zuordnungen der IP-Adressklassen A, B und C eingeschränkt werden. Mit Subnetting lassen sich Netzwerke mit realistischeren Grenzen für die Anzahl der Hosts erstellen.

Mit Subnetting lässt sich flexibler festlegen, welche Teile von IP-Adressen der Netzwerk-ID und welche der Host-ID entsprechen. Bei den standardmäßigen IP-Klassen gibt es nur drei mögliche Netzwerkgrößen: acht Bits für Klasse A, 16 Bits für Klasse B und 24 Bits für Klasse C. Beim Subnetting können Sie eine beliebige Anzahl Bits für die Netzwerk-ID nutzen.

Zwei Gründe zwingen uns zur Nutzung von Subnetting. Zunächst einmal können wir damit den limitierten IP-Adressbereich effizienter nutzen. Wäre das Internet auf die Adressklassen A, B und C beschränkt, wären jedem Netzwerk 254, 65.000 oder 16 Millionen

IP-Adressen fest zugewiesen. Auch wenn viele Netzwerke mit maximal 254 Geräten existieren, gibt es nur wenige Netzwerke (falls überhaupt) mit 65.000 oder gar 16 Millionen Geräten. Leider würde aber jedem Netzwerk mit mehr als 254 Geräten die Klasse B zugeordnet, womit dann wahrscheinlich gleich Tausende IP-Adressen verschwendet wären.

Dann spricht für das Subnetting, dass in Unternehmen mit Tausenden von Netzwerkgeräten der Betrieb dieser Geräte mit einer einzigen Netzwerk-ID das Netzwerk extrem verlangsamen würde. TCP/IP schreibt vor, dass sich alle Computer mit derselben Netzwerk-ID im selben physischen Netzwerk befinden müssen. Das physische Netzwerk besteht aus einer einzelnen *Broadcast-Domäne*, was bedeutet, dass ein einziges Netzwerkmedium den gesamten Datenverkehr dieses Netzwerks übertragen muss. Aus Leistungsgründen werden Netzwerke normalerweise in Broadcast-Domänen aufgeteilt beziehungsweise segmentiert, die letztlich sogar kleiner sind, als es mit Adressen der Klasse C möglich wäre.

Subnetze

Bei einem *Subnetz* handelt es sich um ein Netzwerk innerhalb eines anderen Netzwerks (der Klasse A, B oder C). Subnetze werden gebildet, indem man eines oder mehrere der Hostbits der Klassen A, B oder C zur Erweiterung der Netzwerk-ID benutzt. Anstelle der standardmäßigen 8-, 16- oder 24-Bit-Netzwerk-IDs können Subnetze Netzwerk-IDs beliebiger Länge haben.

Abbildung 5.1 zeigt das Beispiel eines Netzwerks vor und nach dem Einsatz von Subnetting. Dem nicht segmentierten Netzwerk ist die Klasse-B-Adresse 144.28.0.0 zugewiesen. Alle Geräte in diesem Netzwerk müssen dieselbe Broadcast-Domäne nutzen.

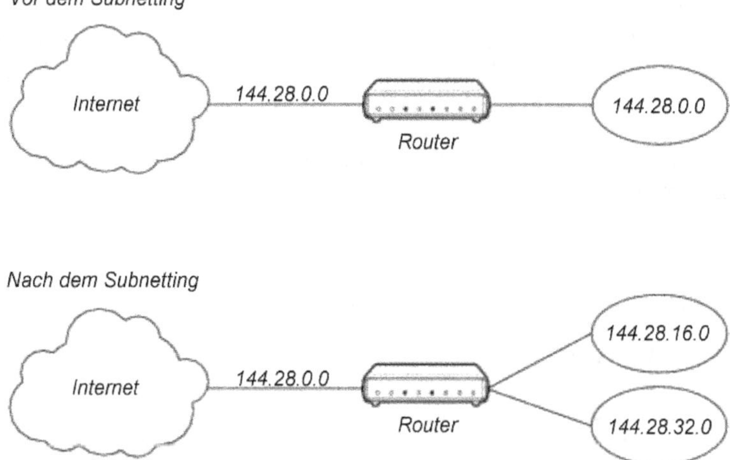

Abbildung 5.1: Ein Netzwerk vor und nach dem Subnetting

Im zweiten Netzwerk werden die ersten vier Bits der Host-ID dafür verwendet, das Netzwerk in zwei kleinere Netzwerke zu unterteilen, die als Subnetze 16 und 32 identifiziert werden.

Für die Außenwelt (jenseits des Routers) handelt es sich bei diesen beiden Netzwerken noch immer um ein einziges Netzwerk, das über die Adresse 144.28.0.0 angesprochen wird. Die Außenwelt betrachtet zum Beispiel das Gerät 144.28.16.22 wie ein Gerät aus dem Netzwerk 144.28.0.0. Pakete, die zu diesem Gerät gesendet werden, gelangen also zum Router unter der Adresse 144.28.0.0. Dieser nutzt dann aber den Subnetz-Teil der Host-ID, um zu entscheiden, ob er das Paket zum Subnetz 16 oder zum Subnetz 32 weiterleitet.

Subnetzmasken

Damit Subnetting funktioniert, muss dem Router mitgeteilt werden, welcher Teil der Host-ID für die Netzwerk-ID des Subnetzes genutzt werden soll. Diese Aufgabe erledigt eine weitere 32-Bit-Zahl, die *Subnetzmaske* genannt wird. Die IP-Adressbits, die die Netzwerk-ID darstellen, werden in der Maske durch eine 1 repräsentiert, und die Bits, die der Host-ID entsprechen, erscheinen als 0 in der Maske. Eine Subnetzmaske besteht also grundsätzlich aus einer Reihe ununterbrochener Einsen auf der linken Seite, gefolgt von einer Reihe von Nullen.

Hier die Subnetzmaske für das in Abbildung 5.1 dargestellte Netzwerk; die Netzwerk-ID besteht aus der 16-Bit-Netzwerk-ID plus einer zusätzlichen 4-Bit-Subnetz-ID:

```
11111111 11111111 11110000 00000000
```

Mit anderen Worten: Die ersten 20 Bits sind Einsen, die restlichen zwölf Bits sind Nullen. Die komplette Netzwerk-ID ist demnach 20 Bits lang, und der Teil für die Host-IDs in der Subnetz-Adresse ist zwölf Bits lang.

Um die Netzwerk-ID einer IP-Adresse bestimmen zu können, muss der Router sowohl die IP-Adresse als auch die Subnetzmaske kennen. Der Router führt dann eine bitweise Operation durch, die *logisches AND* genannt wird, um die Netzwerk-ID zu ermitteln. Beim logischen AND wird jedes Bit der IP-Adresse mit dem entsprechenden Bit der Subnetzmaske verglichen. Haben beide Bits den Wert 1, wird das resultierende Bit in der Netzwerk-ID auf 1 gesetzt. Ist eines der Bits 0, ist das resultierende Bit ebenfalls 0.

So wird mit der 20-Bit-Subnetzmaske aus dem vorangegangenen Beispiel die Netzwerkadresse aus einer IP-Adresse ermittelt:

```
                144   .    28   .    16   .    17

IP-Adresse:   10010000   00011100   00100000   00001001

Subnetzmaske: 11111111   11111111   11110000   00000000

----------------------------------------------------------

Netzwerk-ID:  10010000   00011100   00100000   00000000

                144        28         16         0
```

Die Netzwerk-ID für dieses Subnetz lautet also 144.28.16.0.

Die Subnetzmaske selbst wird normalerweise gepunktet-dezimal notiert. Die 20-Bit-Subnetzmaske lautet beim vorangegangenen Beispiel also 255.255.240.0.

```
Subnetzmaske: 11111111 11111111 11110000 00000000

              255      255      240      0
```

 Verwechseln Sie die Subnetzmaske nicht mit der IP-Adresse. Eine Subnetzmaske entspricht keinem Gerät im Netzwerk oder Internet. Sie legt lediglich fest, welcher Teil einer IP-Adresse für die Bestimmung der Netzwerk-ID genutzt wird. Sie können eine Subnetzmaske sofort erkennen, denn das erste Oktett ist immer 255; und 255 ist in keiner IP-Adressklasse als erstes Oktett gültig.

Die große Subnetz-Zusammenfassung

Sie sollten ein paar weitere Einschränkungen kennen, denen Subnetzmasken unterliegen:

✔ Die Mindestanzahl von Netzwerk-ID-Bits ist acht. Deshalb ist das erste Oktett einer Subnetzmaske immer 255.

✔ Die maximale Anzahl von Netzwerk-ID-Bits beträgt 30. Sie müssen wenigstens zwei Bits für den Host-ID-Teil der Adresse übrig lassen, um mindestens zwei Hosts zuzulassen. Wenn alle 32 Bits für die Netzwerk-ID genutzt würden, wären keine Bits mehr für die Hosts übrig. Das kann natürlich nicht funktionieren. Auch nur ein Bit für die Hosts übrig zu lassen, würde ebenfalls nicht funktionieren. Das liegt daran, dass eine Host-ID, die aus lauter Einsen besteht, für eine Broadcast-Adresse reserviert ist – lauter Nullen stehen hingegen für das Netzwerk selbst. Würden Sie also 32 Bits für die Netzwerk-ID nutzen und nur ein Bit für die Host-ID übrig lassen, würde die Host-ID 1 für die Broadcast-Adresse und die Host-ID 0 für das Netzwerk selbst genutzt werden, und es bliebe kein Platz mehr für die eigentlichen Geräte. Deshalb kann die Netzwerk-ID maximal 30 Bits lang sein.

✔ Da die Netzwerk-ID immer aus einer zusammenhängenden Reihe von Einsen gebildet wird, sind für jedes Oktett einer Subnetzmaske nur neun Werte möglich (die aus lauter Nullen bestehende Variante mitgezählt). Diese Werte werden in Tabelle 5.3 aufgeführt.

Binäres Oktett	Dezimal	Binäres Oktett	Dezimal
00000000	0	11111000	248
10000000	128	11111100	252
11000000	192	11111110	254
11100000	224	11111111	255
11110000	240		

Tabelle 5.3: Die acht Subnetz-Oktettwerte

Private und öffentliche Adressen

Jeder Host, der *direkt* mit dem Internet verbunden ist, muss eine weltweit eindeutige IP-Adresse haben. Allerdings sind nicht alle Hosts direkt mit dem Internet verbunden. Einige befinden sich in Netzwerken, die nicht ans Internet angeschlossen sind. Andere besitzen nur indirekte Internetverbindungen und verbergen sich hinter Firewalls oder anderen Netzwerkkomponenten.

Einige IP-Adressblöcke sind für derartige Zwecke reserviert und können für private Netzwerke, die nicht ans Internet angeschlossen sind, oder für Netzwerke hinter Firewalls benutzt werden. Es gibt drei derartige Blöcke, die in Tabelle 5.4 zusammengefasst werden. Wenn Sie private TCP/IP-Netzwerke einrichten, sollten Sie IP-Adressen aus diesen Adressbereichen verwenden.

CIDR-Notation	Subnetzmaske	Adressbereich
10.0.0.0/8	255.0.0.0	10.0.0.1–10.255.255.254
172.16.0.0/12	255.255.240.0	172.16.1.1–172.31.255.254
192.168.0.0/16	255.255.0.0	192.168.0.1–192.168.255.254

Tabelle 5.4: Private Adressbereiche

Die Übersetzung von Netzwerkadressen

Viele Router und Firewalls nutzen *NAT* (*Network Address Translation*) zur Übersetzung der tatsächlichen IP-Adresse eines Hosts und um sie vor der Außenwelt zu verbergen. Wird diese Möglichkeit genutzt, muss zwar das die Übersetzung durchführende NAT-Gerät eine weltweit eindeutige IP-Adresse besitzen, die die dahinter liegenden Hosts im Internet repräsentiert, aber die Hosts hinter der Firewall können beliebige IP-Adressen nutzen. Wenn Pakete die Firewall passieren, übersetzt das NAT-Gerät die private IP-Adresse jeweils in die öffentliche IP-Adresse und umgekehrt.

Einer der Vorteile von NAT besteht darin, dass der IP-Adressbereich dadurch langsamer ausgeschöpft wird. Das liegt daran, dass NAT-Geräte für mehrere Hosts nur eine einzige öffentliche IP-Adresse benutzen. Dazu merkt sich das Gerät ausgehende Pakete, damit es später eintreffende Pakete den richtigen Hosts zuordnen kann. Um zu verstehen, wie dies funktioniert, betrachten Sie diese Abfolge von Schritten:

1. Ein Host mit der privaten Adresse 192.168.1.100 sendet eine Anfrage an 216.239.57.99 (dabei handelt es sich zufällig um www.google.com). Das NAT-Gerät ändert die Quell-IP-Adresse des Pakets in die IP-Adresse der Firewall, 208.23.110.22. Google überträgt seine Antwort also zum Firewall-Router. Das NAT-Gerät merkt sich, dass 192.168.1.100 eine Anfrage an 216.239.57.99 gesendet hat.

2. Nun sendet ein anderer Host mit der Adresse 192.168.1.107 eine Anfrage an 207.46.134.190 (www.microsoft.com). Das NAT-Gerät ändert die Quell-IP-Adresse in 208.23.110.22, damit Microsoft dem Firewall-Router antwortet. Das NAT-Gerät merkt sich, dass 192.168.1.107 eine Anfrage an 207.46.134.190 gesendet hat.

3. Ein wenig später empfängt die Firewall eine Antwort von 216.239.57.99. Die Zieladresse in der Antwort lautet 208.23.110.22, die Adresse der Firewall. Um festzustellen, wohin die Antwort weiterzuleiten ist, prüft die Firewall in ihrem Protokoll, wer auf eine Antwort von 216.239.57.99 wartet. Die Firewall stellt fest, dass es sich dabei um 192.168.1.100 handelt, ändert daraufhin die Zieladresse in 192.168.1.100 und leitet das Paket weiter.

Dieser Prozess ist in Wirklichkeit viel komplizierter, denn es ist recht wahrscheinlich, dass zwei oder mehr Hosts auf Antworten von derselben öffentlichen IP-Adresse warten. Dann benutzt NAT andere Techniken, um zu ermitteln, wohin die eingetroffenen Pakete weitergeleitet werden müssen.

Netzwerke für DHCP konfigurieren

Jedes Gerät in einem TCP/IP-Netzwerk benötigt eine eindeutige IP-Adresse. Und jeder Host muss so konfiguriert werden, dass er seine IP-Adresse kennt. Wenn ein neuer Host ins Netzwerk eingebunden wird, muss ihm eine IP-Adresse aus dem für das jeweilige Subnetz gültigen Adressbereich zugewiesen werden – natürlich eine, die bisher noch nicht verwendet wird. Sie könnten den Netzwerkrechnern ihre Adressen zwar auch manuell zuweisen, aber diese Aufgabe wird Ihnen schnell über den Kopf wachsen, wenn das Netzwerk aus mehr als nur einigen wenigen Geräten besteht.

Und hier kommt *DHCP* (*Dynamic Host Configuration Protocol*) ins Spiel. DHCP konfiguriert die IP-Adressen der Geräte im Netzwerk automatisch. Damit sorgt DHCP dafür, dass jeder Host im Netzwerk über eine gültige eindeutige IP-Adresse verfügt. DHCP konfiguriert die IP-Adresse sogar neu, wenn Rechner aus dem Netzwerk ausscheiden oder neu hinzukommen. DHCP kann Netzwerkadministratoren auf diese Weise viele Stunden mühsamer Konfigurationsarbeit ersparen.

DHCP verstehen

Mit DHCP können die einzelnen Computer in einem TCP/IP-Netzwerk ihre Konfigurationsinformationen und damit insbesondere ihre IP-Adressen von einem Server beziehen. Der DHCP-Server merkt sich, welche IP-Adressen er bereits vergeben hat. Wenn ein Computer eine IP-Adresse anfordert, wird der DHCP-Server ihm also eine IP-Adresse zuweisen, die noch nicht benutzt wird.

Alternativ zur Verwendung von DHCP können Sie Geräten im Netzwerk *statische IP-Adressen* zuweisen:

Durchweg statische IP-Adressen lassen sich in Netzwerken nutzen, die aus nur wenigen Geräten bestehen.

Innerhalb größerer Netzwerke wäre die Verwendung statischer IP-Adressen ein großer Fehler. Irgendwann wird ein armer, gehetzter Administrator (raten Sie mal, wer) Fehler machen und zwei Geräten dieselbe Adresse zuweisen. Dann müssen Sie die IP-Adressen aller Computer überprüfen, um den Konflikt aufzuspüren. DHCP ist, wenn man einmal von wirklich kleinen Netzen absieht, ein absolutes Muss.

Natürlich bleibt keine Regel ohne Ausnahme. Angesichts der Vielzahl von tragbaren und mobilen Geräten könnte man schon nur bestimmten, manuell konfigurierten Geräten oder Hardware-IDs Zugang gewähren. Das sollten Sie aber wirklich nur machen, wenn es sich beispielsweise aus Sicherheitsgründen nicht oder nur sehr schlecht anderweitig lösen lässt.

Darüber hinaus sollten oder müssen Sie manche Server fest konfigurieren. Beispielsweise ist es bei Audio- und Video-Servern sinnvoll, sie manuell zu konfigurieren, damit die Adressen nicht plötzlich wandern. Wenn Sie Geräte fernbedienen wollen, dürfte das bei dynamisch konfigurierten Adressen schwierig werden. Ohne triftige Gründe sollten Sie allerdings generell auf manuell konfigurierte IP-Adressen verzichten.

Die Hauptaufgabe von DHCP besteht zwar in der Zuweisung von IP-Adressen, tatsächlich versorgt DHCP die Clients aber darüber hinaus mit weiteren Konfigurationsdaten. Diese werden *DHCP-Optionen* genannt und umfassen insbesondere diese häufig genutzten und vom Server automatisch konfigurierbaren Angaben:

✔ die Router-Adresse, auch Standardgateway-Adresse genannt

✔ die Gültigkeitsdauer oder das Ablaufdatum für Konfigurationsdaten

✔ der Domänenname (oder Namen von Arbeitsgruppen)

✔ die DNS-Serveradresse (die von Google lauten 8.8.8.8 und 8.8.4.4)

✔ die WINS-Serveradresse (*WINS – Windows Internet Name Service*)

DHCP-Server

Der DHCP-Server kann ein Serverrechner im TCP/IP-Netzwerk sein. Entsprechende Funktionen wurden in alle modernen Netzwerkbetriebssysteme integriert. Um DHCP auf einem Netzwerkserver einzurichten, müssen Sie lediglich die DHCP-Funktion des Servers aktivieren und ein paar Einstellungen vornehmen. Im Abschnitt »Einen DHCP-Server mit Windows Server verwalten« weiter hinten in diesem Kapitel zeige ich Ihnen, wie Sie einen DHCP-Server für Windows Server konfigurieren können.

Ein Servercomputer, der DHCP ausführt, muss keineswegs nur für DHCP-Funktionen zuständig sein, es sei denn, es handelt sich um ein sehr großes Netzwerk. In den meisten Netzwerken kann ein Dateiserver zusätzlich die Aufgabe eines DHCP-Servers übernehmen. Das gilt besonders, wenn Sie lange Lease-Zeiträume für die IP-Adressen vorsehen (der Ansatz der Leases wird weiter hinten in diesem Kapitel erläutert).

Multifunktionsrouter, NAS-Laufwerke und ähnliche Geräte enthalten heute meist auch integrierte DHCP-Server. Falls Sie also keinen Ihrer Netzwerkserver mit den DHCP-Funktionen belasten wollen, können Sie den integrierten DHCP-Server des Routers aktivieren. Das ist schon deshalb vorteilhaft, weil Sie den Router ohnehin nur höchst selten ausschalten dürften. Dateiserver müssen im Gegensatz dazu gelegentlich schon einmal neu gestartet werden, um beispielsweise das System zu warten, Aktualisierungen zu installieren oder aufgetretene Fehler zu beheben.

Die meisten Netzwerke benötigen nur einen DHCP-Server. Wenn Sie zwei oder mehr DHCP-Server im selben Netzwerk einrichten wollen oder müssen, müssen Sie die *IP-Adressbereiche* (auch *Scopes* genannt) der jeweiligen DHCP-Server sorgfältig aufeinander abstimmen und koordinieren. Wenn Sie versehentlich zwei DHCP-Server für denselben Adressbereich einrichten, kommt es leicht zu doppelten Adresszuordnungen. Zur Vermeidung derartiger Adresskollisionen sollten Sie möglichst nur einen DHCP-Server einrichten, es sei denn, das Netzwerk ist derart groß, dass ein einzelner DHCP-Server die Arbeitslast allein nicht mehr bewältigt oder Teilnetze absichtlich getrennte Adressbereiche benutzen.

Adressbereiche verstehen

Bei einem *IP-Adressbereich* handelt es sich einfach um einen Bereich von IP-Adressen, für deren Verteilung der DHCP-Server konfiguriert ist. Wenn im einfachsten Fall ein einzelner DHCP-Server für die IP-Konfiguration eines kompletten Subnetzes zuständig ist, kann dieser Bereich mit dem Subnetz übereinstimmen. Wenn Sie jedoch zwei DHCP-Server für ein Subnetz einrichten, konfigurieren Sie jeden für einen Bereich, der nur einen Teil des vollständigen Subnetzbereichs zuordnet. Einzelne DHCP-Server können zudem (zumindest teilweise) mit mehr als einem IP-Adressbereich arbeiten.

Sie müssen einen Bereich festlegen, bevor Sie einen DHCP-Server einschalten. Wenn Sie einen Bereich erzeugen, können Sie ihm folgende Eigenschaften zuweisen:

✔ einen *Bereichsnamen*, der hilft, den Bereich und dessen Zweck zu identifizieren

✔ eine *Bereichsbeschreibung*, in der Sie weitere Details über den Bereich und dessen Zweck vermerken können

✔ eine *Start-IP-Adresse* für den Bereich

✔ eine *End-IP-Adresse* für den Bereich (möglicherweise indirekt über die Anzahl der DHCP-Benutzer)

✔ eine *Subnetzmaske*

✔ *einzelne oder mehrere auszuschließende Adressen und/oder reservierte Bereiche.* Die entsprechenden Adressen werden Netzwerkgeräten nicht automatisch zugewiesen. Mehr dazu erfahren Sie gleich anschließend.

✔ die *Leasedauer*, die festlegt, wie lange IP-Adressen einem Host zugeordnet bleiben. Der Client wird versuchen, die Lease zu erneuern, wenn die Hälfte der Leasedauer verstrichen ist. Wenn Sie beispielsweise eine Leasedauer von acht Tagen einstellen, wird der Client nach Ablauf von vier Tagen versuchen, die Lease zu erneuern. Dadurch erhält das Gerät genug Zeit, um die Leasedauer zu erneuern, ohne dass die Zuordnungsfrist der Adresse abläuft und sie einem anderen Gerät zugewiesen wird.

✔ die *Standardgateway-Adresse* (*Router-Adresse*) für das Subnetz

✔ den *Domänennamen und die IP-Adressen* der DNS- und WINS-Server des Netzwerks

✔ den *Zeitserver*, der den Clients die automatische Zeiteinstellung ermöglicht. Ein möglicher Zielserver wäre z. B. `time.nist.gov`.

Bei den in Routern oder ähnlichen Geräten integrierten DHCP-Servern können Sie meist nicht alle der aufgezählten Eigenschaften festlegen. Ein Beispiel für die Einstellungen eines DHCP-Servers finden Sie in Abbildung 5.2.

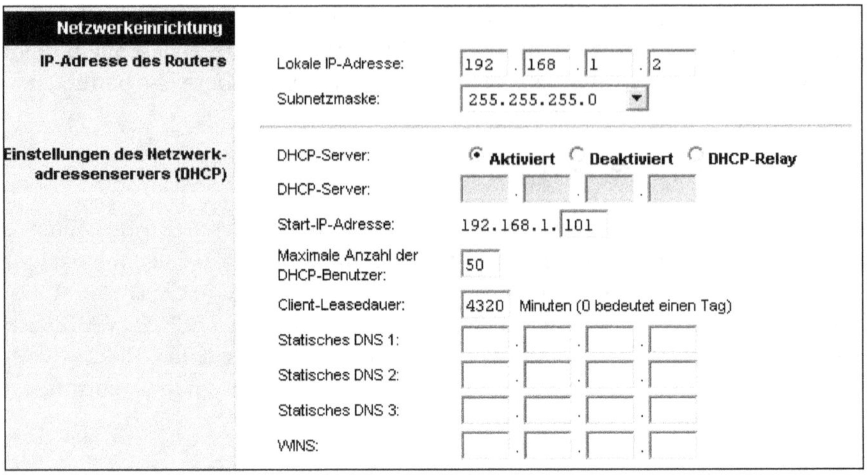

Abbildung 5.2: Beispiel für die Konfigurationseinstellungen des in einen Router integrierten DHCP-Servers

Ausgeschlossen, reserviert oder frei?

Im Fall von DHCP-Bereichen lassen sich mit einzelnen ausgeschlossenen Adressen, reservierten Adressbereichen oder der Vorgabe eines Bereichs für die automatisch zu vergebenden Adressen IP-Adresskonflikte zu verhindern. Bei Bedarf lässt sich zudem oft auch die DHCP-Last für einzelne Subnetz auf zwei DHCP-Server verteilen.

Bei einem *Ausschluss* werden bestimmte IP-Adressen, die im Bereich zwischen der Start- und End-Adresse des gesamten IP-Bereichs liegen, gezielt von der automatischen Adressvergabe ausgeschlossen. Auf diese Weise können Sie also gezielt Löcher in den IP-Bereich stanzen, deren Adressen nicht automatisch zugewiesen werden.

Vom DHCP-Server in Abbildung 5.2 wird der umgekehrte Weg beschritten, denn dort wird ab einer angegebenen START-IP-ADRESSE (in der Abbildung 192.168.1.101) eine gewisse Anzahl von Adressen für die automatische Zuordnung freigegeben. Fest vergebene IP-Adressen können dann irgendwo aus den Bereichen unterhalb oder oberhalb dieses so festgelegten IP-Adressbereichs (im Beispiel 192.168.1.101 bis 192.168.1.150) ausgewählt werden. Der Abbildung können Sie zudem noch die Adresse des DHCP-Servers selbst entnehmen (192.168.1.2), die für den Standard-Gateway als Einstellung verwendet wird.

Gründe für das Ausschließen von IP-Adressen und das Festlegen von IP-Adress(bereich)en für verschiedene Zwecke sind beispielsweise:

✔ **Der Computer, der den DHCP-Dienst ausführt, muss selbst normalerweise eine statische IP-Adresse haben.** Die Adresse des DHCP-Servers sollte also von der automatischen Vergabe ausgeschlossen sein.

✔ **Vielleicht wollen Sie auch anderen Servern statische IP-Adressen zuweisen.** Dann müssen Sie dafür sorgen, dass deren IP-Adressen ausgeschlossen und nicht anderweitig vergeben werden können.

✔ **Bei fernbedienten Geräten kommt es nicht gut, wenn man deren Adressen immer wieder neu suchen muss.** Hier denke ich insbesondere an Drucker oder Mediaplayer, die Sie in der modernen Gerätelandschaft von Tablets aus drahtlos nutzen und/oder fernsteuern können. Zwar gibt es meist Funktionen, die Adressen derartiger Geräte zu ermitteln, wenn ich aber beispielsweise immer wieder die IP-Adresse des Druckers erst ermitteln muss, wird das schnell lästig.

Bestimmten Geräten fest zugewiesene IP-Adressen können zwar sinnvoll sein, haben aber auch Nachteile:

✔ **Für die statische TCP/IP-Konfiguration brauchen Sie mehr als nur die IP-Adresse.** Nun gut, in kleinen Netzen ist das mit der Subnetzmaske kein Problem (255.255.255.0 passt schon und wird oft auch automatisch eingetragen) und als DNS-Serveradresse können Sie notfalls einfach die der öffentlichen DNS-Server von Google (8.8.8.8 und 8.8.4.4) eintragen, aber die Standardgateway-Adresse müssen Sie neben gegebenenfalls weiteren noch vom Gerät benötigten Konfigurationsdaten schon noch kennen, wenn sie manuell eingestellt werden sollen.

Sollten sich angegebene statische Adressen ändern, müssen sie nicht nur auf dem DHCP-Server, sondern auf *allen* statisch konfigurierten Geräten angepasst werden.

✔ **Sie müssen statisch zugeordnete IP-Adressen aus dem vom DHCP-Server verwalteten Adressbereich ausschließen.** Der DHCP-Server weiß nichts von statischen IP-Adressen und könnte diese anderen Geräten zuweisen. Dann würden zwei Geräte im Netzwerk dieselbe Adresse verwenden und es entstünde ein Adresskonflikt.

Eine weitere Alternative der Vergabe fester IP-Adressen stellen *DHCP-Reservierungen* dar. Diese sorgen dafür, dass bestimmten Geräten immer die für sie reservierten IP-Adresse vom DHCP-Server zugeteilt werden, die bei Bedarf aber notfalls auch anderweitig vergeben werden können. Klingt ein wenig abgehoben und wird von einfachen DHCP-Servern daher auch kaum angeboten.

So etwas wie Reservierungen werden bis zum Ablauf der Leasedauer oder einem Neustart des DHCP-Servers von diesem meist ohnehin durchgeführt. Anders gesagt, wenn Sie Ihren Laptop über Nacht ausschalten, erhält er am nächsten Morgen noch dieselbe IP-Adresse, wenn der Adresspool zwischenzeitlich nicht zu knapp geworden ist.

Damit das mit der Reservierung funktioniert, müssen Sie die dem Gerät zuzuweisende IP-Adresse mit dessen MAC-Adresse verknüpfen. Letztere will aber auch erst einmal ermittelt werden, bevor die Reservierung vorgenommen werden kann:

✔ Üblicherweise bekommen Sie die MAC-Adresse heraus, wenn Sie den Befehl `ipconfig /all` an der Eingabeaufforderung von Windows ausführen.

✔ Falls dies nicht funktioniert, weil TCP/IP auf dem Computer noch nicht konfiguriert ist, können Sie die MAC-Adresse über die Systeminformationen (`msinfo32`) ermitteln. Ab Windows 8 können Sie die Systeminformationen wohl über das Eingabefeld des Startmenüs am einfachsten erreichen.

Im Fenster der Systeminformationen suchen Sie dann unter Komponenten| Netzwerk|Adapter nach der Zeile MAC-Adresse für den Netzwerkadapter, über den der Rechner mit dem Netzwerk verbunden ist.

Wie lange leasen?

Eine der wichtigsten Entscheidungen, die Sie bei der Konfiguration eines DHCP-Servers treffen müssen, ist der für die Leasedauer (den Leasezeitraum) einzustellende Wert. Windows Server gibt hier acht Tage und damit etwas über eine Woche vor, was in den meisten Fällen in Ordnung sein sollte. Unter bestimmten Umständen sind aber kürzere oder längere Intervalle sinnvoller.

✔ Je statischer das Netzwerk ist, desto länger kann der Leasezeitraum gewählt werden. Falls das Netzwerk nur aus fest installierten Computern besteht und nur gelegentlich neue hinzukommen oder vorhandene ersetzt werden, kann der Zeitraum sicherlich verlängert werden.

✔ Je dynamischer das Netzwerk ist, desto kürzer sollte der Leasezeitraum sein. Stellen Sie sich beispielsweise den WLAN-Hotspot einer Universitätsbibliothek vor, auf den Studenten mit ihren Laptops, Tablets und Smartphones zugreifen, um kurz einmal etwas nachzusehen oder ein paar Stunden lang zu arbeiten. Bei einem solchen Netzwerk wäre ein Leasezeitraum von ein paar Stunden vielleicht bereits zu lang.

Wählen Sie die Leasedauer besser ein wenig kleiner. In Abbildung 5.2 wurde sie auf drei Tage eingestellt. Moderne Arbeitsumgebungen sind oft äußerst dynamisch. Hier ein Smartphone, da ein Mediaplayer, hier ein Laptop, da ein Tablet und schon sind schnell mal 20 oder 30 IP-Adressen weg, wenn zehn Leute kurz vorbeischauen.

Einen DHCP-Server mit Windows Server verwalten

Die Schritte zur Konfiguration und Verwaltung eines DHCP-Servers sind vom jeweils eingesetzten Netzwerkbetriebssystem oder Router abhängig. Die folgende Vorgehensweise gilt für die Einrichtung eines DHCP-Servers mit Windows Server ab 2012. Die Vorgehensweise bei anderen Netzwerkbetriebssystemen ist ähnlich.

Falls Sie den DHCP-Server noch nicht auf dem Server installiert haben, starten Sie die Anwendung Serververwaltung über das entsprechende Symbol in der Taskleiste. Klicken Sie im Server-Manager dann rechts oben auf Verwalten und hier auf Rollen und Features hinzufügen. Wenn DHCP erst einmal als Rolle installiert wurde, können Sie ihn über die DHCP-Managementkonsole einrichten. Um diese Konsole zu nutzen, starten Sie erst einmal den Server-Manager und wählen Tools|DHCP (siehe Abbildung 5.3).

Um mit einem DHCP-Server loslegen zu können, müssen Sie mindestens einen Bereich erstellen. Dazu benutzen Sie den Bereichserstellungs-Assistenten. Zunächst wählen Sie dabei den Server aus, für den Sie einen Bereich erstellen wollen, und wählen dann im Kontextmenü den Befehl Neuer Bereich. Der Assistent fragt die wesentlichen für die Bereichsdefinition

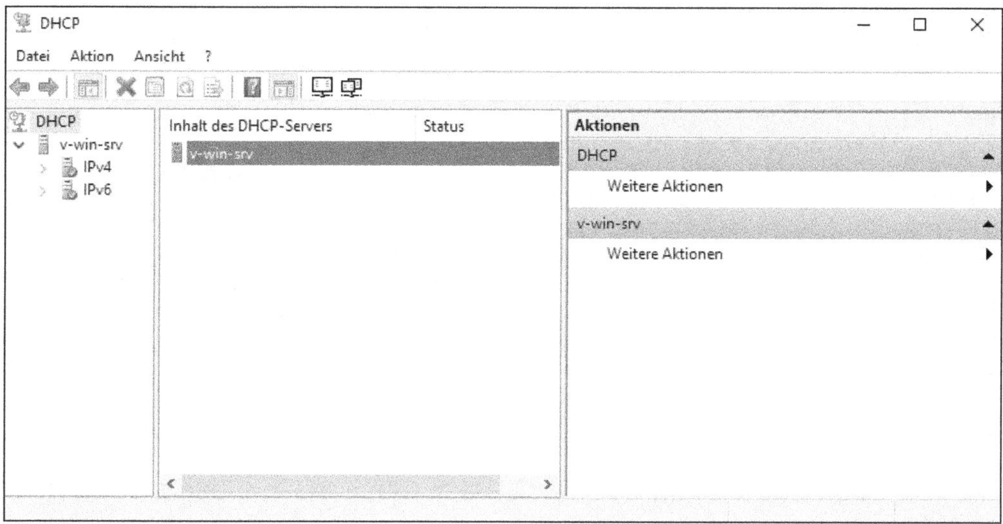

Abbildung 5.3: Die DHCP-Managementkonsole

benötigten Informationen ab, etwa den Bereichsnamen, dessen Start- und End-Adresse und die Subnetzmaske. Wenn Sie die Start- und End-IP-Adressen und die in Ihrem Netzwerk genutzte Subnetzmaske eingegeben haben, klicken Sie WEITER an. Der Assistent fragt Sie dann nach IP-Adressen, die Sie aus dem Bereich ausschließen wollen, dem Leasezeitraum (Vorgabe: acht Tage), der IP-Adresse des Gateway-Routers, dem Domänennamen des Netzwerks und den IP-Adressen der DNS-Server, die die Clients nutzen sollen. Abbildung 5.4 zeigt den Bereichserstellungs-Assistenten in Aktion.

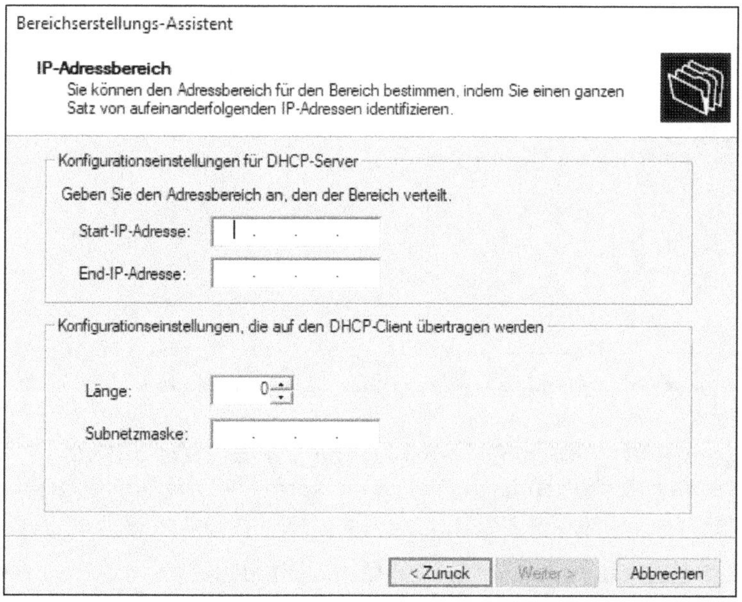

Abbildung 5.4: Der Bereichserstellungs-Assistent

Einen Windows-DHCP-Client konfigurieren

Einen Windows-Client für DHCP zu konfigurieren, ist einfach. Der DHCP-Client ist automatisch mit dabei, wenn Sie das TCP/IP-Protokoll installieren. Sie müssen also lediglich TCP/IP für die Nutzung von DHCP konfigurieren.

1. **Öffnen Sie das Dialogfeld Netzwerkeigenschaften.**

   Starten Sie dazu die Windows-Einstellungen mit [⊞] + [I], wählen Sie anschließend im linken Bereich den Eintrag Netzwerk und Internet und dann im Hauptbereich des Fensters Erweiterte Netzwerkeinstellungen. Wählen Sie den passenden Netzwerkadapter und klicken Sie dann auf die Schaltfläche Bearbeiten im Bereich Weitere Adapteroptionen. Markieren Sie im angezeigten Dialogfeld das Element Internetprotokoll, Version 4 (TCP/IPv4) und klicken Sie die Schaltfläche Eigenschaften an.

   Nun wird das Dialogfeld Eigenschaften von Internetprotokoll Version 4 (TCP/IPv4) angezeigt (siehe Abbildung 5.5).

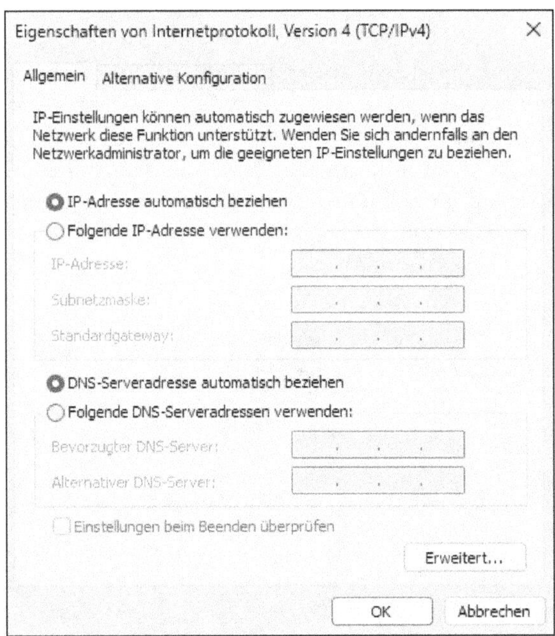

Abbildung 5.5: Einen Windows-Client für die Verwendung von DHCP konfigurieren

2. **Aktivieren Sie die Optionen IP-Adresse automatisch beziehen und DNS-Serveradresse automatisch beziehen.** Dies ist im Normalfall allerdings schon die Standardeinstellung.

3. **Klicken Sie abschließend auf OK, um das Dialogfeld zu schließen.**

DNS verwenden

Bei *DNS* (*Domain Name System*) handelt es sich um die TCP/IP-Funktion, durch die Sie über Namen anstelle von Zahlen Hostcomputer ansprechen können. Ohne DNS würden Sie bei 87.238.85.130 und nicht bei www.amazon.de einkaufen oder das Web über 66.249.93.104 und nicht über www.google.de durchsuchen.

Sie müssen verstehen, wie DNS funktioniert und wie Sie einen DNS-Server einrichten können, wenn Sie TCP/IP-Netzwerke installieren und verwalten wollen. In den folgenden Abschnitten dieses Kapitels erfahren Sie ein wenig über die Grundlagen von DNS. Außerdem wird erläutert, wie das DNS-Namenssystem funktioniert und wie ein DNS-Server eingerichtet wird.

Domänen und Domänennamen

Um jedem Hostcomputer im Internet einen eindeutigen Namen zuzuordnen, verwendet DNS eine Technik, die sich über die Zeit hinweg bewährt hat: Teilen und Herrschen. DNS verwendet ein hierarchisches Namenssystem, das dem der hierarchischen Organisation der Ordner auf einem Windows-Rechner ähnelt. Die Namen werden bei DNS aber nicht in Ordnern, sondern in *Domänen* organisiert. Die einzelnen Domänen umfassen jeweils alle Namen, die in der DNS-Hierarchie direkt unterhalb angesiedelt sind.

Abbildung 5.6 zeigt als Beispiel einen kleinen Ausschnitt aus dem DNS-Domänenbaum. Oben im Baum befindet sich die *Root-Domäne*, bei der es sich um den Ankerpunkt für alle

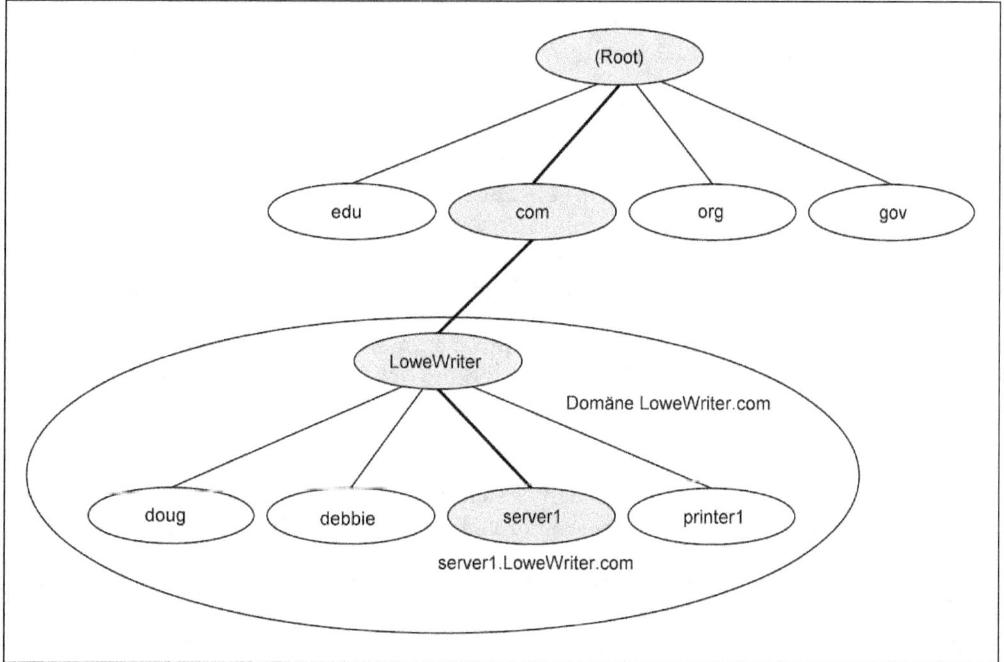

Abbildung 5.6: DNS-Namen

Domänen handelt. Direkt unterhalb der Root-Domäne folgen die Domänen der obersten Ebene (*TLD – Top-level Domains*), von denen es ursprünglich nur vier gab und deren Namen edu, com, org und gov lauten. Mittlerweile wurden eine Menge TLDs definiert und freigegeben, bei denen es sich großteils um Länderkennungen handelt, beispielsweise de, ca und br, aber auch spezielle TLDs für Medien oder besondere Zwecke (beispielsweise tv und mobi).

Wenn Sie sich über die heutige Fülle von TLDs informieren wollen, führen Sie sich am besten die entsprechenden Beiträge der Wikipedia zu Gemüte.

Tatsächlich existieren unterhalb der Root-Domäne im Internet natürlich viel mehr Domänen der obersten Ebene. Als ich dies schrieb, waren es allein für die Top-Level-Domain com deutlich über 100 Millionen.

Unterhalb der Domäne com befindet sich in Abbildung 5.6 eine weitere Domäne namens LoweWriter, bei der es sich zufälligerweise um meine eigene, persönliche Domäne handelt (geschickt, nicht wahr?). Um diese Domäne vollständig zu identifizieren, müssen Sie sie mit dem Namen ihrer *Elterndomäne* (hier com) kombinieren, um den Domänennamen LoweWriter.com zu komplettieren. Beachten Sie, dass die Teile des Domänennamens durch Punkte (dots) voneinander getrennt werden. Entsprechend können Sie diesen Domännennamen als »LoweWriter dot com« oder »LoweWriter Punkt com« lesen.

Unterhalb des Knotens LoweWriter befinden sich vier Hostknoten, deren Namen doug, debbie, server1 und printer1 lauten. Diese Knoten entsprechen den drei Rechnern und dem Drucker in meinem Heimnetzwerk. Sie können den Hostnamen mit dem Domänennamen kombinieren, um den vollständigen DNS-Namen für die jeweiligen Hosts meines Netzwerks zu erhalten. Der vollständige DNS-Name für meinen Server lautet zum Beispiel server1.LoweWriter.com und der meines Druckers printer1.LoweWriter.com.

Zu DNS-Namen sollten Sie sich außerdem die folgenden Dinge merken:

✔ Bei DNS-Namen wird nicht zwischen Groß- und Kleinschreibung unterschieden. Entsprechend werden LoweWriter und Lowewriter als identische Namen behandelt, was auch für LOWEWRITER, LOWEwriter und LoWeWrItEr gilt. Wenn Sie Domänennamen verwenden, können Sie Großbuchstaben benutzen, um den Namen leichter lesbar zu machen. DNS ignoriert aber die Unterschiede zwischen Groß- und Kleinbuchstaben.

✔ Der Name der einzelnen DNS-Knoten kann maximal 63 Zeichen lang sein (ohne den Punkt) und darf Buchstaben, Ziffern und Bindestriche enthalten. Andere Zeichen sind nicht zulässig.

✔ Eine *Subdomäne* ist eine Domäne, die sich unterhalb einer bestehenden Domäne befindet. Bei der Domäne com handelt es sich damit zum Beispiel um eine Subdomäne der Domäne root und bei LoweWriter um eine Subdomäne der Domäne com.

Bei DNS handelt es sich um ein hierarchisches Namenssystem, das dem von Windows verwendeten hierarchischen Ordnersystem ähnelt. Es besteht aber ein wesentlicher Unterschied zwischen DNS und den Windows-Namenskonventionen. Wenn Sie einen vollständigen DNS-Namen konstruieren, beginnen Sie unten im Baum und arbeiten sich zur Wurzel hin nach oben. Entsprechend ist doug der unterste Knoten im Namen `doug.LoweWriter.com`. Die Pfade unter Windows werden hingegen andersherum aufgebaut: Sie beginnen mit der Wurzel und führen dann die folgenden Knoten auf. Entsprechend ist `dns` im Pfad `\Windows\System32\dns` der niedrigste Knoten.

✔ Der DNS-Baum kann bis zu 127 Ebenen umfassen. Praktisch ist der DNS-Baum aber nicht besonders tief. Die meisten DNS-Namen umfassen nur drei Ebenen (ohne Root). Und auch wenn Ihnen gelegentlich Namen mit vier oder fünf Ebenen begegnen, sind mehr Ebenen seltene Ausnahmen.

✔ Der DNS-Baum ist zwar nicht besonders tief, dafür aber sehr breit. Mit anderen Worten gibt es direkt unterhalb der Domänen der obersten Ebene eine riesige Anzahl von Domänen der zweiten Ebene.

Vollqualifizierte Domänennamen

Wenn ein Domänenname mit einem Punkt abschließt, repräsentiert dieser die Root-Domäne und man sagt, dass es sich um einen vollqualifizierten Domänennamen handelt (*FQDN – Fully Qualified Domain Name*). Ein vollqualifizierter Domänenname wird auch *absoluter Name* genannt. Ein vollqualifizierter Domänenname ist eindeutig, weil in ihm selbst der vollständige Weg bis zur Root-Domäne angegeben wird. Wenn ein Domänenname im Unterschied dazu nicht mit einem Punkt endet, kann er im Kontext irgendeiner anderen Domäne interpretiert werden. Entsprechend handelt es sich bei DNS-Namen, die nicht mit einem Punkt enden, um *relative Namen*.

Dieses Konzept funktioniert ähnlich wie die relativen und absoluten Pfade unter Windows. Wenn ein Pfad zum Beispiel mit einem Backslash beginnt, wie dies bei `\Windows\System32\dns` der Fall ist, handelt es sich um einen absoluten Pfad. Pfade, die nicht mit einem Backslash beginnen, wie zum Beispiel `System32\dns`, verwenden hingegen den aktuellen Ordner als Ausgangspunkt. Wenn `\Windows` der aktuelle Ordner ist, beziehen sich entsprechend die Pfadangaben `\Windows\System32\dns` und `System32\dns` auf denselben Ordner.

In vielen Fällen sind relative und vollqualifizierte Domänennamen austauschbar, weil relative Namen von der Software immer im Kontext der Root-Domäne interpretiert werden. Aus diesem Grund können Sie zum Beispiel `www.wiley-vch.de` ohne den abschließenden Punkt anstelle von `www.wiley-vch.de.` angeben, um mit dem Webbrowser zur Wiley-VCH-Homepage zu gelangen. Einige Anwendungen (zum Beispiel DNS-Server) interpretieren relative Namen aber möglicherweise im Kontext einer anderen Domäne als Root.

Mit dem Windows-DNS-Server arbeiten

Die Vorgehensweise der Installation und Verwaltung eines DNS-Servers ist vom jeweils verwendeten Netzwerkbetriebssystem abhängig. Dieser Abschnitt bezieht sich auf die Arbeit mit einem DNS-Server unter Windows Server.

Den DNS-Server installieren Sie unter Windows Server über den SERVER-MANAGER, den Sie über dessen Symbol in der Taskleiste starten können. Anschließend können Sie den DNS-Server über die DNS-Managementkonsole verwalten. Hierüber können Sie allgemeine

Verwaltungsaufgaben ausführen und zum Beispiel weitere Zonen hinzufügen, Zoneneinstellungen ändern oder neue Einträge zu einer vorhandenen Zone hinzufügen. Die DNS-Verwaltungskonsole verbirgt die Details der Datensätze der Ressourcen vor Ihnen, sodass Sie mit einer benutzerfreundlichen Schnittstelle arbeiten können.

Um einen neuen Host (einen A-Eintrag) zu einer Zone hinzuzufügen, klicken Sie die entsprechende Zone mit der rechten Maustaste in der DNS-Verwaltungskonsole an und wählen im Kontextmenü NEUER HOST (A ODER AAAA). Daraufhin wird das Dialogfeld NEUER HOST angezeigt (siehe Abbildung 5.7).

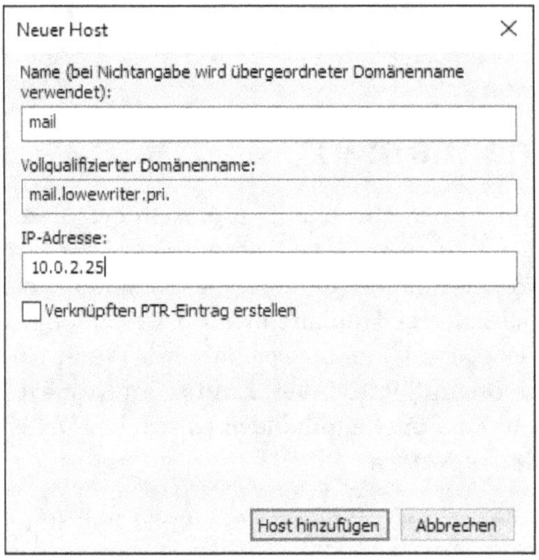

Abbildung 5.7: Das Dialogfeld »Neuer Host«

In diesem Dialogfeld können Sie die folgenden Angaben vornehmen:

✔ NAME: der Name für den neuen Host

✔ IP-ADRESSE: die IP-Adresse des Hosts

✔ VERKNÜPFTEN PTR-EINTRAG ERSTELLEN: Erstellt automatisch einen PTR-Eintrag in der Datei für die Reverse-Lookup-Zone. Aktivieren Sie diese Option, wenn Reverse-Lookups für den Host möglich sein sollen.

Möglicherweise werden noch weitere Optionen angezeigt.

Genauso können Sie weitere Einträge (zum Beispiel MX-Einträge) hinzufügen.

Einen DNS-Client unter Windows konfigurieren

Clientrechner müssen für die korrekte Zusammenarbeit mit DNS eigentlich nicht groß konfiguriert werden. Der Client muss die Adresse mindestens eines DNS-Servers kennen.

Üblicherweise wird ihm diese automatisch über DHCP mitgeteilt. Wenn der Client so konfiguriert wurde, dass er seine IP-Adresse über einen DHCP-Server bezieht, wird ihm von diesem auch die Adresse des DNS-Servers mitgeteilt.

Um ein Gerät so zu konfigurieren, dass es die Adresse des DNS-Servers via DHCP erhält, führen Sie die im Abschnitt »Einen Windows-DHCP-Client konfigurieren« weiter vorn in diesem Kapitel beschriebenen Schritte aus. Dabei wird das Dialogfeld EIGENSCHAFTEN VON INTERNETPROTOKOLL (TCP/IP) angezeigt (siehe Abbildung 5.5). Wenn der Rechner DHCP verwenden soll, aktivieren Sie die Optionen IP-ADRESSE AUTOMATISCH BEZIEHEN und DNS-SERVERADRESSE AUTOMATISCH BEZIEHEN. Klicken Sie OK an, um das Dialogfeld zu schließen.

Sie können die Optionen zum automatischen Beziehen von IP-Adressen und DNS-Serveradressen getrennt aktivieren/deaktivieren. Das kann im Rahmen der Rechnerkonfiguration beispielsweise dazu verwendet werden, um manuell DNS-Server verschiedener Anbieter einzutragen. Hier können Sie öffentliche DNS-Server wie die von Google eintragen (8.8.8.8 und 8.8.4.4). Diese können Sie anstelle der automatisch bezogenen Adressen eintragen oder mit diesen mischen. Andere öffentliche DNS-Server (Public DNS Server) finden Sie beispielsweise unter `https://www.heise.de/ratgeber/Schneller-und-ohne-Sperren-Alternative-DNS-Server-einsetzen-8659971.html` oder durch einen entsprechenden Suchlauf im Internet.

Kapitel 6
Verknüpfte Netze – Kabel, Switches und Router

Kabel sind für Ihr Netzwerk wie Rohrleitungen für die Wasserversorgung Ihres Hauses. Sie müssen die richtigen Rohre (Kabel), passende Ventile und Anschlüsse (Switches und Router) und die richtigen Muffen (Netzwerkadapter) verwenden.

Allerdings haben Netzwerkkabel einen entscheidenden Vorteil gegenüber Wasserrohren, denn sie werden nicht nass, wenn sie lecken.

In diesem Kapitel erfahren Sie mehr über Netzwerkkabel, als Sie wahrscheinlich wissen müssen. Es wird *Ethernet* vorgestellt, das verbreitetste System der Netzwerkverkabelung für kleine Netzwerke. Dann beschreibt dieses Kapitel, wie mit den für ein Ethernet-Netzwerk verwendeten Kabeln gearbeitet wird. Schließlich zeige ich Ihnen, wie Sie die Netzwerkkarte installieren, um die Kabel an Ihre Rechner anschließen zu können.

Was ist Ethernet?

Ethernet ist ein standardisiertes Verfahren zum Verbinden von Computern, um Netzwerke zu erstellen. Stellen Sie sich Ethernet wie Bauvorschriften für Netzwerke vor: Es legt fest, welche Kabel verwendet werden, wie diese miteinander verbunden werden müssen, wie lang die Kabel sein dürfen, wie die Rechner untereinander ihre Daten über die Kabel übertragen und vieles mehr.

Auch wenn Ethernet mittlerweile der alles überragende Standard für Netzwerke ist, war dies keineswegs immer der Fall. In grauer Vorzeit hatte Ethernet bedeutende Konkurrenten, insbesondere *Token-Ring* von IBM und *ARCnet*, einem Standard, der im Bereich der

Industrieautomatisation und zur Steuerung von Fertigungsrobotern auch heute noch eine gewisse Bedeutung hat.

Diese älteren Netzwerke sind mittlerweile aber derart überholt, dass Sie sich üblicherweise nicht weiter damit befassen müssen. Ethernet ist heute praktisch die einzige Option, wenn es um den Aufbau kleiner und großer Netzwerke geht.

Obligatorische Informationen zum Thema Netzwerktopologie

Kein Netzwerkbuch wäre ohne die obligatorische Beschreibung der drei wichtigsten *Netzwerktopologien* vollständig. Die erste Netzwerktopologie wird *Bus* genannt. Dabei sind die Netzwerkknoten (das sind die Computer) in einer Linie hintereinander angeordnet:

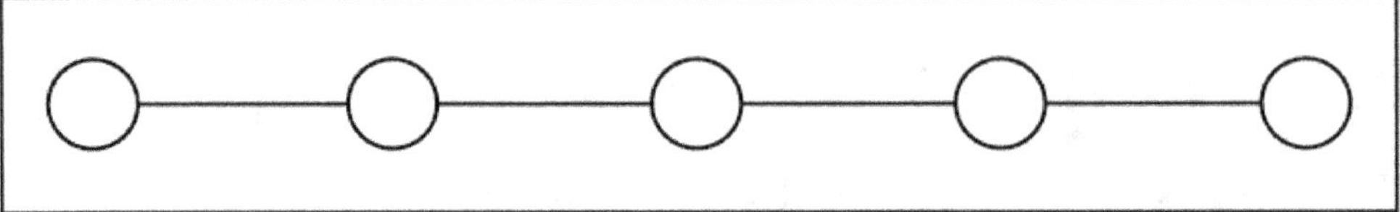

Der Bus ist die einfachste Netzwerktopologie, hat aber ein paar Nachteile. Falls auch nur ein Kabel irgendwo in der Mitte defekt ist, bricht das gesamte Netzwerk zusammen.

Die zweite Topologie ist der *Ring*:

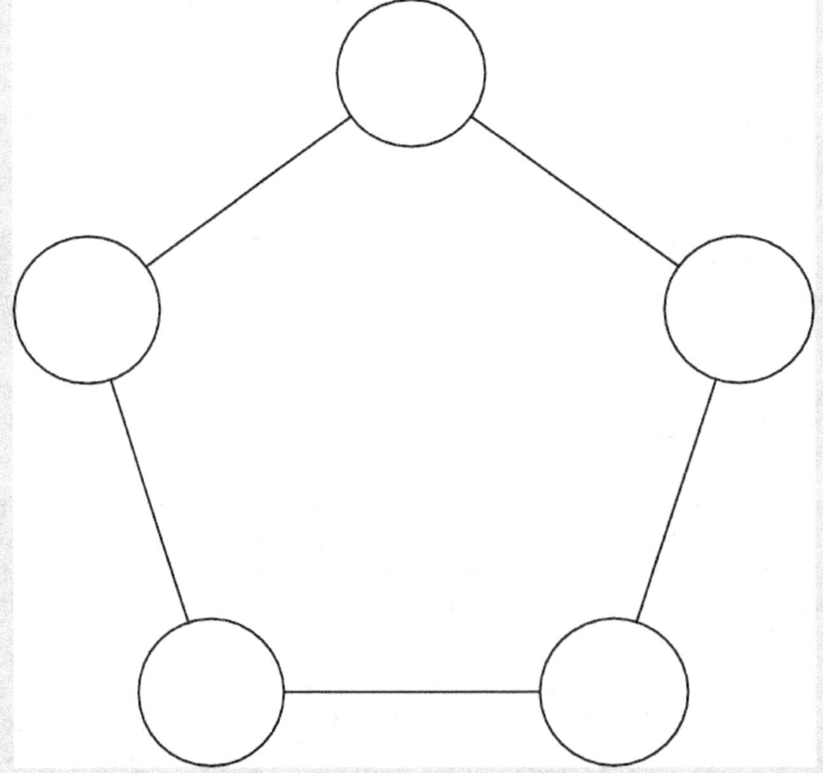

Die Ring-Topologie ist der Bus-Topologie zwar sehr ähnlich, aber die Linie hat kein Ende: Der letzte Knoten in der Linie wird mit dem ersten verbunden und damit bilden sie im Prinzip eine endlose Linie.

Die dritte Netzwerktopologie ist der *Stern:*

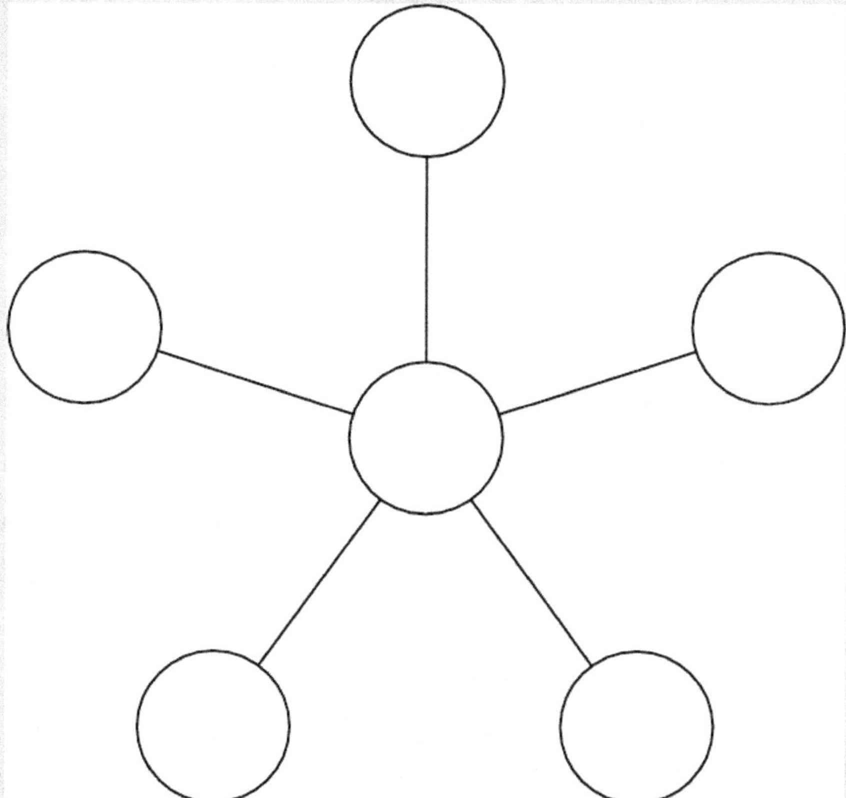

In einem Stern-Netzwerk werden alle Knoten mit einem zentralen Switch verbunden. Jeder Knoten besitzt also eine unabhängige Verbindung zum Netzwerk und damit wirkt sich ein einzelnes gebrochenes Kabel hier nicht mehr direkt auf die anderen Knoten aus.

Ethernet-Netzwerke basieren eigentlich auf dem Bus-Design. Verkabelungstricks sorgen aber dafür, dass die Rechner in modernen Ethernet-Netzwerken, in denen Twisted-Pair-Kabel verwendet werden, sternförmig verkabelt sind.

Hier ein paar interessante Aspekte zu Ethernet-Standards, über die auf jeder Party (na gut, in *Meetings*) diskutiert wird:

✔ Bei Ethernet handelt es sich um eine Reihe von Standards für die Infrastruktur, auf der Netzwerke aufbauen. Alle in diesem Buch vorgestellten Netzwerkbetriebssysteme können mit Ethernet-Netzwerken zusammenarbeiten. Wenn das Netzwerk auf einer soliden Ethernet-Basis steht, können Sie das Netzwerkbetriebssystem später immer noch wechseln.

✔ Ethernet wird von Netzwerkgurus oft auch 802.3 (ausgesprochen: acht-null-zwei-Punkt-drei) genannt, weil dies die offizielle vom IEEE (Institute of Electrical and Electronics Engineers; ausgesprochen ai-trippel-i) verwendete Bezeichnung ist. Beim *IEEE* handelt es sich um eine Gruppe von Elektroingenieuren, die nichts Besseres zu tun haben, als den ganzen Tag über Dinge wie Induktivität und Übersprechen zu reden. Das ist eigentlich eine gute Sache, weil ansonsten Ethernet-Komponenten verschiedener Hersteller nicht miteinander harmonieren würden.

✔ Beim betagten ursprünglichen Standard-Ethernet wurden die Daten mit einer Geschwindigkeit von zehn Millionen Bit pro Sekunde (10 Mbit/s) übertragen. Da acht Bit ein Byte ausmachen, ergibt das ungefähr 1,2 Millionen Byte pro Sekunde. Praktisch kann Ethernet die Nutzdaten aber aus technischen Gründen nicht so schnell übertragen und muss die Daten beispielsweise in kleinere sogenannte *Pakete* unterteilen, was natürlich Verwaltungsaufwand bedeutet und die Geschwindigkeit der Übertragung der Nutzdaten verringert.

Die Übertragung der Verwaltungsdaten im Netzwerk führt dazu, dass die Daten in kabelgebundenen Ethernet-Netzwerken beim Gigabit-Ethernet heute mit einer maximalen *Nutzdatenrate* von vielleicht etwa 70 bis 75 Prozent der nominalen Transferrate übertragen wurden. (Bei drahtloser Datenübertragung sind Verwaltungsaufwand und Störanfälligkeit größer, was die Nutzdatenrate hier auf vielleicht 50 Prozent der Nominalwerte verringert.)

Die Übertragungsrate oder Transfergeschwindigkeit sagt nichts über die Laufzeit elektrischer Signale im Kabel aus. Elektrische Signale fließen mit ungefähr 70-prozentiger Lichtgeschwindigkeit durch Kupferkabel. Captain Picard würde es vielleicht so ausdrücken: »Warp factor point-seven-oh. Engage.«

✔ Bei der Nachfolgeversion des ursprünglichen Ethernets, *Fast Ethernet* oder *100-MBit-Ethernet* werden die Daten zehnmal so schnell wie beim Standard-Ethernet übertragen. Da Fast Ethernet Daten mit 100 Mbit/s überträgt und Twisted-Pair-Kabel verwendet, wird es zuweilen auch 100BaseT (oder *100BaseTX*) genannt.

✔ Die nächstschnellere Ethernet-Variante wird *Gigabit-Ethernet* genannt und heute vorwiegend bei der Einrichtung neuer Netzwerke verwendet.

✔ Für bestimmte Netzwerkverbindungen reichen aber 100 Mbit/s durchaus weiterhin aus, sodass sich Einplatinenrechner beispielsweise auch heute noch mit dieser Geschwindigkeit begnügen.

✔ Die meisten heute erhältlichen Komponenten für verkabelte Netzwerke unterstützen das 10-, das 100- und das 1000-Mbps-Ethernet. Sie werden *10/100/1000-Mbps-* oder Gigabit-Komponenten genannt und unterstützen alle drei genannten Geschwindigkeiten.

✔ Terabit- oder 10-GBit/s-Ethernet über Kupferkabel wurde mittlerweile auch standardisiert. Entsprechende Komponenten werden üblicherweise aber nur für Hochgeschwindigkeitsverbindungen zwischen Servern und Netzwerk-Switches verwendet.

Die deutsche Abkürzung für Megabit pro Sekunde lautet Mbit/s. Auf Verpackungen und in Datenblättern wird Ihnen aber immer wieder die gleichbedeutende englische Abkürzung Mbps begegnen. Dasselbe gilt auch für Kbit/s und Kbps beziehungsweise Gbit/s und Gbps. Und manchmal treffen Sie auch auf Mb/s als Abkürzung für MBit/s. Lassen Sie sich dadurch nicht verwirren. Es handelt sich letztlich lediglich um andere Schreibweisen.

10G- (Terabit-Ethernet) und 100G-Ethernet (10-Terabit-Ethernet) befinden sich seit längerer Zeit im industriellen Einsatz. Für derartige Installationen werden aber Glasfaserkabel verwendet, auf die ich hier nicht weiter eingehe.

Alles über Kabel

Sie können natürlich drahtlose Technologien nutzen, um kabellose Netzwerke einzurichten, aber aus technischen und finanziellen Gründen bilden weiterhin Kabel die Basis der meisten Netze und verbinden die Geräte physisch mit dem Netzwerk. Selbst beim Mobilfunknetz sollte klar sein, dass der Datentransport über größere Strecken mit Kupfer- oder Glasfaserkabel erfolgt. Spätestens beim Telefongespräch oder der E-Mail quer über den Atlantik wird das schnell klar. Ansonsten würden wir wohl vor lauter Satelliten kaum mehr das Sonnenlicht erblicken und müssten ständig auf Daten warten.

Im Laufe der Zeit wurden eine Reihe verschiedener Kabeltypen für Ethernet-Netzwerke verwendet. Heute nutzen fast alle Netzwerke einen Kabeltyp, der *Twisted-Pair-Kabel* genannt wird. Bei diesem Kabeltyp werden dünne Leitungen innerhalb des Kabels paarweise miteinander verdrillt. Durch diese Maßnahme lassen sich elektrische Störungen (Interferenzen) wirkungsvoll reduzieren.

Sie müssten schon fast Doktor der Physik sein, um verstehen zu können, warum sich elektrische Störimpulse durch verdrillte Leitungen verringern lassen. Wenn Sie sich die Störimpulse aber als gegenphasige Audiosignale vorstellen, die sich gegenseitig auslöschen, sind Sie auf der richtigen Spur. Dennoch brauchen Sie sich weiter keine Gedanken zu machen, wenn die letzten Sätze für Sie keinen Sinn ergeben sollten.

In bestehenden älteren Netzwerkinstallationen werden Ihnen vielleicht andere Kabeltypen begegnen. *Koaxialkabel* (auch als *Koaxkabel* bekannt) werden bis heute zur Übertragung von Antennensignalen zum Fernseher verwendet. Dieses Kabel ähnelt stark dem RG-58-Kabel, das mit seinen etwas anderen technischen Kenndaten früher verbreitet für Computernetzwerke verwendet wurde. Beim zweiten Kabeltyp handelt es sich um ein dickes gelbes Kabel, das vor langer, langer Zeit einmal ausschließlich für Ethernet verwendet wurde. Vielleicht finden Sie auch Glasfaserkabel, mit denen große Distanzen mit hoher Geschwindigkeit überbrückt werden, oder dicke Twisted-Pair-Kabelbündel, in denen viele paarweise verdrillte Leitungen zusammengefasst werden. Für die meisten Netzwerke werden allerdings einfache Twisted-Pair-Kabel benutzt.

Twisted-Pair-Kabel (TP-Kabel) werden zuweilen auch UTP-Kabel genannt. Das *U* steht für *unshielded*, also *nicht abgeschirmt*, aber niemand sagt *unshielded Twisted-Pair*.

Abbildung 6.1 zeigt einen Westernstecker, wie er für Twisted-Pair-Kabel verwendet wird.

Abbildung 6.1: Twisted-Pair-Kabel mit Stecker

Wenn Sie ein Ethernet-Netzwerk mit TP-Kabeln einrichten, verbinden Sie die Rechner sternförmig, wie in Abbildung 6.2 dargestellt. In der Mitte dieses Sterns befindet sich ein Gerät, das *Switch* genannt wird. Je nach Modell kann ein Ethernet-Switch zwischen vier und 48 Computer über Twisted-Pair-Kabel miteinander verbinden.

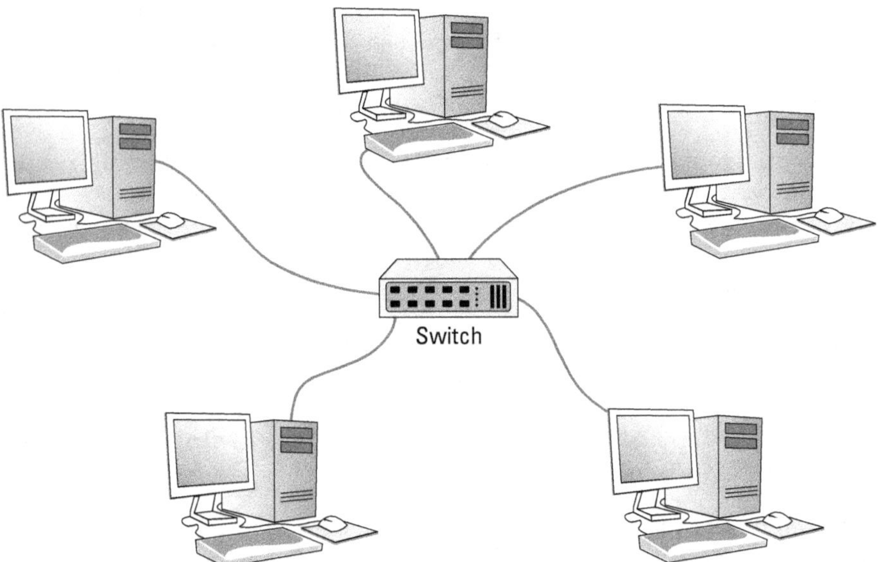

Abbildung 6.2: Ein mit Twisted-Pair-Kabeln verkabeltes Netzwerk

Die sternförmige TP-Verkabelung hat den Vorteil, dass bei einem defekten Kabel nur der Rechner davon betroffen ist, der an dieses Kabel angeschlossen ist, während das restliche Netzwerk weiterhin funktioniert.

Kabelkategorien

Twisted-Pair-Kabel gibt es in verschiedenen Güteklassen, die *Kategorien* genannt werden. Diese Kategorien sind im ANSI/EIA/TIA-Standard 568 spezifiziert (*ANSI* steht für *American National Standards Institute, TIA* steht für *Telecommunications Industry Association* und *EIA* steht für *Electronic Industries Association*). Die Standards geben die Datenkapazität oder *Bandbreite* der Kabel an. In Tabelle 6.1 werden die verschiedenen Kategorien für Twisted-Pair-Kabel aufgeführt.

Kategorie	Maximale Datenrate	Vorgesehene Nutzung
Cat1	1 Mbit/s	Analoge Sprachübertragung
Cat2	4 Mbit/s	4 Mbit/s Token-Ring
Cat3	16 Mbit/s	10BaseT-Ethernet
Cat4	20 Mbit/s	16 Mbit/s Token-Ring
Cat5	100 Mbit/s	100BaseT-Ethernet
Cat5e	1.000 Mbit/s	1000BaseT-Ethernet und schneller
Cat6	1.000 Mbit/s	1000BaseT-Ethernet und schneller
Cat6a	10.000 Mbit/s	10GBaseT-Ethernet
Cat6e	10.000 Mbit/s	10GBaseT-Ethernet (eingeschränkt)

Tabelle 6.1: Twisted-Pair-Kabelkategorien

In der Spalte *Vorgesehene Nutzung* finden Sie den Zusatz »und schneller«. Diese Kabel lassen sich zwar auch noch für die nächsthöhere Geschwindigkeitsstufe nutzen, *könnten* dann aber Probleme bereiten oder nur eingeschränkt genutzt werden.

Für die heute verbreiteten Ethernet-Netzwerke eignen sich letztlich Kupferkabel der Kategorien 5e und 6. Da es seit der Neufassung der Normen 2002/2003 die Bezeichnung Cat5e nicht mehr gibt, handelt es sich heute auch bei mit Cat5 beschrifteten Kabeln eigentlich um Cat5e-Kabel.

Cat6a eignet sich *uneingeschränkt* für das 10GbaseT-Ethernet, während Cat6e eine geringere Qualität aufweist, die nur für Linklängen von maximal 50 Metern ausgelegt ist.

Die Kabel der höheren Kategorie sind zwar meist teurer als jene der niedrigeren Kategorie, aber richtig teuer ist eigentlich nur die für das Verlegen der Kabel durch Wände und Schächte erforderliche Arbeit. Für Neuverlegungen sollten Sie ohnehin mindestens Kabel der Kategorie Cat5 verwenden. Mit Cat6 erschließen Sie sich einen gewissen Spielraum für zukünftige Aktualisierungen des Netzwerks.

Was hat es mit den Leitungspaaren auf sich?

Alle heute verwendeten Twisted-Pair-Kabel für den Netzwerkeinsatz enthalten vier Leitungspaare, insgesamt also acht Adern. Bei den frühen Versionen des Ethernet-Standards wurden nur zwei dieser Paare genutzt, während die anderen beiden Paare ungenutzt blieben. Diese Variante ist mittlerweile bedeutungslos.

Abgeschirmt oder nicht

Nicht abgeschirmtes Twisted-Pair-Kabel (UTP) reicht für normale Büroumgebungen aus. Beim Verlegen von UTP-Kabeln müssten Sie aber verstärkt darauf achten, es nicht zu dicht an Neonröhren, Klimaanlagen oder Elektromotoren vorbeizuführen. Bei UTP-Kabel handelt es sich um den preisgünstigsten Kabeltyp. In Umgebungen mit vielen elektrischen Interferenzen (beispielsweise Fabriken) werden besser STP-Kabel benutzt, die wegen ihrer zusätzlichen Schirmung allerdings etwas teurer sind.

Nicht abgeschirmte TP-Kabel werden *UTP (Unshielded Twisted-Pair)* und abgeschirmte TP-Kabel *STP (Shielded Twisted Pair)* genannt.

Da es bei den schnelleren Ethernet-Varianten über Kupferkabel zunehmend auf die inneren Werte des Kabels ankommt, wurden zur genaueren Unterscheidung der unterschiedlichen Kabeltypen erweiterte Kürzel eingeführt. Das gute alte UTP-Kabel heißt U/UTP-Kabel, wobei das U jeweils für »unshielded« (nicht abgeschirmt) steht. Weitere Abkürzungen sind F für einen Folienschirm (eine Art Alufolie), S für einen Drahtgeflechtschirm und SF für einen Folien- und Geflechtschirm. Damit lassen sich vor dem TP in den Kürzeln unterschiedliche Kombinationen bilden und es entstehen Bezeichnungen wie zum Beispiel S/FTP-Kabel. Dabei handelt es sich um ein Kabel mit einem Außenschirm aus Drahtgeflecht und einer inneren Folienschirmung der Leitungspaare.

Wann Plenumkabel zu verwenden sind

Die äußere Isolierung von geschirmten und ungeschirmten Twisted-Pair-Kabeln gibt es in zwei Varianten:

✔ *PVC*-Kabel sind üblich und preiswerter.

✔ *Plenumkabel* sind ein spezieller, feuerbeständiger Typ. Diese Kabel besitzen eine besondere Teflon-Beschichtung, die nicht nur großer Hitze widersteht, sondern beim Brand auch weniger Giftstoffe abgibt. Leider kosten Plenumkabel mehr als das Doppelte gewöhnlicher PVC-Kabel. Plenumkabel sind steifer und schwieriger zu verarbeiten als gewöhnliche PVC-Kabel.

Werden Kabel durch Zwischenräume hinter Wand-, Decken- und Fußbodenverkleidungen geführt, sollten beziehungsweise müssen (Bau- und Feuerwehrvorschriften!) zumeist Plenumkabel verwendet werden.

Manchmal solide, manchmal Litzen

Für das Kupferkabel, das für die eigentliche Leitung der elektrischen Signale sorgt, werden zwei Varianten verwendet: solider Draht oder Litzen. In Ihrem Netzwerk werden wahrscheinlich beide Varianten vertreten sein.

✔ Beim *Litzenkabel* bestehen die einzelnen Leitungen des Kabels aus vielen dünnen, miteinander verwundenen Einzeldrähten (Litzen). Litzenkabel sind flexibler als eindrähtige Kabel und brechen nicht so leicht. Sie eignen sich weniger gut für die Signalübertragung über große Distanzen. Litzenkabel werden am besten für *Patchkabel* verwendet, zum Beispiel bei Patch-Feldern für Switches.

 Bei dem Kabel, das Ihren Computer mit einem Switch oder der Netzwerksteckdose verbindet und das *Patchkabel* genannt wird, handelt es sich um ein typisches Einsatzfeld von Litzenkabeln.

✔ Für fest (in Wänden oder Gebäuden) verlegte Kabel verwendet man meist Kabel, bei denen die einzelnen Leitungen aus einem einzelnen Draht bestehen. Solide Kabel sind meist preiswerter als Litzenkabel und können die elektrischen Signale besser leiten. Dafür sind sie aber deutlich starrer. Wenn Sie sie häufiger biegen, brechen einzelne Adern im Kabel relativ leicht und können das Signal nicht mehr transportieren.

 Auch Litzenkabel sollten Sie nicht allzu häufig biegen oder gar knicken. Denn auch hier können die Drähte brechen. Da davon dann aber meist nicht gleich alle Litzen betroffen sind, durchlaufen die Signale weiterhin das Kabel (die Übertragungsqualität und -geschwindigkeit kann darunter aber schnell erheblich leiden).

Netzwerkkabel installieren

Der schwierigste Teil der Installation der Netzwerkverkabelung besteht im Verlegen der Kabel durch Wände, Decken und Böden. Diese Aufgabe ist gerade so kompliziert, dass ich Ihnen nicht mehr empfehlen will, sie selbst zu übernehmen, wenn es sich nicht gerade um ein wirklich kleines Büro handelt. Für größere Aufträge sollten Sie besser ein professionelles Verkabelungsunternehmen beauftragen. Möglicherweise lohnt sich dies sogar bei kleinen Projekten, wenn die Zwischenräume von Wänden und Decken nur schwer zugänglich sind oder die Kabel über größere Strecken durch Leerrohre oder Schächte gezogen werden müssen.

Die folgenden Hinweise sollten Sie berücksichtigen, wenn Sie sich trotzdem dazu entschließen sollten, die Kabel selbst zu verlegen:

✔ Sie können Kabel in vorkonfektionierten Längen kaufen, beispielsweise 3, 5 oder 10 Meter. Und auch längere vorgefertigte Kabel sollten Sie ohne größere Probleme bekommen können, etwa in 30 oder 50 Meter Länge.

✔ Sie können TP-Kabel als Meterware kaufen, zum Beispiel auf Rollen mit 10, 30 oder 50 Metern. Sie können Kabel auch in den von Ihnen gewünschten Längen fertig konfektioniert bestellen. Zudem ist es mit geeignetem Werkzeug auch nicht besonders schwer, Stecker am TP-Kabel selbst anzubringen.

✔ Verwenden Sie immer ein wenig längere Kabel als nötig, insbesondere wenn sie durch Wände hindurchgeführt werden müssen. Lassen Sie immer ein wenig Spiel. Bei später möglicherweise anfallenden Reparaturen steht Ihnen dann ausreichend Kabel zur Verfügung.

✔ Umgehen Sie bei der Kabelverlegung möglichst elektrische Störquellen wie Neonlampen, große Motoren oder Röntgengeräte – falls Sie so etwas zu Hause stehen haben sollten.

Wenn Kabel hinter Wand- oder Deckenverkleidungen verlegt werden, bilden Lampen mit Neonröhren häufige Störquellen. Gehen Sie diesen aus dem Weg und halten Sie möglichst einen Sicherheitsabstand von circa einem Meter ein.

✔ Die maximale Kabellänge (*Linklänge*) zwischen einem Switch und einem Computer beträgt 100 Meter (je länger das Kabel, desto schwächer das übertragene Signal. Fachleute bezeichnen dies als *Signaldämpfung*). Sie können die Reichweite durch das Kaskadieren von Switches verlängern. Ein Switch ist eine sogenannte aktive Netzwerkkomponente, die das Signal beim Weiterleiten wieder auf den richtigen Pegel bringt.

✔ Wenn Sie es nicht vermeiden können, Kabel auf dem Fußboden zu verlegen, müssen Sie diese so sichern, dass keine Stolperfallen entstehen. Kabelbrücken, die Sie in jedem Baumarkt bekommen, bieten einen entsprechenden Schutz.

✔ An kritischen Stellen Zugentlastungen und/oder *Würgenippel* vorzusehen, kann keinesfalls schaden.

Wenn Sie mit Begriffen wie Zugentlastung, Würgenippel, Lüsterklemmen, Litzendraht und/oder Kabelbrücken nichts anzufangen wissen, empfehle ich Ihnen einen Bildungsausflug in den nächsten Baumarkt. Fragen Sie dort danach und sehen Sie sich das Angebot vor Ort an. Internet und Wikipedia mögen ja hilfreich sein, um das Zubehör nutzen zu können, muss man aber wissen, wonach man sucht. Vor Ort im Baumarkt findet man zuweilen Dinge, nach denen man nie gesucht hätte, und damit zuweilen erstaunliche Lösungen.

✔ Wenn Kabel durch Wände geführt werden, müssen Sie die Kabelenden kennzeichnen. Viele Läden mit Elektrozubehör bieten Sets zur Markierung von Kabeln an. Derartige Sets enthalten 50 und mehr vorgefertigte Etiketten mit aufgedruckten Buchstaben und Ziffern. Wenn Sie auf diese Mittel zurückgreifen, hinterlassen Sie gleich einen wesentlich professionelleren Eindruck, als wenn Sie einfach ein Isolierband ans Ende der Leitung kleben und ein paar Ziffern mit einem Marker darauf schreiben.

Alternativ können Sie die Kabel auch direkt mit einem wasserfesten Stift kennzeichnen. Dieses Verfahren bietet sich insbesondere an, wenn Kabel durch enge Leerrohre geführt werden müssen.

Wenn Sie Kabel in Neubauten verlegen müssen, sollten Sie das Ende der Kabel mindestens dreimal markieren und die Markierungen in Abständen von etwa 30 Zentimetern anbringen. Die Verputzer oder Maler werden die Kabel bestimmt mit Putz oder Farbe verschmieren und so dafür sorgen, dass die Markierungen nur noch schwer zu finden oder zu lesen sind. Für derartige Markierungen eignet sich immer Isolierband in unterschiedlichen Farben.

✔ Wenn Sie mehrere Kabel in einem Schritt gemeinsam in einem Baum verlegen, verbinden Sie diese am besten mit Kabelbindern. Vermeiden Sie das Zusammenbinden der Kabel mit Isolierband. Das Band selbst wird zwar halten, aber die klebrige Masse kann spätestens nach einem Jahr für böse Überraschungen sorgen. Kabelbinder erhalten Sie im Elektrozubehör und im Baumarkt.

✔ Verlegen Sie Kabel nie einfach lose über Deckenverkleidungen. Verwenden Sie Kabelbinder, Haken oder Klammern, um die Kabel an der eigentlichen Decke oder am die Deckenverkleidung tragenden Gerüst zu befestigen.

Das benötigte Werkzeug

Klar, um eine Arbeit gut zu machen, benötigt man das richtige Werkzeug:

✔ Beginnen Sie mit einem Standardsatz von Computerwerkzeugen, die man für etwa 15 bis 60 Euro im Computerladen oder im Bürogroßhandel ergattern kann. Derartige Werkzeugsätze beinhalten die richtigen Schraubenzieher und Schraubenschlüssel, um Computer öffnen und Steckkarten einbauen zu können.

Der Computerwerkzeugsatz enthält wahrscheinlich alle benötigten Werkzeuge, wenn

✔ sich alle Rechner im selben Raum befinden,

✔ die Kabel auf dem Fußboden verlegt werden und

✔ Sie nur vorkonfigurierte Kabel benutzen.

Haben Sie keinen Computerwerkzeugsatz zur Hand, sollten Sie zumindest ein paar Kreuzschlitz- und Schlitzschraubendreher verschiedener Größe besitzen.

✔ Wenn Sie die Kabel als Meterware gekauft haben und eigene Kabelstecker konfigurieren wollen, benötigen Sie neben dem Standardsatz von Computerwerkzeugen außerdem:

- **Seitenschneider:** größere für die Koaxkabel beim Thinnet, kleinere für Twisted-Pair-Kabel

- **Crimpzange:** Die Crimpzange wird benötigt, um Stecker mit dem Kabel zu verbinden. Verwenden Sie keine billige Crimpzange aus Plastik. Ein gutes Werkzeug kostet zwar mehr, dürfte Ihnen aber langfristig Kopfschmerzen ersparen.

- **Abisolierzange:** Diese Zange wird nur dann benötigt, wenn es an der Crimpzange keine Abisoliervorrichtung gibt.

✔ Wenn Sie Kabel durch Wände verlegen wollen, brauchen Sie weitere Werkzeuge:

- **einen Hammer**

- **einen Bohrer (mit Lochsägeaufsatz),** um Löcher in Wände zum Durchführen der Kabel zu bohren

- **eine Taschenlampe**

- **eine Leiter**

- **jemanden, der die Leiter festhält**

- **Draht** zum Kabelangeln: Dazu benötigen Sie einen steifen Metalldraht, der an einem Ende eine kleine Öse hat, an der Sie ein Bändchen befestigen. Fädeln Sie den Draht durch das eine Loch in der Wand und drücken und rütteln Sie ihn zum Loch auf der anderen Seite der Wand, wo ein Partner bereits sehnsüchtig darauf wartet, den Draht zu angeln. Dann befestigt Ihr Partner an der Öse das Ende des Netzwerkkabels und schreit »Einholen!« oder so. Nun ziehen Sie den Draht mit dem daran befestigten Netzwerkkabel wieder vorsichtig ein (steifere Metalldrähte bekommen Sie zum Beispiel in Baumärkten).

Wenn Sie die Kabel durch Betonfußböden führen wollen, müssen Sie sich wohl zusätzlich noch einen Bohrhammer mieten und eine Spitzhacke besorgen und vielleicht auch noch jemanden einstellen, der die gelbe Fahne hochhält, während Sie schuften. Besser wäre es natürlich, wenn Sie einen anderen Weg für das Kabel finden würden.

Die Pinbelegung beim Twisted-Pair-Kabel

Jedes Leitungspaar der TP-Verkabelung hat eine von vier Farben: Orange, Grün, Blau oder Braun. Die beiden Leitungen, die zusammen ein Paar bilden, passen wie folgt zusammen: Die eine Leitung ist weiß mit einem farbigen Streifen, die andere Leitung ist farbig mit einem weißen Streifen. Das orange Paar besitzt beispielsweise eine orange Leitung mit weißem Streifen (die *orange Leitung*) und eine weiße Leitung mit orangenem Streifen (die *weißorange Leitung*). Entsprechend gilt für das grüne Paar: Die grüne Leitung mit dem weißen Streifen und die weiße Leitung mit dem grünen Streifen gehören zusammen.

Wenn Sie ein TP-Kabel mit einem Stecker oder mit der Netzwerkdose verbinden, müssen Sie unbedingt die richtigen Drähte mit den richtigen Pins verbinden. Um die Sache komplizierter zu machen, können Sie einen von zwei Standards nutzen: EIA/TIA 568A oder EIA/TIA 568B. Tabelle 6.2 verdeutlicht die beiden Anschlussverfahren (siehe auch Abbildung 6.3).

Pin	Funktion	EIA/TIA 568A	EIA/TIA 568B, AT&T 258A
1	Senden +	weiß/grün	weiß/orange
2	Senden –	grün	orange
3	Empfangen +	weiß/orange	weiß/grün
4	ungenutzt	blau	blau
5	ungenutzt	weiß/blau	weiß/blau
6	Empfangen –	orange	grün
7	ungenutzt	weiß/braun	weiß/braun
8	ungenutzt	braun	braun

Tabelle 6.2: Pinbelegung von TP-Kabeln

Abbildung 6.3: Einen RJ-45-Stecker an einem TP-Kabel anschließen

Es spielt keine Rolle, welche der beiden Anschlussvarianten Sie verwenden. Sie müssen sich nur für eine entscheiden und sich daran halten. Falls Sie an einem Ende des Kabels den einen Standard nutzen und am anderen Ende des Kabels den anderen, wird das Kabel nicht funktionieren.

10BaseT und 100BaseT nutzen tatsächlich nur zwei der vier Paare, angeschlossen an den Pins 1, 2, 3 und 6. Ein Paar sendet, das andere empfängt Daten. Der einzige Unterschied zwischen den beiden Verbindungsstandards besteht darin, welches Paar sendet und welches Paar empfängt. Beim EIA/TIA-568A-Standard sendet das grüne Paar, während das orange Paar empfängt. Beim EIA/TIA-568B- und AT&T-258A-Standard sendet das orange Paar und das grüne Paar empfängt.

Sofern Ihnen das reicht, könnten Sie daher auch nur die Pins 1, 2, 3 und 6 verbinden. Es empfiehlt sich aber, alle vier Paare gemäß Tabelle 6.2 zu verbinden.

Einen RJ-45-Stecker anschließen

Mit dem richtigen Crimpwerkzeug ist es nicht besonders schwierig, RJ-45-Stecker an ein Twisted-Pair-Kabel anzuschließen. Sie müssen dazu lediglich die richtige Leitung am richtigen Pin anlegen und das Werkzeug dann kräftig genug zusammendrücken, um für eine gute Verbindung zu sorgen.

Gehen Sie beim Anschluss eines RJ-45-Steckers wie folgt vor:

1. **Schneiden Sie das Kabel auf die gewünschte Länge zu.**

   Achten Sie dabei auf eine senkrechte Schnittfläche und schneiden Sie das Kabel nicht schräg wie eine Wurst.

2. **Drücken Sie das Kabel bis zum Anschlag in die Abisoliervorrichtung der Crimpzange hinein.**

   Drücken Sie die Zange zusammen und ziehen Sie dann das Kabel langsam und gerade heraus. Dadurch wird die Außenschicht wie gewünscht abisoliert, ohne die inneren Kabeladern zu beschädigen.

3. **Ordnen Sie die Kabelenden entsprechend Tabelle 6.2 an und achten Sie darauf, dass sie flach aufliegen.**

   Sie müssen ein wenig mit den Drähten herumspielen, um sie in die richtige Reihenfolge zu bekommen.

4. **Schieben Sie die Kabelenden in die Anschlüsse des RJ-45-Steckers.**

   Achten Sie darauf, dass jedes einzelne Kabel in die entsprechende Führung des Steckers eingeschoben ist, damit die Pinbelegung stimmt.

5. **Setzen Sie den RJ-45-Stecker in die Crimpvorrichtung der Crimpzange ein und drücken Sie die Zange zusammen, damit die Kabel mit dem Stecker fest verbunden werden.**

   Drücken Sie fest zu!

6. **Entfernen Sie den Stecker aus dem Werkzeug und überprüfen Sie dann noch einmal die Verbindung.**

   Das war es auch schon!

Hier noch ein paar Punkte, auf die Sie beim Umgang mit RJ-45-Steckern und TP-Kabeln achten sollten:

✔ Die Pins des RJ-45-Steckers sind nicht nummeriert.

Wenn die Metallkontakte wie in Abbildung 6.1 nach oben gerichtet sind, befindet sich der Pin 1 rechts. Halten Sie den Stecker wie in Abbildung 6.3, befindet er sich links.

✔ Einige Spezialisten verbinden die Leitungen anders, indem sie das grüne und weiße Paar auf die Pins 1 und 2 und das orangefarbige und weiße Paar auf die Pins 3 und 6 legen. Das beeindruckt das Netz überhaupt nicht (denn es ist farbenblind), solange der RJ-45-Stecker auf der anderen Seite des Kabels *genauso angeschlossen* wird.

✔ Wenn Sie die Kabel für ein Ethernet-System installieren, müssen Sie sich streng an die besonderen Normen der Verkabelung halten. Beispielsweise müssen Sie dafür sorgen, dass alle eingesetzten Komponenten den Normen der jeweiligen Kategorie entsprechen. Achten Sie beim Verbinden der Stecker mit dem Kabel darauf, dass Sie nicht mehr als circa 1,5 Zentimeter der Windung des Kabels entflechten. Verlegen Sie keine Kabel, die länger als 100 Meter sind. Wenn Sie sich der Vorgehensweise bei der Verkabelung von Ethernet-Netzwerken nicht ganz sicher sind, lassen Sie es besser von Profis installieren.

✔ Es gibt günstige Prüfgeräte, mit denen Sie die korrekte Verkabelung und Pinbelegung prüfen können. Dabei werden entweder beide Enden des Kabels oder über Entfernung eine Art Dongle in das Gerät gesteckt. Über eine Anzeige kann man ablesen, ob man alles richtig gemacht hat.

Crossover-Kabel

Mit einem *Crossover-Kabel* können Sie zwei Geräte direkt ohne zwischengeschalteten Hub oder Switch miteinander verbinden. Sie können damit also zwei Computer direkt miteinander verbinden. Häufiger dienen Crossover-Kabel aber dazu, Switches untereinander zu verbinden.

Wenn Sie Ihr eigenes Crossover-Kabel herstellen wollen, müssen Sie die Drähte an einem Ende des Kabels vertauschen (siehe Tabelle 6.3). Die Tabelle zeigt die Anschlussbelegung beim Crossover-Kabel. Schließen Sie ein Ende gemäß Spalte A und das andere Ende gemäß Spalte B an.

Pin	Anschluss A	Anschluss B
Pin 1	weiß/grün	weiß/orange
Pin 2	grün	orange
Pin 3	weiß/orange	weiß/grün
Pin 4	blau	blau
Pin 5	weiß/blau	weiß/blau
Pin 6	orange	grün
Pin 7	weiß/braun	weiß/braun
Pin 8	braun	braun

Tabelle 6.3: Erzeugen eines Crossover-Kabels

 Wenn Sie Tabelle 6.3 lange genug studieren und mit Tabelle 6.2 vergleichen, werden Sie vielleicht bemerken, dass ein Crossover-Kabel am einen Ende gemäß dem 568A-Standard und am anderen gemäß dem 568B-Standard verdrahtet ist.

Crossover-Kabel werden heute kaum benötigt, da Anschlüsse an den zu verbindenden Netzwerkadaptern und Switches fast durchweg automatisch zwischen den beiden Belegungen umschalten können. Diese Eigenschaft wird *Auto MDI-X* (MDI – Medium Dependent Interface) genannt. Früher gab es zu diesem Zweck aber Crossover-Ports, die normalerweise mit *Uplink*, *Daisy-Chain* oder auch *MDI* beschriftet waren. Weitere Informationen zum Koppeln von Switches finden Sie im Abschnitt »Mit Switches arbeiten« weiter hinten in diesem Kapitel.

 Die meisten modernen Netzwerkkomponenten können sich automatisch auf die Pinbelegung der TP-Kabel einstellen. Dann ist es im Prinzip egal, ob zur Verbindung normale Patchkabel oder Crossover-Kabel verwendet werden. Es kann aber nicht schaden, ein Crossover-Kabel in der Werkzeugtasche zu haben. Dann können Sie auch ältere Rechner in jedem Fall direkt miteinander verbinden.

Wandsteckdosen und Patch-Felder

Falls Sie wollen, können Sie ein einziges Kabel vom Netzwerk-Switch im Kabelschrank durch ein Loch in der Wand, die Wand hinauf, über die Decke bis zur Wand im Büro, die Wand hinunter und durch ein Loch in der Wand bis zum Desktopcomputer verlegen.

Aus verschiedenen Gründen ist dies aber nicht sonderlich clever. Ein Grund ist beispielsweise, dass jedes Mal, wenn jemand den Computer ein Stück verschiebt oder vielleicht dahinter sauber macht, auch das Kabel ein wenig bewegt wird. Schließlich wird die Verbindung versagen und der RJ-45-Stecker wird ersetzt werden müssen. Die Kabel im Kabelschrank werden schnell zu einem unlösbaren Knoten.

Die Alternative ist, am Benutzerende des Kabels eine *Wandsteckdose* zu installieren und das andere Ende des Kabels mit einem *Patch-Feld* (Patch-Panel) zu verbinden. Das Kabel selbst liegt dann vollständig in der Wand beziehungsweise Decke. Um einen Computer mit dem Netzwerk zu verbinden, verbinden Sie dann einfach ein Ende eines Patchkabels mit der Wandsteckdose und das andere Ende mit der Netzwerkkarte des Rechners. Im Kabelschrank nutzen Sie ein Patchkabel, um die Steckdose mit dem Switch zu verbinden. Abbildung 6.4 zeigt eine solche Anordnung.

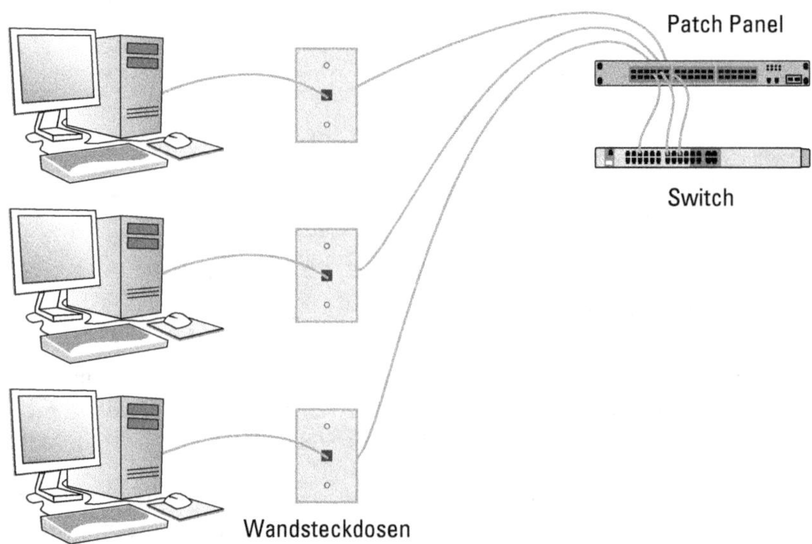

Abbildung 6.4: Einsatz von Wandsteckdosen und Patch-Feldern

Das Anschließen eines TP-Kabels an eine Steckdose oder ein Patch-Feld gleicht dem Anschluss eines RJ-45-Steckers. Sie brauchen dafür normalerweise aber keine besonderen Werkzeuge. Auf der Rückseite der Steckdose befindet sich vielmehr eine Reihe von Schlitzen, in die Sie die Drähte einlegen. Dann schließen Sie darüber einfach eine Kappe und drücken alles fest zusammen. Das zwingt die Drähte in die Kontakte, wobei kleine Metallklingen die Isolierung so einschneiden, dass der elektrische Kontakt hergestellt wird.

Wenn Sie die Drähte mit einer Steckdose oder einem Patch-Feld verbinden, sollten Sie möglichst wenig Draht entdrillen. Falls Sie zu viel entdrillen, könnte die Signalqualität darunter leiden.

Mit Switches arbeiten

Wenn Sie ein TP-Netzwerk einrichten, verbinden Sie die Rechner nicht direkt miteinander. Stattdessen werden alle Computer an spezielle separate Geräte angeschlossen, bei denen es sich um *Switches* handelt.

Für die Arbeit mit Switches müssen Sie nur einige wenige Dinge wissen:

✔ Einen Switch zu installieren, ist normalerweise ein Kinderspiel. Stecken Sie einfach das Stromkabel in die Steckdose und schließen Sie dann die Patchkabel an, um die Verbindung zum Netzwerk herzustellen.

✔ Jeder Port eines Switches hat eine RJ-45-Buchse und mindestens eine LED, die manchmal mit *Link* beschriftet ist. Diese LED leuchtet, sobald eine Verbindung hergestellt ist.

Wenn Sie ein Ende eines Kabels mit dem Port und das andere Ende mit einem Rechner oder einem anderen Netzwerkgerät verbinden, sollte die LED leuchten. Falls nicht, stimmt etwas nicht mit dem Kabel, dem Switch-Port oder dem Gerät am anderen Ende des Kabels.

✔ Jeder Port kann eine weitere LED haben, die flackert, um auf Netzwerkaktivitäten hinzuweisen oder die Verbindungsgeschwindigkeit anzuzeigen.

Wenn Sie sich eine Zeit lang einen Switch anschauen, können Sie über die flackernden LEDs herausfinden, wer das Netzwerk gerade besonders intensiv nutzt. Sehen Sie einfach, welche LED am heftigsten flackert (oft wird die LED, die eine vorhandene Verbindung signalisiert, gleichzeitig für diesen Zweck genutzt).

✔ Die Ports könnten auch einen Kollisionsanzeiger besitzen, der aufleuchtet, sobald Pakete an einem Port kollidieren.

Es ist völlig in Ordnung, wenn dieses Lämpchen hin und wieder aufleuchtet, aber wenn dies zu oft passiert, haben Sie möglicherweise ein Problem mit dem Netzwerk:

✔ Normalerweise bedeutet das Aufleuchten dieses Lämpchens, dass das Netzwerk überlastet ist und zur Verbesserung der Leistung mit einem Switch segmentiert werden sollte.

✔ In einigen Fällen kann das Aufleuchten des Kollisionsanzeigers aber auch einfach an einem fehlerhaften Netzwerkknoten liegen, der viele fehlerhafte Pakete ins Netzwerk überträgt.

Switches verketten

Falls ein einzelner Switch nicht genügend Ports für ein komplettes Netzwerk besitzt, können Sie Switches miteinander verbinden (siehe Abbildung 6.5).

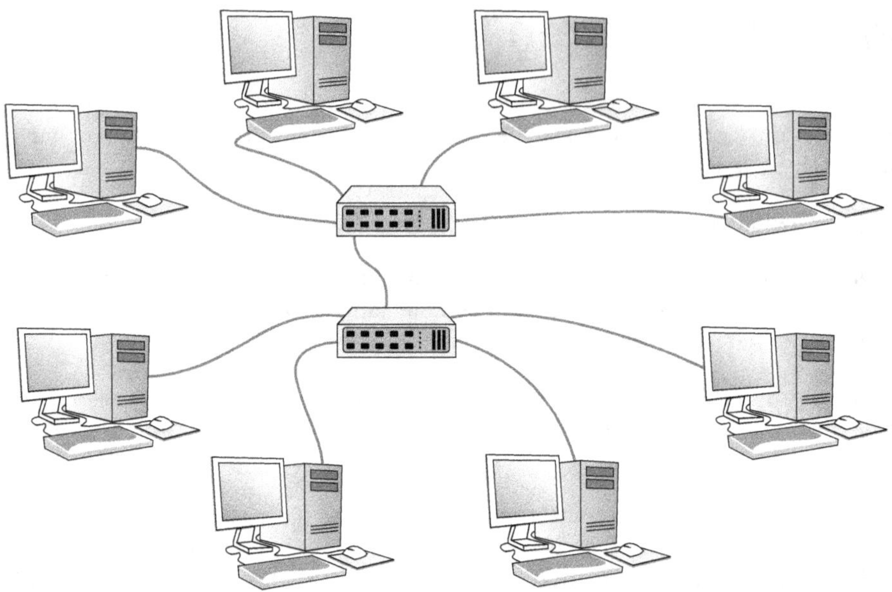

Abbildung 6.5: Switches miteinander verbinden

Häufig können Sie die Gesamtleistung eines Netzwerks dadurch steigern, dass Sie zwei (oder mehr) Verbindungen zwischen Switches benutzen. So können Sie zum Beispiel mit zwei Patchkabeln zwei Verbindungen zwischen zwei Switches herstellen.

Schalten Sie möglichst nicht mehr als zwei Switches hintereinander, da die Daten ansonsten möglicherweise nicht mehr zuverlässig übertragen werden. Diese Regel lässt sich allerdings umgehen, wenn Sie *stackable Switches* (stapelbare Switches) verwenden. Solche Switches besitzen einen Kabelanschluss, über den sich zwei oder mehr Switches verbinden lassen, um gemeinsam als ein einziger Switch zu funktionieren. Für größere Netzwerke sind stackable Switches ein Muss.

Falls Ihr Gebäude bereits verkabelt ist und Netzwerksteckdosen in der Nähe eines jeden Schreibtisches vorhanden sind, können Sie einen kleinen Switch dazu benutzen, um zwei oder mehr Computer über eine einzige Wandsteckdose mit dem Netzwerk zu verbinden. Nutzen Sie einfach ein Kabel, um den Switch mit der Wandsteckdose zu verbinden, und schließen Sie die Rechner dann an die Ports am Switch an.

Einen Router nutzen

Bei einem *Router* handelt es sich um ein Gerät, das Daten zwischen zwei Netzwerken weiterreichen kann. Beim häufigsten Einsatzzweck handelt es sich um die Verbindung eines LANs mit dem Internet. Router können darüber hinaus aber auch noch weitere Funktionen übernehmen und beispielsweise Pakete in Abhängigkeit von ihrem Inhalt filtern.

Netzwerke lassen sich so konfigurieren, dass mehrere Router darin zusammenarbeiten. Einige Router können zum Beispiel das Netzwerk überwachen, um den besten Weg der Daten zum endgültigen Ziel zu ermitteln. Wenn ein Teil des Netzwerks extrem stark beschäftigt ist, kann der Router die Daten über weniger belastete Strecken leiten. Der Router arbeitet hier also als eine Art Staumelder.

Noch ein paar Informationen zu Routern:

✔ Router waren früher einmal sehr teuer und wurden daher nur in großen Netzwerken verwendet. Heute sind die Preise für Router derart gefallen, dass selbst in kleinsten Netzwerken Router für den Internetzugang verwendet werden.

✔ *Multifunktionsrouter* übernehmen die Funktionen von Routern, Switches, Hardware-Firewalls und oft auch WLAN-Zugangspunkten und damit Aufgaben, für die früher separate Geräte benutzt werden mussten.

✔ Mit zwei Routern lässt sich beispielsweise eine sichere Verbindung zwischen zwei geografisch getrennten Standorten herstellen.

✔ Einer der Hauptgründe für den Einsatz von Routern stellt die Verbindung eines LANs mit dem Internet dar. Im KMU-Umfeld und im Heimbereich werden kompakte DSL-Router (meist mit integriertem Switch und/oder WLAN-Funktionen für den drahtlosen Internetzugang) für derartige Zwecke eingesetzt (siehe Abbildung 6.6).

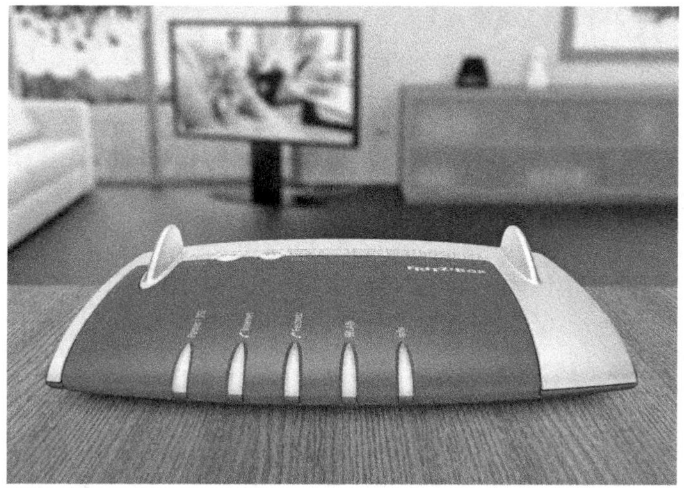

Abbildung 6.6: Ein Multifunktions-DSL-Router für den Heimbereich (mit freundlicher Genehmigung von AVM)

Router mit integriertem Switch und damit ein paar Netzwerkanschlüssen können kaum die falsche Wahl sein. Ansonsten könnte es aber durchaus sinnvoll sein, nicht allzu viele Funktionen in einem Gerät zu vereinen. Druckerserver, Dateiserver, WLAN-Zugangspunkt und interne Telefonanlage kann man auch getrennt lassen, wobei die spezialisierten Geräte auf ihrem Gebiet oft einen größeren Funktionsumfang bieten. Wägen Sie die Vor- und Nachteile für die jeweilige Netzwerkumgebung ab. Bei Bedarf lassen sich die verschiedenen Zusatzfunktionen des Routers ja normalerweise auch abschalten, um sie eigenständigen Lösungen zu übertragen. Insbesondere bei Neuanschaffungen kann dieser Aspekt zuweilen eine wichtige Rolle spielen.

Kapitel 7
Windows-Clients konfigurieren

Ging es in den vorherigen Kapiteln um die Verkabelung der Hardware in Ihrer Netzwerkinstallation, wenden wir uns in diesem Kapitel der Konfiguration der Netzwerkclients zu. Genauer gesagt müssen Sie die Netzwerkadapter der einzelnen Geräte so konfigurieren, dass sie korrekt arbeiten und mit den passenden Protokollen mit den anderen Knoten im Netzwerk kommunizieren können.

Die Konfiguration der Clients ist unter Windows glücklicherweise ein Kinderspiel. Zunächst einmal erkennt Windows beim Start des Rechners installierte Netzwerkadapter normalerweise automatisch. Dann müssen Sie sich bestenfalls nur noch davon überzeugen und schlechtestenfalls dafür sorgen, dass nötige Netzwerkprotokolle und passende Software nachinstalliert werden.

Im Zuge der Windows-Versionen und der zunehmenden Verbreitung des Internets wurde die Konfiguration der Clients im Netzwerk deutlich vereinfacht. In diesem Kapitel werde ich die entsprechenden Schritte für Windows 11 beschreiben.

Netzwerkverbindungen konfigurieren

Wenn Sie auf einem Rechner eine aktuelle Windows-Version neu installieren, sollten Sie alle Geräte einschalten und/oder in betriebsbereiten Zustand versetzen, die Ressourcen im Netzwerk bereitstellen. Dann werden nicht nur viele Netzwerkadapter automatisch erkannt, Windows richtet Ihnen möglicherweise auch Netzwerkdrucker und andere freigegebene Geräte automatisch passend ein. Bei betriebsbereitem Internetanschluss müssen Sie sich dann um viele Gerätetreiber auch nicht weiter kümmern. Viele Adapter müssen Sie nicht einmal manuell installieren, da ihre Treiber automatisch aus dem Internet bezogen werden können oder bereits im Betriebssystem enthalten sind.

Wenn Windows bei der Installation oder allgemein beim Rechnerstart Netzwerkadapter erkennt, versucht es, Netzwerkverbindungen herzustellen und diese automatisch so zu konfigurieren, dass die heute wesentlichen Netzwerkprotokolle unterstützt werden. Zuweilen müssen Sie Konfigurationen von Netzwerkverbindungen aber manuell ändern. Die Vorgehensweise bei der manuellen Konfiguration von Netzwerkverbindungen wird in den nachfolgenden Abschnitten daher für jüngere Windows-Versionen beschrieben.

Netzwerkverbindungen unter Windows konfigurieren

Die Vorgehensweise bei der Konfiguration einer Netzwerkverbindung unter Windows 11 ähnelt der unter älteren Windows-Versionen, weist aber ein paar kleinere Unterschiede auf. Die einzelnen Schritte sehen so aus:

1. **Starten Sie die Systemsteuerung.**

   Rufen Sie durch einen Rechtsklick auf das Windows-Icon in der Taskleiste das Power-User-Menü auf und wählen Sie darin die Option EINSTELLUNGEN.

2. **Wählen Sie auf der linken Seite den Punkt NETZWERK UND INTERNET und klicken Sie im Hauptbereich der App auf ERWEITERTE NETZWERKEINSTELLUNGEN.**

   Nun werden Ihnen die wie in Abbildung 7.1 die vom System erkannten Netzwerkadapter angezeigt (in diesem Fall ist hier nur ein einzelner Netzwerkadapter vorhanden).

Abbildung 7.1: Die Netzwerkadapter in den »Erweiterten Netzwerkeinstellungen«

3. **Klicken Sie nun auf den entsprechenden Adapter, dessen Einstellungen Sie ändern möchten.**

Nun werden Ihnen einige Statistiken zu diesem Adapter im aufgeklappten Bereich angezeigt (siehe Abbildung 7.2).

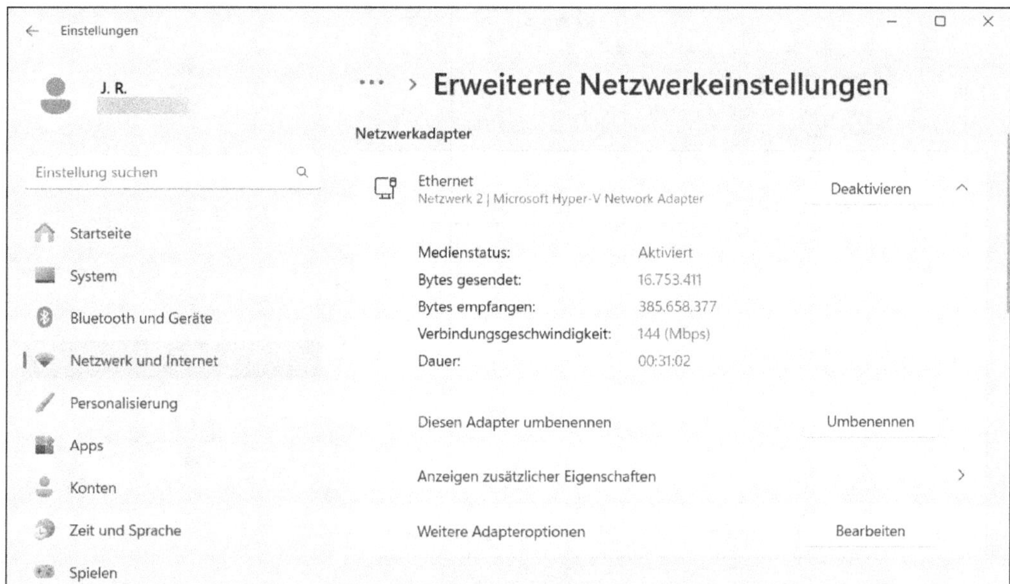

Abbildung 7.2: Statistiken zu einem ausgewählten Netzwerkadapter

4. **Klicken Sie im Bereich WEITERE ADAPTEROPTIONEN des entsprechenden Adapters auf die Schaltfläche BEARBEITEN.**

Damit wird das Dialogfeld EIGENSCHAFTEN des Netzwerkadapters angezeigt (siehe Abbildung 7.3).

5. **Markieren Sie im Dialogfeld EIGENSCHAFTEN die Option INTERNETPROTOKOLL, VERSION 4 (TCP/IPv4) und klicken Sie dann die Schaltfläche EIGENSCHAFTEN an.**

In dem in Abbildung 7.4 dargestellten Dialogfeld EIGENSCHAFTEN VON INTERNETPROTOKOLL können Sie die bereits in Kapitel 5 ausführlicher erläuterten Optionen bei Bedarf geeignet einstellen:

- IP-ADRESSE AUTOMATISCH BEZIEHEN: Lassen Sie diese Option aktiviert, wenn in Ihrem Netzwerk den Clients automatisch IP-Adressen von einem DHCP-Server zugewiesen werden sollen. Diese Einstellung verringert den Verwaltungsaufwand für TCP/IP im Netzwerk enorm.

- FOLGENDE IP-ADRESSE VERWENDEN: Falls der Rechner beispielsweise als Server oder für die Einrichtung neuer Geräte eine bestimmte, feste IP-Adresse haben muss, wählen Sie diese Option. Geben Sie dann die IP-Adresse des Computers, die Subnetzmaske und die Standardgateway-Adresse (die IP-Adresse des Routers) ein.

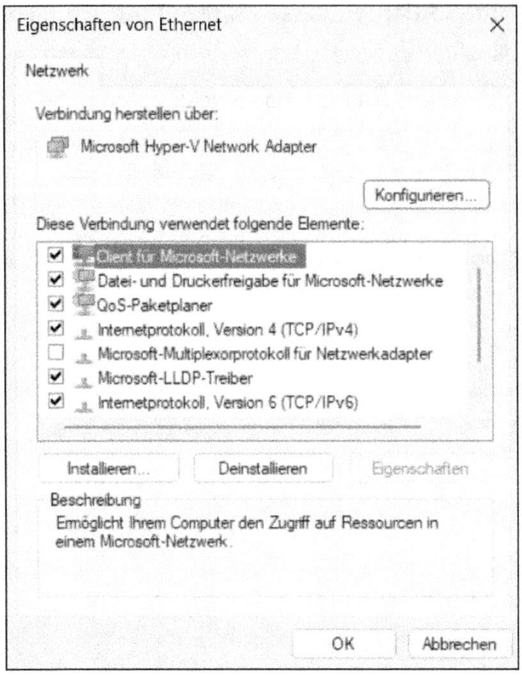

Abbildung 7.3: Die Eigenschaften eines Netzwerkadapters

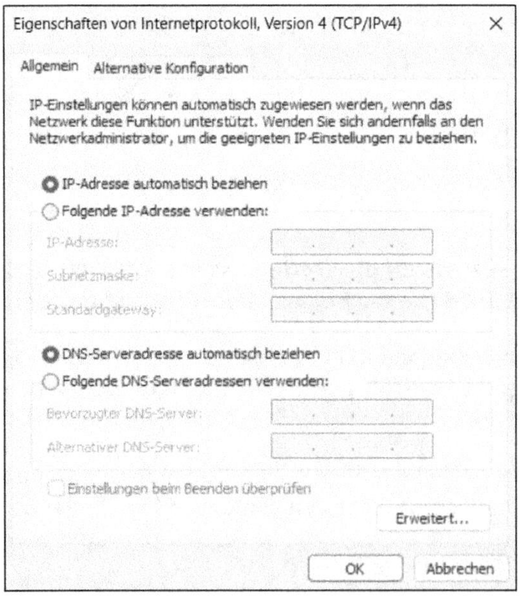

Abbildung 7.4: Optionen zur Einstellung des Internetprotokolls

- DNS-Serveradresse automatisch beziehen: Der DHCP-Server übermittelt dann auch die Adresse des DNS-Servers (Domain Name System), die der Rechner verwenden soll.

- Folgende DNS-Serveradressen verwenden: Benutzen Sie diese Option, um alternative IP-Adressen für den bevorzugten und/oder alternativen DNS-Server vorzugeben, und wenn Sie die automatisch bezogenen DNS-Serveradressen nicht verwenden wollen. (Bei kleineren Netzwerken handelt es sich dabei üblicherweise um die DNS-Server des Internetanbieters, die dann auch der Router benutzen müsste.)

Die Computernamen von Clients konfigurieren

Jeder Client muss sich selbst identifizieren, um am Netzwerkbetrieb teilnehmen zu können. Die Computeridentifikation umfasst den Computernamen, eine optionale Beschreibung und den Namen der Arbeitsgruppe oder Domäne, zu der der Rechner gehört.

Der Computername muss den Regeln für NetBIOS-Namen folgen. Er kann bis 15 Zeichen lang sein und darf Buchstaben, Zahlen und Bindestriche enthalten, aber keine Leerzeichen oder Punkte. In kleinen Netzwerken ist es üblich, dem Computer den Namen seines Benutzers zu geben. Für größere Netzwerke sollten Sie ein Namensschema entwickeln, das über den Standort des jeweiligen Rechners Auskunft gibt. Ein Name wie C–305–1 könnte beispielsweise dem ersten Rechner in Raum 305 im Gebäude C zugewiesen werden. MKTG010 wäre ein prima Name für einen Computer der Marketingabteilung.

Falls der Computer zu einer Domäne gehört, benötigen Sie Zugriff auf ein Administratorkonto dieser Domäne, es sei denn, der Administrator hat für diesen Rechner in der Domäne bereits ein Konto eingerichtet. Beachten Sie, dass lediglich Computer mit den Windows-Editionen Professional oder Enterprise einer Domäne beitreten können:

Wenn Sie Windows auf dem Client installieren, fordert Sie das Setup-Programm zur Eingabe des Computernamens und Angaben zur Arbeitsgruppe oder Domäne auf. Sie können diese bei Bedarf nachträglich ändern oder vornehmen. Die Vorgehensweise unterscheidet sich zwischen den verschiedenen Windows-Versionen ein wenig.

Computernamen unter Windows über die Systemsteuerung ändern

Um den Computernamen unter Windows 7, Windows 8 oder Windows 10 zu ändern, führen Sie die folgenden Schritte aus:

1. **Rufen Sie über einen Rechtsklick auf die Windows-Schaltfläche das Power-User-Menü auf.**

2. **Klicken Sie System an.**

   Damit wird das Fenster System|Info angezeigt (siehe Abbildung 7.5).

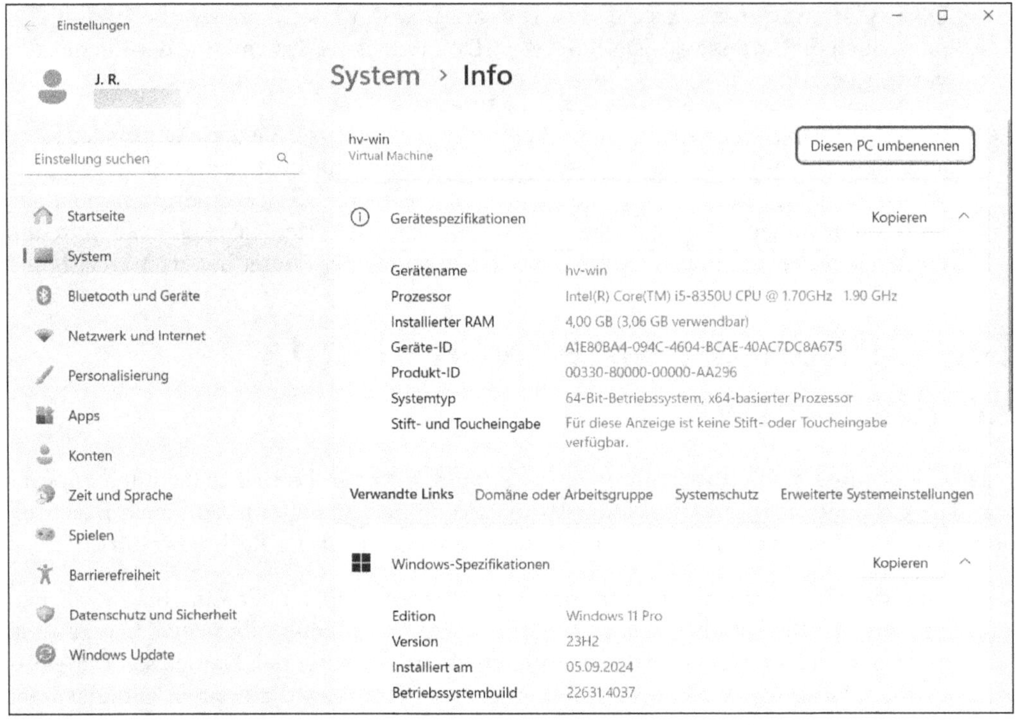

Abbildung 7.5: Das Fenster »System | Info«

3. **Klicken Sie im Bereich Verwandte Links auf den Eintrag Domäne oder Arbeitsgruppe.**

   Wenn ein Dialogfeld angezeigt wird, in dem Sie der Fortsetzung des Vorgangs zustimmen müssen, klicken Sie Fortsetzen an. Anschließend wird das Dialogfeld Systemeigenschaften angezeigt (siehe Abbildung 7.6).

4. **Klicken Sie die Schaltfläche Ändern... an.**

   Nun wird das Dialogfeld Ändern des Computernamens bzw. der Domäne angezeigt (siehe Abbildung 7.7).

5. **Geben Sie den gewünschten Computernamen und den Namen der Arbeitsgruppe oder Domäne ein.**

 Um einer Domäne beizutreten, aktivieren Sie die Option Domäne und tragen den Namen der Domäne in das entsprechende Feld ein. Um sich einer Arbeitsgruppe anzuschließen, aktivieren Sie diese Option und tragen den Arbeitsgruppennamen in das entsprechende Feld ein.

6. **Klicken Sie OK an.**

7. **Wenn Sie dazu aufgefordert werden, geben Sie den Namen und das Passwort eines Administratorkontos ein.**

   Sie werden nur dann nach diesen Informationen gefragt, wenn es für diesen Client noch kein Computerkonto in einer Domäne gibt.

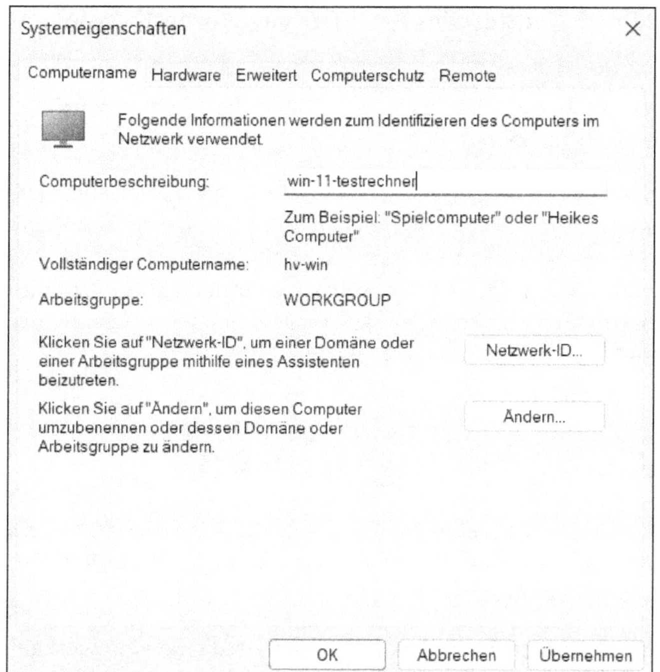

Abbildung 7.6: Das Dialogfeld »Systemeigenschaften«

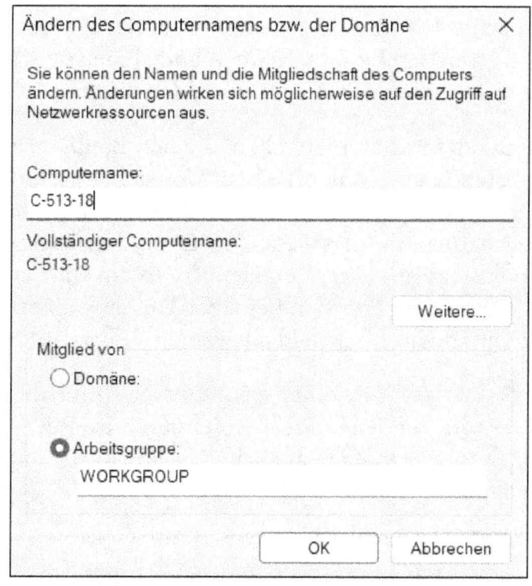

Abbildung 7.7: Das Dialogfeld »Ändern des Computernamens bzw. der Domäne«

8. Wenn Sie in einem Dialogfeld zum Neustart des Rechners aufgefordert werden, klicken Sie OK an.

Anschließend wird der Rechner gegebenenfalls neu gestartet und der Rechner wird zu einer Domäne oder Arbeitsgruppe hinzugefügt.

Dies war der etwas kompliziertere Weg über den Dialog ÄNDERN DES COMPUTERNAMENS BZW. DER DOMÄNE. Wenn Sie ausschließlich den Namen des Computers ändern wollen, können Sie auch im Fenster SYSTEM|INFO (siehe Abbildung 7.5) einfach auf die Schaltfläche DIESEN PC UMBENENNEN weiter oben klicken. In diesem Fall können Sie aber nur einen neuen Namen vergeben, eine Änderung der Arbeitsgruppe oder der Domäne ist über diesen Weg nicht möglich.

Netzwerkanmeldung konfigurieren

Jeder Benutzer, der auf ein domänenbasiertes Netzwerk zugreifen will, muss sich über ein gültiges Benutzerkonto bei der Domäne anmelden. Dieses Benutzerkonto wird auf dem Domänencontroller angelegt und nicht auf dem Client.

Um auf Arbeitsgruppenressourcen zugreifen zu können, ist keine Netzwerkanmeldung erforderlich. Ressourcen einer Arbeitsgruppe können stattdessen zur Beschränkung des Zugriffs mit Kennwörtern geschützt werden.

Wenn Sie einen Windows-Rechner starten, der für den Beitritt zu einer Domäne konfiguriert wurde, wird ein Anmeldedialogfeld angezeigt. Der Benutzer kann dieses zur Anmeldung bei einer Domäne nutzen, indem er einen Domänenbenutzernamen und ein Passwort eingibt und dann im Listenfeld die Domäne auswählt, bei der er sich anmelden möchte.

Sie können unter Windows lokale Benutzerkonten erstellen, die den Benutzern den Zugriff auf Ressourcen des lokalen Computers erlauben. Um sich auf dem lokalen Computer anzumelden, wählt der Benutzer diesen Rechner im Listenfeld aus und gibt dann den Benutzernamen und das Passwort für das lokale Benutzerkonto ein. Meldet sich ein Benutzer mit einem lokalen Konto an, wird er nicht mit einer Netzwerkdomäne verbunden. Um sich bei einer Domäne anzumelden, muss der Benutzer diese Domäne im Listenfeld auswählen.

Gehört der Computer nicht zu einer Domäne, kann Windows einen freundlichen Anmeldebildschirm präsentieren, der ein Symbol für die verschiedenen lokalen Benutzer des Rechners zeigt. Der Benutzer kann sich anmelden, indem er einfach auf sein Symbol klickt und dann sein Kennwort eingibt (diese Funktion steht auf Rechnern, die einer Domäne angeschlossen sind, nicht zur Verfügung).

Beachten Sie, dass ein Benutzer, der sich über ein lokales Benutzerkonto und nicht über ein Domänenkonto angemeldet hat, dennoch auf Domänenressourcen zugreifen kann. Wenn der Benutzer versucht, auf eine Domänenressource zuzugreifen, wird das Dialogfeld VERBINDEN MIT angezeigt. Dort kann der Benutzer dann einen Domänenbenutzernamen und ein Kennwort eingeben, um sich mit der Domäne zu verbinden.

Kapitel 8
Das Netzwerk mit dem Internet verbinden

Nachdem Ihr eigenes Netzwerk an sich nun läuft, wollen Sie auf keinen Fall darauf verzichten, Ihr Netzwerk mit dem Internet zu verbinden. Jetzt müssten Sie eigentlich nur noch den erstbesten Anbieter anrufen und jemanden vorbeikommen lassen, richtig? Falsch! Leider gehört zu einer Verbindung mit dem Internet mehr als nur ein Anruf. Zunächst einmal müssen Sie auch heute noch ermitteln, welche Verbindungsart überhaupt nutzbar ist. Und dann müssen Sie Angriffe von Hackern über das Internet befürchten und werden die ganze Nacht lang von Ihrer Angst wachgehalten.

Keine Sorge. Mit den Ratschlägen in diesem Kapitel werden Sie einige hilfreiche Hinweise für Entscheidungen im Zusammenhang mit Internetverbindungen erhalten. Weiterhin werden Sie ein wenig darüber erfahren, wie Sie Ihr Netzwerk möglichst gut schützen und vor Eindringlingen sichern können.

Verbindungen mit dem Internet

Die meisten Internetverbindungen kosten etwas. Sie können zwar heute in vielen Supermärkten, Baumärkten, Cafés und anderen Einrichtungen drahtlos mit Smartphones oder Tablets ins Internet gehen, ohne dafür bezahlen zu müssen. Wenn Sie aber von dort aus Ihre gesamte Arbeit verrichten wollen, dürfte das schnell problematisch werden. Und für die eigenen Räumlichkeiten benötigen Sie dann auch eigene Hardwarekomponenten und Endgeräte, um Verbindungen herstellen zu können. Dann müssen Sie sich eine Verbindung von einem *ISP* (*Internet Service Provider*) schalten lassen. Der ISP berechnet monatliche

Gebühren, deren Höhe sich nach Art, Geschwindigkeit und Kapazität Ihrer jeweiligen Verbindung richtet.

In den folgenden Abschnitten werden einige der gängigen Verfahren zum Verbinden der Netzwerkbenutzer mit dem Internet beschrieben. Dabei bauen die Netzanbieter im eigenen Interesse laufend die Kabel- und Funknetze aus. Leider wird es aber wohl noch eine Weile sogar in neu errichteten Industriegebieten teilweise nur langsamere Internetverbindungen geben, wenn man nicht selbst tief in die Tasche greifen will. Viele Gebiete, die erst vor ein paar Jahren vielleicht mit 25 Mbit/s oder oft noch weniger neu versorgt wurden, werden so schnell nicht in den Genuss schnellerer Verbindungen kommen. Es sei denn, die Verbindungen werden privat finanziert.

Deshalb kann es letztlich kaum schaden, wenn Sie über die verschiedenen verfügbaren Alternativen des Internetzugangs grundlegend informiert sind. Und genau darum geht es in diesem Kapitel.

Kabel- oder DSL-Verbindungen

Im SOHO-Bereich (Small Office, Home Office), also in kleinen Unternehmen und Heimbüros, sorgen meist *DSL- (Digital Subscriber Line)* oder Kabelmodems für die Verbindung mit dem Internet. Kabel- und DSL-Verbindungen werden aus technischen Gründen, die Sie nicht wirklich kennen wollen, auch *Breitbandverbindungen* genannt.

Wenn heute von Breitbandverbindungen die Rede ist, sind damit häufig nur noch die schnelleren Kabel- und DSL-Verbindungen gemeint, deren Geschwindigkeit auch für die reibungslose Übertragung von Digitalfernsehen (IPTV – Internet Protocol Television) ausreicht. Und da war zwar vor wenigen Jahren noch wenigstens von DSL 6.000 die Rede, heute sind angesichts der laufend zunehmenden Datenvolumen hingegen schon mindestens 16.000 bis 25.000 Mbit/s gefragt, wenn man von Breitband spricht. In Ballungsgebieten ist heute schon 1 Gbit/s über Kabel-Modem für normale Endkunden verfügbar.

Der Internetzugriff über Kabel läuft über dasselbe Kabel, das Ihnen auch diese 40 Millionen Fernsehsender ins Haus liefern kann. DSL ist hingegen ein digitaler Service, der teilweise noch über herkömmliche Telefonleitungen (Kupferkabel), zunehmend aber auch über Glasfaserverbindungen abgewickelt wird.

Die guten alten einfachen Telefondatenleitungen sollen möglichst schnell abgeschaltet werden. Genauer gesagt geht es dabei weniger um das Kabel an sich, sondern die darüber übertragenen Daten. Einfach ein Telefon anschließen geht dann nicht mehr. Für DSL-Telefonie muss ein *Splitter* zwischengeschaltet werden, an den Telefonendgeräte angeschlossen werden können. Dieser befindet sich bei modernen Geräten zumeist zusammen mit dem Router in einem Gehäuse.

Splitter sind Geräte, die verschiedene über Kabel übertragene Frequenzen aufteilen und den entsprechenden Geräten zuleiten können. In diesem Sinne handelt es sich um eine Art Frequenzweiche. Lassen Sie sich von den technischen Aspekten nicht weiter verwirren. Zwei Leitungen reichen ja auch, um Hunderte Fernsehkanäle über einen einzigen Draht zu übertragen.

Kabel und DSL bieten einige Hauptvorteile gegenüber den mittlerweile kaum noch gebräuchlichen Einwahlverbindungen:

✔ **Kabel und DSL sind viel schneller als die alten Modem-Wählverbindungen.** Eine Kabelverbindung ist je nach Service und Standort mindestens zehn- bis 500-mal schneller als eine normale Wählverbindung. Die Geschwindigkeiten von DSL und Kabel sind halbwegs miteinander vergleichbar.

Während es sich aber bei DSL um dedizierte Verbindungen handelt, werden die Kabelverbindungen meist von mehreren Abonnenten gemeinsam benutzt. Die tatsächliche Geschwindigkeit der Kabelverbindungen kann daher sinken, wenn mehrere Abonnenten die Verbindung gleichzeitig verwenden.

Kabel- und die verschiedenen DSL-Geschwindigkeiten arbeiten meistens asymmetrisch. Das heißt, die Daten werden in den beiden Richtungen (Download/Upload) unterschiedlich schnell übertragen.

✔ **Mit Kabel und DSL können Sie immer mit dem Internet verbunden bleiben.** Sie müssen sich nicht jedes Mal neu verbinden und die Verbindung später wieder abbauen. Sie müssen nie mehr darauf warten, dass das Modem endlich Ihren Dienstleister angewählt hat, und ersparen sich das nervende Kreischen des Modems beim Versuch des Verbindungsaufbaus.

✔ **Kabel und DSL belegen keine Telefonleitung, während Sie online sind.** Beim Kabel läuft Ihre Internetverbindung über das TV-Kabel und bei DSL installiert die Telefongesellschaft eine eigene Leitung beziehungsweise einen getrennten *Kanal* für den DSL-Dienst. In beiden Fällen ist die normale Telefonleitung nicht betroffen.

Um Ihnen einen groben Eindruck von den *maximal* möglichen Geschwindigkeiten in Downloadrichtung zu geben, finden Sie in Tabelle 8.1 ein paar der alten, aktuellen und neuen Standards für Modem, Kabel und Funk, wobei als Beispiel die für das Herunterladen einer zehn MByte großen Datei benötigte Zeit abgegeben wird. Das entspricht etwa der Größe einer viereinhalb Minuten langen MP3-Audiodatei in maximaler Klangqualität.

Anschluss	Geschwindigkeit Download (Bit/s)	Downloadzeit für 10 MByte
Analog-Modem	56 k	ca. 18 min
ISDN (1 Kanal)	64 k	ca. 15 min
DSL Light	384 k	2:36 min
DSL	768 k	1:18 min
DSL 6000	6.144 k	12 s
DSL 16.000	16.384 k	4 s
VDSL 25	25.600 k	2 s
VDSL 50	53.200 k	1,6 s
VDSL 100	106.400 k	0,8 s
Kabel (Beispiel: 200)	212.800 k	0,4 s

Anschluss	Geschwindigkeit Download (Bit/s)	Downloadzeit für 10 MByte
GPRS	max. 55 k	ca. 25 min
EDGE	max. 220 k	ca. 5 min
UMTS/3G	max. 384 k	ca. 3 min
UMTS/3G mit HSPA	max. 7.168 k	10 s
LTE 7.000	max. 7.168 k	10 s
LTE 100.000	max. 100.000 k	0,8 s

Tabelle 8.1: Benötigte Zeit für den Download einer 10-MByte-Datei

Lassen Sie sich von den vielen Abkürzungen der verschiedenen Mobilfunkstandards nicht irritieren. In dem Bereich waren Standards lange bereits nach kürzester Zeit wieder veraltet. Schlimmer ist dabei aber, dass hier »Flatrates« oft mit derart heftigen Volumenbeschränkungen einhergehen, dass Sie unterwegs wahrscheinlich besser den nächsten kostenlosen Hotspot für das WLAN suchen, als Funknetzwerke wirklich zur Datenübertragung zu nutzen. Die Angaben aus Tabelle 8.1 dienen daher vorrangig Vergleichszwecken.

Vergessen Sie nicht, dass es sich bei den Funknetzen um das gemeinsame Maximum für alle Teilnehmer *zusammen* handelt! LTE 100.000 wird kaum in Gebieten installiert werden, in dem einzelne Teilnehmer allein per Mobilfunk ins Internet gehen.

ADSL (Asymmetric Digital Subscriber Line), ADSL2+ und VDSL (Very High Speed Digital Subscriber Line) sind verschiedene modernere DSL-Techniken, die bei höheren Geschwindigkeiten (ab DSL 16.000) zum Einsatz kommen. Auch bei VDSL gibt es mittlerweile bereits mehrere Standards. Asymmetrisch arbeiten diese DSL-Varianten aber normalerweise alle. Sie müssen aber schon darauf achten, welchen Standard die Hardware unterstützen muss!

Leider gibt es weder das Abendessen noch die schnelle, ständig verfügbare Verbindung über Kabel oder DSL völlig umsonst. Neben den monatlichen Grundgebühren fallen bei Kabel und DSL heute allerdings üblicherweise keine weiteren Gebühren mehr an, da hier echte Flatrates ohne Volumenbeschränkungen gängig sind. Langsame Verbindungen können hingegen schnell viel Zeit und damit indirekt auch Kosten verursachen. Kabel- und DSL-Flatrates sind heute jedenfalls nicht mehr allzu teuer und es fallen keine weiteren Kosten je Verbindung an. Zu Zeiten der analogen Modems sah das noch ganz anders aus, denn da musste man Sonderrufnummern anwählen und die Abrechnung erfolgte im Minutentakt.

Die Kosten der DSL-Dienste sind von der gewählten Zugriffsgeschwindigkeit abhängig. Die Aufpreise für die schnelleren Varianten sind, soweit diese denn verfügbar sind, allerdings meist nicht allzu dramatisch. Selbst die schnellsten DSL-Varianten mit Flatrate sollten heute für eine Grundgebühr von weit unter 50 Euro monatlich erhältlich sein, zumindest wenn Sie auf die Buchung zusätzlicher TV-Pakete verzichten können.

Ganz spezielle Varianten oder Standleitungen für mittlere bis große Unternehmen können aber natürlich auch weiterhin deutlich teurer werden. Für Unternehmen ist eine hohe

Verfügbarkeit enorm wichtig, somit werden häufig mehrere Leitungen gleichzeitig und durchaus auch von verschiedenen Anbietern und Technologien eingesetzt. Der Upload hat ebenfalls einen höheren Stellenwert.

Kabel- und DSL-Verbindungen sollten heute überall verfügbar sein. Die analogen Telefonanschlüsse sollen durch Anschlüsse über das Internet (*Internettelefonie, Voice-over-IP*) ersetzt werden. Die guten alten analogen Telefone sollen dann wie das analoge Fernsehen völlig abgeschafft werden. Am Ende soll es jedenfalls nur noch ein Kabelnetz geben, über das dann alle Dienste vom Telefon (via Internet) bis hin zur Gesamtheit der Sprach-, Audio-, Video- und anderen Nutzdaten übertragen werden. Das kurbelt die Wirtschaft an, sorgt aber wegen der technischen Umstellungen seit Jahren immer wieder für Ausfälle von Teilbereichen der Netze.

Sollte es noch Gebiete geben, in denen Internet über DSL oder Kabel nicht angeboten wird, könnten Sie immer noch auf Satellitenverbindungen ausweichen.

ISDN

Bei *ISDN (Integrated Services Digital Network)* handelt es sich wie bei DSL um eine digitale Form der Kommunikation. ISDN-Verbindungen sind in drei Kanäle aufgeteilt, von denen zwei, die sogenannten B-Kanäle, genutzt werden können. Sie haben eine Übertragungskapazität von je 64 kBit/s, sodass die Datenübertragung über einen ISDN-Kanal etwas schneller als mit einem herkömmlichen Modem (maximal 54 kBit/s) erfolgt. Bei Bündelung der B-Kanäle lassen sich bis zu 128 kBit/s erreichen.

DSL-Anschlüsse waren in Deutschland lange nur in Kombination mit ISDN-Anschlüssen erhältlich. Aus technischer Sicht reicht aber auch ein herkömmlicher analoger Telefonanschluss für DSL aus. Der Hauptvorteil von ISDN-Anschlüssen bestand zunächst darin, dass über sie gleichzeitig auch mindestens zwei Kommunikationsverbindungen neben der Verbindung ins Internet hergestellt werden konnten.

ISDN verliert schnell an Bedeutung und wird durch Telefonielösungen wie VoIP (Voice-over-IP) und TCP/IP-Netzwerke abgelöst. Sie sollten momentan von ISDN zwar einmal gehört haben, bei Neuinstallationen sollten Sie sich aber auf Ethernet, das TCP/IP-Protokoll und andere moderne Technologien stützen. Bei ISDN handelt es sich jedenfalls genau wie beim guten alten analogen Telefon um ein Auslaufmodell, das Ihnen schon bald nur noch im Ausland oder in alten Gebäuden von Unternehmen begegnen wird.

Internet via Mobiltelefon oder Mobilfunkrouter

Wenn nur gelegentlich eine Internetverbindung benötigt wird, lässt sich eine solche auch über modernere Mobiltelefone herstellen. Wenn Sie derartige Geräte an einen Rechner anschließen, lassen sie sich als Funkmodems einrichten und nutzen. Die relevanten Abkürzungen lauten hier *GPRS (General Packet Radio Service)* und *UMTS (Universal Mobile Telecommunications System)*. Die zugehörigen Spitzengeschwindigkeiten können Sie Tabelle 8.1 entnehmen. Während Sie GPRS heute zur Datenübertragung vergessen können, erreicht UMTS praktisch immerhin schon einmal etwa die halbe DSL-Geschwindigkeit (DSL-Light: 384 kBit/s).

Mit dem Auf- und Ausbau der Mobilfunknetze mit UMTS-Erweiterungen *HSDPA (Highspeed Downlink Packet Access)* und *HSUPA (Highspeed Uplink Packet Access)* erreichen die Downloadraten irgendwo zwischen 1,45 und maximal 7,2 Mbit/s, wobei praktisch wohl mit etwa 3,6 Mbit/s wieder allenfalls die halbe Geschwindigkeit erreicht werden dürfte. Auch wenn es sich bei den Angaben um maximale Bruttowerte handelt, da man sich die Bandbreite mit anderen Benutzern teilen muss, lassen sich damit doch beachtliche Geschwindigkeiten erreichen.

Die schnellere und jüngere Variante, für die das Kürzel *LTE (Long Term Evolution)* verwendet wird, soll theoretisch (im Labor) eine maximale Geschwindigkeit von 120 Mbit/s erreichen können. Praktisch werden Datenraten angeboten, die zwischen UMTS/HSDPA und etwa 100 Mbit/s liegen können. Dieser Standard wird auch 4G genannt.

Darüber hinaus wurde der Ausbau der Mobilfunknetze für den 5G-Standard schon begonnen und könnte eine komplette Alternative zum Kabelnetz werden. Der-5G Standard soll Geschwindigkeiten von bis zu 20 Gbit/s ermöglichen.

Und noch einmal Vorsicht! Internet via Mobiltelefon kann immer noch schnell teuer werden. Zeit- und Volumentarife oder auch Flatrates mit Volumenbeschränkungen sind üblich. Bei echten Flatrates ohne Volumenbegrenzung könnte die Möglichkeit der Datenübertragung über das Mobiltelefon eine echte Alternative sein. Entsprechende Geräte befinden sich jedenfalls im Handel und können auch bei schlechtem Kabelausbau als Lösung oder bei nur gelegentlich erforderlichem Internet in Unternehmen als Lösungen infrage kommen. In eher ländlichen Gebieten wird diese Möglichkeit häufiger genutzt.

 Wenn Sie an aktuellen Angeboten interessiert sind, geben Sie einmal *UMTS, LTE* und/oder *5G* zusammen mit *Flatrate* als Suchbegriff im Internetbrowser ein.

Zudem sind auch Router mit Möglichkeiten zum Anschluss von Mobiltelefonen mit Funkmodems oder integrierten Mobilfunkmodems erhältlich. So merkwürdig sich das vielleicht zunächst auch anhören mag, damit lassen sich Mobiltelefone als Internetfunkschnittstelle in Computernetzwerke integrieren. Angesichts der Tatsache, dass es zuweilen immer noch Monate dauern kann, bis die Telekom Leitungen schaltet, kann diese Möglichkeit gelegentlich zum Retter werden.

 Auch wenn GPRS und UMTS eigentlich Lösungen für den mobilen Einsatz sind, kann auch deren stationärer Einsatz unter gewissen Umständen sinnvoll sein.

Die schnelle Nummer: Standleitungen

Wenn eine leistungsfähige und schnelle Internetverbindung für Sie einen hohen Stellenwert besitzt, dann wenden Sie sich an Ihre Telefongesellschaft und lassen Sie sich eine eigene Standleitung legen. Da diese Leitungen wirklich ziemlich teuer sind (in der Größenordnung von mehreren Hundert Euro pro Monat), eignen sie sich am besten für große Netzwerke, in denen 20 oder mehr Benutzer gleichzeitig intensiver auf das Internet zugreifen.

Da die Standleitungen für Sie geschaltet oder sogar verlegt werden, gibt es zwar standardisierte Angebote, praktisch haben Sie allerdings die freie Wahl (bis hin zu parallel geschalteten Breitbandverbindungen mit Hunderten Mbit/s) und werden letztlich nur von Ihrem Budget und dem technisch Machbaren beschränkt.

Für Privatpersonen und kleinere Firmen stellt sich dabei die Frage, was wirklich benötigt wird. Angesichts der Vielzahl der Standards und der technologischen Lösungen in einem Bereich, in dem sich vieles weiterhin im Wandel befindet, sollten Sie sich bei Bedarf von Telefongesellschaften und/oder dem einem oder anderen entsprechend spezialisierten Dienstleister beraten lassen. Wenn die angesichts Ihrer Leistungs- und Preisvorstellungen (zu hoch oder zu niedrig) nicht gleich abwinken, sollten sie Ihnen weiterhelfen können.

Die Preise für Standleitungen erfahren Sie oft nur auf Anfrage.

Das Einrichten von Internetverbindungen über Standleitung sollten Sie Profis überlassen. Derartige Verbindungen einzurichten und in Betrieb zu nehmen, ist viel komplizierter als das Einrichten eines LANs. Und die schnellsten Netze arbeiten dann ohnehin mit Glasfaserkabel (Fiber Optic), die vielleicht erst noch verlegt werden müssten.

Sie werden sich vielleicht fragen, ob Standleitungen wirklich schneller als Kabel- oder DSL-Verbindungen sind. Schließlich werben DSL und Kabel mit Werten von 50 bis zuweilen 1 GBit/s. Fraglich ist dabei aber zunächst einmal, ob diese Werte praktisch überhaupt erreicht werden. Und dann dürfen Sie nicht vergessen, dass es sich bei diesen Angeboten üblicherweise um asymmetrische Anschlüsse handelt, bei denen die hohe Geschwindigkeit nur in einer Richtung erreicht wird (vom Internet zum Rechner). In der anderen Richtung (ins Internet) werden die Daten deutlich gemächlicher übertragen (bei DSL 16.000 zum Beispiel meist mit etwa einem MBit/s).

Gemeinsame Nutzung einer Internetverbindung

Wenn Sie sich bei der Internetverbindung für eine bestimmte Lösung entschieden haben, können Sie Ihre Aufmerksamkeit der Einrichtung der Verbindung widmen, damit sie von mehreren Benutzern im Netzwerk gemeinsam verwendet werden kann. Am besten funktioniert dies mit einem separaten Gerät, einem *Router*. Preiswerte Router für kleine Netzwerke sind bereits für deutlich unter 100 Euro erhältlich. Spezielle Router für große Netzwerke kosten natürlich mehr.

Da die gesamte Kommunikation zwischen Ihrem Netzwerk und dem Internet durch den Router gehen muss, bietet sich der Router für die Einrichtung von Sicherheitsmaßnahmen zum Schutz Ihres Netzwerks vor Bedrohungen aus dem Internet naturgemäß an. Für Internetverbindungen verwendete Router enthalten deshalb meist auch Firewalls.

Ihre Verbindung mit einer Firewall absichern

Wenn Ihr Netzwerk mit dem Internet verbunden ist, gilt es eine Menge verschiedener Sicherheitsaspekte zu berücksichtigen. Wahrscheinlich ist Ihr Netzwerk mit dem Internet verbunden, damit die Benutzer darauf zugreifen können. Leider handelt es sich bei der Internetverbindung aber nicht um eine Einbahnstraße. Um zu verhindern, dass Dritte von außerhalb auf Ihr Netzwerk zugreifen (vielleicht nur, um darüber auf das Internet zuzugreifen), sollte sie geschützt werden.

Einbruchsversuche wird es sicherlich geben. Die Welt ist voll von Hackern, die nur darauf warten, dass Sie sich mit Ihrem Netzwerk eine Blöße geben. Vielleicht sind diese Hacker nur zu ihrem eigenen Spaß unterwegs, vielleicht wollen sie auch die Kreditkartendaten Ihrer Kunden abgreifen oder die auf Ihrem E-Mail-Server gespeicherten Geschäftsbriefe ausspionieren oder ihn dazu missbrauchen, um Trillionen an Spam-Mails zu versenden. Dabei spielt das Motiv letztlich gar keine Rolle. Sie können sich aber sicher sein, dass es zu Einbrüchen kommen wird, wenn Sie Ihre Internetverbindung ungeschützt lassen.

Die Nutzung einer Firewall

Die wichtigste Maßnahme zum Schutz Ihres Netzwerks vor Einbrechern aus dem Internet ist die Einrichtung einer *Firewall*. Dabei handelt es sich um ein System mit speziellen Sicherheitsfunktionen, der sich zwischen Ihrem LAN und dem Rest der Welt befindet und vor unerwünschten Eindringlingen schützen soll.

Eine wie auch immer geartete Firewall ist ein Muss, wenn Ihr Netzwerk mit dem Internet in Verbindung steht. Dabei spielt es keine Rolle, ob es sich um eine Verbindung via Kabel, DSL oder Standleitung handelt. Ohne Firewall werden Hacker Ihr ungeschütztes Netzwerk früher oder später entdecken und ihren Freunden davon erzählen. Dann dauert es möglicherweise nur noch Minuten, bis Ihr Netzwerk Geschichte ist.

Es gibt zwei grundlegende Varianten der Einrichtung einer Firewall:

✔ **Firewall-Funktionen im Router:** Hierbei handelt es sich zwar um die einfachste Variante, gleichzeitig aber meist auch die beste.

Die meisten derartigen Geräte sind heute mit einer webbasierten Benutzerschnittstelle ausgestattet, über die Sie (mit dem entsprechenden Benutzernamen und Kennwort) vom Netzwerk aus mit einem Browser die entsprechenden Einstellungen vornehmen können. Sie können die Einstellungen der Firewall dann Ihren Anforderungen entsprechend einrichten. Abbildung 8.1 zeigt die Weboberfläche eines Routers, bei dem die Firewall standardmäßig aktiviert ist. Über SEITEN SPERREN lassen sich hier Webseiten sperren, deren Namen bestimmten Suchmasken entsprechen.

✔ **Servercomputer:** Ein Server kann so eingerichtet werden, dass er die Funktion einer Firewall übernimmt.

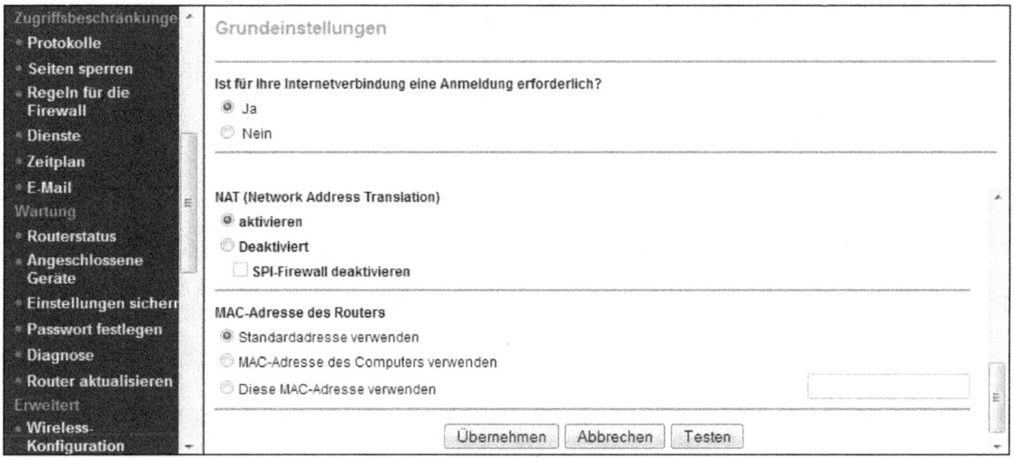

Abbildung 8.1: Einstellung zur Deaktivierung einer SPI-Firewall in der Weboberfläche eines NETGEAR-Routers

Für diesen Server können Sie ein beliebiges Netzwerkbetriebssystem verwenden, wobei die meisten dedizierten Firewall-Systeme Linux verwenden.

Ob sich die Firewall nun in einem Router oder einem dedizierten Firewall-Rechner befindet, spielt keine Rolle. In jedem Fall muss sie sich zwischen dem lokalen Netzwerk und dem Internet befinden (siehe Abbildung 8.2). Auf der einen Seite wird die Firewall dabei mit einem Netzwerk-Switch verbunden, der wiederum für die Verbindung mit den anderen Rechnern im Netzwerk sorgt. Die andere Seite der Firewall ist mit dem Internet verbunden. Auf diese Weise muss der gesamte Datenverkehr vom LAN ins Internet (und umgekehrt) über die Firewall laufen.

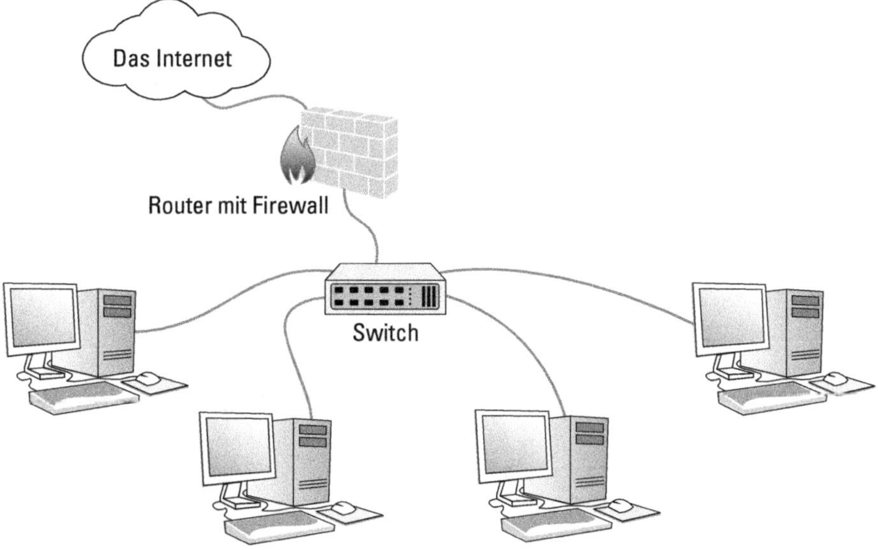

Abbildung 8.2: Ein Router mit integrierter Firewall sorgt für die Verbindung zwischen einem LAN und dem Internet.

Die integrierte Windows-Firewall

Alle Windows-Versionen seit XP enthalten eine integrierte Paketfilter-Firewall. Wenn es in Ihrem Netzwerk keinen separaten Router mit Firewall gibt, können Sie diese einfache integrierte Firewall benutzen, um für den grundlegenden Schutz des Rechners zu sorgen.

Unter Windows gehen Sie wie folgt vor:

1. **Klicken Sie auf das Windows-Icon in der Taskleiste und tippen Sie »fire« ein.**

2. **Wählen Sie den Eintrag FIREWALLSTATUS ÜBERPRÜFEN.**

   Nun werden in einem Fenster die Firewall-Einstellungen angezeigt.

3. **Klicken Sie links im Aufgabenbereich den Link WINDOWS-FIREWALL EIN- ODER AUSSCHALTEN an.**

   Es wird das Fenster aus Abbildung 8.3 angezeigt.

Abbildung 8.3: Die Aktivierung der Firewall unter Windows

4. **Klicken Sie die Option WINDOWS-FIREWALL AKTIVIEREN an. Diese Option sollte bei Ihnen allerdings bereits aktiviert sein.**

   Beachten Sie, dass Sie die Firewall für das private (das lokale Intranet) und öffentliche (Ihre Verbindung zum Internet) Netzwerk unabhängig voneinander aktivieren oder deaktivieren können. Ich würde Ihnen empfehlen, die gleichen Einstellungen für beide Netzwerktypen zu wählen. Deaktivieren Sie die Firewall, wenn eine eigenständige Firewall in den Router integriert ist, der die Verbindung zwischen den Rechnern im Heim- oder Arbeitsplatznetzwerk und dem Internet herstellt. Aktivieren Sie sie, wenn keine eigenständige Firewall vorhanden ist.

   Sie sollten auch die Option BENACHRICHTIGEN, WENN EIN NEUES PROGRAMM BLOCKIERT WIRD aktiviert lassen. Auf diese Weise werden Sie informiert, wenn die Firewall ein verdächtiges Programm blockiert.

5. **Klicken Sie OK an.**

   Die Firewall ist aktiviert.

Beachten Sie, dass die Firewalls unter älteren Windows-Versionen über weitere Konfigurationsoptionen verfügen. Sofern Sie nicht gerade äußerst bewandert in Sicherheitstechniken sind, sollten Sie aber besser bei den Voreinstellungen dieser Optionen bleiben.

Mit Servern arbeiten

- ✔ Windows Server installieren und konfigurieren
- ✔ Active Directory verstehen und benutzen
- ✔ Benutzerkonten erstellen und verwalten
- ✔ Datei- und E-Mail-Server verwalten
- ✔ Einrichtung eines Intranets im Unternehmen

Wir folgen grob dem roten Faden der historischen Entwicklungen und kommen jetzt in einen Zeitabschnitt, in dem den PCs unternehmensinterne Server zur Seite gestellt werden, die zentral für bestimmte Aufgabenbereiche Daten erfassen und speichern sowie Dienste zur Verfügung stellen. Ging es dabei anfangs noch vorwiegend um die Erfassung von Lagerbeständen und die verschiedenen Bereiche der Buchhaltung, kommen später grafische Lösungen und damit Kataloge und umfassende elektronische Dokumentationssysteme mit ins Leistungsspektrum. Am Ende stehen dann Webserver und ähnliche Lösungen, mit denen die Daten intern im Intranet oder auch extern über das Internet übermittelt werden können.

Hierbei spielen die konkret verwendeten Endgeräte nicht die entscheidende Rolle. Die Server werden allerdings stationär betrieben, die Endgeräte bis etwa 2010 überwiegend auch. Danach hat der Einsatz von Laptops und Mobilgeräten stetig zugenommen.

Kapitel 9

Einen Server einrichten

Bevor Sie mit dem Einrichten eines Netzwerks beginnen können, müssen Sie bei dessen Planung erst einmal eine sehr wichtige Entscheidung treffen. Sie müssen nämlich das *Netzwerkbetriebssystem* (NOS – Network Operating System) auswählen, das die Grundlage Ihres Netzwerks bilden soll. Dieses Kapitel beginnt mit einer Beschreibung einiger wichtiger Funktionen, die alle Netzwerkbetriebssysteme enthalten. Anschließend bietet es Ihnen einen Überblick über die Vor- und Nachteile der populärsten Netzwerkbetriebssysteme.

Natürlich endet Ihre Arbeit nicht mit der Auswahl eines Netzwerkbetriebssystems. Damit Ihr Server funktioniert, müssen Sie es anschließend noch installieren und konfigurieren. Dieses Kapitel soll Ihnen einen Überblick darüber geben, was alles zur Installation und Konfiguration des wohl verbreitetsten Netzwerkbetriebssystems Windows Server bis hin zur Version 2022 gehört.

Funktionen von Netzwerkbetriebssystemen

Alle Netzwerkbetriebssysteme müssen bestimmte Basisfunktionen bereitstellen. So müssen sie beispielsweise Verbindungen zu anderen Rechnern im Netzwerk herstellen, gemeinsam genutzte Dateien und andere Ressourcen zur Verfügung stellen und Sicherheitsfunktionen enthalten. In den folgenden Abschnitten werde ich einige Kernfunktionen von Netzwerkbetriebssystemen beschreiben.

Netzwerkunterstützung

Es versteht sich von selbst, dass Netzwerkbetriebssysteme Netzwerke unterstützen sollten. Dazu wird eine Reihe technischer Fähigkeiten benötigt:

✔ Ein Netzwerkbetriebssystem muss eine ganze Reihe von Netzwerkprotokollen unterstützen, um die Anforderungen seiner Benutzer erfüllen zu können.

  Das liegt daran, dass in großen Netzwerken oft verschiedene Windows-Versionen sowie Macintosh-, Linux- und zunehmend auch Android- und iOS-Geräte eingesetzt werden. Das führt dazu, dass Netzwerkbetriebssysteme gleichzeitig beispielsweise TCP/IP-, NetBIOS- und AppleTalk-Protokolle unterstützen müssen.

✔ In vielen Servern ist mehr als nur eine Netzwerkkarte installiert. Daher müssen Netzwerkbetriebssysteme auch *mehrere Netzwerkverbindungen* unterstützen können.

  - Idealerweise kann das Netzwerkbetriebssystem die Last auf mehrere Netzwerkschnittstellen aufteilen.

  - Wenn eine Schnittstelle einmal ausfällt, sollte das Netzwerkbetriebssystem zudem nahtlos zu einer anderen Verbindung wechseln können (Failover oder Teaming-Funktion).

✔ Netzwerkbetriebssysteme enthalten üblicherweise integrierte *Router*-Funktionen, um zwei Netzwerke miteinander verbinden zu können.

  Die Router-Funktionen des Netzwerkbetriebssystems sollten Firewall-Funktionen umfassen, um nicht autorisierte Pakete daran hindern zu können, ins lokale Netzwerk zu gelangen.

Dienste für gemeinsam genutzte Dateien (Filesharing)

Eine der wichtigsten Funktionen eines Netzwerkbetriebssystems ist die Freigabe von Ressourcen für andere Netzwerkbenutzer. Bei der am häufigsten gemeinsam genutzten Ressource handelt es sich um das *Dateisystem* des Servers. Der Netzwerkserver muss die von ihm verwalteten oder angebundenen Festplattenkapazitäten (ganz oder teilweise) für andere Benutzer bereitstellen können. Diese Benutzer können die Festplattenkapazitäten des Servers wie eine Erweiterung der Festplattenkapazitäten ihrer eigenen Rechner behandeln, da sie wie ein internes Laufwerk aussehen können.

Der Systemverwalter kann unterstützt vom Netzwerkbetriebssystem festlegen, welche Teile des Serverdateisystems für die (gemeinsame) Benutzung freigegeben werden sollen.

 Obwohl auch komplette Festplatten freigegeben und gemeinsam genutzt werden können, wird diese Möglichkeit nur selten genutzt. Stattdessen werden individuelle Verzeichnisse und Ordner freigegeben. Der Systemverwalter kann steuern, welche Benutzer auf welche freigegebenen Ordner zugreifen dürfen.

Viele Netzwerkserver werden nur eingerichtet, um Dateien (beispielsweise Katalogseiten) gemeinsam nutzen zu können. Daher besitzen Netzwerkbetriebssysteme anspruchsvollere

Funktionen zur Festplattenverwaltung. Beispielsweise lassen sich zwei oder mehrere Festplatten zusammenfassen und wie ein einziges großes Laufwerk behandeln. Viele Netzwerkbetriebssysteme können Festplatten außerdem *spiegeln* (*Mirroring*) und zu Zwecken der Datensicherheit automatisch eine Kopie eines Laufwerks auf einem anderen erstellen.

Multitasking

An einem Desktop-Rechner kann normalerweise immer nur ein einziger Benutzer arbeiten. Möglichkeiten wie zwei Bildschirme, zwei Mäuse und zwei Tastaturen an einem Rechner, wie ich sie manchmal nutze, um nicht zu viel Teppich zu verschleißen, lassen wir hier einmal außen vor. Die von Servern bereitgestellten Ressourcen werden aber von mehreren oder vielen Benutzern gleichzeitig und von getrennten Orten aus genutzt. Netzwerkbetriebssysteme müssen die entsprechenden Funktionen und Programme unterstützen, damit der Zugriff heute oft nicht mehr nur über lokale Netzwerke auf Server möglich ist, sondern bei Bedarf auch weltweit erfolgen kann.

Den Kern dieser Mehrbenutzerunterstützung bildet das *Multitasking*. Dabei handelt es sich um eine Technik, die die Rechenzeit aufteilt und diese Teile ultraschnell auf die laufenden Programme verteilt. So kann ein Betriebssystem gleichzeitig mehrere Programme (*Tasks* oder *Prozesse*) ausführen. Multitasking-Betriebssysteme arbeiten wie Künstler im Zirkus, die Porzellanteller auf langen Stöcken balancieren, von Teller zu Teller rennen und versuchen, sie alle in Bewegung zu halten, damit sie nicht herunterfallen. Um die Sache schwieriger zu gestalten, fahren sie dabei auch noch mit verbundenen Augen auf einem Einrad. Betrachten Sie die Programme einfach als Teller und die Dateiverwaltung als Einrad, und schon wissen Sie im Grunde genommen, wie die Sache funktioniert, auch wenn in modernen Rechnern heute zudem noch mehrere Jongleure gleichzeitig durch die Manege fahren. Um das Chaos in Grenzen zu halten, verzichten Sie jetzt in Ihrer Vorstellung besser auf die Augenbinden.

Zwar sieht es beim Multitasking so aus, als ob das Betriebssystem mehrere Programme gleichzeitig auf einem Computer ausführen würde, tatsächlich können Computer mit einem einzigen Prozessor aber jeweils immer nur ein Programm ausführen. Das Betriebssystem schaltet einfach den Prozessor von einem Programm zum nächsten, um den Eindruck entstehen zu lassen, dass die Programme gleichzeitig laufen. Aber noch einmal: Nur eines der Programme verarbeitet tatsächlich Befehle – die anderen warten geduldig darauf, dass sie wieder an die Reihe kommen. (Besitzt der Rechner mehr als einen Prozessorkern, dann *können* diese Programme tatsächlich gleichzeitig ausgeführt werden – aber das ist eine andere Geschichte und am Ende steht immer noch ein Koordinator oder auch »Dispatcher«.)

 Heutzutage sind ebenfalls alle Desktop-Betriebssysteme multitaskingfähig. Dies macht auch Sinn, da alle halbwegs aktuelle Rechner (und sogar Tablets und Smartphones) über mindestens zwei oder gar mehr Prozessorkerne (Cores) verfügen.

Bei Netzwerkbetriebssystemen ist die Multitaskingfähigkeit jedoch nochmals um einiges wichtiger, da hier oftmals sehr viele Benutzer gleichzeitig auf diesen Systemen arbeiten. Daher hat ein moderner Server oftmals mehrere Prozessoren, die wiederum mehrere Prozessorkerne besitzen. Server mit 32, 64 oder sogar noch mehr CPU-Cores sind daher keine Seltenheit.

Verzeichnisdienste

Verzeichnisse sind überall – und waren es schon immer, selbst in alten Zeiten, als sie noch auf Papier gedruckt wurden. Wenn Sie telefonieren wollten, haben Sie die Nummer im Telefonbuch nachgeschlagen. Bei der Suche nach Kundenadressen haben Sie mit Karteikarten gearbeitet. Es muss aber gar kein Buch sein: Wenn Sie im Gewerbegebiet eine Firma suchen, helfen Ihnen Schilder weiter und führen Sie zum gewünschten Ziel. Notfalls musste man halt fragen, um auch versteckte Abzweigungen oder Gassen zu finden.

Auch in Netzwerken gibt es Verzeichnisse, die Daten über die im Netzwerk verfügbaren Ressourcen enthalten, zum Beispiel Benutzer, Computer, Drucker, freigegebene Ordner und Dateien. Verzeichnisse sind ein wichtiger Bestandteil aller Netzwerkbetriebssysteme.

In den frühen Netzwerkbetriebssystemen (zum Beispiel Windows NT 3.1 oder NetWare 3.x) pflegte jeder Server seine eigene *Verzeichnisdatenbank*, eine Datei mit einer verwalteten Liste aller verfügbaren Ressourcen dieses einen Servers. Das Problem bei diesem Ansatz bestand darin, dass Netzwerkverwalter die Verzeichnisdatenbanken einzeln pflegen mussten. In Netzwerken mit einigen wenigen Servern war das nicht weiter schlimm, aber wenn es das Verzeichnis eines Netzwerks mit Dutzenden oder Hunderten von Servern zu pflegen galt, wurde das nahezu unmöglich.

Außerdem waren die frühen *Verzeichnisdienste* (Programme, die Verzeichnisdatenbanken nutzbar machen) anwendungsspezifisch. Auf einem Server gab es beispielsweise eine Verzeichnisdatenbank für Benutzeranmeldungen, eine andere für freigegebene Dateien und wieder eine andere für E-Mail-Adressen. Für jedes Verzeichnis gab es eigene Werkzeuge zum Hinzufügen, Aktualisieren und Löschen von Verzeichniseinträgen.

Der bekannteste moderne Verzeichnisdienst ist *Active Directory* (AD), das bei den auf Windows basierenden Serverbetriebssystemen zur Standardausstattung zählt. Active Directory stellt ein einziges Verzeichnis für alle Netzwerkressourcen zur Verfügung. Es lässt die 15 Zeichen langen Domänennamen und Computernamen im alten Stil verschwinden und benutzt stattdessen wie das Internet Namen im DNS-Stil, zum Beispiel `Marketing.MeineFirma.com` oder `Verkauf.MeineFirma.com`. Abbildung 9.1 zeigt das Werkzeug ACTIVE DIRECTORY-BENUTZER UND -COMPUTER, das unter Windows Server zur Verwaltung der Active-Directory-Benutzer und -Computerkonten verwendet wird.

Sicherheitsdienste

Alle Netzwerkbetriebssysteme müssen für ein gewisses Maß an Sicherheit sorgen, um das Netzwerk vor unberechtigten Zugriffen zu schützen. Hacken scheint zumindest in bestimmten Kreisen zu einem Zeitvertreib geworden zu sein. Da mittlerweile die meisten Rechner mit dem Internet verbunden sind, kann jeder Mensch auf der Welt versuchen, in Ihr Netzwerk einzudringen.

Für die einfachste Art der Sicherheit sorgen *Benutzerkonten*, die einzelnen Benutzern die Berechtigung zum Zugriff auf Netzwerkressourcen geben und steuern, auf welche Ressourcen sie zugreifen dürfen. Benutzerkonten werden durch Passwörter (Kennwörter) geschützt. Daher ist es für gute Sicherheitssysteme wichtig, dass es gute Passwortrichtlinien gibt.

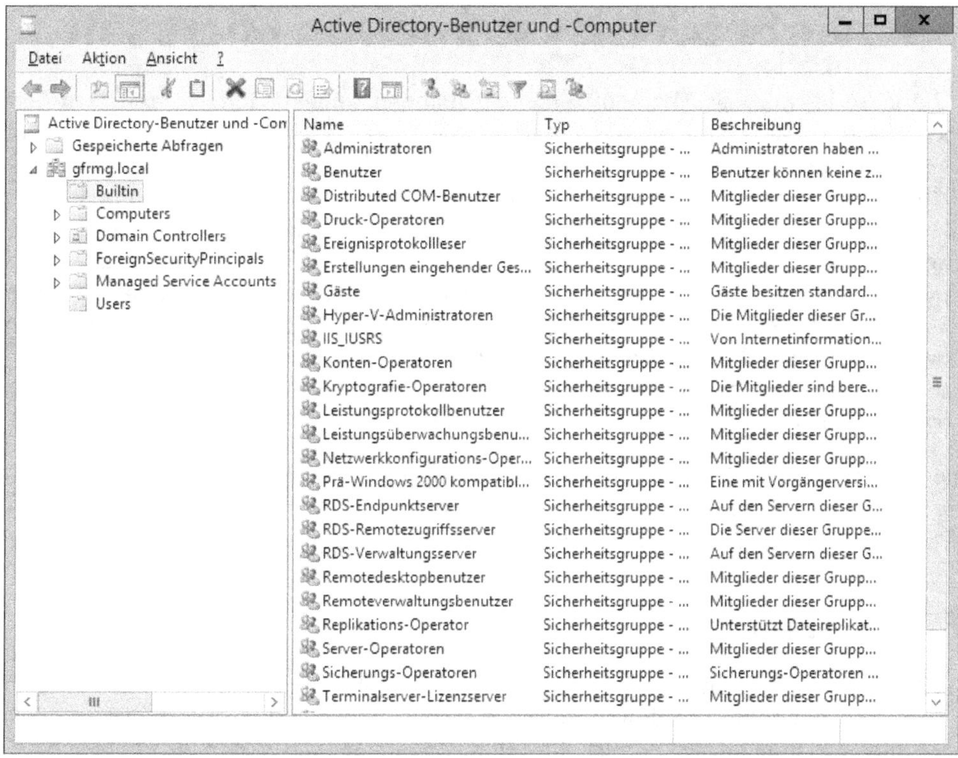

Abbildung 9.1: Verwaltung von Active-Directory-Benutzern und -Computern

Die meisten Netzwerkbetriebssysteme stellen einige Standardwerkzeuge zur Pflege der Netzwerksicherheit zur Verfügung:

✔ **Sie können Passwortrichtlinien einrichten**, die beispielsweise verlangen, dass die Passwörter eine gewisse Mindestlänge besitzen und aus Buchstaben und Zahlen gebildet werden müssen.

✔ **Sie können Passwörter so einrichten, dass sie nach Ablauf einer gewissen Zeitspanne ungültig werden.** Damit werden Benutzer gezwungen, ihre Passwörter regelmäßig zu ändern.

✔ **Sie können Netzwerkdaten verschlüsseln.** Eine Datenverschlüsselungsroutine schüttelt die Daten durch, bevor sie im Netzwerk übertragen oder auf Festplatte gespeichert werden. Das erschwert die nicht autorisierte Nutzung schon deutlich.

Gute Verschlüsselung ist auch bei der Einrichtung virtueller privater Netzwerke (*VPN – Virtual Private Network*) wichtig, die Netzwerkbenutzern den sicheren Zugriff von entfernten Standorten aus über das Internet auf das Netzwerk erlauben.

✔ **Sie können digitale Zertifikate herausgeben.** Diese Codes garantieren, dass die Benutzer auch jene sind, für die sie sich ausgeben, und dass Dateien auch wirklich das Angegebene enthalten.

Die Serverbetriebssysteme von Microsoft

Über die Jahre hinweg hat Microsoft etliche Versionen seines Windows-basierten Serverbetriebssystems veröffentlicht. Dazu zählen Windows NT Server 4, Windows Server 2000, Windows Server 2003, Windows Server 2008, Windows Server 2012, Windows Server 2016, Windows Server 2019 und Windows Server 2022. Für Intranet-Server werden zuweilen auch noch ältere Systeme wie Windows Server 2019 vielleicht sogar noch Windows Server 2016 genutzt. Ältere Versionen des Windows Servers dürften heute allerdings wohl nur noch auf verlassenen und von der Zivilisation abgeschiedenen Inseln genutzt werden. Wird keine Internetverbindung benötigt, könnten intern auch alte Versionen von Windows Server weiterhin ausreichen. Alte Windows-Server-Systeme sollten außer Betrieb genommen oder upgegraded werden, da Microsoft keine Sicherheitspatches mehr zur Verfügung stellt.

Jede neuere Version von Windows Server baut auf der vorherigen auf und bietet dabei einige neue und verbesserte Funktionen. Sie sollten beim Lesen der folgenden Abschnitte aber nicht vergessen, dass die Versionen bis einschließlich Windows Server 2012 als veraltet gelten.

NTFS-Dateisystem

Alle Versionen von Windows Server und seit etlichen Jahren (seit Windows 2000) auch die Desktopversionen von Windows nutzen als Dateisystem für Festplatten eine spezielle Formatierungsvariante. Diese unterscheidet sich von einfacheren Systemen wie dem FAT-System (*File Allocation Table* – Dateizuordnungstabelle) das in den frühen 1980ern für MS-DOS und heute weiterhin teilweise für Speichermedien (SD-Karten oder USB-Sticks) verwendet wird. Das NTFS (NT File System) bietet als Dateisystem etliche Vorteile:

✔ NTFS unterstützt sehr viel größere Festplattenkapazitäten als das alte und einfachere FAT-Dateisystem.

✔ NTFS-Laufwerke stellen zusätzliche und bessere Sicherheitsfunktionen als FAT-Laufwerke bereit. Neben den eigentlichen Daten werden für Dateien und Ordner zusätzliche Sicherheitsinformationen auf den Laufwerken abgelegt.

✔ NTFS-Laufwerke sind zuverlässiger, da redundante Kopien wichtiger Daten wie die Position der einzelnen Dateien auf Festplatten gespeichert werden. Wenn bei NTFS-Laufwerken Probleme entstehen, kann Windows diese möglicherweise korrigieren, ohne dass es zu Datenverlusten kommt. Bei einfacheren Dateisystemen ist dies hingegen recht unwahrscheinlich.

Mit Windows 8 und Windows Server 2012 wurde von Microsoft ein neues Dateisystem namens *ReFS* (Resilient File System – robustes *Dateisystem*) als Nachfolger von NTFS eingeführt. Dieses Dateisystem sollte ursprünglich nur unter den Server-Versionen von Windows zur Verfügung stehen, setzte sich aber bis zum heutigen Tage nicht wirklich durch. In den für Heimanwender vorgesehenen Versionen können Sie Partitionen mit ReFS mittlerweile nicht mehr erstellen.

Windows NT Server 4

Windows NT Server 4 war die letzte Version einer Reihe von Versionen mit dem Zusatz *NT* (New Technology). Mit ihr erfolgte der Einstieg in die 32-Bit-Verarbeitung. Dieser Fortschritt bildete einen Meilenstein im Computerbereich und bedeutete das Ende der 16-Bit-Verarbeitung der vorherigen Windows-Versionen. Windows NT war das erste Microsoft-Betriebssystem, das zuverlässig genug arbeitete, um in größeren Netzwerken für Server eingesetzt werden zu können. Mittlerweile ist Windows NT zwar hoffnungslos veraltet, besitzt wegen seiner Nachfahren aber immer noch eine gewisse Bedeutung. Viele der mit Windows NT 4 eingeführten Funktionen existieren heute noch.

Die wahrscheinlich wichtigste Funktion von Windows NT ist sein Verzeichnismodell, das auf dem Konzept der *Domänen* beruht, bei denen es sich um Gruppen von Computern handelt, die in einer einzelnen Verzeichnisdatenbank verwaltet werden. Um auf freigegebene Ressourcen innerhalb einer Domäne zugreifen zu können, müssen Sie ein gültiges Benutzerkonto innerhalb dieser Domäne besitzen und die für den Zugriff auf die jeweiligen Ressourcen benötigten Berechtigungen besitzen. Das Domänensystem nutzt für den Zugriff auf die verschiedenen Rechner innerhalb einer Domäne und den Domänennamen selbst maximal 15 Zeichen lange NetBIOS-Namen.

Windows Server 2000

Windows Server 2000 baut auf Windows NT Server 4 auf, war aber flotter und stabiler, leichter zu verwalten und benutzerfreundlicher. Die wichtigste neue Funktion von Windows Server 2000 war wohl *AD (Active Directory)*. Diese Funktion stellt ein einzelnes Verzeichnis für alle Netzwerkressourcen bereit und ermöglicht Entwicklern die Einbindung des Verzeichnisses in eigene Programme. Active Directory verzichtet auf die 15 Zeichen langen Domänen- und Computernamen zugunsten von DNS-Namen, wie sie auch im Internet verwendet werden (beispielsweise `Marketing.MeineFirma.com` oder `Verkauf.IhreFirma.de`). Die älteren Namen werden aber weiterhin unterstützt und bleiben nutzbar.

Windows Server 2000 gab es in der Basisversion *Server* für kleine bis mittelgroße Netzwerke mit allen elementaren Serverfunktionen und ließ sich als Web- und E-Mail-Server nutzen. Weitere Versionen waren *Advanced Server* sowie *Datacenter Server* für Server mit bis zu 32 Prozessoren und 64 GB RAM für umfangreiche Datenbankanwendungen.

Daneben bot Microsoft für kleine Netzwerke mit maximal 50 Rechnern noch mit dem *Small Business Server* ein spezielles Paket an, das neben Windows Server diese Programme enthielt:

- ✔ **Exchange Server:** für E-Mail und Instant Messaging

- ✔ **SQL Server:** ein Datenbankserver

- ✔ **FrontPage:** für die Erstellung von Webseiten

- ✔ **Outlook:** für das Arbeiten mit E-Mails

Windows Server 2003

Die nächste Serverversion hieß Windows Server 2003 und bot wieder einige neue Funktionen zusätzlich:

✔ Eine neue und verbesserte AD-Version.

✔ Eine verbesserte und leichter nutzbare Schnittstelle für die Systemverwaltung mit mächtigeren Befehlszeilenwerkzeugen neben den von Windows Server 2000 her bekannten MMC-Werkzeugen (Microsoft Management Console).

✔ Eine deutlich geänderte Programmierschnittstelle (API – Application Programming Interface) für Windows-Programme, die unter dem Namen .NET-Framework bekannt wurde.

✔ Unterstützung für noch größere Computer-Cluster. Als *Cluster* wird dabei eine Ansammlung von Computern bezeichnet, die so miteinander zusammenarbeiten, als würde es sich bei ihnen um einen einzigen Server handeln. Windows Server 2003 unterstützte in seinen Enterprise- und Datacenter-Varianten Cluster bis zu acht Servern, während bisherige Versionen auf Cluster mit maximal vier Servern beschränkt waren (davon profitieren offenkundig nur sehr große Netzwerke).

✔ Ein verbessertes verteiltes Dateisystem, mit dem sich Laufwerke auf mehreren Servern zu einem gemeinsamen Volume zusammenfassen ließen.

✔ Unterstützung von SANs (Storage Area Networks).

✔ Eine integrierte Internet-Firewall zur Absicherung der Internetverbindung.

✔ Eine neue Version von Microsofts Webserver IIS 6.0 (Internet Information Services).

Wie sein Vorgänger war auch Windows Server 2003 in verschiedenen Versionen erhältlich. Neben der *Standard Edition* für Server (mit bis zu vier Prozessoren und maximal 32 Gigabyte RAM in der 64-Bit-Version), gab es eine für Webserver optimierte *Web Edition*, eine *Enterprise Edition* für große Netzwerke (maximal acht Prozessoren), Server-Cluster und erweiterte Funktionen für hohe Leistung und Zuverlässigkeit und eine *Datacenter Edition*. Die leistungsstärkste Version unterstützt Server mit maximal 64 Prozessoren, 64 Gigabyte RAM (2 Terabyte in der 64-Bit-Version), Server-Cluster und Fehlertoleranzfunktionen.

Windows Server 2008

Im Februar 2008 wurde Windows Server 2008 veröffentlicht. Zu den neuen Funktionen zählten:

✔ Neuartiger Domänencontroller (nur lesbar).

✔ Active-Directory-Dienste können angehalten und neu gestartet werden, ohne den Server komplett herunterfahren zu müssen.

✔ Eine neue Benutzerschnittstelle auf der Basis von Windows 7 und mit dem Server-Manager ein neues integriertes Verwaltungswerkzeug.

✔ Eine neue Version des Betriebssystems, die *Server Core* genannt wird und ohne grafische Benutzerschnittstelle auskommt. Die Kernfunktionen des Betriebssystems lassen sich komplett über die Befehlszeile oder über einen anderen Rechner (Remotecomputer) ausführen, der über die Microsoft Management Console (MMC) eine Verbindung zum Server herstellt. Mit *Server Core* lassen sich besonders effiziente Server einrichten.

✔ Verbesserungen im Bereich von Remoteverbindungen. Nun können über das Internet mit dem HTTPS-Protokoll Verbindungen mit dem Server hergestellt werden, ohne dass dazu VPN-Verbindungen (VPN – Virtual Private Network) eingerichtet werden müssen.

✔ Eine neue Version (IIS 7.0) des Microsoft Webservers, Internet Information Services.

Windows Server 2008 R2

Im Herbst 2009 veröffentlichte Microsoft eine Aktualisierung von Windows Server 2008, die offiziell Windows Server 2008 R2 genannt wird. R2 baut zwar auf Windows Server 2008 auf, bietet aber dennoch einige neue Funktionen, zu denen neben Virtualisierungsfunktionen, mit deren Hilfe sich mehr als eine Instanz des Betriebssystems auf einem einzelnen Servercomputer ausführen lassen, wieder eine neue IIS-Version (7.5) und die Unterstützung von bis zu 256 Prozessoren zählen.

R2 unterstützt zudem keine 32-Bit-Prozessoren mehr. R2 läuft also nur noch auf 64-Bit-Prozessoren.

Windows Server 2012

Diese Version von Windows Server nutzt eine neue Benutzeroberfläche (im Stil von Windows 8 und Windows 10). Zu den weiteren neuen Funktionen von Windows Server 2012 zählen:

✔ Ein neues Dateisystem (ReFS), das mehr Leistung und Zuverlässigkeit bietet.

✔ Ein neu gestalteter Task-Manager, der darauf hinweisen soll, welche Tasks viel CPU-, Speicher-, Festplatten- und Netzwerkressourcen nutzen.

✔ Die *IP-Adressverwaltung,* bei der es sich um eine Funktion handelt, die automatisch erkennen soll, welche IP-Adressen von anderen Computern und Geräten im Netzwerk benutzt werden.

✔ Die Fähigkeit zur Unterstützung von Servern mit bis zu 640 Prozessoren und 4 TB Arbeitsspeicher.

Windows Server 2016

Windows Server 2016 bietet neben der leicht modifizierten Benutzeroberfläche (Windows 10) vorwiegend Funktionen, die neue Möglichkeiten im Internet bis hin zur Nutzung der Cloud erschließen sollen. Die Systemvoraussetzungen unterscheiden sich dabei im Grunde genommen nur geringfügig von denen von Windows Server 2012.

Windows Server 2019

Mit Windows Server 2019 veröffentlicht Microsoft auch neue Serverversionen wie neue Versionen von Windows 10 in halbjährigem Turnus. Diese Versionen können im bereits erwähnten Server-Core-Modus ausgeführt werden, bei dem keine lokale Konsole oder grafische Benutzeroberfläche für die Remote-Verwaltung vorhanden ist. Entsprechend haben diese Versionen einen schlankeren Fuß und bieten beispielsweise Hackern weniger Angriffsflächen. Benötigen Sie einen Server mit Desktopdarstellungsmodus, müssen Sie eine der LTSC-Versionen (LTSC – Long-Term Servicing Channel) mit längerfristiger Unterstützung einsetzen, wie beispielsweise Windows Server 2019. Die Unterschiede zu Server 2016 sind kleiner geworden im Vergleich von 2016 zu 2012. Die meisten Neuerungen sind dort im Bereich der Hybrid- und Cloud-Funktionen sowie im Bereich der Virtualisierung mit Hyper-V zu finden.

Windows Server 2022

Windows Server 2022 wurde im August 2022 veröffentlicht und basiert immer noch auf Windows 10 – erst der Nachfolger Windows Server 2025 wird auf Windows 11 basieren. Die Zahl der Neuerungen ist hier sehr überschaubar. HTTPS und TLSv1.3 (Transportverschlüsselung von Webinhalten) werden standardmäßig unterstützt. Ebenso gab es einige Detailverbesserungen bezüglich SMB (Netzwerkprotokoll zum Zugriff auf geteilte Ressourcen).

Andere Netzwerkbetriebssysteme

Auch wenn es sich bei Windows Server im Unternehmensumfeld um das gängigste Netzwerkbetriebssystem handelt, läuft Linux diesem so langsam den Rang ab und erlangt immer mehr an Bedeutung. Daneben gab es ebenfalls weitere Netzwerkbetriebssysteme, die heutzutage allerdings kaum noch eine Rolle spielen.

Linux

Das wohl interessanteste der heute erhältlichen Betriebssysteme ist Linux. Das kostenlos erhältliche Linux-Betriebssystem basiert auf Unix und wird häufig in großen Netzwerken oder für Webserver verwendet. Linux wurde ursprünglich von Linus Torvalds entwickelt, der dachte, dass es ihm eine Menge Spaß machen könnte, wenn er in seiner Freizeit eine eigene Unix-Version – gewissermaßen als Hobby – schreiben würde. Er erhielt Hilfe von Hunderten Programmierern auf der ganzen Welt, die ihre Zeit und Bemühungen freiwillig über das Internet zur Verfügung stellten. Heute handelt es sich bei Linux um ein vollständiges Betriebssystem, dessen Benutzer es für gut, besser und/oder flexibler als Windows halten.

Linux bietet im Netzwerk ähnliche Vorteile wie Unix und kann als Netzwerkbetriebssystem eine ausgezeichnete Alternative sein. Die Benutzerverwaltung von Windows Server gilt allerdings als »feinmaschiger« – aber auch komplizierter.

Heute existieren Unmengen verschiedene Linux-Distributionen, zu denen im Grunde genommen auch die verschiedenen Versionen des Android-Betriebssystems für Smartphones und Tablets zählen. Speziell angepasste Linux-Versionen dienen aber auch vielen Mediaplayern, Smart-TVs, NAS-Laufwerken (Netzwerkfestplatten und kleinen, eigenständigen Servern) bis hin zu Bluray-Playern und Einplatinenrechnern wie dem *Raspberry Pi* als Betriebssystem.

Diese schier zahllose Vielfalt der Linux-Varianten für die verschiedensten Einsatzzwecke unterscheidet sich nicht nur in der Vorauswahl und Vorkonfiguration der Programme und Dienste recht erheblich. Wollen Sie Linux nicht nur als Desktop-Betriebssystem einsetzen, sollten Sie sich besser gezielt nach einer speziell auf diesen Einsatzzweck zugeschnittenen Distribution umsehen. Oft sind neben den Standardversionen auch spezielle Serverversionen erhältlich, so zum Beispiel Ubuntu Server.

Apple macOS Server

Alle anderen in diesem Kapitel beschriebenen Netzwerkbetriebssysteme laufen auf PC-kompatiblen Rechnern. Aber was ist mit Macintosh-Computern? Schließlich benötigen diese ebenfalls Netzwerke. Für Macintosh-Computer bot Apple mit *macOS Server* ein spezielles Netzwerkbetriebssystem an, das alle Funktionen bot, die Sie von einem Netzwerkbetriebssystem erwarten: Datei- und Druckerfreigabe, Internetfunktionen, E-Mail und so weiter.

Die eigenständige macOS-Server-Variante wurde allerdings schon 2011 eingestellt. Seitdem gab es aber weiterhin eine Sammlung an zusätzlichen Hilfsprogrammen, die auf einem normalen macOS installiert werden konnten und so einige Server-Funktionen nachlieferten. Doch im Jahr 2022 hat Apple auch diese Erweiterung komplett eingestellt.

Novell NetWare und OES (Open Enterprise Server)

Dieser Abschnitt hat mittlerweile kaum mehr als historische Bedeutung. NetWare war früher einmal der König unter den Netzwerkbetriebssystemen und genoss immer einen ausgezeichneten Ruf. Die erste Version von *Novell NetWare* erschien bereits 1983, zwei Jahre vor der ersten Windows-Version und vier vor dem ersten Netzwerkbetriebssystem von Microsoft, dem heute nicht mehr existierenden *LAN-Manager*. Mit den Jahren wurden etliche NetWare-Versionen veröffentlicht, wobei die letzte wichtige Aktualisierung im Sommer 2003 (als Version 6.5) erschien. Ab 2005 wurde NetWare in ein Linux-basiertes System überführt. 2010 wurde Novell von *The Attachmate Group* und 2014 dann von *Micro Focus International* aufgekauft. »Novell« wurde dann nur noch als Markenname fortgeführt.

Die vielen Möglichkeiten zur Installation eines Netzwerkbetriebssystems

Unabhängig von dem Netzwerkbetriebssystem, das Sie für Ihren Server verwenden wollen, können Sie eines von mehreren gängigen Verfahren zur Installation der Netzwerkbetriebssystemsoftware auf dem Server verwenden. In den folgenden Abschnitten werde ich diese Möglichkeiten beschreiben.

Vollständige Installation versus Upgrade

Eine der wichtigsten Entscheidungen bei der Installation des Netzwerkbetriebssystems ist die zwischen einer vollständigen Installation oder einem Upgrade, also einer Aktualisierung der bereits vorhandenen Installation, zum Beispiel ein Upgrade von Windows Server 2019 auf Windows Server 2022. In einigen Fällen ist es vielleicht selbst dann besser, eine vollständige Neuinstallation durchzuführen, wenn auf einem Rechner bereits eine ältere Version des Netzwerkbetriebssystems installiert ist. Sie haben folgende Alternativen:

✔ Wenn Sie das Netzwerkbetriebssystem auf einem neuen Server installieren, führen Sie eine *vollständige Installation* durch, bei der das Betriebssystem installiert und mit seinen Vorgabeeinstellungen konfiguriert wird.

✔ Wenn Sie das Netzwerkbetriebssystem auf einem Server installieren, auf dem bereits ein Netzwerkbetriebssystem installiert ist, können Sie ein *Upgrade* durchführen, bei dem das vorhandene Betriebssystem durch das neue ersetzt wird, wobei aber möglichst viele der Einstellungen des bereits vorhandenen Betriebssystems übernommen werden. Dies macht vor allem dann Sinn, wenn bereits viele Programme und Konfigurationen auf dem Server vorhanden sind, die Sie nach einer Neuinstallation einer neueren Version wieder umständlich installieren oder konfigurieren müssten.

✔ Eine frische Installation ist einer Upgrade-Installation oftmals vorzuziehen, wenn es die Gegebenheiten erlauben. Das Betriebssystem wird dadurch keinen Ballast mitnehmen und läuft erfahrungsgemäß viel stabiler.

Sollte noch die 32-Bit-Version eines Betriebssystems installiert sein, lassen sich normalerweise keine Upgrades auf 64-Bit-Versionen durchführen. Aufgrund der unterschiedlichen Prozessorarchitekturen bleibt Ihnen dieser Weg dann versperrt.

✔ Sie können auf einem Rechner, auf dem bereits ein Betriebssystem installiert ist, auch eine vollständige Installation durchführen. Dann können Sie das bereits vorhandene Betriebssystem entweder löschen oder eine *Multiboot-Installation* durchführen, bei der das neue Serverbetriebssystem parallel zum bereits vorhandenen Betriebssystem installiert wird. Beim Starten des Rechners können Sie dann wählen, welches Betriebssystem gestartet werden soll.

Auch wenn sich der Gedanke an eine Multiboot-Installation recht verlockend anhört, birgt diese doch vielerlei Gefahren. Vermeiden Sie Multiboot, sofern es keine besonderen Gründe für die Nutzung dieser Option gibt.

Sie können Multiboot technisch allerdings auch mit getrennten physischen Datenträgern realisieren. Dazu können Sie HDDs (Festplatten), SSDs (Solid-State-Drives) oder USB-Sticks verwenden. Für Linux reichen dann 64 GByte Datenträgerkapazität normalerweise aus, wobei Einplatinenrechner wie der Raspberry Pi sich sogar noch mit 16 oder 32 GByte auf Speicherkärtchen begnügen.

Mit USB sind Sie ein wenig langsamer unterwegs, für Festplatten sind Wechselrahmen erhältlich, bei denen eine Schublade einfach geöffnet werden kann, um physische Festplatten zu installieren oder zu wechseln. Jedenfalls können Sie auf diese Weise die Risiken von Multiboot-Systemen minimieren.

✔ Eine Windows-Clientversion lässt sich generell nicht auf eine Serverversion aktualisieren. Dann müssen Sie immer eine vollständige Neuinstallation, bei der das bereits vorhandene Windows-Betriebssystem gelöscht wird, oder eine Multiboot-Installation durchführen, bei der das vorhandene Windows erhalten bleibt. Wie dem auch sei, es gibt bei der Installation der Serverversion immer Möglichkeiten, die auf einem Windows-Rechner bereits vorhandenen Daten zu erhalten.

In der Praxis kommt es leider immer wieder vor, dass – gerade bei Windows Servern – die Server-Versionen bis zum dem Tag betrieben werden, an dem Microsoft die Unterstützung für diese Version einstellt. In diesem Fall sind Sie dann mehr oder weniger gezwungen, auf eine neuere Version zu wechseln.

In den meisten Fällen können Sie aber bei einem Upgrade nicht einfach auf die aktuellste Version des Windows Servers wechseln, da Sie im Normalfall immer nur eine Version »überspringen« können. So können Sie beispielsweise von Windows Server 2008 R2 maximal auf Windows Server 2019 upgraden (dies wird sich erst mit der Veröffentlichung von Windows Server 2025 ändern: Hier können Sie dann ab Windows Server 2008 R2 direkt ein Upgrade auf die 2025er-Version vornehmen).

Durch diese Tatsache ist das Verhalten vieler Administratoren verständlich, dass Upgrades immer wieder aufgeschoben werden, weil dies meist eine ganze »Upgrade-Orgie« nach sich zieht.

Trotzdem hier ein gut gemeinter Tipp: Upgraden Sie regelmäßig die verwendeten Betriebssysteme und warten Sie nicht, bis das Support-Ende endgültig erreicht ist! Dies gilt im Übrigen nicht nur für Windows Server, sondern ebenfalls für die Desktop-Betriebssysteme und Linux.

Installation über das Netzwerk

Normalerweise werden Sie die Installation eines Netzwerkbetriebssystems direkt von Datenträgern über das DVD-Laufwerk des Servers durchführen oder zumindest von dort aus anstoßen und weitere Teile aus dem Internet nachladen. Wenn der Server bereits auf das Netzwerk zugreifen kann, können Sie das Betriebssystem allerdings auch von einem auf einem anderen Rechner freigegebenen Laufwerk aus installieren. Dabei können Sie entweder ein freigegebenes DVD-Laufwerk benutzen oder den vollständigen Inhalt der Originaldatenträger auf eine freigegebene Festplatte oder einen USB-Stick oder eine Speicherkarte kopieren.

Wenn Sie das Netzwerkbetriebssystem auf mehr als einem Server installieren müssen, können Sie möglicherweise Zeit sparen, wenn Sie die Distributions-DVD erst auf eine freigegebene Festplatte kopieren, weil selbst die schnellsten optischen Laufwerke normalerweise langsamer als ein flottes Netzwerk sind. Selbst bei einem einfachen 100-MBit/s-Netzwerk erfolgt der Zugriff auf die auf einer Festplatte gespeicherten Daten über das Netzwerk schneller als über ein lokales DVD-Laufwerk.

Materialien sammeln

Bevor Sie ein Netzwerkbetriebssystem installieren, sollten Sie alle benötigten Daten sammeln, um sich nicht mitten im Setup auf die Suche begeben zu müssen. In den folgenden Abschnitten werden die Angaben beschrieben, die Sie sehr wahrscheinlich benötigen werden.

Ein leistungsfähiger Serverrechner

Natürlich müssen Sie einen Rechner haben, auf dem das Netzwerkbetriebssystem installiert werden soll. Für jedes Netzwerkbetriebssystem gibt es eine Liste mit Angaben zu den minimalen Hardwareanforderungen, die das jeweilige Betriebssystem stellt. Tabelle 9.1 enthält Angaben zu den Minimalanforderungen von Windows Server 2022.

Diese sollten Sie allerdings mit einer gehörigen Portion Vorsicht genießen. Selbst mit 4 GB RAM bleiben die jüngeren Versionen von Windows Server *reichlich* lahme Schnecken. Mit weniger als 4 GB RAM sollten Sie gar nicht erst anfangen und wenn Sie Größeres vorhaben, sollten es schon mindestens 16 GB sein, was dann allerdings für die meisten nicht allzu speziellen Zwecke ausreichen sollte.

Hardware	Minimalanforderungen laut Microsoft	Sinnvolle Ausstattung
Prozessor	64-Bit-Prozessor mit mindestens 1,4 GHz Taktfrequenz	64-Bit-Quad-Core-Prozessor mit mindestens 2 GHz Taktfrequenz
RAM	2048 MB	8096 MB
freie Festplattenkapazität	32 GB	265 GB

Tabelle 9.1: Die Hardwareanforderungen von Windows Server 2022

Wenn es darauf ankommt, sollten Sie Ihre Serverhardware sicherheitshalber besser auch mit einer vom Hersteller Ihres Netzwerkbetriebssystems veröffentlichten Liste der kompatiblen Hardware vergleichen. Microsoft veröffentlicht zum Beispiel eine Liste der Hardware, die zusammen mit Windows Server getestet und zertifiziert wurde. Diese finden Sie unter der Adresse `www.windowsservercatalog.com` im Web.

Das Serverbetriebssystem

Sie benötigen auch ein Serverbetriebssystem, das Sie installieren können. Entweder benötigen Sie die Originaldatenträger oder Zugriff auf eine Kopie derselben über das Netzwerk oder das Internet. Neben den Originaldatenträgern sollten Ihnen die folgenden Dinge vorliegen:

✔ **Produktschlüssel:** Das Installationsprogramm fordert Sie während der Installation zur Eingabe des Produktschlüssels auf. Damit sollen Sie beweisen, dass Ihnen eine legale Kopie der Software vorliegt. Wenn Ihnen die Originaldatenträger vorliegen, befinden sich Aufkleber mit dem Produktschlüssel meist auf der Verpackung oder der Hülle der Datenträger. Zuweilen sind generische Produktschlüssel zu Testzwecken erhältlich.

✔ **Handbücher:** Wenn das Betriebssystem noch zusammen mit gedruckten Handbüchern geliefert wurde, kann es nicht schaden, diese griffbereit zu halten.

✔ **Startdatenträger:** Wenn Sie das Betriebssystem auf einem nagelneuen Server installieren wollen, müssen Sie diesen irgendwie starten können. Bei den aktuellen Versionen der Netzwerkbetriebssysteme können Sie den Rechner üblicherweise mit den Originaldatenträgern starten. Sollte das nicht der Fall sein, müssen Sie passende Speichermedien erstellen, mit deren Hilfe Sie den Server starten können.

✔ **Angaben zu Ihrer Lizenzart:** Sie können Microsoft-Betriebssysteme für eine bestimmte Anzahl von Servern oder Benutzern kaufen. Wenn Sie das Netzwerkbetriebssystem installieren, müssen Sie deshalb wissen, welches Lizenzierungsmodell verwendet wird.

Werfen Sie einen Blick in das Inhaltsverzeichnis der Originaldatenträger und prüfen Sie, ob Sie dort Dokumentationen des Produkts oder spezielle aktuelle Informationen finden. Bei Windows Server gibt es zum Beispiel den Ordner \docs, der etliche Dateien mit nützlichen Informationen zur Servereinrichtung enthält.

Andere Software

In den meisten Fällen sollte das Installationsprogramm die (wichtigen) Hardwarekomponenten Ihres Servers automatisch konfigurieren und die passenden Treiber installieren können. Vorsorglich sollten Sie aber eventuell zusammen mit den Komponenten (Netzwerkadapter, Drucker, Scanner und so weiter) gelieferte Datenträger mit Treibern bereitlegen, sofern es solche gibt.

Ohne betriebsbereiten Laptop und Internetzugriff installiere ich selbst normalerweise kein Betriebssystem. Schon deshalb, weil heute viele Geräte über webbasierte Oberflächen konfiguriert und eingerichtet werden können und es mir gar nicht gefällt, wenn ich IP-Adressen von Geräten innerhalb einer Produktivumgebung ändern muss. Allzu leicht hat man dabei hier oder da versehentlich eine Einstellung geändert, von der man besser die Finger gelassen hätte.

Eine funktionierende Internetverbindung

Die Installation verläuft viel reibungsloser oder ist vielleicht nur dann möglich, wenn bereits vor dem Start der Installation eine funktionierende Internetverbindung bereitsteht. Der Installationsvorgang kann diese Internetverbindung für mehrere Aufgaben nutzen:

✔ **Download aktueller Updates oder Fehlerkorrekturen für das Betriebssystem:** Dadurch kann die Notwendigkeit der Installation von Aktualisierungen nach der eigentlichen Installation des Netzwerkbetriebssystems entfallen.

✔ **Auffinden von Treibern für nicht direkt unterstützte Komponenten:** Das kann ein großer Vorteil sein, wenn Sie zum Beispiel die Datenträger mit den Treibern für Ihren unbekannten Netzwerk-Adapter nicht finden können oder wenn es um Treiber für relativ neue (noch nicht direkt unterstützte) oder eher betagte (nicht mehr direkt unterstützte) Komponenten geht.

✔ **Aktivierung des Produkts nach Abschluss der Installation (bei Microsoft-Betriebssystemen).**

Ein gutes Buch

Während der Installation können Sie oft kaum mehr machen, als Fortschrittsmeldungen zu beobachten. Die teils lange Wartezeit könnten Sie zum Beispiel zum Lesen benutzen. Es ist keine Seltenheit, wenn erst Stunden mit der Installation und dann noch einmal mit Aktualisierungen draufgehen, bevor Sie dann noch einmal Stunden mit Testen, Konfigurieren und Nachinstallieren weiterer Programme verbringen können. Ein Buch oder eine Zeitschrift kann dabei zwischenzeitlich höchst willkommen sein.

Fundierte Entscheidungen treffen

Wenn Sie ein Netzwerkbetriebssystem installieren, müssen Sie einige Entscheidungen darüber treffen, wie das Betriebssystem und die Server konfiguriert werden sollen. Die meisten dieser Entscheidungen sind nicht alternativlos. Sie brauchen also keine Angst zu haben, wenn nicht gleich alles auf Anhieb perfekt konfiguriert sein sollte. Sie können die meisten Optionen auch nachträglich noch umkonfigurieren. Sie können aber Zeit sparen, wenn Sie die richtigen Entscheidungen bereits vorher treffen und nicht herumraten müssen, wenn Ihnen das Setup-Programm Fragen zu stellen beginnt. Insbesondere Gerätenamen sollten Sie systematisch vergeben.

Die folgende Liste erläutert die meisten Entscheidungen, die Sie bei der Installation treffen müssen:

✔ **Das vorhandene Betriebssystem:** Wenn Sie das vorhandene Betriebssystem erhalten wollen, können Sie möglicherweise ein Multiboot-System einrichten, um beim jeweiligen Rechnerstart wählen zu können, welches Betriebssystem gestartet werden soll. Das ist natürlich keine sinnvolle Option bei Serverrechnern. Meist empfiehlt es sich, das vorhandene Betriebssystem zu sichern und zu löschen.

✔ **Aufteilung (Partitionierung) der Festplatte:** Häufig wird bei Windows-Servern die gesamte Festplatte des Servers als eine einzige Partition eingerichtet. Wenn Sie die Festplatte aber in zwei oder mehr Partitionen aufteilen wollen, sollten Sie dies bereits bei der Einrichtung des Betriebssystems erledigen. Im Unterschied zu den meisten anderen Entscheidungen bei der Einrichtung lässt sich diese nachträglich meist nur noch unter relativ hohem Aufwand ändern.

✔ **Name des Computers:** Während der Einrichtung des Betriebssystems werden Sie möglicherweise zur Eingabe eines Computernamens aufgefordert, über den der Server im Rechner identifiziert wird. Oft wird hier ein zufällig erzeugter Name vorgegeben, der bei Bedarf nachträglich geändert werden kann. Wenn es in Ihrem Netzwerk nur wenige Server gibt, können Sie einfach einen Namen auswählen (zum Beispiel Server01 oder MeinServer). Wenn es im Netzwerk aber mehr als nur einige wenige Server gibt, dann sollten Sie bei der Vergabe von Namen für die Server zuvor festgelegten Richtlinien oder Regeln folgen. Windows vergibt mittlerweile provisorisch irgendwelche mehr oder weniger zufällig erzeugte Servernamen. Je nach Einsatzzweck des Servers empfiehlt es sich zuweilen, diese zeitnah zu ändern, am besten direkt nach dem ersten Start und bei Vergabe der festen IP.

✔ **Kennwort (Passwort) des Administrators:** Na gut, das ist eine schwere Entscheidung. Sie werden wohl kaum so etwas wie »Passwort«, »Administrator« oder Ihren Nachnamen verwenden wollen. Da Sie ganz schön in der Tinte sitzen, wenn Sie das Administratorkennwort irgendwann vergessen, werden Sie andererseits aber auch kaum irgendeine rein zufällige Zeichenfolge verwenden wollen. Erstellen Sie ein komplexes Kennwort, das aus einer Mischung von Groß- und Kleinbuchstaben, einigen Zahlen und vielleicht noch dem ein oder anderen Sonderzeichen besteht. Notieren Sie es sich dann und bewahren Sie es an einem sicheren Ort auf, von dem Sie wissen, dass es dort nicht verloren geht.

✔ **Netzwerkprotokolle:** Sie werden TCP/IP, das Netzwerkprotokoll für Microsoft-Clients und die Datei- und Druckerfreigabe wohl immer installieren wollen. Je nach Nutzung des Servers muss vielleicht noch das eine oder andere Protokoll zusätzlich installiert werden.

✔ **TCP/IP-Konfiguration:** Sie müssen wissen, welche IP-Adresse für den Server verwendet werden soll. Selbst wenn es in Ihrem Netzwerk bereits einen DHCP-Server gibt, der Clients automatisch IP-Adressen zuweist, ist es zumindest zuweilen sinnvoller, wenn Sie für *Server* oder Geräte mit *Serverfunktionen* statische IP-Adressen verwenden. Dazu zähle ich insbesondere auch die im privaten Umfeld verbreiteten Mediaserver. Diese lassen sich oft mit Android-Geräten via Netzwerk fernsteuern, wodurch es recht unangenehm wird, wenn sich deren Adressen immer wieder ändern! Schalten Sie das IPv6-Protokoll nicht ab, auch wenn Sie es eigentlich nicht benötigen. Mittlerweile nutzen Server dieses Protokoll auch für interne Kommunikation.

✔ **Arbeitsgruppen- oder Domänenname:** Sie müssen entscheiden, ob der Server einer Domäne beitreten oder einfach nur Mitglied einer Arbeitsgruppe sein soll. In beiden Fällen müssen Sie den entsprechenden Namen kennen. Wenn Sie Windows Server installieren, werden Sie meist eine Domäne nutzen. Arbeitsgruppen (Workgroups) werden vorwiegend für P2P-Netzwerke (Peer-to-Peer) verwendet, in denen es keine dedizierten Server gibt.

Abschließende Vorbereitungen

Bevor Sie mit der Installation beginnen, sollten Sie einige weitere vorbereitende Maßnahmen ergreifen:

✔ **Aufräumen:** Räumen Sie auf der Festplatte des Servers auf und deinstallieren Sie nicht mehr benötigte Programme und Daten. Dieser Schritt ist insbesondere dann wichtig, wenn Sie einen bisherigen Clientrechner zum Server umfunktionieren wollen.

Wahrscheinlich werden dann auf dem Server später Microsoft Office und ein Haufen Spiele nicht mehr benötigt.

✔ **Backup:** Erstellen Sie eine vollständige Sicherung der Festplatten des Rechners. Die Einrichtungsprogramme der Betriebssysteme arbeiten heute zwar meist weitestgehend fehlerfrei, weshalb es recht unwahrscheinlich ist, dass Daten während der Installation verloren gehen, aber garantieren kann Ihnen das niemand. Zuletzt ist mir das aufgrund von Lesefehlern bei einer gebrannten Installations-DVD passiert!

✔ **Rechner von UPS trennen:** Wenn der Rechner an eine unterbrechungsfreie Stromversorgung (USV oder UPS – Uninterruptible Power Supply) angeschlossen ist, sollten Sie diese während der Installation besser trennen. Dann kann die Steuerverbindung das Einrichtungsprogramm des Betriebssystems nicht durcheinanderbringen.

✔ **Entspannen:** Zünden Sie einige Duftkerzen an, legen Sie beruhigende Musik auf und setzen Sie eine Kanne Kaffee auf.

Schalten Sie bei der Installation alle bereits installierten Netzwerkgeräte ein und sorgen Sie dafür, dass sie betriebsbereit sind. Dann könn(t)en viele automatisch erkannt werden.

Ein Netzwerkbetriebssystem installieren

Die nachfolgenden Abschnitte sollen Ihnen einen Überblick über eine typische Installation von Windows Server geben. Auch wenn die Einzelheiten variieren können, ähneln sich die Installationsprozesse der meisten Netzwerkbetriebssysteme doch stark.

In den meisten Fällen empfiehlt sich eine Neuinstallation von Windows Server direkt vom Installationsmedium. Upgrades sind zwar möglich, Ihr Server wird aber bei einer Neuinstallation deutlich stabiler. (Deswegen verschieben Netzwerkadministratoren Upgrades von Windows Server auch gern, bis es ohnehin wieder einmal Zeit wird, die Serverhardware aufzurüsten.)

Um mit der Installation zu beginnen, legen Sie die DVD in das entsprechende Laufwerk ein und starten den Server neu. Damit sorgen Sie dafür, dass der Server direkt vom Installationsmedium startet und das Setup-Programm ausgeführt wird.

Sie können oder müssen heute ISO-Dateien über das Internet herunterladen und auf DVDs, USB-Sticks oder andere Speichermedien kopieren. Um ein ISO-Abbild auf einen (bootbaren) USB-Stick zu schreiben, können Sie unter Windows einfach das Tool balenaEtcher verwenden. Dieses können Sie kostenlos unter `https://etcher.balena.io` herunterladen. Die Verwendung dieses Tools ist sehr einfach und daher selbsterklärend.

Während der Ausführung des Setups durchläuft das Programm zwei verschiedene Installationsphasen, nämlich das Sammeln von Informationen und die Installation von Windows. Diese Installationsphasen werden in den folgenden Abschnitten ausführlicher beschrieben.

Phase 1: Daten sammeln

In der ersten Installationsphase fragt das Setup-Programm vorab einige Daten ab, die für die Installation benötigt werden. Der Einrichtungsassistent fragt dabei Angaben wie diese ab:

✔ **Sprache:** Hier wählen Sie Ihre Sprache, die Zeitzone und das Tastaturlayout aus.

✔ **Produktschlüssel:** Tragen Sie den (25 Zeichen langen) Produktschlüssel ein, den Sie erhalten haben. Wenn Ihnen das Setup-Programm mitteilt, dass der Produktschlüssel ungültig ist, überprüfen Sie ihn noch einmal sorgfältig. Wahrscheinlich haben Sie sich einfach nur vertippt. Notfalls kann Ihnen der Support oft auch Testschlüssel mit begrenzter Laufzeit geben, die Ihnen Zeit geben, erst später nach dem gültigen Produktschlüssel zu suchen.

✔ **Betriebssystemtyp:** Hier wählen Sie beispielsweise zwischen der Standard-Edition mit und dem reinen Kernsystem ohne grafische Benutzeroberfläche aus. Das Kernsystem mit rein textorientierter Benutzeroberfläche sollten Sie nur dann installieren, wenn Sie mit der Befehlszeilenoberfläche von Windows Server, der *PowerShell*, meisterhaft umzugehen wissen.

✔ **Lizenzvereinbarung:** Die offizielle Lizenzvereinbarung wird angezeigt. Sie müssen den Bedingungen zustimmen, um die Einrichtung von Windows Server fortsetzen zu können.

✔ **Installationstyp:** Hier können Sie zwischen Aktualisierung und Neuinstallation wählen.

✔ **Installationsziel:** Schließlich müssen Sie noch festlegen, in welcher Partition Windows auf der Festplatte installiert werden soll.

Da sich die Installationsprogramme zuweilen ändern oder auch zwischen den Versionen unterschiedlich gestaltet werden, können die einzelnen angeforderten Daten anders aussehen.

Phase 2: Windows installieren

In dieser Phase beginnt die eigentliche Windows-Installation. Hier werden die folgenden Schritte ausgeführt:

1. **Dateien kopieren**: Die komprimierten Versionen der Installationsdateien werden auf den Servercomputer kopiert.

2. **Dateien expandieren**: Die komprimierten Installationsdateien werden entpackt.

3. **Funktionen installieren**: Die Serverfunktionen werden installiert.

4. **Updates installieren**: Das Setup-Programm überprüft mithilfe der Microsoft-Website die Aktualität der Dateien und lädt kritische Updates des Betriebssystems herunter.

5. **Abschluss der Installation**: Nach der Installation der Updates startet das Setup-Programm den Rechner neu, um die Installation vervollständigen zu können.

Den Server konfigurieren

Nach der Installation von Windows Server wird der Rechner automatisch neu gestartet. Nach der Anmeldung wird Ihnen dann der Server-Manager angezeigt, der ähnlich wie in Abbildung 9.2 aussehen sollte.

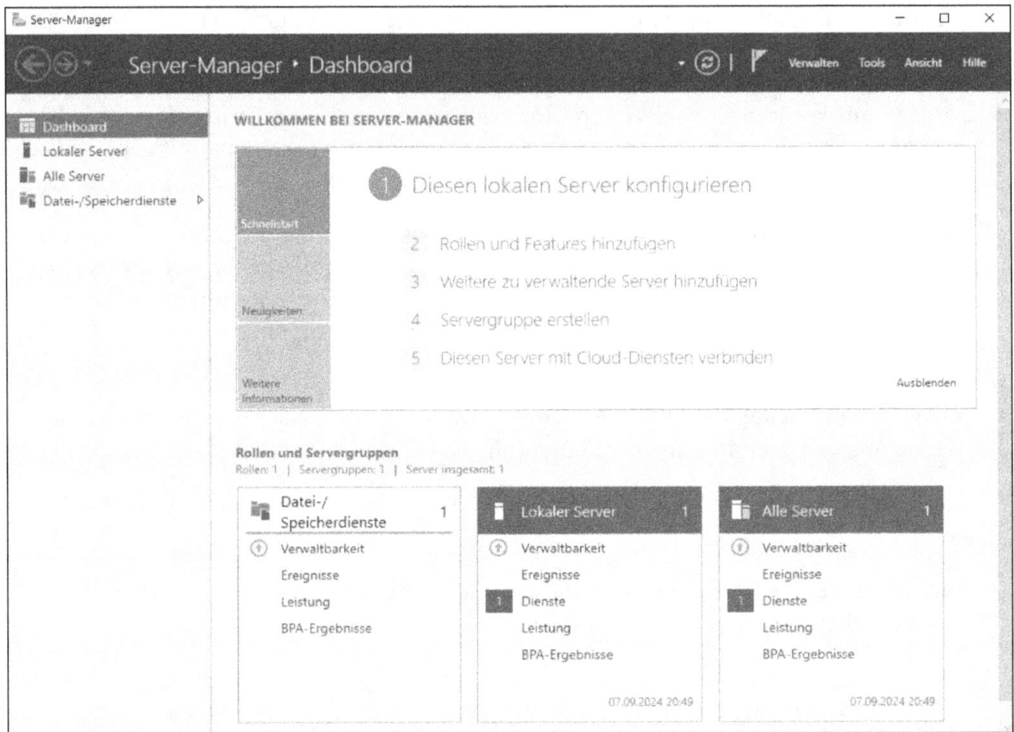

Abbildung 9.2: Der Server-Manager von Windows Server

Über den Server-Manager erledigen Sie die weiteren für die Konfiguration und den produktiven Einsatz des Servers erforderlichen Schritte. Insbesondere können Sie hier die Netzwerkfunktionen installieren und die Rollen konfigurieren, die der Server bereitstellen soll, wie beispielsweise Dateiserver, Webserver, DHCP-Server und/oder DNS-Server.

IN DIESEM KAPITEL

Benutzerkonten verstehen

Benutzerkonten anlegen

Benutzerkontenoptionen festlegen

Mit Benutzergruppen arbeiten

Ein Anmeldeskript erstellen

Kapitel 10

Windows-Benutzerkonten verwalten

Jeder Benutzer, der auf ein Netzwerk zugreift, muss ein *Benutzerkonto* besitzen. Über Benutzerkonten können Sie steuern, wer auf das Netzwerk zugreifen darf und wer nicht und welche Ressourcen den verschiedenen Benutzern zur Verfügung stehen. Ohne Benutzerkonten wären Ressourcen allen zugänglich, die zufällig Zugang zu Ihrem Netzwerk erhalten.

Windows-Benutzerkonten – Grundlagen

Benutzerkonten zählen zu den grundlegenden Verwaltungswerkzeugen eines Windows-Servers. Netzwerkadministratoren verbringen viel Zeit mit der Pflege von Benutzerkonten: Neue Benutzerkonten müssen angelegt, abgelaufene Konten gelöscht, Kennwörter vergesslicher Benutzer zurückgesetzt, neue Zugriffsrechte zugewiesen werden und so weiter. Bevor wir uns mit der spezifischen Vorgehensweise beim Erstellen und Verwalten von Benutzerkonten befassen, erhalten Sie in diesem Abschnitt einen Überblick über Benutzerkonten und deren Funktionsweise.

Lokale Konten und Domänenkonten

Bei einem *lokalen Konto* handelt es sich um ein auf einem bestimmten Rechner gespeichertes Benutzerkonto. Dieses Konto gilt nur für den jeweiligen Rechner. Üblicherweise gibt es auf jedem Rechner im Netzwerk ein lokales Konto für diejenigen, die ihn benutzen.

Beim Benutzerkonto des Administrators, das Sie im Rahmen der Installation von Windows Server anlegen, handelt es sich beispielsweise um ein solches lokales Benutzerkonto.

Ein *Domänenkonto* ist im Gegensatz dazu ein Benutzerkonto, das in einem zentralen Verzeichnis (dem Active Directory) gespeichert ist. Jeder der entsprechenden Domäne zugehörige Rechner kann auf Domänenkonten zugreifen. Diese werden zentral verwaltet. In diesem Kapitel geht es primär um die Einrichtung und Pflege von Domänenkonten.

Eigenschaften von Benutzerkonten

Jedes Benutzerkonto besitzt eine Menge wichtiger *Kontoeigenschaften*. Die drei wichtigsten sind:

✔ **Benutzername:** Ein eindeutiger Name, der das Konto kennzeichnet. Der Benutzer muss den Benutzernamen eingeben, wenn er sich beim Netzwerk anmeldet. Bei den Benutzernamen handelt es sich um öffentlich zugängliche Daten. Anders ausgedrückt können (und müssen) andere Netzwerkbenutzer oft Ihren Benutzernamen kennen oder ermitteln können.

✔ **Kennwort:** Eine geheime Zeichenkombination, die eingegeben werden muss, um Zugriff auf ein bestimmtes Konto zu erhalten. Sie können Windows so konfigurieren, dass bestimmte Richtlinien bei der Auswahl von Kennwörtern eingehalten werden müssen. Zum Beispiel können Sie erzwingen, dass Kennwörter eine bestimmte Mindestlänge haben müssen, aus einer Kombination von Buchstaben und Ziffern bestehen müssen und/oder nach einer gewissen Zeitspanne geändert werden müssen.

✔ **Gruppenmitgliedschaft:** Gibt die Gruppen an, zu denen ein Benutzerkonto gehört. Gruppenmitgliedschaften sind bei der Vergabe von Zugriffsrechten an Benutzer von wesentlicher Bedeutung, damit die Benutzer auf Netzwerkressourcen (zum Beispiel Datei- oder Druckerfreigaben) zugreifen können oder bestimmte Netzwerkaufgaben wie das Erstellen neuer Benutzerkonten oder Sicherungen von Servern übernehmen können. Typische Gruppen entsprechen beispielsweise Unternehmensabteilungen, da es oft erforderlich ist, dass diese auf eine gemeinsame Datenbasis zugreifen können.

Es gibt viele weitere Kontoeigenschaften, die Informationen über Benutzer enthalten, zum Beispiel die Kontaktdaten des Benutzers, die Zeiten, in denen Zugriffe von Benutzern auf das System zulässig, oder die Rechner, von denen Zugriffe erlaubt sind.

Bevor es weitergeht

Wie bereits erwähnt, geht es im Folgenden um die Benutzerverwaltung von Domänenkonten. Damit Sie diese Schritte nachvollziehen können, müssen auf dem Windows Server folgende Rollen installiert worden sein:

✔ Active Directory Lightweight Directory Services

✔ Active-Directory-Domänendienste

Ebenso muss der Windows Server bereits als Domänencontroller konfiguriert worden sein.

Einen neuen Benutzer anlegen

Um unter Windows Server ein neues Domänenbenutzerkonto anzulegen, führen Sie die folgenden Schritte durch:

1. **Wählen Sie im Menü des Server-Managers TOOLS|ACTIVE DIRECTORY-BENUTZER UND -COMPUTER.**

   Nun wird die Managementkonsole ACTIVE DIRECTORY-BENUTZER UND -COMPUTER angezeigt (siehe Abbildung 10.1).

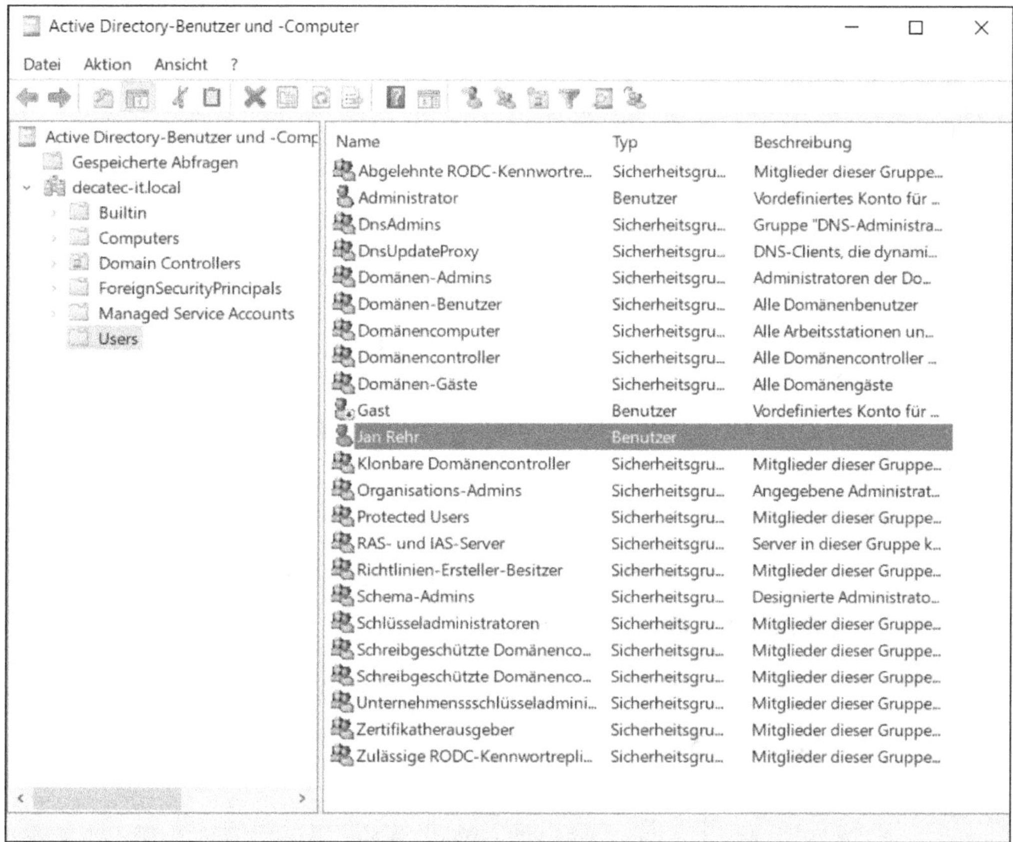

Abbildung 10.1: Die Managementkonsole »Active Directory-Benutzer und -Computer«

2. **Klicken Sie die Domäne, der ein neuer Benutzer hinzugefügt werden soll, mit der rechten Maustaste an, und wählen Sie im Kontextmenü NEU|BENUTZER.**

   Damit wird der Assistent NEUES OBJEKT – BENUTZER gestartet (siehe Abbildung 10.2).

Abbildung 10.2: Einen neuen Benutzer anlegen

3. Geben Sie den Vor- und Nachnamen des Benutzers und gegebenenfalls dessen Initialen ein.

Während Sie die Daten eingeben, trägt Windows automatisch den vollständigen Namen des Benutzers ein.

4. Falls gewünscht, können Sie die Angabe im Feld VOLLSTÄNDIGER NAME ändern.

Vielleicht wollen Sie, dass der Nachname im vollständigen Namen zuerst erscheint.

5. Tragen Sie den Benutzeranmeldenamen ein.

Dieser Name muss in der Domäne eindeutig sein. Keine Sorge, Sie müssen sich die Namen nicht selbst merken, darum kümmert sich Windows Server und zeigt gegebenenfalls eine Fehlermeldung an.

> Benutzen Sie bei der Erzeugung von Anmeldenamen ein einheitliches Schema. Verwenden Sie beispielsweise den ersten Buchstaben des Vornamens zusammen mit dem vollständigen Nachnamen oder ein beliebiges anderes Schema, das Ihnen zusagt. Wichtig ist nur, dass Sie bei allen Benutzern das gleiche Namensschema verwenden.

6. Klicken Sie WEITER an.

Die zweite Seite des Assistenten wird angezeigt, auf der Sie zur Eingabe des Benutzerkennworts aufgefordert werden (siehe Abbildung 10.3).

Abbildung 10.3: Hier legen Sie das Kennwort des Benutzers fest.

7. **Geben Sie das Kennwort zweimal ein.**

   Um Tippfehler möglichst zu eliminieren, müssen Sie das Kennwort zweimal eingeben. Falls Sie die beiden Kennwörter nicht identisch schreiben, werden Sie aufgefordert, Ihren Fehler zu korrigieren.

8. **Legen Sie die zu verwendenden Kennwortoptionen fest.**

   Die folgenden Kennwortoptionen stehen bereit:

   - BENUTZER MUSS KENNWORT BEI DER NÄCHSTEN ANMELDUNG ÄNDERN

   - BENUTZER KANN KENNWORT NICHT ÄNDERN

   - KENNWORT LÄUFT NIE AB

   - KONTO IST DEAKTIVIERT

   Weitere Informationen über diese Optionen finden Sie im Abschnitt »Kontooptionen
   festlegen«.

9. **Klicken Sie WEITER an.**

   Sie landen auf der letzten Seite des Assistenten, auf der noch einmal eine Zusammenfassung der eingegebenen Daten angezeigt wird (siehe Abbildung 10.4).

10. **Überprüfen Sie die Angaben. Wenn alles in Ordnung ist, klicken Sie FERTIG
    STELLEN an, um das Konto zu erstellen.**

    Stimmen die Kontoinformationen nicht, klicken Sie die Schaltfläche ZURÜCK an und
    korrigieren den oder die Fehler.

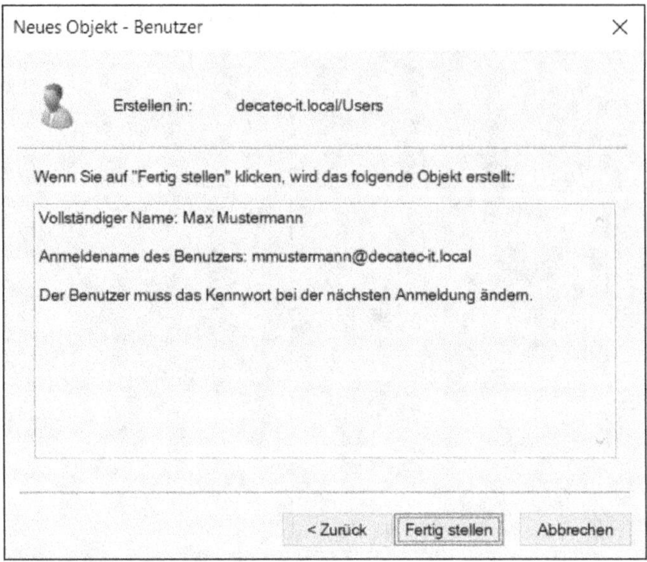

Abbildung 10.4: Eine letzte Überprüfung der Daten des Benutzerkontos

Fertig! Nun können Sie die Kontoeinstellungen dieses Benutzers modifizieren. Wahrscheinlich werden Sie den Benutzer zumindest einer Gruppe hinzufügen wollen. Vielleicht wollen Sie auch Kontaktdaten für den Benutzer eintragen oder weitere Benutzerkonten anlegen.

Benutzereigenschaften festlegen

Wenn Sie ein Benutzerkonto angelegt haben, können Sie zusätzliche Eigenschaften für den Benutzer konfigurieren. Dazu klicken Sie den gewünschten Benutzer mit der rechten Maustaste an und wählen im Kontextmenü EIGENSCHAFTEN. Daraufhin wird das Dialogfeld EIGENSCHAFTEN VON <BENUTZER> angezeigt, in dem es eine Unmenge Felder gibt, über die Sie zahlreiche Eigenschaften des Benutzers einstellen können. Abbildung 10.5 zeigt die Registerkarte ALLGEMEIN mit Basisdaten zum Benutzer – Name, Bürostandort, Telefonnummer und so weiter.

In den folgenden Abschnitten beschreibe ich einige der administrativen Aufgaben, die Sie über die verschiedenen Registerkarten im Dialogfeld BENUTZEREIGENSCHAFTEN erledigen können.

Die Kontaktdaten des Benutzers ändern

Einige Registerkarten im Dialogfeld mit den Benutzereigenschaften enthalten die Kontaktdaten des Benutzers:

✔ **Adresse:** Hier können Sie unter anderem Straße, Postfach, Postleitzahl und Wohnort des Benutzers ändern.

Abbildung 10.5: Die Registerkarte »Allgemein« in den Eigenschaften eines Benutzers

✔ **Rufnummern:** Hier geben Sie die Telefonnummern des Benutzers an.

✔ **Organisation:** Dient zur Eingabe von Position und Abteilung des Benutzers. Auch den Namen seines Bosses können Sie hier eintragen.

Kontooptionen festlegen

Die Registerkarte KONTO im Dialogfeld mit den Benutzereigenschaften (siehe Abbildung 10.6) enthält eine Reihe interessanter Optionen, die Sie für den Benutzer einstellen können. In diesem Dialogfeld können Sie den Anmeldenamen des Benutzers ändern. Außerdem können Sie hier die Kennwortoptionen modifizieren, die Sie beim Anlegen des Kontos eingestellt hatten, und ein Ablaufdatum für das Konto festlegen.

Die folgenden KONTOOPTIONEN finden Sie im gleichnamigen Listenfeld:

✔ BENUTZER MUSS KENNWORT BEI DER NÄCHSTEN ANMELDUNG ÄNDERN. Benutzen Sie diese beim Erstellen eines Kontos standardmäßig aktivierte Option, um ein Kennwort zu erzeugen, das nur ein einziges Mal benutzt werden kann, wenn einem Benutzer Zugriff auf das Netzwerk gewährt werden soll. Bei der ersten Anmeldung beim Netzwerk wird er dann zur Änderung des Kennworts aufgefordert.

Abbildung 10.6: Die Registerkarte »Konto«

✔ **Benutzer kann Kennwort nicht ändern.** Benutzen Sie diese Option, wenn Sie nicht zulassen wollen, dass Benutzer ihre Kennwörter ändern können. (Logischerweise lässt sich diese Option nicht zusammen mit der letzten verwenden.)

✔ **Kennwort läuft nie ab.** Benutzen Sie diese Option, um die Richtlinie hinsichtlich des Ablaufs von Kennwörtern bei einem Benutzer zu umgehen. Er muss sein Kennwort dann nie ändern.

✔ **Kennwort mit umkehrbarer Verschlüsselung speichern.** Bei dieser Option werden Kennwörter unter Verwendung eines von Hackern leicht zu knackenden Verschlüsselungsverfahrens gespeichert. Diese Option sollten Sie deshalb besser meiden.

✔ **Konto ist deaktiviert.** Benutzen Sie diese Option, um ein Konto zu erstellen, das momentan nicht benötigt wird, oder um ein bestimmtes Konto vorübergehend zu deaktivieren. Wenn ein Konto deaktiviert ist, kann sich der entsprechende Benutzer nicht beim Netzwerk anmelden. Im Abschnitt »Benutzerkonten aktivieren und deaktivieren« weiter hinten in diesem Kapitel erfahren Sie, wie Sie ein deaktiviertes Konto wieder aktivieren können.

✔ **Benutzer muss sich mit einer Smartcard anmelden.** Wenn der Rechner des Benutzers mit einem Smartcard-Lesegerät ausgestattet ist und damit Sicherheitskarten einlesen kann, dann aktivieren Sie diese Option, um den Benutzer zur Verwendung dieser Karte zu zwingen.

✔ **KONTO IST VERTRAULICH UND KANN NICHT DELEGIERT WERDEN.** Sorgt dafür, dass das Konto nicht von anderen Personen übernommen werden kann.

✔ **NUR KERBEROS-DES-VERSCHLÜSSELUNGSTYPEN FÜR DIESES KONTO.** Diese Option sorgt bei Anwendungen mit erhöhten Sicherheitsanforderungen für eine stärkere Verschlüsselung. Hier gibt es seit Windows Server 2012 noch weitere Optionen für stärkere Verschlüsselungsverfahren.

✔ **KEINE KERBEROS-PRÄAUTHENTIFIZIERUNG ERFORDERLICH.** Aktivieren Sie diese Option, wenn mehrere verschiedene Implementationen des Kerberos-Protokolls benutzt werden.

Anmeldezeiten festlegen

Sie können die Zeiten einschränken, während der sich Benutzer beim System anmelden können. Klicken Sie im Dialogfeld EIGENSCHAFTEN auf der Registerkarte KONTO die Schaltfläche ANMELDEZEITEN an, um sich das in Abbildung 10.7 dargestellte Dialogfeld auf dem Bildschirm anzeigen zu lassen.

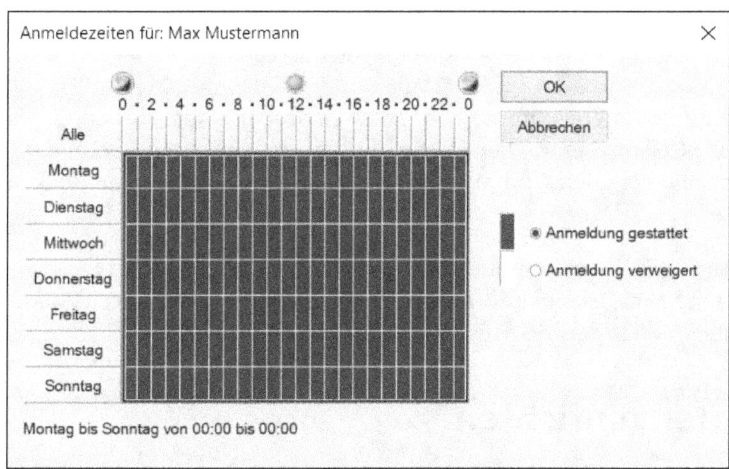

Abbildung 10.7: Beschränkung der Anmeldezeiten eines Benutzers

Anfangs können sich Benutzer zu beliebigen Uhrzeiten tags und nachts anmelden. Um dies zu ändern, ziehen Sie mit der Maus eine Markierung auf und klicken rechts das Optionsfeld ANMELDUNG GESTATTET oder ANMELDUNG VERWEIGERT an. Wenn Sie die Anmeldezeiten wie gewünscht eingestellt haben, klicken Sie abschließend OK an.

Zugriff auf bestimmte Computer beschränken

Typischerweise können sich Benutzer innerhalb einer Domäne mit ihrem Konto bei einem beliebigen Rechner anmelden. Sie können seine Anmeldung aber auf bestimmte Computer beschränken, wenn Sie im Dialogfeld EIGENSCHAFTEN auf der Registerkarte KONTO die Schaltfläche ANMELDEN AN anklicken. Daraufhin wird das in Abbildung 10.8 dargestellte Dialogfeld ANMELDEARBEITSSTATIONEN angezeigt.

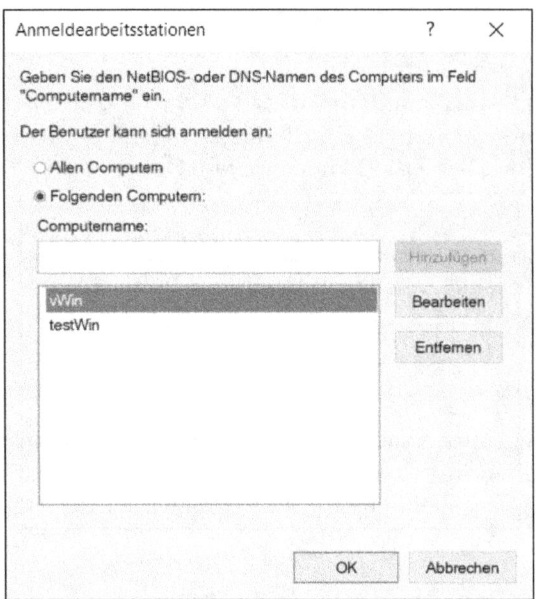

Abbildung 10.8: Anmeldung des Benutzers auf bestimmte Computer beschränken

Um die Anmeldung des Benutzers auf bestimmte Computer zu beschränken, aktivieren Sie das Optionsfeld FOLGENDEN COMPUTERN. Dann tragen Sie für die einzelnen Rechner, an denen er sich anmelden können soll, den Computernamen in das Textfeld ein und klicken HINZUFÜGEN an.

Wenn Sie bei der Eingabe der Computernamen Fehler machen, können Sie diese markieren und nach Anklicken von BEARBEITEN korrigieren oder durch Anklicken von ENTFERNEN aus der Liste löschen.

Benutzerprofildaten einrichten

Über die in Abbildung 10.9 dargestellte Registerkarte PROFIL können Sie die Profildaten eines Benutzers konfigurieren. In diesem Dialogfeld können Sie drei Angaben im Zusammenhang mit dem Benutzerprofil vornehmen:

✔ **PROFILPFAD:** Hier legen Sie den Speicherort des Benutzerprofils fest. Da servergespeicherte Benutzerprofile nur selten genutzt werden, werden sie in diesem Buch auch nicht weiter beschrieben.

✔ **ANMELDESKRIPT:** Der Name des Anmeldeskripts des Benutzers. Bei einem *Anmeldeskript* handelt es sich um eine Batchdatei, die jeweils bei der Anmeldung des Benutzers ausgeführt wird. Der Hauptzweck des Anmeldeskripts besteht darin, die Netzwerkfreigaben abzubilden, auf die der Benutzer zugreifen können muss. Anmeldeskripts sind eine Hinterlassenschaft der frühen Versionen von Windows NT Server. Verwenden Sie heute besser Profile zur Konfiguration des Rechners und der Einrichtung der

Abbildung 10.9: Die Registerkarte »Profil«

Netzwerkfreigaben bei der Benutzeranmeldung. Vielen Administratoren gefällt aber weiterhin die Einfachheit von Anmeldeskripts. Weitere Informationen dazu finden Sie im Abschnitt »Ein Anmeldeskript erstellen« weiter hinten in diesem Kapitel.

✔ **BASISORDNER:** Hierüber legen Sie den Standardspeicherort des Benutzers fest.

Über die Registerkarte PROFIL können Sie zwar für Benutzer die Position eines existierenden Profils festlegen, dieses aber nicht wirklich einrichten.

Benutzerkennwörter zurücksetzen

Einigen Schätzungen zufolge besteht die für viele Netzwerkadministratoren zeitraubendste Tätigkeit im Zurücksetzen von Benutzerkennwörtern. Es wäre einfach, die Benutzer »vergessliche Idioten« zu nennen, aber versetzen Sie sich einmal in deren Lage. Wir bestehen darauf, dass sie irgendwelche schwer erratbaren Kennwörter verwenden, beispielsweise 890uhk7%dd&/%, die sie eine Woche später ändern müssen, beispielsweise in jkolj&/%675g%%. Natürlich dürfen sie sich die Kennwörter nicht aufschreiben. Und dann regen wir uns auf, wenn die Benutzer ihre Kennwörter vergessen!

Wenn ein Benutzer also anruft und sagt, dass er sein Kennwort vergessen hat, sollten Sie zumindest höflich bleiben, wenn Sie das Kennwort zurücksetzen. Wahrscheinlich hat der Benutzer ja schon 15 Minuten lang versucht, sich an das Kennwort zu erinnern, bevor er schließlich aufgegeben hat.

Das Kennwort eines Domänenbenutzerkontos können Sie wie folgt zurücksetzen:

1. **Melden Sie sich als Administrator an.**

   Für diese Aufgabe benötigen Sie Administratorrechte.

2. **Wählen Sie im Menü des Server-Managers die Option TOOLS|ACTIVE DIRECTORY-BENUTZER UND -COMPUTER.**

   Die Konsole ACTIVE DIRECTORY-BENUTZER UND -COMPUTER wird angezeigt.

3. **Markieren Sie im Konsolenbaum den Eintrag USERS unterhalb der entsprechenden Domäne.**

   Sie können sich dabei an Abbildung 10.1 orientieren.

4. **Klicken Sie rechts im Detailbereich den Eintrag des Benutzers, der sein Kennwort vergessen hat, mit der rechten Maustaste an und wählen Sie dann im Kontextmenü KENNWORT ZURÜCKSETZEN.**

5. **Geben Sie das neue Kennwort in die beiden Kennwortfelder ein.**

   Sie müssen das Kennwort wieder zweimal eingeben, damit gewährleistet ist, dass Sie es richtig geschrieben haben.

6. **Falls gewünscht, markieren Sie die Option BENUTZER MUSS KENNWORT BEI DER NÄCHSTEN ANMELDUNG ÄNDERN.**

   Wenn Sie diese Option aktivieren, funktioniert das neu zugeordnete Kennwort nur bei der ersten Anmeldung. Sobald sich der Benutzer angemeldet hat, muss er es ändern. Dies ist auf jeden Fall empfehlenswert, da Sie den Benutzer dadurch anhalten, ein eigens vergebenes Passwort zu setzen.

7. **Klicken Sie OK an.**

   Das war es auch schon! Das Kennwort des Benutzers ist nun zurückgesetzt.

Benutzerkonten aktivieren und deaktivieren

Wenn Sie einen Benutzer nur vorübergehend am Zugriff auf das Netzwerk hindern wollen, können Sie dessen Konto deaktivieren. Wenn Sie dem Benutzer wieder den Zugriff gestatten wollen, können Sie es jederzeit wieder aktivieren. Führen Sie dazu die folgenden Schritte aus:

1. **Melden Sie sich als Administrator an.**

   Für diese Aufgabe benötigen Sie Administratorrechte.

2. **Wählen Sie im Server-Manager TOOLS|ACTIVE DIRECTORY-BENUTZER UND -COMPUTER.**

3. **Wenn die Konsole ACTIVE DIRECTORY-BENUTZER UND -COMPUTER angezeigt wird, markieren Sie im Konsolenbaum den Eintrag USERS unterhalb der entsprechenden Domäne.**

4. **Klicken Sie rechts im Detailbereich den Eintrag des Benutzers, dessen Konto Sie deaktivieren oder aktivieren wollen, mit der rechten Maustaste an, wählen Sie im Kontextmenü ALLE AUFGABEN und dann entweder KONTO DEAKTIVIEREN oder KONTO AKTIVIEREN, um die entsprechende Aktion durchzuführen.**

Einen Benutzer löschen

Mitarbeiter kommen und gehen. Und wenn sie das Unternehmen verlassen, sollte auch ihr Benutzerkonto entfernt werden. Daher lassen sich einzelne Benutzer recht einfach löschen. Führen Sie dazu die folgenden Schritte aus:

1. **Melden Sie sich als Administrator an.**

   Für diese Aufgabe benötigen Sie Administratorrechte.

2. **Wählen Sie im Server-Manager TOOLS|ACTIVE DIRECTORY-BENUTZER UND -COMPUTER.**

3. **Wenn die Konsole ACTIVE DIRECTORY-BENUTZER UND -COMPUTER angezeigt wird, markieren Sie im Konsolenbaum den Eintrag USERS unterhalb der entsprechenden Domäne.**

4. **Klicken Sie rechts im Detailbereich den Eintrag des Benutzers, den Sie löschen wollen, mit der rechten Maustaste an und wählen Sie im Kontextmenü LÖSCHEN.**

   Windows fragt Sie, ob Sie den Benutzer auch wirklich löschen wollen.

5. **Klicken Sie JA an.**

   Peng! Und schon ist das Benutzerkonto Geschichte.

Das Löschen eines Benutzerkontos lässt sich *nicht* rückgängig machen. Passen Sie also auf und löschen sie Benutzerkonten nur, wenn Sie sich absolut sicher sind, dass Sie diese nicht doch einmal wiederherstellen müssen. Besteht die vage Möglichkeit, dass ein Konto später wieder angelegt werden muss, sollten Sie es besser erst einmal deaktivieren und nicht gleich löschen (die Vorgehensweise wurde im vorherigen Abschnitt beschrieben).

Mit Benutzergruppen arbeiten

Eine *Benutzergruppe* oder kurz *Gruppe* ist ein spezieller Kontotyp, der einer Gruppe von Benutzern mit ähnlichen Netzwerkzugriffsanforderungen entspricht. Gruppen können die Aufgabe, Benutzern Netzwerkzugriffsrechte zuzuweisen, enorm vereinfachen. Anstatt jedem Benutzer einzeln individuelle Zugriffsrechte zuzuordnen, ordnen Sie diese einfach der Gruppe zu. Die Rechte gelten dann automatisch für alle Benutzer, die Sie der Gruppe hinzufügen.

In den folgenden Abschnitten beschreibe ich einige der Schlüsselkonzepte, die Sie kennen müssen, um mit Gruppen arbeiten und die wichtigsten Aufgaben im Zusammenhang mit deren Einrichtung auf Ihrem Server erledigen zu können.

Eine Gruppe anlegen

Um eine Gruppe anzulegen, führen Sie die folgenden Schritte aus:

1. **Melden Sie sich als Administrator an.**

   Für diese Aufgabe benötigen Sie Administratorrechte.

2. **Wählen Sie im Server-Manager TOOLS|ACTIVE DIRECTORY-BENUTZER UND -COMPUTER.**

   Die Konsole ACTIVE DIRECTORY-BENUTZER UND -COMPUTER wird angezeigt.

3. **Markieren Sie im Konsolenbaum die Domäne, in der Sie eine neue Gruppe anlegen wollen, und wählen Sie dann im Kontextmenü NEU|GRUPPE.**

4. **In dem in Abbildung 10.10 dargestellten Dialogfeld NEUES OBJEKT – GRUPPE geben Sie einen Namen für die neue Gruppe ein.**

   Wenn der Name nicht automatisch ins zweite Feld übernommen wird, tragen Sie ihn dort erneut ein.

5. **Markieren Sie einen Gruppenbereich für die Gruppe.**

   Zur Auswahl stehen

   - LOKAL (IN DOMÄNE): Wählen Sie diese Option für Gruppen, die Zugriffsrechte auf Netzwerkressourcen erhalten.

   - GLOBAL: Für Gruppen, denen Sie Benutzer und lokale Domänengruppen hinzufügen werden, wählen Sie diese Option.

   - UNIVERSAL. Diese Option verwenden Sie nur in großen Netzwerken mit mehreren Domänen.

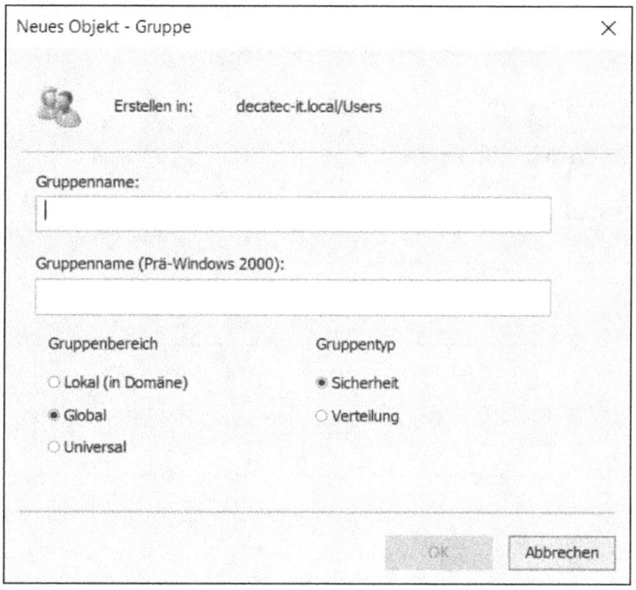

Abbildung 10.10: Eine neue Benutzergruppe erstellen

6. **Legen Sie den Gruppentyp fest.**

   Sie können SICHERHEIT und VERTEILUNG wählen. In den meisten Fällen werden Sie sich für SICHERHEIT entscheiden.

7. **Klicken Sie auf OK.**

   Die Gruppe wird angelegt.

Mitglieder zu einer Gruppe hinzufügen

Gruppen sind Mengen, deren Objekte *Mitglieder* genannt werden. Die Mitglieder einer Gruppe können Benutzerkonten oder andere Gruppen sein. Wenn Sie eine Gruppe anlegen, hat diese noch keine Mitglieder, die Gruppe ist also wenig nützlich. Sie müssen wenigstens ein Mitglied hinzufügen.

Führen Sie diese Schritte aus, um einer Gruppe ein Mitglied hinzuzufügen:

1. **Melden Sie sich als Administrator an.**

   Für diese Aufgabe benötigen Sie Administratorrechte.

2. **Wählen Sie im Server-Manager TOOLS|ACTIVE DIRECTORY-BENUTZER UND -COMPUTER.**

   Die Konsole ACTIVE DIRECTORY-BENUTZER UND -COMPUTER wird angezeigt.

3. **Öffnen Sie den Ordner, der die Gruppe enthält, der Sie Mitglieder hinzufügen wollen. Doppelklicken Sie dann auf die gewünschte Gruppe.**

Es wird das Dialogfeld mit den Gruppeneigenschaften angezeigt.

4. **Aktivieren Sie die Registerkarte MITGLIEDER.**

Wie in Abbildung 10.11 dargestellt, werden nun die Gruppenmitglieder angezeigt.

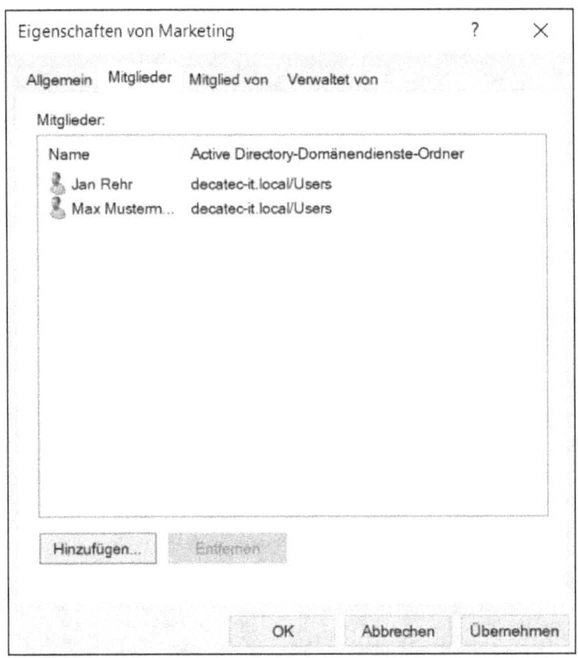

Abbildung 10.11: Mitglieder zu einer Gruppe hinzufügen

5. **Klicken Sie die Schaltfläche HINZUFÜGEN an.**

6. **Geben Sie den Namen des hinzuzufügenden Benutzers oder der Gruppe ein und klicken Sie dann OK an.**

Das neue Mitglied wird zur angezeigten Liste hinzugefügt.

7. **Wiederholen Sie die Schritte 5 und 6 für weitere Benutzer oder Gruppen, die Sie hinzufügen wollen.**

8. **Klicken Sie OK an.**

Das Dialogfeld mit den Gruppeneigenschaften enthält die Registerkarte MITGLIED VON. Dort finden Sie eine Liste aller Gruppen, in denen die aktuelle Gruppe Mitglied ist.

Ein Anmeldeskript erstellen

Bei einem *Anmeldeskript* handelt es sich um eine Batchdatei, die automatisch ausgeführt wird, wenn sich ein Benutzer anmeldet. Der häufigste Grund für Anmeldeskripts besteht in der Abbildung der vom Benutzer benötigten Netzwerkfreigaben. Das folgende einfache Anmeldeskript bildet zum Beispiel drei Netzwerkfreigaben ab:

```
echo off

net use m: \\server1\shares\admin

net use n: \\server1\shares\mktg

net use o: \\server2\archives
```

Hier werden zwei Freigaben auf `server1` auf die Laufwerke M: und N: und eine Freigabe auf `server2` auf Laufwerk O: abgebildet.

Skripts sollten im Ordner `Scripts` gespeichert werden, der sich tief im Innern des `SYSVOL`-Ordners verbirgt und typischerweise den Namen `c:\Windows\SYSVOL\Sysvol\`*domainname*`\Scripts` trägt. Dabei steht *domainname* für den von Ihnen verwendeten Domänennamen. Wenn Sie häufiger auf diesen Ordner zugreifen müssen, sollten Sie für ihn eine Verknüpfung auf dem Desktop anlegen.

Wenn Sie ein Anmeldeskript erstellt haben, können Sie es einem Benutzer über die Registerkarte PROFIL im Dialogfeld mit den Benutzereigenschaften zuordnen. Weitere Informationen dazu finden Sie im Abschnitt »Anmeldezeiten festlegen« weiter vorn in diesem Kapitel.

Kapitel 11

Netzwerkspeicher verwalten

Ein wesentlicher Zweck vieler Unternehmensnetzwerke besteht darin, zentrale Speicherkapazitäten zur Verfügung zu stellen. In diesem Kapitel werden verschiedene Möglichkeiten zur Bereitstellung von Festplattenkapazitäten vorgestellt. Und dann werden Sie sehen, wie ein Computer mit Windows Server so eingerichtet werden kann, dass er als Dateiserver fungiert.

Netzwerkspeicher verstehen

Viele Netzwerkserver werden nur eingerichtet, um Festplattenkapazitäten (Netzwerkspeicher) für Netzwerkbenutzer bereitzustellen. Wenn Netzwerke wachsen, benötigen immer mehr Benutzer mehr Speicherkapazitäten. Und Netzwerkadministratoren finden ständig neue Möglichkeiten, um Festplattenkapazitäten in ihren Netzwerken zu erweitern. In den folgenden Abschnitten beschreibe ich einige Schlüsselkonzepte, die für mehr Netzwerkspeicher sorgen können.

Dateiserver

Bei einem *Dateiserver* handelt es sich einfach um einen Netzwerkserver, dessen vorrangige Rolle in der Bereitstellung von Festplattenkapazitäten besteht. Dabei handelt es sich um das wohl gebräuchlichste Verfahren, um mehr Netzwerkspeicher für die gemeinsame Nutzung bereitzustellen.

Die Rolle eines Dateiservers kann so ziemlich jedes Gerät übernehmen. Das fängt bei einem einfachen Desktop-Rechner an, der für diesen Dienst abgestellt wurde, und reicht bis hin zu teuren Serverlösungen (die durchaus mehrere Zehntausend Euro kosten können) mit redundanten Komponenten, durch die Server auch beim Ausfall von Einzelkomponenten weiter ihren Dienst verrichten können. Ein Dateiserver kann auch aus technisch anspruchsvollen Racks (Regalsystemen) mit Festplatten bestehen, die ausgetauscht werden können, ohne dass der Server dazu heruntergefahren werden müsste.

Eine der anspruchsvollsten Funktionen von Festplattensubsystemen für Dateiserver wird *RAID* (*Redundant Array of Independent Disks*, früher: Redundant Array of Inexpensive Disks) genannt. In *RAID*-Systemen mit Festplattenkapazitäten, die nur höchst selten ausfallen, werden mehrere Festplattenlaufwerke so zu einer Einheit zusammengefasst, dass sie wie ein einziges riesiges Laufwerk arbeiten. RAID benutzt dabei ausgefeilte Techniken, die dafür sorgen, dass beim Ausfall einzelner Festplatten im RAID-System keine Daten verloren gehen. Die ausgefallene Festplatte kann im laufenden Betrieb ausgewechselt und/oder repariert werden, wobei die darauf gespeicherten Daten aus auf anderen Laufwerken redundant abgelegten Daten rekonstruiert werden können.

Dieses Kapitel widmet sich vorrangig der Konfiguration von Windows Server für die Rolle des Dateiservers. Lösungen wie NAS-Laufwerke oder das Speichern von Daten in der Cloud bleiben dabei weitgehend außen vor.

Speichergeräte (NAS-Laufwerke)

Speichergeräte wurden speziell dafür entwickelt, Netzwerkspeicher bereitzustellen. Weiter verbreitet ist heute die Bezeichnung *NAS* (*Network Attached Storage*) oder *NAS-Laufwerk*. Bei diesen Geräten handelt es sich um eigenständige Dateiserver, die so vorkonfiguriert wurden, dass sie beinahe direkt einsatzfähig sind. Sie müssen sie nach dem Auspacken nur noch mit den entsprechenden Festplatten bestücken, mit der Steckdose verbinden, ans Netzwerk (oder einen Rechner) anschließen, einschalten und für Ihr Netzwerk passend konfigurieren. NAS-Laufwerke lassen sich oft relativ leicht einrichten und konfigurieren, leicht warten, sind weniger kostspielig und verbrauchen meist weniger Strom als herkömmliche Dateiserver.

NAS-Geräte werden oftmals ohne verbaute Festplatten verkauft. Damit obliegt Ihnen die Aufgabe, die passenden Festplatten auszuwählen und zu bestellen. Dies sollten Sie auf jeden Fall in Ihrer »Kostenrechnung« mit einplanen.

Einfachste NAS-Einstiegslösungen mit Festplatte sind bereits für ein paar Hunderter erhältlich. Sie enthalten dann typischerweise aber nur einen einzelnen Festplatten-Schacht und mussten sich lange auch mit nur einem Prozessorkern begnügen, was im Betrieb öfter zu kürzeren Aussetzern führen kann, wodurch sie sich beispielsweise kaum als Mediaserver eignen, da derartige Aussetzer schnell zum Wiedergabeabbruch führen können. Häufig bieten aber bereits einfache NAS-Server etliche Zusatzfunktionen an (FTP-Server, HTTP-Server/Webserver, einfache Benutzerverwaltung, WAP, integrierter Druckerserver, USB-Schnittstellen und so weiter). Einstiegslösungen sind dabei nicht gerade die schnellsten und üblicherweise auch nicht ausfallsicher. Zu den Anbietern einer größeren Palette derartiger einfacher und leistungsstärkerer Lösungen zählen insbesondere die Firmen Synologyund Qnap oder auch der bekannte Festplattenhersteller Western Digital (WD).

Die Verwaltung von NAS-Laufwerken erfolgt heute üblicherweise von einem beliebigen, an das Netzwerk angeschlossenen System aus über eine Verwaltungsoberfläche in einem

Webbrowser, in dessen Adressfeld die IP-Adresse oder der Gerätename des NAS-Laufwerks eingegeben wird. Abbildung 11.1 zeigt das Hauptmenü einer Synology-DiskStation, auf der in einer Testumgebung einige Funktionen installiert wurden, beispielsweise eine Lösung zur Aufzeichnung von Überwachungskameras oder auch die Einrichtung einer Backup-Lösung, mit der Sie Inhalte leicht auf einen Server im Internet kopieren können, die sich auf NAS-Laufwerken recht einfach einrichten lassen.

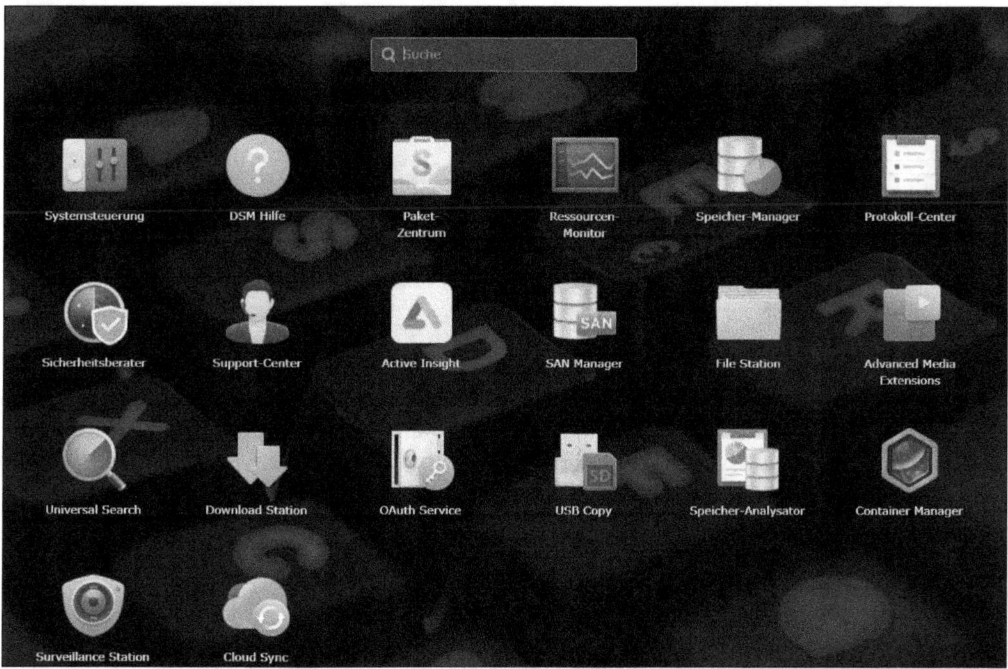

Abbildung 11.1: Das Hauptmenü des DiskStation-Managers (DSM) eines Synology-NAS-Servers im Browser

Typische NAS-Laufwerke für den Unternehmenseinsatz enthalten einen Dateiserver, der zusammen mit Switches mit gleichen Abmessungen in Computerracks eingebaut werden kann. Sie unterstützen mehrere (oft vier oder acht) Festplatten, wobei ihre Gesamtkapazität üblicherweise im höheren Terabyte-Bereich angesiedelt ist. Derartige NAS-Lösungen besitzen dann auch recht leistungsfähige Prozessoren und schnelle Netzwerkanschlüsse. Als Betriebssystem verwenden derartige NAS-Lösungen angepasste Linux-Betriebssysteme.

Berechtigungen verstehen

Bevor wir uns die Details der Einrichtung eines Dateiservers ansehen, müssen Sie das Konzept der Berechtigungen verstanden haben. *Berechtigungen* erlauben es Benutzern, auf freigegebene Ressourcen im Netzwerk zuzugreifen. Wenn man einfach nur eine Ressource, zum Beispiel einen Ordner oder Drucker, freigibt, dann bedeutet das noch nicht, dass Benutzer auch auf diese Ressource zugreifen können. Windows entscheidet für die verschiedenen

Ressourcen anhand der den verschiedenen Gruppen zugewiesenen Berechtigungen und der Gruppenmitgliedschaften der Benutzer über die Zugriffsberechtigung. Wenn der Benutzer Mitglied einer Gruppe ist, der die Berechtigung zum Zugriff auf eine Ressource zugewiesen wurde, dann darf er darauf zugreifen. Falls nicht, wird ihm der Zugriff verweigert.

In der Theorie hört sich dieses Konzept einfach an. Praktisch kann es aber schnell recht kompliziert werden. Die folgenden Punkte erläutern einige Details der Funktionsweise von Zugriffssteuerung und Berechtigungen:

✔ Zu jedem Objekt (also jeder Datei und jedem Ordner) auf einem NTFS-Volume gehört eine sogenannte *Zugriffssteuerungsliste* beziehungsweise *ACL (Access Control List)*, die eine Reihe von Berechtigungen enthält.

✔ Über die ACL wird festgelegt, welche Benutzer und Gruppen in welchem Umfang auf das Objekt zugreifen dürfen. So kann zum Beispiel bestimmt werden, dass eine Benutzergruppe Dateien in diesem Ordner nur lesen darf, während eine andere Gruppe die Dateien darin lesen und ändern darf und wieder eine andere Gruppe überhaupt nicht darauf zugreifen kann.

✔ Behälter- oder Containerobjekte – Dateien und Volumes – können ihre ACLs an die in ihnen enthaltenen Objekte vererben. Sie können also Berechtigungen für einen Ordner spezifizieren, die dann an alle in diesem Ordner enthaltenen Dateien und Unterordner vererbt werden beziehungsweise sich auf diese auswirken.

Tabelle 11.1. beschreibt die Berechtigungen, die Dateien und Ordnern auf NTFS-Volumes zugewiesen werden können.

Berechtigung	Beschreibung
Vollzugriff	gewährt uneingeschränkten Zugriff auf die Datei oder den Ordner
Ändern	gewährt für Dateien oder Ordner das Recht zum Lesen, zum Löschen, zum Ändern des Inhalts und zum Ändern der Attribute ermöglicht das Erstellen neuer Dateien oder Unterordner innerhalb des Ordners
Lesen und ausführen	gewährt die Rechte zum Lesen und Ausführen der Datei, zum Auflisten des Inhalts des Ordners und zum Lesen oder Ausführen beliebiger Dateien im Ordner
Ordnerinhalt auflisten	bezieht sich nur auf Ordner und gewährt das Recht, das Inhaltsverzeichnis des Ordners anzeigen zu lassen
Schreiben	gewährt das Recht zum Ändern des Inhalts einer Datei oder ihrer Attribute; gewährt das Recht zum Erstellen neuer Dateien und Unterordner innerhalb des Ordners
Lesen	gewährt das Recht zum Lesen des Inhalts einer Datei oder eines Ordners

Tabelle 11.1: Datei- und Ordnerberechtigungen

Eigentlich bestehen die Datei- und Ordnerberechtigungen aus verschiedenen Zusammenstellungen *spezieller Berechtigungen*, die umfassenderen Zugriff auf Dateien und Ordner gewähren. In Tabelle 11.2 sind die speziellen Berechtigungen aufgeführt, die sich auf die sechs Datei- und Ordnerberechtigungen anwenden lassen.

Spezielle Berechtigung	Vollzugriff	Ändern	Lesen und ausführen	Ordnerinhalt auflisten	Lesen	Schreiben
Ordner durchsuchen/ Datei ausführen	+	+	+	+	−	−
Ordner auflisten/Daten lesen	+	+	+	+	+	−
Attribute lesen	+	+	+	+	+	−
Erweiterte Attribute lesen	+	+	+	+	+	−
Dateien erstellen/Daten schreiben	+	+	−	−	−	+
Ordner erstellen/Daten hinzufügen	+	+	−	−	−	+
Attribute schreiben	+	+	−	−	−	+
Erweiterte Attribute schreiben	+	+	−	−	−	+
Unterordner und Dateien löschen	+	−	−	−	−	−
Löschen	+	+	−	−	−	−
Berechtigungen lesen	+	+	+	+	+	+
Berechtigungen ändern	+	−	−	−	−	−
Besitzrechte übernehmen	+	−	−	−	−	−
Synchronisieren	+	+	+	+	+	+

Tabelle 11.2: Spezielle Berechtigungen

Berechtigungen sollten Sie besser Gruppen und nicht einzelnen Benutzern zuweisen. Benötigt dann ein Benutzer Zugriff auf bestimmte Ressourcen, fügen Sie ihn einfach einer Gruppe hinzu, die zum Zugriff auf diese Ressource berechtigt ist.

Freigaben verstehen

Bei einer *Freigabe* (Share) handelt es sich einfach um einen Ordner, der mehreren Benutzern über das Netzwerk zur Verfügung steht. Jede Freigabe besitzt folgende Elemente:

✔ **Freigabename:** der Name, unter dem die Freigabe im Netzwerk bekannt ist

✔ **Pfad:** der Pfad zum freigegebenen Ordner auf dem lokalen Computer, zum Beispiel `C:\Buchhaltung`

✔ **Beschreibung:** eine einzeilige Beschreibung der Freigabe

✔ **Berechtigungen:** eine Liste der Benutzer und Gruppen, denen Zugriff auf die Freigabe gewährt wurde

Wenn Sie Windows installieren und verschiedene Serverrollen konfigurieren, werden zu deren Unterstützung spezielle freigegebene Ressourcen erstellt. Wenn Sie nicht genau wissen, was Sie tun, sollten Sie diese speziellen Freigaben unangetastet lassen. In Tabelle 11.3 sind einige der gängigeren speziellen Freigaben aufgeführt.

Freigabename	Beschreibung
`drive$`	das Hauptverzeichnis eines Laufwerks
`ADMIN$`	wird für die Remoteverwaltung eines Rechners verwendet und verweist auf den Ordner mit dem Betriebssystem (üblicherweise `C:\Windows`)
`IPC$`	wird von sogenannten *named pipes* verwendet, einer Programmierfunktion, über die Prozesse untereinander kommunizieren können
`NETLOGON`	wird für das Funktionieren von Domänencontrollern benötigt
`SYSVOL`	eine bei Domänencontrollern benötigte Freigabe
`PRINT$`	wird für die Remote-Verwaltung von Druckern verwendet
`FAX$`	wird von Faxclients verwendet

Tabelle 11.3: Spezielle Freigaben

Einige spezielle Freigaben enden mit einem Dollarzeichen ($). Diese *versteckten Freigaben*, die auch *Verwaltungsfreigaben* oder *administrative Freigaben* genannt werden, sind für Benutzer nicht sichtbar. Sie können aber dennoch darauf zugreifen, wenn sie bei Bedarf den vollständigen Freigabenamen (mit dem Dollarzeichen) eingeben. Die spezielle Freigabe `C$` wird zum Beispiel erzeugt, damit Sie von einem anderen Netzwerkclient aus eine Verbindung zum Hauptverzeichnis des Laufwerks C: herstellen können. Die Benutzer sollen diese Freigabe doch bestimmt nicht sehen, oder? Natürlich gelten auch für Freigaben wie `C$` spezielle Berechtigungen, damit normale Benutzer selbst dann nicht darauf zugreifen können, wenn sie herausgefunden haben, dass es sich bei `C$` um das Hauptverzeichnis des Servers handelt.

Den Dateiserver verwalten

Um Freigaben auf einem System mit Windows Server zu verwalten, starten Sie den Server-Manager und wählen links im Aufgabenbereich des Fensters die Option Datei- und Speicherdienste aus. Klicken Sie dann Freigaben an, um die in Abbildung 11.2 dargestellte Verwaltungskonsole anzuzeigen.

In den folgenden Abschnitten beschreibe ich einige der gängigeren Aktionen, die bei der Verwaltung eines Dateiservers anfallen.

Der Assistent für neue Freigaben

Damit sie nützlich sind, sollten Server eigentlich immer mindestens eine Freigabe bereitstellen, also Ordner, auf die öffentlich über das Netzwerk zugegriffen werden kann.

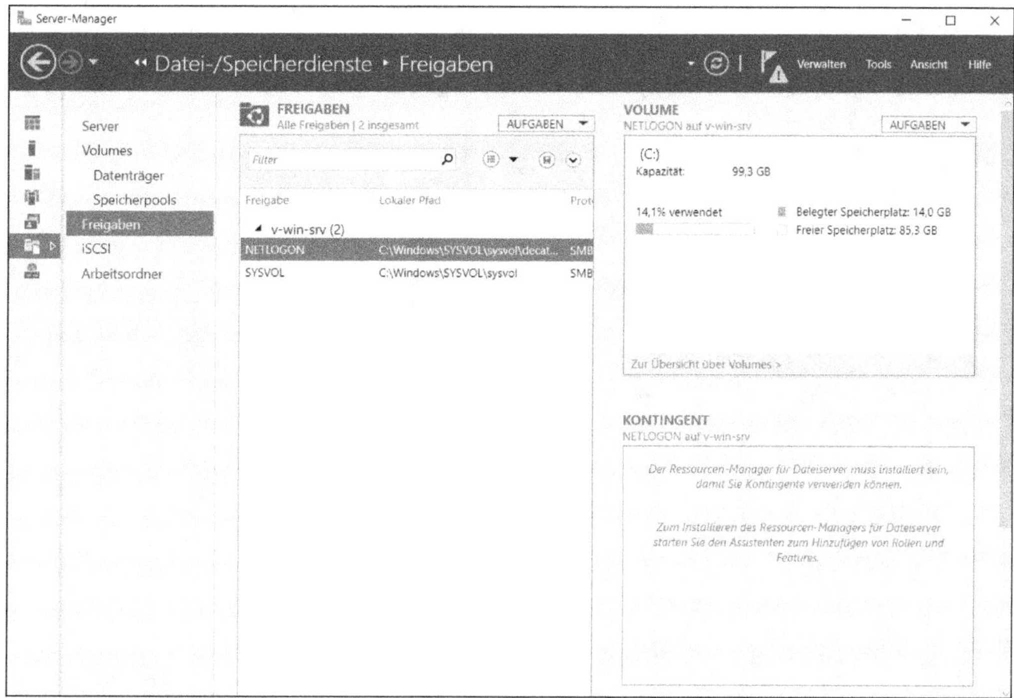

Abbildung 11.2: Freigaben unter Windows Server verwalten

Über das Dialogfeld ASSISTENT FÜR NEUE FREIGABEN können Sie Ordner für Benutzer Ihres Netzwerks bereitstellen:

1. **Wählen Sie im Server-Manager DATEI-/SPEICHERDIENSTE, klicken Sie FREIGA-BEN an und wählen Sie dann im Dropdown-Menü AUFGABEN die Option NEUE FREIGABE aus.**

   Der ASSISTENT FÜR NEUE FREIGABEN wird gestartet (siehe Abbildung 11.3) und fragt Sie nach dem Dateifreigabeprofil.

2. **Wählen Sie in der Liste der Profile den Eintrag SMB-FREIGABE – SCHNELL und klicken Sie dann die Schaltfläche WEITER an.**

   Daraufhin fragt der ASSISTENT FÜR NEUE FREIGABEN nach dem Ort der Freigabe (siehe Abbildung 11.4).

3. **Wählen Sie den Server aus, auf dem sich die Freigabe befinden soll.**

4. **Geben Sie den Ort der Freigabe mithilfe einer der beiden folgenden Methoden an:**

   - NACH VOLUME AUSWÄHLEN: Hier wählen Sie das Volume aus, auf dem sich der frei-gegebene Ordner befinden soll, und überlassen es dem Assistenten, diesen für Sie darauf anzulegen. Nutzen Sie diese Option, wenn der freizugebende Ordner bisher noch nicht existiert und Sie nichts dagegen haben, dass Windows ihn an der Stan-dardposition anlegt, die sich innerhalb eines Ordners namens Shares auf dem von Ihnen angegebenen Volume befindet.

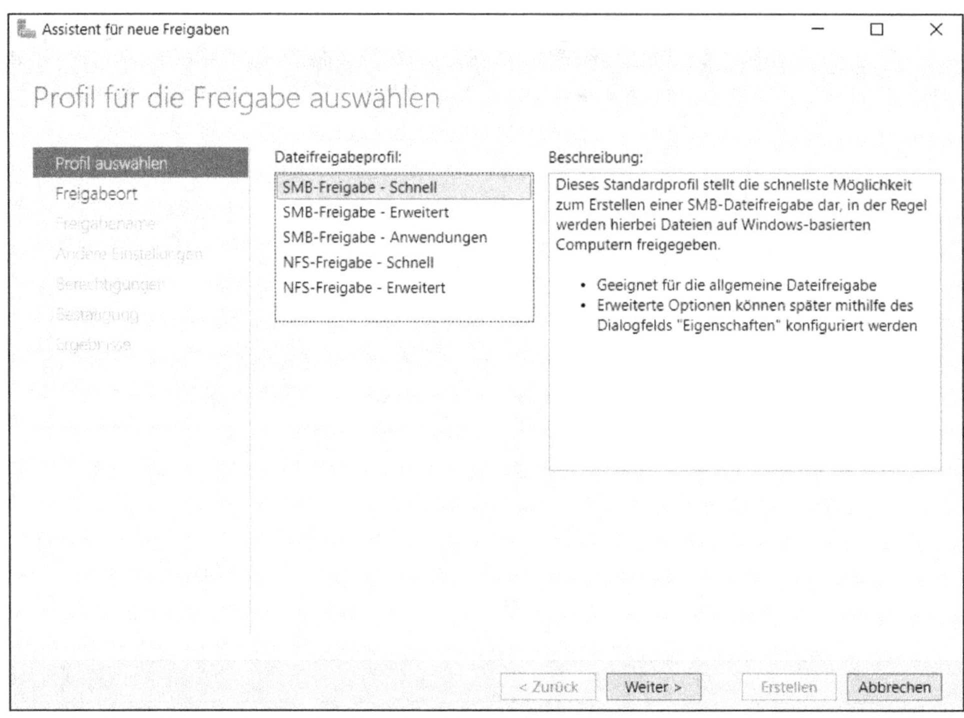

Abbildung 11.3: Der »Assistent für neue Freigaben«

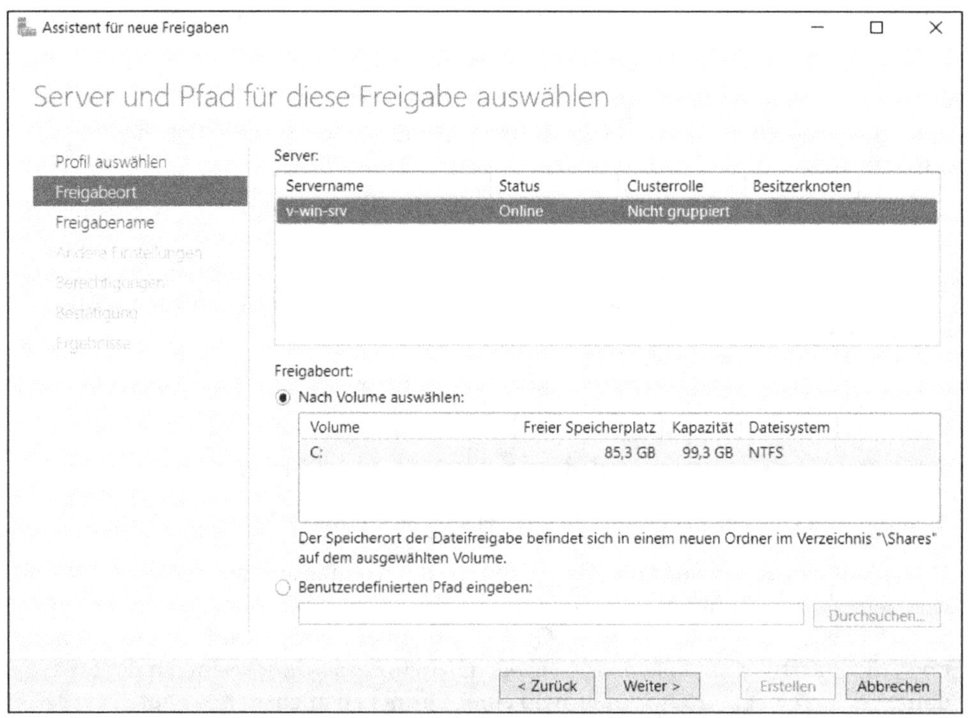

Abbildung 11.4: Der Assistent fordert Sie auf, den Freigabeort festzulegen.

- BENUTZERDEFINIERTEN PFAD EINGEBEN: Nutzen Sie diese Option, wenn der Ordner bereits existiert oder Sie ihn nicht innerhalb des Ordners Shares erstellen wollen.

5. **Klicken Sie WEITER an.**

Nun wird das in Abbildung 11.5 dargestellte Dialogfeld angezeigt.

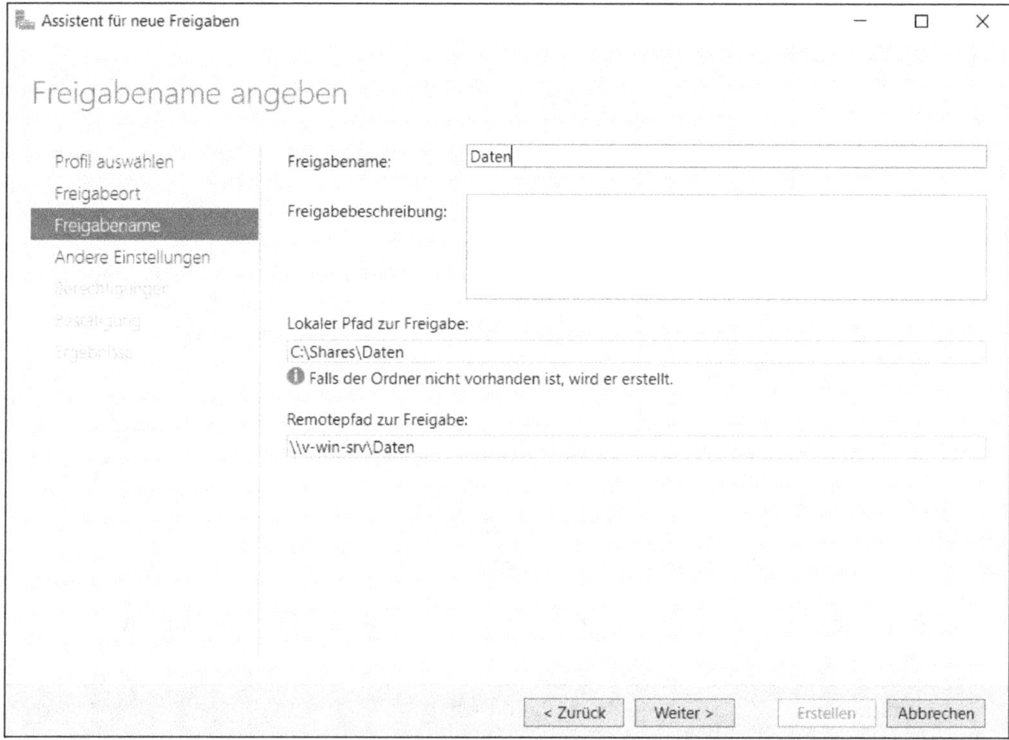

Abbildung 11.5: Der Assistent fragt Sie nach einem Freigabenamen und einer Beschreibung.

6. **Tragen Sie den Namen, der für die Freigabe verwendet werden soll, in das Feld FREIGABENAME ein.**

Bei dem gegebenenfalls vorgegebenen Freigabenamen handelt es sich um den Namen des freizugebenden Ordners selbst. Wenn dieser Name lang ist, sollten Sie aber besser einen kürzeren Freigabenamen eintragen.

7. **Damit Sie später auch noch wissen, was sich in dem Ordner befindet, sollten Sie besser auch noch eine etwas ausführlichere Beschreibung für die Freigabe eingeben.**

8. **Klicken Sie WEITER an.**

Das in Abbildung 11.6 dargestellte Dialogfeld wird angezeigt.

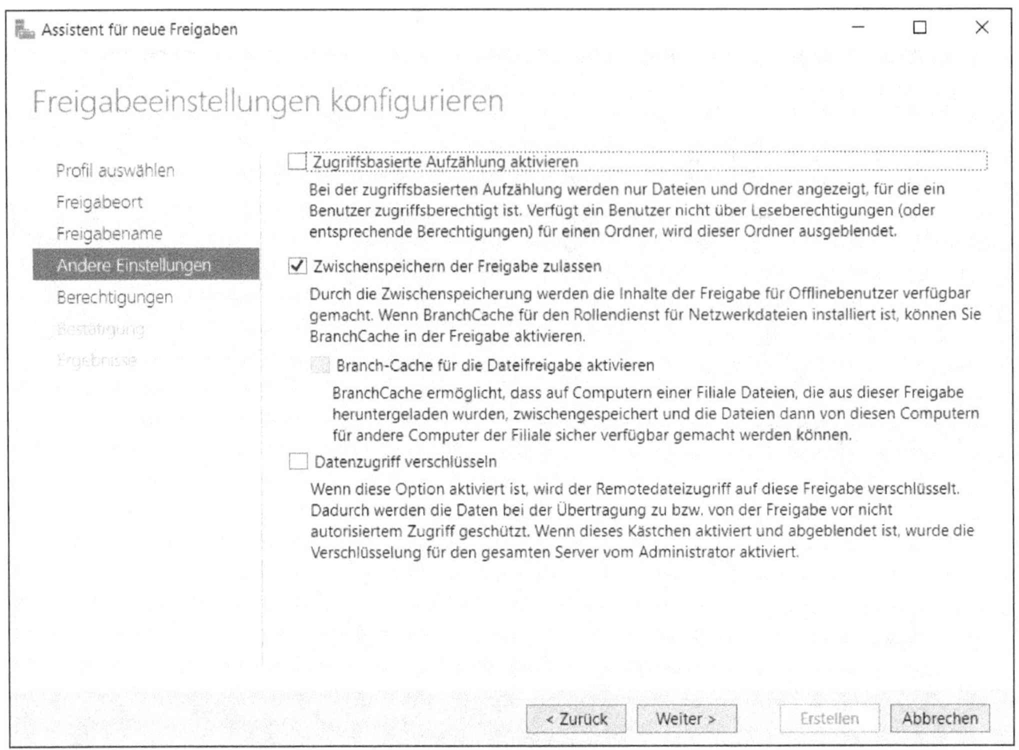

Abbildung 11.6: Andere Freigabeeinstellungen konfigurieren

9. Wählen Sie die Freigabeeinstellungen aus, die verwendet werden sollen.

- Zugriffsbasierte Aufzählung aktivieren: Versteckt Dateien, für die der Benutzer keine Zugriffsberechtigungen besitzt.

- Zwischenspeichern der Freigabe zulassen: Stellt die Dateien für Offlinebenutzer bereit.

- Branch-Cache für Dateifreigabe aktivieren: Diese Option ist eigentlich nur relevant, wenn das Netzwerk verschiedene Filialen beinhaltet (WAN). Ist diese Option aktiviert, wird pro Filiale ein Cache für diese Freigabe vorgehalten.

> Damit diese Option anwählbar ist, muss unter Datei-/Speicherdienste im Assistenten zum Hinzufügen von Rollen und Features der Punkt BranchCache für Netzwerkdateien installiert sein.

- Datenzugriff verschlüsseln: Verschlüsselt die Dateien, auf die über die Freigabe zugegriffen wird.

10. Klicken Sie Weiter an.

Der Assistent zeigt die Standardberechtigungen an, die für die neue Freigabe verwendet werden (siehe Abbildung 11.7).

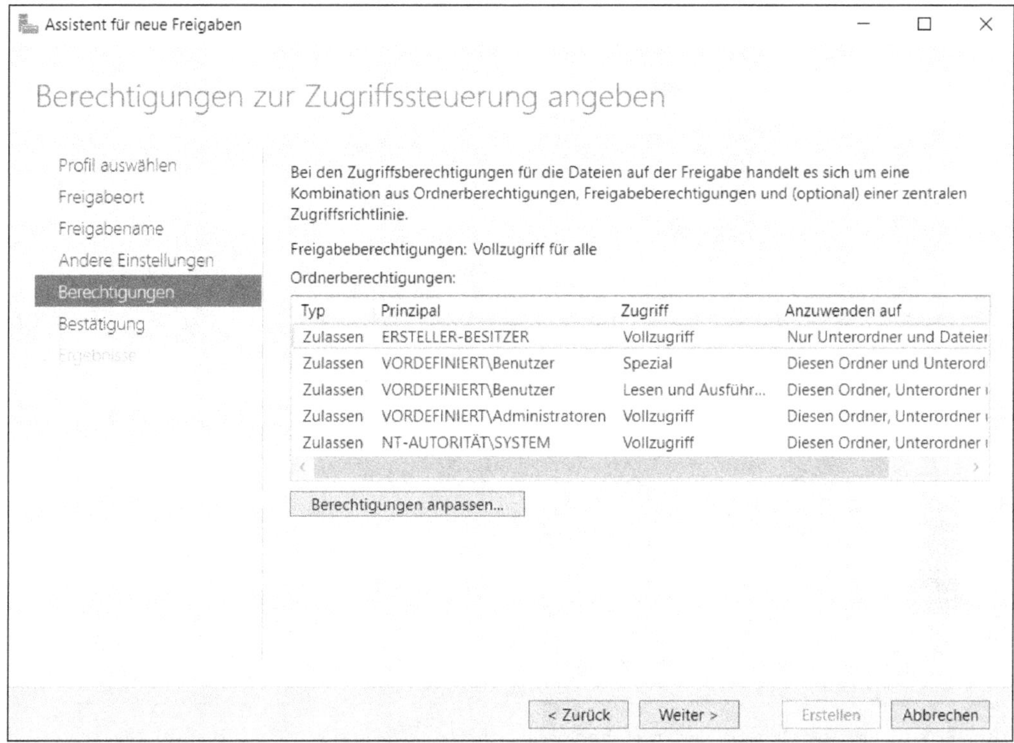

Abbildung 11.7: Berechtigungen festlegen

11. **Wenn Sie wollen, können Sie die Berechtigungen jetzt über die entsprechende Schaltfläche anpassen.**

    Wenn Sie die Schaltfläche BERECHTIGUNGEN ANPASSEN anklicken, wird das Dialogfeld ERWEITERTE SICHERHEITSEINSTELLUNGEN auf dem Bildschirm angezeigt, in dem Sie die NTFS- und Freigabeberechtigungen ändern können.

12. **Klicken Sie WEITER an.**

    Die in Abbildung 11.8 dargestellte Seite mit einer Bestätigung der vorgenommenen Einstellungen wird im Dialogfeld ASSISTENT FÜR NEUE FREIGABEN angezeigt.

13. **Prüfen Sie noch einmal, ob alle Einstellungen korrekt sind, und klicken Sie dann auf ERSTELLEN.**

    Die Freigabe wird erstellt und abschließend wird das in Abbildung 11.9 dargestellte Dialogfeld angezeigt.

14. **Klicken Sie auf die Schaltfläche SCHLIESSEN, um die Freigabe zu erstellen.**

Abbildung 11.8: Bestätigung der Freigabeeinstellungen

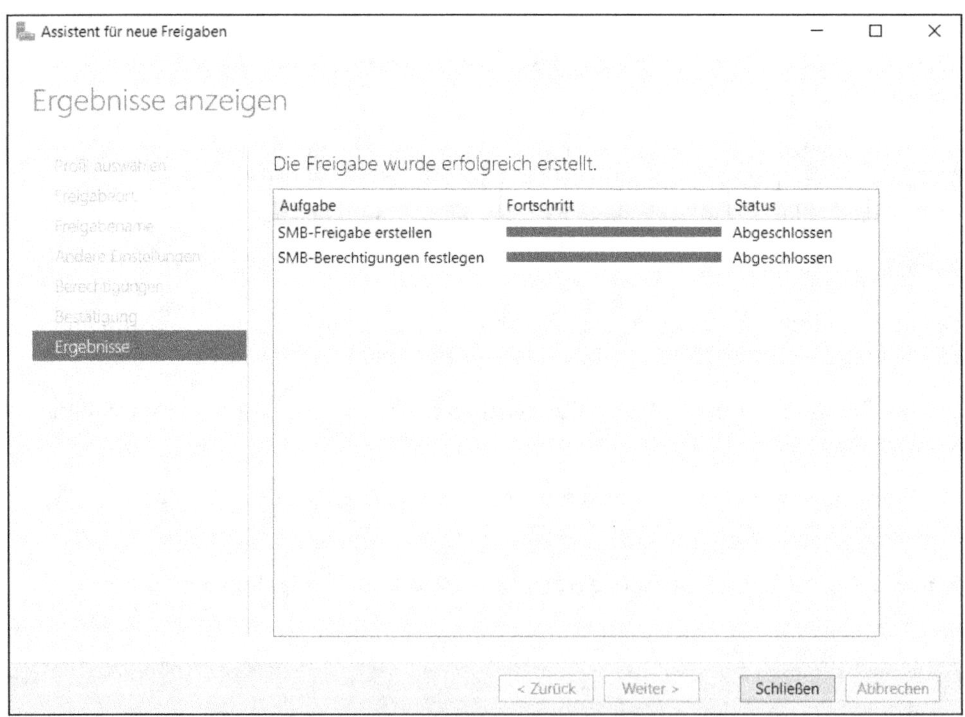

Abbildung 11.9: Die Freigabe wurde erfolgreich erstellt.

Ordner ohne den Assistenten freigeben

Wenn Sie Assistenten für eher witzlos halten, können Sie Freigaben auch erstellen, ohne sich mit ihnen herumzuplagen. Gehen Sie dann einfach so vor:

1. **Starten Sie den Windows-Explorer und wählen Sie den Ordner aus, den Sie freigeben wollen.**

2. **Klicken Sie den Ordner mit der rechten Maustaste an und wählen Sie im Kontextmenü EIGENSCHAFTEN.**

   Das Dialogfeld EIGENSCHAFTEN für den Ordner wird angezeigt.

3. **Aktivieren Sie die Registerkarte FREIGABE.**

   Die in Abbildung 11.10 dargestellte Registerkarte wird nach vorn geholt.

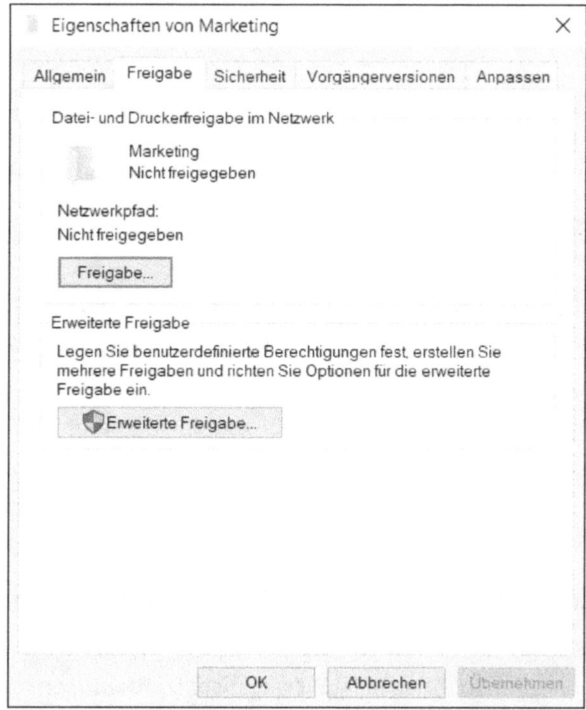

Abbildung 11.10: Manuelle Freigabe eines Ordners

4. **Klicken Sie die Schaltfläche ERWEITERTE FREIGABE an.**

   Das in Abbildung 11.11 dargestellte Dialogfeld wird angezeigt.

Abbildung 11.11: Freigabenamen festlegen

5. **Aktivieren Sie das Kontrollkästchen DIESEN ORDNER FREIGEBEN, um ihn bereitzustellen.**

   Die übrigen Steuerelemente in diesem Dialogfeld lassen sich erst nutzen, wenn Sie das Kontrollkästchen aktiviert haben.

6. **Tragen Sie den Namen, der für die Freigabe verwendet werden soll, in das Textfeld FREIGABENAME und eine Beschreibung der Freigabe in das Feld KOMMENTARE ein.**

   Beim vorgegebenen Freigabenamen handelt es sich um den Namen des freizugebenden Ordners selbst. Wenn dieser Name lang ist, sollten Sie aber besser einen kürzeren Freigabenamen eintragen.

   Die Beschreibung ist rein optional, kann Benutzern aber manchmal helfen, den Inhalt des Ordners leichter zu identifizieren.

7. **Klicken Sie die Schaltfläche BERECHTIGUNGEN an, wenn Sie diese jetzt festlegen wollen.**

   Daraufhin wird ein Dialogfeld angezeigt, über das Sie die Freigabeberechtigungen festlegen können. Mehr zu diesem Thema erfahren Sie im folgenden Abschnitt.

8. **Klicken Sie OK (bei Bedarf mehrfach) an.**

   Der Ordner ist damit freigegeben.

Berechtigungen einrichten

Wenn Sie Dateifreigaben erstellen und dabei die Vorgaben übernehmen, sind bei dieser Freigabe anfänglich alle Benutzer nur zu Lesezugriffen berechtigt. Wenn Benutzer bei dieser Freigabe aber auch Dateien ändern können sollen, müssen Sie ihnen zusätzliche Berechtigungen einräumen. Über den Windows-Explorer gehen Sie dazu wie folgt vor:

1. **Starten Sie den Windows-Explorer über die Taskleiste und markieren Sie im Ordnerbaum das Verzeichnis, dessen Berechtigungen Sie ändern wollen.**

2. **Klicken Sie den freigegebenen Ordner, dessen Berechtigungen Sie anpassen wollen, mit der rechten Maustaste an und wählen Sie im Kontextmenü EIGENSCHAFTEN.**

Das Dialogfeld EIGENSCHAFTEN wird auf dem Bildschirm angezeigt.

3. **Aktivieren Sie die Registerkarte FREIGABE und klicken Sie dort die Schaltfläche ERWEITERTE FREIGABE an.**

Daraufhin wird das Dialogfeld ERWEITERTE FREIGABE auf dem Bildschirm angezeigt.

4. **Klicken Sie BERECHTIGUNGEN an.**

Das in Abbildung 11.12 dargestellte Dialogfeld wird angezeigt. Darin werden alle Benutzer und Gruppen aufgeführt, denen bisher Berechtigungen für den Ordner zugewiesen wurden. Anfangs wird die Berechtigung LESEN einer Gruppe namens JEDER zugewiesen. Dies bedeutet, dass alle Benutzer Dateien im freigegebenen Ordner zwar lesen, aber nicht erstellen, ändern oder löschen können.

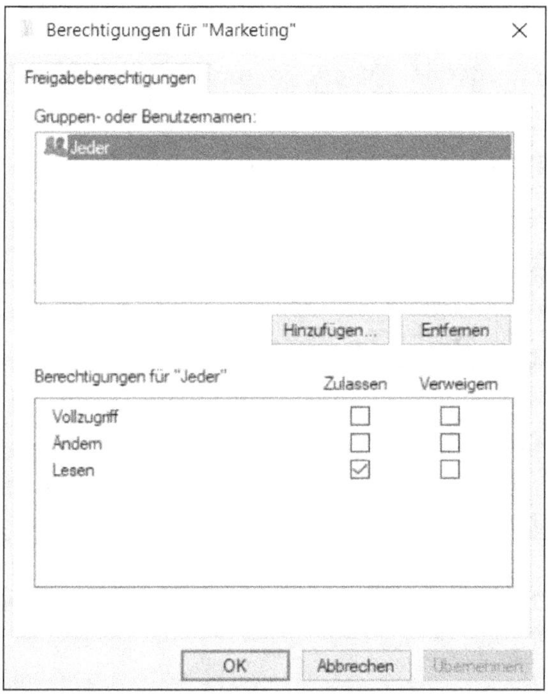

Abbildung 11.12: Festlegen der Freigabeberechtigungen

Wenn Sie einen Benutzer oder eine Gruppe in der Liste markieren, werden die Kontrollkästchen im unteren Teil des Dialogfelds so geändert, dass sie anzeigen, welche Berechtigungen jeweils für den markierten Benutzer beziehungsweise die markierte Benutzergruppe gelten.

5. **Klicken Sie die Schaltfläche HINZUFÜGEN an.**

   Es wird das Dialogfeld BENUTZER, COMPUTER, DIENSTKONTEN ODER GRUPPEN AUSWÄHLEN angezeigt (siehe Abbildung 11.13).

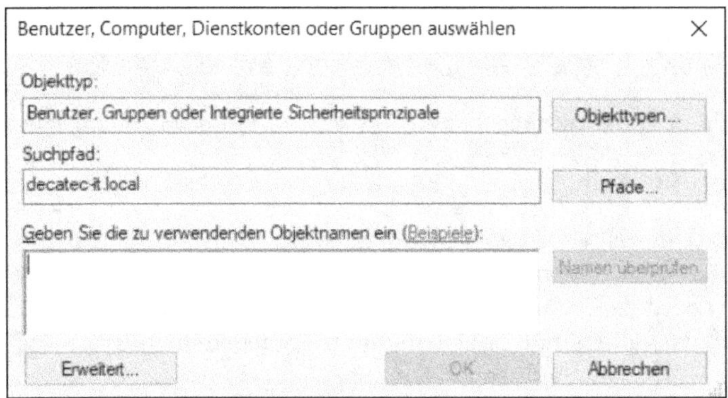

Abbildung 11.13: Das Dialogfeld »Benutzer, Computer, Dienstkonten oder Gruppen auswählen«

6. **Geben Sie den Namen des Benutzers oder der Gruppe ein und klicken Sie dann OK an.**

   Sie landen wieder im Dialogfeld BERECHTIGUNGEN, in dem nun auch der neue Benutzer oder die neue Benutzergruppe aufgeführt wird.

   Über die Schaltfläche ERWEITERT können Sie ein Dialogfeld öffnen, über das Sie nach Benutzern und Benutzergruppen suchen können.

   Wenn Sie OK anklicken, kehren Sie wieder zum Dialogfeld BERECHTIGUNGEN zurück, in dem dann die ausgewählte Gruppe oder der ausgewählte Benutzer hinzugefügt wurde.

7. **Aktivieren Sie die erforderlichen ZULASSEN- oder VERWEIGERN-Kontrollkästchen, um festzulegen, über welche Berechtigungen der Benutzer oder die Benutzergruppe verfügen soll.**

8. **Wiederholen Sie die Schritte 5 bis 7 für weitere Berechtigungen, die Sie hinzufügen wollen.**

9. **Klicken Sie abschließend OK an.**

Abschließend noch ein paar weitere Überlegungen, die Sie bei der Vergabe von Berechtigungen anstellen sollten:

✔ Falls Sie einfach allen Benutzern und Benutzergruppen den Vollzugriff auf einen Ordner gewähren wollen, brauchen Sie sich nicht um das Hinzufügen weiterer Berechtigungen zu kümmern. Markieren Sie dann einfach die Gruppe JEDER und aktivieren Sie anschließend alle ZULASSEN-Kontrollkästchen bei den verschiedenen Berechtigungsarten.

✔ Um Berechtigungen zu entfernen, markieren Sie diese und klicken anschließend die Schaltfläche ENTFERNEN an.

✔ Wenn Sie sich lieber nicht mit dem Assistenten oder der erweiterten Freigabe herumplagen wollen, können Sie im Windows-Explorer nach dem Rechtsklick auf den freizugebenden Ordner im Kontextmenü auch noch die Optionen im Untermenü von FREIGEBEN FÜR nutzen. Diese entsprechen denen der einfachen Freigabe bei den jüngeren Windows-Versionen.

Die mit diesem Verfahren hinzugefügten Berechtigungen gelten nur für die jeweilige Freigabe selbst. Den untergeordneten Ordnern können ebenfalls Berechtigungen zugeordnet worden sein. Wenn das der Fall ist, gelten grundsätzlich die jeweils restriktiveren Berechtigungen. Wurde bei einer Freigabe zum Beispiel der Vollzugriff gewährt, für einen Ordner aber nur die Leseberechtigung eingeräumt, erhalten die Benutzer für diesen Ordner auch nur die Leseberechtigung.

Kapitel 12

Ein Intranet erstellen

Der Begriff *Intranet* ist zwar in den letzten Jahren ein wenig aus der Mode gekommen, aber immer noch verbreitet. Ein Intranet ist dem Internet zwar ähnlich, weist aber einen wichtigen Unterschied auf: Anstatt Ihren Rechner weltweit mit Millionen anderer Computer zu verbinden, verbindet ein Intranet Ihren Rechner mit anderen Computern in Ihrem Unternehmen oder Ihrer Organisation. Wie unterscheidet sich aber ein Intranet von gewöhnlichen Netzwerken von der Stange? Wenn Sie weiterlesen, werden Sie die Antwort erhalten.

Was ist ein Intranet?

Das Internet und insbesondere das World Wide Web sind längst zu einem Phänomen geworden. Weltweit surfen Abermillionen Computerbenutzer im Web, nutzen dort gespeicherte Dateien und laden Daten herunter.

Die Unternehmen haben dabei recht schnell erkannt, dass ihre Mitarbeiter auch intern derartige Plattformen nutzen können, um über sie gemeinsam auf Daten, Dokumente und Datenbanken zuzugreifen. Verständlicherweise fänden es viele Unternehmen aber nicht so berauschend, wenn ihre firmeninternen und privaten Daten frei über das Internet zugänglich wären. Daher entwickelten kluge Netzwerkverwalter in großen Unternehmen schon bald Möglichkeiten, das Web nicht nur für die weltweite und öffentliche Verbreitung von Daten, sondern auch zur firmeninternen Verteilung von Daten innerhalb von Unternehmen zu nutzen. Und damit war die Idee des Intranets geboren. Bei einem *Intranet* handelt es sich um ein Netzwerk, das mit denselben Werkzeugen und Protokollen wie das weltweite Internet aufgebaut wird, dessen Nutzung sich aber auf das interne Netzwerk des Unternehmens beschränkt.

Stellen Sie sich ein Intranet als eine kleine, private Version des World Wide Web vor. Jeder, der mit Ihrem LAN (Local Area Network) verbunden ist, kann auf Ihr Intranet zugreifen. Auf das Intranet greifen Sie mit einem Webbrowser (zum Beispiel Chrome, Edge, Firefox oder Opera) zu. Die Benutzer benötigen dazu aber keine Internetverbindung, da die Daten im Intranet auf Serverrechnern des Unternehmens und nicht auf Computern gespeichert sind, auf die über das Internet zugegriffen werden muss.

Das Intranet entspricht einem geschlossenen lokalen Netzwerk und damit einem Mediensystem, dessen Sendungen nur die Menschen innerhalb des Unternehmens empfangen können, dem das interne System gehört. Im Unterschied dazu kann man das Internet mit einem internationalen Fernsehsender vergleichen, den jeder öffentlich empfangen kann.

Je nach Geschäftsfeld eines Unternehmens oder einer Organisation kann das interne Intranet oder das offene Internet wichtiger sein.

✔ Werden Daten aus praktischen oder juristischen Gründen vorwiegend oder gar ausschließlich intern genutzt, sind Intranets wichtiger. Gründe dafür können insbesondere urheberrechtliche Belange sein. Daten, die intern (privat) gesammelt und genutzt werden, dürfen beispielsweise extern oft einfach aus urheberrechtlichen Gründen nicht weitergegeben werden.

✔ Sollen Daten, Waren und Dienstleistungen nicht nur in der Nähe des Unternehmensstandorts (beispielsweise in der Gastronomie) vertrieben werden, spielen heute Bestellungen über das Internet eine zunehmend wichtige Rolle.

✔ Es hat zeitweise Experten gegeben, die glaubten, dass es sich bei dem Inter- und/oder Intranetphänomen nur um eine Modeerscheinung handelt, die bereits nach wenigen Jahren von einer anderen neuen Technologie abgelöst wird, wie das Sammeln von Kieselsteinen oder die Hula-Hoop-Reifen.

Nun, eins hat die Zeit mittlerweile bereits gezeigt, nämlich dass das Internet viel zu nützlich ist, um nur eine Modeerscheinung zu sein.

Wofür lässt sich ein Intranet verwenden?

Über Intranets lassen sich nahezu beliebige Informationen oder Daten innerhalb von Unternehmen verteilen. Für sie werden prinzipiell zwei Arten von Anwendungen genutzt:

✔ **Anwendungen zur Veröffentlichung von Materialien (Publishing):** Informationen werden in Form von Seiten veröffentlicht, die Sie von anderen Rechnern mit Zugriff auf das Intranet aus betrachten können. Diese Art der Intranetanwendung wird zum Beispiel häufig für Unternehmenszeitschriften, Strategiehandbücher und Preislisten oder andere Datensammlungen zum internen Gebrauch verwendet. Datenbanken mit HTML-Benutzeroberflächen und Wikipedia-artige Lösungen bilden beliebte Lösungen für das Intranet und/oder das Internet. Mit HTML und Datenbanken gibt es heute kaum noch etwas, was es im Web nicht gibt oder nicht geben könnte.

 Viele der eben erwähnten Webanwendungen lassen sich leicht und heute oft auch ohne größere Unterstützung von externen und teuren Computerberatern einrichten.

✔ **Transaktionsanwendungen:** Hier werden die Daten von Benutzern des Intranets gesammelt beziehungsweise zusammengestellt oder eingereicht. Sie erstellen zum Beispiel Berichte über die Onlineausgaben informieren Supportmitarbeiter über Probleme (Ticketsysteme) oder melden sich bei Fortbildungsprogrammen an (Buchungserfassung).

Der Hauptunterschied zwischen diesen beiden Arten von Intranetanwendungen lässt sich wie folgt beschreiben:

✔ **Bei Publishing-Anwendungen fließen Daten nur in einer Richtung.** Sie fließen vom Intranet zum Benutzer. Der Benutzer fordert gewisse Informationen oder Daten an, die ihm vom Intranetsystem geliefert werden.

✔ **Bei Transaktionsanwendungen fließen Daten in beide Richtungen.** Der Benutzer fordert nicht nur Daten vom Intranetsystem an, sondern das Intranetsystem selbst fordert auch Daten vom Benutzer an.

Was wird für die Einrichtung eines Intranets benötigt?

Für die korrekte Einrichtung eines Intranets benötigen Sie die richtigen Werkzeuge. Die folgende Aufstellung fasst die Anforderungen einer Lösung für ein größeres Unternehmen zusammen:

✔ **Ein Netzwerk:** Für ein Intranet müssen keine zusätzlichen Kabel verlegt werden. Es nutzt das vorhandene Netzwerk.

✔ **Ein eigens für das Intranet abgestellter (dedizierter) Serverrechner:** Dieser Rechner sollte über reichlich Arbeitsspeicher und ausreichend *freie* Festplattenkapazität verfügen. Je mehr Netzwerkbenutzer auf den Server zugreifen und je mehr Daten abgelegt werden sollen, desto mehr Arbeitsspeicher und Festplattenkapazität werden benötigt.

✔ **Windows Server oder ein Linux-Betriebssystem:** Das eine oder andere wird für Webserversoftware normalerweise verwendet. Entscheiden Sie, was am besten in Ihre Umgebung passt.

✔ **Webserversoftware für den Serverrechner:** Sie müssen einen Webserver installieren, zum Beispiel IIS (für Windows-Server) oder Apache (für Linux-Server).

Auch unter Windows können Sie einen Apache-Webserver installieren. Hier lautet das Stichwort WAMP, wobei das Kürzel für »Windows, Apache, MySQL und PHP« steht. Allerdings ist Apache unter Windows heutzutage eher eine Seltenheit, denn dieser Webserver fühlt sich unter Linux am wohlsten.

Zudem lassen sich in kleinen Unternehmen auch spezielle NAS-Laufwerke mit integriertem Webserver und Datenbank nutzen. (Die Verwaltung dieser LAMP-Systeme, wobei das L am Anfang für *Linux* steht, erfolgt dabei weitgehend über Weboberflächen der NAS-Systeme im Internetbrowser.)

✔ **Programme, mit denen Sie Webseiten erstellen können:** Wenn Sie zu diesen Typen gehören, die binär träumen, können Sie Webseiten auch erstellen, indem Sie HTML-Code direkt in Textdateien eintippen. Dazu brauchen Sie kaum mehr als den Windows-Editor. Alternativ können Sie vielleicht eines der mittlerweile vielen Programme benutzen, die speziell für die Erstellung von Webseiten entwickelt wurden, wie zum Beispiel das Profiwerkzeug Adobe Dreamweaver. Wenn Sie transaktionsbasierte Anwendungen entwickeln wollen, werden Sie weitere Werkzeuge benötigen.

Intranet ohne Web

Um ein Intranet korrekt einzurichten, müssen Sie auf einem Windows-basierten Server IIS oder auf einem Linux-basierten Server Apache oder irgendeinen anderen Webserver ausführen. Sie können aber ein rudimentäres Intranet auch einrichten, ohne sich mit der Einrichtung eines echten Webservers herumplagen zu müssen. Dieses Verfahren wurde beispielsweise dazu genutzt, um Benutzeroberflächen für optische Laufwerke zu erstellen.

Dabei richten Sie einen Ordner ein, der die HTML-Dateien für Ihre Benutzeroberfläche oder eben Ihr Intranet aufnehmen soll. Dann erstellen Sie eine HTML-Datei als Startseite für die Benutzeroberfläche oder als Homepage für Ihr Intranet und speichern sie in dem Ordner, der in Schritt 1 erstellt wurde. Als Homepage sollten Sie der Datei möglichst den Namen `index.html` geben.

Nun müssen Sie nur noch die weiteren für die Benutzeroberfläche oder das Intranet benötigten HTML-Dateien erstellen und Links für diese Seiten in die Datei `index.html` oder die Startdatei der Benutzeroberfläche aufnehmen.

Lassen Sie die Datei `index.html` aus dem Startordner in Ihrem Webbrowser anzeigen. Wenn der Server zum Beispiel `iserver` und der freigegebene Ordner `Intranet` heißt, geben Sie diese Daten in das Adressfeld des Browsers ein: `//iserver/Intranet/index.html`. Voilà! Schon haben Sie ein Instant-Intranet ohne die Probleme eines Webservers, und `http:` oder `https:` wird Ihr Webbrowser üblicherweise selbst am Anfang der eingegebenen Adresse hinzufügen.

Dieses rudimentäre Intranet funktioniert auch ohne Webserver, weil Webbrowser einfache HTML-Dateien direkt anzeigen können, ohne dass dazu ein Webserver benötigt wird. Ohne Webserver bleiben die Fähigkeiten Ihres Intranets aber recht beschränkt. Insbesondere lassen sich auf diese Weise nur *statische* Webseiten (mit festem Inhalt) anzeigen, also beispielsweise die Daten von Benutzeroberflächen für optische Datenträger. Für *dynamische* Inhalte und Interaktionsmöglichkeiten mit den Benutzern kommen Sie nicht darum herum, einen Webserver einzurichten.

Die Einrichtung eines IIS-Webservers

Bei dem Webserver von Microsoft für die Windows-Server-Betriebssysteme handelt es sich um *IIS (Internet Information Services)*.

IIS Express

Von IIS sind mittlerweile Express-Versionen erhältlich, die Sie beispielsweise unter Windows 10 oder 11 installieren können. Auf diese Weise sparen Sie sich die Installation und Konfiguration eines kompletten Windows Servers, wenn Sie sich nur mit IIS vertraut machen wollen. Wenn Sie von dieser Möglichkeit Gebrauch machen wollen, suchen Sie im Web einfach nach »IIS Express Download« und nutzen eine vertrauenswürdige der angebotenen Fundstellen. Folgen Sie dann den Installationsanleitungen.

IIS Express wird standardmäßig im Ordner `Programme\IIS Express` unter dem Dateinamen `iisexpress.exe` abgelegt. Die Webdateien werden im Benutzerordner im Unterordner `Documents\My Web Sites\` abgelegt. Die Startdatei finden Sie dort im Unterordner `WebSite1` unter dem Namen `iisstart.htm`. Wenn `iisexpress.exe` ausgeführt wird, können Sie die Startdatei durch Eingabe von `localhost:8080` starten (siehe Abbildung 12.5).

IIS Server als Rolle hinzufügen

IIS gehört zwar zum Lieferumfang von Windows Server, ist aber standardmäßig nicht aktiviert. Sie müssen die Serverrolle IIS daher erst einmal konfigurieren. Dazu führen Sie unter Windows Server die folgenden Schritte aus:

1. **Starten Sie den SERVER-MANAGER und wählen Sie im Menü unter VERWALTEN die Option ROLLEN UND FEATURES HINZUFÜGEN.**

   Nun wird das Fenster SERVER-MANAGER angezeigt.

2. **Klicken Sie auf die Schaltfläche WEITER, um im nächsten Schritt den INSTALLATIONSTYP auszuwählen.**

   Wählen Sie hier den Punkt ROLLENBASIERTE ODER FEATUREBASIERTE INSTALLATION und klicken Sie anschließend wieder auf WEITER.

3. **Im nächsten Schritt wählen Sie den Server aus, auf dem die Rolle installiert werden soll.**

   Dabei wird es sich in den meisten Fällen um den gleichen Server handeln, auf dem Sie gerade den Assistenten ausführen. Klicken Sie erneut auf WEITER.

4. **Nun sehen Sie das Dialogfeld zur Auswahl einer Serverrolle.**

   Die Seite des Assistenten, auf der Sie zur Auswahl einer Serverrolle aufgefordert werden, wird in Abbildung 12.1 dargestellt.

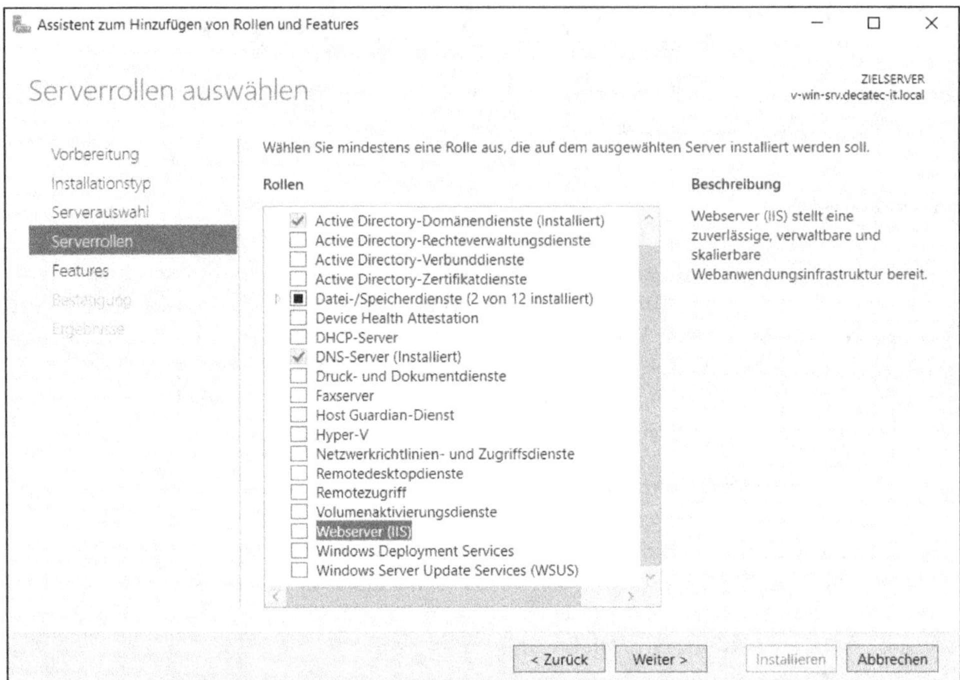

Abbildung 12.1: Die Seite mit der Rollenauswahl im Fenster »Assistent zum Hinzufügen von Rollen und Features«

5. Setzen Sie ein Häkchen in das Kontrollkästchen der Option WEBSERVER (IIS).

Daraufhin wird automatisch das Fenster aus Abbildung 12.2 angezeigt und Sie werden gefragt, ob die IIS-Verwaltungskonsole und Verwaltungstools installiert werden sollen.

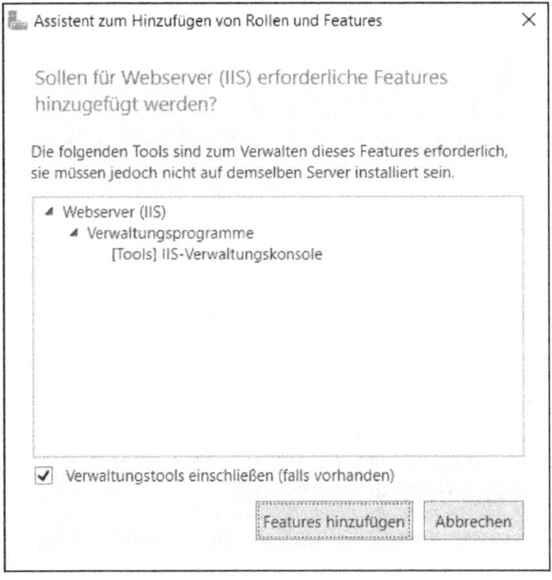

Abbildung 12.2: Die IIS-Verwaltungskonsole installieren

6. **Klicken Sie FEATURES HINZUFÜGEN und dann WEITER an.**

Der Assistent zeigt Ihnen eine Seite an, auf der Sie die zu installierenden Features auswählen können.

7. **Klicken Sie WEITER an.**

Die Seite ROLLE 'WEBSERVER' (IIS) wird angezeigt (siehe Abbildung 12.3).

Abbildung 12.3: Die Seite »Rolle 'Webserver' (IIS)« im Fenster »Assistent zum Hinzufügen von Rollen und Features«

8. **Klicken Sie WEITER an.**

Die in Abbildung 12.4 dargestellte Seite ROLLENDIENSTE wird angezeigt. Hier können Sie eine Vielzahl optionaler Dienste auswählen, die für IIS konfiguriert werden sollen.

9. **Wählen Sie die Dienste aus, die Sie für IIS konfigurieren wollen.**

Wenn Sie möchten, können Sie die Liste durchsehen und vorausschauend jene Dienste aktivieren, die Sie später wahrscheinlich benötigen werden. Sie können aber auch die Vorgabeoptionen übernehmen.

 Sie können den Assistenten später erneut aufrufen und benötigte Dienste hinzufügen.

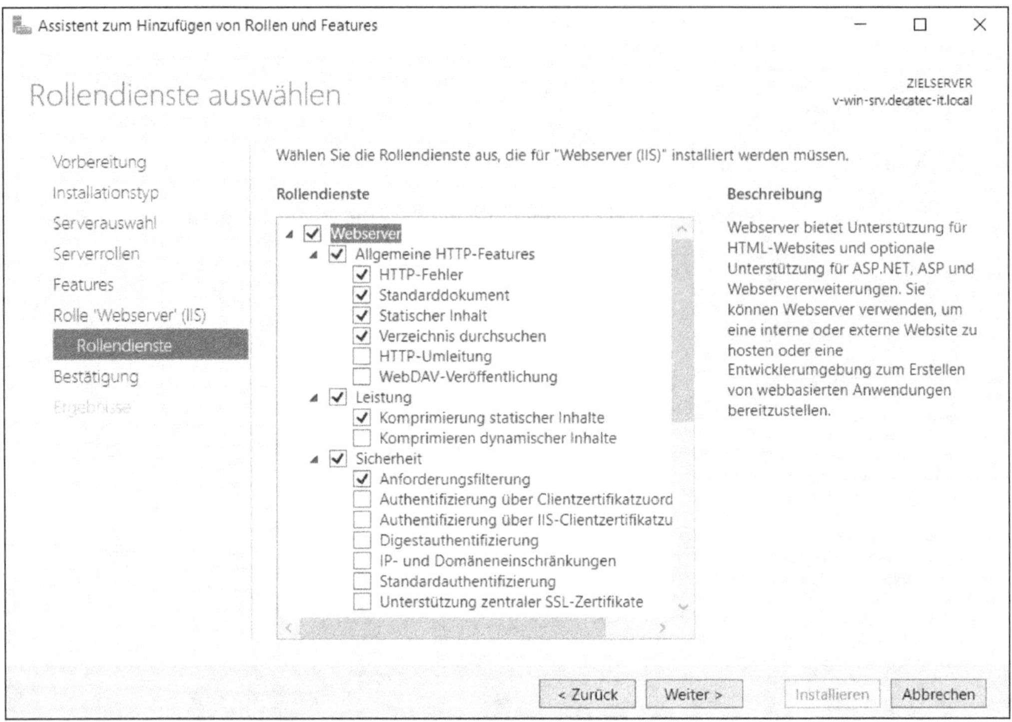

Abbildung 12.4: Die Seite »Rollendienste auswählen« im Fenster »Assistent zum Hinzufügen von Rollen und Features«

10. **Klicken Sie WEITER an.**

    Eine Bestätigungsseite wird angezeigt.

11. **Klicken Sie INSTALLIEREN an.**

    Die ausgewählten Optionen werden nun installiert. Dieser Vorgang kann einige Minuten dauern, haben Sie also ein wenig Geduld.

    Nach abgeschlossener Installation wird Ihnen eine Seite mit den Installationsergebnissen präsentiert, die Sie darüber informieren soll, dass alles korrekt installiert wurde.

12. **Klicken Sie SCHLIESSEN an.**

    IIS ist nun installiert und kann genutzt werden.

Eine einfache Intranetseite erstellen

Anfangs ist IIS so konfiguriert, dass nur eine einzige Webseite vorhanden ist. Sie können prüfen, ob IIS wirklich seine Arbeit aufgenommen hat. Starten Sie dazu einfach ein Browserfenster auf dem Server und geben Sie `localhost` in das Adressfeld ein (im Falle eines auf IIS Express beschränkten Testlaufs unter Windows geben Sie `localhost:8080` ein). Haben

Sie IIS unter Windows Server als Rolle installiert, können Sie diese Seite von einem anderen Rechner im Netzwerk ebenfalls erreichen, wenn Sie die lokale Adresse des Servers oder (bei entsprechender Konfiguration) den lokalen Domänennamen in das Adressfeld eingeben. Abbildung 12.5 zeigt die Standardwebsite, die daraufhin angezeigt wird.

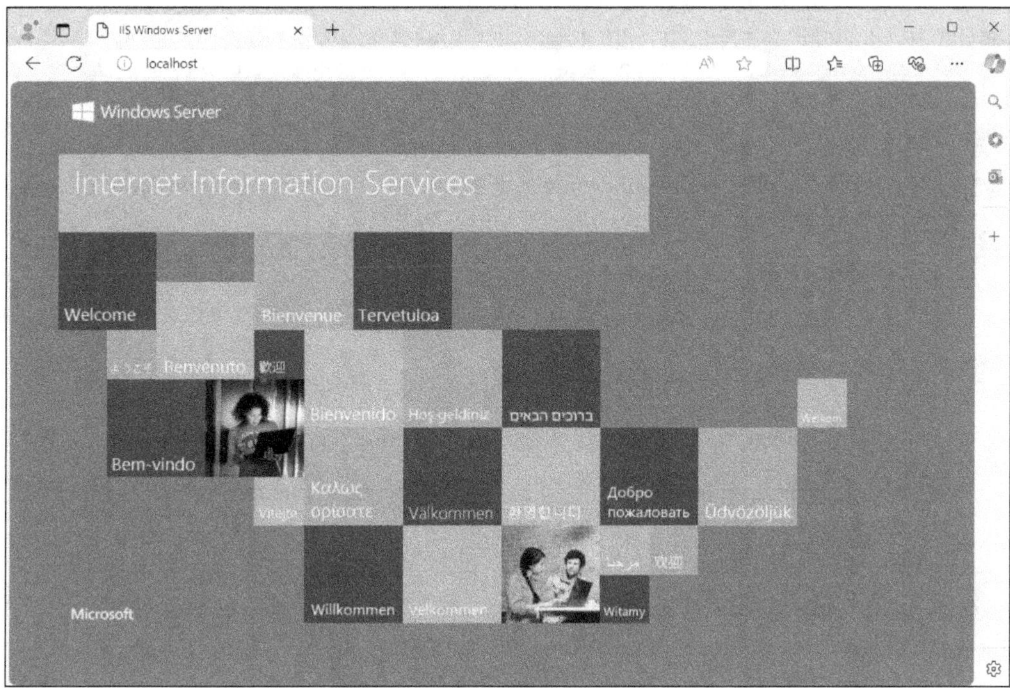

Abbildung 12.5: Die Begrüßungsseite von IIS (localhost)

 IIS Express ist nur lokal und nicht über das Intranet erreichbar.

Die Dateien der Standardwebsite befinden sich auf dem Serverlaufwerk normalerweise im Ordner `c:\inetpub\wwwroot`. Wenn Sie einfach den Namen des Servers ohne einen Dateinamen in das Adressfeld des Webbrowsers eingeben (zum Beispiel `localhost`), sucht IIS in der angegebenen Reihenfolge nach den folgenden Dateien:

- `default.htm`
- `default.asp`
- `index.htm`
- `index.html`
- `iisstart.htm`
- `default.aspx`

Anfangs enthält der Ordner `c:\inetpub\wwwroot` nur die beiden Dateien `iisstart.htm` und `iisstart.png`. Bei der Datei `iisstart.htm` handelt es sich um die Datei, die für die Website im Browser angezeigt wird. Sie enthält den zur Anzeige der Abbildung (Datei `iisstart.png`) auf der Webseite benötigten HTML-Code.

Sie können die standardmäßig angezeigte Webseite einfach dadurch ändern, dass Sie eigene Dateien unter den angegebenen Namen erstellen und ablegen. Um gleich loszulegen, können Sie zum Beispiel mit den folgenden Schritten eine einfache Datei unter dem Namen `default.htm` erstellen, die dafür sorgt, dass der Text *Hallo Welt!* auf Ihrer Startseite angezeigt wird.

Damit das Folgende funktioniert, müssen Sie Windows so einstellen, dass die Dateiendungen mit angezeigt werden:

1. Öffnen Sie ein Explorer-Fenster.

2. Klicken Sie hier im Menü-Reiter auf ANSICHT.

3. Klicken Sie dann rechts auf die Schaltfläche OPTIONEN.

4. Im Dialogfenster, das sich nun öffnet, klicken Sie auf den Reiter ANSICHT.

5. Deaktivieren Sie die Option ERWEITERUNGEN BEI BEKANNTEN DATEITYPEN AUSBLENDEN und bestätigen Sie die Einstellungen mit einem Klick auf die Schaltfläche OK.

1. **Öffnen Sie ein Explorer-Fenster und wechseln Sie zum Ordner `C:\inetpub\wwwroot`.**

2. **Klicken Sie den Bereich, in dem die im Ordner enthaltenen Dateien angezeigt werden, mit der rechten Maustaste an, wählen Sie im Kontextmenü NEU|TEXTDOKUMENT, geben Sie `default.htm` als Dateinamen ein und drücken Sie ⏎.** Windows wird Sie darauf hinweisen, dass die Dateinamenerweiterung geändert wurde und die Datei dadurch eventuell unbrauchbar wird. In unserem Fall ist die Änderung der Erweiterung aber wichtig, daher bestätigen Sie die Frage mit einem Klick auf die Schaltfläche **JA.**

3. **Klicken Sie die so erstellte Datei `default.htm` mit der rechten Maustaste an und wählen Sie im Kontextmenü ÖFFNEN MIT|EDITOR.**

Falls der Editor nicht in der Auswahl erscheint, klicken Sie auf ANDERE APP AUSWÄHLEN, anschließend auf WEITERE APPS und dann auf den Eintrag EDITOR, bevor Sie das Dialogfenster mit OK bestätigen.

4. **Geben Sie den folgenden Text in das Editor-Fenster ein:**

```
<HTML>

<BODY>

<H1>Hallo Welt!</H1>
```

```
</BODY>

</HTML>
```

5. **Wählen Sie Datei|Speichern und dann Datei|Beenden, um die Datei zu speichern und den Editor zu schließen.**

6. **Geben Sie `localhost` in das Adressfeld des Internet Explorers ein und drücken Sie [↵].**

   Die in Abbildung 12.6 dargestellte Seite wird angezeigt.

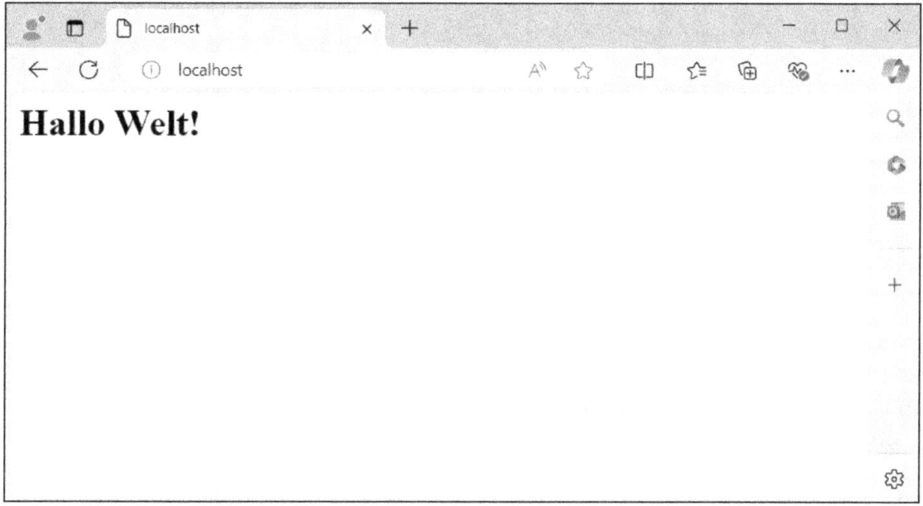

Abbildung 12.6: Hallo Welt!

Webseiten erstellen

IIS kann mehrere Websites hosten. Diese Möglichkeit ist nicht nur für Webserver mit öffentlich erreichbaren Seiten, sondern auch für Webserver mit internen (lokalen) Seiten äußerst nützlich. So können Sie zum Beispiel eine separate Intranet-Website für die Personalabteilung erstellen und ihr den Namen `intern` geben. Wenn der Domänenname `decatec-it.local` lautet, können Benutzer diese Website mit ihren Browsern dann unter der Adresse `local.decatec-it.local` erreichen.

Damit die folgenden Schritte funktionieren, muss sich der Server innerhalb einer Domäne befinden.

Führen Sie dazu die folgenden Schritte aus:

1. **Legen Sie im Windows-Explorer einen Ordner an, um darin die Dateien für die Website zu speichern.**

   Für dieses Beispiel habe ich einen Ordner namens `c:\intern-website` angelegt.

2. **Wählen Sie im Server-Manager TOOLS|INTERNETINFORMATIONSDIENSTE (IIS)-MANAGER.**

Der IIS-Manager wird angezeigt (siehe Abbildung 12.7).

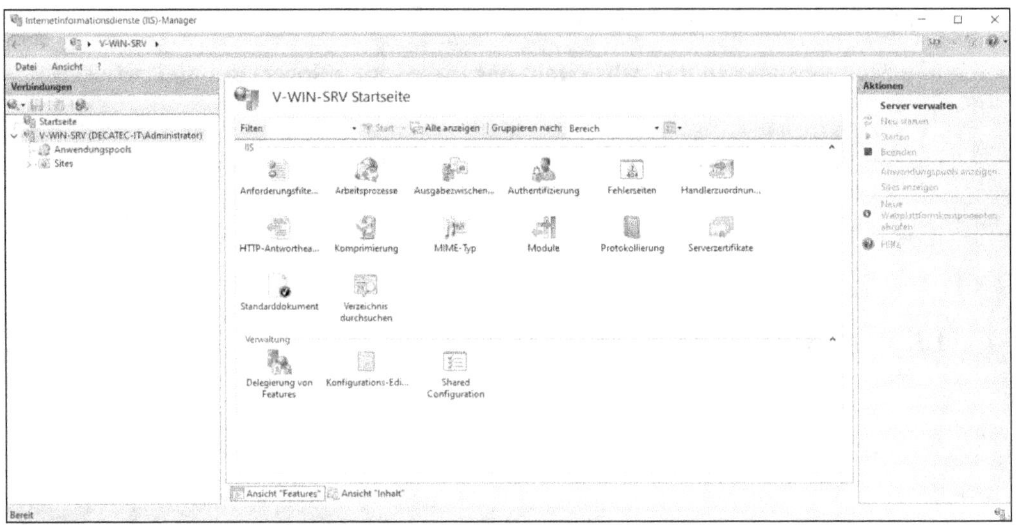

Abbildung 12.7: Der IIS-Manager

3. **Klicken Sie SITES mit der rechten Maustaste an und wählen Sie WEBSITE HINZUFÜGEN.**

Das Dialogfeld WEBSITE HINZUFÜGEN wird angezeigt (siehe Abbildung 12.8).

4. **Geben Sie in das Feld SITENAME einen Namen für die Website ein.**

Verwenden Sie zum Beispiel einen Namen wie `intern`, wenn Sie eine interne Intranetseite erstellen wollen.

5. **Klicken Sie die Schaltfläche mit den drei Punkten an, navigieren Sie zu dem in Schritt 1 erstellten Ordner und klicken Sie dann OK an.**

Navigieren Sie zum Beispiel zum Ordner `c:\intern-website`.

6. **In das Textfeld HOSTNAME geben Sie den genauen DNS-Namen ein, den Sie für die Website verwenden wollen.**

Geben Sie hier zum Beispiel `intern.decatec-it.local` ein.

7. **Klicken Sie OK an.**

Die gerade erstellte Website wird unterhalb des Knotens SITES im IIS-Manager angezeigt (siehe Abbildung 12.9).

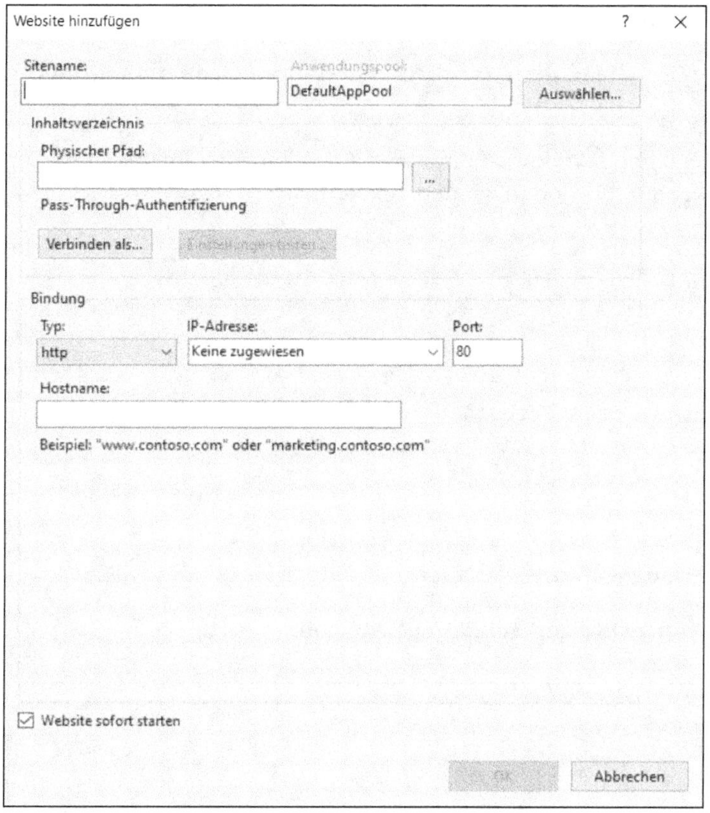

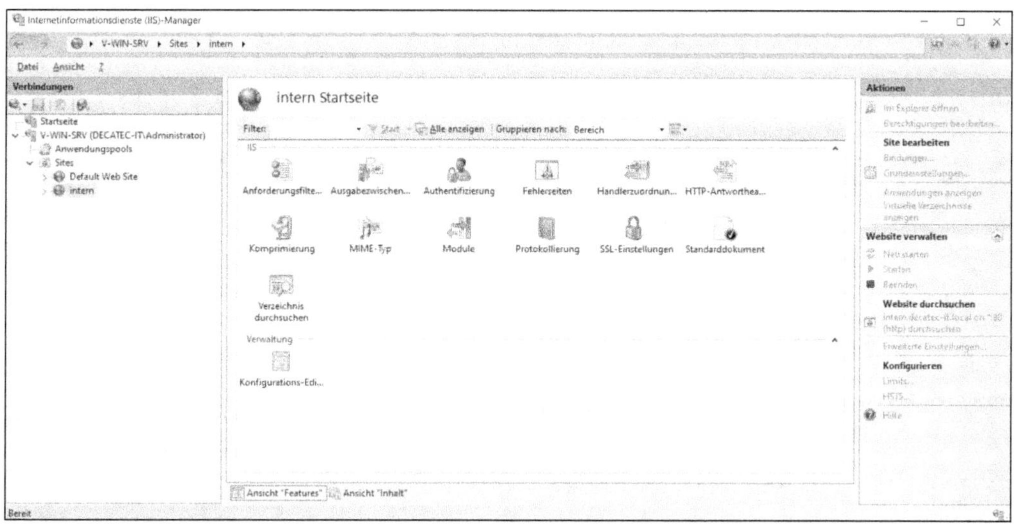

Abbildung 12.8: Das Dialogfeld »Website hinzufügen«

Abbildung 12.9: Die intern-Website wird im IIS-Manager angezeigt.

8. **Schließen Sie den IIS-Manager.**

9. **Erstellen Sie eine Webseite, die in dem in Schritt 1 erstellten Ordner angezeigt werden soll.**

   In diesem Beispiel habe ich den Windows-Editor zum Erstellen einer Textdatei namens `default.htm` verwendet, die den folgenden Text enthält:

```
<HTML>

<TITLE>Intern</TITLE>

<BODY>

<h1>Willkommen auf der internen Website!</h1>

</BODY>

</HTML>
```

10. **Wählen Sie im Server-Manager TOOLS|DNS.**

   Die Konsole DNS-MANAGER wird angezeigt (siehe Abbildung 12.10).

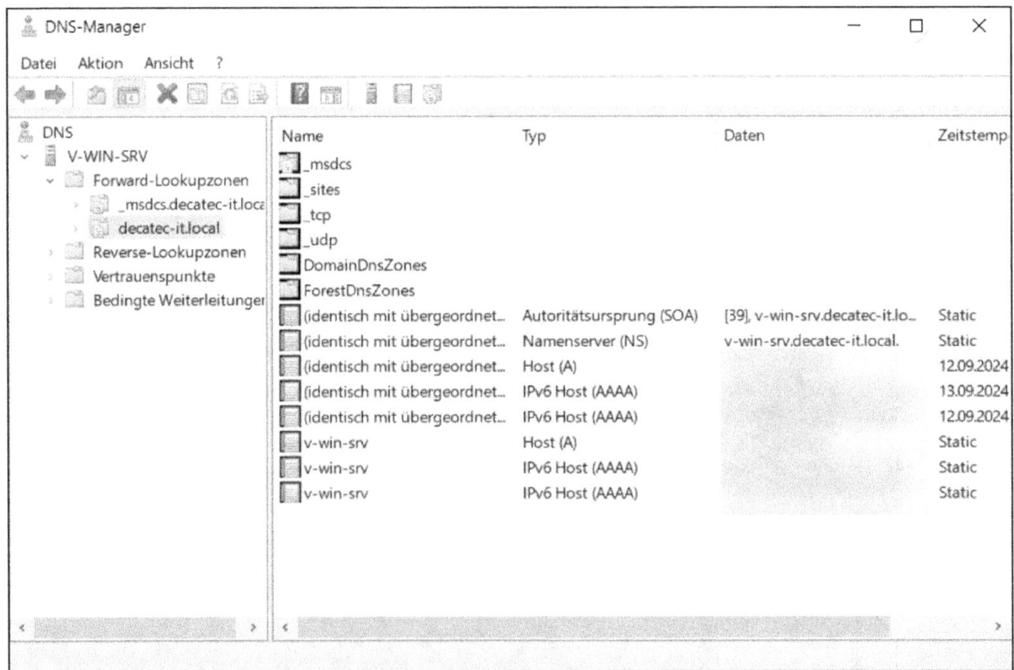

Abbildung 12.10: Die Konsole »DNS-Manager«

11. **Wählen Sie im Navigationsbereich den Knoten Ihrer Domäne aus.**

Im Beispiel handelt es sich dabei um DECATEC-IT.LOCAL.

12. **Wählen Sie AKTION|NEUER ALIAS (CNAME).**

Das Dialogfeld NEUEN EINTRAG ERSTELLEN wird angezeigt (siehe Abbildung 12.11).

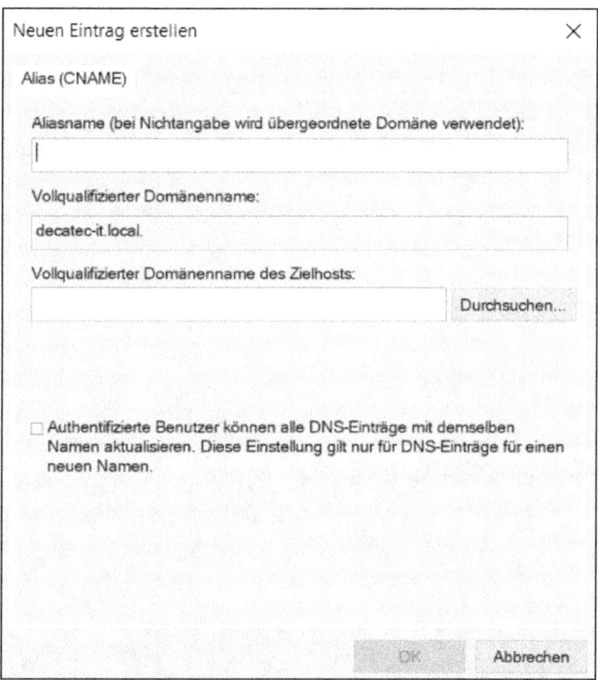

Abbildung 12.11: Erstellen eines neuen CNAME-Eintrags

13. **Geben Sie den zu verwendenden Aliasnamen in das Textfeld ALIASNAME ein.**

Geben Sie zum Beispiel einen Aliasnamen wie `intern` ein.

14. **Geben Sie den Computernamen Ihres Webservers in das Textfeld VOLLQUALIFI-ZIERTER DOMÄNENNAME DES ZIELHOSTS ein.**

Geben Sie zum Beispiel einen Servernamen wie `v-win-srv.decatec-it.local` ein.

15. **Klicken Sie OK an.**

Der DNS-Alias wird erstellt.

16. **Schließen Sie den DNS-Manager.**

17. **Öffnen Sie ein Browserfenster.**

18. Rufen Sie die eben erstellte Alias-Adresse auf.

In diesem Beispiel habe ich die Website `intern.decatec-it.local` aufgerufen. Abbildung 12.12 zeigt das Ergebnis.

Abbildung 12.12: Die neue Website unter der Alias-Adresse

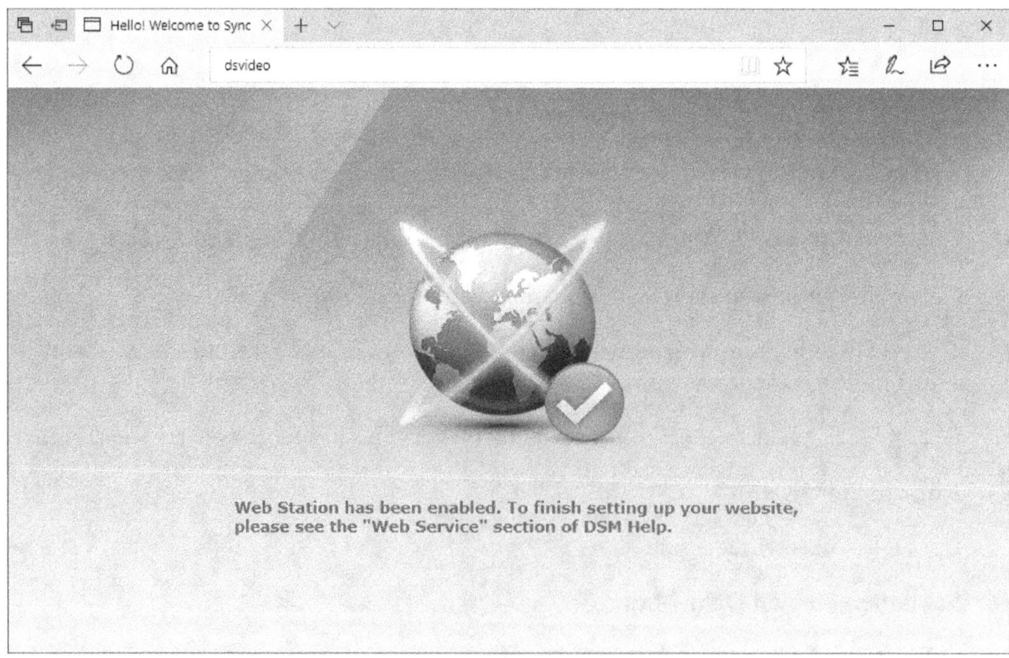

Abbildung 12.13: Vordefinierte Startseite des Apache-Webservers als Web Station auf einem Synology-NAS-Server im Edge-Browser

Webserver mit Apache auf NAS-Servern oder unter Linux

Auf NAS-Servern und unter Linux müssen Sie meist eigentlich nur noch Apache als Software für den Webserver installieren. Bei Synology-NAS-Laufwerken installieren Sie dazu beispielsweise das Paket namens Web Station. Dann werden üblicherweise Ordner mit Namen wie web oder www irgendwo erstellt und zumindest mit dem root-Konto eines Administrators lassen sich dann einfache HTML-Webseiten erstellen. Die dann standardmäßig gestartete Webseite wird dabei zumeist unter dem Namen index.html im jeweiligen Ordner abgelegt. Wie beim IIS-Webserver finden Sie dann üblicherweise auch dort eine vorgefertigte Webseite, die Sie ersetzen können.

Auf Apache oder andere Webserver unter Linux werden wir – abgesehen von diesen kurzen Hinweisen – hier nicht weiter eingehen.

Drahtlos und mobil durch die Wolken

Kapitel 13

Drahtlose Netzwerke einrichten

Seit den Anfängen der Ethernet-Netzwerkerei sind Kabel deutlich filigraner geworden und lassen sich sehr viel einfacher verwenden. Das ursprüngliche Ethernet-Kabel war fast daumendick, wog fast eine Tonne und ließ sich schlecht um Ecken herum verlegen. Der Nachfolger, das Koaxialkabel, ließ sich schon leichter verarbeiten. Auch dieses Kabel ist heute in freier Wildbahn so gut wie ausgestorben und wurde wiederum vom UTP-Kabel (Unshielded Twisted-Pair) abgelöst. Dieses wird heute für die meisten verkabelten Netze zur Verbindung mit den Endgeräten benutzt.

Auch wenn die Kabel mit der Zeit dünner, preiswerter und leichter verarbeitbar geworden sind, bleiben sie doch *Kabel*. Sie müssen also bei Bedarf Löcher durch Wände bohren, Kabel hinter Wand- und Deckenverkleidungen verlegen und sich die Hände schmutzig machen, wenn Sie Ihr ganzes Haus oder Büro verkabeln wollen.

Alternativ können wir heute zumindest teilweise auf Kabel verzichten. Und schon befinden wir uns beim bisher nur stiefmütterlich behandelten Thema dieses Kapitels und damit im Bereich der *drahtlosen Netzwerke*. Ein drahtloses Netzwerk oder WLAN (Wireless Local Network) sendet und empfängt Netzwerksignale über Funkwellen. Damit können sich Computer zumindest theoretisch von einer beliebigen Stelle in Ihrer Wohnung, Ihrem Haus oder Ihrem Büro aus mit einem WLAN verbinden.

WLANs waren zunächst für Notebooks von besonderem Nutzen, da Sie diese ja überallhin mitnehmen können. Bei der Arbeit können Sie Ihr Notebook am eigenen Schreibtisch, im Konferenzraum, im Pausenraum und/oder auf dem Parkplatz im Wohnmobil nutzen. Das Problem der Nutzung bei einem Sonnenbad wird demnächst vielleicht von VR-Brillen (Virtual Reality) behoben werden. Mittlerweile sind Tablets (notfalls mit Funk-Maus/ Tastatur) oftmals praktischer als Notebooks. Und mit einem Smart-TV können Sie zumindest theoretisch längst auch so ziemlich alle Daten vom Smartphone, Tablet oder irgendwelchen Rechnern auf den Großbildschirm oder auch einen Beamer übertragen. Gesten- und Sprachsteuerung sind zwar weiterhin oft noch eher unpraktisch, lassen sich aber prinzipiell auch einbinden. Im Schlafzimmer das Kino, in der Küche die Rezepte aus dem Internet, in der Badewanne Lesen, Musik hören und/oder Filme genießen, theoretisch alles kein Problem. Unabhängig von Ihrem Aufenthaltsort können Sie WLAN-fähige Endgeräte immer und jederzeit mit einem WLAN verbinden.

War der Funktionsumfang der ersten Mobilgeräte (Tablets und Smartphones) noch beschränkt, sind sie mittlerweile auch im Arbeits- und Büroalltag in vielen Bereichen äußerst nützlich geworden. In den Bereichen Multimedia und Hausautomation oder Überwachungstechnologie können Sie mit diesen kleinen Helferlein heute so ziemlich alles steuern oder fernsteuern. Notfalls gibt es ja noch WLAN-Steckdosen mit Internetfähigkeiten und Steckdosen mit integrierter Infrarot-, Bluetooth- und/oder Funkfernsteuerung.

Natürlich können Sie sich zumindest mit einigen der hier angesprochenen Geräte auch über das Mobiltelefonnetz (insbesondere LTE oder 5G) mit dem Internet verbinden, aber das kann schnell teuer werden. Über WLAN können Sie Ihre Mobilgeräte aber mit dem Internet verbinden, ohne dass Ihnen Ihr Mobiltelefonanbieter die Verbindungszeit in Rechnung stellt.

Dieses Kapitel befasst sich mit den Vor- und Nachteilen der Nutzung drahtloser Netzwerke. Hier lernen Sie die drahtlosen Netzwerkstandards kennen und erfahren, wie Sie Ihr WLAN planen und wie WLAN-Adapter und entsprechende Komponenten installiert und konfiguriert werden. Und wenn Sie schließlich bei einem Hybrid-Netzwerk mit verkabelten und drahtlosen Geräten ankommen, erfahren Sie auch darüber ein wenig mehr.

Dass Ihr WLAN auch mit dem Mobiltelefonnetz verbunden werden kann, versteht sich heute beinahe von selbst. Sieht man einmal von den Kosten ab, geht das heute meist sogar (mit LTE/5G) in recht ordentlicher Geschwindigkeit.

Einstieg in die Welt der drahtlosen Netzwerke

Wie bereits erwähnt, handelt es sich bei einem *drahtlosen Netzwerk* einfach um ein Netzwerk, das für die Übertragung von Daten Funksignale statt direkte Kabelverbindungen nutzt. Ein Rechner mit einer drahtlosen Netzwerkverbindung ähnelt in gewisser Hinsicht also einem Mobiltelefon mit lokal üblicherweise recht begrenzter Reichweite. So wie Sie nicht ständig über Telefonkabel verbunden sein müssen, brauchen Sie auch nicht über ein Netzwerkkabel verbunden zu sein, um drahtlos vernetzte Endgeräte wie Mediaplayer, Smartphones und Tablets nutzen zu können.

Die folgende Aufstellung fasst ein paar Schlüsselkonzepte und Begriffe zusammen, die Sie verstehen müssen, um ein einfaches drahtloses Netzwerk einrichten und benutzen zu können:

✔ **WLAN:** Drahtlose Netzwerke werden auch WLANs genannt; WLAN steht für *Wireless Local Area Network*.

✔ **Wi-Fi:** Die Begriffe *Wi-Fi* und Wi-Fi-Netzwerke werden häufig zur Beschreibung von WLANs benutzt, auch wenn sie sich eigentlich nur auf eine einzige spezielle Variante beziehen, bei der es sich ursprünglich um den 802.11b-Standard handelte. Mehr dazu erfahren Sie im Abschnitt »Acht-null-zwei-Punkt-elfzig-irgendwas? (WLAN-Standards verstehen)« weiter hinten in diesem Kapitel.

✔ **SSID:** Drahtlose Netzwerke haben einen Namen, der auch als SSID bekannt ist. SSID steht für *Service Set Identifier*.

 Alle Rechner, die mit demselben drahtlosen Zugangspunkt (AP – Access Point) verbunden werden sollen, müssen dieselbe SSID verwenden. Sie können dabei natürlich mehrere Zugangspunkte zu einem Netzwerk einrichten. Diese verwenden dann auch verschiedene SSIDs.

✔ **Kanal:** Drahtlose Netzwerke können ihre Daten über einen oder mehrere (unterschiedlich breite) Funkkanäle übertragen. Damit die Geräte miteinander kommunizieren können, müssen deren Netzwerkadapter für denselben beziehungsweise dieselben Kanäle konfiguriert werden, wofür bei modernen Geräten üblicherweise die Firmware automatisch sorgt.

✔ **Ad-hoc:** Die einfachste Variante eines drahtlosen Netzwerks besteht aus zwei oder mehr Rechnern mit WLAN-Adaptern. Derartige Netzwerke werden Ad-hoc-Netzwerk genannt. Diese verbinden sich dann direkt, ohne über einen gemeinsamen Zugriffspunkt zu kommunizieren.

✔ **Infrastruktur-Modus:** Hierbei handelt es sich um eine komplexere WLAN-Variante. Aber eigentlich bedeutet der Begriff nur, dass eine Gruppe von WLAN-Rechnern nicht nur untereinander, sondern über ein Gerät, das *WAP* (*Wireless Access Point*) genannt wird, auch mit dem verkabelten Netzwerk verbunden werden kann. Über Ad-hoc- und Infrastruktur-Netzwerke werden Sie gleich noch etwas mehr erfahren.

✔ **WLAN-Hotspot:** Eine Bezeichnung für WAPs, die auch für sich allein und ohne Kabelverbindung als zentrale Zugangspunkte genutzt werden können. Ein WLAN-Hotspot kann damit also selbst auch wieder mobil sein und sich beispielsweise in einem Pkw oder in der Jackentasche seines Fahrers befinden. Aktuelle Mobiltelefone können ihr WLAN als Hotspot für andere Geräte bereitstellen, um als Brücke zum Mobilfunk-Internet zu agieren.

Ein kleiner Elektronik-Grundkurs

In meiner Zeit als Streber hatte ich in der Schule einen Elektronikkurs belegt. Die Klasse der Elektroniker befand sich direkt neben der der Automechaniker. Natürlich haben sich damals all die coolen Typen auf die Autos gestürzt und nur Nerds wie ich auf Elektronik. Wir saßen dann im Klassenzimmer und haben alles über Widerstände und Dioden gelernt, während die coolen Kids ihre Autos aufgemotzt und mit Zwei-Gigawatt-Stereoanlagen ausgestattet haben.

Es hat sich aber gezeigt, dass ein solcher Grundkurs ganz nützlich sein kann, wenn es um drahtlose Netzwerke geht. Nicht sehr, aber immerhin ein wenig. Jedenfalls lassen sich drahtlose Netzwerke leichter verstehen, wenn Sie die Bedeutung einiger grundlegender Funkbegriffe kennen.

Funkwellen und Frequenzen

Bei *Funk* handelt es sich um elektromagnetische Wellen, die durch die Luft übertragen werden. Sie können sie weder sehen noch hören, aber Funkempfänger können sie aufnehmen und in Töne, Bilder oder (im Fall von drahtlosen Netzwerken) Daten umwandeln. Funkwellen sind tatsächlich zyklische Wellen elektromagnetischer Energie, die sich in einer bestimmten Häufigkeit wiederholen, die *Frequenz* genannt wird.

Abbildung 13.1 zeigt zwei Frequenzen von Funkwellen: eine mit einer Schwingung und die zweite mit zwei Schwingungen pro Sekunde. Echter Funk arbeitet natürlich nicht mit derart niedrigen Frequenzen, aber ich dachte mir, ein oder zwei Schwingungen pro Sekunde lassen sich einfacher zeichnen als 680.000 oder 2,4 Millionen Schwingungen pro Sekunde.

Frequenzen werden in der Maßeinheit Schwingungen pro Sekunde angegeben. Damit wird angegeben, wie viele komplette Schwingungen eine Welle innerhalb einer Sekunde schafft. Heinrich Hertz zu Ehren, der als Erster erfolgreich Funkwellen senden und empfangen konnte (das war in den Achtzigerjahren des 19. Jahrhunderts), wird die Maßeinheit *Schwingungen pro Sekunde* normalerweise *Hertz* genannt (abgekürzt *Hz*). Also entspricht 1 Hz einer Schwingung pro Sekunde.

Wenn die Präfixe *K* (für *Kilo* oder 1.000), *M* (für *Mega* oder 1 Million) oder *G* (für *Giga* oder 1 Milliarde) vor dem Hz verwendet werden, wird das *H* immer noch großgeschrieben. Daher ist die Schreibweise 2,4 GHz richtig (und nicht 2,4 Ghz).

Das Schöne an Funkfrequenzen ist, dass Sender so eingestellt werden können, dass sie Funkwellen in einer bestimmten Frequenz oder einem bestimmten Frequenzbereich ausstrahlen. Ähnlich lassen sich Empfänger so einstellen, dass sie Funkwellen einer bestimmten Frequenz empfangen und Wellen anderer Frequenzen ignorieren. Daher können Sie bei Ihrem Autoradio auch zwischen so vielen verschiedenen Radiostationen wählen: Jede Station benutzt eine eigene Sendefrequenz.

Wellenlänge und Antennen

Ein Begriff, der im Zusammenhang mit Frequenzen steht, ist die *Wellenlänge*. Sie gibt an, welchen Weg Funksignale bei jeder Schwingung zurücklegen. Da die Geschwindigkeit von Licht etwa 300 Millionen Meter pro Sekunde beträgt, beträgt auch die Wellenlänge einer 1-Hz-Funkwelle etwa 300 Millionen Meter. Die Wellenlänge eines 2-Hz-Signals beträgt etwa 150 Millionen Meter.

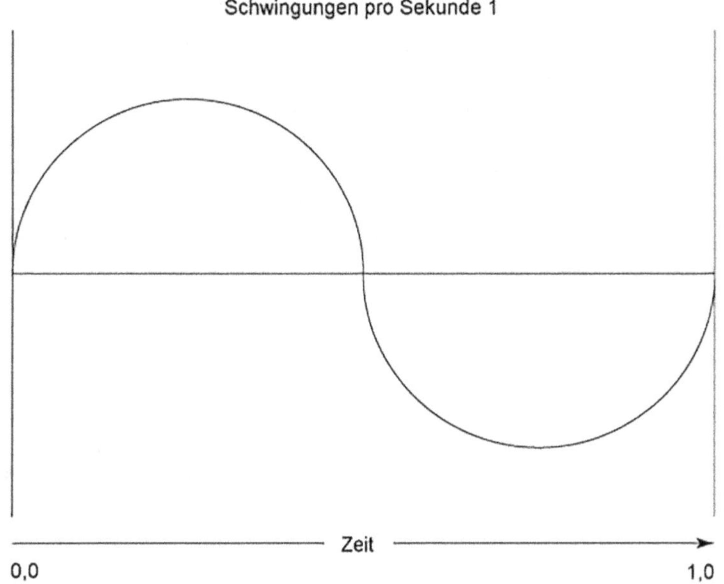

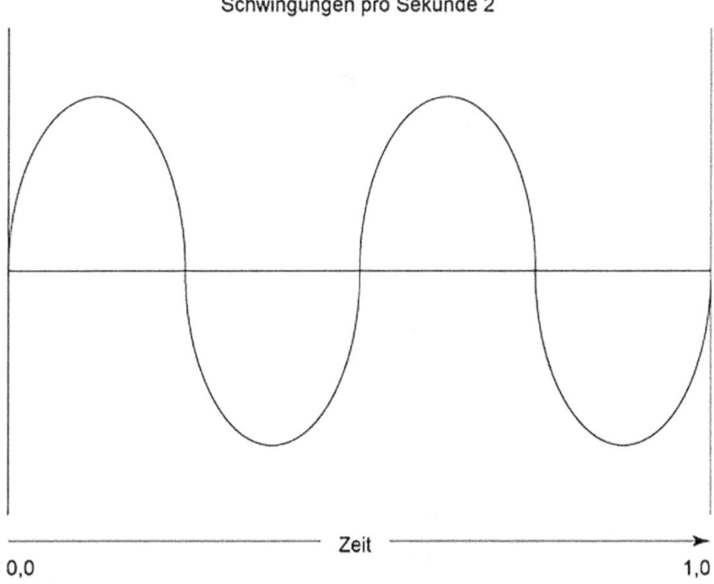

Abbildung 13.1: Funkwellen haben Frequenzen.

Wie Sie sehen, sinkt die Wellenlänge bei steigender Frequenz. Die Wellenlänge eines typischen Mittelwellensenders, der mit 580 KHz sendet, liegt bei rund 500 Metern. Bei einem Fernsehsender, der mit 200 MHz ausstrahlt, liegt sie bei rund 1,5 Metern. Bei einem drahtlosen Netzwerk, das mit der Frequenz 2,4 GHz sendet, liegt sie bei ungefähr 12 Zentimetern.

Je kürzer die Wellenlänge, desto kürzer muss auch die Antenne sein, um die Signale vernünftig empfangen zu können. Bei Übertragungen mit hohen Frequenzen werden also kleinere Antennen benötigt. Vielleicht ist Ihnen ja schon einmal aufgefallen, dass bei Mittelwellenradiostationen normalerweise riesige Antennen auf hohen Masten montiert werden, während Mobiltelefonsender viel kleiner sind und auch keine hohen Masten benötigen. Der Grund hierfür ist, dass Mobiltelefone mit höherer Frequenz als Mittelwellensender arbeiten. Wer entscheidet aber darüber, für welche Art von Funk welche Frequenzen benutzt werden dürfen? Hier kommen Spektren und Regulierungsbehörden ins Spiel. Für die Frequenzpläne ist die *Bundesnetzagentur* (*BNetzA*) zuständig.

Funkspektren und Regulierungsbehörden

Der Ausdruck *Spektrum* bezieht sich auf einen zusammenhängenden Frequenzbereich, über den Funkwellen übertragen werden können. In Deutschland reguliert die *Bundesnetzagentur*, wie verschiedene Bereiche des Funkspektrums genutzt werden können. Das Funkspektrum ist in viele kleine Bereiche unterteilt, die *Frequenzbänder* (oder auch nur Bänder) genannt werden und die für bestimmte Nutzungszwecke reserviert sind. Für das UKW-Radio wird beispielsweise das Frequenzband zwischen 87,5 und 108 MHz genutzt.

Tabelle 13.1 zeigt die populärsten Bänder. Die Differenz zwischen der niedrigsten und der höchsten Frequenz wird *Bandbreite* genannt.

Band (MHz)	Nutzen
0,535 bis 1,700	Radio (MW)
5,9 bis 26,1	Radio (KW)
26,565 bis 27,405	CB-Funk
87,5 bis 108	Radio (UKW)
174 bis 230	Digitales Radio (DAB)
703 bis 733	LTE II
758 bis 788	LTE II
791 bis 821	LTE
832 bis 862	LTE
880 bis 960	Mobiltelefone (GSM 900)
1.575	GPS (Global Positioning System)
1.710 bis 1.880	Mobiltelefone (GSM 1800)
1.880 bis 1.900	DECT-Schnurlostelefone
1.850 bis 1.990	Mobiltelefone (GSM 1900; USA)
2.400 bis 2.483,5	WLAN (802.11b/802.11g)/Bluetooth
5.150 bis 5.725	WLAN (802.11a/802.11n/802.11ac)
11.700 bis 12.750	Satellitenfernsehen (DVB-S)

Tabelle 13.1: Populäre Bänder im Funkspektrum

Zwei der Bänder im Spektrum sind für WLANs vorgesehen, nämlich 2,4 bis 2,4835 GHz und 5,15 bis 5,725 GHz. Beachten Sie aber, dass diese Bänder nicht ausschließlich von WLANs genutzt werden. Das 2,4-GHz-Band wird beispielsweise auch von Bluetooth verwendet. Daher können derartige Geräte gelegentlich auch den WLAN-Betrieb in diesem Frequenzbereich stören.

 Halbwegs bekannt dürfte sein, dass zum Beispiel in den USA für das Mobiltelefon andere Frequenzen als in Europa verwendet werden. Dies gilt aber nicht nur für Mobiltelefone und nicht nur für die USA, sondern auch für viele andere Einsatzzwecke und Länder. Und von Zeit zu Zeit werden Frequenzen auch wieder frei (wenn zum Beispiel veraltete Technologien aussterben) oder für anderweitige Nutzungszwecke freigegeben. Das terrestrische digitale Fernsehen (DVB-T) traf es 2016. Der Nachfolgestandard DVB-T2 nutzt andere Frequenzen.

Ein Hauch von Ironie

In Computerbüchern bleibt nur wenig Raum für Ironie. Aber wenn sich schon einmal die Gelegenheit bietet, dann lasse ich sie nicht aus.

Und hier meine Ironie des Tages: Bei dem ersten Ethernet-System handelte es sich um ein drahtloses Netzwerk. Die Wurzeln von Ethernet gehen auf ein 1970 an der Universität von Hawaii entwickeltes Netzwerk namens *Alohanet* zurück. In diesem Netzwerk wurden die Daten über kleine Funkgeräte übertragen. Wenn zwei Rechner gleichzeitig Daten zu senden versuchten, erkannten sie die Kollision und versuchten nach einer kurzen, zufällig erzeugten Pause, erneut zu senden. Diese Technik inspirierte jene grundlegende Ethernet-Technik, die heute CSMA/CD (*Carrier Sense Multiple Access with Collision Detection*) genannt wird. Das drahtlose Alohanet-Netzwerk inspirierte Robert Metcalfe 1973 zur Entwicklung eines verkabelten Netzwerks (*Ethernet*) für seine Doktorarbeit in Harvard.

Im Laufe der nächsten 20 Jahre blieb Ethernet dann weitgehend auf verkabelte Netzwerke beschränkt. Erst Mitte der 1990er-Jahre kehrte Ethernet schließlich zurück zu seinen drahtlosen Wurzeln.

Acht-null-zwei-Punkt-elfzig-irgendwas? (WLAN-Standards verstehen)

Die populärsten Standards für WLANs sind die IEEE-802.11-Standards. Dabei handelt es sich im Wesentlichen um Wireless-Ethernet-Standards, die viele der auch für verkabeltes Ethernet (also 802.3) genutzten Netzwerktechniken nutzen. Besonders bemerkenswert ist, dass 802.11-Netzwerke und verkabeltes Ethernet dasselbe grundlegende Verfahren beim Umgang mit Datenkollisionen (CSMA/CD) verwenden.

Die 802.11-Standards beziehen sich auf die unteren beiden der sieben Schichten des IEEE-Modells: die Bitübertragungsschicht und die Sicherungsschicht. Beachten Sie, dass sich die TCP/IP-Protokolle auf höhere Schichten des Modells beziehen. Daher funktioniert TCP/IP auch in 802.11-Netzwerken tadellos.

Der ursprüngliche 802.11-Standard wurde 1997 verabschiedet. Die beiden Erweiterungen 802.11a und 802.11b des Standards wurden 1999 übernommen. 802.11g (Spitzname: *Wireless-G*) kam dann 2003 als Standard hinzu. Seit etwa Anfang 2006 befinden sich Geräte im Handel, die dem als Entwurf Ende 2009 verabschiedeten Standard 802.11n entsprechen. Ende 2013 wurde mit 802.11ac offiziell verabschiedet. Die ersten Geräte mit dem Standard 802.11ax (WiFi 6) kamen 2019 auf den Markt.

Um die Geschwindigkeit von 802.11n und 802.11ax voll nutzen zu können, müssen Gigabit-Switches für die Verbindung zum verkabelten Netzwerk sorgen.

Tabelle 13.2 führt einige Merkmale verschiedener 802.11-Varianten auf.

Standard	Datenrate (brutto)	Frequenz	Kanalbreite	Typische Reichweite (innen)
802.11a	max. 54 MBit/s	5 GHz	20 MHz	35 Meter
802.11b	max. 11 MBit/s	2,4 GHz	22 MHz	38 Meter
802.11g	max. 54 MBit/s	2,4 GHz	20 MHz	38 Meter
802.11n	max. 600 MBit/s, max. 150 MBit/s je Datenstrom	2,4 GHz und 5 GHz	20, 40 MHz	70 Meter
802.11ac	max. 433 MBit/s je Datenstrom, mit 8 MIMO-Datenströmen max. 6936 MBit/s	nur 5 GHz	20, 40, 60, 80, 160 MHz	100 Meter
802.11.ax	theoretisch mehr als 10 Gbit/s	zw. 1 GHz und 6 GHz	20, 40, 60, 80, 160 MHz	wie 802.11.ac

Tabelle 13.2: Wichtige 802.11-Varianten

Die Maximalgeschwindigkeiten werden nur unter optimalen Bedingungen erreicht, weshalb Angaben auf den Verpackungen und in den Prospekten oft schamlos übertrieben sind. 802.11n bringt es oft maximal auf knapp 75 oder 150 MBit/s. Bei 802.11ac mit lediglich einem Datenstrom ist bei maximal 433 MBit/s Ende der Fahnenstange. Mehr wird nur mit mehreren Datenströmen, mehreren Antenneneinheiten und/oder breiteren Kanälen erreicht.

802.11b/g-Netzwerke nutzen mit 2,4 GHz dieselbe Funkfrequenz wie Bluetooth und einige andere Geräte. Die in Deutschland üblichen schnurlosen DECT-Telefone nutzen das Frequenzband zwischen 1.880 und 1.900 MHz und sollten eigentlich ebenso keine Probleme bereiten. Prinzipiell können aber alle elektrischen Komponenten zu Störenfrieden werden, die im WLAN-Frequenzband operieren oder Störimpulse emittieren. Mit 802.11n können Sie möglicherweise auf die 5-GHz-Frequenz ausweichen, wenn bei 2,4 GHz zu viele

Störungen auftreten. Allerdings sind entsprechende Geräte selten. 802.11n im 5-GHz-Frequenzbereich funktionierte im Test allerdings im Zusammenspiel mit 802.11ac-Gegenstationen.

 MIMO steht für »Multiple In Multiple Out«, hier also einfach für die Nutzung mehrerer paralleler Datenströme.

Die Reichweite

Die maximale Reichweite von 802.11-WLAN-Komponenten wird (im Freien) häufig mit maximal 100 Metern angegeben. Das kann einen interessanten Effekt haben, wenn sich mehrere WLAN-Geräte im Netz befinden, von denen sich einige in Reichweite zueinander befinden und andere nicht. Nehmen wir einmal an, Sabine, Peter und Klaus haben WLAN-Notebooks. Sabines und Peters Rechner sind 60 Meter voneinander entfernt. Der Computer von Klaus ist ebenfalls 60 Meter von Peters entfernt, steht aber in der anderen Richtung (siehe Abbildung 13.2). Das Resultat ist, dass Peter sowohl auf Sabines als auch auf Klaus' Computer zugreifen kann, aber Klaus nicht auf Sabines und Sabine nicht auf Klaus'. Mit anderen Worten, Sabine und Klaus können nicht auf den Rechner des jeweils anderen zugreifen. (Das klingt nun verdächtig nach einem Algebraproblem. Angenommen, Klaus läuft mit zwei Stundenkilometern in Richtung Sabine und Sabine mit vier Stundenkilometern in Richtung Peter ...)

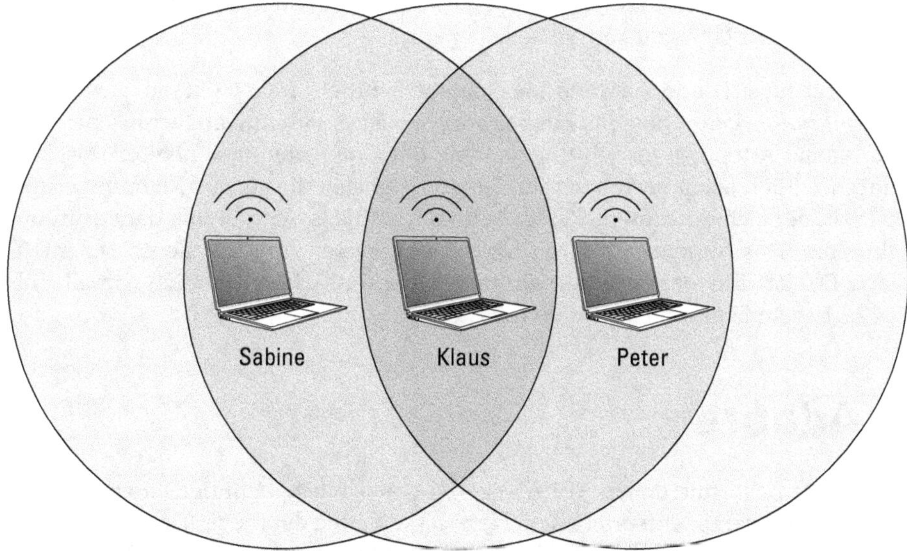

Abbildung 13.2: Sabine, Klaus und Peter spielen mit ihrem WLAN.

Die maximale Reichweite von 802.11-Geräten beträgt zwar knapp 100 Meter, praktisch ist sie aber meist deutlich geringer. Hindernisse wie dicke Wände, schlechtes Wetter, Bluetooth-Geräte, Mikrowellenherde, Solaranlagen auf dem Dach und so weiter können zusammenwirken und die tatsächliche Reichweite von WLAN-Geräten drastisch reduzieren.

Tatsächlich reicht es oft nicht einmal für fünf Meter. Recht zuverlässig testen lässt sich das dadurch, dass Sie sich einen Film ansehen. Bei zuverlässigen Verbindungen sollte es zu keinen Abbrüchen kommen. Falls Sie Probleme haben, sich mit dem WLAN zu verbinden, hilft es manchmal bereits, die Antenne ein wenig anders auszurichten. Zuweilen treten auch kleinere Inkompatibilitäten zwischen verschiedenen Gerätemodellen auf.

Zudem werden WLANs mit zunehmenden Entfernungen langsamer. Die maximale Datenrate wird normalerweise nur bei Entfernungen erreicht, die deutlich unter den Maximalangaben liegen. Bei einer Entfernung von 100 Metern tröpfeln die Daten dann vielleicht nur noch durch die »Leitungen«. An der Grenze der Reichweite nimmt die Wahrscheinlichkeit zu, dass die Verbindung wegen äußerer Einflüsse (zum Beispiel schlechtem Wetter) plötzlich abreißt.

WLANs, die den eigentlich schnelleren 802.11n-Standard nutzen, reagieren oft relativ empfindlich, bereiten häufiger Kompatibilitätsprobleme und neigen dann auch zu Verbindungsabbrüchen, wenn Sie den AP auf maximal 300 MBit/s einstellen. Insbesondere wenn man Filme von einem Videoserver abruft und über das WLAN ansieht, kommt es gar nicht gut, wenn sie mitten in der spannendsten Szene »reißen«. Schalten Sie dann versuchsweise Ihren Zugangspunkt auf 802.11g mit seinen maximal 54 MBit/s herunter oder schalten Sie 802.11n einen Gang auf maximal 150 MBit/s herunter (mehr bringen viele der winzigen Netzwerkadapter eh nicht).

Ich selbst benutze generell gern ausfallsichere Systeme mit einer gewissen Redundanz. Bei WLANs kann dabei die Einrichtung von mehr als einem WAP ganz praktische Geschwindigkeitsvorteile haben!

Die Reichweite und Verbindungsqualität wurden mit 802.11ac verbessert. *Beamforming* lautet hier das Zauberwort, wobei es sich um ein technisches Verfahren der Antennenausrichtung handelt. Bei zwei Antenneneinheiten lässt sich durch zeitlich leicht versetztes Senden von Signalen die genaue Richtung ermitteln, in der sich ein anderes Gerät befindet, und das Sendesignal daraufhin optimieren. Das führt zu besseren Übertragungsraten und selteneren Datenfehlern. Das ist einer der Gründe, warum 802.11ac tatsächlich deutlich schneller als 802.11n sein kann und auch sein müsste.

WLAN-Adapter

Jeder Computer, den Sie mit einem WLAN verbinden wollen, benötigt einen *WLAN-Adapter*. Der WLAN-Adapter entspricht dem Netzwerkadapter, der für verkabelte Ethernet-Verbindungen benutzt wird. Aber anstelle des Kabelanschlusses haben WLAN-Adapter (oft ins Gehäuse integrierte) Antennen.

Nahezu alle Notebooks sind mit integrierten Netzwerkadaptern ausgestattet, weshalb es nicht unbedingt sinnvoll ist, einen separaten WLAN-Adapter über eine der USB-Buchsen an ein Notebook anzuschließen. Wollen Sie allerdings 802.11ac nachrüsten, sieht das ebenso wie bei Desktop-Rechnern anders aus. Typischerweise sind diese nicht mit integrierten

WLAN-Adaptern ausgestattet. Für Desktop-PCs gibt es zwei verschiedenartige WLAN-Adapter zum Nachrüsten:

✔ **WLAN-PCIe-Steckkarte:** Dabei handelt es sich um einen WLAN-Adapter, den Sie in einen der freien Steckplätze eines Desktopcomputers einsetzen. Um diesen Adaptertyp installieren zu können, müssen Sie das Rechnergehäuse öffnen. Nutzen Sie ihn also nur, wenn Sie über die notwendige Erfahrung verfügen und sich trauen, in die Eingeweide des Rechners vorzudringen.

✔ **USB-WLAN-Adapter:** Hierbei handelt es sich um ein kleines Plastikgehäuse mit Stecker, den Sie mit einer USB-Buchse des Rechners verbinden. Da Sie derartige USB-Adapter installieren können, ohne Gerätegehäuse öffnen zu müssen, sind sie fast überall erhältlich und haben die Adapterkarten mittlerweile weitgehend vom Markt verdrängt.

WAPs (Wireless Access Points)

Anders als verkabelte Netzwerke benötigen WLANs keinen Switch. Falls Sie lediglich mehrere WLAN-Rechner, für die Sie gerade WLAN-Adapter gekauft haben, vernetzen wollen, stellen Sie die Rechner einfach einige Meter voneinander entfernt auf, und schon haben Sie ein Netzwerk.

Aber was, wenn bereits ein verkabeltes Netzwerk vorhanden ist? Nehmen wir an, Sie arbeiten in einem Büro mit 15 Rechnern, die schön sauber verkabelt sind. Nun wollen Sie dem Netzwerk ein paar WLAN-Notebooks hinzufügen. Oder Sie haben zwei per Netzwerkkabel verbundene Computer und möchten nun einen dritten Rechner in Ihrem Schlafzimmer hinzufügen, ohne Kabel durch den Kleiderschrank ziehen zu müssen.

Hier kommt der WAP (*Wireless Access Point* – drahtloser Zugangs-/Zugriffspunkt) ins Spiel. WAPs erfüllen zwei Funktionen:

✔ Sie dienen als zentrale Zugriffspunkte für alle Rechner mit WLAN-Adaptern. Letztlich erfüllt ein WAP dieselben Funktionen wie ein Switch im verkabelten Netzwerk.

✔ Er verbindet Ihr WLAN mit einem existierenden verkabelten Netzwerk, damit die verkabelten und drahtlosen Rechner zusammen eine große glückliche Familie bilden können.

WAPs werden manchmal auch nur AP (*Access Point* – Zugriffspunkt) genannt. Bei einem AP handelt es sich um eine kleine Box mit einer oder mehreren Antennen und einem RJ-45-Port. Sie verbinden einfach ein Ende eines Netzwerkkabels mit dem AP und das andere Ende mit einem Switch und schon sollte das WLAN mit dem verkabelten Netzwerk kommunizieren können. (Bei den Antennen kann es sich auch um Drähte handeln, die in das Gehäuse geklebt wurden, oder um Leiterbahnen auf Platinen.)

Abbildung 13.3 zeigt einen WAP als zentralen Verbindungspunkt für WLAN-Rechner und wie Sie ein WLAN mit dem verkabelten Netzwerk verbinden können.

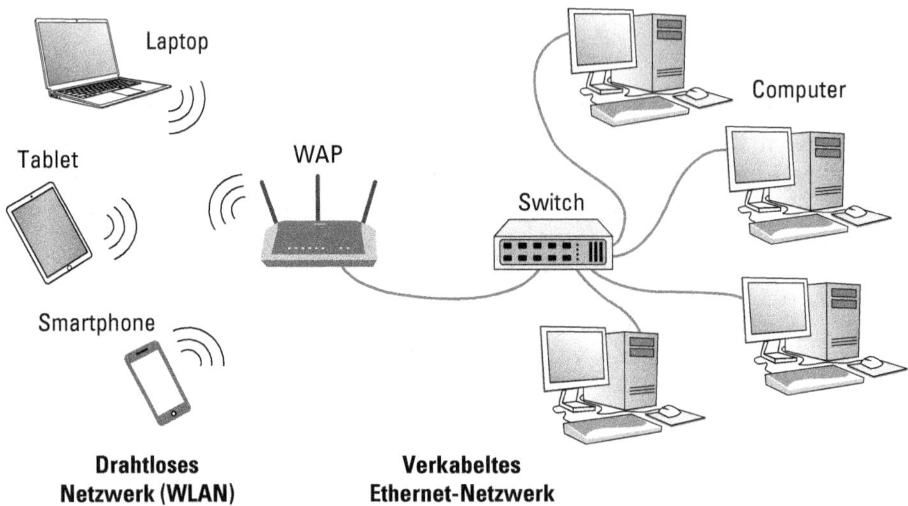

Abbildung 13.3: Ein WAP verbindet ein WLAN mit einem verkabelten Netzwerk.

Infrastruktur-Modus

Wenn Sie ein WLAN mit einem Zugriffspunkt (AP, Access Point) einrichten, erzeugen Sie ein im *Infrastruktur-Modus* arbeitendes Netzwerk. Der AP sorgt für eine dauerhafte Infrastruktur des Netzwerks. Die Zugriffspunkte werden an festen Standorten installiert und das Netzwerk hat dann relativ konstante Grenzen. Wann immer ein mobiler Computer in die Reichweite eines der APs gerät, betritt er den Bereich des Netzwerks und kann sich verbinden.

Ein AP und alle mit ihm verbundenen WLAN-Rechner werden BSS (*Basic Service Set*) genannt. Jedes BSS benutzt einen SSID (*Service Set Identifier*) als Kennung. Wenn Sie einen AP konfigurieren, legen Sie die zu verwendende SSID fest. Häufig handelt es sich bei der SSID um einen allgemeinen Namen, zum Beispiel *Wireless*, es kann aber auch ein von Ihnen vergebener Name sein. Manche APs verwenden die MAC-Adresse des WAP als SSID, andere die E-Mail-Adresse oder den Namen des zuständigen Administrators. Wenn man im letzteren Fall in den Empfangsbereich des Netzwerks kommt oder sich darin befindet, weiß man so direkt, an wen man sich wenden muss.

Multifunktions-WAPs

WLAN-APs bieten häufig weitere integrierte Funktionen. Beispielsweise arbeiten einige APs gleichzeitig als Ethernet-Switches. Andere enthalten Kabel- oder DSL-Modems und Router mit Firewall und sorgen so gleich auch für die Verbindung mit dem Internet:

✔ Ein 802.11ac/n/g/b/a-WAP sorgt dafür, dass man zum Beispiel ein Notebook und andere Rechner im Gebäude drahtlos verbinden kann.

✔ Mit einem Switch kann man mehrere Rechner mit Twisted-Pair-Kabel ins Netzwerk einbinden.

✔ Ein Anschluss für einen DSL- oder Kabelrouter beziehungsweise ein integriertes DSL- oder Kabelmodem versorgt alle Rechner im Netzwerk (verkabelt und drahtlos) mit einem Internetzugang.

Roaming

Sie können zwei oder mehr WAPs benutzen, um ein großes WLAN einzurichten, in dem die Rechner von einem zum anderen Standort bewegt werden (roamen) und trotzdem mit dem WLAN verbunden bleiben können. Verlässt ein Benutzer den Abdeckungsbereich eines APs, übernimmt ihn automatisch ein anderer AP und setzt die Netzwerkdienste ohne Unterbrechung fort.

Um zwei APs für Roaming einzurichten, müssen Sie die Standorte der WAPs sorgfältig wählen, damit sich auch alle Teile des zu vernetzenden Büros oder Gebäudes innerhalb der Reichweite mindestens eines der APs befinden. Dann müssen Sie noch dafür sorgen, dass alle Rechner und APs dieselbe SSID und denselben Kanal benutzen.

Zwei oder mehr APs, die für Roaming-Zwecke eingerichtet sind, sowie alle WLAN-Rechner, die mit einem dieser APs verbunden sind, bilden ein sogenanntes ESS (*Extended Service Set*). Die APs in einem ESS sind normalerweise mit einem verkabelten Netzwerk verbunden.

Eine der gegenwärtigen Einschränkungen des Roamings ist, dass sich jeder AP in einem ESS in ein und demselben TCP/IP-Subnetz befinden muss. Dadurch können Rechner, die in einem ESS vom Abdeckungsbereich eines APs in den eines anderen wechseln, ihre IP-Adresse behalten. Würde sich der Zugriffspunkt in einem anderen Subnetz befinden, müsste auch der seinen Standort wechselnde Rechner eine andere IP-Adresse erhalten, wenn er den Bereich eines APs verlässt und von einem anderen übernommen wird.

Drahtlose Überbrückungen

Eine andere Einsatzmöglichkeit von WAPs ist die Überbrückung getrennter Subnetze, die sich nur schwer per Kabel verbinden lassen. Nehmen wir einmal an, es gibt zwei Bürogebäude, die nur etwa 20 Meter voneinander entfernt sind. Um Kabel von einem Gebäude zum anderen zu verlegen, müssten Sie die dazwischenliegende Straße aufgraben. Da die beiden Gebäude aber so nah beieinanderliegen, können Sie sie wahrscheinlich mit zwei WAPs verbinden, die für eine Brücke zwischen den beiden Netzwerken sorgen. Verbinden Sie einen der APs mit dem ersten und den anderen mit dem zweiten Netzwerk. Konfigurieren Sie dann beide APs für dieselbe SSID und denselben Kanal.

In derartigen Situationen könnten Sie auch überlegen, eine Verbindung zwischen den beiden Gebäuden über DSL oder Kabel und das Internet herzustellen.

Ad-hoc-Netzwerke

Ein WAP ist aber gar nicht notwendig, um ein WLAN einzurichten. Wann immer sich zwei oder mehr WLAN-Geräte in Reichweite befinden, können sie zu einem *Ad-hoc-Netzwerk* verbunden werden. Wenn Sie und ein paar Ihrer Freunde zum Beispiel Smartphones oder Tablets besitzen, können Sie sich überall treffen und ein Ad-hoc-Netzwerk bilden.

Alle Computer, die sich innerhalb der Reichweite eines Ad-hoc-Netzwerks befinden, werden *IBSS* (*Independent Basic Service Set*) genannt.

Mobile WLAN-Hotspots mit Android oder iOS

Wenn Sie mal eben nur vorübergehend einen WLAN-Hotspot und damit einen AP einrichten wollen, geht dies mit den mobilen Betriebssystemen Android und iOS ganz einfach (siehe Abbildung 13.4).

✔ Unter Android finden Sie die entsprechenden Optionen für gewöhnlich unter EINSTELLUNGEN bei NETZWERK & INTERNET|HOTSPOT UND TETHERING.

✔ Unter iOS rufen Sie die Einstellungen auf und wählen hier den Punkt PERSÖNLICHER HOTSPOT.

Abbildung 13.4: Mobilen WLAN-Hotspot unter Android (links) oder iOS (rechts) aktivieren

Die Konfiguration der Parameter für den WLAN-Hotspot nehmen Sie dann über die weiteren Optionen und Unterpunkte vor. Mehr zu den Optionen erfahren Sie in den nachfolgenden Abschnitten.

IP-Adressen unter Android oder iOS konfigurieren

Smartphones, Tablets und/oder Mediaplayer könnten eigentlich schon fast als so etwas wie der Prototyp von Clientgeräten gelten, die lediglich Daten konsumieren, selbst aber keine bereitstellen. Und mit dem Programmsortiment aus dem Android-Standardangebot traf das nicht nur anfangs auch weitgehend zu. Ab ins Internet, E-Mails abholen, elektronische Bestellungen aufgeben, daddeln und sich mit Werbung zuschütten lassen – das ging alles.

Wollte man aber auch nur in ein Windows-Netzwerk oder irgendwas auf einem Drucker ausgeben, war ganz schnell Feierabend, und man war und ist auf Programme (und Werbung) von Drittanbietern angewiesen. Dabei können Sie dann allerdings die Mobilgeräte auch zum Server machen und vor dem Problem stehen, dass plötzlich auch bei derartigen Geräten die Benutzung fester IP-Adressen sinnvoller sein könnte. Sollte also beispielsweise bei der Einrichtung eines WLAN-Hotspots das Android-Endgerät nicht automatisch auf eine feste IP-Adresse umkonfiguriert werden, lässt sich das bei den verschiedenen Android-Versionen teilweise auf dem folgenden Weg erledigen:

1. **Rufen Sie EINSTELLUNGEN auf.**

   Die entsprechende Option finden Sie üblicherweise in der geöffneten Statusleiste als Zahnradsymbol.

2. **Lassen Sie sich unter NETZWERKE & INTERNET|INTERNET die verfügbaren drahtlosen Netzwerke anzeigen.**

3. **Drücken Sie auf das Zahnrad eines WLANs, mit dem Sie verbunden sind.**

4. **Wählen Sie im dann angezeigten Menü die Option NETZWERK ÄNDERN oder NETZWERKKONFIGURATION ÄNDERN. Dies ist meistens über das Stift-Symbol oben links möglich.**

   Daraufhin wird Ihnen eine mehr oder weniger ausführliche Liste mit Status- und Konfigurationsdaten des ausgewählten WLANs angezeigt.

5. **Aktivieren Sie hier (falls möglich) ERWEITERTE OPTIONEN und schalten Sie unter IPv4-EINSTELLUNGEN auf die Option STATISCH um.**

   Damit werden Ihnen die übrigen aktuellen Daten angezeigt, unter denen Sie auch eine statische IP-Adresse manuell festlegen können (siehe Abbildung 13.5).

Die Bedeutung der Einstellungen wurde bereits in Kapitel 5 erläutert. Unter GATEWAY ist meistens die IP-Adresse Ihres Routers anzugeben, bei LÄNGE D. NETZWERKPRÄFIXES handelt es sich um die Subnetzmaske, und die beiden DNS-Server werden für DNS-Abfragen verwendet.

Finden Sie auf dem angegebenen Weg keine Optionen zum Ändern der IP-Adresse, wird diese Funktion von Ihrem Tablet und/oder der darauf installierten Android-Version nicht unterstützt. Möglicherweise sehen Sie die Optionen aber auch nur nicht. Versuchen Sie dann einfach einmal, die auf dem Bildschirm gezeigten Angaben nach oben zu schieben.

Sollten Sie ein Smartphone oder Tablet aus dem Hause Apple besitzen, können Sie ganz ähnlich vorgehen:

1. **Öffnen Sie die Einstellungen.**

2. **Wählen Sie den Eintrag WLAN.**

3. **Tippen Sie auf das Info-Symbol des entsprechenden WLANs.**

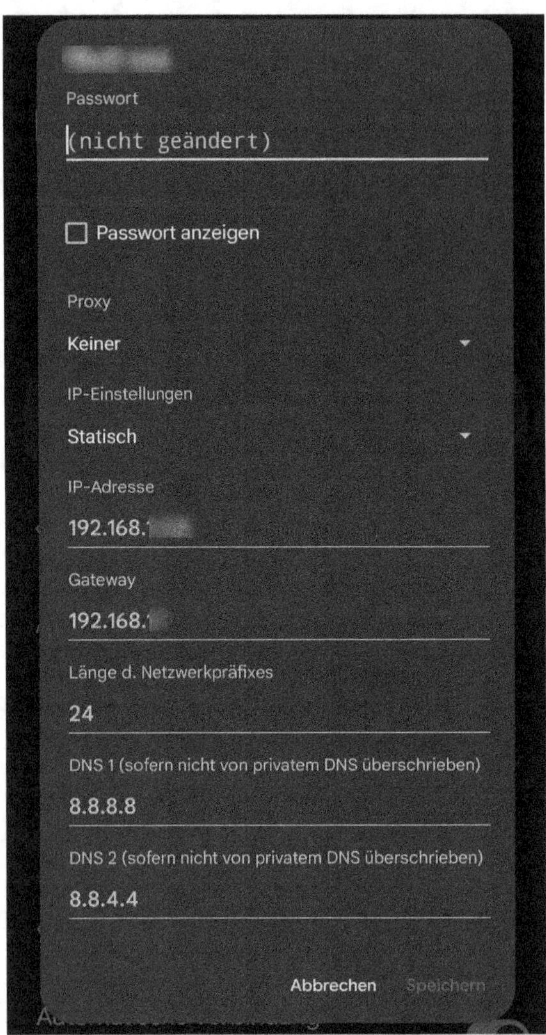

Abbildung 13.5: Manuelle Konfiguration der IP-Adresse bei einem Android-Smartphone

4. Tippen Sie nun im Bereich IPv4-ADRESSE auf den Eintrag IP KONFIGURIEREN.

5. Wählen Sie hier den Punkt MANUELL und geben Sie die entsprechenden Daten ein, um eine statische IP-Konfiguration zu hinterlegen.

Einen WAP konfigurieren

Die physische Einrichtung eines WAP ist sehr einfach: Sie nehmen ihn aus seiner Verpackung, stellen ihn in der Nähe einer Steckdose und eines Netzwerkanschlusses auf und schließen Strom- und Netzwerkkabel an.

Die Konfiguration der Software eines WAP ist etwas komplizierter, aber immer noch relativ einfach. Normalerweise wird diese Aufgabe mit einem Internetbrowser erledigt. Um die

Konfigurationsseite des WAP aufzurufen, müssen Sie dessen IP-Adresse kennen. Diese Adresse geben Sie dann einfach bei einem Rechner mit Netzwerkzugang in das Adressfeld des Browsers ein.

Da sich der für die WAP-Einrichtung verwendete Rechner im selben Subnetz befinden muss, kommt es dabei recht häufig vor, dass Sie einen Rechner (vorzugsweise einen Laptop) zu diesem Zweck auf eine passende statische IP-Adresse umkonfigurieren.

Multifunktions-WAPs stellen üblicherweise DHCP- und NAT-Dienste für das Netzwerk bereit und arbeiten gleichzeitig als Router und Gateway des Netzwerks. Daher haben sie typischerweise eine IP-Adresse, die sich am Anfang des privaten IP-Adressbereichs befindet, wie 192.168.0.1, 192.168.1.1 oder 10.0.0.1. Die konkrete Adresse können Sie dem Handbuch des WAP entnehmen (zuweilen befindet sie sich auch auf einem Aufkleber am Gerätegehäuse).

Arbeitet das Gerät bereits im Netz, können Sie dessen Adresse natürlich über den Befehl `ipconfig` (unter Windows; `ifconfig` unter Linux) ermitteln. Bei der Adresse des Standardgateways sollte es sich um die IP-Adresse des Routers handeln. Ansonsten müssen Sie bedenken, dass sich die Angaben im Handbuch auf die Werkseinstellungen beziehen. Sollten diese verändert worden sein, besitzen die Geräte üblicherweise einen Schalter, über den sie notfalls auf die Werkseinstellungen zurückgesetzt werden können.

Grundlegende WAP-Konfigurationsoptionen

Abbildung 13.6 zeigt die wichtigsten Einstellungen eines typischen WAP-Routers. Die Konfigurationsseiten werden bei ihm normalerweise durch Eingabe von 192.168.1.1 in das Adressfeld des Internetbrowsers aufgerufen. Anschließend müssen Sie noch ein Kennwort eingeben, um auf diese Seiten zu gelangen. Das Standardkennwort finden Sie ebenfalls im Handbuch des Geräts oder auf einem Aufkleber am Gerät selbst.

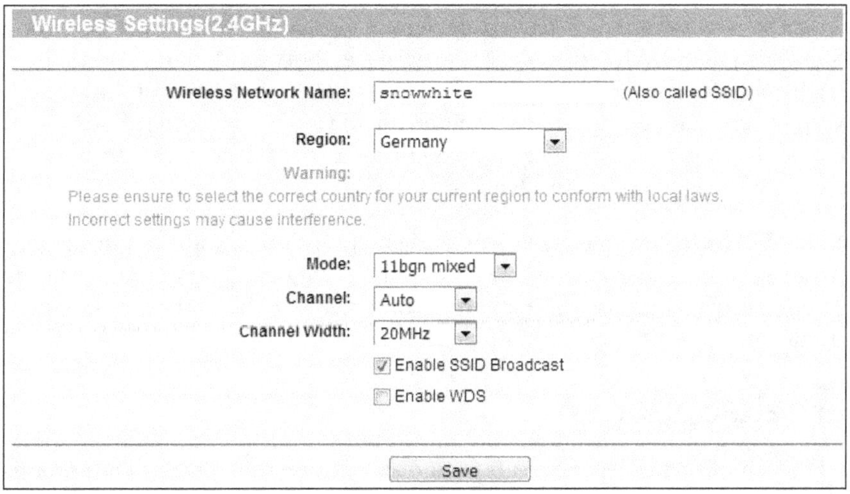

Abbildung 13.6: Die WLAN-Basiseinstellungen für ein 2,4-GHz-WLAN bei einem WAP

Konfigurationsseiten von Geräten mit einem gewissen technischen Anspruch werden heutzutage oft nicht übersetzt und nur in englischer Sprache im Gerät gespeichert. Zudem sind (übersetzte) deutsche Texte öfter eher erheiternd denn hilfreich.

Hier finden Sie die WLAN-Konfigurationsoptionen, die zwar jeweils gerätespezifisch, aber meist recht ähnlich sind, wie beispielsweise:

✔ **NETZWERKNAME (SSID):** Hier tragen Sie die SSID ein, die das Netzwerk kennzeichnet. Die Standardeinstellungen der meisten WAPs sind bekannt. Sie könnten nun glauben, dass Ihr Netzwerk sicherer wird, wenn Sie die SSID verändern und eine kompliziertere Kennung verwenden. Praktisch schützen Sie sich damit aber allenfalls vor Hackern aus der Grundschule. Schon in der zweiten Klasse lernen sie, dass sich auch die komplexeste SSID leicht umgehen lässt. Daher können Sie die SSID auch auf dem Standardwert belassen (sofern Ihr Hausnachbar das nicht auch macht), anstatt Ihren Namen oder Ihre E-Mail-Adresse als SSID einzutragen, und stattdessen wirksamere Sicherheitsmaßnahmen ergreifen.

✔ **REGION** und **KANAL:** Hier können Sie im 2,4-GHz-Bereich in der Europa-Region einen von 13 Kanälen auswählen, der für die Übertragung der Daten genutzt werden soll. Alle WAPs und Rechner im WLAN müssen denselben Kanal benutzen. Da die Kanäle einen Mindestabstand voneinander haben müssen, um sich nicht zu stören, können Sie eigentlich nur die Kanäle 1, 6 und 11 benutzen, da 12 und 13 aus Kompatibilitätsgründen zudem auch besser nicht genutzt werden sollten (manche ältere Client-Geräte unterstützen diese Kanäle nicht).

✔ **MODUS:** Hier können Sie einen Betriebsmodus auswählen. Dabei stehen die Optionen für die verschiedenen 802.11b/g/n-Modi.

✔ **KANALBREITE:** Hier können Sie im 2,4-GHz-Modus zwischen 20 MHz, 40 MHz und AUTO wählen. Eine größere Kanalbreite kann theoretisch zu mehr Geschwindigkeit führen, muss aber von den verwendeten anderen Endgeräten auch unterstützt werden. Die Vorgaben aus sollten daher zumeist die sinnvollsten Einstellungen sein.

✔ **SSID-BROADCAST AKTIVIEREN:** Aktiviert beziehungsweise deaktiviert die Übertragung der SSID durch den WAP. Normalerweise wird sie übertragen, damit WLAN-Geräte in Reichweite des Netzwerks dessen Namen erkennen und sich mit ihm verbinden können. Auch wenn es möglich ist, sollten Sie die Übertragung der SSID besser nicht deaktivieren. Das geringe Plus an Sicherheit wiegt die damit verbundenen möglichen Schwierigkeiten in der Regel nicht auf.

Bei vielen WAPs lassen sich nur die wichtigsten Optionen ändern. Für alle anderen Einstellungen werden benutzerfreundlich Vorgaben verwendet. Andere WAPs nutzen die Variante, beispielsweise unterschiedliche Optionen in einem Standard- und einem Expertenmodus anzubieten.

WAP-Sicherheitsoptionen

Manchmal befinden sich die grundlegenden Optionen zusammmen mit den Sicherheitsoptionen auf einer Einstellungsseite. Häufiger müssen Sie dazu eine zweite Seite bemühen (siehe Abbildung 13.7).

Wireless Security Settings

WPA/WPA2 - Personal(Recommended)

Authentication Type: WPA2-PSK

Encryption: AES

Wireless Password: StrengGeHeim911

Abbildung 13.7: Sicherheitsoptionen für ein persönliches Netzwerk

Bei den Sicherheitsoptionen können Sie wählen, ob die Daten unverschlüsselt übertragen werden sollen (wenig empfehlenswert) beziehungsweise welcher Verschlüsselungsstandard verwendet werden soll (WEP, WPA oder WPA2). Auf diese Verfahren gehe ich weiter hinten in diesem Kapitel noch näher ein. Je nach Auswahl müssen Sie dann noch ein Kennwort eingeben (PASSPHRASE, WIRELESS PASSWORD), das dem Schutz des WLANs dient. (Keine Angst, wenn die Geräte das Kennwort erst einmal kennen, dann erledigen sie das anschließend automatisch.) Normalerweise sollten Sie immer WPA2-PSK in Kombination mit AES als Verschlüsselungsverfahren verwenden, da die älteren Verfahren nicht mehr als sicher gelten.

Abbildung 13.7 zeigt nur die für kleinere Netzwerke relevanten Sicherheitsoptionen.

Grundlegende WAP-5G-Konfigurationsoptionen

Unterstützt Ihr WAP auch die 5-GHZ-Frequenz, müssen Sie ähnliche Optionen für dieses Frequenzband noch einmal separat einstellen, wobei sich die Optionen naturgemäß voneinander unterscheiden. Lassen Sie die Einstellungen am besten auf AUTO stehen und geben Sie nur eine andere SSID für die 5-GHz-Frequenz an. Als Sicherheitsoptionen, die Sie auch getrennt festlegen können, empfehlen sich wieder WPA2-PSK und AES.

Bei WAPs mit mehreren Frequenzen (802.11n und 802.11ac) sollten Sie auf eine besondere Stolperfalle achten, denn hier lauern Optionen, über die Sie die Funkfrequenzen getrennt aktivieren/deaktivieren können (siehe Abbildung 13.8).

Dual Band Selection

Please select or clear the check box to enable or disable a given radio band.

☑ 2.4GHz
☑ 5GHz

Save

Abbildung 13.8: Getrennte Aktivierung der 2,4- und 5-GHZ-Frequenzbänder

Gastnetzwerk

Kann ein WAP als Kombigerät auch Verbindungen ins Internet herstellen, können Sie oft getrennte Gastnetzwerke konfigurieren, über die man zwar auf das Internet, nicht aber auf ein verkabeltes LAN zugreifen kann. Für jedes Gastnetzwerk können Sie einen weiteren Satz Einstellungen mit SSID und Kennwort festlegen (siehe Abbildung 13.9).

✔ **FREQUENZBAND AUSWÄHLEN:** Beim abgebildeten Router kann sich das Gastnetzwerk im 2,4- oder im 5-GHz-Frequenzband befinden.

✔ **GASTNETZWERK AKTIVIEREN:** Aktiviert einfach nur das Netzwerk mit der angegebenen SSID oder deaktiviert den Gastzugang. Der abgebildete DSL-Router kann WLANs unter maximal vier verschiedenen Namen bereitstellen.

✔ **MAXIMALE ANZAHL DER GÄSTE:** Hier können Sie beispielsweise einen offenen Gastzugang erstellen, diesen aber aus Geschwindigkeitsgründen auf wenige Teilnehmer beschränken.

✔ **NETZWERKNAME**

✔ **WIRELESS ISOLATION:** Wenn diese Option gesetzt wird, sorgt der Router dafür, dass die unter der entsprechenden SSID angemeldeten Rechner auch untereinander nicht kommunizieren können.

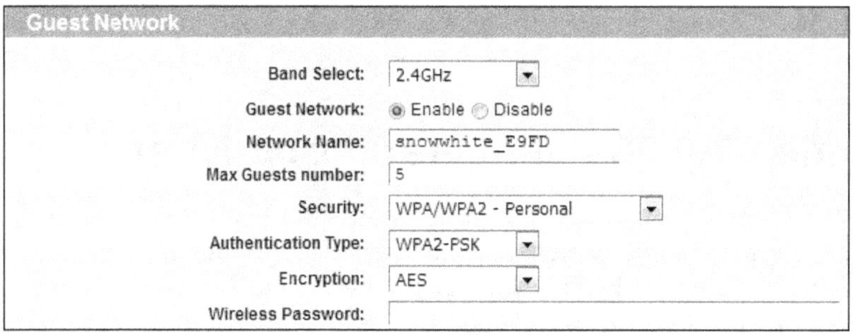

Guest Network

Band Select: 2.4GHz
Guest Network: ⦿ Enable ○ Disable
Network Name: snowwhite_E9FD
Max Guests number: 5
Security: WPA/WPA2 - Personal
Authentication Type: WPA2-PSK
Encryption: AES
Wireless Password:

Abbildung 13.9: Wichtige Optionen zur Einrichtung eines Gastnetzwerks

Die Sicherheitsoptionen sollten Ihnen bekannt sein. Darüber hinaus können Sie Gastzugänge meist zeitlich einschränken. Dazu bekommen Sie üblicherweise irgendwelche Tabellen präsentiert, in denen Sie die entsprechenden Einstellungen vornehmen. Oftmals kann man einen Gastzugang wieder automatisch deaktivieren, wenn sich längere Zeit keine Geräte mehr an diesem Gastnetzwerk angemeldet haben.

Stellt ein WAP Serverfunktionen bereit, können Sie zudem noch angeben, wer auf welche vorhandenen Ressourcen zugreifen darf. Mehr als allgemein verfügbaren öffentlichen Speicher sollten Sie aber kaum über derartige Geräte freigeben, da die Benutzerverwaltung meist nur rudimentär ausfällt – Ausnahmen bestätigen die Regel. Ein Netzwerkdrucker an einer USB-Schnittstelle hätte aber sicherlich gewisse Vorteile.

WPS (Wi-Fi Protected Setup)

Bei WPS handelt es sich um eine Funktion, die Ihnen die Einrichtung von Netzwerkgeräten erleichtern kann. Besitzt das Gerät einen WPS-Konfigurationsschalter, können Sie diesen drücken und haben dann ein paar Minuten Zeit, den WPS-Schalter am WAP zu betätigen.

Bei Geräten ohne WPS-Konfigurationsschalter können Sie den Einrichtungsprozess am WAP oder Router initialisieren und müssen dann über das erkannte Gerät eine vom WPS angezeigte PIN eingeben (siehe Abbildung 13.10).

Abbildung 13.10: Optionen für die WPS-Einrichtung

Aus Sicherheitsgründen sollten Sie WPS deaktivieren, wenn es nicht benötigt wird.

DHCP-Konfiguration

Die meisten Multifunktions-WAPs lassen sich so konfigurieren, dass sie als DHCP-Server arbeiten. In kleinen Netzwerken wird meist der WAP auch als DHCP-Server für das gesamte Netzwerk verwendet. Dann müssen Sie den WAP entsprechend konfigurieren. Abbildung 13.11 zeigt die DHCP-Konfigurationseinstellungen für einen WAP-Router von Linksys (Cisco). Um DHCP zu aktivieren, wählen Sie die entsprechende Option neben DHCP-SERVER aus. Anschließend stellen Sie die anderen Konfigurationsoptionen ein, die für den DHCP-Server verwendet werden sollen.

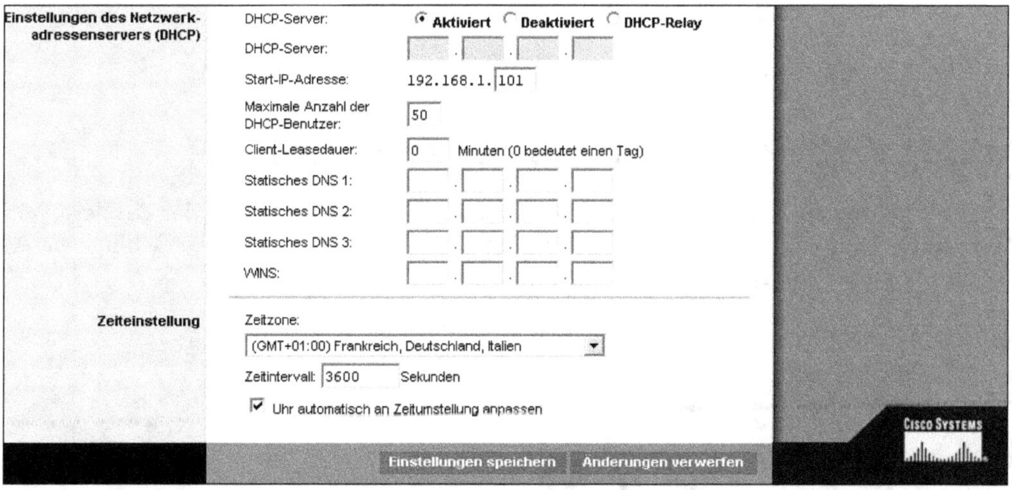

Abbildung 13.11: DHCP bei einem WAP/Router von Linksys konfigurieren

In größeren Netzwerken mit anspruchsvolleren DHCP-Anforderungen wird es wahrscheinlich einen eigenständigen DHCP-Server geben, der auf einem anderen Rechner ausgeführt wird. Dann müssen Sie den DHCP-Server im WAP deaktivieren oder ihn als eine Art Relaisstation (DHCP-Relay) für den vorhandenen DHCP-Server benutzen.

Mehr zur Konfiguration eines DHCP-Servers erfahren Sie in Kapitel 5.

Windows für WLANs konfigurieren

Der erste Schritt der Konfiguration von Windows für drahtlose Netzwerke besteht in der Installation der für Ihren WLAN-Adapter geeigneten Treiber. Falls der Adapter nicht direkt von Windows unterstützt wird und Sie die benötigten Treiber auch nicht über eine bereits bestehende Verbindung aus dem Internet beziehen können, benötigen Sie dazu die mit dem Adapter gelieferte Installations-CD. Folgen Sie bei der Installation der Treiber den dem Adapter beiliegenden Anweisungen.

Leider müssen Sie die Treiber zuweilen manuell installieren. Dann funktionieren zwar die Treiber an sich, die Installationsprogramme verweigern aber wegen Versionsabfragen ihre Arbeit. Das gilt insbesondere für ältere Betriebssystemversionen und die jeweils neuesten Versionen. Versuchen Sie dann den Weg über den Geräte-Manager und/oder die Supportseiten der Hersteller/Anbieter.

Anschließend müssen Sie die WLAN-Verbindung(en) noch konfigurieren. Dabei unterstützt Windows XP erst mit Service Pack 3 alle verbreiteten Authentifizierungs- und Verschlüsselungsverfahren. Vorher musste man diese Optionen mit einem speziellen Update-Patch (KB893357) nachrüsten. Unter noch älteren Windows-Versionen benötigen Sie bei WLAN-Adaptern generell herstellerseitige Programme.

Nachfolgend wird die Konfiguration eines WLAN-Adapters beschrieben.

WLAN-Verbindung unter Windows herstellen

Wenn Windows ein WLAN in Reichweite erkennt, wird im Infobereich der Taskleiste ein Symbol für eine Funkverbindung angezeigt und auf das erkannte Netzwerk hingewiesen (siehe Abbildung 13.12).

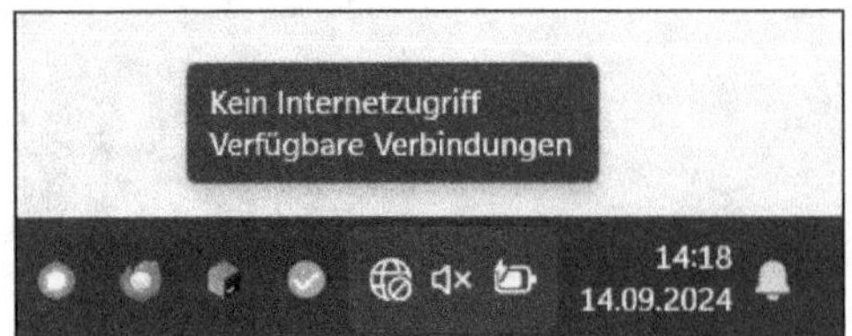

Abbildung 13.12: Hier zeigt Windows an, dass sich WLANs in Reichweite befinden.

1. **Klicken Sie das entsprechende Symbol im Infobereich der Taskleiste an und klicken Sie anschließend auf den Pfeil nach rechts beim WLAN-Symbol.**

Daraufhin werden die verfügbaren Verbindungen in einem Fenster über der Taskleiste angezeigt (siehe Abbildung 13.13).

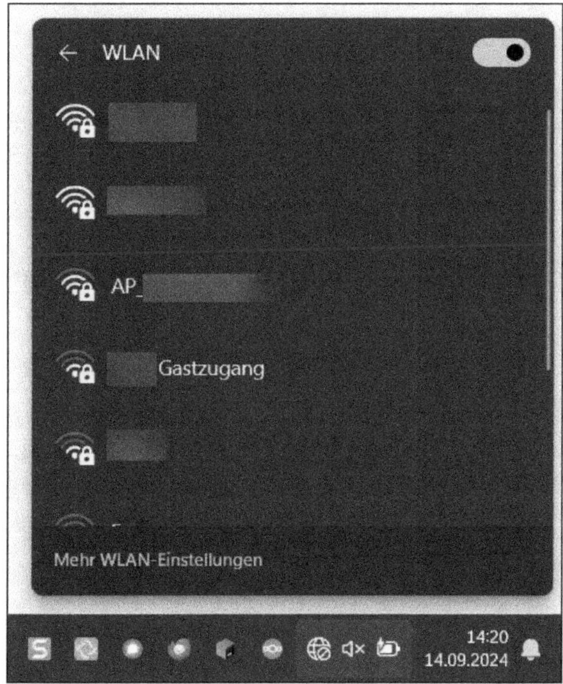

Abbildung 13.13: Windows zeigt Ihnen die verfügbaren Funkverbindungen an.

2. **Nun können Sie die herzustellende Verbindung anklicken und VERBINDEN wählen.**

Aktivieren Sie vorher das Kontrollkästchen VERBINDUNG AUTOMATISCH HERSTELLEN, wenn die Verbindung automatisch hergestellt werden soll, beispielsweise, wenn Sie mit dem Gerät den WLAN-Bereich verlassen und später wieder zurückkommen.

Bei einem Rechtsklick auf einen Eintrag wird bei einer aktiven Verbindung das Kontextmenü mit der Option TRENNEN, EIGENSCHAFTEN und NICHT SPEICHERN angezeigt.

Wenn Sie die Option VERBINDUNG AUTOMATISCH HERSTELLEN einmal aktiviert haben, wird sie nicht mehr angezeigt. Zurücksetzen können Sie diese Einstellung über eine entsprechende Option im EIGENSCHAFTEN-Dialogfeld der betreffenden Verbindung.

3. **Geben Sie bei Bedarf die weiteren zum Herstellen der Verbindung erforderlichen Daten ein.**

Welche Angaben abgefragt werden, hängt von den WLAN-Konfigurationseinstellungen und davon ab, ob und wie Sie sich zuvor bereits mit dem betreffenden Netzwerk verbunden haben. Typische Angaben sind aber der Netzwerkschlüssel und der Netzwerkname (SSID), wobei Letzterer dann abgefragt wird, wenn die SSID nicht übertragen wird.

Das war auch schon alles.

Herstellerspezifische Programme

Wegen der hier und da fehlenden Optionen bevorzuge ich oft die Benutzung herstellerspezifischer Konfigurationsprogramme bei der Einrichtung von WLAN-Adaptern. Letztlich müssen Sie hier nur die Einstellungen passend zu denen des WAP oder Routers vornehmen. Nachfolgend stelle ich Ihnen kurz die wichtigsten Optionen eines Konfigurationsprogramms von TP-Link vor.

Zum Verbinden mit einem Netzwerk gehen Sie nach erfolgter Installation der Hardware so vor:

1. **Starten Sie das Konfigurationsprogramm durch Doppelklick auf dessen Symbol auf dem Desktop.**

    Das Programm durchsucht die Funkumgebung und zeigt die verfügbaren Netzwerke zusammen mit dessen Sicherheitsverfahren, den verwendeten Kanälen und der Signalstärke an (siehe Abbildung 13.14).

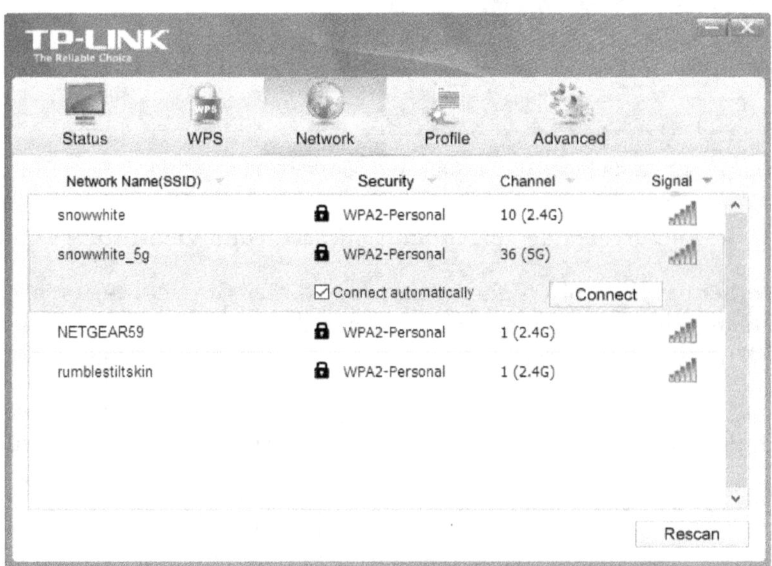

Abbildung 13.14: Das Konfigurationsprogramm nach dem Start

2. **Klicken Sie den Eintrag des WLANs an, mit dem Sie sich verbinden wollen.**

    Jetzt können Sie festlegen, ob automatisch eine Verbindung zu dem WLAN hergestellt werden soll.

3. **Klicken Sie, um die Verbindung herzustellen, die Schaltfläche CONNECT (VERBINDEN) an.**

Daraufhin wird ein Dialogfeld angezeigt, in dem Sie den Sicherheitsschlüssel für das entsprechende WLAN eingeben können (siehe Abbildung 13.15). Im Dialogfeld wird auch auf die verfügbare WPS-Funktion hingewiesen.

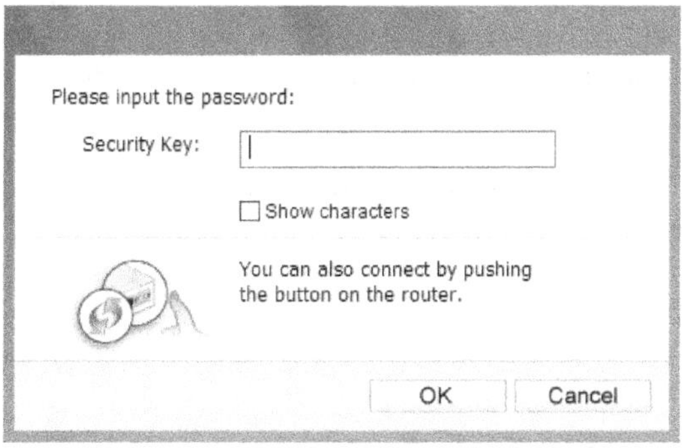

Abbildung 13.15: Das Dialogfeld zur Eingabe des WLAN-Sicherheitsschlüssels

4. **Geben Sie den passenden Sicherheitsschlüssel ein.**

Das war es auch schon, also ganz, wie es bei Tablets üblich ist.

Außer der Option ADVANCED (ERWEITERT) sollten sich die weiteren Funktionen weitgehend von selbst erklären. Deren Optionen verdeutlicht Abbildung 13.16.

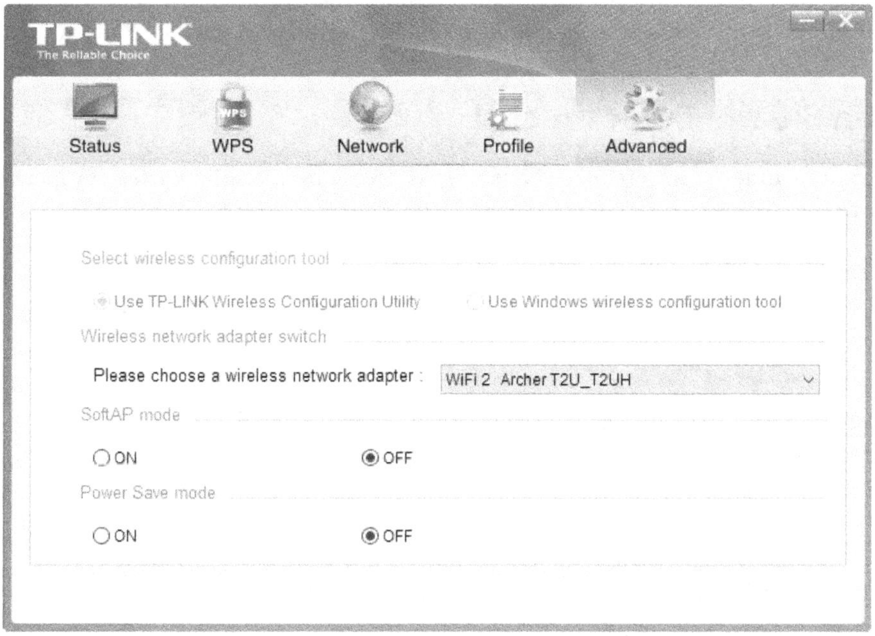

Abbildung 13.16: Die erweiterten Optionen des TP-Link-Konfigurationsprogramms

Hier können Sie

✔ zwischen der Konfiguration mehrerer Wi-Fi-Adapter des Herstellers umschalten,

✔ den Adapter als WAP (SoftAP) mit eigener Subnetzadresse benutzen oder

✔ den Stromsparmodus für den USB-Netzwerkadapter aktivieren.

Die interessanteste Option dabei dürfte die SoftAP sein, da sich darüber Verbindungen ohne WAP zu anderen WLAN-Geräten herstellen lassen. Insbesondere bei der Benutzung des USB-Adapters an einem Laptop kann das nützlich sein.

Einstellungen der Verschlüsselungsparameter und ähnlicher eher technischer Daten bleiben Benutzern in diesem Beispiel erspart. Die werden lediglich zentral am WAP eingestellt und können automatisch ermittelt werden. Eine manuelle Konfiguration ist also nur in Sonderfällen erforderlich.

Andere Endgeräte konfigurieren

Damit sollten Sie alles Wichtige wissen, um WLAN-Endgeräte konfigurieren zu können. Die hier vorgestellten Optionen finden Sie bei Endgeräten von Apple, dem Raspberry Pi, Mediaplayern und anderen Endgeräten wieder. Wenn Sie die Auswahl zwischen Kabel und WLAN haben und weitere Zusatzoptionen bereitgestellt werden, kann die Anzahl der Optionen einen allerdings schon ein wenig erschlagen.

Wenn Ihnen unbekannte Optionen begegnen, stehen die Chancen am besten, wenn Sie sie einfach ignorieren. Wenn alternativ Kabel und WLAN genutzt werden können, dürfte die Kabelverbindung üblicherweise die schnellere Option sein.

Vergessen Sie die Basics nicht!

Genau wie schon in anderen Kapiteln erwähnt, vergessen Sie niemals die Basics der Netzwerksicherheit.

✔ Vergeben Sie starke und komplexe Passwörter für Benutzer- und Gerätekonten.

✔ Halten Sie die Firmware Ihrer Geräte auf dem aktuellen Stand.

✔ Ändern Sie das Standardpasswort, ggf. auch ein Standardkonto.

✔ Schalten Sie unnötige Dienste ab. (Brauchen Sie kein WPS? Schalten Sie es ab!)

✔ Checken Sie die Logs regelmäßig.

✔ Installieren Sie einen Virenschutz und eine Firewall.

✔ Backup! Auch WAP und andere Gerätekonfigurationen können und sollten gesichert werden.

Kapitel 14
Das Leben in der Wolkenstadt

In den beiden weltweit wohl bekanntesten Science-Fiction-Serien *Star Wars* und *Raumschiff Enterprise* (*Star Trek*) werden Städte gezeigt, die sich in den Wolken befinden. In der Episode *Star Wars V: Das Imperium schlägt zurück* bringt Han den *Millennium-Falken* in die Wolkenstadt und hofft, dass sein Freund Lando Calrissian ihm helfen kann, seinen beschädigten Hyperantrieb zu reparieren. Und in der Episode *Die Wolkenstadt* (*The Cloud Minders*) der ursprünglichen Star-Trek-Reihe besucht die Mannschaft der Enterprise eine Stadt namens Stratos, die sich in den Wolken befindet.

Zufall? Vielleicht. Oder vielleicht wussten Gene Roddenberry und George Lucas beide bereits, dass die Zukunft in den Wolken liegen würde. Auf jeden Fall sind nach den lokalen Netzwerken, dem Internet und der mobilen Nutzung der Geräte immer mehr Möglichkeiten geschaffen worden, mit denen sich das Geschehen in den Computernetzwerken rapide und zunehmend in die Cloud verlagert. Das *Cloud-Computing* greift um sich. In diesem Kapitel erhalten Sie eine kurze Einführung in dieses Thema. Sie werden erfahren, worum es dabei geht, welche Vor- und Nachteile die Nutzung der gebotenen neuen Möglichkeiten hat und erfahren, welche Dienste im Bereich des Cloud-Computings angeboten werden.

Einführung in das Cloud-Computing

Die Grundidee besteht beim Cloud-Computing darin, dass mindestens eine der Netzwerkressourcen ins Internet ausgelagert wird. Bei der »Wolke« (Cloud) handelt es sich um eine »neue« Art des Umgangs mit Computeraufgaben. Nachfolgend finden Sie einige Beispiele dafür, wie sich die Arbeit in der Cloud von der traditionellen Vorgehensweise unterscheidet:

✔ **E-Mail-Dienste**

- *Traditionell:* Wenn die E-Mail-Dienste beispielsweise über eine Installation von Microsoft Exchange auf einem lokalen Server bereitgestellt werden, können die Clients Microsoft Outlook verwenden, um sich mit dem Exchange-Server zu verbinden und E-Mails zu senden und zu empfangen.

- *Cloud:* Hier schließen Sie einen Vertrag mit einem internetbasierten E-Mail-Dienstleister wie *Google Mail* (*Gmail*) oder *Microsoft Exchange Online* ab. Viele der E-Mail-Dienste sind kostenlos. Bei speziellen Lösungen können aber auch gewisse monatliche Gebühren je Nutzer anfallen. Erste Dienste in der Cloud sind letztlich beispielsweise jene E-Mail-Adressen, die Ihnen zusammen mit DSL-Verbindungen, Mobilfunkverträgen oder auch wie ganz, ganz früher mit der Modemverbindung von Ihrem Internetanbieter bereitgestellt werden. So wissen Sie beispielsweise wahrscheinlich, dass Sie Ihre Kontakte bei der Nutzung eines Smartphones oder Tablets unter Android in der Cloud bei Google speichern können – aber nicht müssen.

✔ **Speicherkapazitäten**

- *Traditionell:* Sie richten lokal einen Dateiserver mit entsprechend großen freigegebenen Speicherkapazitäten ein.

- *Cloud:* Sie melden sich bei einem Internetspeicherdienst an und nutzen diesen zur Speicherung Ihrer Daten im Internet. Bei der cloudbasierten Dateispeicherung werden typischerweise monatlich gewisse niedrige Gebühren je Gigabyte berechnet. Sie zahlen also lediglich für die tatsächlich von Ihnen genutzten Speicherkapazitäten. Die Speicherkapazitäten in der Cloud sind dabei praktisch unbeschränkt. Beispiele für die Bereitstellung von Speicherkapazitäten in der Cloud sind in kleineren Dimensionen *Microsoft OneDrive, Google Drive, Apple iCloud* oder auch *Dropbox*.

✔ **Virtuelle Server**

- *Traditionell:* Sie schaffen sich teure Hardware an und installieren darauf eine lokale Virtualisierungsplattform wie VMWare ESXi, Microsoft Hyper-V oder auch Proxmox und erstellen dort mehrere Betriebssystemumgebungen.

- *Cloud:* Sie mieten die benötigten Kapazitäten im Internet an und lassen dort die benötigten Dienste laufen. Dabei können Sie nicht nur Speicherkapazitäten, sondern auch komplette Rechnerumgebungen im Internet einrichten und bereitstellen. Abgesehen von den großen Namen wie *Microsoft Azure* und *Amazon AWS (Amazon Web Services)* tummeln sich mittlerweile auch viele kleinere Unternehmen als Mittler für die verschiedensten Unternehmen mit ihren Angeboten in den Märkten.

✔ **Rechnungswesen**

- *Traditionell:* Sie erwerben eine mehr oder weniger kostspielige Softwarelösung und installieren sie auf einem lokalen Server.

- *Cloud:* Sie melden sich bei einem webbasierten Buchhaltungsdienst an. Dann werden alle Buchhaltungsdaten nicht auf den eigenen Servern Ihres Unternehmens, sondern auf denen des Dienstleisters gespeichert.

Die Erläuterungen in diesem Kapitel beziehen sich teilweise auf größere Unternehmen. Privatanwender können mittlerweile viele der angebotenen Dienste (in kleinerem Rahmen) auch kostenlos nutzen. Beim Überschreiten der Grenzen der kostenlosen Angebote fallen allerdings auch hier oft Gebühren an. Zudem kann Ihnen natürlich niemand garantieren, dass kostenlose Angebote nicht irgendwann gestrichen oder gekürzt werden oder Unternehmen bestimmte Angebote nicht mehr bereitstellen, weil sie einfach nicht mehr rentabel sind.

Wie Sie im Grunde genommen am E-Mail-Beispiel sehen können, ist die Idee von der Cloud nicht wirklich neu. Einfache passive Internetseiten mit ein wenig Speicherplatz werden oder wurden von den meisten DSL-Anbietern letztlich auch von Beginn an mit bereitgestellt.

Mit der zunehmenden Mobilität beginnen die Nutzungsmöglichkeiten der Cloud aber viel früher. Denken Sie nur an Sheldon Cooper, dem am Bahnhof sein Mobiltelefon entwendet wurde. In der ersten Folge der achten Staffel von »The Big Bang Theory« (»Halbnackt in Arizona«) kann der Physiker dennoch seine Reisefotos präsentieren, weil er diese rechtzeitig in der Cloud gesichert hatte (daraufhin meinte Leonard Hofstadter kritisch-sarkastisch: »Und uns hat man die Cloud als Vorteil verkauft«).

Tatsächlich ist das direkte Hochladen der Fotos mittlerweile Standard, wenn Sie nur ein Google-Konto eingerichtet haben und mit einem WLAN verbunden sind (siehe Abbildung 14.1).

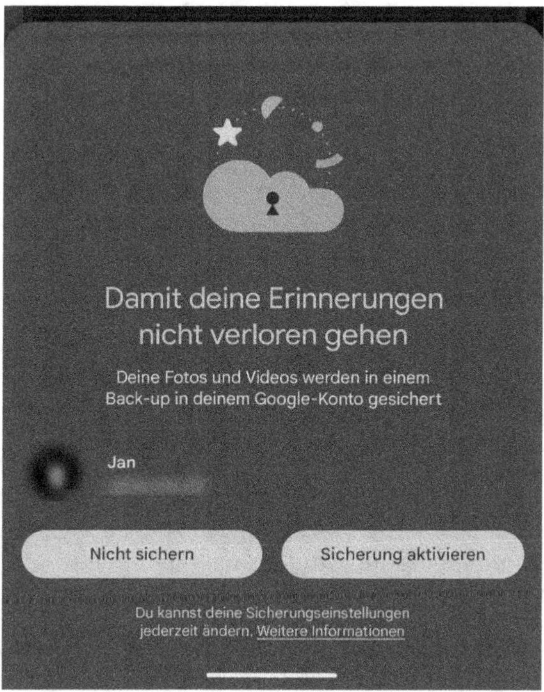

Abbildung 14.1: Google Fotos will gleich Ihre Bilder nach Hause transferieren

Ob Sie diese Möglichkeit nutzen wollen, bleibt dann letztlich immerhin doch noch Ihnen überlassen. Zwar ist diese Option in den meisten (mobilen) Betriebssystemen standardmäßig nicht aktiv, die Hersteller der Betriebssysteme und Cloud-Lösungen werden aber nicht müde, Ihnen die Vorteile des automatischen Uploads in die Cloud schmackhaft zu machen. Die Aufforderungen, denn nun endlich die tolle Cloud zu nutzen, sind dabei zum Teil schon etwas aufdringlich, wenn Sie mich fragen.

Achten Sie auf die Lizenzbedingungen der Dienste. Nicht, dass Sie sich bei der Nutzung einverstanden erklären, dass Ihre Fotos vom Cloud-Anbieter frei vermarktet und verbreitet werden dürfen. Heutzutage muss man ja mit allem rechnen!

Die Vorteile des Cloud-Computings

Cloud-Computing ist ein andersartiger und in vielerlei Hinsicht besserer Ansatz der Nutzung von Netzwerken. Bevor wir uns eingehender mit cloudbasierten Netzwerken beschäftigen, seien hier erst ein paar ihrer Hauptvorteile genannt:

✔ **Kosteneffektivität:** Das Cloud-Computing ist zumindest für Unternehmen typischerweise preiswerter als der traditionelle Ansatz. Denken Sie einmal an eine typische Serveranwendung. Zur Einrichtung eines Dateiservers müssen Sie erst einmal einen Rechner kaufen, der hinreichend große Speicherkapazitäten im Terabyte-Bereich bereitstellen muss, um die Bedürfnisse aller Anwender befriedigen zu können. Der Speicher sollte dabei möglichst zuverlässig sein, weshalb Sie zu einem speziellen Serverrechner und vollständig redundanten Speicherlösungen greifen werden. Stellen Sie sich nun die Gesamtkosten für den Server inklusive seiner Festplatten und der Betriebssystemlizenzen vor, die schnell in den fünfstelligen Bereich gehen. Angenommen, Sie können den Server fünf Jahre lang nutzen, wären das bereits 2.000 Euro jährlich.

Wenn Sie stattdessen von einem Dienstleister in der Cloud bereitgestellte Speicherkapazitäten nutzen, müssen Sie möglicherweise nur mit etwa einem Viertel der Kosten für die benötigten Speicherkapazitäten rechnen.

Dieselben Skaleneffekte lassen sich auch bei den meisten anderen cloudbasierten Lösungen nutzen. Beispielsweise kosten cloudbasierte E-Mail-Lösungen vielleicht je Benutzer etwa 5 Euro pro Monat, was weit weniger sein dürfte als das, was bei der Einrichtung und Wartung von Microsoft Exchange Server anfällt.

Da sich die hier angegebenen Preise schnell ändern, sollten Sie die Zahlen nur als groben Anhaltspunkt verstehen. Die Abweichungen können jedenfalls erheblich sein. Stellen Sie daher *immer* eigene aktuelle Preisvergleiche an und wägen Sie die Alternativen sorgfältig ab!

✔ **Skalierbarkeit:** Was passiert aber, wenn Sie bei Ihrem Dateiserver die benötigten Speicherkapazitäten falsch einschätzen und Ihre Benutzer letztlich 20 TB und nicht nur – wie ursprünglich erwartet – 10 TB benötigen? Bei einem traditionellen Dateiserver müssen Sie dann weitere Festplatten kaufen, um die zusätzlichen Kapazitäten bereitstellen zu können. Und auch der Platz direkt in Ihrem Serverrechner wird schneller zur Neige gehen, als Sie denken. Dann müssen Sie externe Speichergehäuse beschaffen, deren Kapazitäten letztlich auch wieder schneller, als Ihnen lieb sein kann, zur Neige gehen werden.

Stellen Sie sich nun auch noch vor, dass Sie nach der Erweiterung Ihrer Serverkapazitäten auf 20 TB feststellen müssen, dass Ihre Benutzer doch mit 10 TB Speicher auskommen. Leider können Sie Festplatten nicht mal eben einfach zurückgeben und sich gutschreiben lassen.

Beim Cloud-Computing bezahlen Sie nur für die tatsächlich genutzten Ressourcen. Wenn es um Speicherplatz in der Cloud geht, sind die Preise aber meistens gestaffelt: Wenn Sie der Meinung sind, dass ein Terabyte für Ihr Vorhaben ausreichend sein wird, dann bezahlen Sie anfangs nur einen monatlichen Obolus für dieses eine Terabyte. Wachsen die Anforderungen, können Sie den Speicherplatz dann aber ganz einfach auf einen höheren Tarif updaten, der Ihnen zum Beispiel 5 TB Speicherplatz zur Verfügung stellt.

Wegen dieser gestaffelten Preise und der Tatsache, dass ein Update auf einen höheren Tarif mit nur wenigen Mausklicks erledigt ist, sollten Sie auf jeden Fall »klein starten«: Mehr Speicherplatz können Sie dann immer noch später hinzubuchen, wenn er auch tatsächlich benötigt wird.

✔ **Zuverlässigkeit:** Speziell für kleinere Unternehmen dürften Cloud-Dienste sehr viel zuverlässiger als hausinterne Lösungen sein. Knapp eine Woche, bevor ich dieses Kapitel verfasst habe, gab ein Sicherungslaufwerk den Geist auf, mit dem ein Freund die Daten seines Unternehmens gesichert hatte. Die Reparatur dauerte letztlich drei Tage, während derer er seine Daten nicht mehr sichern konnte. Bei Nutzung eines cloudbasierten Backups hätten seine Daten sofort wiederhergestellt werden können. Zu der Gefahr einer tagelangen Arbeit ohne Sicherung wäre es wahrscheinlich gar nicht erst gekommen.

Der Grund für die außerordentliche Zuverlässigkeit von Cloud-Diensten liegt einfach in der schieren Masse und den damit verbundenen Skaleneffekten. Die meisten Kleinunternehmen können sich die redundanten Kapazitäten nicht leisten, die für die sichere und möglichst zuverlässige Speicherung der bei ihrer Computernutzung anfallenden Daten erforderlich wären. Von dem möglicherweise benötigten qualifizierten Personal einmal ganz zu schweigen.

Im Unterschied dazu werden die Cloud-Dienste und die zugehörigen Dienstleistungen üblicherweise von Großunternehmen wie Amazon, Google, Microsoft, Synology oder Apple bereitgestellt. Diese Unternehmen unterhalten Datenzentren, die technisch auf aktuellem Stand sind, und halten dabei für ihre Cloud-Angebote mehrfach redundante Kapazitäten bereit. Die in der Cloud gespeicherten Daten werden dabei üblicherweise redundant über mehrere Server verteilt, damit bei Ausfällen die Aufgaben des ausgefallenen Servers von anderen übernommen und die Daten auch dann noch komplett erhalten bleiben. Manchmal befinden sich diese Server sogar an geografisch getrennten Orten. Dann sind die Daten selbst bei Katastrophen sicher, bei denen regional beschränkt komplette Datensysteme oder gar ganze Rechenzentren ausfallen.

✔ **Problemlos nutzbar:** Sehen wir den Tatsachen ins Auge: IT-Lösungen können zu einem echten Ärgernis werden. Bei der Nutzung cloudbasierter Dienste werden die komplexen Aufgaben der Systemwartung, wie Softwareaktualisierungen, das Einspielen von Patches, die Hardwarewartung, die Erstellung von Backups und so weiter praktisch ausgelagert. Sie können die Dienste einfach nutzen, während sich Ihr zuständiger Diensteanbieter darum kümmert, dass die von Ihnen genutzten Dienste ordentlich funktionieren.

✔ **Weltweit nutzbar:** Einer der größten Vorteile von Cloud-Diensten besteht darin, dass sie überall genutzt werden können, sofern Sie nur Zugang zum Internet haben. Stellen Sie sich vor, die Büros Ihres Unternehmens würden sich in fünf verschiedenen Städten befinden. Bei den traditionellen Lösungen müsste es in den verschiedenen Büros jeweils eigene Server geben und Sie müssten die Systeme sorgfältig so konfigurieren, dass die Büros auf gemeinsam genutzte Daten zugreifen können.

Beim Cloud-Computing greifen die einzelnen Büros einfach über das Internet auf die Cloud-Anwendungen zu. Cloudbasierte Anwendungen sind auch deshalb eine großartige Lösung, weil die Nutzer mobil bleiben und unterwegs beliebig auf sie zugreifen können, sofern nur eine Internetverbindung bereitsteht.

Die Nachteile des Cloud-Computings

Das Cloud-Computing hat zwar im Vergleich mit den traditionellen Lösungen viele Vorteile, bringt aber auch einige Nachteile mit sich. Die wichtigsten Nachteile bei der Nutzung von Cloud-Computing sind diese:

✔ **Fest verwurzelte Anwendungen:** Unternehmen sind möglicherweise von speziellen Anwendungen abhängig, die etabliert sind und sich nicht mal so eben in die Cloud verlagern lassen. Bei der Migration verlangen sie zumindest erhebliche Anstrengungen. Beispielsweise könnte das Buchhaltungs- oder Warenwirtschaftssystem auf lokal und nur intern gespeicherte Dateien zurückgreifen müssen.

Glücklicherweise bieten Ihnen viele Anbieter von Cloud-Diensten auch Unterstützung bei dieser Migration an. Und oft können dieselben Anwendungen, die lokal ausgeführt werden, auch in der Cloud genutzt werden. Dann ist letztlich gar keine Umstellung erforderlich.

✔ **Internetverbindungsgeschwindigkeit:** Beim Cloud-Computing wird ein Großteil der Last Ihres Netzwerks auf die Internetverbindung verlagert. Wenn Ihre Nutzer daran gewöhnt sind, über Gigabit-Leitungen auf die Daten auf den lokalen Dateiservern zuzugreifen, und anschließend nur deutlich langsamere Internetverbindungen nutzen können, könnte Ärger vorprogrammiert sein.

 Auch wenn Sie die Internetverbindung aktualisieren und anschließend höhere Geschwindigkeiten nutzen können, kostet das Geld, vielleicht sogar mehr, als Sie durch den Umzug in die Cloud ansonsten sparen könnten.

✔ **Zuverlässigkeit der Internetverbindung:** Die von Ihnen genutzten Cloud-Ressourcen können noch so redundant sein, wenn Ihre Anwender nur über eine einzige Internetverbindung darauf zugreifen können. Diese Verbindung wird dann zu einem wesentlichen Schwachpunkt. Sollte sie einmal ausfallen, lassen sich alle von der Cloud abhängigen Dienste und Anwendungen nicht mehr erreichen und nutzen. Wenn diese Anwendungen kritisch für die laufenden Geschäfte Ihres Unternehmens sind, stehen erst einmal alle Räder still, bis die Verbindung wiederhergestellt worden ist.

Um die Risiken zu mindern, haben Sie beispielsweise diese Möglichkeiten:

- *Nutzen Sie bei der Internetverbindung einen Unternehmensanschluss.* Unternehmensanschlüsse sind zwar teurer, bieten aber mehr Fehlertoleranz und Reparaturdienstleistungen als »Privatanschlüsse«.

- *Stellen Sie möglichst redundante Zugänge bereit.* Wenn diese richtig geschaltet werden, sollten Ihre Daten von einer Verbindung auf eine andere umgeleitet werden können.

✔ **Sicherheitsbedrohungen:** Sie können darauf wetten, dass es weltweit Hacker gibt, die laufend versuchen, die Schutzmaßnahmen der wichtigen Cloud-Dienstleister zu überwinden. Sofern ihnen das gelingt, werden möglicherweise auch Ihre Daten erreichbar.

Dieser Bedrohung können Sie am besten dadurch begegnen, dass Sie auf der Durchsetzung und Einhaltung strenger Richtlinien bei den verwendeten Kennwörtern bestehen.

✔ **Datenschutzbedenken:** Da Ihre Daten nicht mehr ausschließlich lokal in Ihrem Netzwerk vorliegen, müssen Sie sich auf die Vertrauenswürdigkeit des Cloud-Anbieters verlassen. Große Anbieter wie Amazon oder Microsoft sind dafür durchgängig zertifiziert und eine Panne würde enorme wirtschaftliche und rechtliche Folgen haben.

Bei den großen Anbietern können Sie auswählen, auf welchen Servern Ihre Daten liegen. Bei Microsoft befindet sich der überwiegende Teil der Server mittlerweile direkt in Deutschland oder wenigstens der EU.

Die drei grundlegenden Cloud-Dienstangebote

Über die Cloud werden drei unterschiedliche Dienste angeboten, nämlich Anwendungen, Plattformen und Dienste (Infrastrukturen). In den folgenden Absätzen werden diese drei Cloud-Dienste ein wenig ausführlicher beschrieben.

Anwendungen

Oft abgekürzt mit *SaaS* (*Software as a Service*), lassen sich über die Cloud voll funktionsfähige Anwendungen (Apps) bereitstellen. Bei einem der wohl bekanntesten Beispiele, *Google Apps*, handelt es sich um ein cloudbasiertes Paket von Büroanwendungen, die in direkter Konkurrenz zum traditionellen Office-Paket von Microsoft stehen, das aus Word, Excel,

PowerPoint, Access und Outlook besteht. Google Apps kann auch die häufig zur Unterstützung von Microsoft Office genutzte nachgeordnete Software ersetzen, zu der Exchange und SharePoint zählen.

Wenn Sie eine cloudbasierte Anwendung nutzen, müssen Sie sich nicht weiter um jene Details kümmern, die meist mit der Nutzung von Apps in Ihrem Netzwerk einhergehen, etwa Anwendungsinstallation, Produktaktualisierung und Patchen der Software. Bei der Nutzung von cloudbasierten Anwendungen müssen Sie üblicherweise monatlich eine Gebühr entrichten, die auf der Anzahl der Softwarebenutzer basiert. Die Kosten dafür sind jedenfalls relativ niedrig.

Als Nutzer cloudbasierter Apps müssen Sie sich auch nicht weiter um die Bereitstellung der Hardware oder der Betriebssystemplattform kümmern, auf der die Anwendung laufen soll. Der Anwendungsanbieter kümmert sich für Sie um dieses Detail und so können Sie sich voll und ganz auf die Entwicklung der Apps konzentrieren, mit denen die Nutzer ihre Arbeit verrichten und optimieren.

Plattformen

Die kurz *PaaS* (*Platform as a Service*) genannte Dienstkategorie bezieht sich auf Anbieter, die Ihnen Zugang zu in der Cloud installierten virtuellen Betriebssystemplattformen bieten, auf denen Sie Ihre eigenen Anwendungen erstellen können.

In der einfachsten Variante stellt Ihnen ein PaaS-Anbieter eine vollständige virtuelle Maschine einsatzbereit zur Verfügung, auf der Sie Ihre Apps installieren und testen können. Wenn die Website Ihres Unternehmens von einem Webdienstleister im Internet bereitgestellt wird, nutzen Sie bereits PaaS, denn die meisten Webhoster stellen Ihnen dann ein Linux-System zur Verfügung, auf dem bereits alle erforderlichen Serverfunktionen wie Apache und/oder eine SQL-Datenbank (üblicherweise MariaDB oder MySQL) installiert und weitestgehend vorkonfiguriert sind. Dann können Sie Ihre Web-Apps erstellen und auf den Server Ihres Dienstleisters übertragen.

Komplexere PaaS-Lösungen umfassen spezielle Software, auf die Ihre eigenen Apps bei der Bereitstellung von Diensten wie der Speicherung von Daten und der Verarbeitung von Onlineaufträgen und Kreditkartenzahlungen zurückgreifen können. Eines der bekanntesten Beispiele dieser Art von PaaS-Anbietern ist das bereits kurz erwähnte Amazon.

 Wenn Sie PaaS-Angebote nutzen, sind Sie selbst für die Entwicklung eigener Apps verantwortlich, die dann auf der über das Internet bereitgestellten Plattform ausgeführt werden. Der PaaS-Anbieter kümmert sich um die Details der Wartung der Plattform selbst, die das zugrunde liegende Betriebssystem und die Hardware umfasst, auf der die Plattform läuft.

Infrastruktur

Wenn Sie die Verantwortung für die Wartung der Betriebssysteme und anderer Elemente der Plattform nicht delegieren wollen, können Sie *IaaS (Infrastructure as a Service)* nutzen. Dabei kaufen Sie einfach nur rohe Rechenleistung, auf die Sie über die Cloud zugreifen.

Typischerweise bietet Ihnen IaaS den Zugriff auf virtuelle Maschinen, die irgendwo an einem entfernt gelegenen Ort beim Dienstanbieter stehen. Diese Rechner können und müssen Sie selbst ganz nach Belieben verwalten und konfigurieren. Über das IaaS-Angebot *Amazon EC2 (Elastic Compute Cloud)* können Sie sich ein wenig eingehender unter der Adresse `http://aws.amazon.com/de/ec2/` informieren. Im IaaS-Bereich mischt auch *T-Systems* mit *Open Telekom Cloud* und deutschen Rechenzentren mit.

Öffentliche Cloud

Bei der gängigen Variante des Cloud-Computings wird auf Rechner in der *öffentlichen Wolke* (*Public Cloud*) zurückgegriffen. Derartige Cloud-Dienste lassen sich von beliebigen Personen weltweit über das Internet nutzen. Das bereits erwähnte Google Apps ist ein hervorragendes Beispiel für ein solch öffentliches Angebot irgendwo in der nebulösen Wolkenwelt der Technik. Für jeden, der auf das Internet zugreifen kann, ist auch der öffentliche Cloud-Dienst *Google Apps* erreichbar. Dazu müssen Sie auf Ihrem Laptop im Browser nur die Adresse `http://apps.google.com` aufrufen.

Geht es nur um Speicherplatz für Privatanwender in der Cloud, sind die bekannten Größen ganz vorn mit dabei, um ihr Angebot an den Mann zu bringen: *Microsoft OneDriveGoogle Drive*, *Apple iCloud* und *Amazon Cloud Drive*.

Eine öffentliche Cloud ähnelt insofern einem Mietwerkzeug, als es von jedem zeitweise ausgeliehen werden kann. Einer der Nachteile der öffentlichen Cloud-Dienste besteht darin, dass sie inhärent unsicher sind. Wenn Sie einen öffentlichen Cloud-Dienst nutzen, vertrauen Sie Ihre wertvollen Daten letztlich Dritten an, die sich Ihrer Kontrolle entziehen. Natürlich können Sie den Zugriff auf Ihre öffentlichen Cloud-Dienste durch Verwendung starker Kennwörter beschränken, wenn aber die Namen Ihrer Konten und Ihre Kennwörter kompromittiert werden, könnte sich jemand in Ihre Dienste in der öffentlichen Cloud hacken und Ihre Daten »stehlen«. Immer wieder hören wir Geschichten in den Nachrichten darüber, dass wieder einmal die Sicherheitsvorkehrungen des einen oder anderen Unternehmens überwunden und dessen Daten geklaut wurden.

 Um dieses Risiko einzudämmen, können Sie die Dateien, die Sie in einer Public Cloud speichern, vorher auf Ihrem Gerät verschlüsseln. Im einfachsten Fall geht dies schon mit Zip-Programmen wie 7zip (`https://7-zip.de/`). Sehr viel komfortabler sind aber spezielle Programme, die die Dateien transparent in einer Art Container verschlüsseln. Dieser Container kann dann einfach als Laufwerk auf dem Gerät verwendet werden. Ein populärer Vertreter ist Cryptomator (`https://cryptomator.org/de/`).

Abgesehen von Sicherheitsaspekten hat das öffentliche Cloud-Computing noch den wesentlichen Nachteil, dass es über weite Strecken auf schnelle, zuverlässige Internetverbindungen angewiesen ist oder von solchen doch zumindest erheblich profitiert. Cloud-Anbieter können beliebig redundante Ressourcen bereitstellen. Wenn Ihre Verbindung ins Internet ausfällt oder gekappt wird, nützen sie Ihnen rein gar nichts, da Sie dann auf Ihre Cloud-Dienste nicht mehr zugreifen können. Und wenn die Internetverbindung zu langsam ist, können Ihre Cloud-Dienste letztlich auch nur schleichen.

Private Cloud

Eine *private Cloud* bildet viele der Funktionen des Cloud-Computings nach, läuft aber auf privater Hardware innerhalb eines lokalen Netzwerks. Im einfachsten Fall kann diese Aufgabe schon ein Raspberry Pi übernehmen, den Sie zu Hause betreiben. Eine private Cloud muss dann ebenfalls nicht öffentlich zugänglich sein. Wenn Sie auf die Daten in der privaten Cloud aber auch unterwegs zugreifen wollen, zum Beispiel im Urlaub, dann kann eine private Cloud aber ebenfalls so eingerichtet werden, dass sie ganz normal über das Internet erreichbar ist.

Der Betrieb einer privaten Cloud ist aber in der Regel mit mehr Aufwand verbunden, da Sie zunächst einmal Cloud-Software auf Ihrem Server installieren müssen, die Ihnen die Funktionen der Cloud letzten Endes zur Verfügung stellt. Bekannte Vertreter sind Nextcloud (`https://nextcloud.com/de/`) oder auch Seafile (`https://de.seafile.com/`).

Als Administrator der privaten Cloud sind Sie dann auch zuständig für die Wartung des Systems, das heißt, Sie müssen den Server selbst sowie die verwendete Software auf einem aktuellen Stand halten.

Trotzdem kann sich dieser Aufwand lohnen, da die Daten einer privaten Cloud auf Ihrem Rechner oder Server gespeichert sind und kein anderer Cloud-Anbieter Zugriff auf diese Daten hat. Aus Sicht des Datenschutzes und der »digitalen Unabhängigkeit« stellt eine private Cloud daher eine echte Alternative dar.

Typischerweise werden private Clouds von großen Einrichtungen genutzt, die über die erforderlichen Ressourcen zur Einrichtung und Wartung eigener Cloud-Server verfügen.

Aber auch im privaten Umfeld nimmt das Thema der privaten Cloud immer mehr Fahrt auf.

Hybride Cloud

Die jüngste Variante im Bereich der Cloud-Computing-Szene ist die *hybride Cloud*, die die Funktionen von öffentlicher und privater Cloud kombiniert. Typischerweise nutzt ein hybrides Cloud-System eine kleine private Cloud, die lokal Zugriff auf einige der Anwendungen bietet und die öffentliche Cloud für den Rest nutzt. Sie können die meistgenutzten Daten dabei in der privaten Cloud verwalten, um schnell über das lokale Netzwerk darauf zugreifen zu können, und die öffentliche Cloud für die Speicherung von Archiven und anderen weniger häufig genutzten Daten verwenden, bei denen die Geschwindigkeit keine besondere Rolle spielt.

Für die hybride Cloud werden mit Office-Anwendungen als Android-Apps, Unmengen an eigentlichen Webanwendungen bis hin zu einer Vielzahl sogenannter Pakete schier endlos viele Lösungen angeboten. Von dem eigenen, über das Internet jederzeit erreichbaren Audio- und Videoserver bis hin zu Ticketsystemen und/oder kompletten Datenbanken oder elektronischen Shops existieren mannigfaltige Lösungen, die sich insbesondere für kleinere bis mittlere Unternehmen eignen.

Einige der wichtigsten Cloud-Diensteanbieter

Hunderte, wenn nicht sogar Tausende Unternehmen stellen Cloud-Dienste bereit. Für die überwiegende Masse des heutigen Cloud-Computings zeichnen heute jedoch nur einige wenige Anbieter verantwortlich, die ich in den folgenden Abschnitten zusammengestellt und kurz beschrieben habe.

Amazon

Der weltweit mit Abstand größte Anbieter von Cloud-Diensten ist das bereits kurz erwähnte *Amazon*. Amazon hat seine Cloud-Plattform *Amazon Web Services* (*AWS*) 2006 gestartet. Seither haben sich Hunderttausende Kunden registriert, zu denen auch eine ganze Reihe mehr oder weniger bekannter größerer Unternehmen wie Netflix, Pinterest und Instagram gehören.

AWS (http://aws.amazon.com/de/) umfasst unter anderem die folgenden Angebote:

- **Amazon CloudFront:** Ein PaaS-Content-Versandsystem, das Webinhalte einer Vielzahl von Nutzern zustellt.

- **Amazon Elastic Compute Cloud:** Amazon EC2 stellt als IaaS-System (nicht nur) Entwicklern Rechnerleistung zur Verfügung.

- **Amazon Simple Storage Service:** Dieser Dienst wird kurz auch Amazon S3 genannt und bietet webbasierten Speicher für unbegrenzte Datenmengen.

- **Amazon Cloud Drive:** der kleine, kostenlose Bruder von Amazon S3 mit ein paar Gigabyte kostenfreiem Online-Speicher

- **Amazon Simple Queue Service:** *Amazon SQS* Stellt ein Datentransfersystem bereit, über das Apps anderen Anwendungen Mitteilungen zukommen lassen können. Mit SQS lassen sich Apps erstellen, die miteinander interagieren.

- **Amazon Virtual Private Cloud:** *Amazon VPC* nutzt VPN-Verbindungen (VPN – Virtual Private Network), um Ihr lokales Netzwerk mit den Cloud-Diensten von Amazon zu verbinden.

Google

Google ist auch einer der größten Anbieter von Cloud-Diensten, zu denen die folgenden zählen:

- **Google Apps:** Eine Alternative für Microsoft Office, die ein einfaches E-Mail-Programm, Textverarbeitung, Tabellenkalkulation und Datenbankfunktionen über die Cloud bereitstellt. Google Apps ist für die allgemeine Öffentlichkeit kostenlos und kann sogar von kleinen Unternehmen (bis 50 Anwender) genutzt werden. Größeren Unternehmen bietet Google mit Google Apps for Business eine erweiterte Version an.

Für monatlich knapp 6 Euro pro Benutzer werden zusätzliche Funktionen bereitgestellt, wie beispielsweise 25 GB E-Mail-Datenspeicher je Benutzer, Archivierung und erweiterte Optionen zwecks Anpassung Ihrer Kontorichtlinien.

✔ **Google Cloud Connect:** Eine cloudbasierte Lösung, bei der Sie von Microsoft-Office-Anwendungen aus direkt Google-Cloud-Daten nutzen können.

✔ **Google App Engine:** Eine PaaS-Schnittstelle, mithilfe derer Sie Ihre eigenen Apps zur Nutzung der Google-Cloud-Dienste entwickeln können.

✔ **Google Cloud Print:** Ermöglicht Ihnen den Anschluss Ihrer Drucker an die Cloud, um sie von jedem beliebigen Ort oder Endgerät aus nutzen zu können.

✔ **Google Maps:** Ein globales Informationssystem, das kartografisches Material bereitstellt und die Programmierung von Apps ermöglicht, mit denen es über Apps genutzt werden kann.

✔ **Google Drive:** Kostenloser Online-Datenspeicher, der insbesondere von Android-Endgeräten auf vielfältige Weise genutzt werden kann. Zum Beispiel auch zum Synchronisieren der Links von Internetbrowsern wie Firefox oder Google Chrome, bei denen das auch zwischen den Betriebssystemen (Linux, Android, Windows und/oder Apple iOS/macOS) und/oder unterschiedlichen Gerätekategorien (Desktop, Laptop, Tablet, Smartphone und Einplatinenrechnern wie dem Raspberry Pi) problemlos möglich ist.

Microsoft

Microsoft verfolgt eine eigene Cloud-Strategie, durch die teilweise das Kerngeschäft der Betriebssysteme und Büroanwendungen gegen die Konkurrenz anderer Cloud-Anbieter wie Google Apps geschützt werden soll.

Die folgenden Absätze beschreiben kurz einige der Cloud-Angebote von Microsoft:

✔ **Microsoft 365:** Eine cloudbasierte Version von Microsoft Office. Laut Angaben auf Microsofts Webseiten bietet Microsoft 365 überall Zugriff auf cloudbasierte E-Mail, Webkonferenzen, gemeinsam genutzte Dateien und Office-Web-Apps bei niedrigen monatlichen Kosten. Weitere Informationen erhalten Sie beispielsweise über `https://www.microsoft365.com/`.

✔ **Windows Azure:** Ein PaaS-Angebot, mithilfe dessen Sie Websites erstellen und virtuelle Maschinen einrichten können, auf denen Windows Server oder Linux läuft, oder auf Cloud-Versionen von Serveranwendungen wie SQL Server zugreifen können.

✔ **Microsoft 365 Business:** Ein SaaS-Produkt, das cloudbasierten Zugriff auf Microsoft Exchange und Microsoft SharePoint und damit zwei der beliebtesten Produktivitätsserver von Microsoft bietet. Mit dieser Suite können Sie diese Server nutzen, ohne Ihre eigenen lokalen Server einrichten und warten zu müssen.

✔ **Microsoft OneDrive:** Ist bei jedem neueren Windows-Betriebssystem mit an Bord. Es stellt Cloud-Datenspeicher bereit und synchronisiert alle Daten im entsprechenden Ordner mit der Cloud. Dazu müssen Sie sich eigentlich nur mit Ihrem Microsoft-Konto anmelden (siehe Abbildung 14.2). Einfach, aber durchaus nützlich: Damit lassen sich kleinere Datenmengen nicht nur mobil synchronisieren.

Abbildung 14.2: Der Einrichtungsassistent von Microsoft OneDrive

Apple iCloud

Bei der iCloud des kalifornischen Herstellers handelt es sich hauptsächlich um Speicherdienste, die dafür sorgen, dass Daten zwischen verschiedenen Apps und Geräten aus dem Hause Apple synchronisiert werden können. Apple bietet zwar nicht – wie so manche anderen Anbieter – PaaS und IaaS-Lösungen an, trotzdem spielt die Cloud-Lösung von Apple heute zunehmend eine Rolle, besonders bei den privat genutzten Apple-Endgeräten (iPhone, iPad, Mac). Die iCloud beinhaltet dabei folgende Dienste:

✔ **Online-Speicherplatz für alle möglichen Geräte:** Dies schließt Geräte anderer Hersteller, wie zum Beispiel einen Laptop, auf dem Windows läuft, nicht aus.

✔ **Ein E-Mail-Postfach:** ein persönliches E-Mail-Postfach, das als Domain `icloud.com` nutzt

✔ **Synchronisierung von Kontakten und Kalendern**

✔ **Zugriff auf das »Wo ist?«-Netzwerk:** ein Dienst, der Sie dabei unterstützen kann, den Standort von Apple- und anderen Geräten zu identifizieren

✔ **Backup- und Wiederherstellungsfunktionen für Apple-Geräte**

Der Weg in die Cloud

Angesichts dieser fantastischen Möglichkeiten des Cloud-Computings stellt sich natürlich die Frage, wie Sie es bewerkstelligen können, Ihr Netzwerk in die Cloud auszulagern. Hier ein paar Empfehlungen:

✔ **Bauen Sie nicht auf schlechten Internetverbindungen auf.** Bevor Sie überhaupt ins Cloud-Computing einsteigen und irgendwelche Netzwerkoperationen in die Cloud auslagern, sollten Sie sich davon überzeugen, dass Sie nicht nur eine einfache Internetverbindung nutzen, wie sie für Privatkunden üblich sind. Derartige Internetverbindungen können zwar schnell sein, werden aber bei Reparaturen oft nachrangig behandelt. Bestimmt werden Sie aber nicht Stunden, Tage oder vielleicht sogar Wochen warten wollen, bis der Kabelbetreiber endlich einen Mitarbeiter zu Ihnen herausschickt. Investieren Sie lieber ein wenig mehr Geld für einen schnellen Unternehmensanschluss, der sich meist auch mit steigenden Anforderungen leichter erweitern lässt.

✔ **Ermitteln Sie, welche Ihrer Apps möglicherweise bereits in der Cloud laufen.** Wenn Sie Gmail und nicht Exchange für Ihre E-Mails nutzen, haben Sie das Glück, die Cloud bereits zu nutzen. Andere Beispiele für Cloud-Dienste, die Sie möglicherweise bereits nutzen, sind Webserver oder ein FTP-Host, *Dropbox* oder ein anderer Dienst für die gemeinsame Dateiverwendung, Carbonite oder ein anderer Online-Backup-Dienst, externe Lohnabrechnungsdienste und so weiter.

✔ **Ziehen Sie nicht in einem Rutsch in die Cloud um.** Ermitteln Sie erst einmal, welche Einzelanwendung sich für den Umzug in die Cloud anbietet. Wenn Ihr Maschinenbauunternehmen abgeschlossene Projekte zwar archiviert, aber lieber nicht mehr auf dem primären Dateiserver aufbewahren und dennoch leicht erreichbar halten würde, böte es sich doch geradezu an, sich einmal nach einem Dateispeicherdienst in der Cloud umzusehen.

✔ **Verlassen Sie sich besser auf namhafte Unternehmen.** Google, Amazon und Microsoft sind durchweg riesige Unternehmen mit nachweisbaren Erfolgen im Bereich des Cloud-Computings. Viele andere große und etablierte Unternehmen bieten ebenfalls Cloud-Dienste an. Machen Sie das weitere Schicksal Ihres Unternehmens nicht von einer Firma abhängig, die erst vor sechs Monaten gegründet wurde. Einige Cloud-Dienste wie beispielsweise von *Samsung* oder *Ubuntu One* sind bereits wieder in die ewigen Jagdgründe eingegangen. Audio- und Videodienste mit Online-Speicher machen dabei einen besonders fragilen Eindruck.

✔ **Ziehen Sie die Möglichkeiten einer privaten Cloud in Betracht.** Gerade wenn Sie sich nicht auf ein Cloud-Unternehmen verlassen können oder wollen, kann die private Cloud eine ernst zu nehmende Alternative sein.

✔ **Informieren Sie sich, forschen Sie nach und hören Sie sich um.** Befassen Sie sich eingehender mit dem Web und kaufen Sie sich das eine oder andere einschlägige Buch zu diesem Thema. Hier können die Möglichkeiten im gebotenen Rahmen letztlich nur angerissen werden, um Ihnen den Einstieg in diesen Themenkomplex zu erleichtern.

Kapitel 15
Mobilgeräte im Alltag

Einst erwarb ein Computerberater ein gebrauchtes Blackberry-Gerät bei eBay für 30 Euro. Nach dem Einsetzen einer neuen Batterie schaltete er das Gerät ein und musste feststellen, dass sich noch vertrauliche E-Mails und persönliche Kontaktdaten von Managern und Geldinstituten auf dem Gerät befanden. Autsch!

Da hatte ein Exmanager sein altes Blackberry ein paar Monate nach dem Ausscheiden aus seinem Unternehmen über eBay verkauft. Irrtümlich hatte er angenommen, dass alle Daten auf dem Blackberry nach dem Entfernen der Batterie gelöscht werden würden.

Das Entscheidende an dieser Geschichte ist, dass seit den ersten Mobilgeräten bis hin zu den heutigen Smartphones, Tablets und dem IoT (Internet of Things – Internet der Dinge) Netzwerkadministratoren immer wieder vor neue Herausforderungen gestellt werden. Und das gilt auch oder vielleicht sogar insbesondere für Administratoren kleiner Netzwerke. Es ist noch gar nicht lange her, da gab es Blackberrys und andere Mobilgeräte, mit denen der E-Mail-Versand über Exchange Server möglich war, nur in großen Unternehmen. Heute zählt dieser Versand im Grunde genommen zu den elementaren Alltagsfunktionen.

In diesem Kapitel werde ich noch einmal ein wenig ausführlicher auf ausgewählte Aspekte von Mobilgeräten, deren Betriebssysteme und Apps eingehen. Dabei spielt es heute weitgehend keine Rolle mehr, mit was für Geräten Sie überhaupt arbeiten, da es die Apps sowohl für Android als auch iOS gibt – heutzutage die beiden wichtigsten Mobilplattformen. Die Apps unterscheiden sich hier meistens nicht, ganz egal, was Sie für ein mobiles Betriebssystem nutzen.

Wenn Sie sich noch an das letzte Kapitel über die Cloud-Varianten erinnern, dürfte Sie das eben Gesagte längst nicht mehr verwundern. Führen Sie sich nur vor Augen, dass Sie es bei der Nutzung von Mobilgeräten zunehmend mit Webanwendungen zu tun haben, die auf den verschiedenen Systemen ohnehin in den verschiedenen Internetbrowsern wie Safari, Microsoft Edge, Chrome, Dolphin, Firefox oder Opera ausgeführt werden.

Einige der Apps und Aspekte der Konfiguration von Mobilgeräten wurden bereits in den letzten Kapiteln behandelt, was sich thematisch kaum vermeiden ließ. Der Schwerpunkt dieses Kapitels liegt angesichts der Knappheit des verfügbaren Raums dabei klar auf Android-Endgeräten, da dieses Betriebssystem mittlerweile die größte Verbreitung gefunden hat.

Entwicklung der Mobilgeräte

Ende des letzten Jahrtausends gab es Mobiltelefone und PDAs (Personal Digital Assistants). Mobiltelefone waren da noch, der Bezeichnung entsprechend, einfach nur tragbare Telefone, die auch unterwegs genutzt werden konnten. Die besseren Modelle besaßen immerhin Anruferlisten, einfache Adressbücher und vielleicht noch ein paar einfache Spiele für den Zeitvertreib, wie das allseits bekannte Snake oder Tetris. Viel mehr gab es nicht. PDAs waren kleine handliche Computer, die den guten alten Tagesplaner ersetzen sollten, den viele Leute ständig mit sich herumtrugen, um über die eigenen Termine und Adressen auf dem Laufenden zu bleiben, sozusagen ein digitales Notizbuch.

Seit Mobilfunknetze datenfähig geworden sind, hat sich all das in atemberaubendem Tempo geändert. Heute bieten Smartphones umfassenden Internetzugriff. Dadurch ließen sich Mobiltelefone um anspruchsvolle PDA-Funktionen erweitern und PDAs auch als Mobiltelefon nutzen. Heute spricht man eigentlich nur noch von Mobiltelefonen oder Smartphones, der Begriff PDA wurde mit der Zeit einfach verdrängt.

Der Begriff *Mobilgeräte* oder *mobile Endgeräte* wird, wie Sie mittlerweile wissen sollten, zur Beschreibung einer Vielzahl von Geräten benutzt, die man in der Hand halten kann und mit denen man über drahtlose Netzwerke oder auch die (öffentlichen) Mobilfunknetze Verbindungen herstellen kann. Die Begriffe *Handhelds* oder *Handheld-Geräte* klingen heute ein wenig angestaubt, waren aber ebenfalls Oberbegriffe für derartige Geräte. Wenn es dann noch mobiler wird, kommen Begriffe wie »Wearables« oder »IoT« (Internet of Things) ins Spiel. Das wären dann Datenbrillen, Armbanduhren, T-Shirts mit eingearbeitetem Lautsprecher, Minirechner und Einplatinenrechner.

Die folgenden Kategorien begegnen Ihnen im Bereich der Mobilgeräte:

- **Mobiltelefon:** Ein *Mobiltelefon* (oder *Handy*) ist ein Mobilgerät, mit dem vorrangig Telefondienste genutzt werden. Die meisten Mobiltelefone bieten Funktionen wie SMS (Short Message Service), Adressbuch, Terminkalender, Spiele und möglicherweise auch einen Internetzugang. Hinzu kommen vielleicht noch Radiofunktionen. Heutzutage spielen klassische Mobiltelefone kaum noch eine Rolle. Wenn Sie auf der Suche nach etwas Passendem in diesem Bereich sind, dann versuchen Sie es mal mit dem Begriff »Feature-Phone«.

- **Smartphone:** Ein *Smartphone* ist ein Mobiltelefon für gehobene Ansprüche, mit für Mobiltelefone nicht unbedingt typischen Funktionen. Eine klare Trennlinie zwischen Mobiltelefonen und Smartphones gibt es dabei nicht. Eine Unterscheidung betrifft die Möglichkeit des Zugriffs auf Unternehmens-E-Mails, eine andere die Bildschirmabmessungen, die bei Smartphones typischerweise größer als bei herkömmlichen Mobiltelefonen ist. Smartphones haben heute meist keine echte Tastatur mehr, sondern nutzen Bildschirmtastaturen und damit berührungsempfindliche Bildschirme. Das Apple iPhone und die Android-Mobiltelefone sind typische Beispiele für diese Gerätekategorie.

- **Blackberry:** Bei *Blackberry*-Geräten handelt es sich um leistungsfähige PDAs mit Mobiltelefonfunktion, die von RIM (Research In Motion) hergestellt werden. Das wichtigste Merkmal von Blackberrys war die Fähigkeit, E-Mails mit Exchange zu synchronisieren und somit unmittelbaren Zugriff auf unternehmensinterne E-Mail-Systeme zu bieten. Dafür ist im Unternehmensnetzwerk typischerweise ein spezieller Server erforderlich, der *BES (Blackberry Enterprise Server)* genannt wird. Blackberrys benutzen ein von RIM entwickeltes proprietäres Betriebssystem.

Ende 2017 erklärte Blackberry seine Plattform für tot und kündigte an, den Software-Support am 31. Dezember 2019 einzustellen. Daher sind Blackberrys heutzutage auch aus dem geschäftlichen Umfeld so gut wie verschwunden.

✔ **iPhone und iPad:** *iPhone* von Apple konnte den Smartphone-Markt im Sturm erobern. Apple konnte mit seinem iPhone und dessen größerem Kollegen, dem als Tablet-Computer konzipierten iPad dem Blackberry schnell den Rang ablaufen.

✔ **Android:** Android ist ein quelloffenes Betriebssystem für Smartphones, Phablets (Zwischending zwischen Phone und Tablet) und Tablets, das von Google weiterentwickelt wird.

✔ **Windows Phone:** Auch Microsoft versuchte einige Zeit, auf dem hart umkämpften Smartphone-Markt mit dem eigenen Betriebssystem Fuß zu fassen. Mit einigen neuen Bedienkonzepten (zum Beispiel den »Live Tiles«), eigens entwickelter Hardware beziehungsweise Partnerschaften (beispielsweise mit Nokia) schien das Konzept anfänglich auch aufzugehen. Jedoch setzte sich Windows Phone nie so recht durch, sodass Microsoft hier die Reißleine zog und Windows Phone schnell wieder Geschichte war: Die letzten Sicherheitsupdates für Windows Phone 10 erschienen 2020.

Daneben gab oder gibt es noch eine Reihe von Systemen mit geringerer oder mittlerweile so gut wie gar keiner Marktbedeutung mehr. Zeitweise waren *Bada*, *MeeGo* und *Symbian* heiße Themen.

Zusammenfassend kann man daher sagen, dass nur noch Android und iOS/iPadOS auf dem Smartphone/Tablet-Markt eine Rolle spielen.

In jüngerer Zeit kommen zu den Tablets als neue Gerätekategorie noch kleine Einplatinenrechner hinzu, an die man zur mobilen Nutzung allerdings zumindest noch getrennte kleine Bildschirme und zur Stromversorgung Batteriepacks und/oder oder eine Autobatterie anschließen muss. Der wohl bekannteste Minirechner in diesem Bereich ist der Raspberry Pi, der seit der Version 2 mit seinem Vierkernprozessor leistungsmäßig etwa mit Android-Tablets vergleichbar ist, aber mit seinem auf Debian basierenden Raspbian-System einem etwas betagten, vollwertigen Linux-Rechner entspricht, an den man Bildschirm (Fernsehmonitor), Netzwerk und USB-Geräte anschließen kann oder muss.

iOS-Geräte kurz vorgestellt

2007 wurde das Apple iPhone vorgestellt und entpuppte sich als eines der innovativsten technischen Geräte der letzten Jahrzehnte.

Beim *iPhone* handelt es sich eigentlich um eine Kombination aus mehreren Geräten mit einem hochauflösenden berührungsempfindlichen Bildschirm, der nahezu die komplette

Front des iPhones einnimmt und als Internet-Tablet (mit dem Apple-Webbrowser Safari) genutzt werden kann. Dazu kommt ein Mobiltelefon mit Digitalkamera.

Die verschiedenen Fingergesten zur Bedienung berührungsempfindlicher Bildschirme kennt heute fast jedes Kind. Dazu zählen das Antippen von Symbolen oder die Verkleinerung/Vergrößerung der Darstellung auf dem Bildschirm mit Kneifbewegungen (Pinch).

Zu den weiteren Ausstattungsmerkmalen des iPhones zählen:

✔ *Beschleunigungssensor* (Akzelerometer) und *Lagesensor* (Gyroskop), mit denen Bewegungen des iPhones in drei Richtungen gemessen und die Lage des Geräts im Raum festgestellt werden kann, um dessen Anzeige (Hoch- oder Breitformat) entsprechend ausrichten zu können; Diese beiden Sensoren können auch von Spielen genutzt werden

✔ Wi-Fi-Schnittstelle zur drahtlosen Verbindung mit lokalen drahtlosen Netzwerken und dem Internet

✔ GPS-Sensor, mit dem sich die Geräteposition feststellen und beispielsweise mit kartografischen Anwendungen und Routenplanern wie Google Maps nutzen lässt

✔ Mit dem VPN-Client (virtuelles privates Netzwerk) können Sie auch unterwegs geschützte Verbindungen zu Ihrem internen Netzwerk herstellen.

Die letztlich vielleicht wichtigste unter den neuartigen iPhone-Funktionen dürfte aber wohl das Angebot von Drittanbieteranwendungen gewesen sein, das über den *App Store* heruntergeladen werden kann. Viele der über dieses spezielle Webportal bereitgestellten Apps sind kostenlos oder für wenige Euro oder Dollar erhältlich. Weit über eine halbe Million Anwendungen (von Produktivitätswerkzeugen bis hin zu Spielen) sind über den App Store erhältlich.

2010 stellte Apple dann mit dem iPad einen Tablet-Computer vor, der eine abgewandelte Version von iOS als Betriebssystem nutzt: iPadOS. Und 2012 kam mit dem *iPad mini* noch eine kleinere und preiswertere Version des iPads dazu. Zusammenfassend wird hier von *iOS-Geräten* gesprochen.

Das *iPad* ist dabei im Grunde genommen ein iPhone ohne Telefon, dafür aber mit einem größeren Bildschirm und weiteren Möglichkeiten, wie zum Beispiel der Stifteingabe.

Android-Geräte kurz vorgestellt

Für einige Zeit hatte Apple den Markt der Touchscreen-Smartphones für sich allein. Gegen Ende 2008 stellte *T-Mobile* aber ein Touchscreen-Smartphone von *HTC* vor, das *Dream* genannt wurde. Dieses Smartphone war das erste einer Vielzahl von Telefonen, die auf dem von Google entwickelten Betriebssystem Android basierten.

In diesem Abschnitt finden Sie eine Kurzeinführung in Android. Sie erfahren darin ein wenig darüber, was Android eigentlich ist, und lernen, wie Sie Android-Geräte (Telefone und Tablets) für den Zugriff auf Exchange-E-Mail einrichten können.

Telefone mit diesem Betriebssystem ähneln iPhones in vielerlei Hinsicht, weisen aber auch einige Unterschiede auf und können hersteller- und/oder gerätespezifisch deutlich unterschiedlich ausgestattet sein. Android-Mobiltelefone und -Tablets arbeiten auch mit Touchscreen-Anzeige, bieten integrierte Multimedia-Funktionen und Zugang zu einer großen Anwendungsbibliothek von Drittanbietern (Google Play). Letztlich stehen Android-Mobiltelefone und iPhones miteinander in Konkurrenz.

Der wohl größte Unterschied besteht darin, dass Android von vielen Telefonen genutzt wird, während das Betriebssystem iOS nur von Apple-eigenen Geräten verwendet wird. Damit basieren Android-Telefone aber auf einem quelloffenen und auf Linux basierenden Betriebssystem, das ganz nach Belieben und Bedarf erweitert und an eine breite Palette von Geräten angepasst werden kann, während iOS an Apple-Hardware gebunden ist. Android-Geräte werden von einer Vielzahl von Herstellern angeboten. Und mittlerweile wird Android auch für Fernseher und Audio/Video-Player verwendet.

Das Betriebssystem Android

Die meisten Menschen bringen Android mit Google in Verbindung und das ist auch durchaus richtig, da Google als treibende Kraft hinter diesem Betriebssystem steht. Android ist aber eigentlich ein quelloffenes Betriebssystem, das von der *OHA (Open Handset Alliance)* verwaltet wird. Google spielt zwar weiterhin eine maßgebliche Rolle im Rahmen der Android-Entwicklung, der OHA gehören aber mehr als 50 Unternehmen an, zu denen auch Hardwarehersteller (wie HTC, Intel und Motorola), Softwareunternehmen (wie Google und eBay) und Betreiber von Telefonnetzen (wie T-Mobile und Sprint-Nextel) zählen.

Android wird längst nicht mehr nur für Smartphones und Tablets, sondern auch für viele Geräte aus dem Bereich der Unterhaltungselektronik genutzt. Da Android auf dem bewährten Linux-Kernel basiert und im Grunde genommen ähnliche Funktionen und Leistungsmerkmale wie Linux-Rechner bieten kann oder zumindest bieten könnte, ist das aber auch nicht weiter verwunderlich.

Aus technischer Sicht ist Android mehr als nur ein Betriebssystem. Es stellt auch einen vollständigen *Softwarestapel* bereit, der aus mehreren Schlüsselkomponenten besteht, die zusammenarbeiten und gemeinsam die vollständige Android-Plattform bilden:

✔ der *Betriebssystem-Kern*, der auf dem verbreiteten Betriebssystem Linux basiert

✔ eine *Verbindungsschicht*, die Treiber und anderen unterstützenden Code bereitstellt, damit der Betriebssystemkern mit den Hardwarekomponenten zusammenarbeiten kann, aus denen vollständige Telefone bestehen: etwa berührungsempfindlicher Bildschirm, Mobilfunksender und -empfänger, Lautsprecher und Mikrofon, Bluetooth und/oder Wi-Fi-Netzwerkkomponenten

✔ eine Reihe von *Kernanwendungen*, über die Benutzer Telefonanrufe tätigen, E-Mail lesen, Textmitteilungen versenden oder Fotos schießen können

✔ ein *SDK (Software Development Kit)*, mit dem Dritthersteller ihre eigene Software entwickeln und eigene Anwendungen erstellen können, die dann vom Android-Gerät ausgeführt werden und auf dem Google-Marktplatz *Google Play* angeboten und verkauft werden können, ähnlich wie das auch beim App Store und iPhone-Entwicklern der Fall ist

Neben den von allen Betriebssystemen bereitgestellten Grundfunktionen bietet Android beispielsweise Sonderfunktionen wie diese:

✔ optimierte Treiber für die Grafikanzeige

✔ GPS-Funktionen, die ständig über den aktuellen Standort des Geräts informieren und die Geräte damit zu Routenplanern machen

✔ Funktionen für Kompass und Beschleunigungsmesser, mit deren Hilfe festgestellt werden kann, ob das Gerät bewegt wird und in welche Richtung es weist

✔ einen integrierten Datenbankserver (*SQLite*), um die Speicherung und Abfrage von Daten zu erleichtern

✔ Unterstützung mehrerer Netzwerktechnologien wie 3G, 4G, 5G, Bluetooth und Wi-Fi

✔ integrierte Unterstützung verbreiteter Medienformate für Bilder, Audio- und Videodateien

Mittlerweile haben Mobilgeräte mit dem Android-Betriebssystem die Marktführerschaft übernommen und Apples iPhone/iPad überholt. Da selbst das kleine iPad mini bereits etwa 300 Euro kostet, kann das angesichts des deutlichen Preisverfalls bei Android-Tablets letztlich kaum wundern.

Anwendungen für Mobilgeräte

Android- und auch iOS-Geräte werden üblicherweise zusammen mit einigen vorkonfigurierten Standardanwendungen ausgeliefert, die zumindest die gängigsten Funktionen moderner Smartphones abdecken. Darüber hinaus können Sie auf den Geräten aber mehr oder weniger zahlreiche Apps (Anwendungen) vorfinden, die teilweise hersteller- oder auch gerätespezifisch sind.

Kernanwendungen

Zu den Kernapplikationen zählen:

✔ **Wählprogramm.** Sorgt für die Mobiltelefonfunktionen und ermöglicht das Telefonieren.

✔ **Browser.** Ein oder mehrere Webbrowser. Auf Android ist der Standard-Browser Google Chrome (wer hätte das gedacht), auf iOS-Geräten finden Sie Safari.

✔ **Messaging.** Ermöglicht Text- (SMS) und Multimedia-Mitteilungen (MMS).

- ✔ **Mail-Client.** Auf jedem Smartphone finden Sie heutzutage Mail-Clients, die mit den unterschiedlichsten Mail-Anbietern funktionieren.

- ✔ **Kontakte.** Ermöglicht die Verwaltung von Kontaktlisten, die in das Wählprogramm und die E-Mail-App eingebunden werden können.

- ✔ **Kamera.** Sorgt dafür, dass Sie mit (einer) der meist vorhandenen Kamera(s) des Telefons oder Tablets Bilder und/oder Videos aufnehmen können.

- ✔ **Taschenrechner.** Eine einfache Rechner-App.

- ✔ **Wecker:** Ein einfacher Wecker, mit dem sich mehrere Benachrichtigungstermine einrichten lassen.

- ✔ **Maps.** Eine integrierte Version von Google Maps. Auf Apple-Geräten ist dies dann natürlich Apple Maps.

- ✔ **YouTube.** Eine integrierte YouTube-Variante.

- ✔ **Musik.** Ein einfacher MP3-Player mit Möglichkeiten zum Erwerb von MP3-Dateien.

- ✔ **Soundrekorder.** Diktiergerät und Hilfsprogramm.

- ✔ **Google Play/App Store.** Mit diesem Programm können Sie (nicht nur) Apps von Drittanbietern für Ihr Gerät herunterladen und/oder käuflich erwerben. Hier werden auch E-Books und MP3-Dateien angeboten.

- ✔ **Einstellungen.** Über diese App können Sie verschiedene Einstellungen für Ihr Gerät vornehmen, wie für Wi-Fi und Bluetooth, um entsprechende Geräte (zum Beispiel Lautsprecher, Tastaturen) zu suchen, zu konfigurieren und in Betrieb zu nehmen.

Über EINSTELLUNGEN können Sie Konten hinzufügen und Druckdienste-Plug-ins installieren. Zumindest geht das bei neueren Android-Versionen und Druckern namhafter Hersteller. Ob und wo Sie die Funktion DRUCKEN dann überall wiederfinden, steht allerdings wieder auf einem anderen Blatt. Gut stehen die Chancen jedenfalls im erweiterten App-Menü und unter Funktionen wie TEILEN oder SENDEN AN (siehe Abbildung 15.1).

Weitere Apps

Zu den Kernanwendungen kommen meist weitere Anwendungen hinzu, wie beispielsweise Google Maps, eine Office-Anwendung und bessere oder alternative Apps und/oder Shops der Gerätehersteller. Einige davon, die direkt mit der WLAN-Einrichtung im Zusammenhang stehen, habe ich bereits in den letzten Kapiteln kurz vorgestellt. Die Liste ist letztlich schier endlos.

- ✔ **Office-Anwendungen** von Google über Polaris Office bis Microsoft.

- ✔ **Alternative Browser**, mit denen sich Daten (Lesezeichen und so weiter) auch mit dem Desktop-PC synchronisieren lassen. Firefox und Chrome stehen dabei

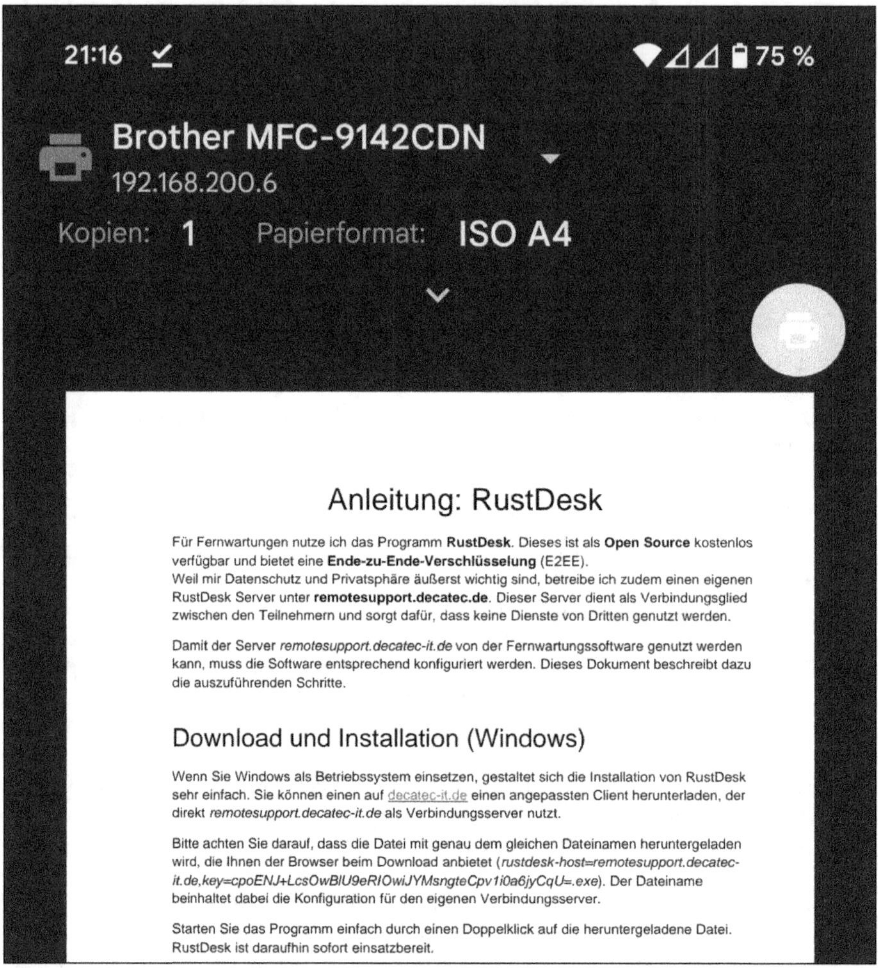

Abbildung 15.1: Hier können Sie unter Android einfach den Ausdruck über einen per Netzwerk angeschlossenen Drucker starten.

plattformübergreifend auf den meisten Systemen bereit. Es gibt jedoch auf jeder Mobilplattform eine schier endlose Liste an weiteren Browsern, wie zum Beispiel Brave, Opera, Microsoft Edge oder auch Vivaldi.

✔ **News & Wetter und Nachrichtenaggregatoren.** Schnell mal eben nachsehen, was beispielsweise die malaysischen Medien zu einem Ereignis auf der anderen Seite des Globus melden, kann zuweilen zu echten Aha-Erlebnissen führen! Notfalls gibt es ja noch Google Translate und Menschen mit Englischkenntnissen.

✔ **Messenger.** WhatsApp, Signal, Matrix/Element sind für all jene erhältlich, die mit wem oder über wen auch immer audiovisuell verbunden bleiben wollen oder müssen. Hier kann einen die Vielfalt derart erschlagen, dass Sie sich besser selbst beschränken sollten, um nicht zum Smartphone-Zombie zu mutieren.

✔ **Social Media.** Auch für bekannte Social-Media-Dienste wie X, Mastodon oder Instagram gibt es natürlich die passenden Apps für alle Mobilgeräte.

✔ **Offline-Routenplaner.** Wenn Routenplaner ständig nach Hause telefonieren wollen oder WLAN-Verbindungen benötigen, wird es schnell unpraktisch. Zumindest für die jeweils aktuelle Route sollte Sie das Gerät schon ohne Online-Verbindung nur mit *GPS (Global Positioning System)* zum Ziel führen können.

✔ **Virenscanner.** Diese gibt es zwar, aber unter uns gesagt sind sie meistens eher witzlos, da auf allen mobilen Plattformen die Apps in einer abgeschotteten Sandbox laufen, das heißt, von anderen Apps gar nichts mitbekommen (können). Deshalb ist hier eine App zum Virenscan meistens einfach nur nutzlos.

✔ **Hilfsprogramme.** Programme zur Betrachtung von Bildern und allerlei Dateiformaten bis hin zu Büchern sind zuweilen besonders nützlich.

✔ **Internetradio und TV.** Eine Folge Ihrer Serie bei Netflix während einer Zugfahrt oder mit Spotify Ihren Lieblingssong auf dem Weg zur Arbeit im Ohr? In der heutigen Zeit gar kein Problem mehr.

✔ **Dateimanager.** Dateifreigaben, Server und FTP-Programme finden Sie teilweise im erweiterten Lieferumfang, im Zubehör von NAS-Laufwerken oder notfalls bei Google Play oder im Apple App Store.

✔ **Spiele.** Spiele gibt es erwartungsgemäß für alle mobilen Plattformen in Hülle und Fülle – ja, auch »Doom«.

✔ **Stimmgerät.** Eine App für den Musiker unterwegs. Vielleicht genügen ja auch die einen oder anderen Drums und Tasteninstrumente Ihren Ansprüchen und lassen das Versenden oder Speichern der Ergebnisse in der Cloud zu.

✔ **Fernbedienungen.** Für viele Geräte wie Smart-TVs oder Medienserver gibt es Apps, die als Fernbedienung eingesetzt werden können.

✔ **Und vieles mehr.** Für alles und jedes gibt es heutzutage eine App.

Apps von und auf NAS-Laufwerken

Hier steige ich jetzt besser aus, denn damit betreten wir das Gebiet der Webserver, auf denen im Browser fast alles ausgeführt werden kann, was sich im Web mit den unterschiedlichen Programmiersprachen, Bibliotheken, Daten und Datenbanken realisieren lässt. Alles, was sich als Webseite realisieren lässt, können Sie letztendlich auch über die Cloud für Ihre Innen- und Außendienstmitarbeiter bereitstellen. Und dann wird die Freiheit in der privaten oder hybriden Cloud schnell grenzenlos. Zumindest solange niemand das Web massiv zu zensieren anfängt und genug Elektrizität bereitsteht. Ansehen sollten Sie sich auf jeden Fall, was das App-Angebot hergibt. Viele dieser Apps sind nicht nur werbefrei und kostenlos, sondern auch ausgesprochen nützlich und genügen auch gehobenen Ansprüchen.

Sicherheitsaspekte bei Mobilgeräten

Als Netzwerkadministrator sind Sie insbesondere für die Sicherheitsaspekte im Zusammenhang mit Mobilgeräten zuständig. Leider handelt es sich dabei aus den folgenden Gründen um eine ziemliche Herausforderung:

✔ **Mobilgeräte stellen die Verbindung zu Ihrem Netzwerk über andere Netzwerke her, auf die Sie keinen Einfluss haben.** Sie können Firewalls, Verschlüsselung und eine Menge anderer Sicherheitsfunktionen benutzen. Mobilgeräte stellen ihre Verbindungen aber über öffentliche Netze her. Hier ist der Aufwand für die Konfiguration dieser Verbindungen dann meistens sehr viel aufwendiger, als wenn es sich um ein privates Netzwerk handelt. Dies sollten Sie auf jeden Fall im Hinterkopf behalten.

✔ **Mobilgeräte kann man leicht verlieren.** Benutzer könnten ihr Smartphone leicht im Restaurant oder Hotel vergessen oder verlieren. Von Diebstahl einmal ganz zu schweigen.

✔ **Die auf Mobilgeräten laufenden Betriebssysteme sind oft einfacher oder abgespeckt.**

✔ **Benutzer, die nie daran denken würden, Fremdprogramme auf ihren Desktop-Rechnern zu installieren, denken sich häufig nichts dabei, wenn sie kostenlose Spiele oder Klingeltöne auf ihre mobilen Begleiter laden.** Wer weiß schon, welche Schädlinge sich in derartigen Downloads verstecken können?

 Heutzutage können Sie dieses Risiko minimieren, indem Sie nicht den Download aus allen Quellen zulassen, sondern nur aus bekannten Quellen wie dem Google Play Store oder dem Apple App Store.

✔ **Irgendwann wird sich unweigerlich jemand ein eigenes Mobilgerät kaufen und sich damit ohne Ihr Wissen oder Ihre Erlaubnis mit Ihrem Netzwerk zu verbinden versuchen.**

 Wenn Sie unterwegs sind, sollten Sie bei Mobilgeräten besser dafür sorgen, dass nicht benötigte Funktionen (Bluetooth, WLAN und GPS) deaktiviert sind.

Die folgenden Empfehlungen können Ihnen dabei helfen, die Sicherheit im Zusammenhang mit Mobilgeräten zu steigern:

✔ Sorgen Sie für klare und konsistente Regeln für die Nutzung von Mobilgeräten und setzen Sie diese durch, auch wenn es schwerfällt.

✔ Sorgen Sie dafür, dass die Beschäftigten verstehen, dass Sie sich nicht mit eigenen Geräten mit Ihrem Netzwerk verbinden dürfen. Gestatten Sie nur Geräte, die dem Unternehmen gehören, Verbindungen zu Ihrem Netzwerk.

✔ Schulen Sie die Benutzer hinsichtlich der Sicherheitsrisiken im Zusammenhang mit der Nutzung von Mobilgeräten.

✔ Beschränken Sie den Netzwerkzugang bei hohen Sicherheitsanforderungen auf bestimmte Hardwarekennungen (Mac- oder IP-Adressen). Das macht Hackern das Leben schon einmal ein wenig schwerer.

Sicherheitseinstellungen auf einem Mobilgerät

Wenn Sie mit Geräten mobil unterwegs sind und sich darauf Daten befinden, die nicht für fremde Augen bestimmt sind, sollten Sie die eine oder andere Einstellung kennen und aktivieren. Wie üblich sind die tatsächlich vorhandenen Funktionen dabei nicht nur von der Android-Version, sondern auch vom Hersteller und der Geräteausstattung abhängig.

Display-Sperre (Bildschirmsperre)

Eine der wichtigsten Sicherheitsfunktionen für unterwegs ist die Einrichtung der Bildschirmsperre. Dabei stehen Ihnen von Gesten über PIN und Passwort sowie die Freigabe über gesprochene Passagen bis hin zur Gesichtserkennung (FACE UNLOCK/FACE ID) eine ganze Reihe mehr oder weniger sichere Optionen zur Verfügung (siehe Abbildung 15.2).

Abbildung 15.2: Verfügbare Optionen für die Display-Sperre bei einem Android-Smartphone

Verschlüsselung

Sollten Sie Geräte mit einer Option zum Verschlüsseln der Daten suchen, überzeugen Sie sich besser am Gerätemuster, ob es eine derartige Funktion auch wirklich gibt. In Abbildung 15.3 wird die Benutzung einer entsprechenden Funktion für ein Beispielgerät gezeigt.

Abbildung 15.3: Bei manchen Geräten lassen sich sämtliche Daten verschlüsseln.

Weitere Sicherheitsoptionen

Ganz kurz will ich noch auf ein paar weitere Möglichkeiten hinweisen, die mir bei verschiedenen Android-Geräten aufgefallen sind:

- ✔ **Unbekannte Herkunft.** Google mag es nicht besonders, wenn Sie Daten anderen Quellen als Google Play auf Android-Geräten installieren. Es gibt allerdings zuweilen auch Anwendungen, die Google nicht anbieten will oder kann. Spätestens dann benötigen Sie diese Option vielleicht. Normalerweise sollten Sie Apps unbekannter Herkunft eher meiden.

- ✔ **Apps verifizieren.** Für diese Option gilt eigentlich dasselbe wie für Apps unbekannter Herkunft. Schalten Sie derartige Prüfungen möglichst nicht ab, wenn sie denn von Ihrem Android-Gerät bereitgestellt werden.

- ✔ **Sichern & zurücksetzen.** Hier finden Sie einige Möglichkeiten, nach Angabe eines Sicherungskontos ausgewählte Daten auf Google-Servern in der Cloud zu sichern. Was Sie Google letztlich anvertrauen, bleibt Ihnen überlassen.

- ✔ **Mehrere Nutzer.** Auch bei modernen Android-Geräten können Sie teilweise mehrere Benutzer mit getrennten Bereichen anlegen (siehe Abbildung 15.4).

Abbildung 15.4: Optionen zum Hinzufügen von Nutzern zählen nicht zum allgemeinen Android-Standard.

Tipps zum Umgang mit Werbung

Wenn Sie Mobilgeräte zu nutzen, können Sie sich schnell auf vielerlei Weise verzetteln:

✔ Für Webseiten, die Sie allenfalls gelegentlich nutzen, sollten Sie keine Apps installieren. Das Warenangebot sollte nach einfacher Anmeldung auch im Internetbrowser nutzbar sein.

✔ Nutzen Sie nach Möglichkeit einen Browser, für den es Adblocker-Plug-ins gibt. Auf den meisten mobilen Plattformen ist dies allerdings nicht der Fall. Tipp: Probieren Sie mal den Brave-Browser aus.

✔ Es gibt einige Apps, die Werbung blockieren können, bevor diese überhaupt den Browser zur Anzeige erreichen. Diese Adblocker blocken Netzwerk-Traffic anhand spezieller DNS-Blocklisten. Hier können Sie unter Android beispielsweise mal einen Blick auf die App »AdGuard« werfen.

✔ Wenn dies alles noch nichts hilft, dann muss die Werbung eben geblockt werden, bevor sie Ihr Smartphone über das Netzwerk erreicht. Hier kommen zum Beispiel netzwerkweite Adblocker zum Einsatz, die nahezu alles an Werbung komplett blocken können. Dies funktioniert wiederum über spezielle DNS-Blocklisten, betrifft dann aber nicht nur Ihr Smartphone, sondern alle Teilnehmer des Netzwerks. Ein bekannter Vertreter dieser Kategorie ist »Pi-hole«.

Darf ich Ihnen das wirklich sagen? Ja, und ich sage Ihnen auch, warum. Erst einmal widerspricht allzu aufdringliche Werbung den ethischen Grundsätzen der Werbung, an die sich heute selbst die Volksvertreter immer weniger halten. Und dann empfinde ich die im Internet angebotene Werbung als weitgehend sinn- und zwecklos. Vor einiger Zeit habe ich nach technischen Daten zu einem Starthilfekabel gesucht. Anschließend wurde ich wochenlang mit entsprechender Werbung belästigt. Dumm nur, dass ich selbst so ein Starthilfekabel im Auto habe und ein weiteres in der Garage liegt.

Kapitel 16
Sichere Verbindungen von zu Hause aus

Ein typischer Computerbenutzer, so wie ihn sich ein Chef wünscht, nimmt Arbeit mit nach Hause, um daran am Feierabend oder am Wochenende zu arbeiten, und bringt sie am darauffolgenden Wochentag wieder mit ins Büro. Diese Vorgehensweise kann funktionieren, birgt aber potenziell oft auch Schwierigkeiten. Der Austausch von Daten zwischen dem Rechner zu Hause und dem am Arbeitsplatz ist beispielsweise nicht unbedingt einfach.

Sie können Dateien austauschen, indem Sie sie (wie in Kapitel 3 beschrieben) für den Offlinezugriff markieren. Diese Vorgehensweise hat aber ihre Nachteile. Was, wenn jemand samstags ins Büro geht und dieselben Dateien verändert, an denen Sie zu Hause arbeiten? Was, wenn Sie erst zu Hause erkennen, dass sich die benötigte Datei in einem Ordner befindet, den Sie nicht für den Offlinezugriff markiert haben?

Besser ist es in diesem Fall, dass Sie die Dateien über den Umweg einer Cloud mit nach Hause nehmen. Wenn Sie hier eine Software installiert haben, die die Synchronisierung der Dateien vollautomatisch übernimmt, dann fahren Sie damit allemal besser, als wenn Sie sich die Dateien selbst per E-Mail an Ihren geschäftlichen E-Mail-Account schicken.

Bei der zweiten Funktion geht es um *virtuelle private Netzwerke* (VPN – Virtual Private Network), mit deren Hilfe Sie sich mit dem Netzwerk in der Firma so verbinden können, als würden Sie sich an Ihrem Arbeitsplatz befinden. Mit dieser Funktion können Sie auf all Ihre Netzwerkressourcen zugreifen, und zwar so, als wären Sie lokal mit dem Netzwerk verbunden.

Dateien über die Cloud synchronisieren

In der heutigen Zeit spielt es meistens keine große Rolle mehr, an welchem Ort Sie arbeiten. Nach der Corona-Pandemie hat sich das Konzept von Homeoffice in weiten Teilen durchgesetzt. Wie bewerkstelligen Sie es aber nun, zum Teil im Büro, aber auch von zu Hause aus an Dateien zu arbeiten? Hier kommen Ihnen vermutlich drei Möglichkeiten in den Sinn:

- ✔ Sie könnten einfach alle benötigten Dateien von Ihrem Arbeitsrechner auf einen Speicherstick kopieren, sie mit nach Hause nehmen, hier bearbeiten und die aktualisierten Dateien am nächsten Tag wieder mit zur Arbeit nehmen und dort aktualisieren.

- ✔ Sie könnten die Dateien als E-Mail-Anhang an Ihr persönliches E-Mail-Konto versenden, sie zu Hause bearbeiten und die geänderten Dateien an Ihr E-Mail-Konto in der Firma zurücksenden.

- ✔ Sie könnten sich ein Notebook besorgen und mit Windows-Offlinedateien arbeiten, wobei diese Funktion automatisch die Dateien des Netzwerks in der Firma mit denen auf Ihrem Notebook aktualisiert.

Dies mag zwar alles funktionieren, aber wenn Sie eine dieser Möglichkeiten schon einmal ausprobieren mussten, werden Sie festgestellt haben, wie umständlich und mühsam dies alles ist. Es gibt allerdings noch weitere Ansätze, die man dieses Problem lösen kann.

Wenn Sie Daten »mit nach Hause nehmen« möchten, dann ist der Weg über eine Cloud vermutlich der einfachste und effizienteste Weg. Im geschäftlichen Umfeld kommt hier oftmals OneDrive for Business zum Einsatz: Dies ist ein Ableger von OneDrive, der speziell für Geschäftskunden zugeschnitten ist. Ich möchte an dieser Stelle aber eigentlich gar nicht auf eine spezielle Cloud-Lösung eingehen – ob nun die Cloud von Microsoft, eine Cloud eines anderen Herstellers oder gar eine selbst gehostete Cloud zum Einsatz kommt, spielt im Allgemeinen keine Rolle.

Wenn Sie eine private Cloud Ihr Eigen nennen oder einen privaten OneDrive-Account besitzen, dann sollten Sie auf jeden Fall bei Ihrem Arbeitgeber nachfragen, ob Sie geschäftliche Dateien auch darüber synchronisieren dürfen.

So gut wie jede Cloud-Lösung bietet Programme zur Synchronisierung von Daten an. Hier müssen Sie nur einmalig ein Verzeichnis festlegen, das anschließend automatisch synchronisiert werden soll. Die Daten werden dabei in beide Richtungen synchronisiert: Von Ihrem Rechner in die Cloud und von der Cloud auf Ihren Rechner – je nachdem, welcher Datenbestand aktueller ist. Der Synchronisierungsvorgang läuft dabei vollkommen transparent ab, sodass Sie sich für gewöhnlich gar nicht mehr weiter darum kümmern müssen.

Genau dies macht die Lösung im Vergleich zu den Offline-Dateien von Windows so elegant: Stellen Sie sich mal vor, Sie haben im Büro vergessen, die Dateien zur Offline-Verwendung zu markieren. In diesem Fall haben Sie dann einfach von zu Hause keinen Zugriff mehr auf die Dateien.

Mit der Synchronisierung über eine Cloud stehen die Dateien aber auf jeden Fall zur Verfügung, sodass Sie ohne große Mühe weiterarbeiten können.

Etwas Vorsicht ist nur geboten, wenn andere Personen genau wie Sie die Dateien über die Cloud »mit nach Hause genommen haben«, um daran weiterzuarbeiten: Hier kann es vorkommen, dass mehrere Personen eine Datei parallel bearbeitet haben. Bei der Synchronisierung über das Cloud-Programm wird Ihnen dann aber meistens ein Konflikt angezeigt, den Sie manuell lösen müssen: Bestimmen Sie einfach, welche Version einer Datei die richtige ist und in die Cloud hochgeladen werden soll. Gehen Sie hier allerdings mit Augenmaß vor! Auch wenn Ihnen Ihre eigenen Änderungen an einer Datei wichtig sind, überschreiben Sie nicht einfach eine andere Version in der Cloud, denn hier haben unter Umständen schon Kollegen eigene Änderungen eingebracht.

Um diesem Problem aus dem Weg zu gehen, bieten viele Cloud-Anbieter hierfür Lösungen an: So ist es zum Beispiel oftmals möglich, Office-Dokumente in einer Art »Online-Office« direkt im Browser zu öffnen. Hier ist dann die parallele Bearbeitung zusammen mit anderen Nutzern möglich – Sie sehen live im Dokument die Änderungen der anderen Personen, die diese Dateien ebenfalls gerade bearbeiten.

Es hängt jedoch sehr von der Cloud-Lösung ab, die bei Ihnen zum Einsatz kommt, daher kann ich an dieser Stelle leider nicht genauer auf diese speziellen Features von modernen Clouds eingehen.

Virtuelle private Netzwerke nutzen

Bei einem virtuellen privaten Netzwerk oder *VPN (Virtual Private Network)* handelt es sich um eine Netzwerkverbindung, bei der der Eindruck entsteht, als wären Sie direkt mit einem Netzwerk verbunden, obwohl dies eigentlich nicht der Fall ist.

Hier können Sie ein VPN einrichten, über das Sie sich von zu Hause aus beim Unternehmensnetzwerk anmelden können. Das VPN nutzt eine abgesicherte Internetverbindung, um eine direkte Verbindung mit dem Netzwerk in Ihrem Unternehmen herzustellen. Dann können Sie auf die Netzwerkdateien so zugreifen, als ob ein wirklich langes Ethernet-Kabel von Ihrem heimischen Rechner bis hin zum Büro führen würde und mit dem dortigen Netzwerk verbunden wäre.

Zumindest in den folgenden drei Situationen stellt ein VPN die ideale Lösung dar:

✔ Mitarbeiter müssen gelegentlich von zu Hause aus arbeiten. Dann kann ein VPN die Verbindung zwischen deren Rechnern und dem Büronetzwerk herstellen.

✔ Mobile Nutzer, die vielleicht niemals wirklich im Büro auftauchen, müssen von ihren Mobilgeräten aus Verbindungen zum Unternehmensnetzwerk aufbauen können. Oft arbeiten sie dabei vom Hotelzimmer, dem Büro ihrer Kunden, Flughäfen oder auch Restaurants aus. Derartige VPN-Konfigurationen ähneln denen von Heimarbeitern, nur dass die jeweilige Position des mobilen Mitarbeiters variabel ist.

✔ Ihr Unternehmen verfügt über Büros an mindestens zwei Standorten, an denen es jeweils ein eigenes LAN gibt. Die Standorte sollen so miteinander verbunden werden, dass die Benutzer der Netzwerke jeweils auch auf die Ressourcen der anderen Netzwerke zugreifen können. In derartigen Situationen stellt das VPN zwar keine Verbindung eines einzelnen Benutzers mit einem entfernten Netzwerk her, verbindet dafür aber zwei getrennte Netzwerke an unterschiedlichen Standorten miteinander.

Aspekte der VPN-Sicherheit

Das *V* in VPN steht für *virtuell* und bedeutet, dass ein VPN eine nur scheinbar lokale Netzwerkverbindung herstellt, die tatsächlich über öffentliche Netzwerke läuft. Zuweilen wird in VPN-Beschreibungen der Begriff *Tunnel* bemüht, weil hier gewissermaßen ein Tunnel zwischen zwei Standorten gegraben wird, der nur von den beiden Enden dieser Verbindung her betreten werden kann. Die Daten, die den Tunnel vom einen zum anderen Ende passieren, bleiben so lange sicher, wie sie sich innerhalb des Tunnels und damit unter dem vom VPN gebotenen Schutz befinden.

Das *P* in VPN steht für *privat*, wobei es sich um den Zweck der Einrichtung eines Tunnels handelt. Könnte das VPN nicht für einen effektiven Schutz der Daten sorgen, die vom einen zum anderen Ende des Tunnels reisen, wäre es wertlos. Dann könnten Sie auch einfach Ihr Netzwerk und den entfernten Rechner offen über das Internet miteinander verbinden und den Hackern Tür und Tor öffnen.

Vor der Erfindung der VPN-Technologie ließen sich virtuelle private Netzwerke nur durch wirklich private Verbindungsleitungen realisieren, die sehr kostspielig waren (und auch heute noch sind). Man konnte beispielsweise eine private Standleitung anmieten, um ein Büro an einem anderen Standort einzurichten und die beiden Standorte miteinander zu verbinden. Diese private Standleitung bot deshalb hervorragende Sicherheit, weil sie die beiden Büros tatsächlich physisch miteinander verband und nur an den beiden Endpunkten auf sie zugegriffen werden konnte.

VPN bietet dieselbe Punkt-zu-Punkt-Verbindung wie eine privat angemietete Leitung, erfüllt diese Aufgabe über das Internet und nicht über teure dedizierte Leitungen. Um die Tunnelverbindung herzustellen und damit für den Schutz der Daten bei der Reise vom einen zum anderen Ende der VPN zu sorgen, werden spezielle Sicherheitsprotokolle verwendet.

Das wichtigste der VPN-Sicherheitsprotokolle ist *IPSec (Internet Protocol Security)*. Dabei handelt es sich um eine Menge von Standards zur Verschlüsselung und Authentifizierung von durch das Internet reisenden Paketen. Anders gesagt lassen sich mit ihm Inhalte von Datenpaketen derart verschlüsseln, dass nur Personen, die den geheimen gemeinsamen Schlüssel kennen, die Daten wieder decodieren können. Und da mit IPSec die Herkunft von Paketen zuverlässig identifiziert werden kann, wissen die Benutzer auf beiden Seiten des VPN-Tunnels, dass die Pakete authentisch sind.

Bei einem anderen verbreitet genutzten VPN-Protokoll handelt es sich um *L2TP (Layer 2 Tunneling Protocol)*. Dieses Protokoll unterstützt keine Datenverschlüsselung. Stattdessen soll es Tunnel erstellen, durch die Daten nur von einem zum anderen Ende transportiert werden können. Bei L2TP handelt es sich eigentlich um eine Kombination der beiden älteren Protokolle *L2FP (Layer 2 Forwarding Protocol)* und *PPTP (Point-to-Point Tunneling Protocol)* von Cisco beziehungsweise Microsoft.

Heute nutzen viele VPNs mit *L2TP over IPSec* eine Kombination von L2TP und IPSec. Diese VPN-Variante verbindet die Vorteile von L2TP und IPSec, um für bestmögliche Sicherheit und Zuverlässigkeit zu sorgen.

VPN-Server und VPN-Clients verstehen

Eine VPN-Verbindung erfordert einen VPN-*Server*, der über den Zugang zu einem Ende des Tunnels wacht, und einen VPN-*Client* auf der anderen Seite. Der Hauptunterschied zwischen dem Server und dem Client besteht dabei darin, dass der Client die Verbindung mit dem Server herstellt und dabei jeweils nur Kontakt mit einem einzigen Server aufnehmen kann. Server können hingegen durchaus Verbindungen zu vielen Clients gleichzeitig unterhalten.

Typischerweise handelt es sich beim VPN-Server um spezielle Hardwarekomponenten. Diese sind heute aber durchaus in einfacher Form auch in Kombigeräten wie DSL-Modem/Routern anzutreffen. VPN-Server können zudem auch als Softwarelösung implementiert werden. Windows Server umfasst beispielsweise integrierte VPN-Funktionen, die allerdings erst einmal konfiguriert werden wollen. Und natürlich lassen sich VPN-Server auch unter Linux implementieren.

Abbildung 16.1 zeigt eine der vielen VPN-Konfigurationsseiten einer Cisco-ASA (Adaptive Security Appliance). Auf dieser Seite werden die Konfigurationsdetails für eine IPSec-VPN-Verbindung festgelegt.

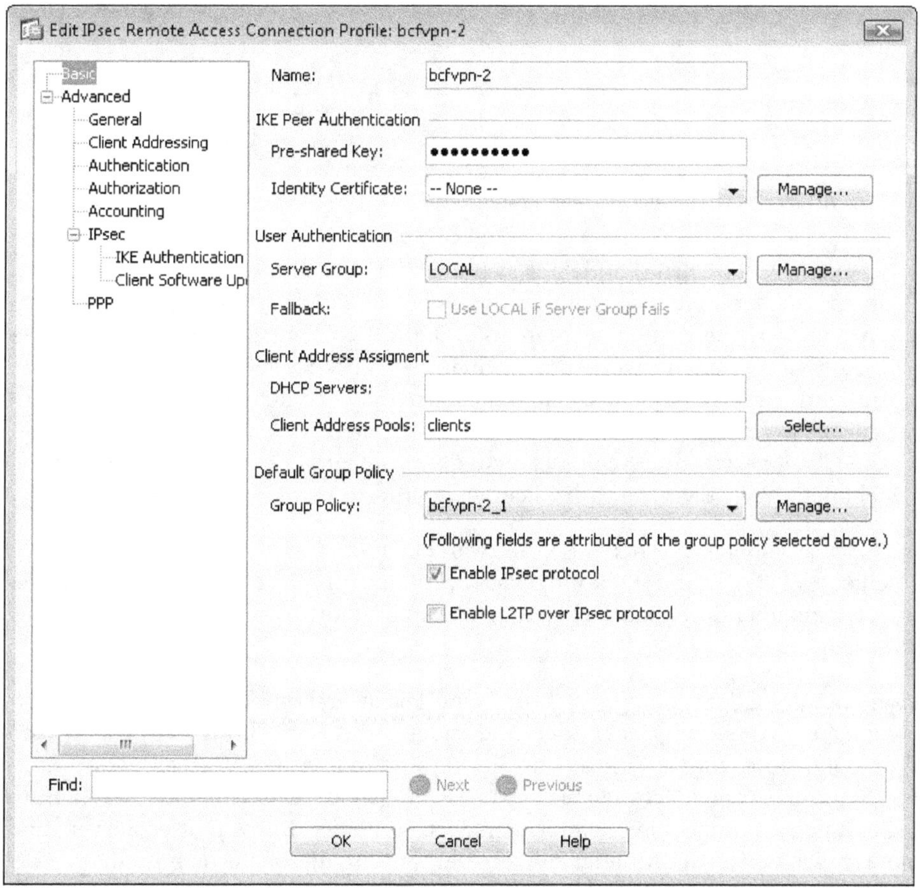

Abbildung 16.1: Eine IPSec-Konfigurationsseite in einer Cisco-ASA-Sicherheitskomponente

Bei dem wichtigsten Element auf dieser Seite handelt es sich um den »Pre-Shared Key«, der zur Verschlüsselung der über das VPN übertragenen Daten verwendet wird. Der VPN-Client muss denselben Schlüssel bereitstellen, um das VPN nutzen zu können. Demzufolge finden Sie ein entsprechendes Eingabefeld auch auf der in Abbildung 16.2 dargestellten ersten Seite des VPN-Konfigurationsassistenten eines DSL-Modem-Routers.

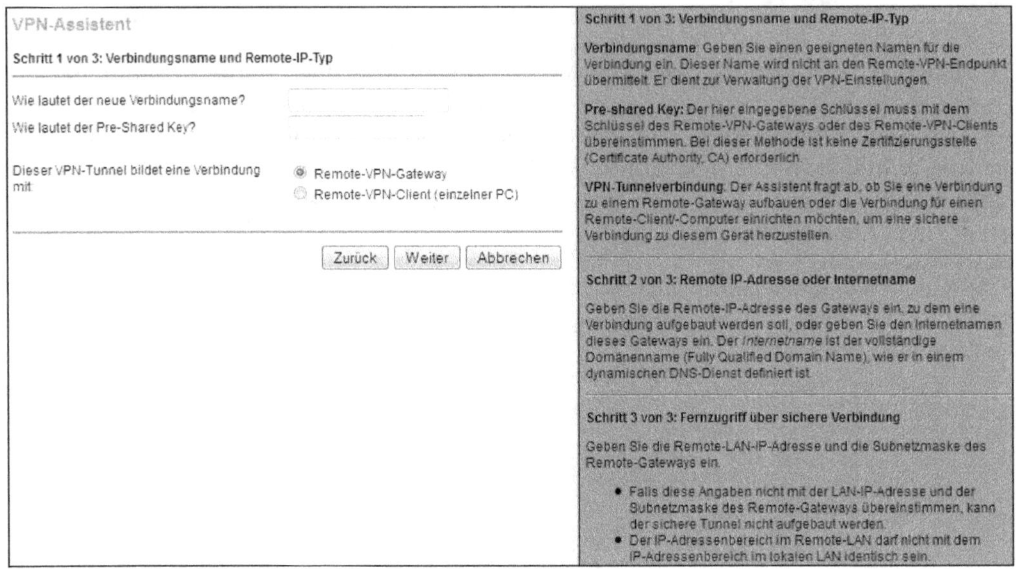

Abbildung 16.2: VPN-Assistent eines DSL-Modem-Routers

Bei einem VPN-Client handelt es sich üblicherweise um ein Programm, das auf einem Clientcomputer ausgeführt wird, über den die Verbindung zum entfernten Netzwerk hergestellt werden soll. Die VPN-Clientsoftware muss mit der IP-Adresse beziehungsweise der Domain des VPN-Servers und den passenden Authentifizierungsdaten wie dem Benutzernamen und dem Pre-Shared-Key konfiguriert werden, der zur Verschlüsselung der Daten verwendet wurde. Wenn der vom Client verwendete Schlüssel nicht dem vom Server verwendeten entspricht, stellt der VPN-Server die vom Client angeforderte Verbindung nicht her.

Abbildung 16.3 zeigt einen typischen VPN-Softwareclient, in diesem Fall FortiClient VPN, bei dem eine neue VPN-Verbindung konfiguriert werden kann. Wurde die Verbindung bereits hinterlegt, kann über die Schaltflächen Sichern und Verbinden die VPN-Verbindung aufgebaut werden.

Auch bei einem VPN-Client kann es sich um eine Hardwarekomponente wie ein VPN-Gateway (siehe auch Abbildung 16.2) oder eine andere ASA handeln. Diese Lösung wird insbesondere dann bevorzugt, wenn es um die Verbindung zweier Netzwerke an unterschiedlichen Standorten geht. Nehmen Sie beispielsweise an, Ihr Unternehmen hat ein Büro in Posemuckel und ein anderes in Kleinkleckersdorf. In beiden Büros gibt es Server- und Clientcomputer. Die einfachste Möglichkeit zur Verbindung dieser Büros mit einem VPN

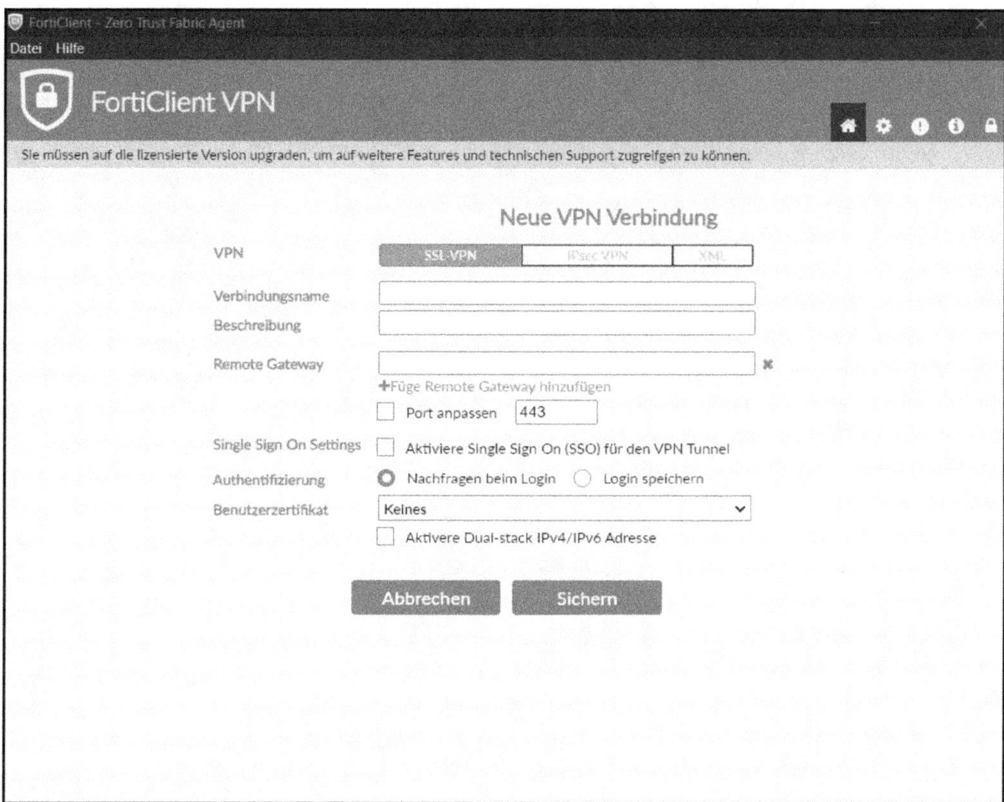

Abbildung 16.3: Ein VPN-Client (FortiClient VPN)

bestünde dann darin, an beiden Standorten eine jeweils identische Sicherheitskomponente einzurichten. Diese können Sie dann so konfigurieren, dass sie miteinander über ein VPN kommunizieren.

NAS-Laufwerke für den Einsatz in kleinen und mittleren Unternehmen umfassen oft auch VPN-Server als nachinstallierbare Softwarelösungen.

Schutz und Verwaltung des Netzwerks

Kapitel 17

Willkommen bei der Netzwerkverwaltung

*U*nterstützung gesucht! Netzwerkadministrator gesucht, der einem kleinen Unternehmen hilft, sein außer Kontrolle geratenes Netzwerk wieder in den Griff zu bekommen. Hervorragende organisatorische und verwalterische Fähigkeiten werden vorausgesetzt. Nur mäßige Erfahrungen mit Computern erforderlich. Nur auf Teilzeitbasis.

Sollte Ihre Firma auch so eine Anzeige aufgeben? Jedes Netzwerk braucht zweifelsohne einen Netzwerkverwalter, egal ob das Netz aus zwei oder aus 2000 Rechnern besteht. Natürlich wäre die Verwaltung eines Netzwerks mit 2000 Rechnern ein Vollzeitjob, während ein Netzwerk mit zwei Rechnern sehr viel weniger Zeit beansprucht. Zumindest sollte es so sein.

Dieses Kapitel erzählt Ihnen etwas über den langweiligen Job des Netzwerkverwalters. Oh je! Wahrscheinlich lesen Sie dieses Kapitel ja nur, weil Sie als Netzwerkverwalter auserkoren wurden. Nun, dann sollte ich es vielleicht lieber so formulieren:

In diesem Kapitel gebe ich Ihnen einen kleinen Einblick in die wundervolle und aufregende Welt der Netzwerkverwaltung. Sie werden einen Mordsspaß haben!

Die Aufgaben eines Netzwerkverwalters

Mit einfachen Worten: Netzwerkverwalter »verwalten« Netzwerke. Das bedeutet, sie kümmern sich um viele Aufgaben, wie beispielsweise Netzwerke installieren, konfigurieren, erweitern, schützen, aktualisieren, optimieren und reparieren.

Netzwerkverwalter (oder Netzwerkadministratoren) kümmern sich um die Netzwerkhardware (Kabel, Switches, Router, Server, Clients und Zugangspunkte) und die Netzwerksoftware des Unternehmens (Serverbetriebssysteme, E-Mail-Server, Backup-Software, Datenbankserver, Anwendungsprogramme (Apps) und möglicherweise Intra- und/oder Internetapplikationen). Am wichtigsten aber ist, dass sich Netzwerkverwalter auch um die Netzwerkbenutzer kümmern, indem sie deren Fragen beantworten, sich ihre Probleme anhören und diese beheben.

Bei größeren Netzwerken handelt es sich dabei schnell um einen Vollzeitjob. Dort ändert sich laufend etwas: Benutzer kommen und gehen, Geräte fallen aus, Software gerät ins Stolpern und überhaupt scheint man von einer Krise in die nächste zu geraten. Das geht mir ja bereits mit meiner Testumgebung so, in der es immer wieder etwas Neues auszuprobieren, intensiver zu testen, zu reparieren und zu erweitern oder zu ersetzen gilt.

Kleinere Netzwerke in Produktivumgebungen sind da (meist) sehr viel beständiger. Wenn Sie das Netzwerk sorgfältig geplant und dann auch installiert und konfiguriert haben, werden Sie hier wahrscheinlich nur noch wenig Zeit mit der Verwaltung der Netzwerkhardware und -software verbringen müssen. Sicherlich wird es gelegentlich Probleme geben, aber wenn es nur wenige Rechner im Netz gibt und die Konfiguration nur vergleichsweise selten geändert werden muss, wird sich das in Grenzen halten.

Unabhängig von der Größe des Netzwerks müssen sich alle Netzwerkadministratoren ein paar gemeinsamen Herausforderungen stellen:

✔ **Der Netzwerkverwalter sollte immer in Entscheidungen einbezogen werden, bei denen es um die Neuanschaffung von Computern, Druckern oder sonstigen Geräten im IT-Umfeld geht.**

✔ **Der Netzwerkverwalter ist immer gefragt, wenn neue Geräte ans Netzwerk angeschlossen werden müssen.** Er muss dann überlegen, ob und wie die Verbindungen (Kabel oder Funk) geändert werden müssen, welche Namen neuen Geräten zugewiesen werden sollen, wie neue Benutzer in das Sicherheitssystem integriert werden und welche Zugriffsberechtigungen sie erhalten sollen. Er sollte ebenso informiert werden, wenn Geräte außer Betrieb genommen werden oder auch gestohlen werden. So können diese Geräte aus den Systemen entfernt werden.

✔ **Immer wenn neue Softwareversionen und/oder Aktualisierungen erhältlich werden und/oder auf den Markt kommen, müssen Sie sich über diese informieren und entscheiden, ob sich Upgrades angesichts der neuen Funktionen lohnen.** In den meisten Fällen ist der schwierigste Teil bei der Installation neuer Software die Festlegung eines geeigneten *Migrationspfades* – also die Beantwortung der Frage, wie das gesamte Netzwerk auf die neue Version aufgerüstet werden kann, ohne Benutzer dabei in größerem Rahmen zu stören. Das gilt insbesondere dann, wenn es um die neue Version des Serverbetriebssystems geht, denn dann können sich alle Änderungen auf das gesamte Netzwerk auswirken.

Zwischen Upgrades durch neue Programmversionen veröffentlichen Softwarehersteller mehr oder weniger regelmäßig sogenannte *Patches* und/oder *Service Packs* (Updates), um Probleme zu beheben. Zunehmend werden Benutzer mehr oder weniger dazu gezwungen, ihre Software laufend (online) zu aktualisieren. Und das mit allen daraus resultierenden Vor- und Nachteilen. Weitere diesbezügliche Aspekte werden in Kapitel 21 noch einmal ausführlicher behandelt.

✔ **Netzwerkverwalter müssen Routineaufgaben durchführen und beispielsweise die sich auf dem Server befindenden Daten sichern.** Neben der Sicherung ist auch eine Archivierung von alten Daten sinnvoll, um Speicherkapazitäten auf dem Server freizugeben. Bei vielen Aufgaben der Netzwerkverwaltung geht es vorwiegend darum, dass alles weiterhin reibungslos läuft und dass Probleme bereits aufgespürt und behoben werden, bevor die Benutzer überhaupt merken, dass etwas nicht stimmt. In diesem Sinne ist die Netzwerkverwaltung eine recht undankbare Aufgabe.

✔ **Netzwerkverwalter sind auch für die Inventur der Software, deren Organisation und Protokollierung im Netzwerk zuständig.** Sie wissen nie, wann irgendetwas auf Peters antikem Windows-2000-Computer den Bach runtergeht – vielleicht müssen Sie darauf eine Steinzeitversion von Lotus-Approach neu installieren. Haben Sie irgendeine Ahnung, ob, wo und in welcher Form es die Installationsdisketten für diese Software überhaupt gibt?

Ich rede hier immer von Netzwerkverwalter oder Netzwerkadministrator, weil es in diesem Buch ja schließlich um Netzwerke geht.

Oftmals spricht man hier aber auch einfach vom Systemadministrator, auch wenn dieser Begriff etwas weiter gefasst ist: Ein Systemadministrator kümmert sich klassischerweise ebenfalls um die gesamte IT-Infrastruktur, auch wenn das Netzwerk hier nicht im Vordergrund steht.

Aber gerade in kleineren Unternehmen handelt es sich beim Netzwerk- als auch beim Systemadministrator um ein und dieselbe Person.

Auswahl eines Teilzeitverwalters und Bereitstellung der richtigen Ressourcen

Je größer das Netzwerk, desto mehr technischer Support muss geleistet werden. Kleinere Netzwerke mit gerade einmal zwei Dutzend Computern kommen vielleicht noch mit einem Teilzeit-Netzwerkverwalter aus. Der ideale Netzwerkverwalter könnte der *heimliche Technikfreak* sein, der sich zwar für Computer und Kommunikationsgeräte interessiert, dies aber nur ungern zugibt. Das könnte jemand sein, der Computermagazine mit sich herumschleppt, um sie übers Wochenende zu lesen, oder jemand, dem es Spaß macht, Probleme mit dem Computer zu lösen.

Die Verwaltung eines Netzwerks erfordert zwar gewisse technische Grundkenntnisse, es handelt sich dabei aber nicht um einen ausschließlich technischen Job. Bei den meisten Aufgaben des Netzwerkverwalters handelt es sich um Routinearbeiten. Im Grunde genommen besteht seine Aufgabe im übertragenen Sinne darin, regelmäßig im Netzwerk Staub zu wischen und alles zu polieren, damit es schön aufgeräumt und sauber bleibt.

Bei der Auswahl des richtigen Teilzeitadministrators könnten die folgenden Anregungen hilfreich sein:

✔ **Der Netzwerkverwalter sollte organisiert arbeiten können.** Inspizieren Sie mal ganz unverhofft das Büro und ernennen Sie die Person zum Netzwerkverwalter, deren Schreibtisch einen besonders gut aufgeräumten Eindruck macht. Geben Sie Ihre Absicht vorher nicht zu erkennen, sonst werden alle ihre Schreibtische am Abend vor der Inspektion absichtlich in Unordnung bringen.

✔ **Die Netzwerkverwaltung benötigt Zeit.** Bei einem kleinen Netzwerk (also nicht mehr als vielleicht 25 Computern und anderen Geräten) reichen vielleicht ein oder zwei Stunden wöchentlich aus. Allerdings wird der Netzwerkverwalter anfänglich mehr Zeit brauchen, um sich mit dem Netzwerk vertraut zu machen. Nach dieser Einarbeitungsphase sollte die Verwaltung eines kleinen Netzwerks jedoch nicht mehr als ein paar Stunden wöchentlich beanspruchen. Schließlich sollten die Mitarbeiter ja die Geräte vorwiegend zum Arbeiten benutzen (für größere Netzwerke braucht man natürlich mehr Zeit).

✔ **Geben Sie der Position Gewicht.** Sorgen Sie dafür, dass jeder im Büro weiß, wer der Netzwerkverwalter ist, und statten Sie ihn auch mit den nötigen Befugnissen aus, um Entscheidungen zum Netzwerk fällen zu können, zum Beispiel hinsichtlich der Zugriffsrechte der Benutzer auf Dateien, der auf dem Server zu speichernden Dateien und der Häufigkeit der Erstellung von Sicherungskopien.

✔ **Wählen Sie jemanden aus, der notfalls auch einmal bereit ist, sich mit den Leuten ein wenig anzulegen, um den Job erledigt zu bekommen.** Gute Netzwerkverwalter sollten dafür sorgen, dass Daten gesichert werden, *bevor* Festplatten ausfallen, und dass alle Benutzer Antivirenprogramme benutzen, *bevor* Viren das gesamte Netzwerk befallen und außer Gefecht setzen. Diese Art Überwachung wird die Leute zwar ein wenig irritieren, ist aber nur zu ihrem eigenen Besten.

✔ **Netzwerkverwalter sollte derjenige sein, der es installiert und eingerichtet hat.** Wurden Netzwerke von internen Mitarbeitern installiert, sind das in den meisten Fällen auch diejenigen, die zum Netzwerkverwalter bestimmt werden. So sollte es eigentlich auch sein, denn niemand kennt die eigenen Netze besser als jene, die es geplant und installiert haben.

✔ **Sorgen Sie für Assistenten.** Netzwerkverwalter sollten über Assistenten verfügen, die das Netzwerk ähnlich gut kennen, sich gerne gelegentlich hervortun und auch noch lächeln, wenn man ihnen die undankbarsten Jobs im Netzwerk überträgt.

✔ **Sorgen Sie für eine Vertretung.** Aufgaben bezüglich des Netzwerks und zu fällende Entscheidungen lassen sich meistens nur schwer aufschieben. Auch ein Netzwerkadministrator hat ja mal Urlaub oder ist mal krank. In diesem Fall sollte es mindestens eine Person geben, die sich ebenfalls im Netzwerk auskennt und Routineaufgaben ausführen kann, bis der eigentliche Netzwerkverwalter wieder im Haus ist.

✔ **Netzwerkverwalter sollten offizielle Titel und Jobbeschreibungen haben.** Netzwerkverwalter sollten irgendeinen Titel tragen, beispielsweise Netzwerk-Boss, LAN-Meister, stellvertretender Leiter des Netzwerkbetriebs oder Dr. Netz. Ein Abzeichen oder ein Satz Spock-Ohren helfen auch.

Die drei wichtigsten Routineaufgaben der Netzwerkverwaltung

Bei einem Großteil der Arbeit eines Netzwerkverwalters handelt es sich um Routineaufgaben. Sie wissen schon: Staub wischen und polieren oder entrümpeln. Langweilige Arbeiten, die aber auch erledigt werden müssen, wie beispielsweise Öl- und Reifenwechsel bei einem Auto.

Drei der wichtigsten Routineaufgaben, die von einem Netzwerkverwalter erledigt werden müssen, sind die folgenden:

✔ **Backups erstellen:** Der Netzwerkverwalter muss dafür sorgen, dass Netzwerkdaten immer ordnungsgemäß gesichert werden. Läuft etwas schief und gibt es keine Sicherungen, dürfen Sie dreimal raten, wer schuld ist! Andererseits, wenn mal alles zusammenbricht und Sie anhand der gestrigen Sicherungskopie den Schaden in Grenzen halten können, raten Sie mal, wer dann das Lob erntet, einen fetten Bonus einstreicht und Urlaub auf den Bahamas machen darf! Kapitel 19 behandelt alles Wissenswerte über die Datensicherung im Netzwerk. Sie sollten es besser heute als morgen lesen!

Idealerweise sollten möglichst viele Sicherungsaufgaben mehr oder weniger automatisch gestartet werden und ablaufen.

Denn Aufgaben, die nicht automatisch ablaufen, sondern manuell angestoßen werden müssen, werden schnell auch mal vergessen. Glauben Sie mir, ich spreche hier aus Erfahrung!

✔ **Sicherheitsvorkehrungen:** Eine weitere Hauptaufgabe des Netzwerkverwalters besteht darin, das Netzwerk vor bösartigen Angriffen zu schützen. Dabei kann es sich beispielsweise um Einbruchsversuche ins Netzwerk durch Hacker oder per E-Mail eintreffende Virenprogramme handeln. In Kapitel 20 werden derartige Aufgaben ausführlicher beschrieben.

✔ **Aufräumen:** Für viele Benutzer scheint der Netzwerkserver so eine Art Dachboden zu sein – sie deponieren dort ihre Dateien und lassen sie dann ewig liegen. Egal wie viel Speicherkapazität auch bereitstehen mag, irgendwann wird sie knapp werden.

Der Netzwerkverwalter muss den Dachboden daher immer mal wieder entrümpeln. Eine tolle Aufgabe! Ich kann Ihnen in diesem Zusammenhang nur raten, sich am besten ständig darüber zu beklagen, wie viel Mist auf dem Server herumliegt, und Benutzer laufend darauf hinzuweisen, dass demnächst mal wieder aufgeräumt wird. Daten können auch erst mal für eine Zeit offline genommen und danach dauerhaft archiviert werden. Wenn sich niemand beschwert, haben Sie alles richtig gemacht.

Verwaltung der Netzwerkbenutzer

Die Verwaltung des technischen Teils des Netzwerks ist oft der eigentlich einfachste Teil der Netzwerkverwaltung. Zugegeben, anfangs kann man sich von der Technik schon ein wenig verwirrt fühlen. Letztlich sind Computer aber eigentlich weniger kompliziert als Menschen. Und selbst für diese gilt mit Ockhams Rasiermesser das Sparsamkeitsprinzip. Die wahre Herausforderung bei der Verwaltung eines Netzwerks stellt die Verwaltung der Netzwerkbenutzer dar.

Der Unterschied zwischen der Verwaltung von Technologien und Benutzern liegt auf der Hand: Das Verhalten von Computern und anderen Geräten ist vorhersehbar, was für Menschen an sich und Netzwerkbenutzer im Besonderen allenfalls gelten könnte, wenn man deren Motivationsfaktoren alle kennen würde. Hier ein paar Tipps für den Umgang mit Netzwerkbenutzern:

- ✔ **Die Schulung der Benutzer sollte eine Schlüsselrolle im Rahmen des Jobs eines Netzwerkverwalters spielen.** Sorgen Sie dafür, dass jeder, der mit dem Netzwerk arbeitet, weiß, wie es funktioniert und wie man es nutzen sollte. Wenn die Netzwerkbenutzer die Funktionsweise des Netzes nicht durchschauen, können sie nämlich ansonsten – möglicherweise völlig unabsichtlich – die fürchterlichsten Dinge damit anstellen.

- ✔ **Behandeln Sie Netzwerkbenutzer mit Respekt.** Wenn die Benutzer das Netzwerk nicht verstehen, dann ist das nicht deren Schuld. Erklären Sie es ihnen. Bieten Sie Schulungen an. Kaufen Sie jedem ein Exemplar dieses Buches und empfehlen Sie ihnen, es während der Mittagspause zu lesen. Reichen Sie ihnen eine hilfreiche Hand. Behandeln Sie Benutzer *niemals* wie Idioten, auch wenn das für Sie mit Ihren relativ umfassenden Kenntnissen zuweilen viel Geduld erfordert!

- ✔ **Stellen Sie einen Spickzettel fürs Netzwerk zusammen.** Er sollte auf einer Druckseite alle vom Benutzer für die Arbeit im Netzwerk benötigten Angaben enthalten. Achten Sie darauf, dass auch wirklich jeder eine Kopie dieses epochalen Werks bekommt.

- ✔ **Zeigen Sie möglichst viel Verantwortungsbewusstsein.** Wenn Sie die Probleme eines Netzwerkbenutzers nicht schnell beseitigen, wird er es möglicherweise selbst versuchen. Und das wollen Sie bestimmt nicht.

Je besser Sie die psychologischen Reflexe der Netzwerkbenutzer verstehen, desto besser werden Sie auf jene seltsamen Dinge vorbereitet sein, die Ihnen diese Benutzer oft servieren. Letztlich empfehle ich Ihnen, das Standardwerk *Diagnostisches und Statistisches Manual Psychischer Störungen (DSM)* von vorn bis hinten zu lesen.

Diese Werkzeuge braucht ein Netzwerkverwalter

Netzwerkverwalter sind in ihrem Job auf bestimmte Werkzeuge angewiesen. Verwalter großer, komplizierter und teurer Netzwerke brauchen große, komplizierte und teure Werkzeuge. Für Verwalter kleiner Netzwerke reichen auch einfache Werkzeuge aus.

Für die Hardware braucht der Netzwerkverwalter Werkzeuge wie Schraubendreher, Crimpzange und Hammer. In diesem Abschnitt will ich Ihnen aber nur etwas über die Softwarewerkzeuge erzählen. Ein paar davon werde ich hier oder da noch einmal erwähnen. Beispielsweise können Ihnen Visio und Netzwerk-Discovery-Werkzeuge dabei helfen, Diagramme von Ihrem Netzwerk zu zeichnen. Weitere empfehlenswerte Softwarewerkzeuge sind:

✔ **Interne TCP/IP-Befehle:** Die meisten Werkzeuge, die Sie für die Verwaltung von Netzwerken brauchen, werden irgendwie gleich mit dem Netzwerk mitgeliefert. Als Netzwerkverwalter sollten Sie sich die Handbücher durchlesen, die zur Serversoftware gehören, damit Sie wissen, welche Verwaltungswerkzeuge es gibt. Windows enthält zum Beispiel den Befehl `net diag`, mit dem Sie überprüfen können, ob alle Rechner im Netzwerk miteinander kommunizieren können. Sie können das Programm über die *Eingabeaufforderung* starten. In TCP/IP-Netzwerken können Sie ein paar TCP/IP-Diagnosebefehle verwenden, die ich in Tabelle 17.1 zusammengefasst habe.

Befehl	Was er anzeigt
arp	Liefert Informationen zur Adressauflösung, die vom Address Resolution Protocol (ARP) genutzt werden
hostname	Hostname Ihres Computers
ipconfig	Aktuelle TCP/IP-Einstellungen, ipconfig -all zeigt noch mehr Informationen an
netstat	TCP/IP-Statistiken
nslookup	DNS-Informationen anzeigen
ping	Prüft, ob ein bestimmter Rechner erreicht werden kann
route	Routing-Tabellen des PC
tracert	Route von Ihrem Rechner zu einem angegebenen Host

Tabelle 17.1: TCP/IP-Diagnosebefehle

✔ **Systeminformation:** Dieses Programm ist ein recht nützliches Utility für Netzwerkverwalter und gehört zum Lieferumfang von Windows.

✔ **Microsoft Security Compliance Manager:** Da Microsoft das Tool `Microsoft Baseline Security Analyzer` eingestellt hat, bietet das Unternehmen nun den MSCM an. Damit können Sie unter Windows die grundsätzlichen Sicherheitseinstellungen vornehmen. Download und Informationen finden Sie unter `https://www.microsoft.com/en-us/download/details.aspx?id=53353`.

✔ **Protokollanalysatoren:** Ein *Protokollanalysator* ist ein Programm, das individuelle Pakete, die durch Ihr Netzwerk reisen, beobachtet und protokolliert. Protokollanalysatoren werden manchmal *Netzwerk-Sniffer* genannt. Sie können den Protokollanalysator so konfigurieren, dass er bestimmte Pakettypen filtert, nach bestimmten Arten von Problemen sucht oder statistische Analysen der erfassten Pakete liefert.

> Die meisten Netzwerkverwalter halten *Sniffer* von NetScout Systems (`www.netscout.com`) für den besten verfügbaren Protokollanalysator. Das ist allerdings auch der teuerste. Falls Sie eine kostenlose Alternative bevorzugen, sehen Sie sich einmal *Wireshark* an, das Sie kostenlos von `www.wireshark.org` herunterladen können.

✔ **Netzwerkmonitor:** Seit Windows 2000 und dessen Serverversionen befindet sich dieses Programm im Lieferumfang. Es führt einfache Protokollanalysen durch und kann häufig beim Lösen kniffliger Netzwerkprobleme helfen.

✔ **Portscanner:** Wenn Sie Portscanner über einen bestimmten Bereich laufen lassen, können Sie feststellen, unter welchen Adressen sich Rechner befinden. Lassen Sie Portscanner für eine einzelne Adresse laufen, können Sie ermitteln, welche Ports offen sind und welche Adressen freigegeben sind (insbesondere SMB-Freigaben). Das kann hier und da ausgesprochen nützlich sein.

So gewaltig und kompliziert sich das jetzt vielleicht auch anhören mag, benutzen Sie derartige Werkzeuge heute möglicherweise doch nur selten. `ping` und `ipconfig` werden Sie aber bestimmt häufiger benutzen, `nslookup` wahrscheinlich gelegentlich. Ansonsten gibt es ja auch noch Kontrolllämpchen, Tools der Hersteller, Kabeltester und Testgeräte, die ich jedenfalls deutlich häufiger benutze als beispielsweise Protokollanalysatoren.

Eine Seite, die jeder Netzwerkverwalter kennen muss, ist die Toolsammlung *Windows Sysinternals* von Microsoft, zu finden unter `https://docs.microsoft.com/de-de/sysinternals/`.

Aufbau einer Bibliothek

In einem der besten Sprüche von Scotty in *Star Trek* lehnte der es ab, »Landurlaub« zu nehmen, um stattdessen seine technischen Unterlagen auf den neuesten Stand zu bringen. »Entspannst du dich denn nie?«, fragte Kirk. »Aber ich entspanne mich gerade jetzt!«, antwortete Scotty.

Um ein guter Netzwerkverwalter zu sein, müssen Sie viel lesen. Das müssen nicht unbedingt Computerbücher sein, aber Sie sollten derartige Lektüre genießen. Falls Sie Ihre Lektüre mit ins Freibad nehmen wollen, werden Sie bestimmt ein hervorragender Netzwerkverwalter.

> Da Netzwerkverwalter heutzutage im Freibad Tablets zum Lesen benutzen, sollten Sie sich dann Kunststofftäschchen oder wasserdichte Hüllen besorgen, um mit Tablet und Schnorchel im Freibad buchstäblich abtauchen zu können.

Sie müssen sich über viele unterschiedliche Themen informieren. Ich werde hier keine bestimmten Titel empfehlen, aber Sie sollten sich guten und umfassenden Lesestoff zu folgenden Themen besorgen:

- ✔ Netzwerksicherheit und Hacking

- ✔ Netzwerkverkabelung und -hardware

- ✔ Ethernet

- ✔ Windows Server

- ✔ aktuelle Windows-Versionen wie Windows 11 und Server 2022

- ✔ Wireless-Netzwerke

- ✔ Android und/oder Apple iOS/iPadOS

- ✔ Linux

- ✔ TCP/IP

- ✔ DNS

- ✔ in Abhängigkeit vom verwendeten E-Mail-Server beispielsweise Sendmail, Dovecot oder auch Microsoft Exchange Server

- ✔ Materialien über NAS-Laufwerke und deren Software (Internet, Linux und/oder Web-Programmiersprachen)

Sie sollten aber nicht nur Bücher lesen, sondern besser auch ein paar Magazine (online/offline) abonnieren, um über die Entwicklungen im Netzwerkbereich auf dem Laufenden zu bleiben. Hier sind ein paar englischsprachige Magazine, die interessant sein könnten und die Sie berücksichtigen sollten:

- ✔ *Informationweek,* `www.informationweek.com`

- ✔ *InfoWorld:* `www.infoworld.com`

- ✔ *Network Computing,* `www.networkcomputing.com`

- ✔ *Network World:* `www.networkworld.com`

- ✔ *2600 The Hacker Quarterly* (eine tolle Zeitschrift zum Thema Computer-Hacking und Sicherheit): `www.2600.com`

 Das Internet ist eine der besten Quellen für technische Informationen für Netzwerkverwalter. Sie sollten die Favoritenliste Ihres Browsers mit möglichst vielen Websites mit nützlichen Netzwerkinformationen füllen. Viele Websites bieten Onlinenewsletter an, die Sie abonnieren können, um regelmäßig aktuelle Daten per E-Mail zu erhalten.

Heute werden Sie sicherlich auch ein Tablet Ihr Eigen nennen. Installieren Sie darauf einen *News-Aggregator/RSS-Reader*. Vielleicht kommen Sie mit einem allgemeinen Aggregator wie *Google News* hin, wenn Sie ihn so einrichten, dass er Sie über technische Neuerungen auf dem Laufenden hält. Sie können aber auch in Google Play nach »Tech News« suchen. Sie werden sich wundern, was Ihnen da so alles an Ergebnissen präsentiert wird.

Passen Sie auf. Angesichts des heutigen Informations- und Daten-Overkills laufen Sie leicht Gefahr, mal schnell eben »auszubrennen« (Burnout-Syndrom). Seit WLAN, Mobilgeräten, Social Media und der ständigen Verfügbarkeit von Quellen, mit denen sich Informationen und Fehlermeldungen rasch überprüfen und (oft schnell) entlarven lassen, hat sich diese Gefahr gerade im anspruchsvollen Technikbereich erheblich vergrößert, da sich dieser zu einem schier unüberschaubar weiten Feld ausgewachsen hat.

Zertifizierung

Erinnern Sie sich an die Szene am Ende von *Der Zauberer von Oz*, als die Vogelscheuche ein Diplom, der Löwe eine Medaille und der Zinnmann ein Zeugnis erhält?

Bei Netzwerkzertifikaten sieht es ähnlich aus. Stellen Sie sich die folgende Szene einmal bildlich vor:

> *Der Zauberer:* »Und für dich, mein mit dem Netzwerk belasteter Freund – jeder Freak mit dicken Brillengläsern kann ein Netzwerk verwalten. Dort, wo ich herkomme, gibt es Menschen, die den ganzen Tag lang nichts anderes tun, als Cisco-Router zu konfigurieren. Und diese Menschen haben nicht mehr Hirn als du. Aber sie haben etwas, was du nicht hast: ein Zertifikat. Und so, mit der mir von der Universita Committeeatum E Pluribus Unum verliehenen Autorität, verleihe ich dir nun das Zertifikat eines ZND.«

> *Sie:* »ZND?«

> *Der Zauberer:* »Ja, das heißt, ähem, *Zertifizierter Netzwerk-Dummie.*«

> *Sie:* »Die sieben Schichten des OSI-Referenzmodells sind gleich der Summe der Schichten der gegenüberliegenden Seite. Oh, wie entzückend! Ich fühle mich bereits wie ein Netzwerkverwalter!«

Zertifikate allein können nicht garantieren, dass jemand wirklich weiß, wie Netzwerke verwaltet werden. Diese Fähigkeit gewinnen Sie durch praktische Erfahrung und nicht durch Examen.

Trotzdem werden Zertifizierungen im heutigen Arbeitsmarkt immer wichtiger. Sie werden sich also möglicherweise ein Zertifikat erwerben wollen – nicht nur, um Ihre Fähigkeiten zu verbessern, sondern auch, um Ihre Bewerbungsunterlagen aufzuwerten. Eine Zertifizierung ist ein teures Unterfangen. Einzelne Tests können mehrere Hundert Euro kosten und je nach Ihren technischen Fähigkeiten werden Sie viel lesen oder an Kursen teilnehmen müssen, bevor Sie den Test in Angriff nehmen können.

Sie können zwei grundlegende Typen von Zertifikaten erwerben: herstellerspezifische Zertifikate und unabhängige Zertifikate. Die großen Softwareanbieter wie Microsoft und Cisco bieten Zertifizierungsprogramme für ihr eigenes Equipment und ihre eigene Software an. Und die CompTIA (Computing Technology Industry Association), ein Nonprofit-Verband der IT-Branche bietet die bekanntesten herstellerunabhängigen Zertifizierungen an.

Nützliche Täuschungsmanöver und Ausreden

Als Netzwerkverwalter werden Sie zuweilen das eine oder andere Problem zumindest nicht unmittelbar beheben können. In derartigen Situationen können Sie zwei Dinge machen. Zunächst einmal können Sie erklären, dass es sich um ein besonders schwieriges Problem handelt, für das Sie schnellstmöglich eine Lösung finden werden. Alternativ können Sie dem Nutzer in die Augen sehen und ihm eine der folgenden Erklärungen direkt ins Gesicht sagen:

- Schieben Sie es auf die Version der eingesetzten Software: »Oh, das wurde in Version 39 behoben.« Sie sollten dann natürlich auch eine Antwort auf die Frage parat haben, wann denn Version 39 der Software installiert werden wird.

- Geben Sie dem letzten Update die Schuld: »Das sieht jetzt ja ganz anders aus.«

- Schieben Sie es auf preiswert importierte Speicherchips oder Speicherkarten.

- Schieben Sie es auf die Spitzenmanager der Ölkonzerne.

- Machen Sie die globale Erderwärmung oder Sonnenflecke verantwortlich.

- Hoffen Sie, dass das Problem nicht von zufälligen Spannungsschwankungen verursacht wurde. Derartige Probleme lassen sich nämlich kaum zurückverfolgen. Erzählen Sie Ihren Benutzern, dass elektrostatische Ladungen elektronische Geräte zerstören und für allerlei Probleme sorgen können, wenn sie vor der Benutzung der Rechner nicht entfernt werden.

- Schieben Sie es auf eine Spinne oder Ameise, die mit ihren Beinchen einen Kurzschluss zwischen den Kontakten verursacht hat.

- Sie brauchen mehr Speicher oder Festplattenkapazität.

- Sie brauchen einen schnelleren Prozessor oder mehr Prozessorkerne.

- Machen Sie Jar Jar Binks oder die Gremlins verantwortlich.

- Erzählen Sie, dass so etwas nicht oder nur, erst oder vor der letztjährigen Novemberversion von Windows machbar ist (je nachdem).

- Schieben Sie es auf ein Virus.

- Bei Mobilgeräten schieben Sie es auf einen leeren Akku.

✔ Das geht unter Windows 11 nicht.

✔ Das geht nur unter Windows 11.

✔ Das könnte ein Virus sein.

Vieles davon ist mit Sicherheit nicht ganz ernst gemeint, aber das haben Sie bestimmt auch schon bemerkt. Wichtig ist in diesem Fall einfach nur, dass Sie den Benutzer des Netzwerks nicht mit technischen Details langweilen, denn hier steigen viele Benutzer einfach aus. Benutzer wollen das Netzwerk oder damit verbundene Systeme ja für ihre Arbeit nutzen, eben ohne sich mit den technischen Details herumschlagen zu müssen. Dazu gibt es schließlich den Netzwerkadministrator.

Kapitel 18
Netzwerkprobleme beheben

Machen Sie sich nichts vor: Auch Netzwerke fallen gelegentlich aus.

Netzwerke bestehen einfach aus zu vielen Teilen: aus Kabeln, Anschlüssen, Adaptern, Switches, Routern und natürlich aus Computern oder anderen netzwerkfähigen Geräten. Alle diese Komponenten müssen in einem empfindlichen Umfeld ausgewogen zusammenarbeiten, wobei die Balance nur zu schnell gestört werden kann. Selbst die am besten entworfenen Rechnernetzwerke verhalten sich manchmal, als ob sie von Gummiband, Kaugummi und Isolierband zusammengehalten würden.

Und es wird noch schlimmer: Netzwerke sind verdächtig. Wenn ihre Computer erst einmal mit einem Netzwerk verbunden sind, machen die Benutzer jedes Mal, wenn etwas nicht richtig funktioniert, das Netzwerk dafür verantwortlich, selbst wenn dieses gar nichts mit dem Problem zu tun hat. Die Spalten im Word-Dokument sind nicht flexibel? Das muss am Netzwerk liegen. Die Tabellenkalkulation rechnet falsch? Das @@$#%-Netzwerk benimmt sich wieder daneben. Die Aktienkurse sind eingebrochen? Ahhh!

Das Schlimmste an Netzwerkfehlern ist, dass sie manchmal ganze Unternehmen lahmlegen können. Und das nicht nur, wenn der Chef mal wieder per Rundschreiben ein Virus im E-Mail-Anhang verschickt hat. Es ist nicht so schlimm, wenn ein Benutzer mal nicht auf einen bestimmten freigegebenen Ordner auf dem Dateiserver zugreifen kann. Aber wenn ein kritischer Server zusammenbricht, kommen alle Benutzer nicht mehr an ihre Dateien, ihre Anwendungen, ihre E-Mail und andere Dinge, die sie normalerweise brauchen, um ihre Arbeiten erledigen zu können. Wenn dies passiert, werden die Benutzer Ihnen so lange die Türe einrennen, bis das Netzwerk wieder läuft.

In diesem Kapitel beschreibe ich die wahrscheinlichsten Ursachen von Netzwerkproblemen – und empfehle einige grundlegende Troubleshooting-Techniken, die Sie anwenden können, wenn Ihr Netzwerk zu spinnen beginnt.

Wenn guten Computern Schlechtes widerfährt

Hier folgen einige grundlegende Troubleshooting-Tipps, die Ihnen zeigen sollen, wo Sie zunächst suchen sollten, wenn erste Anzeichen von Netzwerkproblemen auftauchen. In vielen (wenn nicht den meisten) Fällen wird einer der nachfolgenden Tipps Ihr Netzwerk wieder auf Trab bringen.

1. **Überzeugen Sie sich davon, dass Ihr Rechner und alle damit verbundenen Komponenten auch wirklich angeschlossen sind.**

   Computerfreaks lieben es, wenn die Benutzer nach Hilfe schreien und sie ihnen sagen müssen, dass der Computer nicht angeschlossen oder die Steckdosenleiste nicht eingeschaltet ist. Sie schreiben es in ihr Freakprotokoll, um es später ihren Freakfreunden zu erzählen. Vielleicht wollen sie Sie sogar fotografieren, um ihren Freakfreunden später das Bild zeigen zu können. Die meisten »Unfälle«, bei denen nach Computerfreaks gerufen wird, sind eine direkte Folge derartiger Fehler. Versuchen Sie, möglichst taktvoll zu sein, wenn Sie einen Benutzer fragen, ob er sicher ist, dass sein Computer eingeschaltet ist.

2. **Sorgen Sie dafür, dass der Computer korrekt ans Netzwerk angeschlossen ist.**

3. **Notieren Sie alle auf dem Bildschirm angezeigten Fehlermeldungen.**

4. **Starten Sie den Rechner versuchsweise neu.**

   Erstaunlich viele Computerprobleme lassen sich durch einen einfachen Neustart des Rechners beheben. Gerade Windows ist dafür ja berühmt-berüchtigt. Häufig taucht das Problem anschließend natürlich wieder auf. Dann müssen Sie die Ursache ermitteln und das Problem beheben. Einige Probleme treten nur sporadisch auf und es bedarf nur eines einfachen Neustarts, um sie zu beheben. Wenn es sich bei den betroffenen Komponenten um USB-Geräte handelt, reicht es oft aus, den zugehörigen Stecker am Rechner zu ziehen, ihn neu anzuschließen und den Computer (oder das Betriebssystem) neu zu starten. Auch nicht verbundene Netzwerklaufwerke sind dann plötzlich wieder da.

5. **Versuchen Sie, der Lösung des Netzwerkproblems mit Windows-Apps wie PROBLEMBEHANDLUNG oder PROBLEMBERICHTE UND -LÖSUNGEN auf die Spur zu kommen.**

   Mehr zu diesem Thema erfahren Sie im Abschnitt »Die Netzwerk-Problembehandlung von Windows« weiter hinten in diesem Kapitel.

6. **Prüfen Sie den freien Speicherplatz auf Ihrem Rechner und dem Server.**

   Wenn einem Server der Festplattenspeicherplatz ausgeht, können seltsame Dinge passieren. Manchmal erhalten Sie eine klare Fehlermeldung, die auf diese Situation hinweist, aber nicht immer. Manchmal bleibt der Rechner einfach mit quietschenden Reifen stehen und manchmal benötigen Operationen, die bisher binnen Sekunden erledigt waren, dann mehrere Minuten.

7. **Experimentieren Sie ein wenig, um herauszufinden, ob es sich bei dem Problem tatsächlich um ein Netzwerkproblem handelt oder einfach nur um ein Problem des Computers selbst.**

   Im Abschnitt »Zeit für Experimente« weiter hinten in diesem Kapitel finden Sie ein paar Dinge, die Sie tun können, um Netzwerkprobleme zu isolieren.

8. **Versuchen Sie, den Netzwerkserver neu zu starten.**

   Lesen Sie den Abschnitt »Einen Netzwerkserver neu starten« weiter hinten in diesem Kapitel.

9. **Prüfen Sie bei WLAN-Geräten, ob Sie mit dem richtigen Zugangspunkt und der richtigen Netzwerkkennung (SSID) verbunden sind.**

   Vielleicht haben Sie ja einen Gastzugang erwischt? In WLANs treten häufiger kleine Inkompatibilitäten auf, die sich durch Wechsel des Zugangspunkts umgehen lassen.

Leblose Computer wiederbeleben

Falls ein Computer keinen Mucks mehr von sich gibt, prüfen Sie folgende Dinge:

✔ **Den Stecker:** Bekommt der Rechner überhaupt Strom? Kontrollieren Sie den Sitz der Stecker am Computer und/oder Monitor. Häufig haben die Stecker keinen Kontakt mehr, obwohl sie eigentlich noch richtig zu sitzen scheinen. Dann hilft es bereits, sie einfach nur fest anzudrücken. Ganz gemein wird es, wenn im Westernstecker eines Netzwerksteckers ein Drähtchen verbogen ist.

✔ **Den Überspannungsschutz:** Falls der Computer an einem Überspannungsschutz oder einer Mehrfachsteckdosenleiste angeschlossen ist, sorgen Sie dafür, dass Überspannungsschutz oder Steckdosenleiste auch angeschlossen *und eingeschaltet* ist. Falls diese Komponenten Lämpchen haben, sollten diese leuchten. Vielleicht muss nach einem Stromausfall auch erst ein bestimmter Schalter betätigt werden, bevor der Überspannungsschutz wieder seine Arbeit aufnimmt. Oft führen kurze Stromausfälle auch dazu, dass nur einige oder vereinzelte Geräte ausfallen oder abgeschaltet werden.

   Überspannungsschutzgeräte haben nur eine begrenzte Lebensdauer. Nach ein paar Jahren liefern sie zwar immer noch Strom an die angeschlossenen Komponenten, schützen aber nicht mehr wirksam vor Spannungsspitzen. Falls Sie einen Überspannungsschutz schon zwei, drei Jahre lang benutzen, sollten Sie ihn austauschen.

✔ **Den Ein-/Ausschalter:** Sorgen Sie dafür, dass der Netzschalter des Rechners (der direkt am Netzteil) auf der Ein-Position steht. Das klingt zwar derart einfach, dass es hier eigentlich gar nicht mehr erwähnt zu werden braucht, aber viele Computer sind so eingerichtet, dass der eigentliche Ein-/Ausschalter immer in der Ein-Position verbleibt und der Computer tatsächlich über den Schalter des Überspannungsschutzes oder der Steckdosenleiste ein- und ausgeschaltet wird. Viele Computerbenutzer sind echt überrascht, wenn sie hören, dass es am Rechner auch noch einen Ein-/Ausschalter an der Gehäuserückseite gibt.

Um die Dinge noch komplizierter zu machen, besitzen moderne Geräte eine Einschlaffunktion (Sleep), die dafür sorgt, dass sie scheinbar ausgeschaltet sind, wenn sie eigentlich nur schlafen. Um einen solchen Computer aufzuwecken, brauchen Sie meist nur ein wenig an der Maus zu rütteln oder eine Taste zu betätigen. Leicht glaubt man, dass der Computer ausgeschaltet ist, drückt dann den Schalter und wundert sich, dass nichts passiert. Dann drückt man den Schalter in der Hoffnung, dass es diesmal klappt, vielleicht erneut und hält ihn nun gedrückt. Das ist schlecht, denn wenn der Schalter länger gedrückt wird, schaltet er den Computer schließlich aus. Wenn Sie den Computer danach wieder einschalten, wird gemeldet, dass der Rechner beim letzten Mal nicht ordnungsgemäß heruntergefahren wurde. Du liebe Zeit!

Viele moderne Funkmäuse wechseln in einen Schlafmodus, aus dem Sie auch durch Rütteln nicht aufgeweckt werden können. Ich habe mir mittlerweile angewöhnt, an Mäusen zu rütteln und die rechte Maustaste mit einem gewissen Abstand zwei Mal zu drücken. Bei Tastaturen betätigen Sie am besten (ᴇsᴄ). Diese beiden Maßnahmen helfen oft (zuweilen müssen Sie noch ein wenig warten), wenn der Computer irgendwie ausgeschaltet zu sein scheint. Wenn am Rechnergehäuse noch irgendwelche Lämpchen leuchten oder blinken, dann schläft er jedenfalls sehr wahrscheinlich nur.

Die meisten Desktop-Rechner besitzen heute einen Netzschalter direkt am Netzteil, der die Stromzufuhr zum Rechner wirklich unterbricht. Der Schalter, über den der Rechner normalerweise hochgefahren wird, schließt lediglich einen Kontakt und gibt ihm damit das Signal, alle Komponenten in volle Betriebsbereitschaft zu versetzen.

✔ **Den Lüfter:** Falls Sie vermuten, dass der Rechner nicht angeschlossen oder eingeschaltet ist, er aber irgendwie angeschlossen und eingeschaltet aussieht, dann lauschen Sie auf den Lüfter. Falls der Lüfter (Ventilator) läuft, erhält der Computer Strom und das Problem ist ernster als bei einem nicht verbundenen Stromkabel. Falls der Lüfter nicht läuft, der Computer aber angeschlossen und eingeschaltet ist, hat sich der Lüfter vielleicht verabschiedet – schalten Sie den Computer besser aus, bevor er sich überhitzt.

✔ **Die Steckdosen:** Falls der Computer angeschlossen und eingeschaltet ist, aber immer noch nicht läuft, schließen Sie kurz eine Lampe an der Steckdose an, um zu prüfen, ob wirklich Strom fließt. Vielleicht müssen Sie eine Sicherung auswechseln, einen fehlerhaften Überspannungsschutz austauschen oder einen Elektriker anrufen.

✔ **Den Bildschirm:** Bildschirme besitzen meist ein separates Stromkabel und einen separaten Ein-/Ausschalter. Überprüfen Sie, ob der Bildschirm angeschlossen und eingeschaltet ist. Tatsächlich hat der Bildschirm zwei Kabel, die angeschlossen sein müssen: Ein Kabel führt von der Rückseite des Bildschirms zur Rückseite des Computers. Das andere Kabel ist das Stromkabel, das von der Rückseite des Bildschirms zur Steckdose führt.

✔ **Die Kabel:** Auch Tastatur, Maus und Drucker sind (zumindest, wenn es sich nicht um diese telepathisch begabten und mit Funk oder Licht arbeitenden Geräte handelt) per Kabel mit der Rückseite Ihres Computers verbunden. Sorgen Sie dafür, dass alle diese Kabel korrekt angeschlossen sind.

Achten Sie darauf, dass auch die anderen Enden der Bildschirm- und Druckerkabel richtig angeschlossen sind.

✔ **Die Monitoreinstellungen:** Einige Bildschirme besitzen Knöpfe oder Schalter, mit denen Sie den Kontrast und die Helligkeit des Bildschirms einstellen können. Falls Ihr Computer läuft, der Bildschirm aber dunkel bleibt, versuchen Sie, an diesen Knöpfen zu drehen. Vielleicht wurden sie ja komplett heruntergedreht. Vielleicht wurde der Bildschirm auch auf den falschen Eingang eingestellt. Stehen mehrere Bildschirme herum, die an einen Rechner angeschlossen sein könnten, sucht er vielleicht nur nach dem falschen Signal. Manchmal zeigt ein Monitor auch kurz eine Meldung wie »Out of Range«. Dann kann der Monitor das Signal nicht verarbeiten. Versuchen Sie, die Einstellungen wie z. B. die Auflösung zu ändern.

Seit einiger Zeit benutze ich Tablets und/oder Einplatinenrechner und/oder weitere Geräte, die mit USB-Akkus (einer Powerbank) betrieben werden können. Die integrierten Akkus halten vielleicht sechs Stunden. Öfter dauert es eine Weile, bis mir gewahr wird, dass dem Akku nach einigen Stunden des Musikhörens der Saft ausgegangen ist.

Möglichkeiten zur Prüfung von Netzwerkverbindungen

Die Kabel, die Clientcomputer mit dem Rest des Netzwerks verbinden, sind eigenwillige Biester. Sie können von jetzt auf gleich brechen – und mit »brechen« meine ich nicht, dass sie physisch durchtrennt werden. Klar, ein paar Kabel sehen schon so aus, als ob sich Edward mit den Scherenhänden damit beschäftigt hätte. Normalerweise lassen sich Kabelprobleme aber nicht mit bloßem Auge erkennen.

✔ **TP-Netzwerkkabel:** Sie können schnell erkennen, ob eine Kabelverbindung zum Netzwerk funktioniert, wenn Sie einen Blick auf die Rückwand des Rechnergehäuses werfen. Halten Sie nach einem (oder zwei) kleinen Lämpchen Ausschau, die sich in der Nähe der Anschlussstelle des Kabels befinden. Wenn das Lämpchen ständig oder panisch flackert, ist das Kabel in Ordnung. Wenn das Lämpchen gar nicht leuchtet oder nur gelegentlich aufblinkt, liegt ein Kabelproblem vor (oder es gibt ein Problem mit dem Netzwerkadapter, dem Switch oder Router, mit dem das andere Ende des Kabels verbunden ist). Meist zeigt eine grüne LED an, dass eine Verbindung besteht, und eine orangene LED, wenn ein oder ausgehender Netzwerkverkehr auftritt.

Wenn das Lämpchen nicht ständig leuchtet (oder flackert), entfernen Sie das Kabel vom Rechner und schließen es wieder an. Vielleicht lässt sich dadurch bereits eine schlechte (leicht oxidierte oder verbogene) Verbindung reparieren.

✔ **Patchkabel:** Hoffentlich ist Ihr Netzwerk so verkabelt, dass jeder Computer mit einem kurzen (vielleicht ein oder zwei Meter langen) Patchkabel angeschlossen ist. Ein Ende des Patchkabels steckt im Computer, das andere Ende in einem Kabelanschluss an der Wand (oder einem Switch oder Router). Versuchen Sie, dieses Patchkabel herauszuziehen und wieder einzustecken. Falls es mit diesem Trick nicht funktioniert, probieren Sie es mit einem anderen oder einem Reservekabel aus.

✔ **Switches:** Auch Switches sind für Kabelprobleme anfällig – besonders jene Switches, die professionell in einem Schlangennest voller Patchkabel verkabelt sind. Sie sollten sich diesem Schlangennest nur mit äußerster Vorsicht nähern. Falls Sie ein Patchkabel austauschen müssen, passen Sie gut auf, wenn Sie das vermeintlich schlechte Kabel herausziehen und durch ein gutes ersetzen, um keine winzige Plastiknase abzubrechen.

Tester für TP-Kabel, die durch Blinkzeichen signalisieren, dass die verschiedenen Adern leiten, erhalten Sie mittlerweile in vielen Baumärkten für vielleicht zwei Zehner.

Jede Menge Fehlermeldungen flogen gerade vorbei!

Werden beim Start Ihres Rechners Fehlermeldungen auf dem Bildschirm angezeigt? Falls ja, können sie wertvolle Hinweise zur Bestimmung der Ursache des Problems liefern.

Wenn Sie beim Rechnerstart Fehlermeldungen sehen, beachten Sie Folgendes:

✔ Keine Panik, wenn viele Fehlermeldungen angezeigt werden. Manchmal führt ein einziges, leicht behebbares Problem beim Rechnerstart zu einer Unmenge von Fehler- und Folgemeldungen. Auch wenn es vielleicht so aussieht, als ob der Rechner gleich in Stücke fliegen würde, kann die Behebung des Problems höchst simpel sein.

✔ Falls die Fehlermeldungen so schnell vorbeifliegen, dass Sie sie nicht lesen können, drücken Sie schnell die ⎀Pause⎀-Taste auf der angeschlossenen Tastatur. Der Rechner wird angehalten und Sie können die Fehlermeldungen lesen. Wenn Sie genug gelesen haben, drücken Sie die ⎀Pause⎀-Taste erneut, und es geht weiter. Bei Computern (oder Tastaturen), die keine ⎀Pause⎀-Taste besitzen, tut es auch die Tastenkombination ⎀Strg⎀ + ⎀NUM⎀ oder ⎀Strg⎀ + ⎀S⎀.

Falls Sie Fehlermeldungen beim ersten Mal verpasst haben, starten Sie den Computer neu und passen Sie diesmal auf.

✔ Es gibt noch eine weitere Möglichkeit zur Fehlerdiagnose. Wenn Sie nämlich beim Start von Windows `F8` drücken, wird ein Menü angezeigt, in dem Sie zwischen einigen Startoptionen wählen können, die speziell der Fehlerbehebung dienen.

Das Spielchen mit den Tastenkombinationen beim Rechnerstart ist nicht ganz einfach. Mittlerweile gibt es etliche verschiedene Tastenkombinationen, die zum passenden Zeitpunkt gedrückt werden müssen. Zuweilen brauchen Sie ein wenig Geduld.

Netzwerkeinstellungen genau prüfen

Manchmal würde ich schwören, dass es kleine grüne Männchen gibt, die nachts in Büros schleichen, Computer einschalten und nur so zum Spaß TCP/IP-Konfigurationseinstellungen durcheinanderbringen.

Bemerkenswerterweise werden die Konfigurationseinstellungen für das Netzwerk manchmal unbeabsichtigt (oder von bestimmten Programmen wohlmeinend) geändert. Das kann dazu führen, dass Rechner, die seit Monaten oder Jahren freudig im Netzwerk gearbeitet haben, eines Tages plötzlich nicht mehr darauf zugreifen können. Als ein Netzwerkdrucker neulich ausfiel, hatte er zuvor nach dem Umstellen in einen anderen Raum monatelang klaglos funktioniert. Beim Kontrollieren der TCP/IP-Adressen fiel dann auf, dass die Gateway-Adresse der Druckerkonfiguration beim Umzug vergessen worden war. So konnte der Drucker nicht »nach Hause telefonieren«. Und das störte ihn nach Monaten derart, dass er anfing, herumzuzicken.

Wenn Sie sich davon überzeugt haben, dass die Geräte eingeschaltet, die Kabel und die Stromversorgung in Ordnung sind, sollten Sie als eine Ihrer ersten Maßnahmen die Netzwerkeinstellungen gründlich überprüfen. Prüfen Sie Folgendes:

✔ **TCP/IP-Einstellungen:** Führen Sie an der Eingabeaufforderung unter Windows den Befehl `ipconfig` aus und prüfen Sie, ob TCP/IP auf dem Rechner läuft und ob die IP-Adressen-, Subnetzmasken- und Standardgateway-Einstellungen in Ordnung sind. Der Befehl bietet noch eine erweiterte Ausgabe mit `ipconfig -all` (unter Linux können Sie `ifconfig` benutzen).

✔ **Protokolle:** Öffnen Sie das EIGENSCHAFTEN-Dialogfeld der Netzwerkverbindungen und überprüfen Sie, ob alle erforderlichen Protokolle korrekt installiert sind.

✔ **Computername:** Diesen finden Sie seit Ende 2017 über WINDOWS-EINSTELLUNGEN|SYSTEM|INFO. Früher ging das über SYSTEMSTEUERUNG|SYSTEM.

Prüfen Sie, ob der Computername eindeutig und ob auch der Name der Domäne oder Arbeitsgruppe korrekt angegeben ist. Einstellungen zur Domäne oder Arbeitsgruppe finden Sie, indem Sie den Link DOMÄNE ODER ARBEITSGRUPPE unter VERWANDTE LINKS anklicken,

✔ **Berechtigungen:** Prüfen Sie die Benutzerkonten genau, damit der Benutzer wirklich zum Zugriff auf die benötigten Ressourcen berechtigt ist.

Die Netzwerk-Problembehandlung von Windows

Windows wird mit Hilfen ausgeliefert, mit denen sich Netzwerkprobleme häufig lösen lassen. Abbildung 18.1 zeigt die Variante von Windows 11. Beantworten Sie gegebenenfalls die Fragen der Problembehandlung und gehen Sie von einem zum anderen Bildschirm weiter. Die Netzwerk-Problembehandlung kann Ihnen zwar nicht helfen, alle Netzwerkprobleme zu beheben, dafür aber die Ursachen der gängigsten Probleme aufzeigen.

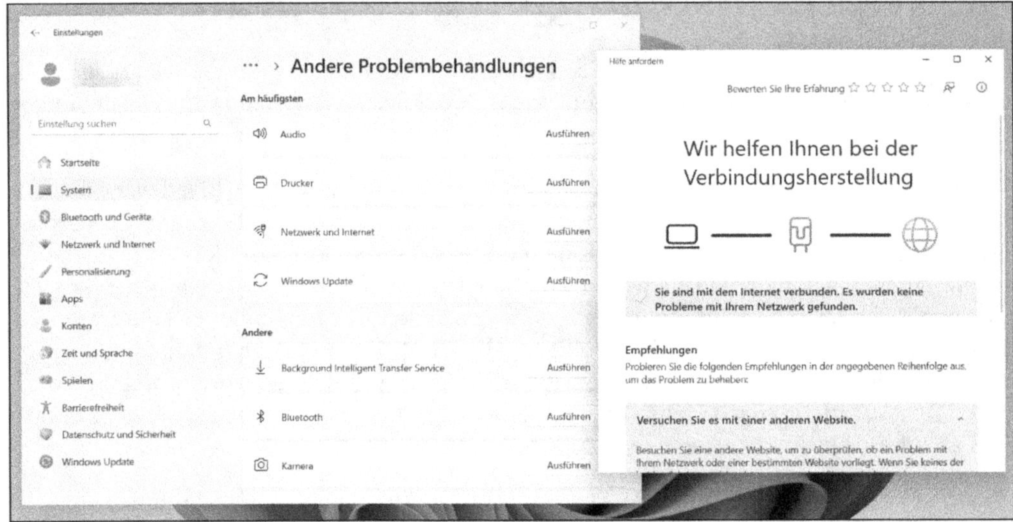

Abbildung 18.1: Die Problembehandlung für Netzwerk und Internet unter Windows 11

Um die Problembehandlung aufzurufen, öffnen Sie die Einstellungs-App unter Windows, klicken Sie links auf SYSTEM und dann im Hauptbereich der App auf PROBLEMBEHANDLUNG. Wählen Sie anschließend die Option ANDERE PROBLEMBEHANDLUNGEN. Windows listet Ihnen nun verschiedene Kategorien auf. Wählen Sie hier den passenden Eintrag. Wenn es sich um Probleme mit dem Netzwerk handelt, ist der Punkt NETZWERK UND INTERNET meistens die passende Option. Um den Assistenten zu starten, klicken Sie hier auf die Schaltfläche AUSFÜHREN, damit sich der in Abbildung 18.1 gezeigte Dialog öffnet.

Zeit für Experimente

Wenn Sie keine offensichtliche Erklärung für die Probleme oder den Ärger finden können, beispielsweise, dass der Computer ausgeschaltet ist, müssen Sie ein wenig experimentieren, um die Möglichkeiten einzugrenzen. Entwickeln Sie Ihre Strategie zur Beantwortung der grundsätzlichen Frage: *Handelt es sich um ein Problem des Netzwerks oder des lokalen Rechners?*

Hier einige Möglichkeiten zum Eingrenzen des Problems:

✔ **Versuchen Sie, dieselbe Operation auf einem anderen Gerät auszuführen.** Wenn niemand im Netzwerk auf ein Netzlaufwerk oder den Netzwerkdrucker zugreifen kann, ist wahrscheinlich irgendetwas mit dem Netzwerk nicht in Ordnung. Tritt der Fehler aber nur bei einem einzigen Rechner auf, dann handelt es sich sehr wahrscheinlich um ein Problem dieses lokalen Computers. Vielleicht kommuniziert er nicht zuverlässig mit dem Netzwerk oder er ist möglicherweise nicht korrekt für das Netzwerk konfiguriert. Vielleicht hat das Problem aber auch überhaupt nichts mit dem Netzwerk zu tun.

✔ **Falls Sie die Operation an einem anderen Rechner problemlos ausführen können, versuchen Sie, sich auf einem anderen Computer mit Ihrem Benutzernamen beim Netzwerk anzumelden.** Prüfen Sie, ob Sie die Operation dann auch noch fehlerlos ausführen können. Geht dies, liegt das Problem wahrscheinlich bei Ihrem Rechner. Geht es nicht, könnte die Ursache des Problems bei der Konfiguration Ihres Benutzerkontos liegen.

✔ **Falls Sie sich auf einem anderen Computer nicht anmelden können, warten Sie eine Weile.** Vielleicht wurde Ihr Konto vorübergehend deaktiviert. Das kann aus einer ganzen Reihe von Gründen geschehen – der häufigste Grund besteht darin, dass mehrfach eine Anmeldung mit falschem Kennwort versucht wurde. Falls Sie sich eine Stunde später immer noch nicht anmelden können, rufen Sie den Netzwerkadministrator und bieten Sie ihm ein Stück Torte an, um ihm die schlechte Nachricht etwas schmackhafter zu machen.

 Häufig wird die Anzahl der Zugriffe auf einen Server begrenzt. Diese Beschränkung kann die Anzahl der Benutzer oder die gleichzeitige Anzahl der Zugriffe auf Freigaben durch einen Benutzer betreffen. Wenn Sie Glück haben, lässt sich aus dem Text der Fehlermeldung schließen, dass ein solcher Fehler vorliegt.

Wer ist drin?

Bei der Suche nach der Ursache von Netzwerkproblemen ist es oft nützlich, wenn man weiß, wer aktuell beim Server angemeldet ist. Falls beispielsweise ein Benutzer auf eine Datei auf dem Server nicht zugreifen kann, können Sie prüfen, ob dieser Benutzer überhaupt angemeldet ist. Falls ja, wissen Sie, dass das Konto des Benutzers gültig ist, aber der Benutzer vielleicht nicht zum Zugriff auf diese Datei berechtigt ist. Ist der Benutzer aber nicht angemeldet, hat das Problem vielleicht etwas mit dem Konto selbst zu tun oder mit der Art und Weise, wie sich der Benutzer mit dem Server zu verbinden versucht.

Auch wenn Sie den Server neu starten müssen, ist es nützlich, wenn Sie erst einmal feststellen, wer gerade angemeldet ist. Weitere Informationen über den Neustart eines Servers finden Sie weiter hinten in diesem Kapitel im Abschnitt »Einen Netzwerkserver neu starten«.

Um herauszufinden, wer gerade bei einem Windows Server angemeldet ist, führen Sie diese Schritte aus:

1. **Öffnen Sie das Fenster der Computerverwaltung.**

   Wählen Sie dazu den Eintrag COMPUTERVERWALTUNG im Kontextmenü, das Sie mit einem Rechtsklick unten links in der Taskleiste aufrufen können.

2. **Öffnen Sie in der Baumliste den Eintrag SYSTEM, dann FREIGEGEBENE ORDNER und SITZUNGEN.**

   Eine Liste der angemeldeten Benutzer wird angezeigt.

   Wenn Sie GEÖFFNETE DATEIEN auswählen, können Sie feststellen, welche Dateien gerade von Netzwerkbenutzern verwendet werden.

Sie können alle Benutzer sofort trennen, wenn Sie im Fenster der Computerverwaltung unter FREIGEGEBENE ORDNER den Eintrag SITZUNGEN mit der rechten Maustaste anklicken und im Kontextmenü ALLE SITZUNGEN TRENNEN auswählen. Doch Vorsicht! Dadurch können die Benutzer bereits eingegebene Daten verlieren.

Einen Clientcomputer neu starten

Manchmal verknoten Probleme einen Computer so sehr, dass Sie ihn nur noch neu starten können. In einigen Fällen beginnt der Computer einfach, sich seltsam zu benehmen. Merkwürdige Zeichen erscheinen auf dem Bildschirm oder Windows lässt Sie ein Programm nicht mehr beenden. Manchmal wird ein Computer so konfus, dass sich nichts mehr bewegt. Er steht einfach nur da wie ein Reh, das in die nahenden Autoscheinwerfer starrt. Nichts tut sich mehr, egal wie fest Sie auch [Esc] oder [↵] drücken. Sie können die Maus über den gesamten Schreibtisch schieben oder sie in die Ecke feuern, aber der Mauszeiger auf dem Monitor bleibt davon völlig ungerührt.

Beginnt ein Computer, sich seltsam zu verhalten, müssen Sie ihn neu starten. Falls Sie ihn neu starten müssen, sollten Sie dies so sauber wie möglich tun. Ich weiß, dass dies jetzt ganz selbstverständlich erscheint, aber die Technik des sicheren Neustarts eines Clientcomputers ist es wert, wiederholt zu werden:

1. **Falls möglich, sollten Sie Ihre Arbeit speichern.**

   Wenn sich der Rechner seltsam zu verhalten beginnt, benutzen Sie, falls dies noch möglich ist, den Befehl DATEI|SPEICHERN, um alle gerade bearbeiteten Dokumente und Dateien zu speichern. Wenn die Menüs nicht mehr reagieren, versuchen Sie, die Schaltfläche SPEICHERN in der Symbolleiste anzuklicken. Funktioniert dies auch nicht mehr, versuchen Sie es mit [Strg] + [S], der Standardtastenkombination für den Befehl SPEICHERN.

2. **Falls möglich, schließen Sie alle laufenden Programme.**

   Dazu benutzen Sie den Befehl DATEI|BEENDEN oder klicken die Schaltfläche SCHLIESSEN in der oberen rechten Ecke des Programmfensters an. Sie können zumeist auch [Alt] + [F4] drücken.

Wenn sich ein Programm auf diese Weise nicht schließen lässt, können Sie es normalerweise immer noch über den Windows-Task-Manager abwürgen. Klicken Sie die Windows-Taskleiste mit der rechten Maustaste an und wählen Sie im Kontextmenü TASK-MANAGER. Wählen Sie auf der Registerkarte ANWENDUNGEN das zu schließende Programm aus und klicken Sie die Schaltfläche TASK BEENDEN an.

3. Starten Sie den Rechner neu.

Im Startmenü von Windows finden Sie eine 0/1-Schaltfläche. Klicken Sie diese an, wird ein kleines Untermenü angezeigt, in dem Sie auf NEU STARTEN klicken können, um Ihren Rechner herunterzufahren und Windows anschließend neu zu starten (siehe Abbildung 18.2).

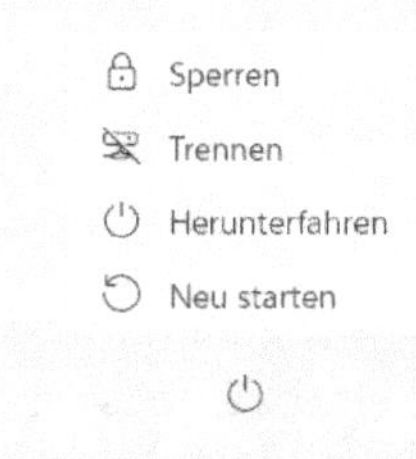

Abbildung 18.2: Windows neu starten

Falls der Neustart des Rechners das Problem nicht zu beheben scheint, müssen Sie den Computer vielleicht vollständig ausschalten und anschließend wieder einschalten. Dazu folgen Sie der gerade beschriebenen Prozedur. Wählen Sie dabei aber abschließend HERUNTERFAHREN statt NEU STARTEN. Je nach Rechnerkonfiguration schaltet Windows dann den Computer aus oder zeigt eine Meldung, dass es nun sicher ist, ihn abzuschalten. Falls Windows den Computer nicht für Sie ausschaltet, schalten Sie ihn selbst über den Ein-/Ausschalter am Gehäuse aus. Falls das Gerät keinen Schalter am Netzteil hat, ziehen Sie das Netzkabel. Bei den meisten Geräten können Sie den Power-Knopf auch für ca. 5 Sekunden gedrückt halten, das Gerät sollte dann »hart« abschalten. Warten Sie danach etwa eine Minute ab und schalten Sie den Rechner erst dann wieder ein.

Hier noch ein paar Dinge, die Sie ausprobieren können, wenn Probleme beim Neustarten des Rechners auftreten:

✔ Falls Ihr Computer auf den Befehl START|HERUNTERFAHREN nicht reagiert, versuchen Sie, Strg + Alt + Entf zu drücken.

Das wird auch »Affengriff« genannt. Wenn Sie Strg + Alt + Entf drücken, versucht Windows generell, ein Dialogfeld anzuzeigen, über das Sie laufende Programme beenden oder den Rechner herunterfahren können.

✔ Falls Strg + Alt + Entf nichts bewirkt, können Sie nur noch zum letzten Mittel greifen und den Ein-/Ausschalter am Rechner ein paar Sekunden lang drücken.

Das Drücken der Reset-Taste ist eine drastische Maßnahme, zu der Sie nur greifen sollten, wenn ein Rechner wirklich nicht mehr reagiert. Alle Arbeit, die noch nicht auf Platte oder einem anderen Datenträger gespeichert wurde, geht dadurch verloren (Heul!). Falls es am Rechner keine Reset-Taste gibt, schalten Sie ihn aus, warten ein paar Minuten und schalten ihn dann wieder ein.

Falls irgend möglich, speichern Sie Ihre Arbeit, bevor Sie den Rechner neu starten. Alles, was Sie nicht speichern, geht ansonsten verloren. Falls sich der Rechner völlig verhaspelt hat, können Sie Ihre Arbeit dummerweise nicht mehr speichern. Dann bleibt Ihnen nichts anderes übrig, als den Rechner von der (digitalen) Klippe zu stoßen.

Im abgesicherten Modus booten

Windows stellt einen speziellen Startmodus bereit, der *abgesicherter Modus* genannt wird und Sie bei der Suche nach und Behebung von Fehlern unterstützen kann. Wenn Sie einen Rechner im abgesicherten Modus starten, lädt Windows nur seine wichtigsten Teile in den Arbeitsspeicher und damit nur das, was es für seinen Betrieb unbedingt braucht. Der abgesicherte Modus ist insbesondere nützlich, wenn bei Ihrem Rechner ein Problem auftritt, durch das er sich ansonsten gar nicht mehr starten lässt.

Um Ihren Rechner im abgesicherten Modus zu starten, führen Sie einen Neustart durch. Während der Computer anschließend hochzufahren versucht, müssen Sie eine Tastenkombination drücken, die sich bei den verschiedenen Windows-Versionen unterscheidet. Zum Starten eines Windows-Rechners im abgesicherten Modus können Sie die Tastenkombinationen aus Tabelle 18.1 verwenden.

Windows-Version	Tastenkombination
XP, Vista, 7	F8
8.x	⇧ + F8
Windows 10/11	Strg + F8

Tabelle 18.1: Tastenkombination für den Start des abgesicherten Modus

Anschließend geht es über die verschiedenen Optionen des erweiterten Starts (oder das Auswahlmenü mit der Überschrift ERWEITERTE STARTOPTIONEN) weiter. Eine der Optionen in der angezeigten Liste heißt ABGESICHERTER MODUS. Benutzen Sie die Pfeiltasten, um diese Option zu markieren, und drücken Sie dann ⏎, um den Rechner in diesem Modus zu starten.

Die Systemwiederherstellung nutzen

Bei der *Systemwiederherstellung* handelt es sich um eine Windows-Funktion, die periodisch wichtige Windows-Konfigurationsdaten sichert, um Ihr System später in einen zuvor gesicherten Konfigurationszustand zurückversetzen zu können. Wenn man einen Computer wieder in einen Zustand versetzt, in dem er noch korrekt gearbeitet hat, lassen sich auftretende Probleme häufig beheben.

Standardmäßig speichert Windows immer dann automatisch *Wiederherstellungspunkte*, wenn neue Software auf dem Rechner installiert oder eine Systemaktualisierung durchgeführt wird. Zudem werden Wiederherstellungspunkte automatisch nach jeweils sieben Tagen angelegt.

Auch wenn die Systemwiederherstellung standardmäßig aktiviert ist, sollten Sie dies doch überprüfen, um dafür zu sorgen, dass wirklich Systemwiederherstellungspunkte erstellt werden. Dazu öffnen Sie die Einstellungs-App von Windows und wählen auf der linken Seite die Kategorie SYSTEM. Scrollen Sie anschließend im Hauptbereich der App ganz nach unten und wählen Sie den Eintrag INFO. Unter VERWANDTE LINKS finden Sie dann den Eintrag ERWEITERTE SYSTEMEINSTELLUNGEN. Klicken Sie darauf, öffnet sich der Dialog SYSTEMEIGENSCHAFTEN. Wenn Sie dort die Registerkarte COMPUTERSCHUTZ aktivieren, sieht es wie in Abbildung 18.3 dargestellt aus. Vergewissern Sie sich, dass der Schutzstatus für das Laufwerk C: des Rechners eingeschaltet ist. Sollte das nicht der Fall sein, markieren Sie das Laufwerk C: und klicken die Schaltfläche KONFIGURIEREN an, um anschließend die Einstellungen für die Systemwiederherstellung vorzunehmen.

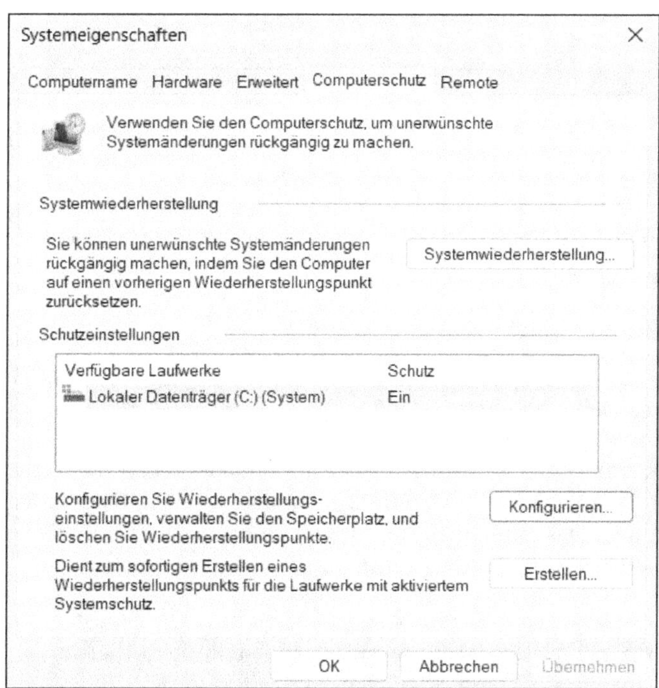

Abbildung 18.3: Basisinformationen und die Registerkarte »Computerschutz« im Dialogfeld »Systemeigenschaften«

Wenn sich bei Ihrem Rechner ein Problem zu zeigen beginnt, können Sie ihn wieder in den Zustand zurückversetzen, der von einem zuvor gespeicherten Wiederherstellungspunkt beschrieben wird, wenn Sie die Registerkarte SYSTEMSCHUTZ aktivieren und dort die Schaltfläche SYSTEMWIEDERHERSTELLUNG anklicken. Daraufhin wird der entsprechende

Assistent angezeigt, dessen Dialogfeld nach dem Wegklicken des Begrüßungsdialogs ähnlich wie in Abbildung 18.4 aussieht. Hier können Sie den Punkt auswählen, den Sie für die Wiederherstellung verwenden wollen.

Abbildung 18.4: Mit der Systemwiederherstellung eine ältere Konfiguration Ihres Systems restaurieren

Hier noch ein paar weitere Aspekte zur Systemwiederherstellung:

✔ Die Systemwiederherstellung *löscht keine* Datendateien von Ihrem System. Die Dateien in Ihren persönlichen Ordnern bleiben daher erhalten.

✔ Die Systemwiederherstellung *entfernt* Anwendungen oder Systemaktualisierungen, die seit der Erstellung des letzten Wiederherstellungspunkts installiert wurden. Diese müssen also erneut installiert werden. Das gilt natürlich nicht, wenn diese Anwendungen oder Systemaktualisierungen der vorrangige Grund für Ihr Problem gewesen sind.

✔ Die Systemwiederherstellung startet Ihren Rechner automatisch neu. Der Neustart kann eine Weile dauern, da einige der von der Systemwiederherstellung initiierten Änderungen erst nach dem Neustart vorgenommen werden.

✔ Schalten Sie den Rechner während einer Systemwiederherstellung nicht aus und trennen Sie ihn währenddessen auch nicht von seiner Stromversorgung. Das könnte dazu führen, dass er anschließend nicht mehr lauffähig ist.

✔ Die Systemwiederherstellung ist nicht gleichzusetzen mit einem kompletten Backup des Rechners. Das heißt, dass der Systemzustand, also alle Systemdateien und installierten Programme, auf den Stand des

Systemwiederherstellungspunkts zurückgesetzt werden, Ihre (persönlichen) Dateien davon allerdings ausgeschlossen sind.

Möchten Sie ein komplettes Backup Ihres Rechners mitsamt allen Dateien vornehmen, gelingt Ihnen das leider nicht mit den Bordmitteln von Windows. In diesem Fall müssen Sie auf (meistens kostenpflichtige) Software von Drittherstellern ausweichen. Bekannte Vertreter sind *Acronis True Image* oder auch *VEEAM*.

Wenn Sie auf Ihren Rechnern automatische Komplettsicherungen beispielsweise mit *Acronis True Image* erstellen lassen, können Sie die Systemwiederherstellung getrost deaktivieren.

Netzwerkdienste neu starten

Manchmal bleiben auch die Probleme verursachenden Dienste des Betriebssystems hängen. Wenn Benutzer auf einen Server nicht zugreifen können, könnte es auch daran liegen, dass ein wesentlicher Netzwerkdienst klemmt oder angehalten wurde.

Sie können sich den Status der Dienste ansehen, wenn Sie diese in der Computerverwaltung (Windows) oder der Dienste-Konsole (Windows Server) anzeigen lassen. Die Unterschiede sind dabei letztlich nicht allzu gravierend (siehe Abbildung 18.5).

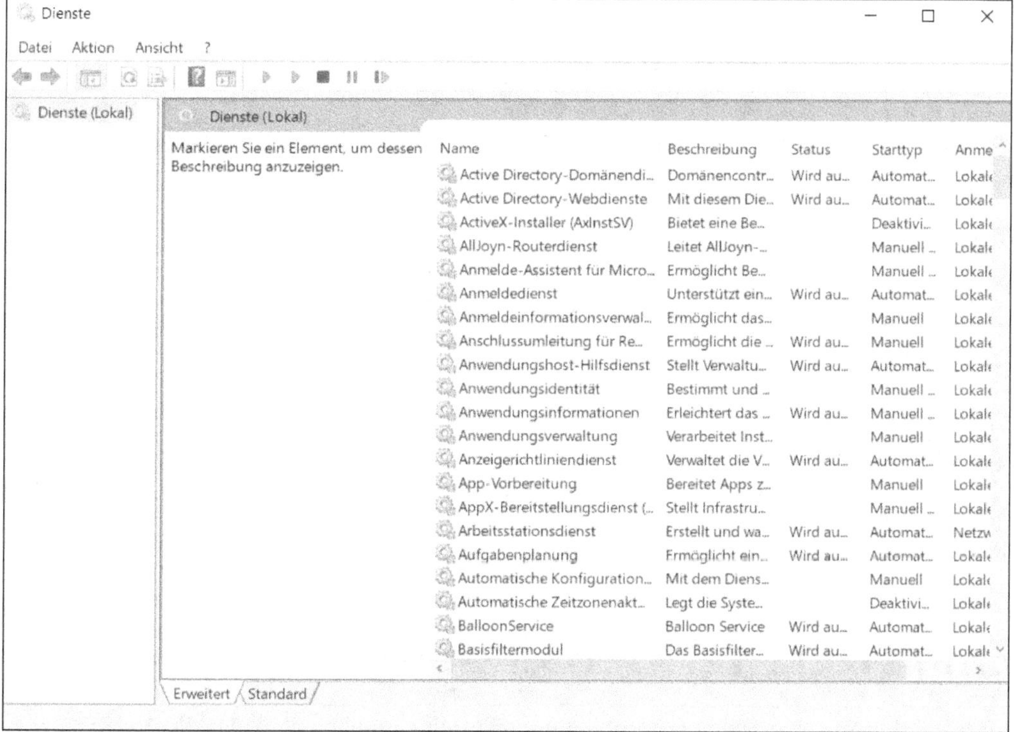

Abbildung 18.5: Die Anzeige der Dienste unter Windows Server

Um die Dienste-Konsole zu starten, können Sie das bei Windows Server über das Fenster SERVER-MANAGER und die Menüoptionen TOOLS|DIENSTE erledigen. Bei einer normalen Windows-Version finden Sie die Dienste über den Eintrag VERWALTEN in der klassischen Ansicht der Systemsteuerung. Wählen Sie hier den Eintrag WINDOWS-TOOLS und anschließend DIENSTE.

Welche Verwaltungsoptionen in den verschiedenen Windows-Varianten verfügbar sind, hängt nicht nur von der jeweiligen Version und Variante (Home, Pro, Ultimate oder Enterprise) ab, sondern möglicherweise auch noch von der jeweiligen Konfiguration des Betriebssystems.

Welcher Dienst ein Schlüsseldienst ist, richtet sich nach den Rollen, die Sie für Ihren Server definiert haben. In Tabelle 18.2 sind ein paar Schlüsseldienste aufgeführt, die bei den meisten Windows-Netzwerkbetriebssystemen üblich sind. Viele Server benötigen darüber hinaus allerdings noch weitere Dienste.

Dienst	Beschreibung
Computerbrowser	Pflegt eine Liste der Computer im Netzwerk, auf die zugegriffen werden kann. Falls dieser Dienst ausgeschaltet ist, kann der Rechner nicht mehr suchen und die Netzwerkumgebung lässt sich zum Beispiel nicht benutzen.
DHCP-Client	Sorgt dafür, dass der Rechner seine IP-Adresse von einem DHCP-Server beziehen kann. Falls dieser Dienst ausgeschaltet ist, wird die IP-Adresse des Rechners nicht richtig konfiguriert.
DNS-Client	Sorgt dafür, dass der Rechner zur Auflösung von DNS-Namen auf einen DNS-Server zugreifen kann. Wenn dieser Dienst deaktiviert ist, kann der Rechner keine DNS-Namen nutzen – auch keine Internetadressen und Active-Directory-Namen.
Server	Stellt einfache Dienste für die Datei- und Druckerfreigabe auf dem Server bereit. Ist dieser Dienst gestoppt, können sich Clients für den Zugriff auf Dateien oder Drucker nicht mit dem Server verbinden.
Arbeitsstationsdienst	Ermöglicht dem Rechner die Herstellung von Clientverbindungen mit anderen Servern. Falls dieser Dienst ausgeschaltet ist, kann sich der Rechner nicht mit anderen Servern verbinden.

Tabelle 18.2: Wichtige Windows-Dienste

Wenn wichtige Dienste angehalten werden, hat dies üblicherweise einen Grund. Einen gestoppten Dienst einfach neu zu starten, wird das Netzwerkproblem nicht beheben, zumindest nicht auf Dauer. Daher sollten Sie sich in der Ereignisanzeige alle Meldungen genauer ansehen, die vielleicht erklären können, warum der Dienst gestoppt wurde.

Einen Netzwerkserver neu starten

Manchmal lassen sich Netzwerkprobleme nur durch einen Neustart des die Probleme verursachenden Netzwerkservers beheben.

Den Neustart eines Netzwerkservers sollten Sie nur als letztes Mittel in Betracht ziehen. Netzwerkbetriebssysteme wurden entwickelt, um über Monate oder gar Jahre hinweg ohne Neustart zu laufen. Der Neustart eines Servers führt unvermeidlich zu einer vorübergehenden Nichtverfügbarkeit von Diensten oder Freigaben. Wenn Sie einen Server neu starten müssen, versuchen Sie, dies möglichst außerhalb der üblichen Arbeitszeiten zu tun.

Bevor Sie einen Server neu starten, überprüfen Sie, ob ein bestimmter benötigter Dienst angehalten oder gestoppt wurde. Vielleicht können Sie anstelle des Servers einfach nur diesen Dienst neu starten. Weitere Informationen darüber finden Sie im Abschnitt »Netzwerkdienste neu starten« weiter vorn in diesem Kapitel.

Nachfolgend wird die prinzipielle Vorgehensweise für den Neustart eines Netzwerkservers (Windows Server) beschrieben:

1. **Stellen Sie sicher, dass alle Benutzer vom Server abgemeldet sind.**

   Am einfachsten ist dies, wenn Sie den Server außerhalb der üblichen Geschäftszeiten neu starten, wenn alle schon nach Hause gegangen sind. Dann können Sie den Server einfach herunterfahren und dabei die Abmeldung der übrigen Benutzer zwangsweise erfolgen lassen.

   Um herauszufinden, wer noch angemeldet ist, lesen Sie den Abschnitt *Wer ist drin?* weiter vorn in diesem Kapitel.

2. **Wenn Sie sicher sind, dass keine Benutzer mehr angemeldet sind, fahren Sie den Netzwerkserver herunter.**

   Sie sollten dies möglichst so tun wie ein gesitteter Mensch – behutsam und in der richtigen Reihenfolge. Öffnen Sie dazu das Startmenü durch einen Klick auf das Windows-Icon links unten in der Taskleiste. Klicken Sie nun auf die 0/1-Schaltfläche und wählen Sie HERUNTERFAHREN.

Windows Server können Sie nicht ohne Angabe eines Grundes herunterfahren. Wenn das Dialogfeld WINDOWS HERUNTERFAHREN angezeigt wird, müssen Sie darin einen Grund für das Herunterfahren angeben (oder die Vorgabe beibehalten). Die hier vorgenommenen Angaben werden ins Systemprotokoll des Servers eingetragen, das Sie sich in der Ereignisanzeige ansehen können. Zur Ereignisanzeige erfahren Sie im nachfolgenden Abschnitt noch ein wenig mehr.

3. **Starten Sie den Server neu oder schalten Sie ihn aus und dann wieder ein.**

   Beobachten Sie das Hochfahren des Servers, damit Sie auch ja keine Fehlermeldung übersehen.

4. **Sagen Sie den Netzwerkbenutzern, dass sie sich wieder anmelden können. Überzeugen Sie sich davon, dass alle wieder auf das Netzwerk zugreifen können.**

Denken Sie an die folgenden Ratschläge, wenn Sie einen Neustart eines Netzwerkservers in Erwägung ziehen:

   ✔ Der Neustart eines Netzwerkservers ist eine drastischere Maßnahme als der Neustart eines Clientrechners. Sorgen Sie dafür, dass jeder seine Arbeit gespeichert und sich abgemeldet hat, bevor Sie zur Tat schreiten! Sie können riesige Probleme verursachen, wenn Sie den Server einfach ausschalten, während noch Benutzer angemeldet sind.

✔ Natürlich ist der Neustart eines Servers für alle Netzwerkbenutzer unangenehm. Bieten Sie vorsichtshalber ein paar Bonbons an.

Ereignisprotokolle untersuchen

Eine der nützlichsten Troubleshooting-Techniken bei der Diagnose von Netzwerkproblemen ist die Überprüfung der vom Netzwerkbetriebssystem zur Verfügung gestellten Ereignisprotokolle. Diese Protokolle enthalten Informationen über interessante und potenziell problematische Ereignisse, die während des täglichen Netzwerkbetriebs eintreten. Sie werden im Hintergrund erstellt und sammeln klammheimlich Informationen über alle Netzwerkereignisse. Geht etwas schief, können Sie in den Protokollen sehen, ob das Problem ein nennenswertes Ereignis verursacht hat. In vielen Fällen wird das Ereignisprotokoll einen Eintrag enthalten, der die Ursache des Problems beschreibt und eine Lösung vorschlägt.

Unter Windows Server können Sie die Ereignisanzeige über das Menü TOOLS im Fenster des Server-Managers starten, den Sie über dessen Symbol in der Taskleiste aufrufen können. Abbildung 18.6 zeigt die EREIGNISANZEIGE von Windows Server. Die Baumliste auf der linken Seite der EREIGNISANZEIGE enthält fünf Kategorien überwachter Ereignisse:

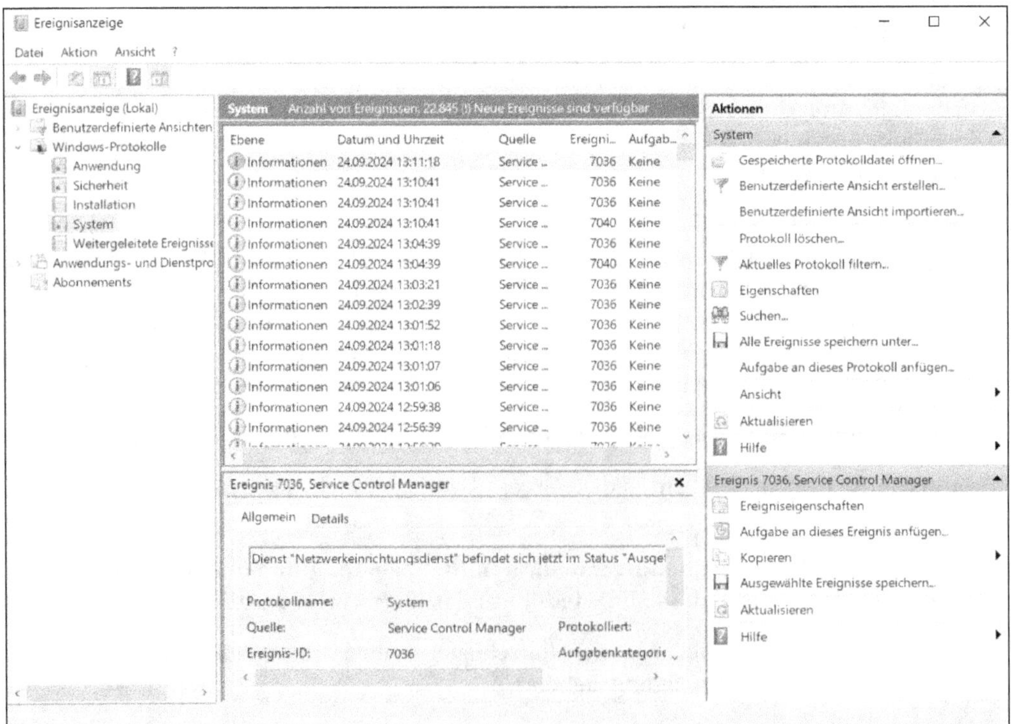

Abbildung 18.6: Die Ereignisanzeige unter Windows Server

ANWENDUNG, SICHERHEIT, EINRICHTUNG, SYSTEM und WEITERGELEITETE EREIGNISSE.
Wählen Sie eine dieser Optionen aus, um das entsprechende Protokoll anzeigen zu lassen.
Um Einzelheiten zu einem Ereignis anzeigen zu lassen, markieren Sie es einfach. Werden
die Details nicht mit im Hauptfenster angezeigt, können Sie darauf doppelklicken, um sie in
einem Dialogfeld anzeigen zu lassen.

Versuche und Bemühungen dokumentieren

Bei einem großen Netzwerk werden Sie vielleicht in eine Problemmanagementsoftware
investieren wollen, die jedes Problem durch den gesamten Prozess des Troubleshootings
verfolgt – von der anfänglichen Meldung bis zur Lösung. Bei kleinen bis mittleren Netzwerken reicht es wahrscheinlich aus, wenn man einen Ordner mit vorgefertigten Formula-
ren anlegt. Sie können Ihre Notizen auch in Word- oder Excel-Dokumenten aufzeichnen.

Richtig klasse wird es, wenn Sie einen Intranetserver für die Dokumentation einrichten. Okay, das macht Arbeit, aber wenn neben Supportmitarbeitern auch die
Benutzer darauf zugreifen können, könnte Ihnen das möglicherweise viel Arbeit
ersparen. Wiki-, BBS- oder Ticket-Systeme bilden hier beispielsweise Alternativen.

Unabhängig davon, wie Sie Ihre Netzwerkprobleme protokollieren, sollten die Protokolle
die folgenden Angaben enthalten:

✔ den tatsächlichen Namen und den Netzwerkbenutzernamen der Person, die das Problem gemeldet hat

✔ das Datum der ersten Meldung des Problems

✔ einen Hinweis auf die Schwere des Problems. Handelt es sich einfach nur um eine
Unannehmlichkeit oder kann ein Benutzer seine Arbeit wegen dieses Problems nicht
abschließen? Lässt sich das Problem umgehen?

✔ den Namen der Person, die mit der Lösung des Problems beauftragt wurde

✔ eine Beschreibung des Problems

✔ eine Liste der beteiligten Software (einschließlich Versionsangaben)

✔ eine Liste der zur Lösung des Problems durchgeführten Schritte

✔ eine Beschreibung der Zwischenschritte, die beim Versuch der Behebung des Problems durchgeführt wurden. Dazu gehören auch Angaben dazu, ob diese Schritte wieder rückgängig gemacht wurden, wenn sie zur Lösung des Problems nicht beitragen
konnten

✔ das Datum der letztendlichen Problembeseitigung

Kapitel 19
Die Netzwerkdaten sichern

Wenn man Sie als Netzwerkverwalter ausgeguckt hat, sind Sie auch für die Sicherheit der Daten im Netzwerk verantwortlich. Tatsächlich handelt es sich dabei um Ihre vorrangige Aufgabe. Sie werden dafür bezahlt, dass Sie sich nachts schlaflos im Bett wälzen und sich fragen, ob die Daten morgen noch da sein werden. Und wenn sie nicht mehr da sind, ob Sie sie wiederherstellen können? Oder wenn Sie sie nicht mehr wiederherstellen können, ob *Sie* dann morgen noch da sein werden?

Dieses Kapitel behandelt all die Dinge, die ein guter und verantwortungsvoller Netzwerkverwalter tun muss. Es wird Ihnen keiner besonders dafür danken, aber eigentlich wäre es nur recht und billig.

Daten sichern

Datensicherungen sind die Eckpfeiler eines jeden Katastrophenplans. Ohne Backups kann ein einfacher Festplattenausfall Ihr Unternehmen Tage oder gar Wochen zurückwerfen, weil erst versucht werden muss, alle Daten wiederherzustellen. Fehlende Backups der Daten können tatsächlich sogar die Existenz des Unternehmens bedrohen.

Das Hauptziel von Backups ist simpel: Bewahren Sie Kopien der kritischen Netzwerkdaten auf, um unabhängig von den Ereignissen niemals mehr als einen Tag Arbeit zu verlieren. Egal, ob der Wertpapiermarkt zusammenbricht oder ob irgendein Ex-Politiker die Hauptrolle in der Verfilmung von *Vorwärts in die Vergangenheit* übernimmt, Sie verlieren nie mehr als einen Tag Arbeit, wenn Sie mit Ihren Backups auf dem Laufenden bleiben.

Dies erreichen Sie natürlich dadurch, dass Sie dafür sorgen, dass die Daten täglich zuverlässig gesichert werden. In vielen Netzwerken können alle Netzwerkfestplatten über Nacht gesichert werden. Aber selbst wenn keine vollständige Sicherung möglich sein sollte, können Sie immer noch Verfahren einsetzen, die dafür sorgen, dass für alle Dateien im Netzwerk Kopien vorhanden sind, die nicht älter als einen Tag oder vielleicht eine Woche sind.

Die 3-2-1-Regel

Die gängigste Regel für Ihren Backup-Plan ist die 3-2-1-Regel. Orientieren Sie sich an dieser, setzen Sie sie um und kontrollieren Sie auch, dass sie wirklich umgesetzt wird. Ebenfalls wichtig: Üben Sie eine Wiederherstellung. Kein Backup bringt etwas, wenn es nicht funktioniert.

Aber nun zur Regel, diese lautet:

✔ *Behalten Sie DREI Kopien Ihrer Daten.* Eine ist die Hauptkopie, auf die täglich zugegriffen wird. Die weiteren beiden sind Backup-Kopien.

✔ *Benutzen Sie ZWEI verschiedene Medientypen.* Wenn Sie alle Kopien auf demselben Ziel oder Medientyp speichern, sind alle gleich anfällig für Risiken. Sie können die Primärkopie auf einem Backup-Server spiegeln, eine weitere auf Band und die letzte in der Cloud.

✔ *Behalten Sie EINE Kopie außer Haus.* Werden alle drei Kopien am selben Ort gelagert, kann ein Unglück auch alle drei gleichzeitig zerstören, zusammen mit den Hauptdaten. Daher sollte mindestens eine Kopie außer Haus und sicher gelagert werden.

Die 3-2-1-Regel gibt es schon seit Jahrzehnten und hat uns gut gedient. Ich denke aber, dass diese Regel ein Update auf die heutigen Gegebenheiten braucht. Hier ist meine aktualisierte Version der 3-2-1-Regel:

✔ *Behalten Sie DREI Kopien Ihrer Daten.* Eine Hauptsicherung und zwei Backup-Kopien reichen in der heutigen Zeit nicht mehr aus, da die Gefahren allgegenwärtig und vielfältig sind. Daher empfehle ich drei Backup-Kopien zusätzlich zu den Hauptdaten. Dazu noch eine Anmerkung: Wiederherstellungspunkte unter Windows sind KEIN Backup.

✔ *Nutzen Sie ZWEI Kopien außerhalb des Standorts.* Eine Hauptsicherung sollte nah an den Hauptdaten sein, um eine schnelle Wiederherstellung zu ermöglichen. Dass Sie zwei unterschiedliche Medientypen nutzen, ist nicht so extrem wichtig. Wählen Sie stattdessen lieber zwei weitere Backup-Ziele außerhalb. Eins könnte in einem anderen Teil des Gebäudes sein, das andere in einer Filiale oder der Cloud.

✔ *Behalten Sie EINE Kopie komplett offline.* Außerhalb ist nicht dasselbe wie offline. Solange sich alle Kopien im selben Netzwerk befinden, sind alle gleichzeitig anfällig für Hacker-Angriffe. Wenn Ihre Hauptdaten und auch noch das Backup durch einen Angriff verschlüsselt oder gelöscht wurden, war das Backup nutzlos und Ihr größter Albtraum wird wahr. Eine sichere Form ist daher das Backup auf Band, das dann wirklich offline und außerhalb des Standortes gelagert wird.

Hier ein Beispielplan für eine Anwendung der aktualisierten 3-2-1-Regel:

✔ Das Haupt-Backup wird auf einen Netzwerkspeicher geschrieben. Das NAS sollte mindestens die doppelte Speicherkapazität der Backup-Daten haben.

✔ Die Kopie außerhalb des Standorts wird auf ein identisches NAS gespiegelt, das in einem anderen Gebäude oder Brandabschnitt steht.

✔ Die Offline-Kopie wird auf Band erstellt. Die Bänder werden täglich entnommen, gewechselt und außerhalb des Standorts aufbewahrt.

Auswahl der Speichermedien für Ihre Daten

Wenn Sie die Daten der Festplatten Ihrer Netzwerkserver sichern wollen, benötigen Sie irgendetwas, auf dem Sie die Daten speichern können. Solange es sich nur um die reinen Daten handelt, *könnten* Sie diese auf CDs kopieren. Für die vollständige Sicherung einer Terabyte-Festplatte bräuchten Sie dann aber schon mehr als 1.500 CDs. Das sind etliche Discs mehr, als die meisten von uns in irgendeinem Schrank aufbewahren wollen. Wenn Sie DVDs nähmen, würden Sie immer noch etwa 240 Datenträger benötigen. Könnten Sie parallel vier Laufwerke zum Schreiben der Sicherung benutzen, wäre die Sicherung dann vielleicht nach etwa fünf Stunden abgeschlossen. Ansonsten müssten Sie schon den Samstag für das Erstellen der Sicherung einplanen.

Verwalter größerer Netzwerke verwenden zur Sicherung Ihrer Netzwerkdaten eine ganze Reihe verschiedener Speichergeräte. Die üblichsten sind:

✔ **Band:** Magnetbänder sind das älteste Medium für Backups. Sie sind aber bei wirklich großen Datenmengen auch heute noch durchaus noch verbreitet. Einer der größten Vorteile von Bandsicherungen besteht darin, dass die Bänder relativ klein sind und sich daher leicht auch an einen anderen Ort bringen lassen. Heute werden dann aber spezielle und teure Magnetbänder mit Kapazitäten im zweistelligen Terabyte-Bereich (ein Terabyte = 1.024 Gigabyte) verwendet.

✔ **NAS-Laufwerke (Network Attached Storage):** *NAS*-Laufwerke lassen sich direkt an Ihr Netzwerk anschließen. Häufig werden sie für Backups genutzt, weil sie in ihren einfachen Varianten heute relativ preiswert sind. Zudem sind sie relativ klein und lassen sich auch leicht entfernen und wie ein Bandlaufwerk problemlos an einen anderen Ort bringen.

✔ **Storage Area Networks (SAN):** Laufwerke in einem separaten Gehäuse, die direkt an dem Server angeschlossen sind. Ihre Hauptdaten werden wahrscheinlich auf einem SAN liegen. Unter KEINEN Umständen sollte ein Backup auf demselben SAN erstellt werden, auf dem auch die Hauptdaten liegen. Implementieren Sie einen dedizierten Backup-Server mit eigenem SAN.

✔ **Cloud-Backup:** Eine zunehmend beliebte Option besteht in der Nutzung einer Dienstleistung, mit deren Hilfe die Daten irgendwo im Internet gesichert werden. Die Datensicherung in der Cloud bietet naturgemäß den Vorteil, dass die Daten bereits an einem anderen Ort aufbewahrt werden.

✔ **USB-Datenträger:** Angesichts der heutigen Preise können Sie in vielen Fällen auch USB-Festplatten oder USB-Speichersticks benutzen, um Daten zu sichern. Bei den herkömmlichen Festplatten mit beweglichen Teilen erhalten Sie für etwas mehr als 100 Euro üblicherweise mindestens etwa zwei Terabyte Kapazität. Externe USB-Datenträger können Sie auch wiederum an NAS-Laufwerke anschließen, um Sicherungen (auch automatisiert) zu erstellen.

✔ **Optische Datenträger:** CD und DVD eignen sich heute kaum mehr zur Speicherung größerer Datenmengen. Und selbst die normale Blu-ray nimmt sich mit einer Lage und 25 Gigabyte noch eher bescheiden aus. Es gibt aber Varianten, die sich teilweise noch in der Entwicklung befinden und die es auf Kapazitäten im Terabyte-Bereich bringen sollen. Über aktuelle Entwicklungen können Sie sich bei Interesse unter dem Stichwort »Blu-ray Disc« in der Wikipedia informieren.

Datensicherung auf Magnetbändern

Auch wenn Sicherungen auf Magnetbändern in vielen Bereichen eher rückläufig sind, haben sie ihre Vorteile. Ein Vorteil von Band-Backups ist, dass sie unbeaufsichtigt laufen können. Sie können tatsächlich ein Band-Backup planen, das automatisch nach Geschäftsschluss läuft, wenn niemand mehr das Netzwerk benutzt. Damit unbeaufsichtigte Backups funktionieren, müssen Sie dafür sorgen, dass genügend Kapazität für das Backup der kompletten Serverfestplatte vorhanden ist.

Da moderne Bandsicherungssysteme heute in größeren Unternehmen eine individuelle Anschaffung sind, erübrigt es sich, diese eingehender zu beschreiben. Historisch waren beispielsweise die folgenden Lösungen verbreitet:

✔ **Travan-Laufwerke:** Diese wurden in kleinen Netzwerken verbreitet eingesetzt. Sie hatten üblicherweise Kapazitäten zwischen 20 und 40 Gigabyte. Es gab allerdings auch Lösungsvarianten mit über 200 Gigabyte. Aber auch diese nehmen sich heute eher bescheiden aus.

✔ **DAT-, DLT- und LTO-Geräte:** Diese Laufwerke wurden für größere Netzwerke verwendet. *DAT*-Laufwerke (*DAT* steht für *Digital Audio Tape)* konnten anfangs bis zu 80 Gigabyte auf einem Band sichern. Bei *DLT* (*Digital Linear Tape*) sind es dann schon bis zu 800 Gigabyte auf einem Band. *LTO-Laufwerke (Linear Tape Open)* wurden ab Ende des letzten Jahrtausends eingesetzt und bringen es heute auf Speicherkapazitäten im zweistelligen Terabyte-Bereich bei entsprechend hohen Geschwindigkeiten. Technisch sind Kapazitäten von Hunderten Terabyte oder als Band-Bibliotheken Lösungen im Petabyte-Bereich realisierbar. Da bereits DAT- und DLT-Laufwerke mit ihren hohen Kapazitäten vierstellige Beträge kosten können, erkundigen Sie sich bei LTO-Geräten bei Bedarf besser aktuell selbst.

✔ **Roboter-Einheiten:** Falls Sie tatsächlich wirklich große Datenmengen sichern müssen, können Sie Roboter-Backup-Geräte kaufen, die Bänder automatisch aus einer Bandbibliothek laden. Hier gehen die Kosten dann leicht in den Millionen-Bereich.

Google speichert Daten auf redundanten Festplattenarrays. Einen Eindruck von derartigen Systemen erhalten Sie beispielsweise in der Folge 9.24 (*Die Superchance*) der Serie »Two and a half Men«, die ich unter »Server Room« auch als Ausschnitt bei YouTube gefunden habe. Na ja, bei Google sind es dann keine Räume mehr, sondern Fabrikhallen.

Wenn Sie sich für Bandlaufwerke interessieren, können Sie es bei Wikipedia oder im Internet mit »tape library« versuchen. IBM bietet zum Beispiel Lösungen für Großunternehmen mit Speicherkapazitäten von mehreren Petabytes (1 Petabyte = 1.024 Terabyte) an.

Backup-Software

Backup-Programme kopieren Daten nicht nur von Festplatten auf Bänder, sondern verwenden besondere Kompressionstechniken, um mehr Daten auf das Band zu quetschen. So können mehr Daten auf weniger Bändern gespeichert werden. Kompressionsfaktoren von 2:1 waren und sind oft üblich. Damit lassen sich dann beispielsweise 1000 Gigabyte Daten auf Bänder mit einer Kapazität von 500 Gigabyte (unkomprimiert) packen. Die Hersteller von Bändern neigen dazu, deren Kapazitäten für komprimierte Daten anzugeben und unterstellen dabei einen vorgegebenen Kompressionsfaktor. Mit modernen Kompressionsverfahren sind je nach Art der Daten höhere Kompressionsraten möglich. Wenn es allerdings um verlustfreie Kompression geht, haben Sie es wieder mit einem ganz anderen und für sich selbst wieder äußerst umfassenden Thema zu tun.

Ob der Kompressionsfaktor 2:1 erreicht wird, hängt von der Art der zu sichernden Daten ab:

✔ **Dokumente:** Wenn die Netzwerkdaten vorwiegend mit Office-Anwendungen wie Word oder Excel erstellt werden, dürfte der Kompressionsfaktor wahrscheinlich höher als 2:1 liegen.

✔ **Bilddateien:** Wenn die Netzwerkdaten vorwiegend aus Bilddateien bestehen, werden Sie den Kompressionsfaktor 2:1 kaum erreichen, wenn für sie bereits ein komprimiertes Format verwendet wird. Da die Daten bei den meisten für Bilddateien verwendeten Formaten bereits komprimiert werden, lassen sie sich mit den Komprimierungsverfahren der Datensicherungsprogramme meist nicht wesentlich weiter komprimieren.

Backup-Programme helfen Ihnen auch dabei, zu verfolgen, welche Daten gesichert wurden und welche nicht. Sie bieten Optionen wie inkrementelle oder differenzielle Backups, die den Backup-Prozess beschleunigen; mehr hierzu im nächsten Abschnitt.

Wenn es in Ihrem Netzwerk mehr als einen Server gibt, sollten Sie in gute Backup-Software investieren beziehungsweise bereits beim Kauf der Backup-Lösung besonders auf die Qualität der mitgelieferten beziehungsweise verfügbaren Programme achten. Eine der beliebtesten Lösungen ist *Yosemite Server Backup*, dessen Funktionen mittlerweile in *Barracuda Backup* eingeflossen sind. Darüber können Sie unter www.barracuda.com (teilweise englisch) mehr erfahren. Diese Lösung weiß nicht nur mit mehreren Servern umzugehen, sondern kann auch die Daten von Microsoft-Servern korrekt sichern.

Windows war lange Zeit mit einem integrierten Backup-Programm namens Sᴄʜᴇʀɴ ᴜɴᴅ Wɪᴇᴅᴇʀʜᴇʀsᴛᴇʟʟᴇɴ ausgestattet. Allerdings hat dies meistens schlecht als recht funktioniert, sodass Microsoft dieses Tool mehr oder weniger aufgegeben hat. Sie können dieses Backup-Programm auch noch unter Windows 11 über die klassische Systemsteuerung finden, allerdings rate ich dringend davon ab, das Programm Sᴄʜᴇʀɴ ᴜɴᴅ Wɪᴇᴅᴇʀʜᴇʀsᴛᴇʟʟᴇɴ zu nutzen.

Für eine zuverlässige Backup-Lösung sind Sie auf jeden Fall auf Software von Drittherstellern angewiesen, auch wenn diese zum Teil nicht kostenlos ist.

Backup-Varianten im Vergleich

Sie können fünf verschiedene Arten von Backups erstellen. Viele Backup-Pläne basieren auf täglichen vollständigen Sicherungen. In manchen Netzwerken ist es aber praktischer, wenn sich der Backup-Plan auf zwei oder mehr der Backup-Varianten stützt.

Die Unterschiede zwischen diesen fünf Backup-Varianten drehen sich um ein winziges technisches Detail, das *Archiv-Bit* genannt wird. Das Archiv-Bit zeigt an, ob eine Datei seit der letzten Sicherung modifiziert wurde. Das Archiv-Bit entspricht damit einer Markierung, die zusammen mit dem Dateinamen, dem Erstellungsdatum und anderen Verzeichnisinformationen gespeichert wird. Immer wenn die Datei geändert wird, setzt das Betriebssystem das Archiv-Bit der Datei. So wissen Backup-Programme, ob eine Datei geändert wurde und damit gesichert werden muss.

Die Unterschiede zwischen den Backup-Varianten basieren nun darauf, ob sie das Archiv-Bit nutzen, um festzustellen, welche Dateien zu sichern sind und ob sie das Archiv-Bit nach der Sicherung der Datei wieder zurücksetzen. Die in den folgenden Abschnitten erläuterten Unterschiede werden in Tabelle 19.1 zusammengefasst.

Backup-Typ	Wählt Dateien über das Archiv-Bit aus	Setzt das Archiv-Bit nach dem Backup zurück
Normal	Nein	Ja
Kopie	Nein	Nein
Täglich	Nein (wählt Dateien basierend auf dem Datum der letzten Änderung aus)	Nein
Inkrementell	Ja	Ja
Differenziell	Ja	Nein

Tabelle 19.1: Wie die Backup-Varianten das Archiv-Bit nutzen

Backup-Programme erlauben Ihnen, beliebige Kombinationen von Laufwerken und Ordnern für die Sicherung auszuwählen. Sie können also die Dateiauswahl für Backup-Operationen so treffen, wie Sie es gerade brauchen. So können Sie beispielsweise einen Backup-Plan erstellen, der alle gemeinsamen Ordner und Laufwerke eines Servers *und* des Mailserver-Speichers sichert, der aber sich weniger häufig ändernde Ordner (zum Beispiel Betriebssystemordner oder Ordner der installierten Programme) nicht anrührt. Die Dateien und Ordner, die Sie für einen Backup-Auftrag auswählen, werden zusammengefasst *Backup-Auswahl* genannt.

Normales Backup

Ein *normales Backup*, auch *vollständiges Backup* genannt, ist der Grundtyp der Sicherung. Bei einem normalen Backup werden alle Dateien der Backup-Auswahl gesichert – egal, ob das Archiv-Bit gesetzt ist oder nicht. Mit anderen Worten, die Dateien werden selbst dann gesichert, wenn sie seit dem letzten Backup nicht modifiziert wurden. Bei der Sicherung der einzelnen Dateien werden deren Archiv-Bits zurückgesetzt. Sicherungen, die Dateien über das Archiv-Bit auswählen, würden diese Dateien nicht erneut sichern.

Nach Abschluss eines normalen Backups ist bei keiner Datei der Backup-Auswahl mehr das Archiv-Bit gesetzt. Damit würden unmittelbar folgende inkrementelle oder differenzielle Backups keine Dateien für die Sicherung auswählen, weil bei keiner der Dateien das Archiv-Bit gesetzt ist.

Beim einfachsten Backup-Plan wird in jeder Nacht ein vollständiges Backup durchgeführt. So werden alle Daten täglich gesichert. Sollte es nötig sein, können Sie Dateien von einem einzelnen Band oder einem Satz Bänder wiederherstellen. Die Wiederherstellung von Dateien ist beim Einsatz anderer Backup-Varianten komplizierter.

Wenn Sie über die Speicherkapazitäten verfügen, um solche Sicherungen unbeaufsichtigt durchführen zu können, ohne Speichermedien wechseln zu müssen, sollten Sie vollständige Backups über Nacht erstellen. Falls Sie wegen zu großer Datenmengen keine unbeaufsichtigten Backups durchführen können, werden Sie vielleicht eine der anderen Backup-Varianten in Kombination mit normalen Backups vorziehen.

Falls Sie ein normales Backup nicht auf einen einzigen Datenträger bekommen und sich ein zweites Laufwerk nicht leisten können oder wollen, sollten Sie sich genau ansehen, welche Daten in Ihrer Backup-Auswahl enthalten sind. Ich hatte vor einiger Zeit mit einem Netzwerk zu tun, bei dem die Sicherung kaum auf ein Band passte. Als ich die zu sichernden Daten untersuchte, entdeckte ich enorme Mengen statischer Daten, bei denen es sich um Onlinearchive älterer Projekte handelte. Die Daten wurden von den Netzwerkbenutzern noch zum Nachschlagen benötigt, wurden aber nur noch gelesen. Auch wenn sich an diesen Daten nichts änderte, wurden sie jede Nacht gesichert, wobei für diese Backups jeweils zwei Datenträger benötigt wurden. Nach der Entfernung dieser Daten aus der zyklischen Sicherung passte das Backup auf einen einzigen Datenträger.

Wenn Sie statische Daten aus Ihren nächtlichen Backups entfernen, müssen Sie natürlich dafür sorgen, dass eine (mindestens doppelte) Sicherung dieser statischen Daten auf anderen Medien (Band, optischen Datenträgern oder anderen Medien) vorliegt.

Backup-Kopien

Backup-Kopien ähneln einem normalen Backup, aber das Archiv-Bit wird nach dem Kopieren der Dateien nicht zurückgesetzt. Das Resultat ist, dass Backup-Kopien den Kreislauf aus normalen, inkrementellen oder differenziellen Backups nicht stören.

Backup-Kopien werden normalerweise nicht mit den Plänen der regelmäßigen Sicherungen erfasst. Stattdessen nutzen Sie Backup-Kopien, um gelegentlich einmalige Sicherungen durchzuführen. Falls Sie beispielsweise das Betriebssystem aktualisieren wollen, sollten Sie vorher den Server sichern. Wenn Sie nun ein normales Backup durchführen, werden alle Archiv-Bits zurückgesetzt, was den regulären Backup-Plan stören würde. Machen Sie aber stattdessen eine Backup-Kopie, bleiben die Archiv-Bits aller modifizierten Dateien unverändert und die regulären normalen, differenziellen oder inkrementellen Backups werden nicht beeinträchtigt.

Falls Sie weder inkrementelle noch differenzielle Backups in Ihrer Backup-Routine verwenden, spielt es hingegen keine Rolle, ob Sie nun ein normales Backup machen oder eine Backup-Kopie erstellen.

Tägliche Backups

Ein *tägliches Backup* sichert nur die Dateien, die sich an dem Tag, an dem das Backup durchgeführt wird, geändert haben. Beim täglichen Backup wird das zusammen mit den Verzeichniseinträgen der Dateien gespeicherte Änderungsdatum untersucht, um festzustellen, ob die Datei gesichert werden muss. Tägliche Backups setzen das Archiv-Bit nicht zurück.

Ich bin kein großer Freund dieser Option, weil dabei möglicherweise ein paar Dateien durchrutschen. Jemand könnte spät in der Nacht arbeiten und eine Datei modifizieren, nachdem das Backup dieser Nacht bereits beendet ist, aber noch vor Mitternacht. Solche Dateien würden auch nicht während der folgenden Nächte gesichert. Inkrementelle oder differenzielle Backups, die sich auf das Archiv-Bit und nicht auf das Änderungsdatum beziehen, sind zuverlässiger.

Inkrementelle Backups

Bei einem *inkrementellen Backup* werden nur die Dateien gesichert, die seit dem letzten Backup geändert wurden. Verständlicherweise sind inkrementelle Backups sehr viel schneller als vollständige Backups, da ja jeden Tag wahrscheinlich nur ein paar Dateien verändert werden. Selbst wenn Sie für ein vollständiges Backup drei Bänder brauchen, reicht für eine ganze Woche inkrementeller Backups vermutlich ein einziges Band.

Wenn beim inkrementellen Backup eine Datei kopiert wird, wird das Archiv-Bit dieser Datei zurückgesetzt. Das bedeutet, dass diese Datei vor dem nächsten normalen Backup nur dann wieder gesichert wird, wenn sie zwischenzeitlich erneut modifiziert wird.

Hier einige weitere Tipps zu inkrementellen Backups:

✔ Am einfachsten ist es, wenn Sie

- jeden Montag ein *vollständiges* Backup machen,

Wenn Ihr vollständiges Backup länger als zwölf Stunden dauert, sollten Sie es besser in der Nacht von Freitag auf Samstag durchführen, damit es über das Wochenende laufen kann.

- von Dienstag bis Freitag täglich ein *inkrementelles* Backup erstellen.

✔ Wenn Sie mit inkrementellen Backups arbeiten, besteht der vollständige Sicherungssatz aus den Bändern mit dem vollständigen Backup sowie allen Bändern der inkrementellen Backups, die Sie seit dem letzten vollständigen Backup erstellt haben.

Fällt die Festplatte wegen eines Defekts aus und müssen Sie alle Daten auf einer neuen Platte wiederherstellen, dann stellen Sie zuerst das normale Backup vom Montag und anschließend alle nachfolgenden inkrementellen Backups wieder her.

✔ Inkrementelle Backups machen die Wiederherstellung einzelner Dateien komplizierter, weil deren aktuellste Version auf dem Band mit der vollständigen Sicherung oder auf einem der nachfolgenden Bänder mit inkrementellen Sicherungen gespeichert sein kann.

Glücklicherweise zeichnen die Backup-Programme die Speicherorte der aktuellsten Dateiversionen mit, was den Prozess wieder vereinfacht.

✔ Wenn Sie mit inkrementellen Backups arbeiten, können Sie wählen zwischen

- Speicherung der inkrementellen Backups auf jeweils eigenen Bändern und

- Anhängen der Backups am Ende eines existierenden Bandes.

Häufig können Sie ein einziges Band für die inkrementellen Backups einer kompletten Woche benutzen.

Differenzielle Backups

Differenzielle Backups ähneln inkrementellen Backups. Der Unterschied ist, dass dabei das Archiv-Bit der gesicherten Dateien nicht zurückgesetzt wird. Das bedeutet, dass jedes differenzielle Backup jeweils die Unterschiede zwischen dem letzten vollständigen Backup und dem aktuellen Zustand der Festplatte erfasst. Zur vollständigen Wiederherstellung von einem differenziellen Backup müssen Sie zuerst das letzte normale Backup und anschließend das aktuellste differenzielle Backup wiederherstellen.

Angenommen, Sie führen montags normale Backups und an den übrigen Wochentagen differenzielle Backups durch. Am Freitagmorgen fällt die Festplatte aus. Freitag Mittag installieren Sie eine neue. Um dann die Daten wiederherzustellen, kopieren Sie das normale Backup vom Montag zurück, anschließend das differenzielle Backup vom Donnerstag. Die differenziellen Backups vom Dienstag und Mittwoch werden nicht benötigt.

Die Hauptunterschiede zwischen inkrementellen und differenziellen Backups sind:

✔ *Inkrementelle* Backups führen zu kleineren und schnelleren Backups.

✔ *Differenzielle* Backups lassen sich einfacher wiederherstellen.

Falls Sie von den Netzwerkbenutzern häufig gebeten werden, individuelle Dateien wiederherzustellen, sollten Sie differenziellen Backups den Vorzug geben.

Eine gute Nachricht: Moderne Sicherungsprogramme nehmen den Benutzern oft viele der Verwaltungsaufgaben ab. Dann können beispielsweise Komplettsicherungen erstellt werden, in denen die jeweils drei letzten Datenstände archiviert werden.

Lokale Backups oder Netzwerk-Backups?

Wenn Sie Netzwerkdaten sichern, gibt es zwei Möglichkeiten zum Ausführen der Backup-Programme:

✔ Sie können *lokale Backups* ausführen, bei denen die Backup-Software auf dem Server selbst läuft und die Daten auf ein im Server installiertes Bandlaufwerk kopiert werden.

✔ Sie führen *Netzwerk-Backups* durch, bei dem Sie einen Netzwerkcomputer zur Sicherung der Daten eines anderen Netzwerkrechners benutzen. Beim Netzwerk-Backup werden die Daten über das Netzwerk zu dem Rechner übertragen, der die Sicherung erstellt.

Wenn Sie die Datensicherung vom Dateiserver aus ausführen, blockieren Sie den Server, während das Backup läuft. Die Netzwerkbenutzer werden sich darüber beschweren, dass das Netzwerk nur noch mit Schneckentempo arbeitet. Wenn Sie die Sicherung andererseits von einem Clientcomputer aus über das Netzwerk durchführen, müssen mehrere Gigabyte zu sichernde Daten über das Netzwerk übertragen werden. Dann werden sich die Benutzer vielleicht darüber beschweren, dass das gesamte Netzwerk lahmt.

Die Netzwerkleistung ist einer der Hauptgründe dafür, dass Backups möglichst außerhalb der üblichen Arbeitszeiten durchgeführt werden sollten, also dann, wenn keine (oder zumindest nur wenige) Benutzer auf das Netzwerk zugreifen. Ein weiterer Grund ist, dass Sie dann gründlichere Backups durchführen können. Wenn Sie die Backups durchführen, während andere Benutzer auf Dateien zugreifen, überspringt das Backup-Programm möglicherweise Dateien, auf die Benutzer gerade zugreifen. Dann sichert das Backup-Programm nicht alle Dateien. Das Problem dabei besteht darin, dass es sich bei den beim Backup ausgelassenen Dateien wahrscheinlich um Dateien handelt, die besonders dringend gesichert werden müssen, da gerade diese Dateien besonders häufig benutzt, modifiziert und potenziell wegen zu lang anhaltender Sperre übersprungen werden.

Überzeugen oder Sie sich davon, dass bei Sicherungen keine Dateien ausgelassen werden. Moderne Sicherungsprogramme kümmern sich mit Momentaufnahmen und die interne Arbeit mit Kopien oft aufwendig auch um derartige Probleme und kann sie Ihnen abnehmen.

Hier noch einige weitere Gedanken über vom Client oder vom Server aus durchgeführte Sicherungen:

✔ **Die Datensicherung direkt vom Server aus ist nicht notwendigerweise effizienter als die Datensicherung auf dem Client, da die Daten nicht über das Netzwerk geschickt werden müssen.** Da die Netzwerke aber häufig schneller als die verwendeten Bandlaufwerke arbeiten, spielt dies dann überhaupt keine Rolle. Das Netzwerk verzögert den Sicherungsvorgang wahrscheinlich nicht, es sei denn, Sie wählen ausgerechnet einen Zeitraum, in dem das Netzwerk intensiv genutzt wird.

Um die Geschwindigkeit der Netzwerksicherung zu verbessern und die negativen Auswirkungen auf das übrige Netzwerk möglichst zu verringern, sollten Sie für die Verbindung zwischen den Servern und den Backup-Clients möglichst schnelle Switches einsetzen. So beeinträchtigt der Datenverkehr zwischen Server und Backup-Client das übrige Netzwerk weniger. Natürlich sollten Sie das Netzwerk auch segmentieren und Switches möglichst sinnvoll positionieren.

✔ **Alle Dateien, die während des Backups geöffnet sind, werden potenziell nicht gesichert.** Das ist normalerweise kein Problem, weil Backups nach Geschäftsschluss laufen, wenn die Benutzer Feierabend haben. Lässt aber einer der Benutzer seinen Computer mit geöffnetem Word-Dokument eingeschaltet, wird dieses Word-Dokument nicht gesichert. Dieses Problem lässt sich möglicherweise dadurch lösen, dass der Server so eingerichtet wird, dass er vor dem Beginn der Sicherung automatisch alle Benutzer vom Netzwerk abmeldet.

✔ **Einige Backup-Programme besitzen Funktionen, durch die sie auch geöffnete Dateien sichern können.** Einige Backup-Programme erzeugen zu diesem Zweck beispielsweise am Anfang einen Schnappschuss des Volumes. Damit lassen sich temporäre Kopien der Dateien erstellen, die während des Backups modifiziert werden. Das Programm sichert dann die temporären Kopien anstelle der gerade modifizierten Versionen. Nach Abschluss der Sicherung werden die temporären Kopien durch das Programm wieder gelöscht.

Wie viele Sicherungssätze sollte man aufbewahren?

Versuchen Sie nicht, Kosten zu sparen, indem Sie ein einziges Band kaufen und dieses täglich für die Sicherung verwenden. Was ist, wenn Sie am Dienstag versehentlich eine wichtige Datei löschen, den Fehler aber erst am Donnerstag bemerken? Da die Datei am Mittwoch nicht mehr existierte, fehlt sie auch auf dem Band vom Mittwoch. Wenn Sie nur ein Band haben, das Sie täglich überschreiben, haben Sie Pech gehabt.

Die sicherste Methode besteht darin, täglich ein neues Band zu verwenden und die alten in einem Tresor zu verwahren. Dann wird der Tresor aber schon bald aus allen Nähten platzen.

Als Kompromiss zwischen diesen beiden Extremlösungen hätte ich folgenden Vorschlag: Die meisten Benutzer kaufen sich mehrere Bänder und überschreiben die alten nach einiger Zeit wieder. Auf diese Weise haben Sie immer mehrere aktuellere Bänder zur Hand, auf die Sie im Fall X zurückgreifen können. Diese Vorgehensweise wird *Bandrotation* genannt. Verschiedene Varianten davon werden verbreitet genutzt:

✔ **Am einfachsten ist es, drei Datenträger zu verwenden und diese mit A, B und C zu beschriften.** Diese verwenden Sie dann täglich in der Reihenfolge A, B, C, A, B, C etc. Somit liegen stets drei *Backup-Generationen* vor: die von heute, die von gestern und die von vorgestern. Computerfreaks nennen diese Datenträger auch *Großvater*, *Vater* und *Sohn*.

✔ **Ein weiterer einfacher Ansatz besteht darin, fünf Datenträger zu kaufen und einen für jeden Wochentag zu nutzen.**

✔ **Bei einer Variante der letzten Lösung kaufen Sie acht Datenträger.** Die ersten vier beschriften Sie mit *Montag, Dienstag, Mittwoch* und *Donnerstag* und die anderen vier mit *Freitag 1, Freitag 2, Freitag 3* und *Freitag 4*. Jetzt müssen Sie nur noch einen Kalender neben dem Rechner aufhängen und alle Freitage in dem Jahr durchnummerieren: 1, 2, 3, 4, 1, 2, 3, 4 etc.

Von Montag bis Donnerstag sichern Sie auf den jeweiligen Tagesdatenträger. Beim Freitags-Backup schauen Sie in den Kalender, um zu sehen, welcher Freitagsdatenträger dran ist. Auf diese Weise haben Sie stets Sicherungskopien der letzten vier Wochen sowie der letzten fünf Wochentage.

✔ **Wenn sich im Netzwerk Buchhaltungsdaten tummeln, könnten Sie eine Sicherungskopie aller Dateien (oder zumindest aller Buchhaltungsdateien) direkt nach dem jeweiligen Monatsabschluss durchführen und die Sicherungen für alle Monate des Jahres aufbewahren.** Sie müssen dafür nicht unbedingt zwölf Datenträger kaufen. Wenn Sie nur die Buchhaltungsdateien sichern, passen wahrscheinlich alle zwölf Monate auf ein Sicherungsmedium. Achten Sie beim Sichern nur darauf, dass Sie die Daten wirklich auf dem Datenträger anhängen und ihn nicht versehentlich überschreiben. Zudem sollte die Sicherung der Buchhaltungsdaten ohnehin völlig getrennt von der normalen täglichen Datensicherung erfolgen.

Sie sollten außerdem wenigstens ein aktuelles, vollständiges Backup an einem anderen Ort aufbewahren. Sollte Ihr Büro versehentlich von einer Rakete oder einem Asteroiden getroffen werden, können Sie die Daten dann immer noch über die Sicherung rekonstruieren, die Sie beispielsweise zu Hause aufbewahrt haben.

Wie zuverlässig sind Datenträger?

Aus eigener Erfahrung kann ich Ihnen sagen, dass die hier für Datensicherungen im Unternehmen beschriebenen Bandlaufwerke zwar recht zuverlässig sind, aber dennoch ab und zu Amok laufen. Ein Problem liegt dabei auch darin, dass Sie nicht sehen können, ob sie arbeiten oder nicht. So ein Bandlaufwerk, insbesondere ein altes Travan-Laufwerk, kann stundenlang vor sich hin sichern, ohne auch nur eine einzige Datei zuverlässig auf das Band geschrieben zu haben. Oder anders ausgedrückt: Sie glauben zwar, die Sicherung hätte geklappt, aber wenn die Katastrophe dann eintritt und die Sicherungskopie benötigt wird, sind die Bänder leer. Ich hatte da mal den Fall einer Metall verarbeitenden Firma, bei der feinste Metallspäne sämtliche Sicherungen zur Makulatur werden ließen. Ohne spezielle Luftfilter geht in derartigen Fällen gar nichts mehr.

Keine Panik! Es gibt ein ganz einfaches Verfahren, mit dem Sie selbst sicherstellen können, dass das Bandlaufwerk seine Arbeit auch korrekt verrichtet hat. Die Backup-Programme haben alle eine Funktion, mit der Sie die Daten nach dem Backup mit den Originalen vergleichen können. Das Band wird dann nach beendeter Sicherung zurückgespult, die gesicherten Dateien werden gelesen und mit den Originalen auf der Festplatte verglichen. Wenn alle Dateien übereinstimmen, können Sie sich auf die Sicherungskopie verlassen.

Weitere Gedanken über die Zuverlässigkeit von Bändern:

✔ Durch den Datenvergleich nach der Sicherung dauert diese natürlich etwa doppelt so lange. Solange das gesamte Backup auf ein Band passt, kann Ihnen das egal sein. Sie können das Backup einfach nach Feierabend durchführen. Ob das Spielchen dann eine oder zehn Stunden dauert, ist völlig egal, wichtig ist nur, dass die Datensicherung beendet ist, wenn die Netzwerkbenutzer am nächsten Morgen wieder im Büro eintreffen.

✔ Wenn Sie für die Datensicherung mehr als ein Band brauchen, müssen Sie den Datenvergleich nicht unbedingt täglich durchführen. Sie sollten ihn jedoch regelmäßig ausführen, schon um zu testen, ob das Bandlaufwerk fehlerfrei funktioniert.

✔ Falls Ihr Backup-Programm Fehler meldet, werfen Sie das Band weg und benutzen ein neues – nach einer Reinigung der Bandköpfe.

✔ Tatsächlich sollten Sie die letzte Bemerkung, darauf zu warten, bis das Programm Fehler meldet, gleich wieder vergessen. Sie sollten Bänder aussondern, *bevor* Ihr Backup-Programm Fehler meldet. Die meisten Experten empfehlen, ein Band nur etwa 20-mal zu benutzen, bevor es ausgesondert wird. Falls Sie ein und dasselbe Band täglich verwenden, ersetzen Sie es monatlich. Falls Sie Bänder für jeden Wochentag haben, ersetzen Sie sie zweimal pro Jahr. Falls Sie mehr Bänder haben, suchen Sie sich einen Backup-Zyklus, der die Bänder nach 20 Einsätzen ersetzt.

Optische Datenträger sollen laut Herstellerangaben eine Lebensdauer der Sicherungen von bis zu 30 Jahren haben. Was kein Datenträger gerne mag, sind größere und schnellere Temperaturschwankungen. Ich weiß, dass selbst die wabbelige alte 5,25-Zoll-Floppy (Diskette) bei mir durchaus auch mehr als 30 Jahre überdauert hat. Mittlerweile gesichert und archiviert, haben die heute aber kaum mehr als musealen Wert.

Backup-Laufwerke reinigen und zuverlässig halten

Ein wichtiger Aspekt der Backup-Zuverlässigkeit von Bandlaufwerken war und ist deren richtige Pflege. Jedes Mal, wenn Sie auf ein Band sichern, bleiben winzige Teilchen des Magnetbandes an den Schreib-/Leseköpfen der Laufwerke hängen. Irgendwann werden die Köpfe dann so schmutzig, dass sie nicht mehr zuverlässig Daten lesen oder schreiben können.

Um diesem Problem zu begegnen, mussten die Magnetköpfe der Bandlaufwerke früher regelmäßig gereinigt werden. Auch wenn das bei modernen Laufwerken anders aussieht, sollten Sie die Laufwerke sorgsam behandeln und Wartungsvorgaben gegebenenfalls akkurat befolgen. Wenn Sie nicht gerade in einem Museum arbeiten, dürften Sie Reinigungsbänder mittlerweile kaum mehr zu sehen bekommen.

Da sich die Wartungsarbeiten bei den verschiedenen Laufwerken unterscheiden, sollten Sie bei Bedarf die Handbücher Ihrer Sicherungslaufwerke sorgfältig studieren, um herauszufinden, ob und wie oft Laufwerke gereinigt werden sollten. Bei optischen Laufwerken dürfte es dabei eher um die Haltbarkeit der Laser und damit die Lebensdauer der Laufwerke gehen. Lachen Sie nicht, bei der Digitalisierung meiner Audio-CD-Sammlung vor etlichen Jahren haben sich mehrere Laufwerke aus Altersschwäche verabschiedet (ich habe die Laufwerke damals auch ansonsten recht intensiv genutzt).

Backup-Sicherheit

Backups bilden eine oft übersehene Sicherheitslücke in Ihrem Netzwerk. Egal wie sorgfältig Sie Benutzerkonten eingerichtet haben und Kennwortrichtlinien durchsetzen, falls irgendein Benutzer (auch ein Gast) ein Backup des Systems durchführen kann, kann er auch ein nicht autorisiertes Backup durchführen. Außerdem können Backup-Bänder, Wechselfestplatten und optische Datenträger gestohlen werden. Daher sollten Sie für sichere Backup-Vorgaben und -Prozeduren sorgen und folgende Maßnahmen ergreifen:

✔ **Richten Sie für den Benutzer, der das Backup durchführt, ein Benutzerkonto ein.** Da dieses Benutzerkonto die Backup-Berechtigung für den gesamten Server hat, passen Sie sehr gut auf dessen Kennwort auf. Jeder Benutzer, der den Benutzernamen und das Kennwort des Backup-Benutzers kennt, kann sich mit diesen Daten anmelden und alle Sicherheitseinschränkungen umgehen, die Sie für seine normale Benutzerkennung eingerichtet haben.

✔ **Begegnen Sie diesem potenziellen Sicherheitsproblem dadurch, dass Sie die Backup-Benutzerkennung auf einen Client und bestimmte Uhrzeiten beschränken.** Wenn Sie wirklich clever (und paranoid) sind, richten Sie das Backup-Benutzerkonto so ein, dass es nur ein einziges Programm ausführen kann, nämlich das Backup-Programm.

✔ Nutzen Sie Verschlüsselungsverfahren, um kritische Daten Ihrer Backups zu schützen.

✔ Bewahren Sie die Backup-Medien an einem sicheren Ort auf, wie zum Beispiel in einem (vorzugsweise feuerfesten) Tresor.

Schlusswort zum Kapitel

Auch wenn hier jetzt viel von Bändern die Rede gewesen ist, ging es in diesem Kapitel letztlich doch um Sicherungen ganz allgemein. Welche Sicherungsmedien Sie letztlich verwenden, spielt für die allgemeinen Abläufe schlussendlich keine Rolle. Die Sicherungsvarianten sind letztlich von der Art, der Menge und den Sicherheitsanforderungen abhängig. Wenn es auf jedes Bit ankommt, müssen Sie entsprechende Sorgfalt walten lassen.

Kapitel 20
Sicherheit im Netzwerk

Wenn man kein Netzwerk – und auch kein Internet – benutzt, ist Sicherheit eine einfache Angelegenheit. Wenn Sie abends nach Hause gehen, können Sie einfach Ihre Bürotür abschließen. Dann können Sie relativ beruhigt sein, denn die »Bösen« müssten ja erst einmal die Tür aufbrechen, um an Ihren Rechner zu kommen. Vielleicht packen Sie noch Ihr Smartphone und/oder Tablet ein, aber das war es dann auch schon. Eine derartige Arbeitsweise habe ich persönlich zuletzt Anfang des Jahrtausends gesehen. Damals hat noch ein Kriminalbeamter ein Durchschlagformular in drei Ausfertigungen mit einer mechanischen Schreibmaschine im Zweifinger-Suchverfahren ausgefüllt.

Mit einem ausgewachsenen Netzwerk ändern sich derartige Dinge grundlegend. Jetzt kann jeder, der zu einem der Rechner im Netzwerk Zugang hat, in dieses einbrechen und *Ihre* Dateien stehlen. Damit reicht es nicht mehr, wenn nur Sie selbst ihre Türen abends zusperren. Jetzt müssen das schon alle anderen Benutzer auch machen.

Glücklicherweise werden in Serverbetriebssysteme Funktionen für die Netzwerksicherheit integriert. Daher ist es, selbst wenn es den »Bösen« gelingt, Ihre Bürotür aufzubrechen, trotzdem noch schwierig, an Ihre Dateien heranzukommen. Alle Netzwerke bieten Sicherheitsmaßnahmen, die in vielerlei Hinsicht mehr als ausreichend sind.

Wenn ich »*mehr* als ausreichend« behaupte, dann ist das durchaus auch so gemeint. Viele Netzwerke besitzen Sicherheitsfunktionen, mit denen selbst James Bond glücklich wäre. Hüten Sie sich jedoch davor, das System derart abzusichern, dass selbst die »Guten« nicht mehr damit arbeiten können. Und passen

Sie immer auf, dass Sie keine unnötigen Schwachstellen und damit Angriffspunkte in Ihr Netzwerk öffnen.

Wenn irgendein Computer des Netzwerks mit dem Internet verbunden ist, müssen Sie das Netzwerk vor Eindringlingen über das Internet schützen. Wenn ein Intranet reicht, benötigen Netzwerk-Clients keinen Zugang zum Internet! Wenn Sie Viren fürchten, könnte Ihnen einzelne Rechner unter Linux viele Sorgen abnehmen und die benötigte Funktion bereitstellen. Mehr zu diesem Themenbereich finden Sie in Kapitel 22. Wenn Ihr Netzwerk WLAN-Geräte unterstützt, müssen Sie sich auch mit deren speziellen Sicherheitsaspekten befassen, die in Kapitel 15 ein wenig eingehender behandelt werden. Wenn Sie kein Gastnetzwerk benötigen, müssen Sie es beispielsweise auch nicht aktivieren.

Benötigen Sie Sicherheit?

Die meisten kleinen Netzwerke finden Sie in kleinen Firmen oder Abteilungen, in denen jeder jeden kennt und man sich einander vertraut. Da werden keine Schreibtische abgeschlossen, wenn man in die Mittagspause geht, und auch wenn alle wissen, wo die Portokasse steht, stimmt sie immer bis auf den letzten Cent.

Sie glauben also, dass Netzwerksicherheit in einer so idyllischen Arbeitsumgebung gar nicht nötig ist? Weit gefehlt! Sie sollten niemals ein Netzwerk einrichten, das nicht zumindest minimalen Sicherheitsstandards genügt.

✔ Selbst im nettesten und freundlichsten Arbeitsklima gibt es vertrauliche Daten, die vertraulich bleiben sollten. Werden derartige Daten im Netzwerk gespeichert, sollten sie in Ordnern abgelegt werden, auf die nur berechtigte Benutzer zugreifen können.

✔ Nicht jeder, der vertrauliche Dateien liest, tut dies böswillig. Vielleicht durchforstet mal ein Netzwerkbenutzer seine Dateien und stößt dabei auf eine Datei, deren Name ihm nichts sagt. Also öffnet er sie, nur um festzustellen, dass sie persönliche Daten, irgendwelchen Bürotratsch oder Ihren Lebenslauf enthält. Glauben Sie mir, vertrauliche Daten geraten weit häufiger Neugierigen als Kriminellen in die Finger.

✔ Momentan können Sie in Ihrem Büro vielleicht ja wirklich allen blind vertrauen. Aber was ist, wenn jemand außer Kontrolle gerät, sich bei ihm eine Schraube im Kopf löst und er beschließt, alle Netzwerkdateien ins Nirwana zu schicken, bevor er aus dem Fenster springt? Oder was wäre, wenn diese Person sich mal schnell ein paar Tausend Euro überweist und dann ins Ausland aus dem Staub macht?

✔ Wenn sich Gelegenheiten zu Täuschung und Diebstahl allzu offensichtlich anbieten, kann zuweilen auch der Rechtschaffenste nicht widerstehen. Der ungehinderte Zugriff auf Gehaltsdaten kann allzu leicht dazu verleiten, sich mal schnell eine Gehaltserhöhung zu genehmigen, wenn gerade keiner zuschaut.

✔ Falls Sie denken, dass in Ihrem Netzwerk keine Daten existieren, bei denen sich ein Diebstahl lohnen würde, dann sollten Sie darüber noch einmal nachdenken. Ihre persönlichen Daten enthalten vermutlich mehr als genug Angaben für einen

Identitätsdieb: Name, Adresse, Telefonnummer, Sozialversicherungsnummer etc. Ihre Kundendaten enthalten zudem möglicherweise Kreditkartennummern.

✔ Hacker, die in Ihr Netzwerk einbrechen, sind möglicherweise gar nicht daran interessiert, Daten zu klauen. Stattdessen versuchen sie vielleicht, ein *trojanisches Pferd* auf dem Server zu installieren. Damit können die Hacker dann den Server für eigene Zwecke missbrauchen. Vielleicht nutzt dann jemand den Server, um ein paar Tausend Spam-E-Mails zu versenden. Und die werden dann nicht zum Hacker zurückverfolgt, sondern zu *Ihnen*.

✔ Denken Sie auch daran, dass keineswegs alle Netzwerkbenutzer wissen, wie Windows und das Netzwerk funktionieren. Uneingeschränkter Zugriff auf Dateien im Netzwerk könnte furchtbare Folgen haben. Da braucht nur jemand einmal einen unbedachten Mausklick auszuführen oder sich verlaufen zu haben und schon sind komplette Ordner mit Netzwerkdateien futsch. Gestern musste ich feststellen, dass sich versehentlich Dateien einer alten Ausgabe neben den aktuellen Daten in ein Manuskript eingeschmuggelt hatten. Versehentlich die falsche Version gelöscht, und schon ist es passiert. Wenn Sie also Sicherheitsfunktionen des Netzwerks aktivieren, dann in erster Linie, um das Netzwerk vor Fehlern unwissender Benutzer zu schützen.

Die drei Säulen der Cybersicherheit

Es gibt drei Säulen, die Sie als Basis für Ihren Cyber-Sicherheitsplan berücksichtigen sollen. Stürzt eine dieser Säulen ein, bricht alles zusammen. Diese drei Säulen sind:

✔ *Vorsorge Technologie:* Die erste Säule ist Technologie, die Sie einsetzen können, um böswillige Gesellen daran zu hindern, in Ihr Netzwerk einzudringen und Daten zu stehlen oder zu beschädigen. Diese Technologie umfasst Firewalls, um unwillkommenen Zugriff zu verhindern, Anti-Virus-Software die schadhafte Software blockiert, Patch- und Update-Management, um Ihre Software und die Systeme auf dem aktuellen Stand zu halten, und zum Schluss noch einen Spam-Schutz, um zu verhindern, dass die User verdächtige E-Mails empfangen.

✔ *Wiederherstellung und Backup:* Die zweite Säule ist nötig, weil die erste Säule niemals zu 100 % zuverlässig sein wird. Also brauchen Sie einen Plan für den schlimmsten anzunehmenden Fall – beispielsweise wenn ein Trojaner all Ihre Daten verschlüsselt oder der Serverraum Opfer einer Katastrophe wird.

✔ *Die menschliche Firewall:* Die dritte und wichtigste Säule nenne ich die »menschliche Firewall«. Technologie kann nur einen gewissen Basisschutz bieten. Die erfolgreichsten Angriffe sind das Resultat menschlichen Versagens. Sie passieren, wenn Anwender unbedacht E-Mail-Anhänge öffnen oder Links auf Webseiten anklicken, über deren Gefahrenpotenzial sie eigentlich hätten wissen müssen. Also muss zusätzlich zur Technologie ein Bewusstsein der Gefahren geschaffen werden. Sie müssen den Benutzern immer und immer wieder erklären, wie sie sich im Internet verhalten und dass sie nicht einfach E-Mail-Anhänge von verdächtigen Absendern öffnen sollten.

Zwei Sicherheitsansätze

Wenn Sie die für Ihr Netzwerk zu implementierenden Sicherheitsverfahren planen, sollten Sie sich zunächst überlegen, welchem der zwei Sicherheitsansätze Sie folgen wollen:

- ✔ *Richtlinie der offenen Tür*: Hier gewähren Sie standardmäßig erst einmal jedem Benutzer Zugriff auf alle Ressourcen. Dann richten Sie lediglich für die Ressourcen Restriktionen ein, für die Sie den Zugriff einschränken wollen.

- ✔ *Richtlinie der geschlossenen Tür*: Hier verbieten Sie standardmäßig jedem Benutzer den Zugriff auf alle Ressourcen, um dann nur bestimmten Benutzern den Zugriff auf spezifische Ressourcen zu gewähren.

Insbesondere wenn Sie WLAN mit ins Unternehmensnetz integrieren, können Sie auch *Hybridlösungen* realisieren und vielleicht auch Gastnetzwerke einrichten, mit denen Gäste nur auf das Internet zugreifen können. Aber das ist ein anderes Thema, das in Kapitel 13 angesprochen wurde. Ähnlich könnten Sie Linux-Lösungen mit Windows-Lösungen kombinieren. Es wird zwar komplizierter, hier mit offenen und dort mit geschlossenen Türen zu arbeiten, das scheint aber nur anfangs so. Es ist schließlich das Natürlichste der Welt, ein Geschäftslokal mit offenem Zugang einzurichten und darin Bereiche mit der Aufschrift »Nur Personal« vorzusehen.

Meist lassen sich Offene-Tür-Richtlinien (zumindest anfangs) leichter implementieren. Normalerweise muss ja auch nur ein kleiner Teil der Daten im Netzwerk wirklich geschützt werden, zum Beispiel vertrauliche Mitarbeiterinformationen oder die Coca-Cola-Rezeptur. Die übrigen Daten im Netzwerk können ruhig jedem Benutzer, der auf das Netzwerk zugreifen kann, zur Verfügung stehen.

Falls Sie sich für die Geschlossene-Tür-Lösung entscheiden, richten Sie jeden Benutzer so ein, dass er auf nichts zugreifen kann. Dann geben Sie den Benutzern schrittweise Zugriff auf die von ihnen benötigten Dateien und Ordner.

Das Konzept der geschlossenen Tür bietet mehr Sicherheit, kann aber auch für zu viel Schutz sorgen. Das merken Sie dann daran, dass sich die Netzwerkbenutzer permanent darüber beschweren, dass sie auf benötigte Daten nicht zugreifen können. Dann müssen Sie die Zugriffsrechte der Benutzer häufig und regelmäßig ändern. Wählen Sie diesen Weg nur dann, wenn es im Netzwerk jede Menge sensible Daten gibt und Sie bereit sind, viel Zeit in die Administration der Sicherheitsrichtlinien des Netzwerks zu investieren.

Prinzipiell wird beim Ansatz der offenen Tür angenommen, dass alle Benutzer zum Zugriff auf das Netzwerk berechtigt sind. Im Unterschied dazu geht der Ansatz der geschlossenen Tür davon aus, dass die Benutzer unter totaler Überwachung stehen und gar nichts ohne Erlaubnis und vorherige Genehmigung tun dürfen.

Windows folgt traditionell dem Modell der offenen Tür. Mittlerweile werden aber immer mehr Komponenten vor neugierigen Augen versteckt und Benutzern wird nach und nach (wie in der realen Welt) alles verboten, was vielleicht noch Spaß machen könnte. Auch Windows hat längst ein System übernommen, das aus privaten, öffentlichen und systemrelevanten Bereichen besteht, zu denen mittlerweile längst weitere Bereiche im Internet und/oder der Cloud hinzukommen.

Unter Linux und Unix kommen die Benutzer traditionell nur an ihre eigenen Dateien heran. Als extremes Beispiel betrachten Sie aber noch besser die vielen einfacheren Media-Player, Satellitenempfänger oder Blu-ray-Player mit Netzwerkzugang und Linux-Betriebssystem. Zugang gibt es hier allenfalls in streng regulierten Ausnahmefällen oder über die Netzwerkverbindung und einen Terminalzugang (wie zu Zeiten der Großrechner). Immerhin darf man ja noch die Programme einrichten und umschalten und kommt potenziell an die von *DLNA-Servern* bereitgestellten Daten heran. Alles andere muss erst eingerichtet und freigegeben werden. Mit den hypermodernen Einplatinenrechnern wird die Situation noch einmal ein wenig vielfältiger. Längst gilt: »Jedem Tierchen sein Pläsierchen«.

Physische Sicherheit: die Türen verriegeln

Die erste Stufe der Sicherheit in jedem Computernetzwerk ist die *physische Sicherheit*. Ich bin immer wieder erstaunt, wenn ich Empfangsräume betrete, in dem unbeaufsichtigte Computer auf dem Schreibtisch des Empfangs stehen. Häufig ist der Rechner dann auch noch beim System angemeldet und wurde unbeaufsichtigt zurückgelassen.

Die physische Sicherheit ist für Arbeitsstationen zwar wichtig, für Server aber unabdingbar. Jeder gute Hacker kann schnell auch die schärfsten Sicherheitsmaßnahmen umgehen, wenn er erst einmal physischen Zugang zu einem Server hat. Um den Dateiserver zu schützen, befolgen Sie diese Ratschläge:

✔ Verschließen Sie den Computerraum.

✔ Geben Sie den Schlüssel nur vertrauenswürdigen Personen.

✔ Führen Sie Buch darüber, wer den Schlüssel hat.

✔ Montieren Sie die Server in Racks, die abgeschlossen werden können.

✔ Deaktivieren Sie die optischen und gegebenenfalls anderen Laufwerke des Servers oder – noch besser – verzichten Sie gleich ganz darauf (externe Laufwerke tun's bei Bedarf auch!). Eine übliche Hackertechnik besteht darin, den Server mit einem Datenträger zu booten und auf diesem Weg alle sorgfältig eingerichteten Sicherheitsfunktionen des Serverbetriebssystems zu umgehen.

 Es besteht ein großer Unterschied zwischen einer *verschlossenen Tür* und einer *Tür mit Schloss*. Schlösser sind wertlos, wenn sie nicht genutzt werden.

Auch Clientcomputer sollten physisch geschützt werden:

✔ Schärfen Sie den Benutzern ein, ihre Rechner nie unbeaufsichtigt zu lassen, solange sie angemeldet sind. Benutzer sollten sich angewöhnen, bei Abwesenheit per ⊞ + Ⓛ ihre Arbeitsstation zu sperren.

✔ An Orten mit viel Besucherverkehr (Schreibtische des Empfangs) sollten gegebenenfalls am Computer angebrachte Schlösser bei Bedarf auch genutzt werden.

✔ Die Benutzer sollten die Türen abschließen, wenn sie ihre Büros verlassen.

✔ In öffentlichen Bereich kann eine Sichtschutzfolie verhindern, dass seitlich auf den Bildschirm geschaut werden kann.

Hier ein paar weitere potenzielle Bedrohungen, an die Sie vielleicht noch nicht gedacht haben:

✔ Wahrscheinlich kann der nächtliche Reinigungstrupp alle Geschäftsräume ungehindert betreten. Woher wissen Sie, dass die Person, die jede Nacht im Büro Staub saugt, nicht eigentlich für Ihren Hauptkonkurrenten arbeitet oder Computer-Hacking als Hobby betreibt? Sie wissen es nicht – also betrachten Sie die Reinigungs-Crew besser als Bedrohung.

✔ Was ist mit Ihrem Müll? Papierschredder gibt es nicht nur für Buchhalter. Der Abfall kann alle Sorten nützlicher Daten enthalten: Verkaufsberichte, Sicherheitsprotokolle, gedruckte Kopien der Sicherheitsrichtlinien Ihres Unternehmens und sogar auf Papier notierte Passwörter. Gut geschützt sind Sie nur, wenn jedes Stück Papier, das über den Papierkorb das Haus verlässt, zuvor durch den Schredder geht.

✔ Wo bewahren Sie Ihre Backup-Datenträger auf? Stapeln Sie diese nicht einfach neben dem Server oder im Regal. Dort lassen sie sich nicht nur einfach klauen, sondern erfüllen auch einen der Hauptgründe für die Durchführung von Backups nicht mehr, denn dort bieten sie keinen Schutz vor physischen Gefahren, wie zum Beispiel Feuer. Zerstört ein Feuer Ihren Server und die daneben liegenden Datenträger, könnte dies das Ende des Unternehmens sein – und Sie stehen anschließend ohne Job da. Bewahren Sie die Datensicherungen sicher in einem feuerfesten Tresor auf – und möglichst mindestens eine Kopie jenseits des regulären Standorts.

✔ Ich habe einige Netzwerke gesehen, bei denen sich die Server zwar in abgeschlossenen Computerräumen, die Switches aber in ungeschützten Kammern befanden. Denken Sie daran, dass jeder ungenutzte Port eines Switches eine offene Tür in Ihr Netzwerk ist. Die Switches sind wie die Server zu schützen.

Benutzerkonten schützen

Die nächste wichtige Stufe der Netzwerksicherheit ist die Einrichtung von *Benutzerkonten* oder *Accounts*. Korrekt konfigurierte Benutzerkonten verhindern den Zugriff nicht autorisierter Benutzer auf das Netzwerk, selbst wenn sie physischen Zugang zum Netzwerk haben. Die folgenden Abschnitte beschreiben einige Schritte, mit denen sich Benutzerkonten besser schützen lassen.

Verschleierte Benutzernamen wählen – oder besser doch nicht?

Das erste wichtige Merkmal eines Benutzerkontos ist der Benutzername. Hier könnten Sie auf die Idee kommen, möglichst obskure Benutzernamen zu wählen, die sich nicht so einfach erraten lassen. So könnte ein Benutzername für den User Peter Meier nicht nur einfach aus irgendeiner Kombination aus Vor- und Zunamen bestehen, wie beispielsweise »PeterM« oder »PeMeier«, sondern noch mit Zahlen und weiteren Buchstaben »gespickt« werden. Hier würden dann Benutzernamen wie zum Beispiel »PeterM430« oder auch »Pe9Meier2« herauskommen.

Was auf den ersten Blick wie eine gute Idee aussieht, erweist sich allerdings bei näherer Betrachtung als ungünstig:

✔ In Netzwerken kommunizieren Benutzer untereinander, indem sie zum Beispiel Dateien und/oder Verzeichnisse für andere User freigeben. Für wen müssen Sie nun die Datei freigeben, für »PeterM430« oder doch für »PeterM580«? Bei Ersterem würde die Freigabe für Ihren Kollegen Peter Meier erfolgen, bei Letzterem für den Vorstand Peter Meyer. Hier ist Verwirrung vorprogrammiert.

✔ Computersysteme betrachten den Benutzernamen nicht als Geheimnis (im Gegensatz zu Passwörtern). In einem Netzwerk gibt es daher immer Mittel und Wege, Benutzernamen in Erfahrung zu bringen. Auch wenn dies die meisten Otto-Normal-User vor eine Herausforderung stellt, für die »bösen Buben« wäre dies ein Klacks.

 Bedenken Sie, dass bei Benutzernamen meistens nicht zwischen Groß- und Kleinschreibung unterschieden wird. Zumindest ist dies unter Windows der Fall – Linux unterscheidet hier sehr wohl zwischen unterschiedlichen Schreibweisen.

Zusammenfassend kann man sagen, dass die eindeutige Zuordnung von Usernamen zu konkreten Benutzern eine weitaus größere Rolle spielt, als die »Verschleierung« von Benutzernamen, um sich damit in falscher Sicherheit zu wiegen.

Wie bitte? Wenn es um Sicherheit geht, bedeutet *verschleiern* einfach, obskure Benutzernamen zu wählen. Die meisten Netzwerkverwalter vergeben Benutzernamen beispielsweise auf Basis irgendeiner Kombination aus Vor- und Zuname – PeterM oder peMeier. Hacker können derartige Benutzerkennungen aber leicht erraten, wenn sie die Namen der Benutzer kennen. Sobald ein Hacker den Benutzernamen kennt, kann er sich auf das Knacken des Kennworts konzentrieren.

Die weise Nutzung von Kennwörtern

Einer der wohl wichtigsten Aspekte bei der Sicherheit von Netzwerken ist die Verwendung von *Kennwörtern*.

Ihr Netzwerkkennwort ist die einzige Sache, die Eindringlinge davon abhält, sich mit Ihrer Benutzerkennung im Netzwerk anzumelden und damit dieselben Zugriffsrechte zu erhalten, die Sie normalerweise haben. *Schützen Sie Ihr Kennwort daher mit Ihrem Leben!*

Hier einige Tipps zur Wahl guter Kenn- oder Passwörter:

✔ Ihr Kennwort sollte nicht zu leicht zu durchschauen sein, also nicht gerade Ihr Familienname, der Name Ihres Kindes oder Ihres Hundes sein. Mittlerweile wird für Kennwörter oft eine Mindestlänge von zehn Zeichen empfohlen. (Vor einigen Jahren war zumeist noch von mindestens sechs oder acht Zeichen die Rede.)

✔ Auch Kennwörter, die mit Ihrem Hobby zu tun haben, sind eher ungeeignet. Ein Bekannter von mir ist Bootsbesitzer und hat den Namen seines Boots als Kennwort verwendet. Jeder, der ihn nur ein wenig kennt, hat das Kennwort nach wenigen Versuchen geknackt.

✔ Speichern Sie das Kennwort in Ihrem Kopf und schreiben Sie es *nicht* auf. Alternativ nutzen Sie einen Passwort-Manager auf Ihrem Mobiltelefon, an dem Sie sich biometrisch anmelden müssen.

Richtig übel: Das Kennwort auf einem Haftzettel notieren und diesen seitlich auf das Bildschirmgehäuse kleben. Wenn Sie es dennoch machen, dann bitte nur für irgendwelche Müllkonten, die Sie für genau derartige Zwecke eingerichtet haben.

✔ Bei vielen Serverbetriebssystemen können Sie eine Ablauffrist für Kennwörter vorgeben. So können Sie beispielsweise festlegen, dass Kennwörter nach 30 Tagen verfallen. Dann müssen die Benutzer ihr Kennwort ändern. Gut möglich, dass viele Netzwerkbenutzer dies für lästig halten, aber dadurch wird das Risiko verringert, dass Unbefugte Kennwörter knacken, um damit später irgendwann einmal in das Computersystem einzubrechen.

Wenn Sie als Netzwerkadministrator die Benutzer dazu zwingen, alle paar Tage ein neues Kennwort auszudenken, dann erleben Sie der Erfahrung nach meistens einen Effekt, den es eigentlich zu vermeiden gilt: Denn die Benutzer werden sich dann ein System ausdenken, bei dem sie nur minimale Änderungen an den Passwörtern durchführen müssen. Lautet ein Passwort beispielsweise »abc$123!«, wird das nächste Passwort dann vielleicht »def$456!«, das nächste dann »ghi$789!« und so weiter lauten. Wer einmal hinter das System kommt, was meistens leicht zu durchschauen ist, kann das aktuelle Passwort meistens ziemlich schnell herleiten.

Früher war ein erzwungenes Ändern von Passwörtern durchaus üblich, in der heutigen Zeit ist es meistens besser, kompliziertere Passwörter zu erzwingen (siehe unten) und die Benutzer nicht regelmäßig mit der Änderung des aktuellen Passworts zu nerven.

✔ Sie können Benutzerkonten auch so konfigurieren, dass die Benutzer beim Ändern ihrer Kennwörter keine Zeichenfolgen verwenden können, die schon einmal benutzt wurden. Sie können beispielsweise einstellen, dass ein neues Kennwort nicht mit den letzten drei vom jeweiligen Benutzer verwendeten Kennwörtern identisch sein darf.

✔ Sie können auch Sicherheitsrichtlinien konfigurieren, die vorschreiben, dass Kennwörter eine Mischung aus Großbuchstaben, Kleinbuchstaben, Ziffern und

Sonderzeichen enthalten müssen. Damit sind Kennwörter wie DUMMY und DOOFI out. Kennwörter wie 87dUM$%&MY und do$%&/Of&I sind in.

Manche Netzwerkverwalter sind ganz und gar gegen Kennwörter. Bei kleinen Netzwerken, sagen sie, kann man auch ohne Kennwort ganz gut zurechtkommen, da hier die Sicherheit keine so große Rolle spielt. Oder sie wählen offensichtliche Passwörter, weisen allen Benutzern dasselbe Kennwort zu oder drucken die Passwörter auf riesige Plakate, die sie überall im Gebäude aufhängen. Die Vernachlässigung selbst elementarer Sicherheitsvorkehrungen bei Kennwörtern ist aber selbst in kleinen Netzwerken nur selten sinnvoll. Sie sollten allenfalls dann auf die Benutzung von Kennwörtern verzichten, wenn es sich um ein sehr kleines Netzwerk handelt (vielleicht zwei oder drei Rechner), wenn sich auf dem Server keine sensiblen Daten befinden oder wenn der Hauptgrund für das Netzwerk im gemeinsamen Zugriff auf den Drucker und nicht auf Dateien besteht. Selbst wenn Sie keine Kennwörter verwenden, lassen sich trotzdem ein paar grundlegende Sicherheitsvorkehrungen treffen. So lässt sich der Zugriff auf bestimmte Netzwerkordner dennoch auf bestimmte Benutzer beschränken. Denken Sie nur daran, dass man sich mit einem beliebigen Benutzernamen anmelden kann, wenn keine Kennwörter benutzt werden.

Wenn Sie Netzwerkordner für *alle* Benutzer mit Zugang zum Netzwerk freigeben wollen, sollten Sie die für diesen Zweck vorgesehenen Ordner mit Namen wie Public oder Öffentlicher Ordner verwenden. Dann wissen auch gleich alle Benutzer, über welche Ordner Daten ohne spezielle Freigaben weitergereicht werden können. (Die kann man ja bei Bedarf beispielsweise immer noch in Dateiarchive packen und mit Kennwort versehen oder anderweitig verschlüsseln.)

Kennwörter erzeugen für Dummies

Welche Kennwörter lassen sich leicht merken, aber nur schwer erraten? Eine schwierige Frage. Viele Sicherheitsexperten raten, ein Kennwort zu verwenden, das nicht aus einem Wort, sondern aus einer Folge von Buchstaben, Zahlen und Sonderzeichen besteht. Aber wie sollen Sie sich ein Kennwort wie DKS4%DJ2 merken können? Vor allem, wenn Sie es drei Wochen später eventuell wieder in 3PQ&X(D8 ändern müssen.

Ich verrate Ihnen eine Lösung, mit der Sie Kennwörter kreieren, die aus zwei Wörtern mit jeweils vier Buchstaben bestehen und zu einem Wort zusammengezogen werden. Nehmen Sie sich Ihr Lieblingsbuch (falls das dieses Buch sein sollte, dann empfehle ich Ihnen, sich ein Hobby zuzulegen) und schlagen Sie irgendeine Seite auf. Suchen Sie das erste Wort mit vier Buchstaben auf dieser Seite: *WENN*. Machen Sie sich nun auf die Suche nach dem zweiten Wort mit vier Buchstaben: *MEHR*. Jetzt kombinieren Sie die beiden Wörter zu dem Kennwort WENNMEHR. Sie werden mir sicher zustimmen, dass man sich WENNMEHR besser merken kann als 3PQ&X(D8, leicht zu knacken ist es deswegen aber trotzdem nicht. Für den Einsatz in einem Kernkraftwerk würde ich dieses Verfahren zwar nicht gerade empfehlen, aber für die meisten herkömmlichen Zwecke dürfte es genügen.

Hier noch ein paar Überlegungen dazu, wie Sie sichere Kennwörter mit Ihrem Lieblingsbuch erzeugen können:

✔ Wenn sich die beiden Wörter gleichen, suchen Sie nach einem neuen zweiten Wort. Auch wenn die Kombination der Wörter ein ganz normales zusammengesetztes Wort ergibt, wie *FUSSBALL* oder *WESTWIND*, sollten Sie sich erneut auf die Suche machen.

✔ Eine ganz interessante Variante ist die Verwendung zweier Wörter, die mit irgendwelchen Sonderzeichen (wie *, & oder >) auf der Tastatur verbunden werden. Auf diese Weise erhalten Sie Kennwörter wie `HUND#HUT`, `BALL&UND` oder `BROT>TIP`. Wenn Sie wollen, können Sie auch die Seitenzahl eines der beiden Wörter einfügen und beispielsweise `wie435Klicken` verwenden.

✔ Wenn das Netzwerk nichts gegen Kennwörter einzuwenden hat, die aus mehr als acht Zeichen bestehen, sollten Sie ruhig längere Wörter verwenden. Wenn ein Kennwort aus zehn Zeichen bestehen darf, könnten Sie so beispielsweise ein Wort mit fünf und eines mit vier Buchstaben plus ein Sonderzeichen miteinander kombinieren. Beispiel: `BRAUN)AUTO`, `PFERD!GELD` oder `KRIMI^MORD`.

✔ Um Freund und Feind vollständig zu verwirren, verwenden Sie Fremdwörter (`ANDANTE`, `PARANOID`, `ALEGRO`, `EXITUS`), Begriffe aus einer Fremdsprache Ihrer Wahl (`QUELASTIMA`, `STUPIDJOB`) oder altertümlicher Sprachen und schreiben jedes dritte oder vierte Zeichen groß, die anderen aber klein (`paaRdenRennEn`).

Wenn Sie sich nach diesen Regeln ein Kennwort zusammenbauen und es trotzdem geknackt wird, geben Sie mir bitte nicht die Schuld! Entweder haben Sie einfach eins von den Kennwörtern genommen, die ich hier aufgelistet habe, oder Sie hätten sich eben doch `D#SC$h4@bb3xaz5` merken sollen.

✔ Falls Sie sich doch dafür entscheiden, Kennwörter wie `Kd56&/hXdkl` zu verwenden, finden Sie im Internet oder auch in den Programmen, von denen Sie zur Eingabe von Kennwörtern aufgefordert werden, Generatoren, die solche Kennwörter zufällig erzeugen. Suchen Sie einfach eine Suchmaschine Ihrer Wahl auf und fragen Sie beispielsweise bei Google (`www.google.de`) nach »Passwortgenerator«. Dann werden Sie viele Webseiten mit Generatoren finden, mit denen Sie Kennwörter erzeugen können, die Ihre Anforderungen erfüllen. Sie können beispielsweise die Kennwortlänge vorgeben und Kombinationen aus Buchstaben, Ziffern, Sonderzeichen, Klein- und Großbuchstaben erzeugen lassen.

✔ Es gibt Freeware-Passwort-Manager mit einem eingebauten Passwort-Generator, die ein Passwort genau nach Ihren Vorgaben per Zufall generieren können. Ein Beispiel dafür ist *KeePass*, zu finden unter `https://www.keepass.info`.

Apropos: Nutzen Sie einen Passwort-Manager, dann müssen Sie sich im Allgemeinen nur noch das Passwort merken, mit dem Sie Ihren Passwort-Safe freischalten können (Master-Passwort). Dieses sollte dann dementsprechend sicher sein.

Alle anderen Passwörter müssen Sie sich anschließend gar nicht mehr merken, das übernimmt fortan Ihr Passwort-Manager.

Wenn Sie einem Passwort-Manager all Ihre Passwörter anvertrauen, dann müssen Sie dafür sorgen, dass Sie jederzeit Zugriff auf den Passwort-Manager beziehungsweise Ihren Passwort-Safe haben. Im Fall von KeePass ist das beispielsweise eine sogenannte KDBX-Datei. In dieser Datei werden alle Einträge verschlüsselt abgelegt.

Sollten Sie mal Ihren Passwort-Safe oder das dazugehörige Master-Passwort verlegen, so sind alle Passwörter »futsch«, solange Sie sich diese nicht gemerkt oder anderweitig notiert haben.

Schreiben Sie sich daher das Master-Passwort Ihres Passwort-Safes auf und verstauen Sie es sicher, zum Beispiel in einem Tresor!

Fertigen Sie regelmäßig Backups oder Sicherungskopien Ihres Passwort-Safes an!

Heutzutage müssen Sie ja für alle möglichen Dienste ein Passwort vergeben. Vermeiden Sie aber auf jeden Fall die Wiederverwendung von Passwörtern! Jeder Dienst sollte ein eigenes Passwort haben. Andernfalls könnte jemand, der zum Beispiel das Passwort Ihres E-Mail-Accounts herausfindet, ebenfalls auf Einkaufstour in Online-Shops gehen.

Daher der generelle Tipp: Nutzen Sie einen Passwort-Manager und lassen Sie sich von diesem für jeden Dienst ein individuelles Passwort generieren. Geschützt durch das (sichere) Master-Passwort müssen Sie sich all diese Passwörter aber niemals merken. Daher können diese auch beliebig lang und/oder komplex sein.

Das Administratorkonto schützen

Es dürfte mittlerweile allen klar sein, dass zumindest ein Netzwerkbenutzer die Befugnis haben muss, das Netzwerk ohne die Beschränkungen zu nutzen, die den anderen Benutzern auferlegt werden. Dieser Benutzer ist der *Netzwerkverwalter* oder *Netzwerkadministrator*. Er muss auch das Sicherheitssystem des Netzwerks einrichten. Deswegen werden dem Administrator (im Linux/Unix-Bereich auch *Superuser* oder einfach *root* genannt) keinerlei Einschränkungen in puncto Sicherheit auferlegt.

Die verschiedensten Gerätekomponenten haben oft Benutzerkonten für Verwalter mit vorgegebenen Benutzerkennungen und Kennwörtern. Diese lassen sich dann üblicherweise der zugehörigen Dokumentation entnehmen. Die Vorgaben sind für alle gleichartigen Gerätekomponenten identisch. Nach der Installation sollten Sie daher derartige Standardkennwörter möglichst unverzüglich ändern. Ansonsten sind nämlich Ihre ausgefeilten Sicherheitsvorkehrungen weitgehend für die Katz.

Es gibt eine ganze Reihe von Geräten mit vordefinierten Benutzern wie `admin` oder so ähnlich. Sofern möglich sollten und können Sie das Kennwort dieses Benutzerkontos nicht nur ändern, sondern auch deaktivieren. Die erforderlichen Befugnisse müssen Sie dann natürlich einem anderen Benutzerkonto zuordnen können. Bei Einbruchsversuchen über das (deaktivierte) `admin`-Konto können Sie anschließend geruhsam weiterschlafen.

Vergessen Sie nie das Kennwort des Administratorkontos! Wenn ein Netzwerkbenutzer sein Kennwort vergisst, können Sie sich als Verwalter anmelden und das Kennwort des Benutzers ändern. Wenn Sie jedoch das Administratorkennwort vergessen, stecken Sie in der Klemme. Daher ist es sinnvoll, ein zweites Konto mit denselben Rechten für den Notfall parat zu haben.

Auch hier bietet es sich wieder an, das Kennwort des Administratorkontos in einem Passwort-Manager zu speichern.

Verwaltung der Benutzersicherheit

Benutzerkonten bilden das Rückgrat der Verwaltung der Netzwerksicherheit. Durch den Einsatz von Benutzerkonten können Sie festlegen, wer auf das Netzwerk und auf welche Netzwerkressourcen zugreifen kann und wer nicht. Sie können den Netzwerkzugriff auf bestimmte Rechner und Zeiten beschränken. Außerdem können Sie Benutzer ausschließen, die länger nicht auf das Netzwerk zugreifen können müssen. In den folgenden Abschnitten werden grundlegende Maßnahmen beschrieben, mit denen Sie für die Sicherheit der Benutzer im Netzwerk sorgen können.

Benutzerkonten

Jeder Benutzer, der auf ein Netzwerk zugreift, muss ein *Benutzerkonto* haben. Über Benutzerkonten kann der Administrator festlegen, wer auf das Netzwerk und auf welche Netzwerkressourcen zugreifen kann. Außerdem lassen sich Benutzerkonten so anpassen, dass sie Benutzern ein paar praktische Funktionen bereitstellen, beispielsweise personalisierte Startmenüs oder die Anzeige der zuletzt benutzten Dokumente.

Jedes Benutzerkonto ist mit einem *Benutzernamen* (manchmal auch *Benutzerkennung* oder *User-ID* genannt) verknüpft, den der Benutzer eingeben muss, wenn er sich am Netzwerk anmeldet. Es gibt aber noch andere Informationen, die mit Benutzerkonten verknüpft sind. Dazu zählen insbesondere:

✔ **Das Benutzerkennwort (Passwort):** Es beinhaltet auch die Kennwortrichtlinie, die beispielsweise besagt, wie häufig der Benutzer sein Kennwort ändern muss, wie kompliziert dieses Kennwort zu sein hat etc.

✔ **Die Kontaktdaten des Benutzers:** Dazu gehören der vollständige Name, die Telefonnummer, die E-Mail-Adresse, Social-Media-Adressen, die Postadresse und andere verwandte Angaben.

✔ **Kontobeschränkungen:** Hier gibt es beispielsweise Einschränkungen, die dem Benutzer eine Anmeldung nur zu ganz bestimmten Zeiten erlauben. Über diese Funktion können Sie Benutzeranmeldungen auf normale Arbeitszeiten beschränken, damit niemand um zwei Uhr nachts unerlaubten Aktivitäten frönen kann. Diese Funktion verdirbt den Benutzern allerdings auch den Spaß an umfangreicheren Überstunden (weil sie sich nicht am Netzwerk anmelden können). Sie sollten sie also nur mit

Bedacht einsetzen. Sie können auch vorgeben, dass sich Benutzer nur über ganz bestimmte Computer anmelden können.

✔ **Kontostatus:** Sie können einzelne Benutzerkonten vorübergehend deaktivieren, wenn sich ein Benutzer nicht mehr anmelden können soll.

✔ **Benutzerordner (oder Homeverzeichnis):** Spezifiziert einen Netzwerkordner, in dem der Benutzer Dokumente speichern kann.

✔ **Berechtigung für Wählverbindungen:** Dies autorisiert den Benutzer zum Remotezugriff auf das Netzwerk über Wählverbindungen.

✔ **Gruppenmitgliedschaften:** Damit erhält der Benutzer bestimmte Rechte auf Basis der Gruppe(n), deren Mitglied er ist.

✔ **Computerkonten:** Nicht nur ein Benutzer hat ein Konto, jedes Gerät in einer Windows-Domäne hat ebenfalls ein zugehöriges Konto. Auch dieses hat ein Kennwort. Jedoch handelt das jeweilige Gerät dies mit der Domäne selbstständig aus. Genau wie ein Benutzer kann ein Gerät verschoben, aber auch deaktiviert oder gelöscht werden. Eine Anmeldung ist in den beiden zuletzt genannten Fällen dann nicht mehr möglich.

Weitere Hinweise dazu finden Sie im Abschnitt »Gruppentherapie« weiter hinten in diesem Kapitel.

Standardkonten

Die meisten Serverbetriebssysteme enthalten zumindest zwei vorkonfigurierte Konten mit den Bezeichnungen »Administrator« und »Gast«. Darüber hinaus erzeugen einige Serverdienste (zum Beispiel Web- oder Datenbankserver) eigene Benutzerkonten, unter denen sie dann ausgeführt werden. In den folgenden Abschnitten werden die Merkmale dieser Konten beschrieben:

✔ **Das Administratorkonto:** Das Administratorkonto ist der König des Netzwerks. Dieses Benutzerkonto unterliegt keiner der Einschränkungen, denen gewöhnliche Konten folgen müssen. Wenn Sie sich als Administrator anmelden, können Sie einfach alles tun. Aus diesem Grund sollten Sie vermeiden, das Administratorkonto für Routineaufgaben zu benutzen. Melden Sie sich nur dann als Administrator an, wenn es wirklich erforderlich ist.

Weil das Administratorkonto uneingeschränkten Zugriff auf das Netzwerk hat, ist es besonders wichtig, dass Sie es sofort schützen, wenn der Server installiert wurde. Wenn Sie das Installationsprogramm des Netzwerkbetriebssystems nach einem Kennwort für das Administratorkonto fragt, beginnen Sie mit einer guten Mischung aus Klein- und Großbuchstaben, Ziffern und Sonderzeichen. Wählen Sie kein Kennwort, das leicht zu erraten ist, nur weil Sie sagen, dass Sie es später ja in ein kryptischeres ändern werden. Sie werden es vergessen – und in der Zwischenzeit wird jemand in das Netzwerk einbrechen und die Serverfestplatte neu formatieren oder die Kreditkartennummern Ihrer Kunden stehlen.

✔ **Das Gastkonto:** Ein anderes, üblicherweise standardmäßig erzeugtes Benutzerkonto ist das *Gastkonto*. Dieses Konto wird mit leerem Kennwort und höchst eingeschränkten oder gar keinen Zugriffsrechten erzeugt. Das Gastkonto soll es jedermann ermöglichen, sich über einen Computer anzumelden – aber nach dieser Anmeldung kann der Benutzer nichts tun. Für mich klingt das nach Zeitverschwendung. Daher können Sie das Gastkonto in den meisten Fällen auch gleich deaktivieren. Allerdings können Konten, mit denen man sich zwar anmelden, dann aber gar nichts machen kann, Hacker sicherlich ordentlich ärgern. Ab Windows 10 ist das Gastkonto schon per Standard deaktiviert.

✔ **Dienstekonten:** Einige Netzwerkbenutzer sind keine menschlichen Wesen. Das heißt aber nicht, dass sie weniger wert sind. Bei einigen Benutzern handelt es sich eigentlich um Softwareprozesse, die auf Netzwerkressourcen zugreifen müssen und daher Benutzerkonten benötigen. Diese Benutzerkonten werden normalerweise automatisch erzeugt, wenn Serversoftware installiert oder konfiguriert wird.

Wenn Sie beispielsweise Microsofts Webserver (IIS) installieren, wird das Internetbenutzerkonto `IUSR` erzeugt. Der vollständige Name dieses Kontos lautet `IUSR_<servername>`. Heißt der Server `WEB1`, wird das Konto `IUSR_WEB1` genannt. IIS nutzt dieses Konto, um anonymen Internetbenutzern Zugriff auf Dateien Ihrer Website zu erlauben.

Generell sollten Sie mit diesen Konten nicht herumspielen, es sei denn, Sie wissen *wirklich* genau, was Sie tun. Wenn Sie beispielsweise das IUSR-Konto löschen oder umbenennen, müssen Sie IIS für das neue Konto umkonfigurieren. Falls Sie dies nicht tun, wird IIS allen Benutzern, die sich verbinden wollen, den Zugriff verweigern. Wenn Sie natürlich *wissen*, was Sie tun, kann ein Umbenennen dieser Konten die Netzwerksicherheit erhöhen. Fangen Sie aber nicht an, mit diesen Konten zu spielen, bevor Sie alle möglichen Auswirkungen kennen.

Benutzerrechte

Benutzerkonten und Kennwörter sind nur die erste Verteidigungslinie im Spiel um die Netzwerksicherheit. Sobald der Benutzer diese durchbrochen hat und sich mit gültiger Benutzerkennung und Kennwort Zugang zum Netzwerk verschafft hat, kommt die zweite Verteidigungslinie ins Spiel: die *Zugriffsrechte*.

Eine der Regeln des harten Lebens im Netzwerk besagt zwar, dass alle Benutzer gleich sind, manche sind aber dann doch wieder gleicher als andere. Diesen Benutzern verleiht der Netzwerkverwalter besondere Zugriffsrechte und sie dürfen daher etwas mehr als die anderen.

Die Zugriffsrechte, die Sie den Benutzern zuweisen können, sind vom eingesetzten Serverbetriebssystem abhängig. Hier einige Beispiele für Benutzerrechte, die mit *Windows-Servern* eingeräumt werden können:

✔ **Lokal anmelden:** Diese Option gibt dem Benutzer das Recht, sich direkt (lokal) beim Server als Benutzer anzumelden.

✔ **Ändern der Systemzeit:** Wenn der Benutzer mit diesem Recht ausgestattet ist, darf er Uhrzeit und Datum des Servers ändern.

✔ **Herunterfahren des Systems:** Dieses Recht birgt eine große Verantwortung: Der Benutzer darf den Server ordnungsgemäß herunterfahren.

✔ **Sichern von Dateien und Ordnern:** Der Benutzer kann Dateien und Ordner sichern, die sich auf dem Server befinden.

✔ **Wiederherstellen von Dateien und Ordnern:** Der Benutzer darf zuvor gesicherte Dateien wiederherstellen.

✔ **Übernehmen des Besitzes von Dateien und Ordnern:** Der Benutzer darf Dateien und sonstige Objekte übernehmen, die anderen Benutzern gehören.

Andere Serverbetriebssysteme bieten ähnliche Sätze von Benutzerrechten an.

Berechtigungen (wer kriegt was?)

Die Benutzerrechte steuern, was der Benutzer im Netzwerk tun darf und was nicht. Über *Berechtigungen* optimieren Sie die Netzwerksicherheit und steuern den Zugriff auf bestimmte Netzwerkressourcen, zum Beispiel Dateien oder Drucker für einzelne Benutzer oder Benutzergruppen. So können Sie zum Beispiel Zugriffsrechte für Dateien einrichten, die den Benutzern aus der Buchhaltung den Zugriff auf die Dateien im Serververzeichnis \BUCHH erlauben. Berechtigungen können auch dafür sorgen, dass bestimmte Benutzer bestimmte Dateien zwar lesen, aber nicht ändern oder löschen dürfen.

Jedes Serverbetriebssystem verwaltet die Zugriffsberechtigungen anders. Grundsätzlich ist der Effekt aber immer derselbe, nämlich dass jedem Benutzer bestimmte Rechte für den Zugriff auf bestimmte Dateien, Ordner oder Netzlaufwerke eingeräumt werden. So können Sie einem Benutzer zwar den Zugriff auf einige Dateien erlauben, ihm aber bei anderen Dateien nur gestatten, sie zu lesen.

Alle Berechtigungen, die Sie für einen Ordner festlegen, gelten automatisch für all seine Unterordner und die enthaltenen Dateien, sofern Sie keine besonderen Berechtigungen für diese festlegen.

Sie können die Windows-Berechtigungen nur für Dateien und Ordner verwenden, die sich auf mit dem NTFS- und/oder ReFS-Dateisystem (Resilient File System) formatierten Laufwerken befinden. Wenn Sie aus irgendwelchen obskuren Gründen darauf bestehen, FAT oder FAT32 immer noch für freigegebene Windows-Laufwerke zu verwenden, können Sie Dateien und Ordner darauf nicht individuell schützen. Das ist einer der Hauptgründe für die Verwendung von NTFS (und der ReFS-Erweiterung) bei Windows-Servern.

Gruppentherapie

Ein *Gruppenkonto* ist ein Konto, das keinen individuellen Benutzer repräsentiert, sondern eine Gruppe von Benutzern, die das Netzwerk auf ähnliche Weise nutzen. Anstatt nun einzelnen Benutzern individuelle Zugriffsrechte zuzuweisen, können Sie diese der Gruppe zuweisen und anschließend einzelne Benutzer der Gruppe zuordnen. Wenn Sie einen Benutzer einer Gruppe zuordnen, erhält dieser Benutzer automatisch die für die Gruppe festgelegten Rechte.

Angenommen, Sie haben für die Buchhaltungsabteilung eine Gruppe »Buchhaltung« angelegt und gewähren den Mitgliedern dieser Gruppe Zugriff auf die Buchhaltungsprogramme und -dateien im Netzwerk. Anstatt nun jedem Buchhalter einzeln den Zugriff auf diese Anwendungen und Dateien zu gestatten, machen Sie ihn einfach zum Mitglied der Buchhaltungsgruppe.

Hier ein paar weitere Details über Gruppen:

✔ Gruppen sind einer der Schlüssel zur Netzwerkmanagement-Glückseligkeit. Sie sollten es möglichst vermeiden, Benutzer einzeln zu verwalten. Fassen Sie Benutzer stattdessen zu Gruppen zusammen, die Sie dann verwalten. Oder wollen Sie lieber 50 Benutzerkonten aktualisieren, wenn alle 50 Mitarbeiter der Buchhaltung auf einen für diese neu eingerichteten und freigegebenen Ordner zugreifen müssen?

✔ Benutzer können Mitglied mehrerer Gruppen sein. Der Benutzer erbt dann die Rechte jeder dieser Gruppen. Angenommen, Sie haben Gruppen für Buchhaltung, Verkauf, Marketing und Finanzierung eingerichtet. Ein Benutzer, der auf Buchhaltungs- und Finanzdaten zugreifen muss, kann nun einfach zum Mitglied der Gruppen Buchhaltung und Finanzierung gemacht werden. Ein Benutzer, der auf Verkaufs- und Marketinginformationen zugreifen muss, wird einfach Mitglied der Gruppen Verkauf und Marketing.

✔ Sie können individuellen Benutzern Rechte geben oder entziehen, die die Gruppeneinstellungen überschreiben. Sie können so beispielsweise dem Chef der Buchhaltung einige Sonderrechte einräumen oder bestimmten Benutzern ein paar Rechte entziehen.

Ist ein Benutzer Mitglied mehrerer Gruppen (oder Sicherheitssysteme), gelten möglicherweise nur die restriktivsten Rechte der jeweiligen Gruppen. Damit wird es dann logisch ein wenig vertrackt. Mehr will ich dazu hier nicht sagen. Rechnen Sie mit dem Schlimmsten!

Benutzerprofile

Bei den *Benutzerprofilen* handelt es sich um eine Windows-Funktion, die protokolliert, wie sich einzelne Benutzer ihre Windows-Konfiguration wünschen. Nicht vernetzte Rechner können so von zwei oder mehr Benutzern genutzt werden, wobei für die jeweiligen Benutzer separate eigene Desktopeinstellungen, zum Beispiel Hintergrundbild, Farbschema, Startmenü-Optionen und so weiter, gespeichert werden.

Der wahre Vorteil von Benutzerprofilen offenbart sich, wenn Profile im Netzwerk genutzt werden. Benutzerprofile können auf einem Server gespeichert werden. Wann immer sich nun Benutzer von *irgendeinem* Rechner aus beim Netzwerk anmelden, wird auf deren Profil zurückgegriffen.

Hier einige Windows-Komponenten, die von Einstellungen in Benutzerprofilen betroffen sind:

- ✔ die Anzeige betreffende Desktopeinstellungen einschließlich Bildschirmhintergrund, Bildschirmschoner und Farbschema

- ✔ Startmenü-Programme und Optionen der Windows-Symbolleisten

- ✔ Favoriten, die einfachen Zugriff auf häufig verwendete Dateien und Ordner erlauben

- ✔ Netzwerkeinstellungen, einschließlich Laufwerkzuordnungen, Netzwerkdrucker und zuletzt verwendete Netzwerkgeräte

- ✔ Anwendungseinstellungen, zum Beispiel die Einstellung der Optionen in Microsoft Word

- ✔ der Ordner EIGENE DATEIEN

Anmeldeskripts

Ein *Anmeldeskript* ist eine Batch-Datei, die automatisch ausgeführt wird, wenn sich ein Benutzer anmeldet. Anmeldeskripts können einige wichtige Anmeldeaufgaben übernehmen und zum Beispiel Netzlaufwerke zuordnen, Anwendungen starten oder auch die Uhrzeit synchronisieren. Anmeldeskripts werden auf dem Server gespeichert. Für jedes Benutzerkonto lässt sich spezifizieren, ob ein Anmeldeskript benutzt werden soll und wenn ja, welches.

Hier ist ein Beispielanmeldeskript, das ein paar Netzlaufwerke zuordnet und die Zeit synchronisiert:

```
net use m: \\MYSERVER\Buchhlt

net use n: \\MYSERVER\Admin

net use o: \\MYSERVER\Dev

net time \\MYSERVER /set / yes
```

Anmeldeskripts sind ein wenig aus der Mode, weil die meisten ihrer Funktionen auch über Benutzerprofile erledigt werden können. Trotzdem bevorzugen viele Administratoren die Einfachheit von Anmeldeskripts, weshalb sie auch noch auf aktuellen Windows-Serversystemen weiterhin benutzt werden.

Der Schutz der Benutzer

Sicherheitstechniken wie physische Sicherheit, Sicherheit der Benutzerkonten, Serversicherheit und das Einschließen der Server sind Kinderkram im Vergleich zur schwierigsten Aufgabe der Netzwerksicherheit, dem Schutz der Netzwerkbenutzer. Auch der beste Sicherheitsplan geht den Bach runter, wenn die Netzwerkbenutzer Kennwörter auf gelbe Haftzettel schreiben und sie an die Bildschirme kleben.

Der Schlüssel zum Schutz der Netzwerkbenutzer besteht darin, Sicherheitsrichtlinien schriftlich zu formulieren und dann daran festzuhalten. Laden Sie alle zu einem Meeting ein und gehen Sie dann gemeinsam die Sicherheitsrichtlinien durch, um dafür zu sorgen, dass die Regeln allgemein verstanden werden. Überlegen Sie sich auch, welche Strafen Regelverstöße nach sich ziehen könnten.

Hier ein paar Empfehlungen für grundlegende Richtlinien, die Sie in Ihren eigenen Katalog einfließen lassen können:

✔ Kennwörter dürfen nie schriftlich aufbewahrt und an niemanden weitergegeben werden.

✔ Konten sollten nie gemeinsam benutzt werden. Es sollte nie das Konto eines anderen Benutzers für den Zugriff auf Ressourcen verwendet werden, auf die man mit dem eigenen Konto nicht zugreifen kann. Falls Zugriff auf eine Netzwerkressource benötigt wird, die aktuell nicht zugänglich ist, muss diese Zugriffsmöglichkeit formell für das eigene Konto angefordert werden.

✔ Entsprechend dürfen Kontodaten nie an Mitarbeiter weitergegeben werden, um ihnen Zugang zu Ressourcen zu gewähren. Der Mitarbeiter sollte stattdessen den Zugriff für sein eigenes Konto anfordern.

✔ Ohne vorherige Erlaubnis darf keinerlei Software oder Hardware installiert werden. Dies gilt insbesondere für Geräte mit drahtlosem Zugang und Modems.

✔ Auf Arbeitsstationen dürfen ohne vorherige Erlaubnis keine Datei- oder Druckerfreigaben eingerichtet werden. Erwägen Sie bei gelegentlichem oder häufigerem Bedarf die Einrichtung öffentlicher Ordner (`Public`).

✔ Es darf niemals versucht werden, Sicherheitsfunktionen des Netzwerks zu umgehen oder auszuschalten.

Kapitel 21
Das Netzwerk schützen

Wenn Ihr Netzwerk mit dem Internet verbunden ist, gilt es, eine Menge verschiedener Sicherheitsaspekte zu berücksichtigen. Wahrscheinlich sollen die Benutzer über Ihr Netzwerk auf das Internet zugreifen können. Leider handelt es sich bei der Internetverbindung aber nicht um eine Einbahnstraße. Über sie können Sie nicht nur die Grenzen des eigenen Netzwerks verlassen, um auf das Internet zuzugreifen, sondern sie ermöglicht Dritten auch das Eindringen in Ihr Netzwerk.

Und Dritte werden früher oder später versuchen, einzudringen. Die Welt ist voller Hacker, die nach lohnenden Angriffszielen suchen. Das tun sie nur so zum Spaß, um die Kreditkartennummern von Kunden zu klauen oder um über fremde Mailserver Tausende von Spam-Nachrichten zu versenden. Wie die Motive auch aussehen mögen, Sie können davon ausgehen, dass in ungeschützte Netzwerke früher oder später jemand einzubrechen versuchen wird.

In diesem Kapitel stelle ich die drei grundlegenden Techniken zum Schutz der Internetverbindung Ihres Netzwerks im Überblick vor: Zugriffssteuerung über eine Firewall, Aufspüren von Viren mit Antivirenprogrammen und Beheben von Softwarefehlern mit Patches.

Firewalls

Bei einer *Firewall* handelt es sich in der Regel um einen speziellen Router mit Sicherheitsbewusstsein, der sich zwischen Ihrem Netzwerk und dem Rest der Welt befindet und eine wichtige Aufgabe erfüllt: Er soll *die* davon abhalten, an *Sie* heranzukommen. Die Firewall fungiert als Wächter zwischen dem Internet und Ihrem LAN. Der gesamte Netzwerkverkehr des LANs vom und zum Internet muss die Firewall passieren, die unautorisierte Zugriffe auf das Netzwerk unterbindet.

Sie müssen irgendeine Art von Firewall einsetzen, wenn Ihr Netzwerk mit dem Internet verbunden ist, sei es via Breitband (Kabelmodem oder DSL), Standleitung oder einer anderen High-Speed-Verbindung. Gibt es keine Firewall, wird ein Hacker Ihr ungeschütztes Netzwerk früher oder später entdecken, seinen Freunden davon erzählen und wenige Stunden später dürfte Ihr Netzwerk erledigt sein.

Es gibt zwei grundlegende Möglichkeiten zur Einrichtung von Firewalls. Bei der einfachen Variante setzen Sie ein Firewall-Gerät ein, bei dem es sich meist einfach um einen Router mit integrierten Firewall-Funktionen handelt. In den handelsüblichen DSL-Routern sind entsprechende Firewalls integriert, bei denen Sie sicherheitshalber kontrollieren sollten, ob sie auch wirklich aktiviert sind. Als Firewall fungierende Geräte enthalten üblicherweise webbasierte Schnittstellen, über die Sie von jedem beliebigen Rechner im internen Netzwerk aus zugreifen können, um sie zu konfigurieren (sofern Sie deren Adresse und das – hoffentlich vorhandene – Passwort kennen). Dann lassen sich die Firewall-Einstellungen in einem gewissen Rahmen Ihren Anforderungen entsprechend konfigurieren.

Alternativ können Sie einen Rechner so konfigurieren, dass er als Firewall fungiert. Auf derart eingerichteten Servern können eigentlich beliebige Netzwerkbetriebssysteme laufen, zumeist werden aber eigens für diesen Zweck (dedizierte) Firewall-Systeme mit Linux verwendet.

Unabhängig davon, ob Sie ein besonderes Gerät oder einen Rechner als Firewall einsetzen, muss sich die Firewall zwischen dem eigenen Netzwerk und dem Internet befinden. In Abbildung 21.1 ist die Firewall auf der einen Seite mit einem Switch und auf der anderen Seite mit dem Internet verbunden. Damit wird dafür gesorgt, dass der gesamte Datenverkehr vom LAN ins Internet (und umgekehrt) über die Firewall läuft.

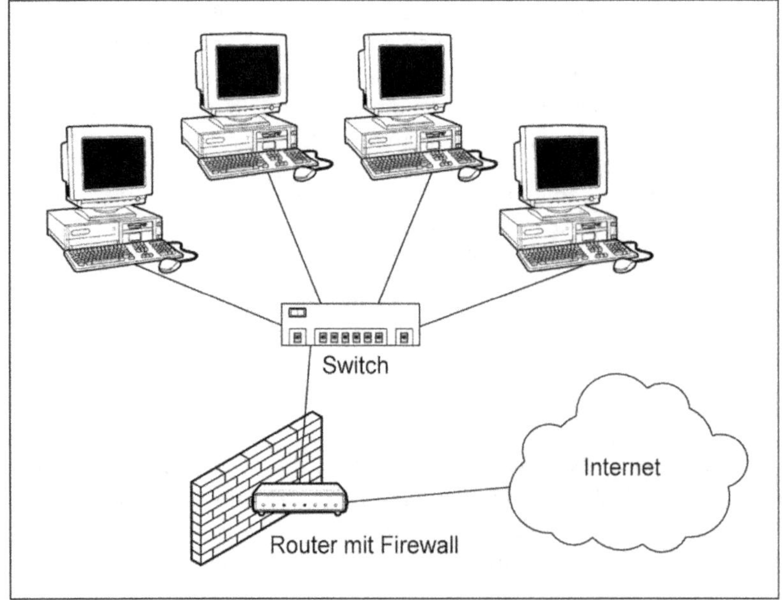

Abbildung 21.1: Ein Router mit Firewall sorgt für die sichere Verbindung zwischen LAN und Internet.

Der Begriff *Perimeter* wird manchmal zur Beschreibung des Standorts einer Firewall im Netzwerk benutzt. Kurz gesagt, ähnelt eine Firewall einem Zaun an den Grenzen eines Grundstücks, der den Besitz vollständig umschließt und Besucher dazu zwingt, ihn durch den Vordereingang zu betreten.

 In großen Netzwerken lässt sich manchmal nur schwer herausfinden, wo genau sich diese Grenze befindet. Falls Ihr Netzwerk über zwei oder mehr WAN-Verbindungen verfügt, sorgen Sie dafür, dass alle diese Verbindungen über Firewalls und nicht direkt mit dem Netzwerk hergestellt werden. Dazu können Sie alle WAN-Verbindungen mit separaten Firewalls ausstatten oder eine Firewall mit mehreren WAN-Ports nutzen.

Die verschiedenen Arten von Firewalls

Firewalls nutzen vier grundlegende Technologien, um ungebetene Besucher aus Netzwerken fernzuhalten. Diese Technologien werden in den folgenden Abschnitten beschrieben.

Paketfilter

Eine mit *Paketfilter* arbeitende Firewall untersucht jedes Datenpaket, das die Firewall durchläuft, anhand einer Reihe von Regeln, die Sie selbst festlegen können. Wenn das Datenpaket den Test besteht, wird es durchgelassen. Andernfalls wird es blockiert und nicht weitergeleitet.

Bei Paketfiltern handelt es sich um die einfachste Art der Firewall. Entsprechende Firewalls sind daher recht verbreitet. Die Paketfilterung weist aber einige Lücken auf, die von erfahrenen Hackern missbraucht werden können. Daher reicht die Paketfilterung allein nicht aus, um für eine wirklich wirkungsvolle Firewall zu sorgen.

Bei der Paketfilterung werden die in allen TCP/IP-Paketen enthaltenen Quell- und Zieladressen (IP und Port) untersucht. Bei den *TCP/IP-Ports* handelt es sich um Nummern, die den einzelnen Diensten zugeordnet sind und mit denen festgestellt werden kann, für welchen Dienst die verschiedenen Pakete bestimmt sind. Die Portnummer für das HTTP-Protokoll lautet beispielsweise standardmäßig 80. Entsprechend wird in allen für einen HTTP-Server bestimmten eintreffenden Paketen der Port 80 als Zielport angegeben.

Portnummern werden, durch einen Doppelpunkt getrennt, am Ende einer IP-Adresse angegeben. Der HTTP-Service auf einem Server mit der IP-Adresse 192.168.10.133 ist dann also über 192.168.10.133:80 erreichbar.

Es werden buchstäblich Tausende Ports genutzt. Die Nutzung einiger der gängigen Ports wird in Tabelle 21.1 aufgeführt.

Port	Beschreibung
20	File Transfer Protocol (FTP)
21	File Transfer Protocol (FTP)
22	Secure Shell Protocol (SSH)
23	Telnet
25	Simple Mail Transfer Protocol (SMTP)
53	Domain Name Server (DNS)
80	Hypertext Transfer Protocol (HTTP)
110	Post Office Protocol (POP3)
119	Network News Transfer Protocol (NNTP)
143	Internet Message Access Protocol (IMAP)
161	Simple Network Management Protocol (SNMP)
194	Internet Relay Chat (IRC)
389	Lightweight Directory Access Protocol (LDAP)
443	HTTP over TLS/SSL (HTTPS)
6667	Internet Relay Chat (IRC)

Tabelle 21.1: Einige bekannte TCP/IP-Ports

Die für Paketfilter festgelegten Regeln lassen Pakete, in denen bestimmte IP-Adressen oder Ports angegeben werden, entweder durch oder weisen sie zurück. So können Sie zum Beispiel Pakete durchlassen, die für Mailserver oder Webserver bestimmt sind, und alle anderen Pakete blockieren. Oder Sie können Regeln erstellen, die speziell jene Pakete blockieren, die für den von IRC verwendeten Port bestimmt sind. Durch diese Regel wird dafür gesorgt, dass Hacker aus dem Internet nicht auf Ressourcen von NetBIOS-Servern zugreifen können, wie zum Beispiel Dateien oder Drucker.

Eine der größten Schwächen der Paketfilterung besteht darin, dass sie weitgehend darauf vertraut, dass die Pakete selbst wahrheitsgemäß angeben, woher sie stammen und wofür sie bestimmt sind. Hacker können diese Schwäche über das sogenannte *IP-Spoofing* ausnutzen, eine Technik, bei der falsche IP-Adressen in an Ihr Netzwerk übertragene Pakete eingefügt werden.

Eine weitere Schwäche der Paketfilterung besteht darin, dass einzelne Pakete isoliert betrachtet werden, ohne dabei zu untersuchen, welche Pakete die Firewall vorher oder nachher passieren. Anders ausgedrückt: Die Paketfilterung erfolgt *zustandslos*. Und Sie können sich sicher sein, dass es Hacker gibt, die herausgefunden haben, wie sich die zustandslose Paketfilterung ausnutzen lässt, um Firewalls zu überwinden.

Ungeachtet dieser Schwächen haben Paketfilter-Firewalls einige Vorteile, die erklären, warum sie häufig eingesetzt werden:

✔ **Paketfilter sind äußerst effizient.** Sie halten ein- und ausgehende Pakete nur wenige Millisekunden lang auf, während sie die Ports und Adressen von Quelle und Ziel auslesen. Wurden diese Adressen und Ports ermittelt, kann der Paketfilter schnell seine

Regeln anwenden und das Paket entweder weiterleiten oder blockieren. Im Unterschied dazu leiden andere Firewall-Techniken unter deutlicher spürbaren Leistungseinbußen.

✔ **Paketfilter sind für Anwender nahezu völlig transparent.** Die Anwender merken nur dann, dass Paketfilter-Firewalls am Werk sind, wenn diese Pakete blockieren. Bei anderen Firewall-Techniken müssen Clients und/oder Server speziell für die Zusammenarbeit mit der Firewall konfiguriert werden.

✔ **Paketfilter sind preiswert.** Die meisten Router enthalten integrierte Paketfilter.

Stateful Packet Inspection (SPI)

Bei *SPI* (*Stateful Packet Inspection*) handelt es sich um eine intelligente Erweiterung der einfachen Paketfilterung, die auch *dynamische Paketfilterung* genannt wird. Eine Firewall mit SPI untersucht die Datenpakete in Gruppen und nicht einzeln. Sie protokolliert, welche Pakete die Firewall passiert haben, und kann auf unautorisierte Zugriffe hinweisende Muster erkennen. In einigen Fällen hält die Firewall dabei möglicherweise eintreffende Pakete so lange auf, bis sie genug Informationen gesammelt hat, um darüber entscheiden zu können, ob die Pakete weitergeleitet oder blockiert werden sollen.

SPI wurde anfangs nur von Routern für den Unternehmenseinsatz unterstützt. Später wurden SPI-Firewalls derart günstig, dass sie auch in kleinen und mittleren Netzwerken genutzt werden.

Circuit-Level-Gateway

Ein *Circuit-Level-Gateway* verwaltet Verbindungen zwischen Clients und Servern auf der Basis von TCP/IP-Adressen und Portnummern. Wenn die Verbindung hergestellt wurde, greift das Gateway bei den zwischen den Systemen übertragenen Paketen nicht weiter ein.

Sie können zum Beispiel ein Telnet-Circuit-Level-Gateway benutzen, um Telnet-Verbindungen (Port 23) mit einem bestimmten Server zuzulassen und andere Arten der Verbindung mit diesem Server zu blockieren. Nachdem die Verbindung hergestellt wurde, lässt das Circuit-Level-Gateway die Pakete frei über diese Verbindung fließen. Entsprechend kann das Circuit-Level-Gateway nicht verhindern, dass Telnet-Benutzer bestimmte Programme oder Befehle ausführen.

Application-Gateway

Bei einem *Application-Gateway* oder auch *Application-Level-Gateway* handelt es sich um ein Firewall-System, das intelligenter als Paketfilter-Firewalls mit zustandsorientierter Paketprüfung oder Circuit-Level-Gateways arbeitet. Paketfilter behandeln alle TCP/IP-Pakete gleich. Im Unterschied dazu wissen Application-Gateways Einzelheiten über die Anwendungen, die die Pakete generieren, die die Firewall passieren. Ein Web-Application-Gateway kennt zum Beispiel Details von HTTP-Paketen. Daher kann es mehr, als nur die Adressen und Ports von Quelle und Ziel zu untersuchen, um festzustellen, ob den Paketen das Passieren der Firewall erlaubt werden soll.

Darüber hinaus arbeiten Application-Gateways als Proxyserver. Einfach ausgedrückt handelt es sich bei einem *Proxyserver* um einen Server, der sich zwischen einem Clientrechner und einem echten Server befindet. Der Proxyserver fängt für den echten Server bestimmte Pakete ab und verarbeitet sie. Der Proxyserver kann die Pakete untersuchen und darüber entscheiden, ob er sie an den echten Server weiterleitet oder blockiert. Oder der Proxyserver kann selbst auf die Pakete antworten, ohne dass der echte Server an diesem Vorgang überhaupt beteiligt ist.

Proxyserver für das Web speichern zum Beispiel oft Kopien von häufig angeforderten Webseiten lokal zwischen. Wenn Benutzer dann eine Webseite von einem Webserver an einem anderen Standort anfordern, fängt der Proxyserver die Anforderung ab und prüft, ob eine Kopie der Seite im Zwischenspeicher (Cache) vorhanden ist. Dann leitet der Web-Proxy die Seite direkt dem Benutzer zu. Ansonsten leitet er die Anforderung an den echten Server weiter. Proxyserver können dazu dienen, Bandbreite einzusparen, weil Daten und Dateien nicht mehr direkt aus dem Internet abgerufen werden.

Application-Gateways wissen detailliert, wie verschiedenartige TCP/IP-Server mit aufeinanderfolgenden TCP/IP-Paketen umgehen, und können daher sinnvoller darüber entscheiden, ob eintreffende Pakete legitim sind oder Teil eines Angriffs darstellen. Dementsprechend sind Application-Gateways sicherer als einfache Paketfilter-Firewalls, die jeweils nur einzelne Pakete untersuchen können.

Die bessere Sicherheit der Application-Gateways hat jedoch auch ihren Preis. Application-Gateways erfordern mehr Aufwand als Paketfilter-Firewalls, was sich in Kosten, Konfiguration und Verwaltung niederschlägt. Zudem reduzieren Application-Gateways auch die Netzwerkleistung, da Pakete vor der Weiterleitung eingehender untersucht werden.

Firewalls der nächsten Generation: Next Generation Firewalls, NGFS

NGFWs umfassen die meisten typischen Funktionen von herkömmlichen Firewalls. Das sind Funktionen wie Paketfilterung, Netzwerk- und Portadressübersetzung (NAT), Stateful Inspection und Unterstützung für verschiedene VPN-Verbindungen (Virtual Private Network). Das Ziel von Firewalls der nächsten Generation besteht darin, auch den Datenverkehr von Applikation zu überprüfen und so die Filterung des Netzwerkverkehrs zu verbessern, der vom Paketinhalt abhängt.

NGFWs führen eine tiefer gehende Überprüfung durch als *Stateful Packet Inspection Firewalls*. NGFWs verwenden einen gründlicheren Inspektionsstil, indem sie Paketnutzdaten und übereinstimmende Signaturen auf schädliche Aktivitäten wie ausnutzbare Angriffe und Malware überprüfen. Damit verhindern NGFS oft, dass Malware überhaupt in Ihr Netzwerk gelangt.

Die integrierte Windows-Firewall

Seit Windows XP enthalten alle Windows-Versionen eine integrierte Paketfilter-Firewall. Gibt es in Ihrem Netzwerk keinen separaten Router mit Firewall, können Sie diese integrierte

Firewall benutzen, um für den grundlegenden Schutz der Rechner zu sorgen. In Kapitel 8 werden die zur Konfiguration der Windows-Firewall erforderlichen Schritte erläutert.

 Sie müssen die Windows-Firewall eigentlich *nicht* aktivieren, wenn Sie einen eigenständigen Firewall-Router zum Schutz Ihres Netzwerks einsetzen. Da die anderen Computer im Netzwerk direkt mit dem Router und nicht mit Ihrem Rechner verbunden sind, würde die Firewall das übrige Netzwerk nicht schützen, sondern nur den Windows-Rechner, auf dem sie läuft. Zudem würde das übrige Netzwerk nicht mehr auf Ihren Rechner zugreifen können, wenn die falschen Firewall-Regeln aktiviert sind.

Virenschutz

Bei Viren handelt es sich um ein oft falsch verstandenes Computerphänomen. Was sind Viren überhaupt? Was machen sie? Wie verbreiten sie sich?

Was sind Viren?

Nachdem der überwiegende Teil der Computernutzer heute direkt oder indirekt mit dem Internet verbunden ist, können Viren wirklich durchstarten. Alle Computerbenutzer sind Angriffen von Computerviren ausgesetzt und werden doppelt anfällig, wenn Sie in einem Netzwerk arbeiten, das mit dem Internet verbunden ist. Viren können nun erst einzelne Netzwerkrechner befallen, um anschließend vergleichsweise leicht auf weitere Rechner übertragen zu werden.

Viren sind Computerprogramme und werden von böswilligen Programmierern geschrieben, denen mehrere Tassen im Schrank fehlen und die eigentlich hinter Schloss und Riegel gehören. Viren heißen deshalb Viren, weil sich dadurch verbreiten, dass sie wiederholt Kopien von sich selbst anfertigen und auf andere Computer übertragen. Dabei warten Viren geduldig, bis sie an einem bestimmten Datum oder durch Eingabe eines bestimmten Befehls oder Drücken einer bestimmten Taste aktiviert werden. Dann passiert es und das Virus schlägt zu. Was Viren machen, hängt davon ab, wozu sie programmiert wurden. Einige der ersten Viren waren gutartig und haben nur harmlose Meldungen angezeigt. Heute gelten Programme, die sich derart als Schädling bemerkbar machen, nicht einmal mehr als Viren. Längst halten es Programmierer für ihr Recht, Spam (unerwünschte Nachrichten) oder Werbung als »harmlose« Meldungen einzublenden, sofern oder solange die Software nur »kostenlos« verbreitet wird. Andere Viren versenden E-Mails an alle Empfänger, die im Adressbuch auf Ihrem Rechner verzeichnet sind. Auch diese Variante wird längst für Mitteilungen und Benachrichtigungen von normalen Programmen genutzt. »Bösartige« Viren löschen Daten von der Festplatte oder sorgen dafür, dass Sie nicht mehr auf die Festplatte zugreifen können. Ganz und gar nicht witzig! Aber auch das ist in Software, die nicht als Virus klassifiziert wird, ebenfalls gang und gäbe. So bevormunden Betriebssysteme beispielsweise die installierten Programme und löschen Benutzern ungefragt bisher bewährte Programme und/oder müllen deren Datenträger mit immer neuen »kostenlosen« Super-Hyper-Sonderangeboten zu. Gar nicht lustig beispielsweise für Administratoren, die vor lauter Aktualisiererei und anschließenden Säuberungs-, Restaurierungs- und Ersatzbeschaffungsaktionen kaum mehr produktiv sein können.

Was Viren sind und was Anwender an Belästigungen tolerieren wollen oder müssen, bleibt ihnen längst nicht mehr selbst überlassen. Sogenannte *Produktinformationen* kosten Zeit und Geld, müssen irgendwie finanziert werden und sind damit keineswegs kostenlos. Nur wissen Endverbraucher längst nicht mehr, wann, wo und/oder wohin Kapitalströme fließen.

Viren verbreiteten sich anfangs von einem zum anderen Rechner. Damals wurden sie vorwiegend über Disketten verbreitet, die häufig zwischen Rechnern ausgetauscht werden mussten. Mit jeder weitergegebenen Diskette, auf der sich potenziell Viren befanden, lief man Gefahr, sich den eigenen Rechner zu infizieren.

Längst haben Virenprogrammierer erkannt, dass sich Viren beispielsweise über E-Mails weitaus wirkungsvoller verbreiten lassen. Hier tarnen sich Viren als nützliche oder interessante E-Mail-Anhänge, beispielsweise als Tipp, wie man eine Million Euro in seiner Freizeit verdienen kann, oder als Bild des neuesten Playmates des Jahres. Wenn nun neugierige Benutzer die betreffende E-Mail doppelt anklicken und damit öffnen, erwacht das Virus zum Leben, kopiert sich selbst auf den Rechner und/oder sendet in einigen Fällen Kopien von sich selbst an alle in den Kontakten des Benutzers verzeichneten Namen.

Dasselbe gilt für die Verbreitung von Viren über soziale Medien, sei es nun YouTube, WhatsApp, Twitter, Tumblr, Tinder, Snapchat, Skype, Pinterest, Instagram, Facebook und wie die einschlägigen Konsorten auch heißen mögen. Neulich gab es einmal mehr eine »Virenwarnung«, die man möglichst an Freunde weiterleiten sollte. Wenn es sich dabei nur um Werbung für Virenprogramme handelt, hat man ja noch Glück. Ansonsten könnten Sie unter Windows den Super-GAU erwischt haben.

Beim Umgang mit Daten aus jedweden Quellen im Internet oder in den sozialen Medien sollten Sie höllisch aufpassen. Bereits mit einem verrutschten Mausklick oder Fingertipp an der falschen Stelle können Sie sich Schädlinge einfangen. Selbst wenn es nicht einmal ein Virus ist, könnte es sich immer noch eine gefakte Fake-Meldung von irgendeiner scheinbar seriösen Stelle handeln, deren »Informationen« oft allenfalls mit Vorsicht und/oder Überprüfung geeigneter Primärquellen zu ertragen sind.

Sobald ein Virus einen vernetzten Rechner befallen hat, kann es feststellen, wie es alle anderen Rechner im LAN befallen kann, und dazu beispielsweise versuchen, darauf gespeicherte Kontaktdaten auszuwerten.

Hier einige Hinweise, wie Sie Ihr Netzwerk vor Virenattacken schützen können:

✔ Der Begriff *Virus* wird generell für Programme verwendet, die Computersysteme schädigen sollen. Derartige Programme, die sich als Spiele, Dienstprogramme oder Anwendungen tarnen, nennt man *trojanische Pferde*. Scheinbar handelt es sich um Spiele, tatsächlich soll das getarnte Programm aber möglicherweise die Festplatte formatieren.

Dem Zeitgeist entsprechend will Ihnen moderne Software bevorzugt »nur« irgendwelche E-Mail-Adressen und persönlichen Daten abluchsen und/oder das eine oder andere Abonnement verticken. Richten Sie sich für derartige Zwecke bei Bedarf eigene E-Mail-Adressen ein, deren Daten Sie ja dann nie abholen können.

✔ *Würmer* ähneln Viren, infizieren aber andere Dateien nicht. Stattdessen kopieren sie sich selbst auf andere Rechner im Netzwerk. Wenn sich ein Wurm erst einmal auf Ihren Computer kopiert hat, lässt sich nicht sagen, was er tun wird. Der Wurm könnte beispielsweise Ihre Festplatte nach interessanten Daten durchsuchen, etwa Kennwörtern oder Kreditkartennummern, und sie an den Wurmautor übermitteln.

✔ Experten für Computerviren haben mittlerweile Myriaden Varianten von Viren entdeckt. Viele von ihnen tragen wohlklingende Namen, beispielsweise der Michelangelo-Virus, der I-love-you-Virus oder der Jerusalem-Virus. Recht bekannt ist auch der Anna-Kournikova-Virus, der als erster von einem Virengenerator erzeugt und verbreitet worden sein soll.

✔ Antivirenprogramme können Viren erkennen und vom System entfernen. Moderne Antivirenprogramme können selbst Anzeichen von unbekannten Viren entdecken. Die Virenprogrammierer sind jedoch so intelligent, dass sie ständig neue Techniken entwickeln, damit sie von Antivirenprogrammen nicht entdeckt werden. Da ständig neue Viren entdeckt werden, müssen auch Antivirenprogramme regelmäßig aktualisiert werden.

Wenn vielfältige riskante Surfaktionen anliegen, sollten Sie vielleicht besser einen Rechner speziell für diesen Zweck abstellen. Den können Sie dann beispielsweise unter Linux betreiben und über optische Datenträger oder USB-Sticks starten. Wenn Sie dabei eine SD-Speicherkarte oder einen entsprechenden Adapter verwenden, befindet sich daran sogar ein Schreibschutzschalter!

Antivirenprogramme

Am sichersten schützen Sie Ihr Netzwerk vor dem Virenbefall mit Antivirenprogrammen. Solche Programme enthalten Verzeichnisse bekannter Signaturen, die sie aufspüren und entfernen können. Außerdem können sie die von Viren an Dateien vorgenommenen Änderungen aufspüren und damit die Wahrscheinlichkeit verringern, dass noch unbekannte Viren unentdeckt bleiben.

Die ersten Windows-Versionen enthielten keine Antivirenprogramme. Damals musste man sich noch selbst darum kümmern. Ab Ende 2009 bot Microsoft mit MSE (Microsoft Security Essentials) ein einfaches und kostenloses Antivirenprogramm für Windows an. Das läuft zwar ab Windows XP mit Service Pack 2, wird seit dem Ablauf des offiziellen Supportzeitraums aber von Microsoft nicht mehr mit Aktualisierungen versorgt, was einer der Hauptgründe dafür ist, Windows XP und mittlerweile auch Windows Vista nicht mehr einzusetzen.

Seit 2006 bietet Microsoft für seine Betriebssysteme den *Microsoft Defender* an, der neben erweiterten Sicherheitsfunktionen ebenfalls einen Virenscanner mit an Bord hat.

Ab Windows 10 ist der Microsoft Defender auch schon vorinstalliert und mit sinnvollen Standard-Einstellungen versehen.

Wenn Sie auf andere Lösungen zurückgreifen wollen, zählen Norton Antivirus, Webroot SecureAnywhere Antivirus oder auch das für den privaten Einsatz kostenlose Avira Antivir, Bitdefender Antivirus und Kaspersky zu einigen der bekannteren Programme und Namen.

 Auf Antivirenprogramme sollten Sie im Unternehmensumfeld möglichst nicht verzichten, auch wenn die Geräte durch sie ein wenig langsamer werden.

Die Hersteller von Antivirenprogrammen haben ihre Finger am Puls der Virenwelt und veröffentlichen regelmäßig Aktualisierungen für ihre Software. Da Virenprogrammierer laufend neue Viren entwickeln, sind Antivirenprogramme relativ nutzlos, wenn sie nicht aktuell gehalten werden.

 Das effektivste Verfahren beim Virenschutz besteht darin, Antivirenprogramme auf den Rechnern der einzelnen Netzwerkbenutzer installieren und sie regelmäßig zu aktualisieren.

 Ja, auch im Lieferumfang von NAS-Servern befinden sich bei aktuellen und leistungsfähigeren Modellen Antivirenprogramme. Bei Bedarf können Sie diese installieren und/oder aktivieren. Ob das wirklich nötig ist, hängt dabei aber auch von der Herkunft der Daten und dem jeweiligen Zugriff auf die NAS-Laufwerke ab.

Sichere Rechnernutzung

Über den Einsatz von Antivirensoftware hinaus können Sie noch einige weitere Sicherheitsvorkehrungen treffen, um Rechner virenfrei zu halten. Wenn Sie mit Ihren Kindern oder allgemein den Rechnernutzern bislang noch nicht über »Safer Computing« gesprochen haben, sollten Sie das baldmöglichst nachholen.

✔ Sichern Sie Ihre Daten regelmäßig. Wenn Ihnen ein Virus den Rechner abschaltet oder komplett verschlüsselt, werden Sie über jede Sicherungskopie froh sein, mit der Sie Ihre Daten wiederherstellen können. Achten Sie dabei aber darauf, dass Sie Daten über eine Sicherung wiederherstellen, die *vor* dem Virenbefall angefertigt wurde, und schließen Sie die Sicherung NICHT an den infizierten Rechner an!

✔ Bringen Sie Software zurück, wenn Sie nach dem Kauf merken, dass das Siegel der Verpackung aufgebrochen wurde. Vermeiden Sie es, derartige Software auf Ihrem Computer zu installieren. Gepresste optische Datenträger können zwar nicht geändert werden, lassen sich aber durch Nachahmungen ersetzen. Dem Risiko, sich Viren oder anderweitigen Ärger im Zusammenhang mit der Lizenzierung einzufangen, sollten Sie sich nicht aussetzen. Das gilt umso mehr, wenn Sie Datenträgerabbilder (Images) benutzen, die nicht unbedingt aus zuverlässigen Quellen stammen müssen.

✔ Prüfen Sie Ihren Rechner auf Viren, wenn er aus der Reparatur kommt oder wenn Dritte daran gearbeitet haben. Nicht, dass Ihnen die Computerleute oder Fremden Böses wollen, da sie aber mit so vielen fremden Rechnern arbeiten, kann es schon mal passieren, dass sie versehentlich Viren weitergeben. Es gab in der Vergangenheit schon Viren oder Trojaner auf Geräten im Auslieferungszustand von namhaften Herstellern.

✔ Öffnen Sie keine E-Mail-Anhänge unbekannter Herkunft. Konfigurieren Sie Outlook, Exchange und andere E-Mail-Programme möglichst so, dass gefährliche Anhänge, beispielsweise ausführbare Dateien, blockiert und nicht automatisch geöffnet werden.

Da für Windows-Systeme die meisten Viren im Umlauf sind, können Sie E-Mails vielleicht ja erst einmal mit einem anderen Gerät sichten. Entsprechende Konfiguration natürlich vorausgesetzt, damit keine Daten verschwinden, die im normalen Posteingang verbleiben müssen! Mir selbst ist das schon öfter passiert. Zuletzt, als gerade beim Löschen mit einem Fingerwisch die angezeigte E-Mail unter dem Finger um eine Position verschoben wurde. Es bietet sich an, Mails und deren Anhänge erst im Webzugriff oder auf dem Mobiltelefon zu öffnen, wenn ihre Herkunft unsicher erscheint. Und ... es gibt keine Prinzen aus dem Ausland, die einen Erben suchen!

✔ Prüfen Sie alle nicht selbst erstellten Datenträger (Speichersticks, CDs, DVDs und Blu-ray-Discs etc.) mit Antivirenprogrammen, bevor Sie auf die Dateien zugreifen.

Patchwork: die Löcher flicken

Eine der unangenehmsten Sachen, mit denen sich Netzwerkverwalter befassen müssen, ist die Installation von Software-Patches, mit denen Betriebssysteme und Programme aktuell gehalten werden. Bei einem Software-*Patch* handelt es sich um eine kleinere Aktualisierung, durch die Probleme behoben werden sollen, die gelegentlich erkannt werden, zum Beispiel Sicherheits- oder Leistungsproblemchen. Viele Patches reparieren von Hackern entdeckte Sicherheitslücken.

Periodisch wurden und werden bereits veröffentlichte Patches zu umfangreicheren *Service Packs* zusammen. Auch wenn nervöse Netzwerkverwalter sofort alle freigegebenen Patches installieren und Rechner so installieren, warten manche doch lieber auf größere Pakete oder stoßen Aktualisierungen lieber manuell an.

✔ Bei allen Windows-Versionen können Sie die Windows-Update-Website dazu benutzen, um das Betriebssystem und andere Microsoft-Programme aktuell zu halten. Windows Update überprüft die Programme auf Ihrem Rechner und erstellt eine Liste der Software-Patches und anderer Komponenten, die Sie anschließend installieren können. Um Windows Update zu nutzen, müssen Sie diese Option nur im Startmenü anklicken oder über den entsprechenden Eintrag in der Systemsteuerung starten.

Windows Update wird bei den aktuellen Versionen standardmäßig so konfiguriert, dass Sie über neue Updates nicht nur automatisch informiert werden. Vielmehr werden Updates – mit allen Risiken und Nebenwirkungen – auch gleich installiert. Allerdings kommt es gelegentlich auch vor, dass nach Aktualisierungen Gerätekomponenten oder Funktionen nicht mehr ordnungsgemäß arbeiten.

Windows Update kann nur das Betriebssystem selbst und andere Microsoft-Programme auf dem aktuellen Stand halten.

Sämtliche andere Software muss eigenständig auf dem aktuellen Stand gehalten werden – entweder durch eine in den Programmen integrierte Update-Funktion oder über den Download von Patches vom Hersteller.

✔ Bei manchen Systemen können Sie Dienste abonnieren oder so konfigurieren, dass Sie via E-Mail über neue Updates informiert werden. Aber auch hier soll nicht verschwiegen werden, dass NAS-Laufwerke und andere Geräte auch derart konfiguriert werden, dass Sie als Netzwerkverwalter mit E-Mails geradezu bombardiert werden. Stromausfälle, erfolgreiche Datensicherungen, verfügbare Software-Updates bis hin zu Ausfällen der Internetverbindung und Fehlversuchen bei der Anmeldung können Sie sich per E-Mail melden lassen.

✔ Die Aktualisierungsfunktionen von modernen Linux-Systemen ähneln denen von Windows. Jedoch ist es unter Linux üblich, dass nicht nur das Betriebssystem an sich, sondern ebenfalls sämtliche installierte Software über die gleichen Update-Mechanismen auf den aktuellen Stand gebracht werden können. Dies macht Updates unter Linux sehr viel einfacher und komfortabler als unter Windows.

✔ Lediglich bei Geräten aus dem Unterhaltungsbereich bleiben Sie heute normalerweise von automatischen Aktualisierungen verschont.

Dass das Updaten von Betriebssystem und Programmen unter Linux sehr viel einfacher abläuft, haben auch manche Hersteller und Entwickler erkannt. Daher gibt es mittlerweile auch unter Windows sogenannte Paketmanager wie zum Beispiel *Chocolatey* (`https://chocolatey.org`). Über diese Paketmanager steht Ihnen eine große Auswahl an Software zur Verfügung, die nicht direkt von Microsoft stammt, sondern meistens aus dem Open-Source-Umfeld.

Die meisten dieser Paketmanager arbeiten in der Regel kommandozeilenbasiert, bieten aber zum Teil auch eine eigene grafische Benutzeroberfläche. Mit *UniGetUI* (`https://www.marticliment.com/unigetui/`) existiert ein Programm, das eine grafische Benutzeroberfläche für viele Paketmanager bietet. Wenn Sie die Installation und das Updaten von Software über einen Paketmanager in Angriff nehmen wollen, dann werfen Sie auf jeden Fall mal einen Blick auf UniGetUI.

Beim Einsatz dieser Tools werden Sie sich wundern, wie viele Updates für Ihr System und die installierte Software gefunden werden, selbst wenn Sie der Meinung sind, dass Sie immer brav alle Updates eingespielt haben.

Ein großes Netzwerk mit Patches auf dem jeweils aktuellen Stand zu halten, kann zu einer der größten Herausforderungen der Netzwerkverwaltung werden. Vieles läuft heute zwar automatisch ab, aber nur bei offenem Zugang zum Internet. Gibt es mehr als ein paar Dutzend Rechner, sollten Sie möglicherweise überlegen, wie Sie Softwareaktualisierungen automatisieren und damit vereinfachen können. Unter `https://www.ivanti.de/` finden Sie beispielsweise einschlägige Produktangebote. Damit können Sie Software-Patches mehrerer Hersteller sammeln, um sie automatisch auf Clientrechner zu verteilen. Mit Software wie

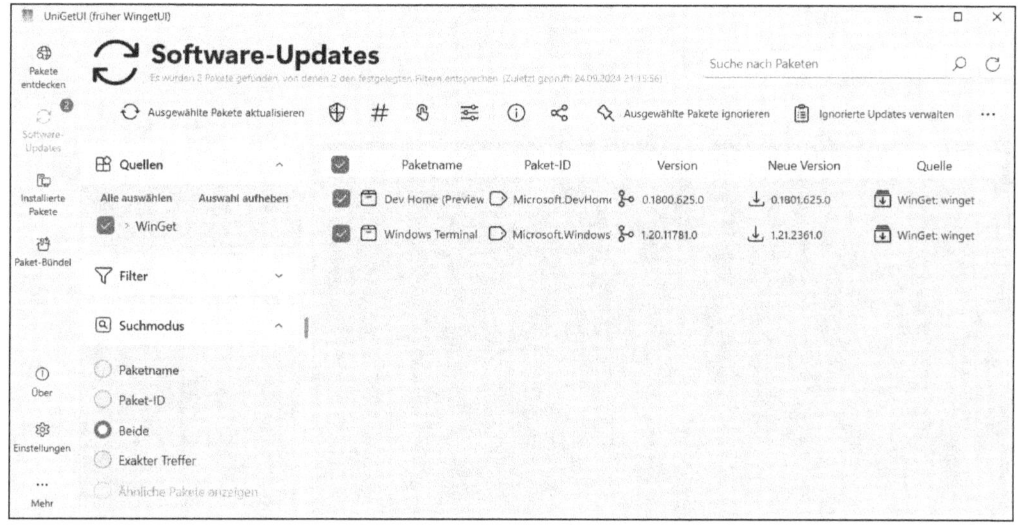

Abbildung 21.2: UniGetUI hat einige Updates gefunden.

Lumension müssen Sie sich nicht darauf verlassen, dass Benutzer Patches herunterladen und installieren, und Sie müssen sich zur Installation von Patches auch nicht mehr an die einzelnen Rechner begeben. Es gibt Open-Source-Varianten, mit denen ganze Netzwerke mit Softwareaktualisierungen versorgt werden können. Ich kann an dieser Stelle auf OPSI (Open PC Server Integration) hinweisen. Ich betreue eine Installation mit über 2000 Clients. Zu finden hier: www.uib.de.

Kapitel 22
Die Sorge um die Leistung des Netzwerks

Der Begriff *Netzwerkleistung* bezieht sich darauf, wie effizient das Netzwerk auf die Anforderungen der Benutzer reagiert. Eigentlich liegt es auf der Hand, dass Zugriffe auf direkt an die Kernkomponenten eines Rechners angeschlossenen Ressourcen eigentlich schneller sein *müssten* als vergleichbare Zugriffe über ein Netzwerk. Früher war das auch noch recht einfach und traf meist auch tatsächlich zu. Damals dauerte es im Prinzip eigentlich immer länger, ein Word-Dokument zu öffnen, das auf einem Server im Netzwerk gespeichert ist, als ein ähnliches Dokument zu öffnen, das sich auf der lokalen Festplatte des Benutzers befand. Wenn es *deutlich* länger dauerte, ohne dass andere Ursachen dafür infrage kamen, gab es ein Problem mit der Leistung des Netzwerks.

Nun sehen Sie sich einmal Abbildung 22.1 an, die ich beim Kopieren eines Chaplin-Klassikers über ein Gigabit-LAN angefertigt habe. Andauernd nahezu konstant werden da »86,5 MB/s« unter Windows gemeldet. Wenn ein lokales (mechanisches) Festplattenlaufwerk voll ist, können Sie von der Rate oft nur träumen, selbst wenn eigentlich alles in Ordnung ist. Ja, Netzwerkverwalter haben es heute wirklich nicht leicht.

Unter Linux sind Verbindungen oft kontingentiert, was hier heißt, dass sie einzelne Datenströme mit einer vorgegebenen Maximalgeschwindigkeit übertragen. Dann sind über das lokale Netzwerk maximal vielleicht »nur« etwa 20 bis 25 MB/s erreichbar. Das wäre dann auch in Ordnung, wenn Sie nicht gerade einen Einzelrechner für die Videobearbeitung konfigurieren wollten.

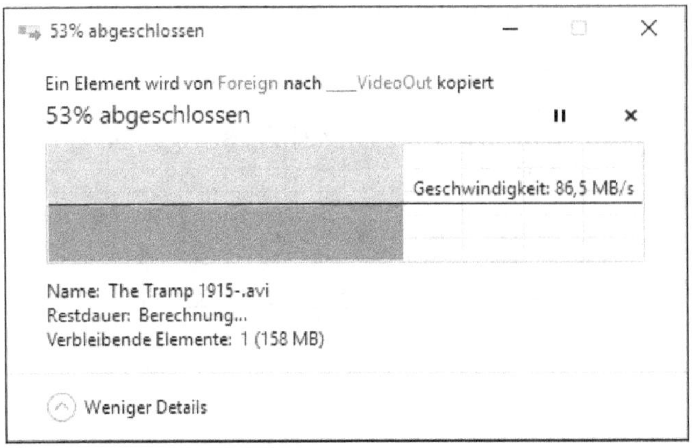

Abbildung 22.1: Konstante Transferrate beim Kopieren eines Chaplin-Klassikers

Dieses Kapitel bietet eine allgemeine Einführung in die Vorgehensweise zur Optimierung des Netzwerks, damit es so gut (schnell) wie möglich arbeitet. Beachten Sie, dass viele die Optimierung des Netzwerks betreffende Punkte über das ganze Buch verstreut sind. In diesem Kapitel finden Sie ein paar spezifische Techniken zur Analyse der Netzwerkleistung, zum Durchführen korrigierender Maßnahmen bei Leistungsproblemen und zur Darstellung Ihrer Fortschritte.

Warum Administratoren Leistungsprobleme so gar nicht mögen

Leistungsprobleme gehören (neben den berüchtigten »glitches, bugs & bitches« und »Wackelkontakten«) mit zu den Netzwerkproblemen, die am schwierigsten zu finden und zu lösen sind. Wenn Benutzer überhaupt nicht mehr auf das Netzwerk zugreifen können, werden Sie die Ursache meist schnell finden. Hier hat sich ein Kabel gelöst, da funktioniert eine Netzwerkkarte oder ein Switch nicht richtig und dort besitzen Benutzer nicht die für den Zugriff auf Dateiressourcen erforderlichen Berechtigungen. Mit ein wenig Nachdenken und Nachforschen enttarnt sich das Problem oft ganz von allein – Sie beheben es und kümmern sich um das nächste.

Leider sind Leistungsprobleme viel kniffliger und dann auch nur entsprechend schwer zu beheben (wenn überhaupt). Hier einige der vielen Gründe, warum Netzwerkverwalter Leistungsprobleme so rein gar nicht mögen:

✔ **Leistungsprobleme lassen sich nur schwer quantifizieren.** Um wie viel langsamer genau ist das Netzwerk heute als letzte Woche, letzten Monat oder gar letztes Jahr? Manchmal reagiert das Netzwerk auch nur *scheinbar* schwerfälliger, ohne dass Sie genauer definieren könnten, ob und um wie viel es denn nun wirklich langsamer geworden ist.

✔ **Leistungsprobleme entwickeln sich normalerweise allmählich.** Manchmal verlangsamen sich Netzwerke plötzlich und drastisch. Häufiger aber wird das Netzwerk über einen längeren Zeitraum hinweg ganz allmählich langsamer, bis dieser Sachverhalt den Benutzern eines Tages auffällt.

✔ **Leistungsprobleme werden oft nicht gemeldet.** Benutzer sprechen zwar am Getränkeautomaten über das Problem, wenden sich aber nicht offiziell an Sie, um Ihnen mitzuteilen, dass das Netzwerk zehn Prozent langsamer als gewöhnlich arbeitet. Solange die Benutzer noch auf das Netzwerk zugreifen können, gehen sie einfach davon aus, dass es sich nur um ein vorübergehendes Problem handelt oder dass sie sich das Problem nur einbilden. Auch wenn es vielleicht Mehrarbeit bedeutet, die Unsitte, alles unter den Teppich zu kehren und/oder Probleme zu verschweigen, kostet nicht nur hier kumuliert möglicherweise Unsummen.

✔ **Viele Netzwerkprobleme zeigen sich nur vorübergehend.** Manchmal rufen Benutzer an und beklagen sich darüber, dass bestimmte Netzwerkoperationen sehr langsam geworden sind. Und wenn Sie dann endlich vor Ort auftauchen, lässt sich die Operation im Eiltempo abwickeln. Manchmal lassen sich Muster für derartige Phänomene ermitteln. Beispielsweise arbeitet das Netzwerk morgens während der Datensicherung oder der Nutzung des Druckers langsamer als abends. In anderen Fällen lassen sich aber einfach keine Muster finden. Manchmal arbeitet das Netzwerk einfach langsam, manchmal nicht.

✔ **Bei der Leistungsoptimierung handelt es sich um keine exakte Wissenschaft.** Um die Leistung zu verbessern, müssen Sie gut geschult sein und gut raten können. Lässt sich die Leistung steigern, wenn alle Benutzer statt mit 100 Mbps mit einem Gbps mit dem Netzwerk verbunden werden? Wahrscheinlich. Sorgen 16 Gigabyte Arbeitsspeicher im Server für mehr Leistung? Das kann man nur hoffen.

 Sie sollten die technischen Eckdaten kennen. Abbildung 22.1 entstand beispielsweise mit einem neu installierten NAS-Laufwerk. Ein älteres Modell des gleichen Herstellers bietet aus rein technischen Gründen über dieselbe Verbindung nur eine deutlich geringere Dauertransferrate.

✔ **Die Lösung eines Leistungsproblems lässt sich manchmal nur schwer verkaufen.** Kann ein Benutzer nicht auf das Netzwerk zugreifen, weil eine Komponente nicht richtig funktioniert, ist deren Austausch gewöhnlich zweifellos gerechtfertigt. Wenn aber das Netzwerk langsam ist und Sie glauben, dass Sie das Leistungsproblem dadurch beheben können, dass Sie das gesamte Netzwerk auf Gigabit-Ethernet aufrüsten und etliche betagte Komponenten in den Sekretariaten austauschen wollen, könnte es schwierig werden, diese Lösung dem Chef zu verkaufen.

Was ist eigentlich ein Bottleneck?

Der Ausdruck *Bottleneck* bedeutet wörtlich übersetzt *Flaschenhals* und hat hier nichts mit jenen Glas- oder Metallröhrchen zu tun, die Slidegitarristen benutzen und die ebenfalls so genannt werden. Vielmehr haben Computerfreaks diesen Ausdruck gewählt, weil die sich verjüngende Öffnung einer typischen Flasche schuld daran ist, dass sie ihre Getränke nicht in der gewünschten Geschwindigkeit zu sich nehmen können – eine offensichtliche Analogie zu dem Einfluss einer einzelnen, langsamen Komponente eines Computersystems auf die Geschwindigkeit beziehungsweise Leistung des Gesamtsystems.

Dieser Begriff, der für einen Leistungsengpass steht, blieb haften und wird bis heute verwendet. Er weist auf die einfache Tatsache hin, dass Computersysteme nur so schnell wie seine langsamste relevante Komponente sind. Dabei handelt es sich um die Computeranalogie zu der guten alten Weisheit, die besagt, dass eine Kette nur so stark wie ihr schwächstes Glied ist.

Lassen Sie mich dieses Konzept anhand eines einfachen Beispiels verdeutlichen. Was passiert wohl, wenn Sie ein Textdokument auf einem lahmen Drucker ausgeben? Das Textverarbeitungsprogramm liest die Daten vom Datenträger und schickt sie zum Drucker. Doch dann sitzen Sie herum und warten, bis das Dokument endlich fertig gedruckt wurde.

Wie ließe sich der Druckvorgang beschleunigen? Wäre ein schnellerer Prozessor oder mehr Arbeitsspeicher eine Lösung? Nein! Der Prozessor ist jetzt schon viel schneller als der Drucker und der Rechner hat bereits mehr als genug Arbeitsspeicher, um das Dokument drucken zu können. Der Drucker selbst ist der Engpass. Wenn Sie also das Dokument schneller drucken wollen, können Sie den langsamen Drucker nur durch einen schnelleren ersetzen. Wenn es hier schnell gehen soll oder muss, sind eben Laserdrucker gefragt.

Hier noch ein paar eher zufällige weitere Gedanken zu Leistungsengpässen:

- ✔ **Irgendwo im Computersystem gibt es immer den einen oder anderen Engpass.** Angenommen, Sie finden heraus, dass der Flaschenhals des Servers eine langsame Festplatte ist, und Sie ersetzen diese durch die schnellste SSD-Festplatte, die für Geld zu bekommen ist. Jetzt bildet die Festplatte nicht mehr den Engpass. Sie kann die Daten jetzt oft sogar schneller liefern, als sie verarbeitet werden können. Sie haben den Engpass also keineswegs beseitigt, sondern lediglich verlagert, denn nun bildet eine andere Komponente den Engpass. Was Sie auch tun, in Rechnersystemen gibt es immer eine Komponente, durch die die Gesamtleistung beschränkt wird.

- ✔ **Am effektivsten beschränken Sie die Auswirkungen von Engpässen, wenn Sie gar nicht erst warten, bis sie entstehen.** Sie können beispielsweise über Druckerwarteschlangen (Drucker-Spooler) verhindern, dass Benutzer auf langsame Drucker warten müssen. Dadurch wird der Drucker selbst zwar nicht schneller, aber die Benutzer können immerhin weiterarbeiten, während das Dokument irgendwo im Hintergrund gedruckt wird. Ähnlich lässt sich durch das Zwischenspeichern von Daten das Warten auf relativ langsame Festplatten oder Speichersticks vermeiden (Disk-Caching).

Wenn Sie ein wenig aufmerksam die Vorgänge auf modernen Windows-Rechnern beobachten, fällt schnell auf, dass Sie beispielsweise für Abbildung 22.1 keine kleinen Dateien nehmen können. Die würden nämlich wahrscheinlich erst einmal komplett in den Arbeitsspeicher gepackt. Die gemeldeten Transferraten sind hier nur noch rein politisch zu verstehen, haben also wenig mit der Realität zu tun.

Die fünf häufigsten Engpässe im Netzwerk

Im Folgenden beschreibe ich einige der häufigsten Engpässe in Netzwerken in eher zufälliger Reihenfolge.

Die Hardware in den Servern

Ihre Server sollten ausreichend leistungsfähig sein und alle im Netzwerk anfallenden Arbeiten locker bewältigen können. Sparen Sie nicht am falschen Ende, indem Sie für bestimmte Aufgaben Rechner der unteren Leistungsklasse beim Computerdiscounter erwerben.

Die vier wichtigsten Komponenten der Serverhardware sind:

✔ **Prozessor:** Server sollten mit leistungsstarken Mehrkernprozessoren ausgerüstet sein. Prozessoren, wie sie in 500-Euro-Computern von der Stange zu finden sind, haben eigentlich wenig in Dateiservern zu suchen. Hier sollten Sie nicht gerade auf Prozessoren zurückgreifen, die für den Einsatz in Rechnern für den Hausgebrauch gedacht sind.

✔ **Arbeitsspeicher:** Zumindest Datei- und Webserver mit vielen parallelen Benutzern können eigentlich nie genug Arbeitsspeicher haben. Aktuelle Speichermodule sind heute relativ preiswert, sparen Sie hier also nicht. Denken Sie gar nicht erst daran, Windows Server mit mindestens acht Gigabyte RAM zu betreiben (das gilt seit Windows Server 2012).

✔ **Festplatten:** Spielen Sie nicht mit billigen Festplatten herum. Hinsichtlich der Geschwindigkeit lassen sich moderne SATA-Festplatten aber durchaus in Servern einsetzen. SSDs (ohne mechanische Bauteile arbeitende »Solid State Disks«) sind heute hinsichtlich des schnellen Zugriffs Pflicht. Den Geschwindigkeitsvorteil erkaufen Sie sich aber mit höheren Preisen pro Gigabyte. Daher könnten preislich dazwischen liegende Hybridlösungen ebenfalls interessant sein.

Seit Videobearbeitung am Computer zu einem verbreiteten Hobby geworden ist, reicht die Geschwindigkeit gängiger moderner Festplatten durchaus auch für viele Serveranwendungen aus. Allerdings sind diese Festplatten nicht unbedingt für den Dauerbetrieb ausgelegt. Entsprechende technische Angaben fehlen allerdings zumeist. Es könnte daher sein, dass bestimmte Festplattenmodelle im 24/7-Dauerbetrieb vergleichsweise schnell ausfallen. Speziell für den 24/7-Einsatz konzipierte Modelle sollten jedenfalls entsprechend gekennzeichnet sein.

✔ **Netzwerkadapter:** Billige 10-Euro-Netzwerkkarten sind gut für Heimnetzwerke, sollten aber nicht unbedingt in Dateiservern verwendet werden, die 100 Benutzer unterstützen. Denken Sie daran, dass Servercomputer das Netzwerk intensiver als jeder Client nutzen. Statten Sie Server also mit zuverlässigen Netzwerkkarten aus.

In leistungsfähige Server können Sie auch mehrere Netzwerkkarten einbauen.

Die Konfigurationseinstellungen des Servers

Alle Netzwerkbetriebssysteme bieten eine Vielzahl von Konfigurationsoptionen. Einige dieser Optionen können darüber entscheiden, ob das Netzwerk langsam oder schnell ist. Leider gibt es keine festen und einfachen Regeln dafür, wie Sie die Optionen einstellen sollten. Sonst würde es sich ja nicht mehr um Optionen handeln.

Hier einige der wichtigeren Optionen, über die Sie die Leistung optimieren können und die für die meisten Server zur Verfügung stehen:

✔ **Virtueller Speicher:** Beim *virtuellen Speicher* handelt es sich um Daten, die dann temporär in eine Datei (Auslagerungsdatei) ausgelagert werden, wenn einem Server beziehungsweise Rechner der vorhandene echte Arbeitsspeicher ausgeht. Nur wenige Server besitzen für all ihre Aufgaben immer genügend realen Speicher. Damit handelt es sich beim virtuellen Speicher immer um eine wichtige Funktion. Sie können die Größe und den Speicherort für den virtuellen Speicher (die Auslagerungsdatei) angeben.

Um eine möglichst gute Leistung zu erreichen, sollte der virtuelle Speicher mindestens ein- bis anderthalbmal so groß wie der reale Speicher sein. Gibt es beispielsweise vier Gigabyte realen Arbeitsspeicher, sollten Sie mindestens vier bis sechs Gigabyte virtuellen Speicher reservieren. Falls nötig, können Sie den virtuellen Speicher später vergrößern. Allerdings sollte sich Windows automatisch um diesen Aspekt kümmern.

✔ **Disk-Striping:** Nutzen Sie die Festplattendefragmentierung zur Optimierung der Ablage der Dateien auf den Serverfestplatten. Eine Defragmentierung ist allerdings nur noch mit klassischen Festplatten erforderlich. SSD brauchen für gewöhnlich nicht mehr defragmentiert werden.

Falls der Server über mehr als eine Festplatte verfügt, können Sie seine Leistung dadurch steigern, dass Sie *Striped-Volumes* erzeugen. Bei diesen werden die Festplatteneingaben und -ausgaben parallel auf den Laufwerken des Stripe-Sets durchgeführt.

✔ **Netzwerkprotokolle:** Sorgen Sie für die korrekte Konfiguration der Netzwerkprotokolle und entfernen Sie nicht benötigte Protokolle. Beachten Sie aber, dass Sie IPv6 auf den neueren Windows-Versionen nicht deaktivieren sollten. Beispielsweise nutzt Microsoft Exchange das Protokoll für eine interne Kommunikation.

✔ **Freie Speicherkapazität auf der Festplatte des Servers:** Server mögen es, wenn es auf ihren Platten viel Platz zum Austoben gibt.

Wird der freie Speicherplatz auf dem Server knapp, kommt er ins Stolpern und kriecht nur noch dahin. Sorgen Sie dafür, dass es genügend freie Kapazitäten auf den Serverfestplatten gibt. Für einen gesunden Puffer sollten Sie immer etliche Gigabyte ungenutzten Plattenplatz einplanen.

Ganz schlecht ist es, wenn eine Server-Festplatte komplett vollläuft. In diesem Fall geht dann meistens gar nichts mehr. Hintergrund ist, dass die meisten

Programme und Dienste in irgendeiner Form Daten auf die Festplatte schreiben müssen, damit die Anwendung richtig funktionieren kann. Ist die Platte restlos voll, stürzen Programme gerne mal ab oder reagieren gar nicht mehr. Daher sollten Sie auf jeden Fall tätig werden, bevor eine Festplatte komplett gefüllt ist.

Überbeschäftigte Server

Eine häufige Ursache für Leistungsprobleme des Netzwerks besteht darin, dass Servern zu viele Aufgaben übertragen werden. Dass moderne Netzwerkbetriebssysteme einige Dutzend nützliche Dienste anbieten *können*, bedeutet nicht, dass diese Dienste auch alle einem einzigen Server übertragen und von diesem genutzt werden sollten. Wenn ein einzelner Server überarbeitet zusammenbricht, richten Sie zusätzlich einen zweiten ein, um dem anderen ein wenig Arbeit abzunehmen.

 Wirklich auffällig wird das, wenn Sie ältere, relativ leistungsschwache Server mit nur einem Prozessorkern mit mehreren Aufgaben betrauen. Leistungseinbrüche sind da vorprogrammiert. Vier Prozessorkerne gehören heute selbst bei Smartphones und Tablets zum Pflichtprogramm – und damit erst recht bei einem Server. Es arbeitet sich einfach ruckelfreier.

Wenn das Netzwerk beispielsweise zusätzliche Festplattenkapazitäten benötigt, überlegen Sie sich, einen zweiten Server anzuschaffen, anstatt ein weiteres Laufwerk in den ersten Server einzubauen, der ohnehin schon vier fast volle Festplatten enthält. Oder noch besser: Kaufen Sie dann eine spezielle Datei-Serverlösung, die ausschließlich für das Bereitstellen von Dateien zuständig ist.

Wenn Sie separate Server mit separaten Funktionen betrauen, haben Sie zudem den Vorteil, dass sich das Netzwerk leichter verwalten lässt und zuverlässiger arbeitet (über den Aufwand sagt das »leichter« hier wenig). Wenn beispielsweise ein einziger Server gleichzeitig als Datei- und Mailserver arbeitet, fallen gleich beide Dienste aus, wenn Sie den Server herunterfahren müssen, um ein Upgrade durchzuführen oder beschädigte Komponenten zu reparieren. Gibt es aber getrennte Datei- und Mailserver, fällt nur einer der beiden Dienste aus, wenn Sie einen der beiden Server herunterfahren müssen.

Bremsklötze in der Netzwerkinfrastruktur

Die Infrastruktur besteht aus Kabeln und allen Switches, Routern, WLAN-Zugangspunkten (WAPs) und anderen Komponenten, die sich zwischen Clients und Servern befinden.

Die folgenden Aspekte der Netzwerkinfrastruktur können Netzwerke ausbremsen:

✔ **Switches:** Da Gigabyte-Switches längst recht preiswert geworden sind, sollten alle noch verbliebenen veralteten Geräte durch modernere Switches ersetzt werden. Dadurch können Sie die Gesamtlast im Netzwerk verringern und Reserven schaffen. Bei modernen Switches können Sie über eine Weboberfläche prüfen, wie der Netzwerkverkehr verteilt ist, wo es vielleicht noch langsame Verbindungen zu Clients gibt und vieles mehr.

Langsame Geräte kommen ja mittlerweile durchaus wieder, diesmal im Bereich der kleinen Einplatinenrechner, die etwa in der Leistungsklasse von Tablets angesiedelt sind. Für den Heimgebrauch reichen solche Geräte meistens vollkommen aus, aber im professionellen Umfeld sollte es dann schon etwas mehr sein.

✔ **Segmentgrößen:** Halten Sie die Anzahl der Computer und anderer Komponenten pro Netzwerksegment und/oder Funkzelle überschaubar. Bis etwa 20 Knoten sollten kaum Probleme auftreten. Zwischen einem Switch und einem anderen Gerät werden Daten immer mit der maximal von den beiden Ports unterstützten Geschwindigkeit übertragen. Bei mehreren Geräten, die Daten von einem zu einem anderen Switch übertragen, müssen sich diese die Gesamtbandbreite teilen.

✔ **Die Netzwerkgeschwindigkeit:** Die so richtig alten Netzwerke, die nur mit 10 Mbit/s arbeiten, sollten mittlerweile ausgestorben sein. 100 Mbit/s werden heute aber weiterhin von vielen Netzwerkkomponenten verwendet, wie beispielsweise Mediaplayer und Einplatinenrechner. Unternehmensnetze sollten sich bei der Aufrüstung auf 1-Gbit/s-Komponenten möglicherweise allerdings drastisch beschleunigen lassen.

Netzwerkadapter für Rechner aus dem letzten Jahrtausend sind kaum mehr erhältlich. Selbst PCIe-Steckplätze werden rar. Wenn dann nicht auf dem Umweg über die USB-Schnittstelle Ersatz für Netzwerkadapter beschafft werden kann, wird es schnell schwer. Die Wegwerfgesellschaft hat hier längst zugeschlagen. Sollten Sie aus irgendwelchen Gründen derart alte Geräte physisch betriebsbereit halten müssen, sehen Sie sich besser bei Gelegenheit nach Quellen für die Ersatzteilbeschaffung um.

✔ **Die Backbone-Geschwindigkeit:** Falls im Netzwerk ein Backbone zum Verbinden von Segmenten verwendet wird, sollte dieses Basissegment mit mindestens 1 Gbit/s arbeiten.

Das größte Problem bei der Steigerung der Netzwerkleistung besteht in der Erkennung der Engpässe. Mit anspruchsvollen Testgeräten und jahrelanger Erfahrung können die wahren Netzwerkgurus schnell die Schwachstellen aufspüren. Aber auch ohne teure Ausrüstung und umfangreiche Erfahrung können Sie immer noch zu fundierten Vermutungen und guten Ergebnissen kommen.

Fehlerhafte Komponenten

Manchmal verlangsamen defekte Netzwerkadapter oder andere Komponenten das Netzwerk. Beispielsweise könnte ein Switch gelegentlich fehlerhaft arbeiten und dann nur noch einzelne Pakete passieren lassen, während er den Großteil der übrigen ablehnt und so die Leistung des Netzwerks verschlechtert. Wenn Sie die fehlerhafte Komponente identifiziert haben, erreicht das Netzwerk nach deren Austausch wieder seine ursprüngliche Geschwindigkeit.

Netzwerkverwalter sollten zu Testzwecken immer einen Switch in Reserve haben. Die bleiben mit der Zeit wahrscheinlich eh übrig, wenn Komponenten aufgerüstet werden müssen. Also nicht gleich wegwerfen, sondern erst einmal für Notfälle sammeln.

Zwanghafte Versuche der Netzwerkoptimierung

Sie können das Netzwerk auf zwei verschiedene Arten optimieren. Entweder überlegen Sie ein bisschen, was die Leistungsfähigkeit steigern könnte, probieren es aus und testen, ob das Netzwerk anschließend schneller läuft. So machen es wohl die meisten.

Oder Sie entscheiden sich für den zwanghaften Ansatz, der sich für Leute eignet, die ihre Socken im Schrank nach Farben oder die Dosen im Wandschrank alphabetisch und in Gruppen sortieren. Der zwanghafte Ansatz zur Optimierung des Netzwerks sieht in etwa so aus:

1. Sie nutzen Verfahren für objektive Tests der Leistungsfähigkeit eines Teils des Netzwerks.

    Dabei arbeiten Sie mit sogenannten *Benchmark*-Tests. Durch die Ergebnisse der Tests erhalten Sie Vergleichs- beziehungsweise *Bezugswerte*.

2. Dann ändern Sie eine Variable der Netzwerkkonfiguration und wiederholen den Test.

    Wenn Sie zum Beispiel vermuten, dass sich die Leistung durch eine größere Auslagerungsdatei steigern lässt, ändern Sie deren Größe, starten den Server neu und führen den Benchmark-Test aus. Dann prüfen Sie, ob die Leistung besser, gleich geblieben oder schlechter geworden ist.

3. Sie wiederholen Schritt 2 für jede Variable, die Sie testen wollen.

Hier noch ein paar weitere Punkte, an die Sie denken sollten, wenn Sie sich für diesen Ansatz der Netzwerkoptimierung entscheiden:

- ✔ **Testen Sie die verschiedenen Variablen möglichst getrennt voneinander.** Anders ausgedrückt: Machen Sie die Änderungen, die Sie an Netzwerkvariablen vorgenommen haben, vor weiteren Tests wieder rückgängig.

- ✔ **Notieren Sie sich die Ergebnisse der einzelnen Tests.** So erhalten Sie genaue Aufzeichnungen zu den Auswirkungen der Änderungen auf die Leistung des Netzwerks.

- ✔ **Sorgen Sie dafür, dass Sie bei der Ausführung der Benchmark-Tests jeweils wirklich nur einen Aspekt des Netzwerks ändern.** Wenn Sie mehrere Änderungen vornehmen und dann testen, wissen Sie nicht, welche sich positiv oder negativ ausgewirkt hat. Möglicherweise steigert sogar eine der Änderungen die Leistung, während sich die andere negativ auswirkt und letztlich den positiven Effekt wieder aufhebt.

- ✔ **Tests zur Ermittlung der Vergleichswerte sollten Sie möglichst während der normalen Arbeitszeiten ausführen, wenn das Netzwerk normal ausgelastet ist.**

- ✔ **Zur korrekten Ermittlung der Vergleichswerte sollten Sie Benchmark-Tests mindestens zwei- oder dreimal ausführen, um sich davon zu überzeugen, dass die Ergebnisse reproduzierbar sind.**

Netzwerkleistung überwachen

Sie können die Netzwerkleistung mit der Stoppuhr überwachen und so ermitteln, wie lange das Netzwerk für gewöhnliche Aufgaben benötigt, zum Beispiel für das Öffnen von Dokumenten oder das Drucken von Berichten. Eine technischere Alternative zur Überwachung der Netzwerkleistung bietet der Einsatz eines Monitorprogramms, das automatisch Netzwerkstatistiken für Sie erstellt. Sobald Sie den Monitor eingerichtet haben, zieht er sich in den Hintergrund zurück, überwacht unauffällig das Netzwerk und notiert all seine Beobachtungen in einer Protokolldatei. Sie können sich dann die Leistungsprotokolle ansehen, um herauszufinden, wie das Netzwerk arbeitet.

Für große Netzwerke können Sie ausgefeilte Monitoringprogramme anschaffen, die auf eigenen, dedizierten Servern laufen. Für kleine und mittlere Netzwerke reichen wahrscheinlich die in die Netzwerkbetriebssysteme integrierten Monitorprogramme aus. Abbildung 22.2 zeigt beispielsweise den Ressourcenmonitor (resmon.exe), der in den neueren Versionen von Windows Server und Windows (ab Version 7) zu finden ist. Darüber hinaus gibt es in vielen Windows-Versionen den Leistungsmonitor, mit dem sich gezielt einzelne Leistungsaspekte überwachen lassen. Andere Betriebssysteme enthalten meist vergleichbare Werkzeuge.

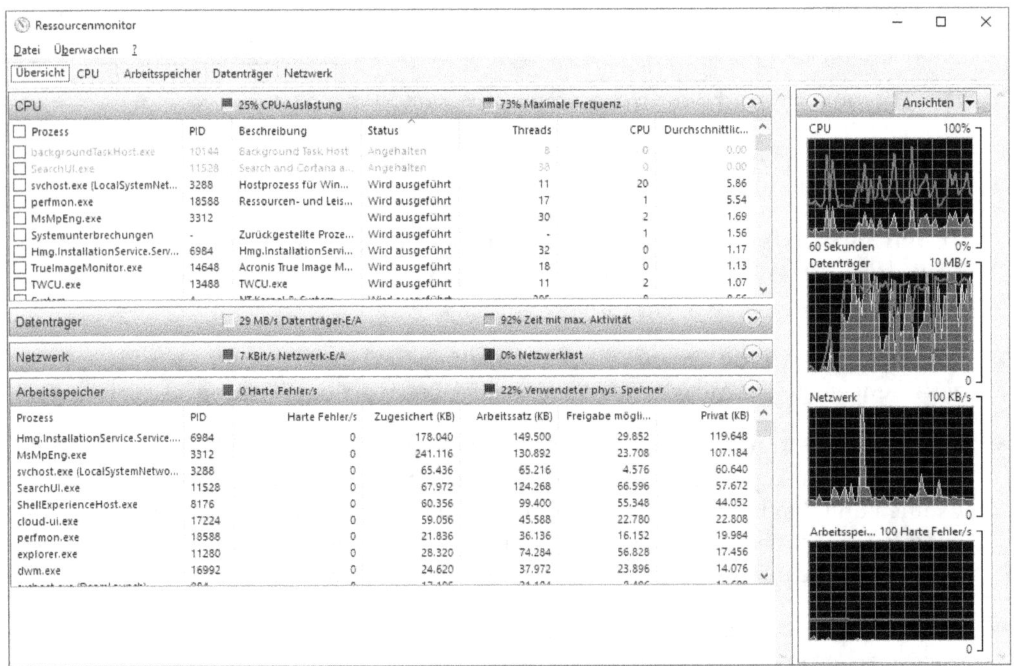

Abbildung 22.2: Leistungsüberwachung mit dem Ressourcenmonitor von Windows

Mit dem Windows-Leistungsmonitor können Sie mehrere unterschiedliche Aspekte der Systemleistung gleichzeitig beobachten. Sie verfolgen jeden Leistungsaspekt, indem Sie einen

Leistungsindikator einrichten. Sie können unter Dutzenden solcher Leistungsindikatoren auswählen. Tabelle 22.1 beschreibt einige der meistverwendeten Leistungsindikatoren. Beachten Sie, dass sich jeder Leistungsindikator auf ein Serverobjekt bezieht, beispielsweise auf Festplatten, Speicher oder den Prozessor.

Objekt	Leistungsindikator	Beschreibung
Logischer Datenträger	Freier Speicherplatz (%)	Zeigt an, wie viel Prozent der Kapazität des Datenträgers noch frei sind.
Physischer Datenträger	Durchschnittliche Warteschlangenlänge des Datenträgers	Die durchschnittliche Anzahl der Lese- und Schreibanforderungen, die für den gewählten Datenträger während des Abtastintervalls in die Warteschlange aufgenommen wurden. Sollte 2 oder weniger sein.
Speicher	Seiten/s	Die Anzahl der Seiten, die pro Sekunde aus der Auslagerungsdatei abgefragt wurden. Ein typischer Schwellenwert liegt bei etwa 2.500 Seiten pro Sekunde.
Prozessor	Prozessorzeit (%)	Der Prozentwert der Zeit, die ein Prozessor beschäftigt ist. Der Wert sollte 85 Prozent oder weniger betragen.

Tabelle 22.1: Häufig verwendete Leistungsindikatoren

Die folgenden Dinge sollten Sie bei der Leistungsüberwachung berücksichtigen:

✔ **Mit dem Leistungsmonitor können Sie sich Echtzeitdaten oder Daten ansehen, die zuvor in einer Protokolldatei gespeichert wurden.** Auch wenn Ihnen die Echtzeitdaten zeigen, was gerade aktuell im Netzwerk geschieht, stammen die nützlicheren Angaben aus den Protokolldateien.

✔ **Sie können Protokolle zu festgelegten Zeiten und in festen Intervallen erstellen lassen.** Sie können beispielsweise festlegen, dass Daten jeweils morgens zwischen 9 und 9:30 Uhr alle 15 Sekunden protokolliert werden und dann noch einmal zwischen 15 und 15:30 Uhr.

✔ **Selbst wenn keine Leistungsprobleme bestehen, sollten Sie die Leistungsprotokollierung aktivieren und ein paar Wochen lang Daten sammeln, um Ausgangsbeziehungsweise Vergleichswerte zu erhalten.** Falls später Probleme auftreten, werden sich diese Ausgangsdaten bei der Untersuchung der Probleme als wertvoll erweisen.

Lassen Sie die Leistungsprotokollierung nicht ständig aktiviert. Das Sammeln von Leistungsdaten bremst den Server. Benutzen Sie diese nur gelegentlich, um Vergleichsdaten zu gewinnen oder um Problemen auf den Grund zu gehen.

Weitere Leistungstipps

Hier noch ein paar Tipps zum Thema Leistungsverlust:

✔ **Die Quellen von Leistungsproblemen lassen sich häufig ermitteln, wenn Sie den Netzwerk-Switch ein paar Minuten lang ansehen.** An diesen Geräten gibt es farbenprächtige Ansammlungen von grünen, gelben und/oder roten Lämpchen. Das grüne Lämpchen flackert dann vielleicht bei der Übertragung von Daten, während das rote bei Kollisionen von Datenpaketen aufleuchtet. Ein gelegentliches Aufblinken des roten Lämpchens ist dann zwar in Ordnung, es sollte aber nicht laufend blinken, da dann die Netzwerkkarte des an diesen Port angeschlossenen Rechners möglicherweise defekt ist.

✔ **Ähnliche Dienste leisten oft auch die Netzwerkadaptern beiliegenden Programme oder einfach die Statusdialoge von Windows (siehe Abbildung 22.3).** Sehen Sie sich die Datenraten an, wissen Sie schnell, ob diese ordnungsgemäß funktionieren. Handelt es sich um WLAN-Komponenten, sollten Sie die Tests aber in unmittelbarer Nähe des Zugangspunkts durchführen und am üblichen Standort wiederholen. Zu geringe Reichweiten (zu schwache Sendeleistung) sind ein recht häufig auftretendes Problem, das leider oft erst zu spät erkannt wird.

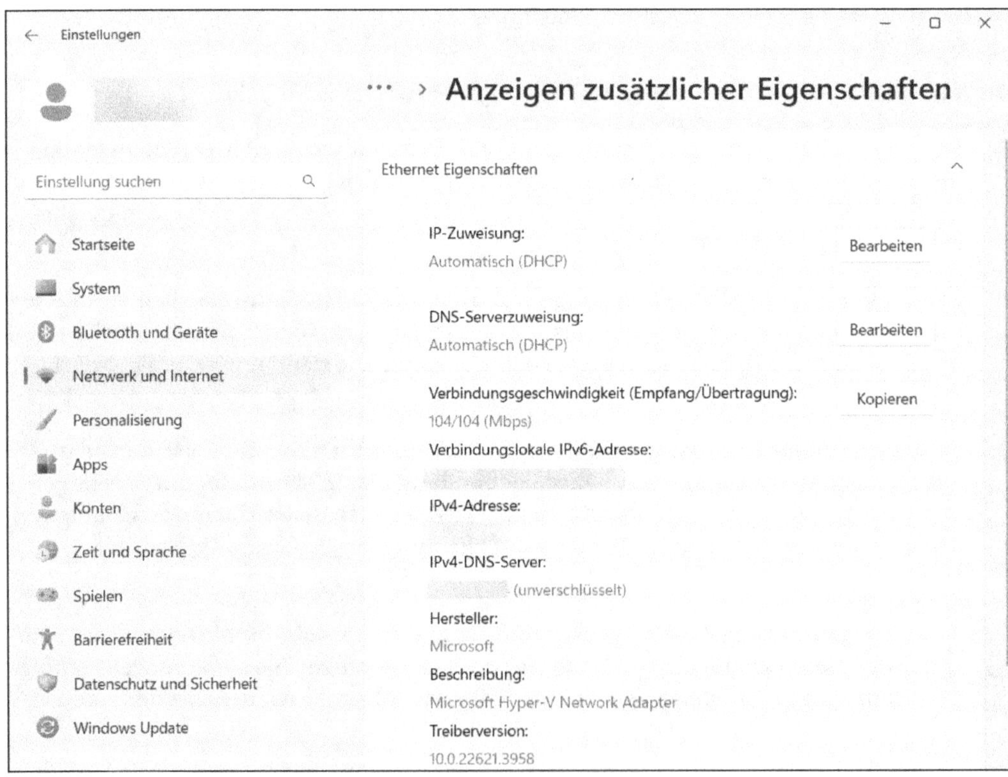

Abbildung 22.3: 104,5 Mbit/s? Mehr gibt das WLAN hier nicht her!

 Wie bereits gesagt, Sie sollten die technischen Daten schon kennen. Abbildung 22.3 ist halt WLAN. Meistens gibt es ebenfalls herstellerspezifische Testprogramme (siehe Abbildung 22.4). Diese sind meistens noch ein wenig geschwätziger und melden auch den WiFi-Modus (802.11ac).

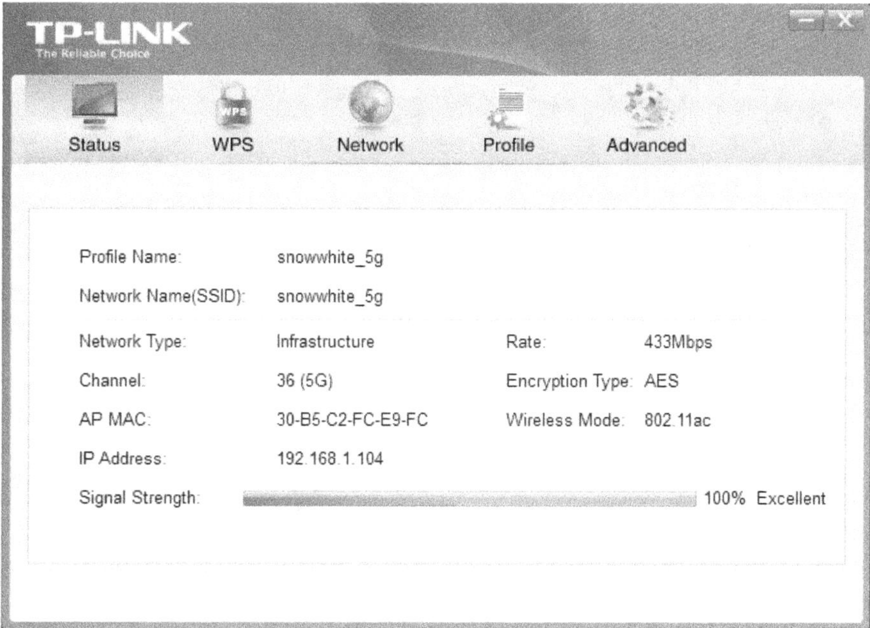

Abbildung 22.4: Besser geht's nicht!

✔ **Überprüfen Sie geplante Aufgaben, beispielsweise Backups, Datenbankaktualisierungen und zu erstellende Berichte.** Planen Sie die Ausführung derartiger Aufträge möglichst außerhalb der normalen Bürozeiten ein. Diese Aufträge verlangsamen tendenziell das Netzwerk, weil sie die Festplatten des Servers intensiv nutzen.

✔ **Manchmal können fehlerhafte Anwendungsprogramme die Leistung beeinträchtigen.** Beispielsweise entwickeln einige Programme sogenannte *Speicherlecks* (oder *Memory Leak*). Die Programme nutzen Speicher, versäumen aber nach Abschluss der Operationen dessen Freigabe. Programme mit derartigen Fehlern können den gesamten Speicher eines Servers langsam aufbrauchen, bis er schließlich stoppt. Falls Sie bei einem Programm einen solchen Fehler vermuten, sollten Sie sich mit dem Hersteller in Verbindung setzen, um zu sehen, ob ein Update verfügbar ist, das den Fehler behebt.

✔ **Spyware-Programme können Rechner zur Schnecke werden lassen.** Eine verbreitete Quelle für Leistungsprobleme bilden sogenannte *Spyware*-Programme, die man sich leicht mit Programmen aus dem Internet einfangen kann. Glücklicherweise sind viele kostenlose oder preiswerte Programme erhältlich, mit denen derartige Plagegeister entfernt werden können. Weitere Informationen dazu erhalten Sie, wenn Sie mit Google oder einer anderen Suchmaschine Ihres Vertrauens nach »Spyware entfernen« suchen.

Zum Schluss dieses Kapitels kann ich Sie nur damit trösten, dass Sie in dieses weite Feld der Netzwerkerei mit der Zeit hineinwachsen. Stellen Sie sich einen USB-Stick mit nützlichen Testprogrammen zusammen. Wenn das zu viel wird, legen Sie sich einen Ordner auf einem Server an, in dem Sie alles speichern, was Ihnen an spezifischen Programmen und Treibern in die Finger gerät. Das Internet ist zwar schön und gut, was ist aber, wenn Hersteller nicht mehr existieren? Häufig benötigte Software-Helferlein dürften heute auch auf USB-Sticks gut beheimatet sein.

Teil VI

Weitere Möglichkeiten im Netzwerk

IN DIESEM TEIL ...

✔ Virtualisierung von Betriebssystemen

✔ Möglichkeiten, Ihr Netzwerk effizienter und kostengünstiger zu machen

✔ Linux, eine verbreitete Alternative zu Windows Server

✔ Macs mit in Ihr Netzwerk einbinden

Kapitel 23
Ein Ausflug in virtuelle Welten

Bei der Virtualisierung handelt es sich seit etlichen Jahren um einen der wichtigsten Trends nicht nur im Netzwerkbereich, sondern im IT-Bereich allgemein. Manche Computerexperten halten sie für eine der wohl wichtigsten Entwicklungen in diesem Bereich seit der Erfindung des Transistors. Wenn Sie nicht bereits mit der Virtualisierung Ihres Netzwerks begonnen haben, stehen Sie noch auf dem Bahnsteig, während der Zug bereits den Bahnhof verlässt.

Dieses Kapitel bietet Ihnen eine kurze Einführung in den Bereich der Virtualisierung, wobei der Schwerpunkt auf dem Aspekt liegt, mehr Server in Ihrem Netzwerk bereitstellen zu können, ohne gleich neue Hardware anschaffen zu müssen. Neben den allgemeinen Konzepten der Virtualisierung erfahren Sie auch, wie Sie mithilfe von Virtualisierungslösungen wie Hyper-V praktisch ein wenig mit derartigen Lösungen experimentieren können.

Das Thema Virtualisierung ist viel zu komplex, um es hier umfassend behandeln zu können. Wenn Sie tiefer in das Thema einsteigen wollen, sollten Sie sich daher einschlägige Fachliteratur dazu besorgen.

Wenn Sie nur ein Betriebssystem ausprobieren wollen, müssen Sie es bei den heutigen Rechnern heutzutage oft nicht einmal virtualisieren. Es reicht, einfach eine andere Festplatte oder einen USB-Stick in den Rechner einzuschieben und diesen darüber zu starten. Eine tolle Übersicht über bootfähige CDs/ISO gibt es hier: `https://livecdlist.com/`.

Virtualisierung verstehen

Der Grundgedanke bei der Virtualisierung besteht darin, Hardware mithilfe von Softwarelösungen nachzubilden (zu emulieren). Durch diesen leistungsfähigen Ansatz lassen sich mehrere unabhängige Computersysteme auf einem einzigen physischen Computer parallel ausführen. Angenommen, Ihr Unternehmen würde insgesamt zwölf Server benötigen, um all seine Anforderungen erfüllen zu können. Eine Lösung bestünde dann darin, all diese Server auf jeweils eigenständigen Rechnern laufen zu lassen. Dann müssten Sie diese zwölf Rechner in Ihrem Serverraum aufstellen. Sie könnten aber auch jeweils sechs Systeme auf nur zwei physischen Computern virtualisieren. Letztlich würde jeder dieser beiden Rechner dann die Rolle von sechs eigenständigen Computersystemen übernehmen, auf denen einer Ihrer insgesamt zwölf Server läuft.

Der einzelne simulierte Computer wird virtuelle Maschine (VM) genannt. Unter beinahe allen Gesichtspunkten stellen virtuelle Maschinen ein vollständiges und eigenständiges Computersystem mit eigenem Prozessor (oder Prozessoren), Arbeitsspeicher, Festplattenlaufwerken, optischen Laufwerken, Tastatur, Maus, Monitor, Netzwerkadaptern, USB-Ports und so weiter dar.

Wie echte Computer benötigen auch die einzelnen virtuellen Maschinen ein Betriebssystem, um produktiv arbeiten zu können. In einer typischen, aus Netzwerkservern bestehenden Umgebung läuft auf den virtuellen Maschinen jeweils Windows Server in der einen oder anderen Version. Das Betriebssystem weiß nichts davon, dass es auf einer virtuellen Maschine und nicht auf einem echten Computer läuft.

Um sinnvoll über Virtualisierungslösungen mitreden zu können, sollten Ihnen ein paar Begriffe vertraut sein:

✔ **Host:** Hierbei handelt es sich um den physischen Computer, auf dem eine oder mehrere virtuelle Maschinen laufen.

✔ **Gast:** Das ist eine andere Bezeichnung für eine virtuelle Maschine, die auf einem Host läuft.

✔ **Gastbetriebssystem:** Ein Betriebssystem, das auf einer virtuellen Maschine läuft. Der Gast selbst ist lediglich ein virtueller Rechner, der wie ein physischer Rechner ohne Betriebssystem (das Gastbetriebssystem) nicht läuft.

Soweit es die Lizenzierung betrifft, betrachtet Microsoft jede virtuelle Maschine als eigenständigen Rechner. Wenn Sie also sechs Gäste unter einem Host laufen haben und auf jedem der Gäste Windows Server läuft, benötigen Sie sechs Lizenzen von Windows Server und möglicherweise eine weitere für das Betriebssystem des Hosts. Unter Windows Server und Hyper-V erwerben Sie mit einer Server-Lizenz automatisch auch eine weitere für eine virtuelle Version.

✔ **Hypervisor:** Das für die Virtualisierung eingesetzte Betriebssystem, unter dem virtuelle Maschinen erstellt und ausgeführt werden.

Hier gibt es zwei unterschiedliche Varianten. Beim *Type-1* läuft der *Hypervisor* direkt auf dem Host, ohne dass dabei ein noch ein vermittelndes System zwischengeschaltet wird. Die beiden wohl bekanntesten Beispiele für derartige Systeme sind *VMware ESXi* und *Microsoft Hyper-V*, das zum Lieferumfang der jüngeren Versionen von Microsoft Server gehören.

Entsprechend läuft der *Hypervisor* beim zweiten Typ wiederum unter einem vermittelnden Betriebssystem, das auf einem Host ausgeführt wird. Unter Produktivitätsaspekten sind Hypervisoren des ersten Typs immer deutlich effizienter als jene vom zweiten Typ, bei denen eine zusätzliche Hardware-Abstraktionsschicht zwischengeschaltet wird. Die erste Schicht bildet das auf dem Hostrechner laufende Betriebssystem und die zweite ist dann ein Hypervisor, der als Anwendung unter dem Host-Betriebssystem läuft. Allerdings stellt der erste Typ anfangs zunächst deutlich mehr Anforderungen. Deswegen nutzen viele Anwender lieber erst einmal Hypervisoren des zweiten Typs für den Einstieg in die Virtualisierung, bevor sie sich dann später mit einer der aufwendigeren Virtualisierungslösungen des ersten Typs befassen. Beispiele für Hypervisoren dieses Typs sind *VMware Workstation* und *Oracle VirtualBox*.

Die lange Vorgeschichte der Virtualisierung

Die Kids von heute meinen, sie hätten alles und damit auch die Virtualisierung erfunden. Wenn die nur wüssten. Die ersten Virtualisierungslösungen für PC-basierte Computer wurden bereits Anfang der 1990er-Jahre erfunden, also etwa zu der Zeit, als Captain Picard mit der Enterprise in *Star Trek: Die nächste Generation* herumflog. Aber der Ansatz selbst ist noch einmal deutlich älter.

Bereits 1972 veröffentlichte IBM ein Betriebssystem, das es einfach VM nannte und das praktisch bereits alle grundlegenden Funktionen der heutigen Virtualisierungslösungen besaß. Mit VM konnten Administratoren der System/370-Mainframes von IBM mehrere voneinander unabhängige virtuelle Maschinen einrichten, die bereits damals so genannt wurden. Die Terminologie wird heute noch verwendet.

Auf diesen virtuellen Maschinen konnte eines der verschiedenen mit dem System/370 kompatiblen Gastbetriebssysteme ausgeführt werden. Bei ihnen handelte es sich um scheinbar unabhängig arbeitende System/370-Rechner mit eigenen Prozessorkernen, virtuellem Speicher, Festplattenpartitionen und Ein-/Ausgabegeräten. Der Kern des VM-Systems selbst wurde *Hypervisor* genannt und auch dieser Begriff blieb uns bis heute erhalten. Das VM-Produkt aus dem Jahr 1972 basierte dabei letztlich sogar auf einer experimentell und in limitierter Stückzahl hergestellten Produktentwicklung aus dem Jahr 1967.

Wenn Ihnen also jemand etwas von dieser modernen Technologie erzählen will, die *Virtualisierung* genannt wird, können Sie ihm ruhig antworten, dass es sich dabei um einen alten Schinken aus der Zeit handelt, als Star Trek als Erstausstrahlung im Fernsehen lief. Und wenn Sie gefragt werden, ob es sich um die Filme mit Captain Picard handelt, können Sie das verneinen und auf die TV-Premieren der Fernsehserie mit Captain Kirk verweisen.

Basisaufgaben von Hypervisoren

Die zentrale Rolle bei der Virtualisierung spielt ein Hypervisor, eine Softwareschicht, die die Erzeugung und Ausführung der virtuellen Maschinen verwaltet. Hypervisoren stellen einige Kernfunktionen bereit:

- Sie stellen die HAL (Hardware Abstraction Layer – Hardwareabstraktionsschicht) bereit, die alle Hardwareressourcen des Hostcomputers virtualisiert, auf dem sie laufen. Dazu zählen Prozessorkerne, Arbeitsspeicher und Ein-/Ausgabegeräte wie Festplatten, Tastaturen, Mäuse, Bildschirme, USB-Geräte und mehr.

- Sie stellen Pools mit abstrahierten Hardwareressourcen bereit, die virtuellen Maschinen zugeteilt werden können.

- Sie erstellen virtuelle Maschinen. Virtuelle Maschinen sind dabei vollständige Implementierungen idealisierter Computersysteme, denen die Hardwareressourcen des Hostrechners zur Verfügung gestellt werden. Die Hardwareressourcen für die jeweilige virtuelle Maschine werden dabei aus den vom Hypervisor verwalteten Pools übernommen.

- Sie verwalten die Ausführung der virtuellen Maschinen, ordnen ihnen die jeweils benötigten Hardwareressourcen des Hostcomputers zu und starten/stoppen diese, wenn Anwender dies verlangen.

- Sie stellen sicher, dass die jeweiligen virtuellen Maschinen voneinander vollständig isoliert werden. Das soll gewährleisten, dass sich bei einer virtuellen Maschine auftretende Probleme nicht auf andere virtuelle Maschine auswirken.

- Sie verwalten die Kommunikation zwischen den virtuellen Maschinen über virtuelle Netzwerke und ermöglichen es den virtuellen Maschinen, sich miteinander und mit einem physischen Netzwerk zu verbinden, das über den Host hinausreicht.

Grundfunktionen virtueller Datenträger

Im virtuellen Umfeld werden nicht nur Computer virtualisiert. Neben virtuellen Computer werden bei der Virtualisierung auch virtuelle Festplattenkapazitäten bereitgestellt. Bei der Virtualisierung von Datenträgern können Sie eine Vielzahl physischer Datenträger zusammenfassen und bei Bedarf Ihren virtuellen Maschinen zuteilen.

Die Virtualisierung von Speicherkapazitäten ist nichts Neues. Tatsächlich sind bereits mehrere Schichten der Virtualisierung an real existierenden Speicherumgebungen beteiligt. Auf der untersten Ebene befinden sich die eigentlichen physischen Datenträger. Die physischen Datenträger werden üblicherweise zu Arrays (Subsystemen) zusammengefasst, die aus einzelnen Laufwerken bestehen. Bei dieser Zusammenfassung handelt es sich um eine Variante der Virtualisierung, bei der ein einzelnes großes Laufwerk erzeugt wird, welches physisch eigentlich nicht existiert. Beispielsweise lassen sich vier 2-Terabyte-Laufwerke zu einem Array zusammenfassen, um ein einzelnes 8-Terabyte-Laufwerk zu bilden.

Denken Sie daran, dass Disk-Arrays üblicherweise dazu verwendet werden, um Daten durch redundante Speicherung zu schützen. Dieses Verfahren wird verbreitet RAID genannt, wobei das Kürzel für »Redundant Array of Inexpensive Disks steht.

Bei einer verbreiteten RAID-Variante, die RAID-10 genannt wird, können Sie paarweise gespiegelte Plattenlaufwerke erzeugen, damit Daten immer auf beide Datenträger eines Paars geschrieben werden. Sollte also eines der Laufwerke eines Paars ausfallen, kann das andere Laufwerk dessen Last übernehmen. Bei RAID-10 entspricht die nutzbare Kapazität des gesamten Arrays der halben Gesamtkapazität der einzelnen Laufwerke im Array. Ein RAID-10-Array, der aus vier 2-Terabyte-Laufwerken und damit aus zwei Paaren gespiegelter 2-Terabtye-Laufwerke besteht, besitzt daher eine nutzbare Kapazität von 4 Terabyte.

Eine weitere RAID-Variante wird RAID-5 genannt. Dabei werden Festplattenlaufwerke so zusammengefasst, dass eines der Laufwerke in einer Gruppe für die Speicherung redundanter Daten verwendet wird. Wenn dann eines der Laufwerke des Arrays ausfällt, können die Daten des ausgefallenen Laufwerks aus den Daten der übrigen Laufwerke wiederhergestellt werden. Die Gesamtkapazität eines RAID-5-Arrays entspricht der Summe der Kapazitäten der Einzellaufwerke abzüglich eines der Laufwerke. Ein aus vier 2-TB-Laufwerken bestehendes Array in einer RAID-5-Konfiguration besitzt entsprechend eine nutzbare Gesamtkapazität von 6 Terabyte.

In einer typischen virtuellen Umgebung können Hostcomputer auf verschiedene Weise mit Festplattenspeicher verbunden werden:

✔ **Lokaler Festplattenspeicher:** Bei lokalem Festplattenspeicher werden Datenträger direkt am Hostcomputer angeschlossen (eingehängt) und mit dem Hostcomputer über dessen interne Festplattencontroller angeschlossen. So könnte ein Hostcomputer beispielsweise vier 1-TB-Festplattenlaufwerke enthalten, die in dasselbe Gehäuse wie der Computer selbst eingebaut werden. Diese vier Laufwerke könnten ein RAID-10-Array mit einer nutzbaren Kapazität von 2 Terabyte bilden. Der Hauptnachteil von lokalem Festplattenspeicher besteht darin, dass er auf die physische Kapazität des Hostcomputers beschränkt bleibt und nur dem Hostcomputer bereitsteht, in dem er installiert wurde.

✔ *SAN (Storage Area Network):* In einem SAN befinden sich die Festplattenlaufwerke in einem eigenständigen Gerät, das über einen Hochleistungs-Controller mit dem Host verbunden ist. Dessen Geschwindigkeit erreicht fast die des internen Anschlusses lokalen Festplattenspeichers. Ein SAN umfasst aber einen separaten Speichercontroller, der für die Verwaltung der Festplattenlaufwerke zuständig ist.

Ein typisches SAN kann ein Dutzend oder mehr Festplattenlaufwerke umfassen und Hochgeschwindigkeitsverbindungen zu mehreren Hosts erlauben. SANs lassen sich oft durch Hinzufügen von Erweiterungsgehäusen erweitern, die wiederum jeweils ein Dutzend Festplatten oder mehr umfassen können. Auf diese Weise kann ein SAN Hunderte Terabytes Festplattendaten bereitstellen.

✔ **NAS (Network Attached Storage):** Diese Speichervariante ähnelt zwar einem SAN, allerdings verbindet ein NAS die Hosts nicht über einen Hochgeschwindigkeits-Controller, sondern über eine standardmäßige Ethernet-Verbindung und TCP/IP. NAS-Laufwerke sind zwar relativ preiswert, allerdings auch relativ langsam.

Wie der Speicher auch mit dem Host verbunden sein mag, der Hypervisor fasst den Speicher zusammen und erzeugt virtuelle Datenspeicherreservoirs. Ein Hypervisor mit Zugang zu drei 2-TB-RAID-5-Disk-Arrays könnte diese beispielsweise zu einem einzigen 6-Terabyte-Datenspeicher zusammenfassen.

Mit diesem Datenspeicher können Sie Volumes oder Laufwerke erzeugen, bei denen es sich im Grunde genommen um virtuelle Festplattenlaufwerke handelt, die bestimmten einzelnen virtuellen Maschinen zugeordnet werden können. Wenn dann ein Betriebssystem auf einer virtuellen Maschine installiert wird, kann dieses die Volumes der virtuellen Maschine einhängen, um Laufwerke zu erzeugen, auf die es zugreifen kann.

Betrachten wir beispielsweise eine virtuelle Maschine, auf der Windows Server ausgeführt wird. Um sich mit der virtuellen Maschine zu verbinden, müssen Sie sich anmelden und den Plattenspeicher mit Windows Explorer betrachten. Dann sehen Sie vielleicht ein Laufwerk C: mit einer Kapazität von 100 GB. Bei diesem Laufwerk C: handelt es sich eigentlich um ein vom Hypervisor erzeugtes 100-GB-Volume, das der virtuellen Maschine zugeordnet wurde. Das 100-GB-Volume wird wiederum von einem Datenspeicher übernommen, der insgesamt 4 TB Gesamtkapazität umfassen könnte. Der Speicherplatz befindet sich auf einem Datenspeicher, der von einem SAN bereitgestellt wird, der an den Host angeschlossen ist. Dieses SAN kann dann zum Beispiel aus vier physischen 2-TB-Festplattenlaufwerken bestehen, die zu einem RAID-10-Array zusammengefasst wurden.

Damit haben wir es also mit mindestens vier Schichten der Virtualisierung zu tun, die benötigt werden, um den auf physischen Festplattenlaufwerken verfügbaren rohen Datenspeicher für das Gastbetriebssystem bereitzustellen:

- ✔ Die physischen Festplattenlaufwerke werden zu einem RAID-10-Laufwerk zusammengefasst, um ein vereintes Laufwerk mit integrierter Redundanz zu bilden. RAID-10 stellt damit letztlich die erste Schicht der Virtualisierung dar. Diese Schicht wird komplett vom SAN verwaltet.

- ✔ Der auf dem SAN verfügbare Speicher wird vom Hypervisor abstrahiert, um Datenspeicher zu erzeugen. Hierbei handelt es sich um eine zweite Ebene der Virtualisierung.

- ✔ Teile des Datenspeichers werden dazu benutzt, um Volumes zu erzeugen, die virtuellen Maschinen bereitgestellt werden. Diese Volumes stellen eine dritte Ebene der Virtualisierung dar.

- ✔ Für das Gastbetriebssystem unterscheiden sich die Volumes nicht von physischen Geräten, die eingehängt und dann formatiert werden können, auf die Anwender als nutzbaren Datenträgerspeicher zugreifen können. Dies ist die vierte Ebene der Virtualisierung.

Auch wenn dies jetzt übermäßig kompliziert aussehen mag, erhalten Sie durch diese Ebenen der Virtualisierung eine Menge Flexibilität hinsichtlich der Speicherverwaltung. Neue Festplatten-Arrays können zu einem SAN hinzugefügt oder ein neues NAS kann in das Netzwerk eingebunden werden. Dann kann neuer Datenspeicher bereitgestellt werden, ohne dass dabei der bereits vorhandene Datenspeicher beeinträchtigt wird. Volumes können von einem Datenspeicher zu einem anderen verschoben werden, ohne dass dabei die virtuellen Maschinen unterbrochen werden, an die er angeschlossen ist. Tatsächlich können Sie die Größe eines Volumes mal eben schnell ändern. Die virtuelle Maschine erkennt sofort die höhere Speicherkapazität ihrer Laufwerke, ohne dass sie dazu auch nur neu gestartet werden müsste.

Netzwerkvirtualisierung verstehen

Wenn Sie eine oder mehrere virtuelle Maschinen auf einem Hostsystem erzeugen, benötigen die virtuellen Maschinen Möglichkeiten, nicht nur miteinander, sondern auch mit den anderen physischen Computern in Ihrem Netzwerk zu kommunizieren. Um derartige Verbindungen zu ermöglichen, müssen Sie ein virtuelles Netzwerk innerhalb Ihrer Virtualisierungsumgebung erstellen. Dieses virtuelle Netzwerk verbindet die virtuellen Maschinen miteinander und mit dem physischen Netzwerk.

Um ein virtuelles Netzwerk zu erstellen, müssen Sie einen virtuellen Switch erzeugen, der die virtuellen Maschinen miteinander und über die Netzwerkschnittstellen des Hostcomputers mit einem physischen Netzwerk verbindet. Wie ein physischer Switch besitzt auch ein virtueller Switch Ports. Wenn Sie einen virtuellen Switch erzeugen, verbinden Sie diesen mit mindestens einer der Netzwerkschnittstellen des Hostcomputers. Diese Schnittstellen werden dann durch Netzwerkkabel mit physischen Switches verbunden, die den virtuellen Switch letztlich mit dem physischen Netzwerk verbinden.

Wenn Sie dann virtuelle Maschinen erzeugen, verbinden Sie die einzelnen virtuellen Maschinen mit einem Port an einem virtuellen Switch. Wenn alle virtuellen Maschinen mit dem Switch verbunden sind, können die virtuellen Maschinen (VMs) über den Switch miteinander kommunizieren. Zudem können sie mit Geräten im physischen Netzwerk über die Anschlüsse der Netzwerkschnittstellen des Hostcomputers kommunizieren.

Die Vorteile der Virtualisierung

Man könnte meinen, die Virtualisierung sei ineffizient, weil echte Computer inhärent schneller als simulierte Computer sind. Auch wenn das grundsätzlich stimmt, ist die Virtualisierungstechnologie mittlerweile so weit fortgeschritten, dass die Leistungsnachteile der Ausführung auf virtuellen Maschinen angesichts der Leistungsfähigkeit moderner Computer zu verschmerzen sind.

Der geringfügige, durch die Virtualisierung bedingte zusätzliche Verwaltungsaufwand wird üblicherweise durch die einfache Tatsache mehr als ausgeglichen, dass selbst besonders intensiv beanspruchte Server immer noch den größten Teil ihrer Zeit mit Däumchendrehen und Warten verbringen. Tatsächlich verbringen viele Server fast ihre *gesamte* Zeit mit Nichtstun. Und je schneller Computer werden, desto mehr Zeit werden sie letztlich beschäftigungslos verbringen.

Die Virtualisierung bietet Möglichkeiten, Rechnerkapazitäten zumindest teilweise sinnvoller zu nutzen. Neben der grundlegend besseren Effizienz bietet die Virtualisierung einige weitere zwingende Vorteile:

- **Hardwarekosten:** Typischerweise können Sie viel Geld sparen, wenn sich Hardwarekosten durch Virtualisierung senken lassen. Nehmen Sie an, Sie würden zehn Server, die jeweils 3.000 Euro kosten, durch einen Hostserver ersetzen. Für diesen würden Sie dann zwar insgesamt mehr ausgeben, da Sie ihm möglichst viel Arbeitsspeicher, Prozessorkerne, Netzwerkadapter und weitere Ressourcen spendieren werden. Aber selbst wenn der Hostserver inklusive der Hypervisor-Software letztlich das Fünf- oder Sechsfache kosten sollte, hätten Sie immer noch jede Menge Geld gespart.

- **Stromkosten:** Viele Unternehmen konnten feststellen, dass sich der Stromverbrauch für die Serverrechner bei Nutzung virtueller Lösungen um 80 Prozent verringern ließ. Diese Ersparnisse resultieren direkt daraus, dass die Arbeit von weniger Computerhardware verrichtet wird. Ein Host, auf dem zehn virtuelle Server laufen, benötigt kaum mehr als ein Zehntel der Energie von zehn Servern, die jeweils eigenständige Hardware nutzen.

- **Raumkosten:** Nicht nur, dass die Mieten steigen, nein, es ist auch deutlich angenehmer, wenn man sich nur um vielleicht zwei bis sechs physische Rechner kümmern muss. Da kommt man mit einem Drehstuhl aus, ohne ständig auf den Beinen sein zu müssen. Nur die Tastaturen und Mäuse der verschiedenen Geräte verwechselt man dann leicht. Das gilt insbesondere dann, wenn man keinen Kabelsalat mag und deshalb lieber drahtlose Geräte nutzt.

- **Wiederherstellbarkeit:** Der wohl größten Vorteil der Virtualisierung ist aber nicht einmal die Kostenersparnis, sondern die schnelle Behebbarkeit von Hardwaredefekten. Wenn es in Ihrem Unternehmen beispielsweise zehn Server gibt, die auf eigener Hardware laufen, fallen diese aus, bis ein aufgetretener Hardwarefehler behoben werden konnte. Da es sich bei den virtuellen Maschinen letztlich nur um Dateien auf der Festplatte des Hosts handelt, lassen sich diese bei Defekten schnell auf einen anderen Host übertragen und bereits nach kurzer Zeit wieder nutzen (sofern mehrere Hosts bereitstehen und das Unterfangen nicht an Fragen der Lizenzierung scheitert).

  Natürlich laufen die Server dann auf dem einzelnen Host weniger effizient als auf zwei Hosts, aber die Ausfallzeiten lassen sich bei dieser Vorgehensweise jedenfalls reduzieren.

  Wenn Sie moderne, besonders leistungsfähige Hypervisoren einsetzen, lassen sich Ausfälle einzelner Hosts sogar automatisch und sofort auffangen. Ausfallzeiten werden mit derartigen Lösungen so gut wie vollständig eliminiert.

- **Höhere Verfügbarkeit:** Dadurch, dass eine virtuelle Maschine auf einem gemeinsamen Speicher liegen, kann mit den Virtualisierungshosts ein sogenannter Cluster, ein Zusammenschluss mehrerer Hosts, gebildet werden. Diese synchronisieren sich permanent und überwachen sich gegenseitig. Wenn ein physikalischer Host ein Problem hat und nicht mehr verfügbar ist, schwenkt der Betrieb einer virtuellen Maschine sofort auf einen anderen Host um. Ein Anwender oder Dienst bekommt von dem Schwenk nichts mit. So entsteht kein Ausfall. Diese Hosts müssen (und sollten) nicht einmal im selben Gebäudeteil stehen, sie müssen nur eine schnelle Anbindung untereinander haben.

✔ **Wiederherstellung nach Katastrophen:** Neben den Vorteilen der Wiederherstellbarkeit bei Hardwaredefekten sind die in echten Katastrophenfällen noch bedeutender. Nehmen Sie an, dass die Serverinfrastruktur in Ihrem Unternehmen 20 eigenständige Server umfasst. Wenn bei einer verheerenden Feuerkatastrophe im Serverraum die gesamte Hardware zerstört wird, dürfte es eine ganze Weile dauern, bis alle 20 Server auf neuer Hardware wieder betriebsbereit sind. Wahrscheinlich dürfte dabei die eine oder andere Woche ins Land ziehen.

Im Unterschied dazu sind virtuelle Maschinen ja eigentlich nur Dateien, die auf Datenträgern oder in der Cloud gesichert werden können. Im Katastrophenfall müssen Sie daher anschließend im Prinzip erst einmal nur einen einzelnen Hostrechner wiederherstellen und die Virtualisierungssoftware neu installieren. Wenn Sie dann Backups der virtuellen Maschinen vom Magnetband wiederherstellen und neu starten, sollten sie bereits nach wenigen Tagen und nicht erst nach einigen Wochen wieder voll einsatzbereit sein.

Einstieg in die Virtualisierung

Bei der Virtualisierung handelt es sich um ein reichlich komplexes Thema, weshalb Einzelheiten über Virtualisierungssysteme wie *VMware Infrastructure* oder auch über *Microsoft Hyper-V* den Rahmen dieses Buches bei Weitem sprengen würden. Sie können hier aber wenigstens Ihren großen Zeh in flaches Wasser tauchen, indem Sie Ihre ersten Gehversuche in der Welt der Virtualisierung mit Hyper-V unternehmen.

Hyper-V kann nur in den Pro-Varianten von Windows aktiviert werden. Sie benötigen also Windows (11) Pro, um Hyper-V installieren zu können.

Wenn Sie die Home-Edition von Windows nutzen, können Sie allerdings auch eine alternative Virtualisierungslösung nutzen. Mehr Informationen dazu finden Sie am Ende des Kapitels.

Hyper-V ist darüber hinaus auf jeder Windows Server-Variante verfügbar.

Hyper-V auf Windows 11 Pro installieren

Bevor Sie Hyper-V nutzen können, müssen Sie die entsprechenden Komponenten erst einmal installieren:

1. Öffnen Sie in einem ersten Schritt die klassische Systemsteuerung, indem Sie auf das Windows-Icon in der Taskleiste klicken und hier einfach »Systemsteuerung« eingeben. Windows wird Ihnen den passenden Eintrag präsentieren.

2. Klicken Sie in der Systemsteuerung auf den Eintrag PROGRAMME.

3. Wählen Sie anschließend den Punkt WINDOWS-FEATURES AKTIVIEREN ODER DEAKTIVIEREN.

4. Es öffnet sich das Dialogfenster WINDOWS-FEATURES.

5. Wählen Sie den Punkt HYPER-V und bestätigen Sie den Dialog mit OK (siehe Abbildung 23.1).

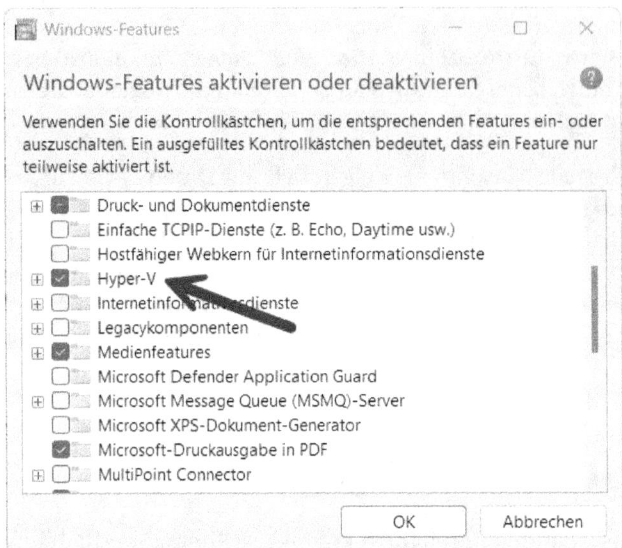

Abbildung 23.1: Hyper-V als Windows-Feature hinzufügen

6. Windows wird das entsprechende Feature nun installieren. Klicken Sie am Ende auf die Schaltfläche SCHLIEßEN, um den Assistenten zu beenden.

Windows ist somit darauf vorbereitet, virtuelle Maschinen mittels Hyper-V ausführen zu können.

Hyper-V starten und einen virtuellen Switch anlegen

Sie können das Programm Hyper-V nun starten, indem Sie wieder auf das Windows-Icon in der Taskleiste klicken und »Hyper-V« eingeben. Windows schlägt Ihnen hier direkt den HYPER-V-MANAGER vor, den Sie nun gleich starten.

Da die virtuelle Maschine später ja wohl auch Zugriff auf das Internet haben soll, müssen Sie vor der Erstellung der VM erst einmal einen passenden virtuellen Switch anlegen, über den die virtuelle Maschine später Zugriff auf das Netzwerk haben wird.

Klicken Sie dazu in der rechten Seitenleiste unter AKTIONEN auf den Link MANAGER FÜR VIRTUELLE SWITCHES.... Sie befinden sich nun gleich beim Punkt NEUER VIRTUELLER NETZWERKSWITCH. Wählen Sie in der Auswahlliste den Punkt EXTERN und klicken Sie anschließend auf die Schaltfläche VIRTUELLEN SWITCH ERSTELLEN. Geben Sie dem Switch einen beliebigen Namen und wählen Sie unter VERBINDUNGSTYP den Punkt EXTERNES NETZWERK aus (siehe Abbildung 23.2). In der Auswahlliste wählen Sie nun noch den Netzwerkadapter des Host-Systems, über den die Netzwerkverbindung des virtuellen Switches hergestellt werden soll.

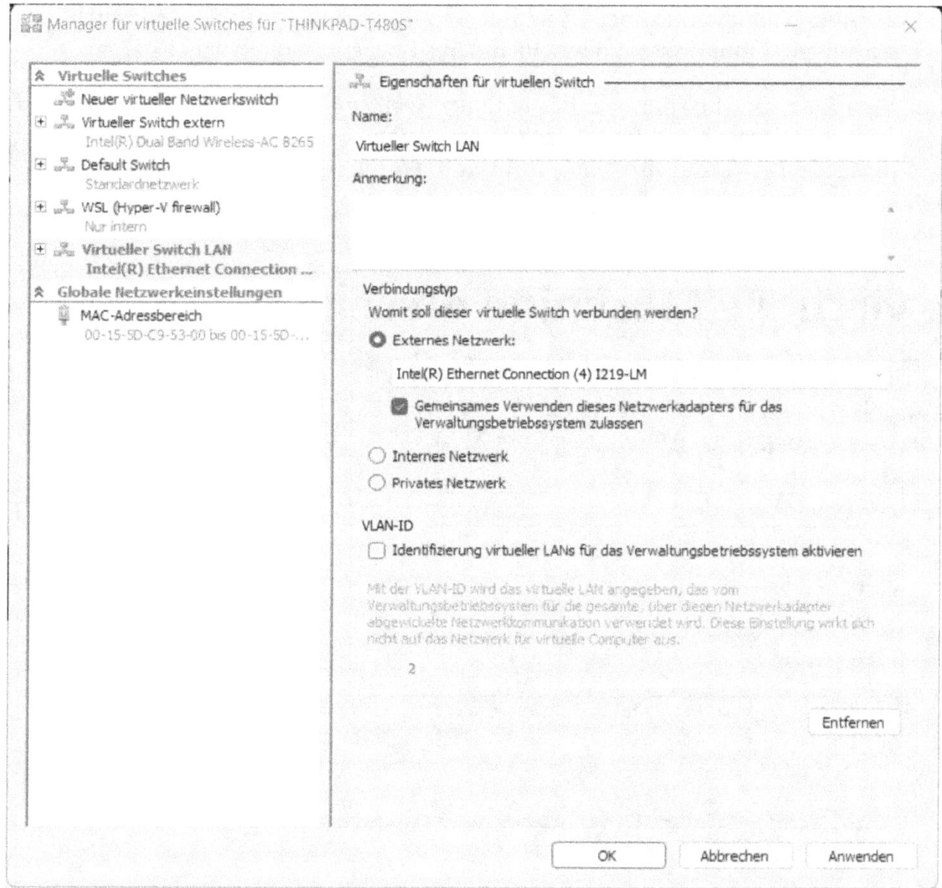

Abbildung 23.2: Anlegen eines virtuellen Switches für ein externes Netzwerk

Belassen Sie am besten alle anderen Optionen auf den Standardwerten und bestätigen Sie mit der Schaltfläche OK.

Nun haben Sie alles vorbereitet, um Ihre erste virtuelle Maschine zu erstellen.

Installationsmedium herunterladen

Doch bevor es losgehen kann, benötigen Sie noch ein Installationsmedium für das Gast-Betriebssystem. In der heutigen Zeit hantieren Sie meistens nicht mehr mit CDs oder DVDs, sondern laden einfach eine ISO-Datei herunter (ein digitales Abbild einer CD oder DVD).

Für Windows 11 können Sie beispielsweise die passende ISO-Datei direkt bei Microsoft unter `https://www.microsoft.com/de-de/software-download/windows11` herunterladen. Der Download kann aufgrund der Größe schon mal etwas dauern, daher holen Sie sich getrost noch mal einen Kaffee.

Es muss aber nicht immer Windows sein. Sie können mit Hyper-V auch ganz einfach ein Linux-System oder ein anderes Betriebssystem virtualisieren.

Wenn Sie zum Beispiel mal in die Linux-Welt hineinschnuppern wollen, dann wäre die Distribution Linux Mint für den Anfang vermutlich nicht verkehrt. Eine passende ISO-Datei für Linux Mint können Sie hier herunterladen: `https://linuxmint.com/download.php`

Eine virtuelle Maschine erstellen

Um eine virtuelle Maschine zu erstellen, klicken Sie wieder in der rechten Seitenleiste auf den Eintrag Neu und dann auf Virtueller Computer. Es öffnet sich der Assistent für neue virtuelle Computer (siehe Abbildung 23.3).

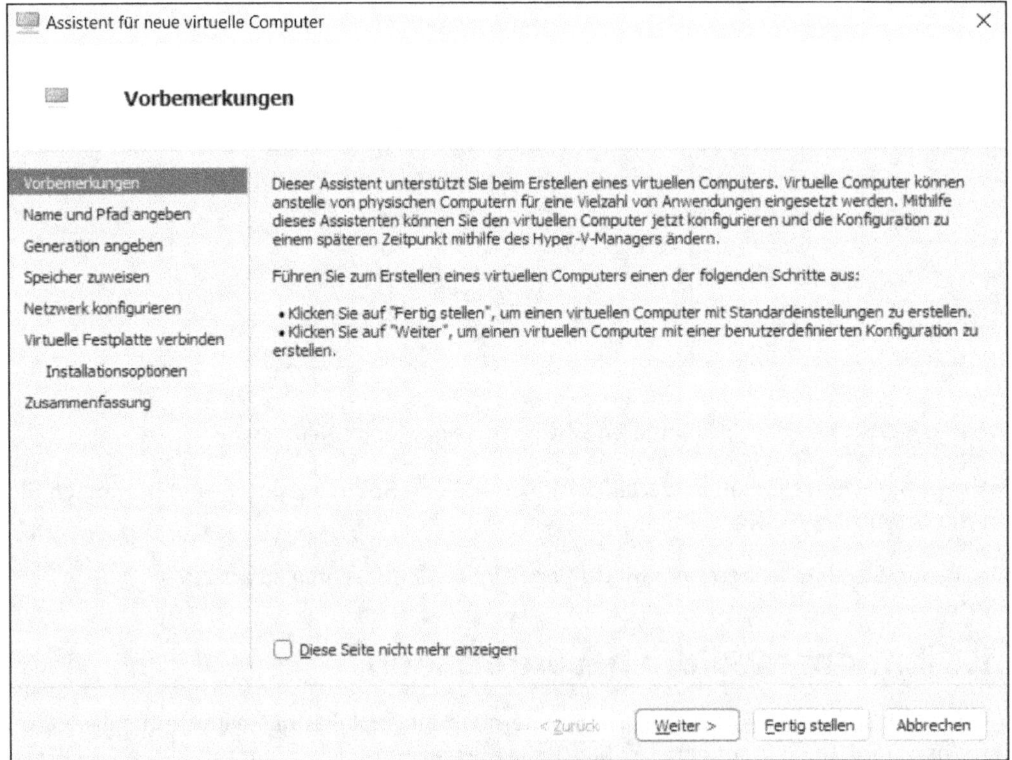

Abbildung 23.3: Der Assistent für neue virtuelle Computer

1. Klicken Sie im ersten Schritt einfach auf die Schaltfläche Weiter.

2. Im nächsten Schritt können Sie der virtuellen Maschine einen Namen geben. Wählen Sie hier am besten einen aussagekräftigen Namen, mit dem Sie später genau erkennen, um welches System es sich handelt.

Ebenso können Sie hier den Speicherort der virtuellen Maschine auf dem Host ändern. In den meisten Fällen können Sie es aber beim Standard-Speicherort belassen.

3. Wählen Sie im nächsten Schritt auf jeden Fall den Punkt GENERATION 2. Die zweite Generation der Virtualisierung unter Hyper-V bietet einige Funktionen mehr, von denen Sie profitieren können.

   Wenn Sie ein sehr altes Betriebssystem installieren wollen, zum Beispiel Windows XP, dann müssen Sie hier GENERATION 1 wählen (nur die erste Generation bietet noch Unterstützung für 32-Bit-Gast-Betriebssysteme).

4. Anschließend geben Sie die Menge des Arbeitsspeichers (RAM) an, den die virtuelle Maschine zugewiesen bekommen soll. Für Windows 11 reichen hier 4 GB (4096 MB) fürs Erste aus.

5. Im nächsten Schritt wählen Sie dann den virtuellen Switch aus, den Sie zuvor erstellt haben.

6. Nun legen Sie eine virtuelle Festplatte für das Gast-System an. Da noch keine virtuelle Festplatte zur Verfügung steht, wählen Sie hier den Punkt VIRTUELLE FESTPLATTE ERSTELLEN. Geben Sie anschließend die Größe der virtuellen Festplatte an. 50 GB sollten für eine einfache Windows-Installation fürs Erste ausreichen.

7. Nun legen Sie das virtuelle Installationsmedium in das virtuelle CD-/DVD-Laufwerk ein. Wählen Sie dazu den Punkt BETRIEBSSYSTEM VON EINER STARTBAREN IMAGEDATEI INSTALLIEREN an und wählen Sie dann die soeben heruntergeladene ISO-Datei aus.

8. Es folgt noch eine Zusammenfassung. Bestätigen Sie die Einstellungen mit einem Klick auf FERTIG STELLEN.

Im Anschluss erstellt Ihnen Windows die virtuelle Maschine. Bevor Sie diese nun starten, sollten Sie die Einstellungen nochmals kontrollieren. Klicken Sie dazu mit der rechten Maustaste auf die soeben erstelle VM und wählen Sie den Eintrag EINSTELLUNGEN….

In diesem Dialog können Sie nochmals die Einstellungen der virtuellen Maschine kontrollieren und gegebenenfalls anpassen.

 Hier gibt es noch mal sehr viel mehr Optionen und Einstellungen als im Assistenten zum Erstellen einer neuen virtuellen Maschine. Ich möchte hier nicht auf alle Details eingehen, aber schauen Sie sich ruhig mal in diesem Dialog um und wählen Sie die passenden Optionen.

Start der virtuellen Maschine

Nachdem Sie virtuell einen neuen PC zusammengeschraubt haben, ohne sich dabei die Hände schmutzig zu machen, können Sie die virtuelle Maschine das erste Mal starten. Was nun folgt, ist nichts anderes, als wenn Sie einen »echten« PC zusammengeschraubt hätten und auf diesem das Betriebssystem installieren würden. Das Ergebnis sehen Sie in Abbildung 23.4.

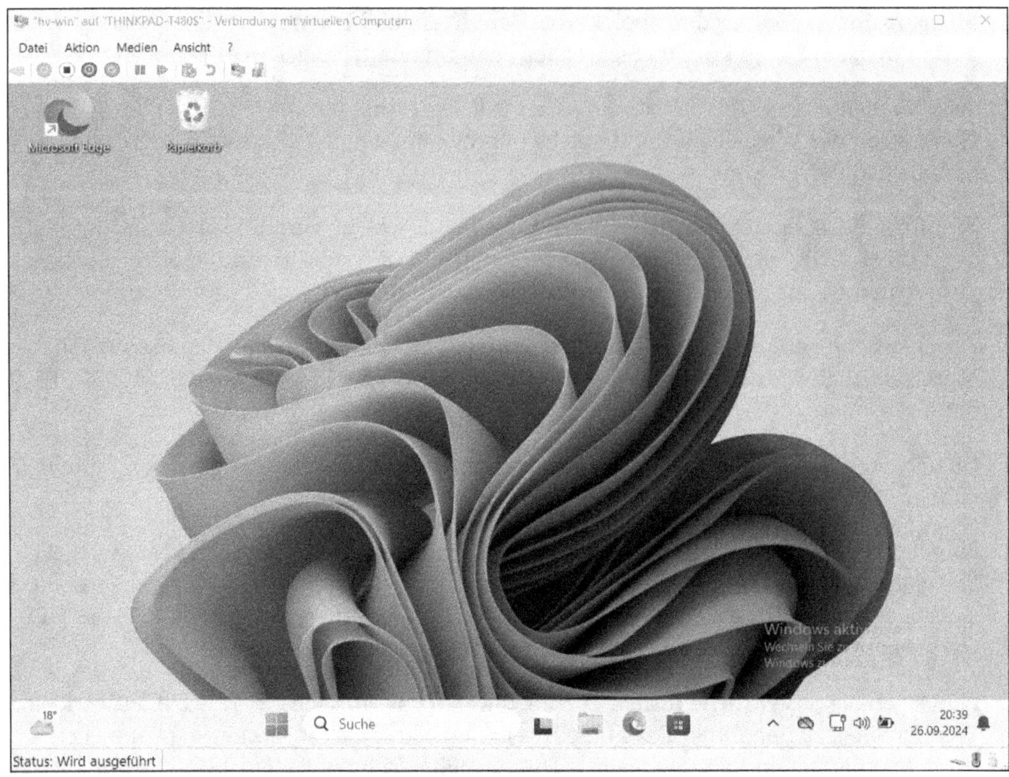

Abbildung 23.4: Windows 11 als virtueller Computer unter Hyper-V

Abschließende Hinweise

Zwar handelt es sich beim Thema der Virtualisierung um ein weites Feld, ein paar Hinweise will ich Ihnen abschließend aber schon noch geben, damit Sie wissen, wonach Sie fragen oder suchen müssen, um passende Antworten zu erhalten:

- ✔ Wenn Sie unter Linux mit virtuellen Maschinen experimentieren wollen, finden Sie hierfür *VirtualBox* von *Oracle* in den Paketlisten der meisten Distributionen. VirtualBox ist daher unter Linux weit verbreitet und auch in Versionen für Windows und macOS erhältlich, weshalb es mittlerweile fast weiter verbreitet ist als Hyper-V.

- ✔ Sollten Sie die Home-Version von Windows einsetzen, dann ist Hyper-V leider nicht verfügbar. In diesem Fall können Sie allerdings auch VirtualBox installieren, das ebenfalls für Windows verfügbar ist.

- ✔ Sie können zwar teilweise 64-Bit-Betriebssysteme unter 32-Bit-Virtualisierungslösungen installieren, sollten darauf aber besser verzichten.

✔ Auf Apple-Rechnern können Sie auf Parallels Desktop oder VirtualBox als Virtualisierungslösung zurückgreifen.

✔ Neben speziellen Programmen zur Virtualisierung wie Hyper-V oder VirtualBox existieren auch noch komplette Betriebssysteme, die sich auf die Virtualisierung spezialisiert haben. Ein bekannter Vertreter ist Proxmox (`https://www.proxmox.com/de/`).

Kapitel 24
Netzwerke mit Linux

Linux ist eine kostenlos erhältliche Alternative zu Windows Server, die auf Unix basiert. Sie können Linux insbesondere als Webserver für das Internet oder ein Intranet, einen E-Mail-Server und/oder als Firewall oder Datei- und Druckserver im lokalen Netzwerk verwenden.

Linux ist nicht nur kostenlos erhältlich, sondern hat darüber hinaus viele weitere Vorteile gegenüber Windows. Viele Netzwerkverwalter halten Linux für stabiler als Windows, weil es immer noch seltener abstürzt und auf weniger Ausfallzeiten wegen Wartungsarbeiten kommt. Zudem hat sich Linux einen guten Ruf hinsichtlich Effizienz und Sicherheit erworben.

Linux wurde ursprünglich 1991 von Linus Torvalds entwickelt, der damals an der Universität von Helsinki in Finnland studierte. Linus dachte, dass es ihm viel Spaß machen würde, für seinen brandneuen PC ein eigenes, auf Unix basierendes Betriebssystem zu schreiben. Seither ist Linux zu einem kompletten, zuverlässigen und schnellen Betriebssystem geworden.

In diesem Kapitel stelle ich Ihnen kurz die Grundlagen der Einrichtung eines Linux-Servers in Ihrem Netzwerk vor. Sie erfahren, wie sich das System als Dateiserver, als Webserver für das Internet oder Intranet, als E-Mail-Server und bei der Verbindung Ihres Netzwerks mit dem Internet als Router und Firewall einsetzen lässt.

Linux ist ein komplexes Betriebssystem. Dessen richtige Nutzung zu lernen, kann insbesondere dann ein wenig schwierig sein, wenn sich Ihre bisherigen Erfahrungen auf Windows beschränken. Glücklicherweise gibt es aber eine Menge gute Literatur zum Thema Linux, die dafür sorgt, dass der Lernprozess nicht ganz so mühsam ausfällt. Werfen Sie doch zum Beispiel mal einen Blick in *Linux für Dummies* (erschienen bei Wiley-VCH) oder ein ähnliches Buch für die von Ihnen eingesetzte oder für Sie besonders interessante Linux-Variante.

Linux und Windows im Vergleich

Wenn sich Ihre Erfahrungen mit Betriebssystemen auf Windows beschränken, dürfte dieser Abschnitt für Sie von Interesse sein. Es gibt etliche grundlegende Unterschiede zwischen Linux- und Windows-Betriebssystemen. Zu den wichtigsten zählen:

✔ **Linux ist ein Multiuser-Betriebssystem.** Das bedeutet, dass sich gleichzeitig mehrere Benutzer am Linux-Rechner anmelden und ihn benutzen können.

- Zwei oder mehr Benutzer können sich mit derselben Tastatur und demselben Bildschirm an einem Linux-Computer anmelden, indem sie *virtuelle* Konsolen verwenden, wobei mit einer speziellen Tastenkombination zwischen den Benutzersitzungen gewechselt werden kann.

- Benutzer können sich auch über ein Terminalfenster, das auf einem anderen Rechner ausgeführt wird, beim Linux-Rechner anmelden.

Im Gegensatz dazu sind die meisten Windows-Versionen Single-User-Systeme. Immer nur ein Benutzer kann sich auf einem Windows-Computer anmelden und Befehle ausführen. (Windows Server lässt sich mit Terminaldiensten auch als Multiuser-System konfigurieren.)

✔ **Die grafische Benutzerschnittstelle ist bei Linux anders als bei Windows nicht fest in das System integriert.** Stattdessen sorgt mit dem *X Window System* eine optionale Komponente für den Start der grafischen Linux-Benutzeroberfläche. Sie können Linux auch ohne X Window ausführen, müssen dann aber über die Kommandozeile mit Linux kommunizieren. Wenn Sie eine grafische Benutzeroberfläche vorziehen, müssen Sie X Window installieren und ausführen.

X Window besteht aus zwei Komponenten:

  ✔ Die Serverkomponente (*X Server*) verwaltet mehrere Fenster und stellt den Anwendungsprogrammen Grafikdienste zur Verfügung.

  ✔ Die Benutzerschnittstellenkomponente (*Window-Manager*) stellt die Funktionen der Benutzerschnittstelle zur Verfügung, zum Beispiel Menüs, Schaltflächen, Werkzeugleisten und Taskbar.

Heute gibt es eine ganze Reihe von Window-Managern, die ein wenig unterschiedlich aussehen und bedient werden. Unter Windows kommen Sie heute kaum umhin, die Microsoft-Benutzeroberfläche der jeweiligen Version zu benutzen. Unter Linux können Sie die Benutzeroberfläche Ihrer Wahl einsetzen. *GNOME* und *KDE* waren lange die bekanntesten. *LXDE* erlangte als Benutzeroberfläche des Standardbetriebssystems des Einplatinenrechners Raspberry Pi eine gewisse Bekanntheit. In den letzten Jahren ist eine Menge Bewegung in die Landschaft gekommen. *Unity* löste zeitweise GNOME als Desktop von Ubuntu ab, *Cinnamon* wurde mit *Linux Mint* bekannt und *Mate* bietet einen eher traditionellen Desktop, wie er möglicherweise von älteren Benutzern bevorzugt wird. Und auch der kleine Raspbian hat mit *PIXEL* einen modernisierten Desktop erhalten.

✔ **Linux kann keine Windows-Programme ausführen (umgekehrt aber auch nicht).** Das bedeutet, dass Sie Microsoft Office nicht unter Linux benutzen können. Sie müssen vergleichbare Programme einsetzen, die speziell für Linux entwickelt wurden. Viele Linux-Distributionen enthalten aber Office-Suiten wie *OpenOffice* oder *Libre Office*, die auch in Windows-Versionen erhältlich sind. Diese Programmpakete, die teilweise auf denselben Quelltexten basieren, stellen typischerweise ein Textverarbeitungsprogramm, ein Tabellenkalkulationsprogramm, ein Präsentationsprogramm, ein Grafikprogramm, eine Datenbank, E-Mail-, Kalender- und Terminplanungsprogramme bereit. Tausende andere Programme sind für Linux erhältlich.

Es gibt Windows-Emulatoren, wie insbesondere *Wine*, mit deren Hilfe einige wenige Windows-Programme unter Linux ausgeführt werden können. Diese laufen dann aber langsamer als auf einem Original-Windows-System. Seit Windows 10 mit der internen Versionsnummer 19041 bringt Windows allerdings einen internen Dienst mit, der über Hyper-V eine Installation von Linux unter Windows erlaubt. Dies nennt sich »Windows Subsystem for Linux« (WSL).

Die am Ende des letzten Kapitels kurz angesprochene Virtualisierungslösung *VirtualBox* finden Sie in den Paketquellen der allermeisten Linux-Distributionen, weshalb es sich relativ einfach installieren lässt, um Windows-Versionen unter Linux virtuell einzurichten und zu testen. Spätestens nach Ablauf des Testzeitraums benötigen Sie für die virtuelle Maschine eine Lizenz.

✔ **Linux unterstützt Plug-and-play nicht so wie Windows.** Linux-Distributionen enthalten heute aber ebenfalls Konfigurationsprogramme, die die meisten Hardwarekomponenten automatisch erkennen und konfigurieren können. Nur noch vereinzelt und insbesondere bei neuen Komponenten hakt es vielleicht noch an der erwünschten Unterstützung von Plug-and-play-Hardwarekomponenten. Daher treten Probleme bei der Hardwarekonfiguration zwar häufiger als unter Windows auf, beschränken sich aber weitgehend auf eher exotische und/oder wenig verbreitete Komponenten.

Soweit es die Rechnergrundausstattung betrifft, sollte Linux auf allen Rechnern laufen, die so etwa seit mindestens einem halben Jahr erhältlich sind. Ansonsten ist die Verfügbarkeit von Treibern durchaus mit der vergleichbar, die auch bei jeweils brandneuen Windows-Versionen herrscht. Hier wie da dauert es öfter ein halbes bis ein Jahr, bis Treiber für bestimmte Komponenten bereitstehen, die auch wirklich funktionieren.

✔ **Linux verwendet ein anderes System für den Zugriff auf Laufwerke und Dateien.** Informationen zur Funktionsweise des Linux-Dateisystems finden Sie im Kasten »Ich kann mein C-Laufwerk nicht finden!«.

✔ **Linux läuft auf älterer Hardware besser als die aktuellen Windows-Varianten.** Linux ist das ideale Betriebssystem für etwas ältere Rechner. Aber auch so ziemlich alle halbwegs aktuellen Linux-Varianten benötigen heute mindestens 512 oder 1024 Megabyte Arbeitsspeicher und etliche Gigabyte Festplattenkapazität. Museumsreife Rechner benötigen mittlerweile auch museumsreife Linux-Versionen.

Wenn Sie unter Linux auf den Desktop verzichten können, zeigt sich das Betriebssystem ein wenig genügsamer. Bei den heutigen Linux-Versionen sollten Sie keineswegs mehr darauf vertrauen, dass Linux noch auf einem Uralt-Pentium läuft. In jedem Fall ist bei der Linux-Installation eine schnelle Internetverbindung empfehlenswert!

Die bereits häufiger für kleine und mittlere Unternehmen (KMUs) erwähnten NAS-Server sind meist im Grunde genommen Linux-Rechner ohne Bildschirm, Tastatur und Maus, deren Konfigurationseinstellungen mit einem Internetbrowser über ein Netzwerk vorgenommen werden. Nur in besonderen Fällen müssen Sie den NAS-Server vielleicht über eine Konsole bedienen.

Ich kann mein C-Laufwerk nicht finden!

Linux und Windows verwenden für Festplatten und Partitionen des Rechners völlig unterschiedliche Zugriffsverfahren. Erfahrene Windows-Anwender werden vermutlich etwas Zeit brauchen, um sich an die Linux-Verfahren zu gewöhnen.

Windows verwendet für jede Partition und jedes Laufwerk des Systems einen separaten Laufwerkbuchstaben. Wenn Sie beispielsweise eine einzelne Festplatte in drei Partitionen unterteilt haben, bezeichnet Windows die Partitionen als Laufwerke C:, D: und E:. Jedes dieser Laufwerke besitzt sein eigenes Basis- beziehungsweise Hauptverzeichnis, das wiederum weitere Verzeichnisse zur Organisation der Dateien enthalten kann. Soweit es Windows betrifft, sind die Laufwerke C:, D: und E: völlig eigenständige Laufwerke, auch wenn es sich eigentlich nur um Partitionen auf einer einzigen Festplatte handelt.

Linux verwendet keine Laufwerkbuchstaben. Stattdessen integriert Linux alle Laufwerke und Partitionen in eine einzige Verzeichnishierarchie. Eine der Partitionen ist die *Root*-Partition. Diese Root-Partition entspricht oberflächlich betrachtet dem C-Laufwerk eines Windows-Systems. Die anderen Partitionen eines Linux-Computers können auf der Root-Partition *gemountet* (eingehängt) werden. Sie werden so behandelt, als ob sich die Verzeichnisse in der Root-Partition befinden würden. Sie können beispielsweise die erste Partition als Root-Partition festlegen und dann die zweite Partition als /user und die dritte Partition als /var einhängen. Alle Dateien, die nun im Verzeichnis /user gespeichert werden, werden tatsächlich in der zweiten Partition gespeichert. Die Dateien im Verzeichnis /var befinden sich tatsächlich in der dritten Partition.

Das Verzeichnis, in dem ein Laufwerk gemountet ist, wird *Einhängepunkt* (*Mount Point*) des Laufwerks genannt.

Beachten Sie, dass unter Linux zur Unterteilung von Verzeichnisnamen gewöhnlich Schrägstriche (/) benutzt werden. Die Verwendung von umgekehrten Schrägstrichen

(\) (Backslashes) anstelle von Schrägstrichen ist einer der häufigsten Fehler, die Linux-Neulinge (oder Windows-Benutzer) machen.

Wo wir gerade dabei sind: Linux verwendet auch andere Konventionen für Dateinamen als Windows. Bei Windows erhalten Dateinamen traditionell eine aus drei Zeichen bestehende Dateinamenerweiterung, die durch einen Punkt vom Rest des Dateinamens abgetrennt ist. Die Beschränkung auf maximal drei Zeichen bei der Dateinamenerweiterung gilt heute zwar nicht mehr, wird aber meist weiterhin eingehalten. Diese Erweiterung wird zur Angabe des Dateityps verwendet. Dateien mit der Erweiterung `.exe` sind Programmdateien, während es sich bei den auf `.txt` endenden Dateien üblicherweise um Textdateien handelt.

Linux verwendet im Grunde genommen gar keine Dateinamenerweiterungen. Punkte werden aber auch in Linux-Dateinamen häufig dazu verwendet, verschiedene Namensteile voneinander zu trennen, wobei der letzte Teil eines Dateinamens auch hier oft zur Angabe des Dateityps verwendet wird. Beispielsweise handelt es sich bei `ldap.conf` und `pine.conf` um Konfigurationsdateien.

Auswahl einer Linux-Distribution

Da der *Kernel* (die Basis-Betriebssystemfunktionen) des Linux-Betriebssystems frei und kostenlos verfügbar ist, haben etliche Organisationen und Unternehmen eigene Linux-*Distributionen* erstellt, die das Linux-Betriebssystem und eine Reihe weiterer Pakete enthalten, zum Beispiel Verwaltungswerkzeuge, Webserver und andere nützliche Hilfsprogramme (Tools und Utilities) sowie vielleicht sogar gedruckte Dokumentationen.

Hier eine Zusammenstellung der gängigsten Linux-Distributionen:

✔ **Fedora** zählt seit Langem zu den beliebten Linux-Distributionen, vielleicht weil seine Voreinstellungen Windows-Umsteigern stärker als bei anderen Linux-Varianten entgegenkommen. Sie können Fedora über `https://getfedora.org` herunterladen. Öfters finden Sie die Fedora-Distribution auch als Beilage in Fachzeitschriften.

✔ **Ubuntu** (`https://ubuntu.com/`) ist eine jüngere Linux-Distribution, von der es etliche Derivate für die unterschiedlichsten Einsatzzwecke gibt. *Kubuntu* (`https://kubuntu.org/`) benutzt *KDE* anstelle des Standard-Desktops als Benutzeroberfläche, *Xubuntu* setzt auf die schlanke XFCE-Oberfläche, *Edubuntu* (`https://www.edubuntu.org/`) wurde speziell für den Ausbildungsbereich zusammengestellt und *Ubuntu Studio* (`https://www.ubuntustudio.org/`) wendet sich an die kreativen, multimedialen Geister. Ubuntu hat durch den Wechsel des Standard-Desktops auf *Unity* viele Benutzer enttäuscht. Mittlerweile findet wieder die Rückkehr zu GNOME als Standard-Desktop statt.

✔ **Linux Mint:** Basiert auf Ubuntu und hat nach seinem Erscheinen 2006 dieses mittlerweile deutlich in der Beliebtheit überholt. Seit 2011 ist Mint die weltweit beliebteste Linux-Distribution. Mit seinem Cinnamon-Desktop (siehe Abbildung 24.1) weiß es viele KDE- und auch Windows-Benutzer anzusprechen (`https://www.linuxmint.com/`).

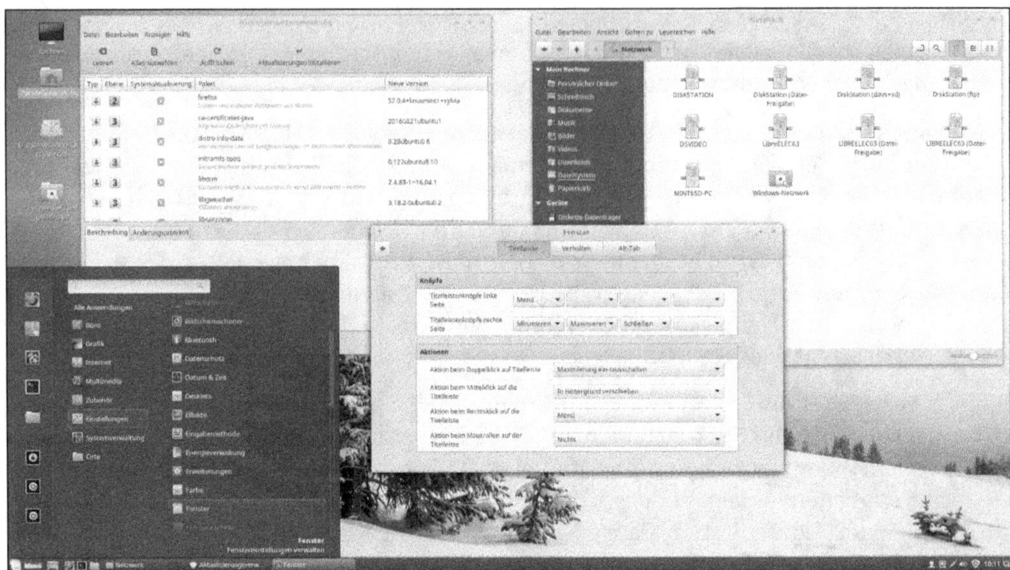

Abbildung 24.1: Linux Mint mit Cinnamon-Desktop im Netzwerk

✔ **Debian** zählt neben Fedora zu den bereits lange angebotenen großen Distributionen. Es genießt hartnäckig den Ruf, eher für Experten interessant zu sein. Aktuelle Debian-Versionen haben hinsichtlich Benutzerfreundlichkeit aber durchaus zu den anderen verbreiteten Distributionen aufgeschlossen. Weitere Informationen zu dieser Distribution finden Sie unter `https://www.debian.org/`.

✔ **openSuSE:** openSuSE ist insbesondere im deutschsprachigen Raum eine traditionell stark verbreitete Linux-Distribution. Sie wird vorwiegend mit der KDE-Oberfläche und Plasma-Desktop genutzt. Nach einer längeren Phase des Umbaus konnte open-SUSE seine Position mittlerweile wieder festigen (`https://www.suse.com/`).

✔ **SuSE Linux Enterprise Server** ist eine speziell auf Unternehmenskunden ausgelegte Version von openSUSE. Es enthält Unmengen an Anwendungsprogrammen und Utilities, einschließlich allem, was Sie für die Einrichtung eines Netzwerk-, Web-, E-Mail- oder E-Commerce-Servers benötigen. Es ist in verschiedenen Varianten erhältlich. Nähere Informationen zu diesen Distributionen finden Sie unter `https://www.suse.com/`.

✔ **Slackware** erwähne ich hier eigentlich nur deshalb, weil es sich bei dieser Distribution mittlerweile um die älteste noch aktiv weiterentwickelte Linux-Distribution handelt, die besonders unter (amerikanischen) Linux-Oldtimern immer noch recht gefragt ist. Eine vollständige Installation von Slackware bietet Ihnen alle Werkzeuge, die Sie für die Einrichtung eines Netzwerk- oder Internetservers benötigen. Mehr hierzu erfahren Sie unter `http://www.slackware.com/`.

✔ **Zorin OS** ist eine Linux-Distribution, die sich insbesondere an Windows-Umsteiger richtet (`https://zorinos.com/`).

✔ **Elementary OS** ist eine Linux-Distribution, die sich im Aussehen an Mac OS X anlehnt und als Alternative für Windows und macOS gehandelt wird (`https://elementary.io/`).

✔ **CentOS** ist eine Linux-Distribution, die hauptsächlich für Serverinstallationen gedacht ist. Sie hat eine enge Verwandtschaft zum namhaften RedHat Linux, welches von IBM aufgekauft wurde (https://www.centos.org/).

Alle Linux-Distributionen enthalten dieselben Basiskomponenten: den Linux-Kernel (in unterschiedlichen Versionen), einen X-Server, populäre Window-Manager (auch Benutzeroberflächen oder Desktops genannt), Compiler und Internetprogramme (zum Beispiel den Apache-Webserver und Sendmail). Aber nicht alle Linux-Distributionen sind gleich. Die Hersteller der Distributionen verwenden unterschiedliche Installations- und Konfigurationsprogramme.

Das Installationsprogramm hat maßgeblichen Einfluss auf den Erfolg oder Misserfolg einer Linux-Distribution. Alle aufgeführten Distributionen besitzen einfach zu benutzende Installationsprogramme, die automatisch die meisten der im Rechner vorhandenen Hardwarekomponenten erkennen und Linux nach einem Neustart des Rechners üblicherweise auch entsprechend konfigurieren. Dabei entfallen die allermeisten manuellen Konfigurationsaufgaben. Über die Installationsprogramme können Sie zudem häufig die zu installierenden Linux-Pakete auswählen und neben dem Root-Benutzerkonto (für den »*Superuser*«) weitere Benutzerkonten einrichten.

Linux live testen

Viele Linux-Distributionen ermöglichen einen Einsatz oder eine Vorschau über die Möglichkeit, eine Live-CD (oder von USB-Stick) zu booten. Dabei bleibt eine vorhandene Windows-Installation unangetastet. Eine tolle Übersicht finden Sie unter https://livecdlist.com/.

Linux installieren

Alle gerade beschriebenen Linux-Distributionen besitzen ein Installationsprogramm, das die Linux-Einrichtung auf Ihrem Rechner vereinfacht. Das Installationsprogramm stellt Ihnen eine Reihe Fragen zur Hardware, zu den zu installierenden Linux-Komponenten sowie zu der Art und Weise, in der bestimmte Funktionen konfiguriert werden sollen. Anschließend kopiert es alle benötigten Dateien auf die Festplatte und konfiguriert das Linux-System.

Wenn Ihnen der Gedanke an die Linux-Installation Kopfschmerzen bereiten sollte, können Sie auch Rechner kaufen, auf denen Linux vorinstalliert ist, so wie Sie Rechner kaufen können, auf denen Windows bereits vorinstalliert ist.

Ausgezeichnete Möglichkeiten für Ihre ersten Schwimmversuche in den Linux Gewässern bieten Plattformen wie Hyper-V oder Oracles VirtualBox, mit deren Hilfe Sie Linux erst einmal als virtuelle Maschine installieren können.

Achten Sie bei der Installation und der Arbeit mit Linux darauf, dass Sie deutsche Spracheinstellungen vornehmen. Oft finden Sie direkt zu Beginn der Installation bereits die ersten Optionen, über die Sie die zu verwendende Sprache auswählen können (häufig am unteren Bildschirmrand).

Bevor Sie mit der Linux-Installation beginnen, empfiehlt es sich, eine Reihe vorbereitender Schritte auszuführen:

✔ **Hardware:** Generell sollten Sie für Ihre Rechner Listen mit deren Hardwarekomponenten und Konfiguration erstellen.

Sie sollten dabei möglichst genaue Angaben machen: Notieren Sie zu jeder Komponente Hersteller, Modellnummer und möglicherweise wichtige Konfigurationsdaten. Es kann auch nützlich sein, verwendete Chipsätze zu notieren.

✔ Entscheiden Sie vorab, wie die Festplatte für Linux partitioniert werden soll.

Während Windows normalerweise in einer einzigen Partition installiert ist, benötigen Linux-Installationen mindestens zwei und legen häufig drei oder vier Partitionen an:

- **Root-Partition:** Für diese Partition wird bei modernen Linux-Distributionen oft eine Größe von etwa 20 Gigabyte vorgeschlagen. Die Root-Partition enthält alle Dateien und Daten, die das Linux-System verwendet.

- **Swap-Partition:** Diese Partition sollte etwa die doppelte Größe des Arbeitsspeichers des Computers besitzen. Wenn Ihr Computer beispielsweise zwei Gigabyte Arbeitsspeicher hat, sollte die Swap-Partition vier Gigabyte groß sein. Darum sollten Sie sich aber nur selten selbst kümmern müssen, wenn Sie die Kapazitätseinstellung der Partition dem Installationsprogramm überlassen. Linux verwendet diese Partition als Erweiterung des Arbeitsspeichers Ihres Computers. Von seiner Funktion her entspricht die Swap-Partition den Auslagerungsdateien unter Windows.

- **Home-Partition:** Wenn Sie den Linux-Installationsprogrammen freie Hand lassen, verwenden sie meist die übrige freie Speicherkapazität auf der Festplatte für die Home-Partition. Auf dieser Partition werden die Benutzerdaten gespeichert.

  Funktional entspricht die Home-Partition dem Ordner DOKUMENTE UND EINSTELLUNGEN unter Windows. Meist können Sie auch unter Linux dafür sorgen, dass die Basisverzeichnisse der Benutzer mit auf der Root-Partition untergebracht werden.

- **Boot-Partition:** Manche Linux-Versionen legen des Weiteren eine Boot-Partition an, die von bestimmten Systemen zum Start von Linux benötigt wird. Folgen Sie bei der Einrichtung gegebenenfalls den Vorschlägen des Linux-Installationsprogramms. Sofern vorhanden, beinhaltet die Boot-Partition den zum Start von Linux benötigten Betriebssystemkernel.

Wenn Sie wollen, können Sie weitere Partitionen anlegen. Das Installationsprogramm enthält eine Funktion, mit der Sie Partitionen einrichten und individuelle Einhängepunkte für jede Partition festlegen können. (Weitere Informationen zu Festplattenpartitionen finden Sie im Kasten »Ich kann mein C-Laufwerk nicht finden!« in diesem Kapitel.)

Seit einiger Zeit mache ich mir über die Laufwerkgröße bei Linux-Systemen wenig Gedanken. Das liegt daran, dass ich für meine Testsysteme SSDs (Solid-State-Drives) verwende, die größtenteils 64 GByte Kapazität haben. Für den Einstieg sollte das allenthalben reichen. Den Rest können Sie dann dem Installationsprogramm der zu verwendenden Linux-Distribution überlassen.

✔ **Pakete:** Wenn Sie mit dem Rechner spezielle Aufgaben erledigen wollen, können Sie teilweise vorab entscheiden, welche optionalen Linux-Pakete neben dem Linux-Kernel installiert werden sollen:

- Verfügen Sie über genügend Plattenkapazität, können Sie bestimmte, mit der Distribution gelieferte Paketgruppen zum Kennenlernen auch komplett installieren. Zuweilen können Sie sich dadurch die Arbeit ein wenig erleichtern.

- Bei knapper Festplattenkapazität sollten Sie zumindest die Basispakete für den Betrieb im Netzwerk und als Internetserver installieren, einschließlich Apache-Webserver, Sendmail, FTP und Samba.

- **Software von Drittanbietern.** Aus lizenzrechtlichen Gründen dürfen bestimmte Erweiterungen nicht direkt mit der Distribution ausgeliefert werden. Es empfiehlt sich aber, diese gleich in die Installation mit einzubeziehen, wenn eine entsprechende Option angeboten wird.

✔ **Kennwort:** Sie müssen ein Passwort für das Root-Benutzerkonto festlegen.

✔ **Benutzerkonten:** Bei den meisten Distributionen müssen Sie außerdem mindestens ein Benutzerkonto erstellen.

Sie sollten, wenn das nicht ohnehin automatisch erledigt wird, im Verlauf der Installation immer wenigstens ein Benutzerkonto anlegen, damit Sie sich unter Linux als Benutzer anmelden können und nicht das Root-Konto benutzen müssen. Als Benutzer können Sie Linux-Befehle ausprobieren, ohne versehentlich wichtige Systemdateien löschen oder beschädigen zu können.

Rein und wieder raus

Jeder Benutzer, der lokal oder über ein Netzwerk auf ein Linux-System zugreift, muss sich mit einem gültigen Benutzerkonto beim System authentifizieren. Die folgenden Abschnitte erklären das Warum, Wie und Weshalb des An- und Abmeldens auf Linux-Systemen. Und natürlich erfahren Sie auch, wie Sie das System herunterfahren.

Ein etwas gewöhnungsbedürftiger Unterschied betrifft bei vielen Linux-Distributionen das Klicken mit der Maus. Mit den Standardeinstellungen arbeiten diese ähnlich wie Webseiten im Internet. Anwendungen werden dann mit einem einfachen Klick und nicht mit einem Doppelklick gestartet, Verzeichnisse werden mit einem einfachen Klick und nicht mit einem Doppelklick geöffnet. Entsprechend müssen Sie sich auch bei der Benutzung der Umschalttasten ein wenig umgewöhnen. Oder Sie wählen ein Linux aus, das sich weitgehend an den Windows-Gepflogenheiten orientiert. Zuweilen gab es dazu auch Optionen bei den Systemeinstellungen. Die Systemeinstellungen können Sie beim Gnome- und Unity-Desktop oben rechts in der Menüleiste über ein kombiniertes Zahnrad- und 0/1-Symbol aufrufen (siehe Abbildung 24.2). Das ändert sich bei Ubuntu aber mehr oder weniger regelmäßig. Zuletzt waren die Einstellungen über das Symbol von Maulschlüssel und Schraubendrehers erreichbar. Die Symbole der Einstellungskategorien wurden dabei durch Textkategorien ersetzt.

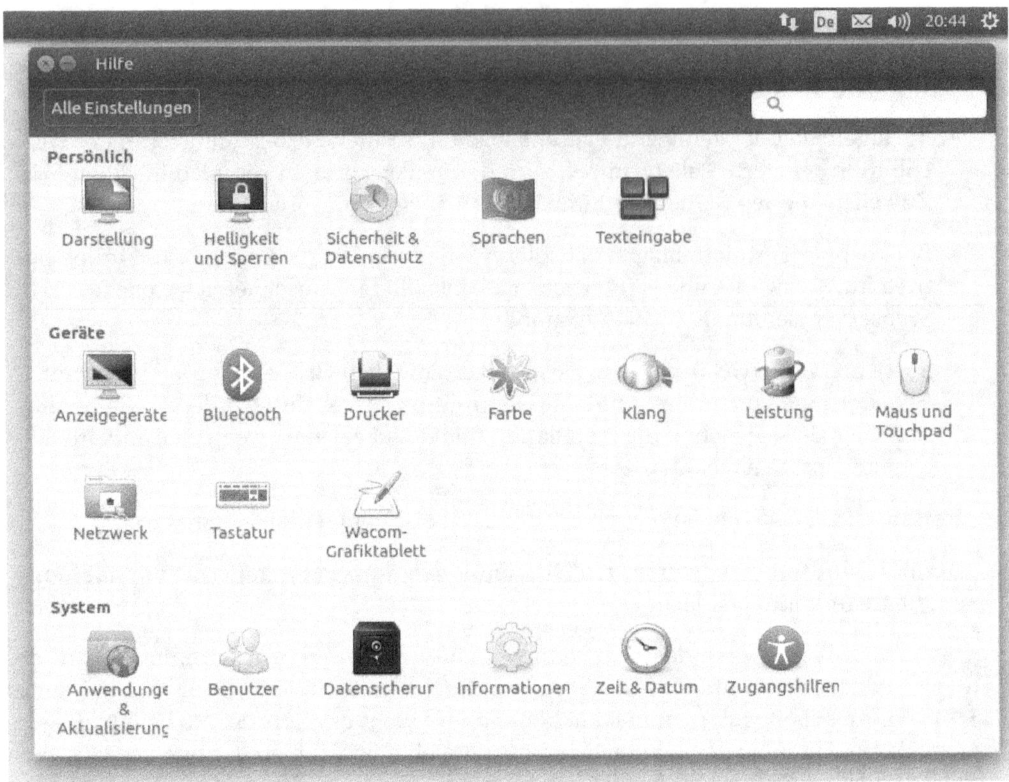

Abbildung 24.2: Das Fenster mit den Systemeinstellungen und der rechte Teil der Menüleiste beim Desktop von Ubuntu

Anmelden

Wenn Linux gestartet wird, wird entweder eine Reihe von Meldungen zu den zahlreichen gestarteten Diensten des Linux-Systems oder ein nettes Bildchen mit einem Fortschrittsbalken angezeigt. Wenn Sie während der Linux-Installation den X-Window-Server ausgewählt haben, werden Sie schließlich vom Anmeldebildschirm begrüßt. Um sich bei Linux anzumelden, müssen Sie hier Ihren Benutzernamen eingeben oder auswählen und Ihr Passwort eingeben (siehe Abbildung 24.3). Ihre Eingaben können Sie wie üblich mit ⏎ oder einem Mausklick auf Anmelden abschließen.

Manchmal müssen Sie nach der Eingabe des Benutzernamens auch mit ⇆ in ein zweites Feld zur Eingabe des Passworts springen, und bei manchen Systemen können Sie den Benutzer aus einer Liste auswählen. Und manchmal wird Linux auch so konfiguriert, dass ein bestimmter oder ein vorgegebener Benutzer einfach angemeldet wird. In derartigen Fällen landen Sie gleich und ohne Anmeldung auf dem Desktop.

Bei der Einrichtung von Linux wird meist ein Benutzerkonto für Sie erstellt. Sie sollten, wann immer möglich, dieses Benutzerkonto und nicht das Root-Benutzerkonto verwenden. Nutzen Sie das Root-Konto nur dann, wenn Sie umfangreichere Änderungen an der Systemkonfiguration vornehmen. Müssen Sie

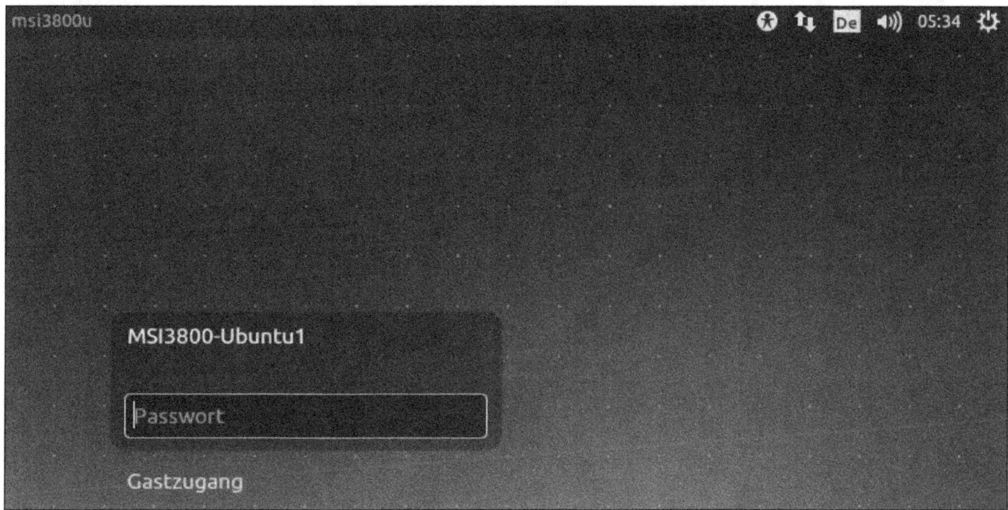

Abbildung 24.3: Die Anmeldung bei Ubuntu über ein eingerichtetes Benutzerkonto

lediglich Routinearbeiten erledigen, melden Sie sich über ein gewöhnliches Benutzerkonto an, um unbeabsichtigte Beschädigungen des Systems zu vermeiden.

Beachten Sie die teilweise vorhandenen zusätzlichen Schaltflächen. Über diese können Sie beispielsweise Spracheinstellungen ändern oder auch einen von mehreren installierten Desktops auswählen.

Wenn Sie sich anmelden, schuftet Ubuntu einen Moment und präsentiert dann den Desktop. Den GNOME-Desktop beschreibe ich beispielhaft weiter hinten in diesem Kapitel ein wenig ausführlicher.

Abmelden und ausschalten

Nachdem Sie wissen, wie Sie sich anmelden, werden Sie nun sicher wissen wollen, wie Sie sich wieder abmelden. Falls Sie sich bei Ubuntu angemeldet haben, können Sie sich abmelden, indem Sie oben rechts auf dem Bildschirm das in Abbildung 24.2 dargestellte kombinierte 0/1-Symbol anklicken und ABMELDEN (oder HERUNTERFAHREN) wählen.

Sollte die 0/1-Schaltfläche (kombiniert mit einem Zahnrad) bei Ihrer Distribution nicht in der oberen rechten Bildschirmecke angezeigt werden, finden Sie sie meist irgendwo im Menü unter SYSTEM|AUSSCHALTEN oder SYSTEM|BEENDEN.

GNOME 3 benutzen

Sie können natürlich alle Ihre Linux-Konfigurationsarbeiten über die Befehlszeile erledigen, aber Fedora und andere Linux-Versionen enthalten eine Reihe auf GNOME basierende Konfigurationswerkzeuge für viele Konfigurationsaufgaben. Tatsächlich können Sie bei der normalen Arbeit mit Linux-Systemen heute weitgehend die Befehlszeile meiden.

Abbildung 24.4 zeigt einen typischen GNOME-3-Desktop. Wie Sie erkennen können, unterscheidet sich dieser zwar vom Windows-Desktop, viele der grundlegenden Aktionen, die Sie in Windows durchführen, beispielsweise das Verschieben von Fenstern, das Ändern der Fenstergröße und Drag-and-drop zwischen Fenstern führen Sie mit GNOME aber exakt gleich durch.

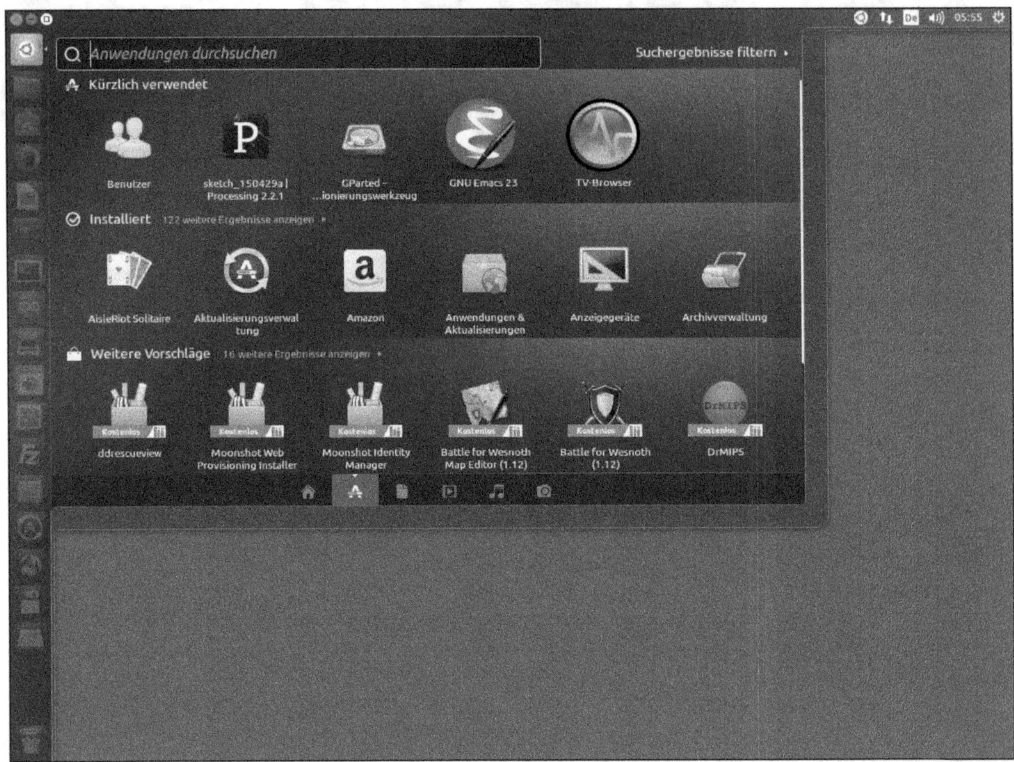

Abbildung 24.4: Ein typischer GNOME-3-Desktop

Die folgenden Punkte beschreiben einige Schlüsselfunktionen des GNOME-Desktops:

✔ **Anwendungen:** Die – mittlerweile sollte man wohl besser sagen, wie auch immer gestaltete – Anwendungsübersicht stellt einen Zugang zu allen GNOME-Anwendungen bereit. Auf diesem Weg können Sie auf häufig benutzte Funktionen zugreifen, etwa das Surfen im Internet, E-Mail, Dateiverwaltung oder auch den Desktopzugriff auf andere Apps.

Die Anwendungsübersicht kann teilweise durch Drücken der Windows-Taste auf der Tastatur, Anklicken der Option ANWENDUNGEN in der oberen linken Desktopecke oder ein stilisiertes Tastenfeld, wie es von Mobilgeräten her bekannt ist, erreicht werden. Da diese ungewohnte Art der Benutzerführung mit Suchfeld vielen Nutzern weniger zusagte, befindet es sich weiterhin in der Umgestaltung.

Ein eher traditionelles Menü können Sie üblicherweise auch in den neueren Versionen weiterhin über das Ubuntu-Software-Center in die Leiste am oberen Bildschirmrand integrieren. Dort finden Sie es als ClassicMenu-Anzeiger oder (ClassicMenu-Indikator). Als Bedienungshilfe ist diese Alternative jedenfalls empfehlenswert.

✔ **Suchfeld:** Über das Suchfeld am oberen Bildschirmrand lassen sich Dinge in GNO-ME am besten auffinden (siehe Abbildung 24.5). Um beispielsweise das Programm `gedit` zu starten und mit ihm eine Textdatei zu bearbeiten, können Sie hier einfach nach `gedit` suchen.

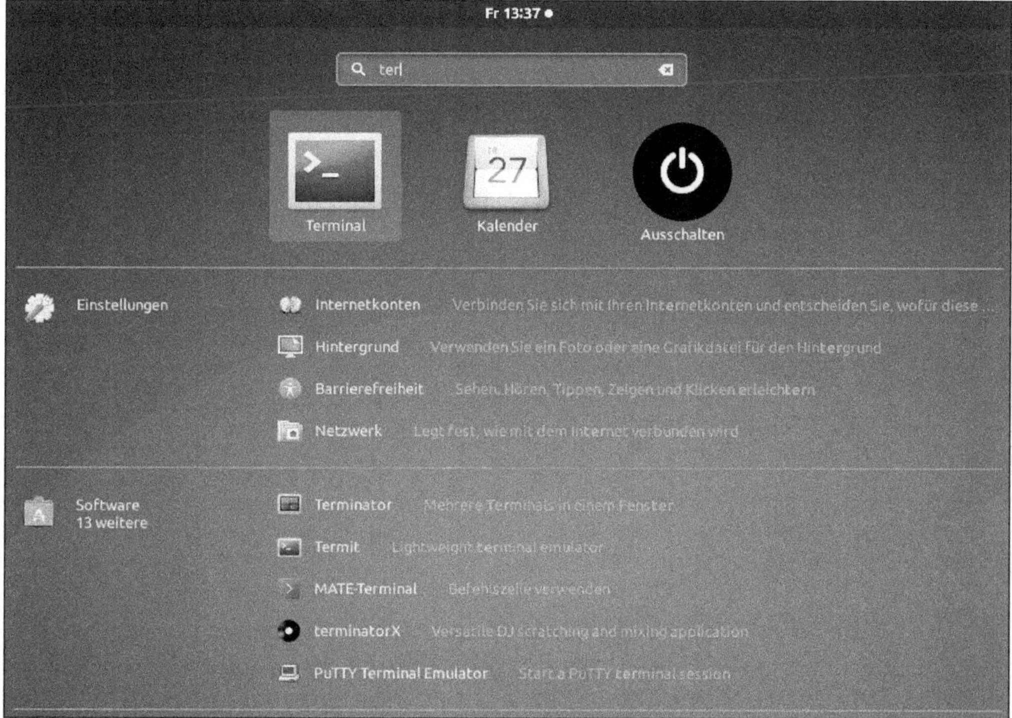

Abbildung 24.5: Die Suche nach einem Terminal über ein Eingabefeld

✔ **Einstellungen:** Um Ihr System oder Benutzereinstellungen zu verwalten, klicken Sie in der oberen rechten Bildschirmecke das Zahnrad (das 0/1-Symbol oder den angezeigten Benutzernamen) an. Daraufhin wird ein Menü angezeigt, über das Sie verschiedene Einstellungen wie das Fenster SYSTEMEINSTELLUNGEN (siehe Abbildung 24.2) oder EINSTELLUNGEN erreichen. Wo Sie fündig werden, hängt dabei aber natürlich vom jeweiligen Linux-Desktop ab.

Der Weg zum Terminal

Um ein *Terminal* (*Konsole* oder auch Eingabeaufforderung) unter GNOME anzeigen zu lassen, können Sie traditionell zwar den Weg über Tastenkombinationen (Strg + Alt + T)

beschreiten. Dabei stößt man aber zuweilen auf Schwierigkeiten. Deshalb dürfte sich der Weg über die Anzeige der Anwendungen und Eingabe von `Terminal` ins Suchfeld eher empfehlen. Daraufhin wird nach einem beherzten Klick oder einem Mausschubser und Drücken von ⏎ das Terminalfenster direkt auf dem GNOME-Desktop angezeigt (siehe Abbildung 24.6). Da diese Konsole innerhalb des Benutzerkontos ausgeführt wird, mit dem die Anmeldung bei GNOME erfolgte, brauchen Sie sich nicht anzumelden. Sie können gleich Befehle eingeben. Wenn Sie fertig sind, geben Sie `exit` ein, um das Fenster zu schließen (Sie *könnten* dazu natürlich auch die Steuerelemente des Fensters benutzen).

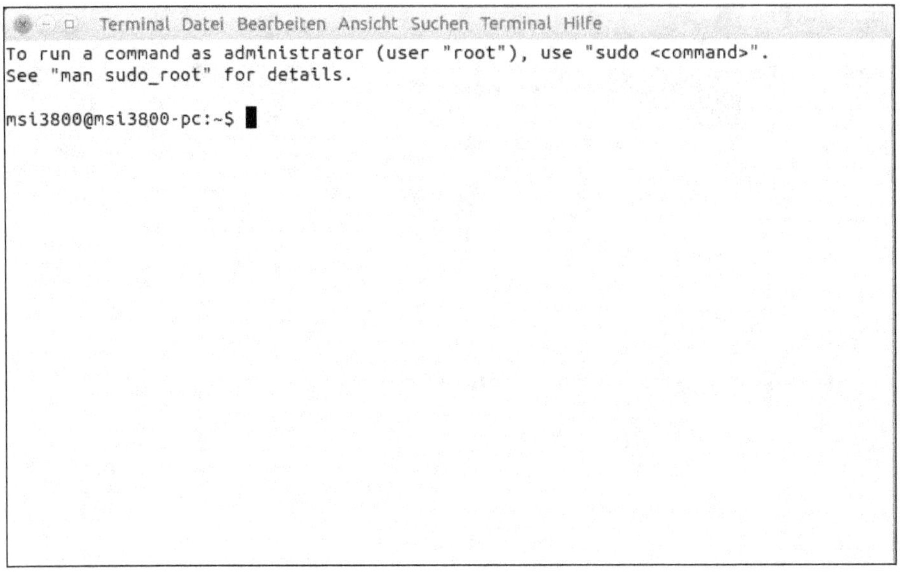

Terminal Datei Bearbeiten Ansicht Suchen Terminal Hilfe

```
To run a command as administrator (user "root"), use "sudo <command>".
See "man sudo_root" for details.

msi3800@msi3800-pc:~$ 
```

Abbildung 24.6: Im Terminalfenster können Sie Linux-Befehle ausführen. Beachten Sie die Hinweise zu den man-Pages zum Kommando sudo_root.

 In Gnome 3 ließen sich die Menübefehle in der Titelleiste des Schreibtischs (Desktops) oder in der Titelleiste des jeweiligen Fensters anzeigen. Um das zu ändern, konnte man in den Systemeinstellungen DARSTELLUNG wählen und zur Registerkarte VERHALTEN wechseln. Dort ließ sich die gewünschte Variante dann unter ZEIGE DIE MENÜS FÜR EIN FENSTER den eigenen Vorlieben entsprechend einstellen. Mittlerweile gibt es diese Option nicht mehr und es scheint üblich zu sein, das Menü wieder am oberen Fensterrand direkt unterhalb der Titelleiste anzuzeigen.

Benutzerkonten verwalten

Eine der häufigsten Aufgaben von Netzwerkadministratoren besteht im Erstellen von Benutzerkonten. Mit dem Einrichtungsprogramm wird bei der Installation vielleicht ein einzelnes Benutzerkonto erstellt. Aber wahrscheinlich müssen Sie zusätzliche Konten anlegen.

Jedes Linux-Benutzerkonto enthält die folgenden Angaben:

- ✔ **Benutzername:** Hierbei handelt es sich um den Namen, den der Benutzer eingeben muss, um sich beim Linux-System anzumelden.

- ✔ **Voller Name/Vollständiger Name:** Das ist der vollständige Name des Benutzers.

- ✔ **Benutzerpasswort:** Klar, hier ist natürlich das einem Benutzer zugeordnete Passwort gemeint.

- ✔ **Heimverzeichnis/Persönliches Verzeichnis:** Das Verzeichnis, in dem der Benutzer landet, wenn er sich anmeldet. Zumeist handelt es sich dabei standardmäßig um das Verzeichnis /home/username. Lautet der Benutzername beispielsweise hugo, ist das Heimverzeichnis /home/hugo.

- ✔ **Befehlszeile/Anmelde-Shell:** Das Programm, das zur Ausführung von Linux-Befehlen verwendet wird. Es gibt verschiedene Konsolenprogramme. Bei den meisten Distributionen wird standardmäßig /bin/bash (die Bash-Shell) als Konsolenprogramm verwendet.

- ✔ **Hauptgruppe/Bevorzugte Gruppe:** Sie können Gruppenkonten anlegen, die die Zuordnung identischer Zugriffsrechte vereinfachen. Standardmäßig wird für jeden Benutzer eine eigene Hauptgruppe angelegt, der der Benutzer angehört.

- ✔ **Benutzer-ID/Benutzerkennung:** Hierbei handelt es sich um die interne Kennnummer des Benutzers.

Über das Terminalfenster können Sie neue Benutzer mit dem Befehl adduser hinzufügen. Für diese Aufgabe müssen Sie als Benutzer root angemeldet sein. Das ist bei den meisten modernen Systemen zwar nicht mehr direkt möglich, Sie können dazu aber im Terminal den jeweiligen Befehlen sudo (wie SuperUser Do) voranstellen und anschließend den gewünschten Befehl angeben.

Um beispielsweise ein Benutzerkonto mit dem Namen idefix und Standardwerten für weitere Kontoeinstellungen einzurichten, können Sie dann den folgenden Befehl an der Eingabeaufforderung und das Kennwort des Hauptbenutzers eingeben:

```
$ sudo adduser idefix
```

Der Befehl adduser hat viele optionale Parameter, die Sie für die verschiedenen Einstellungen des Kontos (zum Beispiel Heimverzeichnis und Konsole) verwenden können.

Neben adduser gibt es auch die als etwas benutzerfreundlicher geltende Variante useradd.

Die meisten Linux-Distributionen enthalten Programme, die Ihnen viele Routineaufgaben der Systemverwaltung erleichtern können. Das gilt auch für Ubuntu, Mint oder deren Unterbau Debian. Unter den Programmen existieren so auch Applets namens BENUTZER und/oder BENUTZER UND GRUPPEN. Da diese Applets aber nicht unbedingt allgemein bereitstehen, wird es dann doch oft wieder praktischer, den Weg über das Terminalfenster zu beschreiten und Benutzer mit dem Befehl adduser zu erstellen.

Wie dem auch sei, wenn Sie Benutzer über die grafische Benutzeroberfläche erstellen wollen, können Sie unter Ubuntu dazu das Applet BENUTZER (installieren und) starten (Abbildung 24.7).

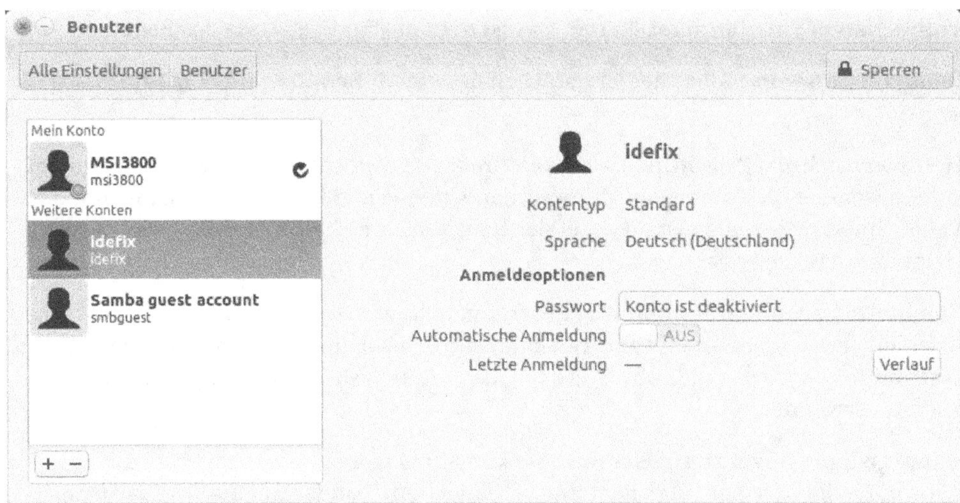

Abbildung 24.7: Anlegen von Benutzerkonten mit dem Applet »Benutzer«

Wenn Sie oben rechts die Schaltfläche ENTSPERREN anklicken und das passende Kennwort eingeben, können Sie hier neue Benutzer anlegen. Über das +-Zeichen unten links (oder eine Schaltfläche namens BENUTZERKONTO HINZUFÜGEN) legen Sie neue Konten an. Neben PASSWORT finden Sie eine Schaltfläche, über die Sie für das markierte Konto ein Passwort festlegen und das Konto aktivieren (oder deaktivieren) können. Zudem finden Sie hier auch die Option für die automatische Anmeldung eines Benutzers und die Anzeige des Benutzernamens in der Menüleiste. Wenn Sie beim Erstellen neuer Benutzer darauf achten, dass Sie diese nicht gerade zum Systemverwalter erklären, dürften sich die Optionen im Grunde genommen selbst erklären.

Während sich bei manchen Linux-Versionen mit der Benutzerverwaltung auch Gruppen anlegen lassen, ist dies bei Ubuntu erst einmal nicht möglich. Hier gibt es auch kein klassisches Systemverwalterkonto, weshalb viel mit sudo gearbeitet wird, was die recht häufige Eingabe des Passworts des Hauptbenutzers (mit Systemverwalterrechten) erfordert.

Wollen Sie unter Ubuntu Benutzergruppen über die grafische Benutzeroberfläche anlegen und verwalten, müssen Sie dazu die Anwendung gnome-system-tools über die Kommandozeile installieren:

```
sudo apt-get install gnome-system-tools
```

Anschließend finden Sie in der Anwendungsübersicht auch eine Option BENUTZER UND GRUPPEN (USERS AND GROUPS), mit der auch Gruppen verwaltet werden können.

So cool es auch sein mag, dass Ubuntu für Benutzer von Desktop-PCs vieles vereinfacht und aufgehübscht hat, so lästig wird es, wenn man sich für das Netzwerk die Werkzeuge erst mühsam nachinstallieren und zusammensuchen muss.

Netzwerkkonfiguration

In vielen Fällen ist die Konfiguration eines Linux-Servers für den Netzwerkeinsatz ein Klacks. Wenn Sie Linux installieren, erkennt das Installationsprogramm Ihrer Linux-Distribution automatisch die Netzwerkadapter und installiert die dafür erforderlichen Treiber. Sie werden dann allenfalls noch nach ein paar Angaben zum Netzwerk gefragt, zum Beispiel nach der IP-Adresse des Rechners und seinem Hostnamen. WLAN-Adapter werden allerdings zuweilen nicht erkannt. Das ist angesichts neuer Standards aber auch erst einmal nicht unbedingt verwunderlich.

Vielleicht müssen Sie aber irgendwann einmal Netzwerkeinstellungen nachträglich manuell ändern. Oder vielleicht müssen Sie erweiterte Netzwerkfunktionen konfigurieren, die während der Installation noch nicht bereitstanden. In den folgenden Abschnitten beschreibe ich ein paar grundlegende Verfahren zur Konfiguration der Linux-Netzwerkdienste.

Werden die installierten Netzwerkadapter von Linux automatisch erkannt, ist es bei modernen Linux-Distributionen meist üblich, dass sie bereits automatisch so eingerichtet werden, dass sie (nach Eingabe von Benutzername und Kennwort) auf Windows-Freigaben zugreifen können. Falls nicht, müssen Sie *Samba* nachinstallieren. Dazu gleich mehr.

Das Netzwerkkonfigurationsprogramm benutzen

Bevor Sie eine Netzwerkschnittstelle für den Zugriff auf ein Netzwerk benutzen können, müssen die grundlegenden TCP/IP-Optionen, zum Beispiel IP-Adresse, Hostname und DNS-Server, konfiguriert werden. Einen Teil dieser Aufgabe kann Ihnen eventuell der vorhandener DHCP-Server abnehmen, einige Dinge müssen möglicherweise manuell konfiguriert werden. In den folgenden Abschnitten erfahren Sie am Beispiel des Netzwerkkonfigurationsprogramms von Ubuntu, wie Sie dabei vorgehen müssen. Sie können auf das Programm zugreifen, wenn Sie in der oberen rechten Bildschirmecke das Zahnrad oder den Benutzernamen daneben anklicken, SYSTEMEINSTELLUNGEN und anschließend NETZWERK wählen.

Die Unterschiede zu anderen Linux-Distributionen mit GNOME-Desktop sind gering und auch die meisten anderen Linux-Distributionen besitzen ähnliche Konfigurationsprogramme.

Wenn Sie sich nicht als Benutzer *root* angemeldet haben, müssen Sie anschließend in einem Dialogfeld das entsprechende Passwort eingeben und OK anklicken. Dieser Schritt wird in den folgenden Darstellungen nicht mehr separat aufgeführt.

Mit dem Netzwerkkonfigurationsprogramm können Sie die grundlegenden TCP/IP-Einstellungen für die Netzwerkschnittstelle über eine grafische Benutzeroberfläche vornehmen. Abbildung 24.8 zeigt das Fenster des Netzwerkkonfigurationsprogramms.

Beachten Sie, dass im Dialogfeld NETZWERK alle im Rechner erkannten und installierten Netzwerkschnittstellen aufgeführt werden. Sie können eine der Schnittstellen auswählen und

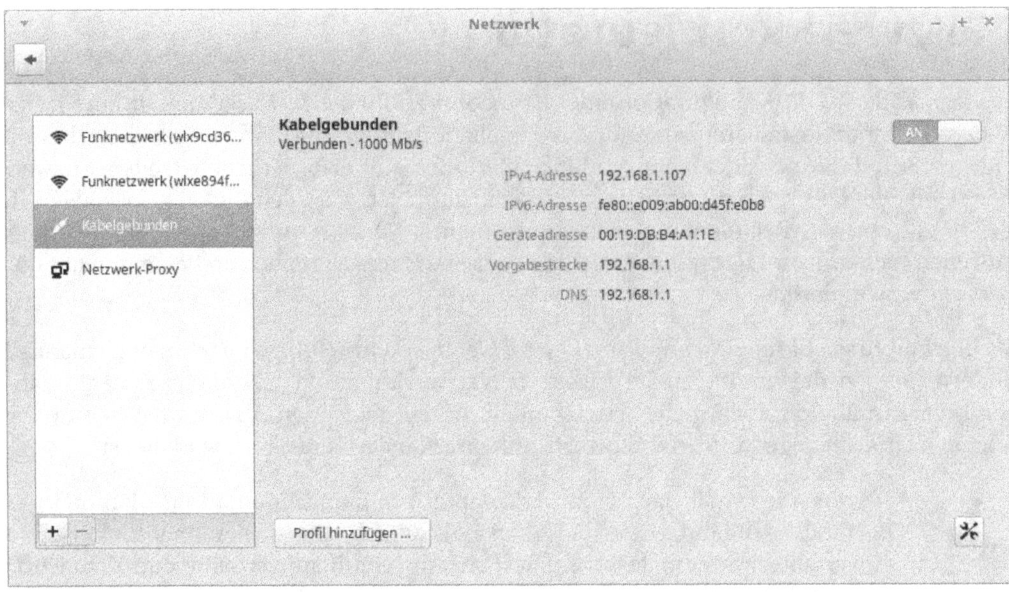

Abbildung 24.8: Das Dialogfeld »Netzwerk«

dann die Schaltfläche mit Maulschlüssel und Schraubendreher anklicken, um die zugehörigen Optionen einstellen zu können. In diesem Dialogfeld stellen Sie dann die Konfigurationsoptionen für die Netzwerkschnittstelle ein, zum Beispiel den Verbindungs-/Hostnamen, die IP-Adresse und andere TCP/IP-Konfigurationsparameter (siehe Abbildung 24.9).

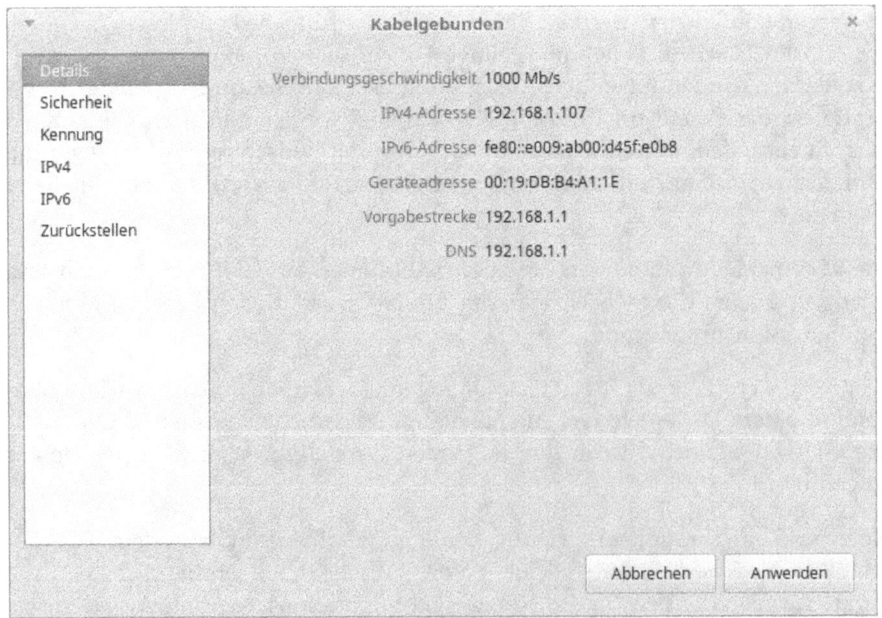

Abbildung 24.9: Über das Dialogfeld »Kabelgebunden« konfigurieren Sie grundlegende TCP/IP-Einstellungen.

Wenn Sie Änderungen vorgenommen haben, speichern Sie diese beim Verlassen des Dialogfeldes NETZWERK über die Schaltfläche ANWENDEN.

Das Netzwerk neu starten

Damit vorgenommene Änderungen an der Konfiguration des Netzwerks wirksam werden, sollten Sie Linux sicherheitshalber neu starten. Je nach eingesetzter Linux-Version ist es zwar nicht unbedingt nötig, gleich den ganzen Rechner neu zu starten, aber diese Vorgehensweise hat den Vorteil, dass Sie sich keine Gedanken darüber machen müssen, wie Sie im Terminalfenster einfach nur die Netzwerkdienste neu starten. Unter Ubuntu sollte das allerdings mit dem Befehl

```
/etc/init.d/networking restart
```

im Terminalfenster gehen, wenn Sie sich anschließend noch legitimieren und das passende Kennwort eingeben. Je nachdem, was Sie jeweils geändert haben, reicht es zuweilen auch, wenn Sie sich abmelden und wieder anmelden.

Daraufhin wird im Terminalfenster eine Meldung wie diese angezeigt:

```
[ok] Restarting network (via systemctl): networking.service.
```

Nun können Sie das Terminalfenster verlassen. Geben Sie dazu den Befehl exit ein.

Der Rechner tanzt Samba

Bis jetzt haben Sie den Begriff Samba möglicherweise nur mit einem brasilianischen Tanz und wilden Rhythmen in Verbindung gebracht. Im IT-Umfeld bezieht sich *Samba* aber auf ein Programm zur Freigabe von Dateien und Druckern, mit dessen Hilfe Linux einen Datei- und/oder Druckerserver unter Windows nachbilden kann, damit unter Linux freigegebene Verzeichnisse und Drucker auch von Windows-Rechnern aus benutzt werden können. Wenn Sie Linux als Datei- oder Druckerserver gemeinsam mit Windows-Rechnern im Netzwerk einsetzen wollen, müssen Sie lernen, wie man Samba tanzt.

Samba verstehen

Da Linux und Windows unterschiedliche Dateisysteme verwenden, können Sie bei einem Linux-Dateiserver nicht einfach nur Windows-Benutzern den Zugriff auf Linux-Verzeichnisse gewähren. Windows-Clientrechner würden auf die Dateien in den Linux-Verzeichnissen nicht zugreifen können. Es gibt einfach zu viele Unterschiede zwischen den Dateisystemen, beispielsweise folgende:

✔ **Schreibweisenabhängigkeit:** Bei Linux-Dateinamen wird zwischen Groß- und Kleinschreibung unterschieden, was unter Windows nicht der Fall ist. Für Windows beziehen sich die Dateinamen Datei1.txt und datei1.txt auf dieselbe Datei, unter Linux auf zwei verschiedene Dateien.

✔ **Dateinamenerweiterungen:** Linux-Dateinamen dürfen Punkte und Sonderzeichen enthalten. Unter älteren Windows-Versionen ist nur ein Punkt im Dateinamen zulässig, der den Dateinamen von der Dateinamenerweiterung trennt. Viele Sonderzeichen sind mittlerweile zwar auch in Dateinamen unter Windows zulässig, Linux ist in dieser Hinsicht aber noch ein wenig flexibler.

Linux-Dateinamen verwenden eigentlich keine Dateinamenerweiterungen.

✔ **Dateiattribute:** Unter Windows gibt es Dateiattribute wie Nur-Lesen und Archiv, die es unter Linux (zumindest in dieser Form) nicht gibt.

Noch wichtiger: Windows-Netzwerke benutzen ein Protokoll namens *SMB* (*Server Message Block*) zum Verwalten der Datenübertragung zwischen Server und Client. Linux enthält keine integrierte SMB-Unterstützung. Dafür wird Samba benötigt. Samba ist ein Programm, das das Verhalten eines Windows-basierten Dateiservers nachbildet, indem es das SMB-Protokoll implementiert. Wird also Samba auf einem Linux-Server ausgeführt, halten die Windows-Rechner im Netzwerk den Linux-Server für einen Windows-Server.

Wie Windows Server erstellt auch Samba Freigaben für bestimmte Verzeichnisse und ordnet sie diesen zu. Bei einer *Freigabe* handelt es sich einfach um ein Verzeichnis, das anderen Benutzern über das Netzwerk zur Verfügung gestellt wird. Zu jeder Freigabe gehören die folgenden Bestandteile:

✔ **Freigabename:** der Name, unter dem die Freigabe im Netzwerk bekannt ist

Der Name sollte (aus Kompatibilitätsgründen) möglichst nicht mehr als maximal acht Zeichen lang sein.

✔ **Pfad:** der Pfad zu dem freigegebenen Verzeichnis auf dem Linux-Rechner, zum Beispiel \Users\Doug

✔ **Beschreibung:** eine (optionale) einzeilige Beschreibung der Freigabe

✔ **Zugriffsberechtigungen:** eine Liste der Benutzer und/oder Gruppen, denen Zugriff auf die Freigabe gewährt wurde

Warum die Entwickler ihr Programm *Samba* genannt haben? Einfach deshalb, weil das von den Datei- und Druckerservern unter Windows bei der Kommunikation untereinander verwendete Protokoll *SMB* (*Server Message Block*) genannt wird. Packen Sie noch ein paar Vokale zur Abkürzung hinzu und schon haben Sie Samba.

Samba installieren

Falls Samba nicht gleich während der Linux-Installation installiert wurde, müssen Sie das nachholen. Bei dem kleinen Einplatinenrechner Raspberry Pi, der wie Ubuntu und Linux Mint auf Debian aufbaut, ist das beispielsweise nötig. Dazu können Sie eines der Werkzeuge zur Paketverwaltung benutzen. Da sich diese öfter ändern und der Weg über die Kommandozeile oft einheitlicher ist, beschreiten sehr viele Linux-Benutzer daher lieber diesen Weg.

Vielfach finden Sie für Ubuntu im zugehörigen Wiki neben den Beispielen auch Links und Schaltflächen, mit denen Sie Funktionen mit einem Klick nachinstallieren können. Wollen Sie Pakete über die Konsole installieren, ist dafür unter Ubuntu der Befehl apt-get zuständig. Unter https://wiki.ubuntuusers.de/Samba_Server/ finden Sie so beispielsweise eine Schaltfläche, um Samba und die benötigten Basiswerkzeuge zu installieren, und auch den entsprechenden Befehl zur Eingabe im Terminal, mit dem die beiden Pakete samba-common und samba installiert werden können:

```
sudo apt-get install samba-common samba
```

 Durch die Standardeinstellungen der Linux-Firewall des Rechners, auf dem Samba ausgeführt wird, könnte die Samba-Installation unbrauchbar sein. Das sollte bei modernen Linux-Distributionen aber eigentlich nicht mehr der Fall sein. Sollte Samba Probleme bereiten, können Sie die Firewall ja für Tests deaktivieren.

Samba starten und stoppen

Bevor Sie Samba nutzen können, müssen seine zwei Daemons smbd und nmbd gestartet werden. Beide lassen sich gemeinsam durch Starten des SMB-Dienstes starten. Dazu können Sie bei Bedarf über eine Konsole diesen Befehl eingeben:

```
service smbd start
```

Wenn Sie eine Konfiguration ändern, beispielsweise eine Freigabe hinzufügen oder einen neuen Samba-Benutzer anlegen, sollten Sie anschließend den Dienst stoppen und neu starten. Der entsprechende Befehl lautet:

```
service smbd restart
```

Wenn es Ihnen lieber ist, können Sie den Dienst auch mit separaten Befehlen stoppen und starten:

```
service smbd stop
```

```
service smbd start
```

Falls Sie sich nicht sicher sind, ob Samba läuft, geben Sie diesen Befehl ein:

```
service smbd status
```

Sie erhalten dann eine Nachricht, die Ihnen mitteilt, ob die Daemons smbd und nmbd laufen.

Samba für Zugriffe auf Windows-Freigaben nutzen

Wenn die bisherigen Schritte funktioniert haben, können Sie mit Linux-Rechnern auf Windows-Freigaben zugreifen. Dazu müssen Sie lediglich die jeweils für die Windows-Freigaben festgelegten Benutzernamen-Passwort-Kombinationen eingeben können.

Das Samba-Server-Konfigurationswerkzeug benutzen

Ubuntu besitzt ein handliches, auf GNOME basierendes Konfigurationswerkzeug, das die Konfiguration von Samba vereinfacht. Es heißt `system-config-samba`. Sie können es wie gewohnt mit `apt-get` installieren:

```
sudo apt-get install system-config-samba
```

Um das Tool starten zu können, musste ich in den Tests zudem die Datei `etc/libuser.conf` erstellen. Dazu können Sie dieses Kommando verwenden:

```
sudo touch /etc/libuser.conf
```

Anschließend können Sie das Tool unter Linux Mint beispielsweise über SYSTEMVERWALTUNG SAMBA aufrufen. Vielleicht müssen Sie aber auch ein wenig rabiater vorgehen:

```
sudo system-config-samba
```

Daraufhin wird das Dialogfeld SAMBA-SERVER KONFIGURATION angezeigt (Abbildung 24.10). Mit diesem Werkzeug können Sie grundlegende Servereinstellungen konfigurieren und Freigaben nun verwalten.

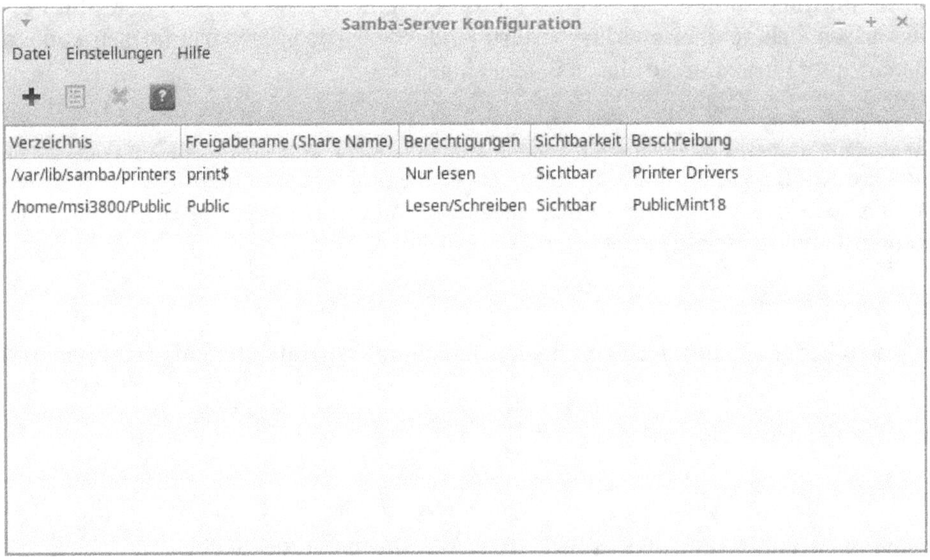

Abbildung 24.10: Das Fenster »Samba-Server Konfiguration«

Um Ihren Samba-Dienst im Netzwerk sichtbar zu machen, wählen Sie EINSTELLUNGEN| SERVER-EINSTELLUNGEN. Daraufhin wird ein Dialogfeld angezeigt, in dem Sie den Arbeitsgruppennamen (der sollte dem Namen der Arbeitsgruppe oder Domäne entsprechen, der Sie den Samba-Server hinzufügen wollen) und eine Beschreibung des Servers eingeben sowie ein paar Sicherheitseinstellungen vornehmen können, die den Benutzerzugriff auf den Samba-Server steuern.

Auf der Registerkarte Sicherheit können Sie unter AUTHENTIFIZIERUNGSMODUS für Ihren Samba-Server fünf grundlegende Sicherheitseinstellungen auswählen:

✔ **ADS (Active Directory Services):** Dieser Modus konfiguriert den Samba-Server für die Nutzung von Active Directory. Wenn Sie diese Option wählen, müssen Sie den Namen des Domänencontrollers im Feld AUTHENTIFIZIERUNGSSERVER und den Namen eines Kerberosbereichs (Realm) eingeben. Außerdem muss die Passwortverschlüsselung aktiviert sein.

✔ **Domäne:** Dieser Modus konfiguriert den Samba-Server für die Nutzung eines Windows-Domänencontrollers zur Benutzerauthentifizierung. Wenn Sie diese Option wählen, müssen Sie den Namen des Domänencontrollers in das Feld AUTHENTIFIZIE-RUNGSSERVER eingeben. Außerdem müssen Sie die Passwortverschlüsselung aktivieren.

✔ **Server:** Dieser Modus konfiguriert Samba für die Nutzung eines anderen Samba-Servers zur Benutzerauthentifizierung. Wenn Sie mehr als einen Samba-Server haben, können Sie über diese Funktion Benutzerkonten nur auf einem der Samba-Server einrichten. Geben Sie in das Feld AUTHENTIFIZIERUNGSSERVER dann den Namen des Samba-Servers ein, der die Authentifizierung durchführt.

✔ **Freigabe:** Dieser Modus autorisiert Benutzer separat für jede Freigabe, auf die sie zuzugreifen versuchen.

✔ **Benutzer:** Die Benutzer müssen beim ersten Kontakt mit dem Samba-Server einen gültigen Benutzernamen und ein Passwort eingeben. Diese Authentifizierung gewährt ihnen dann den Zugriff auf alle Freigaben des Servers, gemäß den Restriktionen des Kontos, unter dem sie autorisiert sind.

Der Authentifizierungsmodus BENUTZER ist der Standardmodus.

Samba-Benutzerkonten erstellen

Sie müssen für jeden Netzwerkbenutzer, der Zugriff auf den Samba-Server benötigt,

1. ein Linux-Benutzerkonto einrichten,

2. ein separates Samba-Benutzerkonto erzeugen.

Da Samba-Benutzerkonten mit existierenden Linux-Benutzerkonten verknüpft werden, müssen Sie immer zuerst das zugehörige Linux-Benutzerkonto anlegen.

Dabei müssen Sie beachten, dass persönliche Freigaben nur von Mitgliedern der Gruppe sambashare eingerichtet werden können. Dieser Gruppe gehört der Erstbenutzer standardmäßig an. Sollen später neu hinzugefügte Benutzer persönliche Freigaben einrichten können, müssen sie daher zu dieser Gruppe gehören.

Ein wenig Action über die Kommandozeile und ...

Linux-Benutzerkonten könnten Sie mit den Applets BENUTZER oder BENUTZER UND GRUPPEN erstellen. Da es hier aber darum geht, Ordner für Benutzer freizugeben, die von

Windows-Rechnern aus auf gemeinsam nutzbare Ordner unter Linux zugreifen können sollen, können Sie die Benutzer auch mit einigen speziellen Optionen über ein Terminal-Fenster erstellen. Die so angelegten Benutzer müssen sich nicht als Benutzer am Rechner anmelden können und benötigen daher auch keine persönlichen home-Verzeichnisse. Dann lassen sich Benutzer mit diesem Befehl hinzufügen:

```
sudo adduser –no-create-home –disabled-login –shell /bin/false smbusr001
```

Die Kommandozeilenausgabe könnte dann wie in Abbildung 24.11 aussehen (msi3800@ mintssd-pc sind hier die Namen des Benutzers und des Hosts). Die abgefragten Werte wurden jeweils mit ⏎ bestätigt.

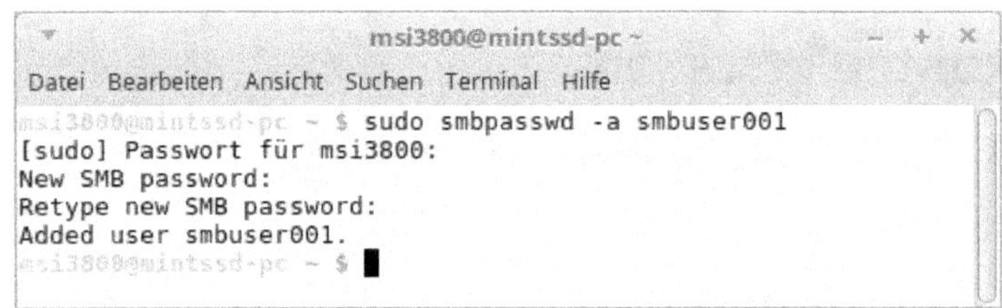

Abbildung 24.11: Das Anlegen eines Linux-Benutzers für ein Samba-Benutzerkonto

Um dem Linux-Benutzer ein Samba-Passwort zu geben, verwenden Sie den Befehl smbpasswd und nehmen die Eingaben für Abbildung 24.12 vor.

Abbildung 24.12: Das Passwort für einen Samba-Benutzer festlegen

Bis die neu erstellten Benutzerdaten in den Dialogfenstern der SAMBA-SERVER KONFIGURATION ankommen, kann es schon eine Weile dauern.

... entspanntes Mausgeschubse in Dialogfeldern

Um Samba-Benutzerkonten zu erstellen, können Sie im Menü des Fensters SAMBA-SERVER KONFIGURATION die Option EINSTELLUNGEN|SAMBA-BENUTZER wählen. Daraufhin wird dann das Dialogfeld SAMBA-BENUTZER angezeigt, das Sie zum Hinzufügen, Löschen oder Bearbeiten von Samba-Benutzern benutzen können. Das Bearbeiten des vorhin im Beispiel angelegten Benutzers würde dann wie in Abbildung 24.13 aussehen.

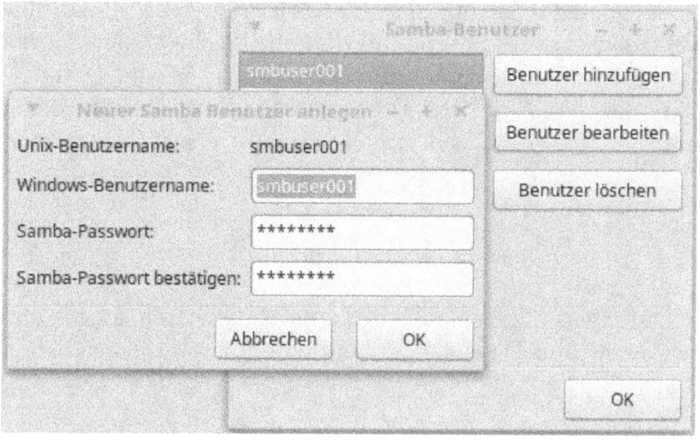

Abbildung 24.13: Im Dialogfeld »Samba-Benutzer« lassen sich Samba-Benutzer hinzufügen, bearbeiten und löschen.

Ein Dateiserver sollte Freigaben bereitstellen, also Verzeichnisse, auf die öffentlich über das Netzwerk zugegriffen werden kann. Zur Verwaltung dieser Freigaben können Sie wieder das Programm SAMBA-SERVER KONFIGURATION nutzen (siehe Abbildung 24.10). Erstellen können Sie die freizugebenden Verzeichnisse bei modernen Linux-Systemen aber auch erst einmal im jeweiligen Dateimanager. Wenn Sie ein so erstelltes Verzeichnis mit der rechten Maustaste anklicken, finden Sie im Kontextmenü üblicherweise die Option EIGENSCHAFTEN. Im dann angezeigten Dialogfeld können Sie den Ordner freigeben (siehe Abbildung 24.14).

Abbildung 24.14: Einen Ordner über den Dateimanager freigeben

Ansonsten können Sie Freigaben über die SAMBA-SERVER KONFIGURATION hinzuzufügen. Dort klicken Sie in der Werkzeugleiste des Programms die Schaltfläche SAMBA-SHARE HINZUFÜGEN (die mit dem Pluszeichen) an. In dem daraufhin angezeigten Dialogfeld SAMBA-SHARE ANLEGEN nehmen Sie die folgenden Angaben beziehungsweise Einstellungen vor:

✔ Pfad zum freizugebenden Ordner

✔ Freigabename

✔ Beschreibung der Freigabe

✔ Auswahl der Zugriffsberechtigungen. Wenn Sie BESCHREIBBAR aktivieren, dürfen die Benutzer im freigegebenen Verzeichnis Dateien lesen und schreiben, ansonsten lediglich lesen.

✔ Sichtbarkeit der Freigabe

✔ Um festzulegen, welche Benutzer auf ein Verzeichnis zugreifen dürfen, aktivieren Sie die Registerkarte ZUGRIFF und markieren die entsprechenden Benutzer. Oder Sie aktivieren die Option JEDEM ZUGRIFF ERLAUBEN und gewähren damit allen eingerichteten Samba-Benutzern den Zugriff auf das freigegebene Verzeichnis, was allerdings weniger empfehlenswert ist.

Wenn Sie mit dem Samba-Server-Konfigurationsprogramm eine neue Freigabe erstellen, sollte diese Freigabe für die Netzwerkbenutzer sofort sichtbar sein. Falls dies nicht der Fall sein sollte, starten Sie den Samba-Server neu (siehe den Abschnitt »Samba starten und stoppen« weiter vorn in diesem Kapitel).

Hinweise zu Linux und Samba

Weil Samba unter Linux als Dienstprogramm mit eigener Benutzerverwaltung läuft, erfordern die entsprechenden Freigaben erst einmal einen relativ großen Aufwand. Erst muss ein Linux-Benutzer definiert werden und dann muss festgelegt werden, dass dieser auch Samba-Freigaben erstellen darf. Dieser Aufwand könnte Sie vielleicht dazu veranlassen, Speicherplatz lieber auf NAS-Servern bereitzustellen. Da müssen Sie zwar auch Benutzerkonten und Freigaben einrichten, aber irgendwie wirkt das in sich üblicherweise mehr wie aus einem Guss.

Jedenfalls hatte man lange den Eindruck, als würden sich Linux- und Windows-Rechner nicht besonders gut vertragen. Immer wieder kam es aus irgendwelchen, nicht gerade einsichtigen Gründen zu Kompatibilitätsproblemen. Teilweise lag es an den verschiedenen Samba-Versionen, dann waren es tief in den Innereien verborgene »Optimierungen« von Windows.

Da an den Programmen für das Netzwerk immer wieder herumgeändert wird, kommt es öfter vor, dass die eine oder andere Option plötzlich hakt. Ändern Sie nicht vorschnell etwas an Ihrem System. Meist liegt es nur an einer übersehenen Kleinigkeit.

Bleibt der Hinweis, dass unter Linux und OS X Drucker über die CUPS-Webschnittstelle installiert werden können, die Sie mit `http://localhost:631` aufrufen können.

Kapitel 25
Macintosh-Rechner vernetzen

Abgesehen vom vorhergehenden Kapitel hat sich dieses Buch bisher vorwiegend mit dem Vernetzen von Windows-Rechnern befasst, so als gäbe es neben Microsoft nichts anderes mehr (das hätte Microsoft wohl gern). Der Vollständigkeit halber sollte neben Linux-Rechnern (siehe Kapitel 24) aber noch eine weitere Rechnerkategorie zumindest erwähnt werden: die der Apple-Macintosh-Computer, die häufig kurz Macs genannt werden. Apple-Rechner sind in insbesondere in den USA und Japan deutlich weiter verbreitet als im deutschsprachigen Raum, in dem sie vorwiegend im grafischen Bereich und in der Druckvorstufe genutzt werden.

In diesem Kapitel skizziere ich kurz, wie Sie ein Macintosh-Netzwerk einrichten und benutzen und wie Sie Macs und PCs in einem Netzwerk vereinen können. Für den Anfang sollte das reichen, zumal sich viele der behandelten Themen recht leicht von anderen Systemen auf macOS (das Betriebssystem von Macintosh-Computern) übertragen lassen sollten.

Ein paar Grundlagen

Im Folgenden erkläre ich einige wesentliche Dinge zur Vernetzung von Macintosh-Computern, die Sie wissen sollten, bevor Sie die Kabel anschließen.

Mac-Netzwerkprotokolle

Traditionell bieten alle Macs (selbst das Originalmodell von 1984) Netzwerkunterstützung. Neuere Macs besitzen eingebaute Ethernet-Karten und Netzwerkfunktionen, die denen der Linux-Rechner entsprechen und die direkt ins Betriebssystem integriert sind. Wenn Sie nur ein paar moderne Macs untereinander vernetzen wollen, brauchen Sie sich mit der eingebauten Netzwerkkarte kaum weiter um die Installation und Konfiguration des Netzwerks zu kümmern.

Die älteren Macs haben einen Satz Netzwerkprotokolle verwendet, die zusammengefasst *AppleTalk* genannt werden. 1996 wurde AppleTalk dann durch ein neueres Netzwerkschema namens *Open Transport* ersetzt.

Dem Siegeszug des Internets, des TCP/IP-Protokolls und der zunehmenden Verbreitung von Intranets und heterogenen Netzwerken konnte sich auch Apple mit seinen Macs nicht verschließen. Heute unterstützen Macs drei Protokolle bei Freigaben:

✔ **AFP (Apple Filing Protocol):** Freigaben für andere Macs im Netzwerk (oder andere Rechner, die dieses Protokoll ebenfalls unterstützen)

✔ **FTP (File Transfer Protocol):** ein Netzwerkprotokoll zur Übertragung von Dateien über TCP/IP-Netzwerke, das sich mit entsprechenden Programmen auch von Windows und Linux aus nutzen lässt.

✔ **SMB (Server Message Block):** Wenn Sie das vorherige Kapitel gelesen haben, wissen Sie, dass auch moderne Macs den Samba tanzen.

Und wenn man nun noch weiß, dass es sich beim Macintosh-Betriebssystem ebenso wie bei den verschiedenen Linux-Derivaten um einen Unix-Abkömmling handelt, dann könnte man zumindest vermuten, dass der Mac den Samba recht ähnlich wie Linux tanzt. ... und das trifft auch zu. Unter der Haube werkelt wie bei Linux eine Unix-Variante, und wenn man sich, was beim Mac allerdings recht verpönt ist, auf die Ebene der Kommandozeile herablässt, sind die Unterschiede zwischen Mac und Linux nur noch gering.

Früher einmal bot Apple mit Mac OS X Server ein dediziertes Netzwerkbetriebssystem (NOS – Network Operating System) an (das *X* wird als »Ten« (10) und nicht als »ix« ausgesprochen). 2011 verschmolz Apple den Mac OS X Server dann mit seinem Desktopbetriebssystem und stellte die Serverkomponenten des Betriebssystems nur noch als kostenpflichtiges Add-on bereit, das Sie über den App Store erwerben konnten. Unter den zusätzlichen Server-Apps fanden Sie beispielsweise die folgenden Funktionen:

✔ **Apache:** der Webserver, der auch für Windows und Linux erhältlich ist

✔ **MySQL:** die Datenbank, die ebenfalls in Windows- und Linux-Versionen verfügbar ist

✔ **Wiki-Server:** ermöglicht die Einrichtung von webbasierten Wikis, Blogs und Kalender-Websites

✔ **NetBoot:** eine Funktion, die die Aufgabe der Verwaltung von Clientcomputern im Netzwerk vereinfacht

✔ **Spotlight-Server:** zum Suchen nach Inhalten auf entfernten Dateiservern

✔ **Podcast Producer:** Programm zum Erstellen und Verteilen von Multimedia-Programmangeboten

Allerdings hat Apple diese Serverkomponenten im April 2022 komplett eingestellt, sodass diese heutzutage nicht mal mehr als Add-on bereitstehen. Einige Komponenten haben es aber immerhin in die Desktop-Version des Betriebssystems geschafft.

Das Netzwerk einrichten und nutzen

In diesem Abschnitt erfahren Sie, wo Sie bestimmte Funktionen in macOS finden, die Sie vermutlich schon bald benötigen werden, wenn Sie erst einmal das Netzwerkkabel angeschlossen haben.

Insbesondere die folgenden Aufgabenstellungen fallen bei der Einrichtung des Netzwerks und der Arbeit mit ihm häufiger an:

- ✔ **TCP/IP-Adresse und DHCP:** Um zu kontrollieren, ob der Rechner automatisch konfiguriert wurde, oder um die Einstellungen (IP-Adresse, Teilnetzmaske, Router-Adresse und so weiter) manuell zu ändern, wählen Sie SYSTEMEINSTELLUNGEN|NETZWERK. Wenn Sie das Schlosssymbol und dann die Schaltfläche ERWEITERT anklicken, erreichen Sie beispielsweise diese Einstellungen, die Sie ändern können:

  - **TCP/IP:** Hier sollten Sie dem Rechner meist mit DHCP eine Adresse zuweisen lassen. Gelegentlich kann es aber auch sinnvoll oder besser sein, diese Adresse manuell zu vergeben.

  - **DNS:** Insbesondere bei der Einrichtung einer lokalen Domäne kann es erforderlich sein, hier die Adresse des DNS-Servers im LAN einzutragen (dann neben der Adresse des Routers/Gateways).

- ✔ **Benutzer anlegen:** Benutzer und/oder Benutzergruppen können Sie beim Mac über SYSTEMEINSTELLUNGEN|BENUTZER:INNEN & GRUPPEN anlegen. Von hier aus können Sie auch Domänen beitreten.

- ✔ **Dateifreigaben:** Um vom Mac aus auf Windows-Ordner zugreifen zu können (und umgekehrt), müssen Sie die Optionen FILE SHARING und über OPTIONEN die SMB-Freigabe für Windows-Benutzer aktivieren. Dies erledigen Sie über SYSTEMEINSTELLUNGEN|SHARING. In dem entsprechenden Dialogfeld geben Sie auch den Computernamen an, mit dem er im Netzwerk angezeigt wird.

- ✔ **Druckerfreigaben:** Diese können Sie über SYSTEMEINSTELLUNG|TEILEN einrichten. Damit auch Windows-Benutzer diese Freigaben benutzen können, müssen Sie hier die Option DATEIEN UND ORDNER ÜBER SMB TEILEN in den erweiterten Teilen-Einstellungen aktivieren.

- ✔ **Systembericht:** Sowohl bei neueren als auch bei älteren Versionen des Apple-Betriebssystems finden Sie unter dem Systembericht einige Helferlein, mit denen Sie sich von der Funktionsfähigkeit Ihres Netzwerks überzeugen können. Um den Systembericht aufzurufen, starten Sie die SYSTEMEINSTELLUNGEN, wählen links den Punkt ALLGEMEIN und dann im Hauptbereich INFO. Scrollen Sie hinunter und klicken Sie auf die Schaltfläche SYSTEMBERICHT. Dieser Bericht liefert Ihnen unter NETZWERK|UMGEBUNGEN ein paar grundlegende Angaben (siehe Abbildung 25.1) wie den NetBIOS-Namen Ihres Macs und die Arbeitsgruppe oder Domäne, in der er sich befindet. Und hier gibt es auch ein Terminalprogramm, mit dem Sie anhand des Ping-Befehls überprüfen können, ob bestimmte IP-Adressen wirklich erreichbar sind.

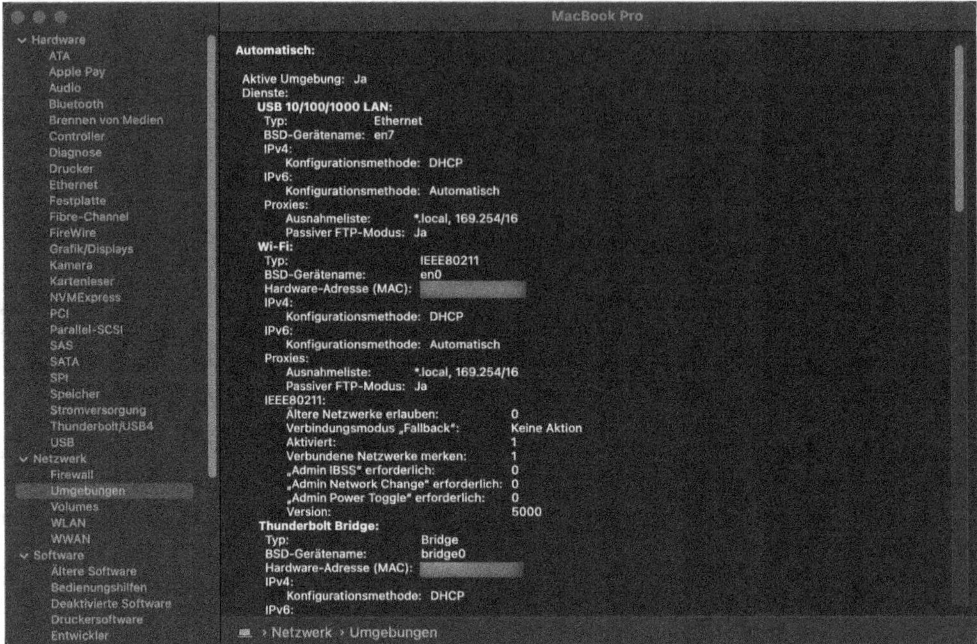

Abbildung 25.1: Informationen zur Netzwerkumgebung unter macOS

✔ **Freigaben nutzen:** Um sich vom Mac aus mit Freigaben auf Windows-Rechnern zu verbinden, nutzen Sie im Finder die Menüoption GEHE ZU|MIT SERVER VERBINDEN. Hier können Sie den Netzwerkpfad in der Form smb://server-name/freigabe-name eingeben. Wenn Sie dann zur Eingabe eines Benutzernamens aufgefordert werden, tragen Sie ihn in der Form domain.local\name ein, wobei Sie natürlich den Namen Ihrer Domäne und Ihren eigenen Benutzernamen eintragen.

✔ **In eine Windows-Domäne aufnehmen:** Es ist möglich, einen Mac in eine Windows-Domäne aufzunehmen. Dazu können Sie in den Systemeinstellungen die nötigen Schritte vornehmen.

✔ Gehen Sie auf BENUTZER:INNEN & GRUPPEN und wählen das Benutzerkonto aus, das in die Domäne aufgenommen werden soll. Klicken Sie unten links auf das Schlosssymbol. Sie benötigen ein administratives Konto auf dem Gerät.

✔ Nachdem Sie das korrekte Passwort eingegeben haben, wird das Schloss geöffnet dargestellt. Klicken Sie dann auf ANMELDEOPTIONEN und auf das Feld VERBINDEN.

✔ Im nächsten Fenster geben Sie den Servernamen und die Anmeldeinformationen ein. Dort benötigen Sie die passenden Rechte, um ein Gerät in die Windows-Domäne aufnehmen zu dürfen.

✔ Nach erfolgreicher Aufnahme und Neustart befindet das Gerät in der Domäne.

Soweit, so gut – das sollte für den ersten schnellen Einstieg in das Thema Netzwerke unter macOS genügen. Bleibt eigentlich nur noch zu sagen, dass Sie bei vielen Geräten besser kontrollieren sollten, ob für Apple benötigte Dienste auch unterstützt werden und aktiviert sind.

Teil VII

Der Top-Ten-Teil

Folgen Sie uns auch auf Instagram:
https://www.instagram.com/furdummies/

- ✔ Die ungeschriebenen Regeln des Arbeitens im Netzwerk, die ich die zehn Netzwerkgebote nenne

- ✔ Verbreitete Netzwerkfehler, die Sie vermeiden sollten

- ✔ Eine Liste mit zehn praktischen Dingen, die Sie immer in Ihrem Werkzeugarsenal für das Netzwerk bereithalten sollten

Kapitel 26
Die zehn Gebote des Netzwerks

»Gelobt sei der Netzwerkadministrator, der nicht vor den Rat der Ignoranten geht, noch auf dem Weg des Vergessens wandelt, noch auf dem Sitz des blutigen Anfängers sitzt, sondern sich am Gesetz des Netzwerks erfreut und dieses Gesetz Tag und Nacht achtet und es schützt bis in alle Ewigkeit.«

– Netzwerke 1, 1

Und so geschah es, dass die zehn Gebote des Netzwerks von Generation zu Generation überliefert wurden, dass die Computerfreaks sie deutlich sichtbar zwischen ihren Augen auf ihren geklebten Brillenbügeln vor sich hertragen und sie an ihren Türpfosten unauslöschlich mit Permanentmarker verewigen. Befolgen Sie diese Gebote und Ihnen, Ihren Kindern und Kindeskindern wird es wohlergehen.

I. Du sollst gewissenhaft Backups deiner Festplatte machen

Gebete sind etwas Wunderbares. Wenn es jedoch um den Schutz der Daten im Netzwerk geht, ist ein wohlüberlegtes Backup-System, dem peinlich genau gefolgt wird, durch nichts zu übertreffen. Wäre dies hier tatsächlich eine Netzwerkbibel, dann würde eine Fußnote Sie auf die verwandten Verse in Kapitel 19 verweisen. Es gilt der leicht zynische Satz: »Hast du kein Backup, ist es nicht wichtig.«

II. Du sollst nicht den Schutz gegen die unseligen Viren abschalten

Können Sie sich noch an Colonel Flagg aus *M*A*S*H* erinnern, der immer in die Mülltonne gestiegen ist, weil er dort die Roten gesucht hat? Es ist sicher nicht Ihr Ziel, so zu werden wie er. Andererseits sollten Sie die Möglichkeiten nicht vollständig ignorieren, von Viren erwischt zu werden oder unerwünschte Besuche von Hackern zu erhalten. Sorgen Sie dafür, dass Ihre Internetverbindung durch eine Firewall geschützt ist, und unterbinden Sie Internetzugriffe, die diesen Schutz umgehen.

Um sich gegen die Virenbedrohung zu wappnen, sollten alle Benutzer aktuelle Antivirensoftware einsetzen. Und schulen Sie die Benutzer, damit sie wissen, wie sie Viren bekämpfen können, falls es doch einmal passiert, dass dieser Schutz überwunden wird. Erinnern Sie alle daran: Im Internet gibt es nix umsonst.

III. Du sollst dein Netzlaufwerk achten und es reinhalten von alten Dateien

Warten Sie nicht, bis Ihr 2-Terabyte-Netzlaufwerk fast voll ist, bevor Sie es aufräumen. Erstellen Sie einen Zeitplan für den Hausputz, nach dem Sie dann die Dateien und Verzeichnisse auf dem Netzlaufwerk durchgehen und alten Müll entsorgen.

IV. Du sollst nicht an deiner Netzwerkkonfiguration herumbasteln, es sei denn, du weißt, was du tust

Netzwerke sind ziemlich pingelig. Wenn Ihr Netz erst mal funktioniert, spielen Sie nicht damit herum, es sei denn, Sie wissen genau, was Sie tun. Sie könnten versucht sein, sich am Firewall-Router anzumelden, um ein wenig an den Parametern herumzuschrauben und vielleicht noch ein Quäntchen mehr Leistung herauszukitzeln. Aber wenn Sie sich nicht sicher sind, was Sie tun, seien Sie vorsichtig! Und seien Sie besonders vorsichtig, wenn Sie *glauben*, zu wissen, was Sie tun. Es sind eigentlich immer die Leute, die von sich annehmen, dass sie Bescheid wissen, die sich in Schwierigkeiten bringen.

Auch die Routerkonfiguration sollte sich sichern lassen. Und diese Möglichkeit sollte man spätestens vor potenziell riskanten Experimenten nutzen!

V. Du sollst nicht begehren deines Nachbarn Netzwerk

Netzwerkneid ist unter Netzwerkverwaltern ein verbreitetes Übel. Wenn Ihr bescheidenes Netzwerk mit 100 MBit/s fein vor sich hin brummt, sollten Sie nicht mit dem Gigabit-Netzwerk Ihres Nachbarn liebäugeln. Und wenn bei Ihnen Windows Server 2019 läuft, ist es geradezu unverzeihlich, wenn Sie von Windows Server 2022 fantasieren.

Auch wenn Sie nicht immer das Neueste vom Neuen haben müssen, sollten Sie trotzdem die Upgrades eines Betriebssystems nicht immer auf die lange Bank schieben. Denn je länger Sie damit warten, desto mehr Arbeit kommt dann später auf Sie zu – besonders, wenn Sie dann gleich mehrere Upgrades in Folge vornehmen müssten, um wieder auf einem aktuellen Stand zu sein.

Als Hardwarefreak ist man besonders anfällig für Netzwerkneid. Es gibt immer einen besseren Switch oder eine schönere Netzwerkkomponente, nach denen es einen gelüstet. Geben Sie dem Verlangen nicht nach! Widerstehen Sie dem Teufel und er wird weichen!

VI. Du sollst die Ausfallzeiten planen, bevor du wichtige Arbeiten am Netzwerk durchführst

Seien Sie so freundlich und geben Sie Benutzern rechtzeitig Bescheid, wenn Sie das Netzwerk für wichtige Arbeiten herunterfahren wollen. Natürlich können Sie plötzlich auftretende Probleme nicht vorhersehen. Doch wenn Sie wissen, dass Sie am Donnerstagmorgen neue Software auf den Server übertragen müssen, können Sie Punkte sammeln, wenn Sie bereits zwei Tage und nicht erst zwei Minuten vorher Bescheid sagen. Sie werden sogar noch mehr Punkte sammeln, wenn Sie den Server am Samstagmorgen warten. Sagen Sie Ihrem Boss, dass Sie sich dafür Donnerstagmorgen freinehmen. Arbeit am Wochenende oder zu Zeiten, wenn andere schlafen, lässt sich für Netzwerkbetreuer kaum vermeiden.

VII. Du sollst ausreichend Ersatzteile vorrätig haben

Es gibt keinen Grund für einen zweitägigen Netzausfall, wenn lediglich ein Kabel gebrochen ist. Achten Sie immer darauf, dass Sie wenigstens eine Minimalausstattung an Ersatzteilen zur Hand haben. Und wie es der Zufall so will, werden in Kapitel 28 zehn Dinge vorgeschlagen, die Sie immer vorrätig haben sollten.

VIII. Du sollst nicht stehlen deines Nachbarn Programm ohne Lizenz

Wie fänden Sie es, wenn Inspektor Clouseau in Ihr Büro käme, Ihnen über die Schulter sähe, wie Sie gerade Excel von Ihrem Netzwerkserver laufen ließen, und Sie fragen würde: »Haben Sie eine Lizenz?«

»Eine Lizenz?«, fragten Sie verblüfft zurück.

»Ja, natürlich, eine Lizenz. Genau das habe ich gesagt. Das Gesetz verbietet die Benutzung von Computerprogrammen im Netzwerk ohne entsprechende Lizenz.«

Und Sie wollen doch nicht gegen das Gesetz verstoßen, nicht wahr?! Lizenzieren Sie die in Ihrem Netzwerk laufenden Anwendungen.

Falls Sie Peter Sellers als Inspektor Clouseau noch nie gesehen haben, schauen Sie schnellstmöglich »Der rosarote Panther kehrt zurück«.

IX. Du sollst die Benutzer für das Netzwerk schulen

Machen Sie nicht die Benutzer dafür verantwortlich, wenn sie nicht wissen, wie sie das Netzwerk benutzen können. Es ist nicht ihre Schuld. Zu den Aufgaben eines Netzwerkverwalters gehört es, Schulungen anzubieten, damit die Netzwerkbenutzer lernen, wie man mit dem Netzwerk umgeht.

X. Du sollst deine Netzwerkkonfiguration dokumentieren

Der Netzwerkaufbau sollte schriftlich festgehalten werden. Falls Sie selbst in die ewigen Jagdgründe eingehen oder Ihnen der berühmte Stein auf den Kopf fällt, weiß sonst niemand mehr von den Tücken des Netzwerks, wenn Sie es nicht irgendwo notiert haben. Halten Sie alles schriftlich und/oder fotografisch fest und legen Sie es in einem wichtig aussehenden Ordner mit der Aufschrift »Netzwerkbibel« ab. Wichtige Fotodokumente können Sie ausdrucken und beifügen. Natürlich reicht es, wenn Sie die Fotos an einem Ort sichern, der in Ihrer Netzwerkbibel angegeben wird. Noch besser wäre es, wenn Sie die ganze Dokumentation Ihres Netzwerks in das Intranet Ihres Unternehmens einstellen würden. Dazu könnten Sie beispielsweise eine *MediaWiki* oder einen *lokalen Webserver* im Intranet einrichten. Jedenfalls müssen Sie Ihre Dokumentation gut schützen und/oder sichern. Werden Sie nicht selbst zum Single Point of Failure (kurz SPOF bzw. deutsch: einzelner Ausfallpunkt).

Bei vielen modernen Geräten lässt sich deren Konfiguration sichern. Überlegen Sie gegebenenfalls, wie Sie entsprechende Dateien erstellen und Ihrer Dokumentation beifügen können.

Kapitel 27

Mehr als zehn große Netzwerkfehler

Gerade als Sie herausgefunden haben, wie Sie die schlimmsten Fehler am Computer vermeiden können, und sich gerade abgewöhnt hatten, beispielsweise die Schubladen von optischen Laufwerken als Halter für Kaffeetassen zu benutzen, wurde Ihr Rechner in das lokale Firmennetzwerk integriert. Nun gibt es wieder eine Menge Dinge, die Sie anstellen können, und Fehler, bei denen Computerexperten angesichts Ihrer vermeintlichen Dummheit zu Boden sinken, um sich dort den Bauch zu halten und laut lachend herumzurollen. So sind Computerexperten wahrscheinlich. Niemand musste *ihnen* erklären, dass man keine Gummibärchen in Diskettenlaufwerke steckt und diese eleganten Laufwerkschubladen nicht als Tassenhalter gedacht sind. Wer mit dem besonderen Gen des Computerexperten geboren wurde, weiß eben instinktiv, was man auf gar keinen Fall mit IT-Equipment machen darf.

Ich habe Ihnen hier eine Liste mit den Fehlern zusammengestellt, die von Netzwerkneulingen besonders häufig gemacht werden. Wenn Sie diese Fehler vermeiden, gibt es für Ihren Computerguru nichts auf Ihre Kosten zu lachen.

Am Kabel sparen

Falls Ihr Netzwerk mehr als ein paar Computer enthält oder sich diese in verschiedenen Räumen befinden, dann sollten Sie in eine professionelle Kabelinstallation investieren, komplett mit Wandsteckdosen, Patchfeldern und hochwertigen Switches. Man gerät schon leicht in

Versuchung, die Kosten durch Verwendung billiger Switches und durch direkt von diesen zu den Rechnern führende Kabel zu reduzieren. Langfristig wird es aber schnell günstiger, wenn Sie ein wenig Kapital in ordentlich installierte hochwertige Kabel investieren.

Hier ein paar Gründe, warum es sich lohnt, von Anfang an für die richtige Verkabelung zu sorgen:

✔ Gute Kabelinstallationen halten viel länger als die daran angeschlossenen Computer. Wenn bereits bei der Erstinstallation hochwertige Kabel verwendet werden, arbeitet die Verkabelung auch in zehn oder 15 Jahren noch zuverlässig. Die Netzwerkcomputer dürften dann längst als Sondermüll entsorgt worden sein.

✔ Kabel zu installieren ist harte Arbeit. Niemand steigt gerne auf den Dachboden und stößt sich dort an irgendwelchen Stahlträgern, Regalen und Ecken den Kopf, nur um Kabel durch Mauern zu ziehen. Falls Sie so etwas tun müssen, machen Sie es gleich richtig, damit Sie diese blöde Arbeit nicht bereits in ein paar Jahren erneut durchführen müssen. Führen Sie die Verkabelung so durch, dass sie hält.

✔ Heute mögen Ihre Netzwerkbenutzer mit dem vorhandenen Netzwerk noch vollkommen zufrieden sein, aber schon bald werden sie nach mehr Geschwindigkeit schreien. Und wer weiß schon, wie schnell die nächste Netzwerkgeneration arbeitet? Wenn Sie Geld sparen wollen und preiswerte Kabel verwenden, könnte der Schuss leicht nach hinten losgehen. Vielleicht finden die Ingenieure ja auch einen Weg, trotz Elektrosmog drahtlos richtig schnell zu werden, statt davon nur im Slang »höher, tiefer, weiter, schneller, besser als die Realität« zu fabulieren.

✔ Sie werden versucht sein, auf die modularen Wandsteckdosen und Patchkabel zu verzichten, und stattdessen die Kabel einfach durch Löcher in der Wand zu ziehen und sie direkt an die Computer oder Switches anzuschließen. Das wäre keine gute Idee, weil Kabeldefekte meist unmittelbar am Anschlussstecker auftreten. Wenn Sie derartige Kabel direkt an den Rechnern anschließen, werden sie jedes Mal beim Trennen oder Einstöpseln beansprucht. Wenn Sie Wandsteckdosen verwenden und Patchkabel damit verbinden, müssen Sie bei einem beschädigten Stecker oder Kabel nur das jeweilige Patchkabel austauschen, ohne etwas an der übrigen Kabelinstallation ändern zu müssen. Auch Tests gehen auf diese Weise oft sehr viel schneller.

Weitere Informationen über die professionell durchgeführte Netzwerkverkabelung finden Sie in Kapitel 5.

Einen Server ausschalten oder neu starten, während Benutzer angemeldet sind

Die schnellste Methode, andere Benutzer ins Datennirwana zu schicken, besteht darin, einen Server einfach auszuschalten, während diese Benutzer noch eingeloggt sind. Ein Neustart durch längeres Drücken des Reset-Schalters kann dieselbe schlimme Wirkung haben.

Wenn es im Netzwerk einen dedizierten Dateiserver gibt, werden Sie wahrscheinlich gar nicht in die Versuchung kommen, ihn auszuschalten oder neu zu starten. Haben Sie jedoch ein echtes Peer-to-Peer-Netzwerk, in dem jeder Rechner – einschließlich Ihres eigenen – auch als Server dient, dann sollten Sie sich davor hüten, spontanen Eingebungen zu folgen und den Rechner auszuschalten oder neu zu starten. Es könnte nämlich sein, dass jemand genau in diesem Augenblick auf eine Datei auf Ihrem Computer oder auf Ihren Drucker zugreift. Immerhin zeigen moderne Betriebssysteme Warnmeldungen an, wenn noch Benutzer angemeldet sind. Beachten Sie diese gegebenenfalls.

Ob Sie sich darauf verlassen können, dass Warnmeldungen angezeigt werden, ist wieder eine andere Frage. Ermitteln Sie vor dem Ausschalten oder Booten eines Servers, ob noch jemand damit arbeitet. Unter Windows Server können Sie nachsehen, welche Dateien und Sitzungen noch aktiv in Nutzung sind. Falls nötig, fordern Sie Benutzer höflich auf, sich abzumelden.

Denken Sie auch daran, dass Server bei vielen Problemen gar nicht neu gestartet werden müssen. Häufig lassen sich Probleme bereits beheben, wenn Sie lediglich den entsprechenden Dienst beenden und neu starten.

Wichtige Dateien auf dem Server löschen

Ohne Netzwerk und Internetverbindung können Sie mit Ihrem Computer anstellen, was Sie wollen. Dann können Sie lediglich sich selbst schaden. Wenn Ihr Rechner aber in ein Netzwerk integriert ist, tragen Sie damit auch eine gewisse Verantwortung. Dann müssen Sie sich wie ein verantwortungsbewusstes Mitglied der Netzwerkgemeinde verhalten.

Das bedeutet, dass Sie nicht einfach nach Lust und Laune Dateien von einem Netzwerkserver oder einer Freigabe löschen können, nur weil *Sie* sie nicht (mehr) brauchen. Vielleicht sind es ja nicht Ihre! Sie wollen ja auch nicht, dass irgendjemand Ihre Dateien löscht, nicht wahr?

Passen Sie besonders bei Dateien auf, die für den Betrieb des Netzwerks gebraucht werden. Einige Windows-Versionen benutzen zum Beispiel einen Ordner namens wgpo0000 zur Speicherung von E-Mails. Wenn Sie diesen Ordner löschen, sind die E-Mails Geschichte. Passen Sie also genau auf, wenn Sie etwas löschen.

Wenn Sie zum ersten Mal versehentlich eine wichtige Datei aus einem gemeinsam genutzten Ordner im Netzwerk löschen, werden Sie vielleicht beschämt feststellen müssen, dass es für diese Netzwerkdateien keinen Papierkorb gibt. Einen Papierkorb gibt es standardmäßig nur für Dateien, die von der lokalen Festplatte Ihres Rechners gelöscht werden. Aus freigegebenen Ordnern im Netzwerk gelöschte Dateien werden hier *nicht* gespeichert. Entsprechend lassen sich versehentlich gelöschte Dateien im Netzwerk auch nicht wiederherstellen. Oft lassen sich auf Servern aber mit mehr oder weniger Aufwand sehr wohl auch für das Netzwerk »Papierkörbe« einrichten und aktivieren. Ein weiteres Feature unter Windows-Server-Freigaben ist die Möglichkeit für Anwender »Vorgängerversionen wiederherzustellen«. Per Rechtsklick in den Freigaben können Anwender selbst »in der Zeit« zurückspringen und gelöschte Daten hervorzaubern. Dieses Feature wird auch »Schattenkopien« genannt.

Sollten Sie doch mal wichtige Daten vom Server gelöscht haben, gibt es ja noch die Backups, aus denen Sie diese Daten wiederherstellen können.

Sie haben doch Backups gemacht, oder etwa nicht?

Dateien vom Server kopieren, verändern und wieder zurückkopieren

Manchmal bietet es sich zum Bearbeiten von Netzwerkdateien an, sie sich auf die lokale Festplatte zu kopieren. Dann kann man mit Anwendungsprogrammen schneller darauf zugreifen, weil man nicht mehr das Netzwerk verwenden muss. Das gilt vor allem für große Datenbankdateien, die für den Ausdruck von Berichten sortiert werden müssen.

Es kann jedoch schwer ins Auge gehen, wenn Sie Dateien auf Ihre lokale Festplatte kopieren, sie verändern und die neuen Versionen dann wieder zurück auf den Server kopieren. Dann gibt es nämlich keine Garantie dafür, dass nicht irgendjemand anders zur gleichen Zeit das Gleiche getan hat. Sollte das der Fall sein, gehen die Änderungen verloren, die einer der beiden Benutzer gemacht hat – und zwar diejenigen Änderungen, die zuerst wieder zurückkopiert wurden.

Das Kopieren von Dateien vom Server auf eine lokale Festplatte ist daher nur selten eine gute Idee, außer Sie gehen auf Reise und stimmen die Änderungen hinterher mit den Mitbenutzern dieser Datei ab.

Unter Linux gab es lange kaum Dokumente, die über das Netzwerk geändert oder wiedergegeben werden konnten. Das ändert sich aber zunehmend. Gerade bei Editoren offenbaren sich hier die Qualitätsunterschiede der Programme.

Etwas wiederholt an den Drucker schicken, weil beim ersten Mal nicht gedruckt wurde

Was machen Sie, wenn Sie etwas an den Drucker schicken und nichts passiert?

- ✔ **Richtig:** Sie finden heraus, warum nichts passiert, und kümmern sich darum, dass das Problem behoben wird.

- ✔ **Falsch:** Sie schicken die Datei erneut los und schauen, ob es jetzt funktioniert.

Es gibt Benutzer, die es immer und immer wieder versuchen, in der Hoffnung, dass einer ihrer Druckaufträge schon erledigt werden wird. Wenn sich dann jemand erbarmt und den Papierstau beseitigt, kann das recht peinlich werden. 30 Exemplare desselben Briefs oder eines Dokuments, die auf einem anderen Drucker ausgegeben werden, nur weil Sie den falschen Drucker ausgewählt hatten, hinterlassen jedenfalls keinen guten Eindruck (und schaden dazu noch der Umwelt).

Annehmen, dass es auf jeden Fall ein Backup vom Server gibt

Manche Benutzer gehen leider immer davon aus, dass das Netzwerk irgendwie wie eine effiziente und gut organisierte Bürokratie funktioniert, der man immer vertrauen kann. Das ist aber weit gefehlt. Gehen Sie niemals davon aus, dass die Netzwerktypen jeden Tag ein Backup vom Netzwerk ziehen. Testen Sie es mal aus. Führen Sie eine überraschende Inspektion durch: Stürmen Sie mit weißen Handschuhen an den Händen in den Computerraum und verlangen Sie, sofort die Backups zu sehen. Kontrollieren Sie die Rotation der Datensicherungen, um zu prüfen, ob für mehr als einen Tag Backups vorhanden sind. Und was auch wichtig ist: Wissen Sie überhaupt, wie Sie ein Backup wiederherstellen? Testen Sie das unbedingt, um unter Druck keine Fehler zu machen.

Wenn Sie die angewendeten Sicherungsverfahren nicht recht überzeugen können, dann nehmen Sie die Sache selbst in die Hand. Setzen Sie keine wichtigen Daten aufs Spiel! Sichern Sie wichtige Dateien selbst auf einem Flash-Laufwerk.

Besonders schick sind diese neumodischen USB-Speichersticks mit zwei Steckern, nämlich einem normalen USB-Stecker und einem USB-C-Stecker. Mit OTG-Adapter lässt sich auch erreichen, dass USB-Sticks selbst via Mobiltelefon gelesen werden können.

Computer ans Internet anschließen, ohne an die Sicherheit zu denken

Wenn Sie einen *nicht* vernetzten Computer mit dem Internet verbinden und sich dann einen Virus einfangen oder der Computer gehackt wird, betrifft das nur diesen einen Computer. Wenn Sie aber vernetzte Computer ans Internet anschließen, wird das gesamte Netzwerk verwundbar.

Verbinden Sie *nie* einen vernetzten Computer mit dem Internet, ohne dabei die folgenden Sicherheitsaspekte zu berücksichtigen:

✔ Wie werden Sie sich und das Netzwerk vor Viren schützen?

✔ Wie können Sie dafür sorgen, dass nicht plötzlich die ganze Welt auf wichtige Dateien auf dem Dateiserver zugreifen kann?

✔ Wie können Sie böswillige Hacker daran hindern, in Ihr Netzwerk einzubrechen, Ihre Kundendatei zu stehlen und/oder die Kreditkartennummern Ihrer Kunden auf dem Schwarzmarkt zu verkaufen?

Antworten auf diese und andere Fragen im Zusammenhang mit der Internetsicherheit finden Sie in Kapitel 21.

Einen WAP anschließen, ohne zu fragen

Eigentlich sollte der Anschluss eines jeden Geräts ans Netzwerk ohne vorherige Rücksprache mit dem Netzwerkadministrator verboten sein. Wireless Access Points (WAPs) sind hier aber besonders heimtückisch. Viele Benutzer fallen auf die Marketingaussage herein, dass man bei WLANs einfach nur die Geräte ans Netzwerk anschließen muss. Ihr Notebook-Rechner kann dann sofort auf das WLAN zugreifen.

Das Problem dabei besteht darin, dass dies dann ja sofort auch alle zwielichtigen Typen machen könnten, die sich im Umkreis von 300 Metern um den WAP herumtreiben. Daher müssen Sie zusätzliche Sicherheitsmaßnahmen ergreifen, sodass nicht jeder Hacker vom Parkplatz vor dem Haus aus drahtlos auf Ihr Netzwerk zugreifen kann.

Falls Sie denken, dies sei unwahrscheinlich, denken Sie darüber noch einmal nach. Längst kursieren im Internet nicht nur auf Underground-Websites Stadtpläne, in denen ungesicherte WLANs in größeren Städten verzeichnet sind. Weitere Informationen zur WLAN-Sicherheit finden Sie in Kapitel 13. Ein weiterer Effekt ist, dass willkürlich angeschlossene WAPs oft auch einen DHCP-Server integriert haben. Dies kann auch komplette Netzwerke lahmlegen.

Glauben, dass man nicht arbeiten kann, weil das Netzwerk nicht funktioniert

Vor ein paar Jahren musste ich feststellen, dass ich meinen Job nicht ohne Strom erledigen konnte. Fiel der aus, stand ich nicht nur im Dunkeln, sondern konnte nicht einmal eine Kerze anzünden und mit Bleistift und Papier weiterarbeiten, weil mein einziger Bleistiftanspitzer elektrisch war.

Manche Leute glauben bei Netzwerken das Gleiche: Sie behaupten, dass sie auch gleich nach Hause gehen können, wenn das Netzwerk mal ausfällt. Das muss aber nicht zwangsläufig der Fall sein. Nur weil Ihr Computer an einem Netzwerk hängt, heißt das noch lange nicht, dass er ohne Netzwerk nicht arbeitet. Sollte das Netz mal in die Knie gehen, können Sie natürlich nicht auf die Netzwerkgeräte zugreifen. Sie bekommen keine Dateien von Netzlaufwerken und das Drucken auf Netzwerkdruckern ist auch nicht möglich. Sie können aber immer noch lokal an Ihrem Rechner arbeiten, Dateien und Programme auf der lokalen Festplatte benutzen und auf dem lokalen Drucker drucken (wenn Sie das Glück haben, einen solchen zu besitzen).

Vor ein paar Jahren … Und heute? Da kann man stundenlang arbeiten, wenn man Geräte benutzt, die über USB-Schnittstelle und Powerbanks mit Energie versorgt werden können. Für 12-Volt-Stromquellen könnte man mit Autobatterien sorgen. Aus technischer Sicht also eigentlich kein Problem.

Den Platz auf dem Server knapp werden lassen

Einen der schlimmsten Fehler, den Sie bei einem Netzwerkserver machen können, besteht darin, dessen Speicherkapazität zur Neige gehen zu lassen. Wenn Sie einen neuen Server mit einigen Terabytes Speicherkapazität kaufen, könnten Sie vielleicht glauben, diese Ressourcen würden nie zur Neige gehen. Es ist aber erstaunlich, wie schnell auch größte Speicherkapazitäten in Netzwerken mit vielen Benutzern knapp werden können.

Leider werfen die Ereignisse ihre Schatten bereits dann voraus, wenn immer noch etliche Gigabyte freie Kapazität auf der Serverfestplatte bereitstehen. Die Leistung bricht ein und das System beginnt zu kriechen. Es werden immer häufiger Fehlermeldungen angezeigt. Und wenn die Kapazitäten schließlich vollends zur Neige gehen, stehen die Benutzer vor Ihrer Tür Schlange und verlangen von Ihnen die sofortige Fehlerbehebung.

✔ Am besten lässt sich diese Situation vermeiden, wenn Sie die freien Speicherkapazitäten von Serverfestplatten laufend kontrollieren. Sie sollten auch die freien Speicherkapazitäten regelmäßig prüfen und protokollieren, um Trends frühzeitig erkennen zu können. Wenn auf der Server-Festplatte zum Beispiel noch 500 Gigabyte frei sind und die Benutzer darauf wöchentlich etwa 25 Gigabyte zusätzlich belegen, wissen Sie, dass die Kapazität wahrscheinlich in 20 Wochen ausgeschöpft sein wird. Damit können Sie entsprechend planen.

✔ Für mehr Speicherkapazität auf dem Server zu sorgen, ist bei zur Neige gehenden Speicherkapazitäten nicht unbedingt die beste Lösung. Bevor Sie weitere Festplatten anschaffen, sollten Sie

- nach alten und nicht mehr benötigten Dateien suchen, die gelöscht werden können,

- überlegen, ob Sie die Festplattenkapazitäten der einzelnen Benutzer nicht besser durch Kontingente beschränken sollten.

 Falls möglich, richten Sie Ihren Server so ein, dass er Ihnen beim Auftreten von Problemen automatisch entsprechende E-Mails schickt und Sie auch über andere wichtige Ereignisse auf dem Laufenden hält.

Die Schuld immer auf das Netzwerk schieben

Manche Menschen behandeln das Netzwerk wie einen Dorftrottel, dem man immer die Schuld in die Schuhe schieben kann, wenn mal etwas schiefgeht. Netzwerke verursachen selbstverständlich auch Probleme, sind aber nicht die Wurzel allen Übels.

✔ Wenn beim Tippen nur Großbuchstaben auf dem Monitor angezeigt werden, liegt das wahrscheinlich daran, dass Sie die ⊙-Taste gedrückt haben. Machen Sie nicht das Netzwerk dafür verantwortlich.

✔ Wenn Sie Kaffee über die Tastatur gießen, ist das Ihre Schuld. Schieben Sie es nicht auf das Netzwerk.

✔ Ihre Dreijährige hat ein Gummibärchen in das Laufwerk gestopft? So sind Kinder nun mal. Erklären Sie nicht das Netzwerk zum Schuldigen.

Sie haben verstanden?

Kapitel 28
Zehn Dinge, die Sie immer vorrätig haben sollten

Wenn Sie Ihre Computer über ein Netzwerk miteinander verbinden, benötigen Sie einen Raum, in dem Sie einige Ersatzteile für das Netzwerk horten können. Sollte kein kompletter Raum verfügbar sein, suchen Sie sich ein Regal, eine Schublade oder wenigstens einen stabilen Pappkarton.

Dort sollten Sie die folgenden Dinge aufbewahren.

Isolierband

Es hat der Crew von *Apollo 13* geholfen, von ihrer fast gescheiterten Mondreise zurückzukehren. Tatsächlich werden Sie es nicht oft brauchen, um Ihr Netzwerk zu pflegen, aber es dient gut als Symbol dafür, dass Sie wissen, dass Dinge manchmal schiefgehen und dass Sie bereit sind zu improvisieren, um das Netzwerk wieder flottzukriegen.

Falls Sie Isolierband nicht mögen, erfüllen Bindfaden und Kaugummi den gleichen symbolischen Zweck.

Werkzeug

Sie brauchen wenigstens eine einfache Werkzeugsammlung, etwa von der Art, die man für 20 Euro im Elektronikfachhandel bekommt. Außerdem sollten Sie Seitenschneider, Abisolierwerkzeug und Crimpzangen für den Zusammenbau von RJ-45-Steckern bereithalten. Einfache Kabeltestgeräte kosten auch nur wenige Euro und sollten daher in der

Werkzeugsammlung keines Netzwerktechnikers fehlen. Abbildung 28.1 zeigt ein Testgerät, das noch mit Anschluss und Teststecker für den alten Ethernet-Standard mit RG59-Koaxkabel ausgestattet ist.

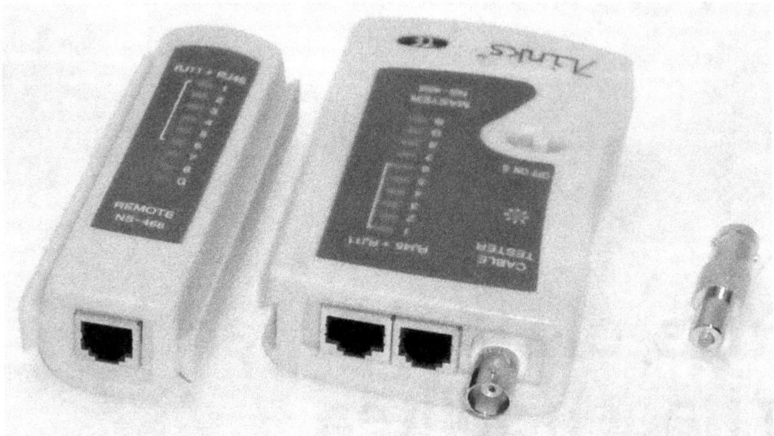

Abbildung 28.1: Zweiteiliges Testgerät für RJ-11-, RJ-45- und BNC-Kabel (RG59)

Patchkabel

Halten Sie immer ausreichend Patchkabel (siehe Abbildung 28.2) bereit. Sie werden sie häufig benötigen, wenn zum Beispiel Benutzer von einem Büro in ein anderes umziehen, wenn Sie weitere Geräte in das Netzwerk einbinden oder die Anschlüsse an den Anschlusspanels (sofern solche verwendet werden) neu anordnen müssen.

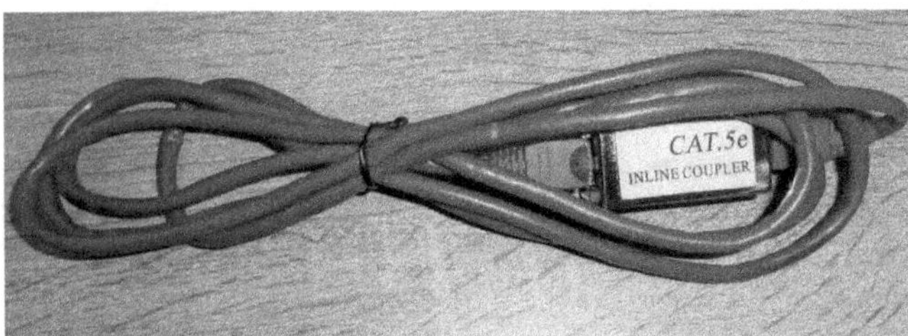

Abbildung 28.2: Ethernet-Patchkabel mit Kupplungsbuchse aus Metall

Wenn Sie Patchkabel einkaufen, sollten Sie verschiedene Längen und Farben auswählen. Eine Möglichkeit, schnell für Unordnung im Kabelwald zu sorgen, besteht darin, drei Meter lange Kabel zu verwenden, obwohl ein Meter bereits reichen würde. Und durch verschiedene Farben (und sei es auch nur die der Tülle am Stecker) finden Sie sich im Kabelwirrwarr viel schneller zurecht.

Patchkabel sollten Sie nicht gerade im Computershop oder im Elektronikhandel um die Ecke einkaufen. Online und bei gewissen Discountern kommt Bewegung ins Preisgefüge. Kürzlich habe ich ein paar zwei Meter lange Patchkabel benötigt. Im Computerladen hätten sie 6,99 Euro gekostet, online – nach kurzer Suche – 0,69 Euro, beim Discounter in der Stadt waren es 1,99 Euro (keine Versandkosten).

Kabelbinder und Klettbänder

Bei Kabelbindern handelt es sich um diese kleinen Plastikbändchen, mit denen Sie mehrere Kabel zu einer Gruppe zusammenfassen können. Damit können Sie einen großen Beitrag leisten, wenn es darum geht, für Ordnung im Kabelwald zu sorgen. Kabelbinder erhalten Sie beispielsweise im Beutel mit 1.000 Stück in unterschiedlichen Längen im Baumarkt. Super sind auch die beidseitigen Klettbänder, diese lassen sich mehrfach verwenden und außerdem benötigen Sie kein Werkzeug zum Entfernen.

Ein einfacher, funktionierender Laptop

Manchmal ist es hilfreich, wenn man auf einen bekanntermaßen funktionierenden Rechner zurückgreifen kann. Hier bietet sich naturgemäß ein Laptop mit halbwegs akzeptablen Bildschirmabmessungen an. Spätestens beim Konfigurieren verschiedener neuer Netzwerkkomponenten, die wie APs über feste IP-Adressen konfiguriert werden müssen, werden Sie es zu schätzen wissen, wenn Sie das mit einem eigenen, vertrauten Rechner erledigen können. Wenn Sie den umkonfigurieren und später nicht mehr in den ursprünglichen Zustand versetzen, ist das egal. Wenn Sie in derartigen Fällen aber vielleicht noch passende Zugangsdaten bereits vorhandener Rechner erbetteln müssen, machen Sie sich selbst das Leben nur schwer. Zudem bieten Laptops mit integriertem WLAN-Adapter auch noch weitere Testmöglichkeiten.

Ersatznetzwerkadapter

Heute befinden sich bei herkömmlichen Rechnern auf den allermeisten Mainboards integrierte Netzwerkkarten. Dasselbe gilt selbst für die kleinen Einplatinenrechner. Gelegentlich gehen diese aber kaputt oder müssen vielleicht durch schnellere ersetzt werden. Dann müssen Sie nicht gleich das komplette Mainboard austauschen, sondern bauen einfach einen dieser preiswerten Netzwerkadapter (siehe Abbildung 28.3) ein. Deswegen sollten Sie auch immer mindestens einen Netzwerkadapter als Reserve vorrätig haben. Wenn die Preisdifferenz nicht zu groß ist, sollten Sie dabei immer zur schnellsten kompatiblen Variante greifen. Achten Sie dabei sicherheitshalber auch auf die Hardwareanforderungen und unterstützten Betriebssysteme.

Abbildung 28.3: Günstiger USB-2.0-To-Fast-Ethernet-Adapter

Sollte ein WLAN verfügbar sein, empfiehlt es sich natürlich, auch den einen oder anderen WLAN-Adapter vorrätig zu halten.

Preiswerte Netzwerk-Switches

Es ist sinnvoll, auch ein paar preiswerte Netzwerk-Switches mit vier bis acht Ports in Reserve zu haben, auch wenn Sie diese nicht für die Hauptinfrastruktur des Netzwerks verwenden wollen. Diese Switches leisten praktische Dienste, wenn Sie mal eben irgendwo einen Rechner oder einen Drucker zusätzlich ins Netzwerk einbinden wollen und gerade keine Wandsteckdose verfügbar ist. Nehmen Sie einmal an, dass einer der Benutzer vorübergehend einen zweiten Rechner benötigt, dass es aber keine freie Wandsteckdose mehr im betreffenden Büro gibt. Dann ziehen Sie nicht etwa gleich ein neues Kabel ins Büro des Benutzers, sondern verbinden einfach den preiswerten Switch mit der Wandsteckdose und können anschließend die beiden Rechner daran anschließen.

Digitalkamera/Smartphone

In multimedialen Zeiten gehört es zur zentralen Medienkompetenz, geeignete Werkzeuge sinnvoll zielgerichtet einzusetzen. Angesichts der Leistungsfähigkeit preiswerter digitaler Kompaktkameras sollte eine solche (mit mindestens 12-fach-Zoom!) zum festen Bestandteil des Werkzeugs von IT-Personal gehören. Bereits die Fotodokumentation von Ausgangssituation und Zwischenständen geht mit einer solchen Kamera deutlich schneller als das Anfertigen von Zeichnungen und Notizen. Kleine LED-Leuchten gehören zum besseren Ausleuchten der zu dokumentierenden Objekte dazu. Sollte es Beschwerden geben, werden Sie endgültig von der fotodokumentierten Beweislage überzeugt werden – jedenfalls, solange Sie nicht doch gravierende Fehler gemacht oder etwas vergessen haben.

In der heutigen Zeit haben Smartphones mit integrierter Foto-Funktion den kleineren Digitalkameras längst den Rang abgelaufen. Daher können Sie sich vermutlich die Anschaffung einer Kamera sparen, indem Sie einfach Fotos mit Ihrem Smartphone machen.

Da Smartphones über WLAN oder Mobilfunk vernetzt sind, können Sie auf dem Smartphone gemachte Fotos gleich in eine Cloud oder einen Netzwerkspeicher hochladen. Auf diese Weise müssen Sie die Fotos nicht wie bei einer Kamera erst umständlich per SD-Kartenleser oder Kabel auf einen Rechner übertragen.

Vollständige Dokumentation des Netzwerks

Ich habe in diesem Buch die Bedeutung einer sorgfältigen Netzwerkdokumentation bereits häufiger erwähnt. Verbringen Sie nicht Stunden damit, Ihr Netzwerk zu dokumentieren, um die Aufzeichnungen dann unter einem Stapel alter Zeitschriften hinter Ihrem Schreibtisch zu verstecken. Stellen Sie diese Aufzeichnungen in einem Ordner dorthin, wo sich auch andere für das Netzwerk wichtige Dinge befinden. Schließlich sollen Sie und andere immer wissen, wo sich diese wichtigen Unterlagen befinden. Und bewahren Sie Kopien der verschiedenen Dokumente aus dem Netzwerkordner in einem feuersicheren Safe oder an einem anderen sicheren Ort auf. Natürlich können und sollten Sie die Kopien natürlich auch digital in elektronischer Form erstellen und aufbewahren, sofern es sinnvoll ist und sich empfiehlt.

Sie sollten keine Kennwörter mit in die Netzwerkdokumentation aufnehmen. Schämen Sie sich, wenn Sie überhaupt an so etwas gedacht haben!

Die Handbücher und Datenträger zum Netzwerk

Von Netzwerkverwaltern hört man öfter: »Wenn ich doch bloß das Handbuch hätte.« Handbücher sind zwar wirklich nicht der Gefahr ausgesetzt, den Literaturnobelpreis zu erhalten, sofern sie existieren, sollten sie allerdings auch nicht gerade in den Müll wandern.

Legen Sie Handbücher und Datenträger zu den anderen Werkzeugen und Gegenständen.

Zehn Exemplare dieses Buches

Selbstverständlich haben Sie immer eine ausreichende Menge dieses Buches vorrätig, um es an alle Benutzer verteilen zu können. Je mehr diese Benutzer wissen, desto weniger Stress haben Sie. Wenn ich's mir richtig überlege: Zehn Exemplare dürften nicht reichen – wahrscheinlich werden Sie eher zwanzig benötigen.

Abbildungsverzeichnis

Dummies Junior – die frechen »… für Dummies« für interessierte Kids und Jugendliche

- » Projekte zum Ausprobieren, Programmieren und Experimentieren
- » Mit pädagogischem Konzept
- » Viele Abbildungen in Farbe
- » Verständliche Texte mit einfachen Erklärungen – auch bei schwierigen Themen
- » Inhalte in Workshops erprobt

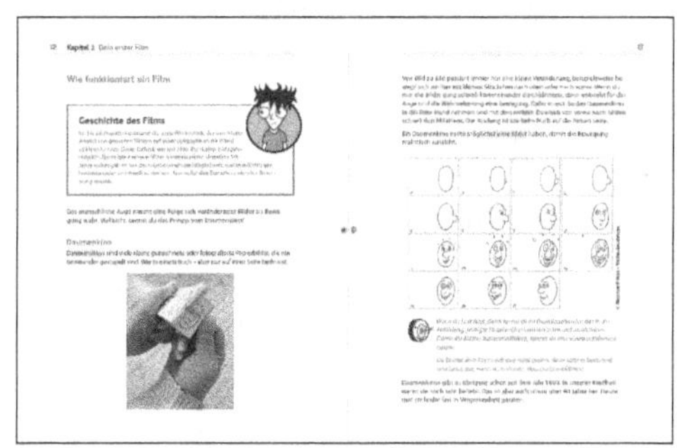

M. Schenk

Mein Weg zu den Sternen für Dummies Junior

1. Auflage 2022   **ISBN:** 978-3-527-71908-2

224 Seiten

Format: 176 mm x 240 mm
Ladenpreis: 18,– €*

Schau in den Himmel und lerne die Planeten, Sterne und Sternbilder kennen. Ob mit bloßem Auge, Fernglas oder Teleskop

M. Weiß und V. Borngässer

Stop-Motion-Trickfilme selber machen für Dummies Junior

2. Auflage 2023   **ISBN:** 978-3-527-72043-9

176 Seiten

Format: 176 mm x 240 mm
Ladenpreis: 16,– €*

Schritt für Schritt zum eigenen Stop-Motion-Video mit der richtigen Beleuchtung, passenden Geräuschen und Spezialeffekten. Hier erfährst du, wie es geht.

* Der €-Preis gilt nur für Deutschland. Preisänderungen und Irrtümer vorbehalten.

C. Ermel und O. Runge

Programmieren und zeichnen mit Python für Dummies Junior

2. Auflage 2022   **ISBN:** 978-3-527-71995-2

224 Seiten

Format: 176 mm x 240 mm

Ladenpreis: 18,- €*

Zaubere tolle Bilder mit dem Computer! Du brauchst dafür nur ein paar einfache Befehle aus der Programmiersprache Python.

W. Eagle et al.

TikTok-Videos selber machen für Dummies Junior

1. Auflage 2023   **ISBN:** 978-3-527-72133-7

160 Seiten

Format: 176 mm x 240 mm

Ladenpreis: 17,-€*

Werde Teil der TikTok Community und begeistere andere mit deinen Ideen. In diesem Buch erfährst du, wie du Videos mit dem Smartphone erstellst, bearbeitest und mit deinen Freunden teilst.

C. Ermel und N. Rosenfeld

Spaß mit Elektronik für Dummies Junior

1. Auflage 2020   **ISBN:** 978-3-527-71705-7

198 Seiten

Format: 176 mm x 240 mm

Ladenpreis: 15,- €*

In diesem Buch lernst du, Schaltungen für coole Gadgets aufzubauen: eine Glückwunschkarte, die leuchtet, eine blinkende Weihnachtsbaumkugel, einen klingenden Draht und anderes mehr.

* Der €-Preis gilt nur für Deutschland. Preisänderungen und Irrtümer vorbehalten.

Stichwortverzeichnis